PHILOSOPHIE DES GELDES

Georg Simmel

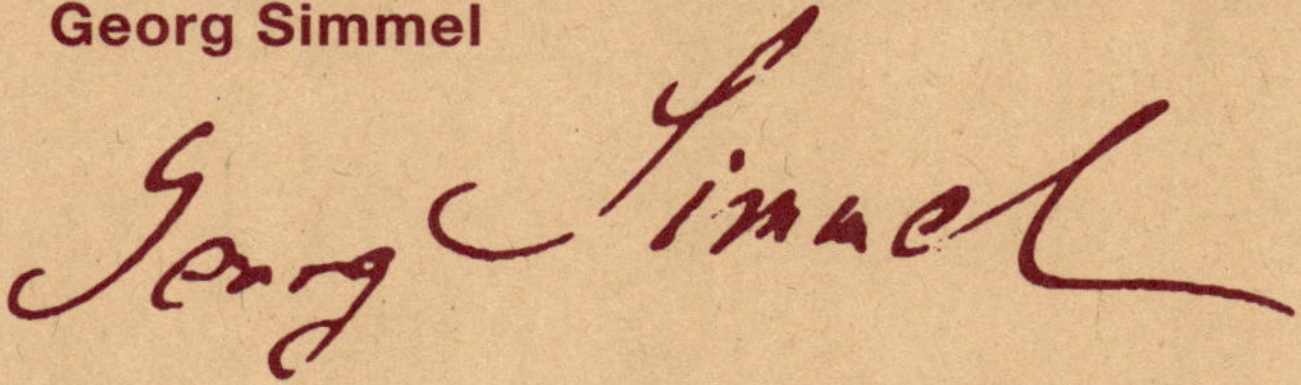

ゲオルク・ジンメル
居安正訳

貨幣の哲学

［新訳版］

白水社

凡例

一、本書は Georg Simmel: PHILOSOPHIE DES GELDES, Duncker & Humblot, Berlin, 1900. の全訳である。定本には第四版（一九二二年）を使用した。第二版（一九〇七年）においていくらかの加筆があるが、第三版（一九二〇年）以降の各版には変化はない。

一、編、章、節の編成、目次などもすべて定本にしたがい、改行も原文のままである。本書は大きくは前半の分析編と後半の総合編とに分かれ、それぞれが三章からなり、分析編は第一章から第三章まで、総合編は第四章から第六章までである。そして各章はそれぞれ三節に分かれている。各章には章名があるが、節には節名はない。しかし目次には節の内容が簡潔に摘要されている。この摘要には訳者がページ数をつけておいた。

一、原文の引用符は「　」で示し、（　）は同様に（　）で示した。

一、原文中のドイツ語以外の箇所は〈　〉で示した。短いものは多くはギリシャ語とラテン語、長いものには英語や仏語もある。

一、原文のゲシュペルトの箇所は傍点をつけた。

一、原文中のハイフンは原則としてナカグロ（・）で示した。

一、本文中の（小文字）の部分は訳者の注記である。最小限にとどめた。人名は巻末の人名索引において簡単に説明したので本文中ではしなかった。なおこの人名索引は原書にはなく、訳者の作成したものである。

目次

序言……7

分析篇……13

第一章　価値と貨幣……15

一　相互に独立のカテゴリーとしての現実と価値、これによってわれわれの表象内容は諸世界像となる(15)。客観的な価値の心理的な事実(19)。主観的なものの全体にとっての基準化あるいは保証としての実践における客観的なもの(22)。直接に享楽する主体と対象とのあいだの距離化による主観的な価値の客観化としての経済的な価値(23)。類比——美的価値(33)。距離化（努力、断念、犠牲による）とその同時的な克服としての経済(35)。

二　対象をそのたんに主観的な価値意義から免除するための誘因としての交換(40)——事物は交換においてその価値をたがいに表現する(41)。対象の価値はそれにたいして他の価値が提供されることによって客観化される(43)。生形式としての、経済的な価値の条件としての、第一次的な経済的な事実としての交換(44)。有用性説と希少性説の還元(57)。客観的に規制された価格の前段階としての社会的に固定された価格(62)。

三　相対主義的な世界像への経済的な価値の編入(71)。認識論的な観点における相対主義的な世界像の例による素描(72)——証明の無限への構成とその相互の正当化への反転(75)。主観的な諸要素の関係としての真理の客観性と価値の客観性(80)。欲求された客体を経済的とする交換関係と諸事物の代替可能性の独立した表現としての貨幣(95)。価値不変性と発展と客観性とにおける貨幣のこの本質の解明(98)。諸事物の意義をた

がいにその相関性において見いださせる普遍的な存在形式の実体化としての貨幣(107)。

第二章　貨幣の実体価値……110

一　価値の測定という貨幣の機能に必要と思われる貨幣の固有価値(110)。個々の商品と個々の貨幣額とのあいだの直接の等価性を二つの比例、一方においては個々の商品と瞬間的に活動している商品総量との比率、他方においては個々の貨幣額と瞬間的に活動している貨幣総額との比率、この二つの比率のあいだの同等性に変更することによる論破(113)。これらの分数の分母の無意識性(114)。すべての実体価値から独立した貨幣機能の論理的な可能性(118)。価値ある貨幣の本来の必要性(123)。この段階をこえての貨幣の純粋な象徴性格への等価表象の発展(128)。

二　貨幣実体の非貨幣的な使用の断念(136)。記号貨幣に反対する第一の理由——貨幣の固有価値を不必要とする貨幣と商品との関係は正確には承認されず、この不十分さの補完としての貨幣の固有価値(141)。第二の反対理由——貨幣記号の無制限な増加可能性、貨幣量の絶対的な高さにたいする相対主義的な無関心とその誤謬(146)。一般的な態度のばあいとしての、その実体的な意義から相対主義的な意義への貨幣の完成できない発展(149)、純粋な諸概念の相互の制限としての現実(153)。

三　実体から機能への貨幣の歴史的な発展(157)、その社会学的な制約(159)。社会的な相互作用と特定構成体へのその結晶(165)、貨幣流通の社会学的な前提としての社会的な統一体への買手と売手との共通な関係(168)。貨幣の実体的性格にとっての意義における経済圏の大小と素密(172)。貨幣の個々の職務における機能的性格への移行の展開(177)——流通簡素化(182)、価値尺度の不変性(184)、価値の流動化と圧縮(188)。貨幣の実体的意義の低下と価値的意義の上昇(195)。

第三章　目的系列における貨幣……202

一　主体と客体とのあいだの意識的な相互作用としての目的行動(202)。目的論的な系列の長さ(206)。強化され

た手段としての道具(208)、道具のもっとも純粋な例としての貨幣(209)。利用可能性の無制限性による貨幣の価値上昇(212)。富の余得(219)。大きな所有と小さな所有の部分として同じ貨幣量の相違(221)、消費上の価格制限(222)。貨幣はその純粋な手段的性格によって、社会的な圏とは結合してはいない諸個人の領域となる(225)。

二　手段の目的への心理的な成長(233)、もっとも極端な例としての貨幣(238)。時代の文化的な傾向への貨幣の目的的性格の依存(239)。貨幣の目的論的な地位の心理的な諸結果(242)——守銭欲と吝嗇(246)、浪費(258)、禁欲的な貧困(263)、現代的な冷笑主義(267)、倦怠(268)。

三　貨幣の質としてのその量(272)。危険率の主観的な相違(273)。量的に変化した諸原因の質的に不等な諸結果という一般的な現象(276)。経済的な識閾(278)。経済的な刺激にかんする相違感覚(280)。貨幣の領域における外的な刺激と感情結果とのあいだの諸関係(285)。所有者の個人的な統一の意義(287)。事物の形式と量との、量と質との客観的ならびに文化的な関係(288)と、この関係にとっての貨幣の意義(296)。

綜合篇 …… 299

第四章　個人的な自由 …… 301

一　義務と共存し、義務が人格と労働生産物とのいずれに及ぶかによって等級づけられる自由(301)、極端な自由が一致できる形式としての貨幣義務(303)。所有変更による価値の最大化の問題への調整(311)。個々に規定された個人への拘束の下降のもとでの、人が依存する個人数の文化的な同時の上昇(315)。人格のあいだの非個人的な関係とそれによる個人的な自由との担い手としての貨幣(317)。

二　行為としての所有(325)。所有と存在とのあいだの相互の依存(328)。貨幣所有によるこの依存の解消(329)。心的な系列の相互の混交としての不自由(336)——他の系列のもっとも一般的なものとの混交のばあいの最小の不自由(336)。経済的な利益による拘束への適用(338)。事物への自我の表現としての、所有としての自由

(346)。自我にたいする貨幣所有の無条件的な柔軟性と条件づきの柔軟性(353)。
三　人格と所有との分化(359)――貨幣による空間的な距離化と技術的な客観化(361)。全人格の個々の業績からの分離と業績等価物にとってのその結果(363)。集団にたいする個人の自立化(372)と貨幣による新しい結合形式・目的団体(374)。貨幣経済と個人主義の原理とのあいだの一般的な関係(378)。

第五章　個人的な価値の貨幣等価物……………………………………………388

一　殺人賠償金(388)。人間の功利的な評価からの客観的および絶対的な評価への移行(391)。罰金と文化段階(398)。人間の分化の進歩とその分化の増大する不適当性の原因としての貨幣の無差別性の進歩(402)。売買婚(406)と妻の価値(408)。両性のあいだの分業と持参金(412)。貨幣と売春とのあいだの典型的な関係(413)、殺人賠償の発展に類似する売春の発展(418)。貨幣結婚(419)。買収(424)。高貴の理想と貨幣(430)。
二　特殊な内容の権利の貨幣要求への変化(437)。強制可能性(441)。事物価値から貨幣価値への転換(442)――自由の消極的な意味と人格の根絶(444)。個人的な業績と貨幣等価物とのあいだの価値差異(449)。
三　労働貨幣とその基礎づけ(455)。精神の無料給付(457)。量的相違としての労働の高さの相違(460)。労働単位としての筋肉労働(465)。心的な業績の価値へ還元できる肉体的な業績の価値(469)。労働貨幣にたいする反対理由としての労働の有用性相違(474)、これによって促された貨幣の意義への洞察(477)。

第六章　生活の様式……………………………………………479

一　貨幣経済によって媒介された感情機能にたいする知的な機能の優越(479)、生活様式の無性格性と客観性(482)。知性と貨幣との二重の役割(484)、内容よりみた超個人的な性格(484)、機能よりみた個人主義的な性格と利己的な性格(488)、法と論理との合理主義への関係(494)、現代の計算的な本質(496)。
二　文化の概念(499)。事物の文化の上昇と個人の文化の停滞(502)。精神の対象化(507)。主観的な文化と客観的な文化との分離の原因としての分業(509)。前者の折りにふれての優越(521)。これらの対立運動の担い手への

貨幣の関係(526)。
三　生の様式相違の表現としての自我と事物とのあいだの距離の変化(530)。距離の拡大と縮小への現代の傾向(534)。この二重過程における貨幣の役割(537)。信用(540)。技術の支配(543)——生内容のリズムとシンメトリーとそれらの反対(548)、両傾向の継起と併存(551)、それらの類似と担い手としての貨幣の発展(556)——生活の速度(564)、その変化と金融状態の変化(564)。貨幣取引の集中(570)。価値の可動化(572)。世界理解のカテゴリーとしての持続と運動(576)、存在の相対性性格におけるそれらの総合、その歴史的な象徴としての貨幣(578)。

あとがき……………………………………………………………………581

人名索引……………………………………………………………………*1*

序言

すべての研究領域には二つの限界があり、そこでは思惟の運動が精密な形式から哲学的な形式へと移行する。認識作用一般の諸前提はすべての特殊領域の公理と同じように、その叙述と吟味とをこの特殊領域から原理的な科学へと移し、この科学の無限の彼方によこたわる目標は、無前提に思惟することである。――この目標を個別諸科学は断念する。なぜならこれらの個別諸科学は証明なしには、それゆえ事実的および方法的な性質をもつ諸前提なしには一歩も前進しないからである。哲学はこれらの諸前提を叙述し研究しながらも、それはそれだけではこれら諸前提を完全には止揚できない。たんにここには認識作用のそのつどの最後の点があり、この点において証明不可能なものへの絶対命令と訴えがわれわれのうちに始まり、そしてこの点はもちろん証明可能性の進展によってけっして決定的に固定してはいない。哲学的な領域の始まりがここでは、精密的な領域のいわば下方の限界を示すとすれば、その上方の限界は、実証的な知識のつねに断片的な内容が、究極的な諸概念によってひとつの世界像へと補完され、生の全体と関係しようと望むところにある。科学の歴史が現実に示すのは、哲学的な認識方法が素朴なものであり、普遍的な諸概念による諸現象のたんなる概算であるとすれば、――それでもまたこの暫定的な処理はなお多くの問題、すなわちとりわけ精神的な生活の評価ともっとも普遍的な諸関連とに属する諸問題、そして今日にいたるまで、精密な解答もその断念も不可能な諸問題にたいしては不可欠である。さらに諸現象の機械的な再生産の完成が造形美術を無用としないように、おそらくは完成された経験でさえ哲学を現実的なものの解釈と色づけ、さらに個人的に選択的な強調としての哲学をほとんど切り離さないであろう。

哲学一般のこのような位置規定から、哲学が個別的な諸対象において所有する諸権利が流出する。もし貨幣の哲学が存在すべきだとすれば、それはたんに貨幣についての経済科学の此方と彼方にのみ存在することができる。それは一方においては心的な状態や社会的な諸関係のうちに、また現実と価値の論理的な構造のうちにありながら、貨幣にたいしてその意味と実践的な位置を指示する諸前提を叙述することができる。これは貨幣の成立への問いではない。それというのも、貨幣の成立の問題は歴史に属することであって哲学には属さないからである。ある現象のその歴史的な生成からの理解が取り出す利益がいかに尊重されるにしても、生成した現象の内容的な意味と意義とはやはり、概念的、心理的、倫理的な性質に依存し、これらの性質は時間的ではなくて純粋に実際的であり、なるほど歴史的な諸力によって実現されるが、しかしこれら諸力の偶然性のうちに汲みつくされはしない。たとえば法律や宗教や認識の重要性と尊厳と内実は、まったくこれらのものの歴史的な実現の道程への問いの彼方にある。こうして本書の第一部は、貨幣をその本質とその存在の意味を担う諸条件から説明するであろう。

こうしてわれわれは貨幣という歴史的な現象とその理念と構造を、その前提としての人間の価値感情、事物にたいする実践、および人間の相互的関係から展開しようと試みるが、次いで第二部の綜合篇は、この歴史的な現象としての貨幣をその内的世界にたいする諸作用において、すなわち諸個人の生の感情や、彼らの運命の連鎖や一般的な文化などにたいする作用において追及する。それゆえここでは一方においては、その本質からすれば精密にそして詳細に究明可能であるが、知識の現在の水準ではそれが可能ではなく、それゆえたんに哲学的な類型にしたがってのみ、すなわち抽象的な諸概念の関係による個別過程の概観、もしくは代表によってのみ取り扱われるような諸関連が問題であり、他方においては、永遠に仮説的な解釈の事実に属し、また個人的色彩から完全には解放されない芸術的模倣の事柄であろう心的な諸動因が問題である。それゆえ内的生命の発展と評価についての貨幣原理のこの分岐が、貨幣についての経済科学の背後に立つのは、ちょうど第一部の問題領域がその前面に立つのと同様である。一方は貨幣の本質を一般的な生活の諸条件と諸関係から理解させようとし、他方は逆に一般的な生活の本質と形成を貨幣の活動から理解させようとする。

これらの研究のたんに一行たりとも、国民経済学的に意図されてはいない。このことが意味しようとするのは評価と購買、交換と交換手段、生産諸形式と財産価値など、国民経済学がひとつの立場から考察する諸現象が、ここでは別な立場から考察されるということである。これらの現象の国民経済学に向けられた側面が実践的にはもっとも興味ある側面、もっとも根本的に仕上げられた側面、もっとも精確に叙述できる側面であるということ、――たんにこのことのみが、これらの現象を「国民経済学的な事実」そのものとみなす外見上の権利を基礎づけたにすぎない。しかし宗教的教祖という現象がけっしてたんに宗教的な現象にとどまらず、また心理的なカテゴリーのもとでも、おそらくはさらに病理学の、一般史の、社会学のカテゴリーのもとでも研究されることができるように、またある詩がたんに文学史上の事実であるのみではなく、また美学的、言語学的、伝記的な事実でもあるように、一般につねに分業的であるひとつの科学の立場が、けっして現実の全体をくみつくさないように、――二人の人間が彼らの生産物を相互に交換するということは、けっしてたんに国民経済的な事実にとどまらない。なぜならそのような事実、すなわちその内容が国民経済学的な形象によってくみつくされるような事実など、けっして存在しないからである。右の交換はむしろ心理学的な事実として、風俗史的な事実として、さらには美学的な事実としてもまったく同じように正当に取り扱われることができる。そしてそれが国民経済学的な事実として考察されるときでさえ、それによって袋小路の終末に到達したわけではなく、この形態のなかにさえこの事実は、その諸前提を非経済的な諸概念と諸事実において吟味し、その結果を非経済的な諸価値と諸関連にたいして検討する哲学的な考察の対象となる。

この問題圏において貨幣は、もっとも外的でもっとも現実的でもっとも偶然的な諸現象と、生存のもっとも観念的な諸勢位や個人生活と歴史とのもっとも深い諸潮流とのあいだに存在する諸関係の叙述にとってのたんなる手段、素材あるいは例証にすぎない。全体の意味と目的とはたんに次のこと、すなわち経済的な生起の表面からすべての人間的なものの究極の価値と意義とへ基準線を引くことのみである。抽象的で哲学的な体系構築は個別的諸現象、とりわけ実践的な生存の諸現象からそのように距離をおくため、それがもともと要請するのは、諸現象の最初の瞬間の孤立化と無精神性、さらには背反性からの解放である。しかしここではこの解放が実例において成就されるはずであり、貨幣のような実例においてはその全目的意義がそれ自体のうちにではなく、たんにそれが他の諸価値への転換のうちにのみあるかぎりは、純粋に経済的な技術の無関心性を示すのみならず、いわば無差別性そのものでもある。それゆえここでは、外見上はもっとも外面的で本質を欠くものと生の内的な実体とのあいだの対立が極度の緊張に達することによって、この個物がたんに精神的な世界を支えるとともに支えられつつ、その全範囲へと織りこまれているのみではなく、精神的な世界の本質的な運動形式の象徴として明らかになるばあい、この対立はもっとも効果的に和解しなければならない。それゆえこれらの研究の統一性は、知識の特異な内容についての主張と、次第に成長するそれの証明にではなく、生のあらゆる個別性についてその意味の全体性を発見することを示す可能性にある。――哲学にたいする芸術の巨大な利点は、芸術がつねに個別的で狭く局限された問題、たとえばある人物、風景、情趣に沈潜し、そしていまや個別的な問題の普遍的なものへのすべての拡張を、世界感情の大きな息吹のすべての付加を、豊富化、贈り物、いわば過分な幸福享受のように感じさせることである。これに反して生存の全体を直接に問題とする哲学は、この生存の大きさにたいして収縮し、自らに義務づけられていると思われるよりも僅かしか提供しないのをつねとする。ところでここには逆に問題を限定して小さくとり、それを全体性ともっとも普遍的なものへ拡大し導入することによって、この問題を正当に評価することが試みられている。

方法的な観点からはこの根本意図は次のように表現される。すなわち経済的な生活を精神的な文化の原因へ数えいれることにはその説明価値を認めるが、しかしまさにその経済的な諸形式そのものが心理的、むしろ形而上学的な諸前提のより深い諸評価と諸潮流の結果として認識されるというふうにして、史的唯物論に基礎工事をすることである。このことは認識作用の実践にとっては無限の相互性のうちに展開するにちがいない。すなわち経済的な構成による観念的な構成のあらゆる解釈に、経済的な構成の側がより観念的な深みから把握されなければという要求が結びつかなければならず、他方ではこの観念的な深みにとっては再び一般的な経済的な下部構造が発見されなければならず、こうして無限につづく。概念的に対立する認識原理のこのような交代と錯綜のうちに、われわれの認識作用にとっては把握不可能とも見えながら、それでもなお認識作用の関連を基礎づけながら、事物の統一性がわれわれにとって実践的で生動的となる。

これによって特徴づけられた意図と方法も、それらが哲学的な根本的確信の内容的な多様性に役立つことができないとすれば、いかなる原理的な権利も要求できないであろう。生の個別性と皮相性とを生のもっとも深くもっとも本質的な運動と関連づけ、そして生の総体的意味にしたがってそれらを解釈することは、観念論の基礎においても実在論の基礎においても、存在の悟性的な解釈の基礎のうえでも意志的な解釈の基礎のうえでも、絶対主義的な基礎のうえにも相対主義的な基礎のうえにも実現されることができる。以下の研究はこれらの世界像のうちの、現在の知識内容と感情傾向のもっとも適切な表現と考えられるひとつにもとづき、これと対立するものの決定的な排除のもとにうち立てられるということ、このことはこれらの研究には最悪のばあいにおいてさえ、たんなる範例の役割をあたえるであろう。この範例は実際的には不適切であるにしても、将来の正当性の形式としての方法的な意義をはじめて正しく際立たせる。

この新しい第二版での変更は本質的な主題とはまったく関係はない。とはいえ新しい事例と説明、とりわけ諸基礎の深化によって、これらの主題の理解と受容にとっての機会の高まるように努力した。

分析篇

第一章　価値と貨幣

一

事物が自然の現実としてはいりこんでいる秩序は、事物の性質のすべての多様性が本質の統一性によって支えられているという前提にもとづいている。すなわち自然法則のまえでの平等、物質とエネルギー不変の総量、きわめてさまざまな諸現象の相互の転換可能性が、最初に見えた距離を融和し、すべてのものの一般的な類似性と同権をもたらす。とはいえ仔細に見ればこの概念の意味するのはそれでも、自然機構の産物そのものは権利の彼方に立つということであり、これらの産物の確固とした規定性は、それらの存在と存在様式についてさらに確認あるいは控除を許す強調の余地をあたえない。にもかかわらずわれわれはこれらの事物にたいしては、事物の自然科学的な形象を構成するこの冷淡な必然性には満足できない。むしろわれわれはあの系列における事物の秩序には煩わされず、事物の内的な形象に他の秩序をあたえ、そこでは一切の平等がまったく打破され、ある点の極度の高揚と他の点の思い切った引き下げとが並存し、したがってこの秩序のもっとも深い本質は統一ではなくて差異、すなわち価値による序列である。対象や思想や出来事が価値をもつということ、このことはそれらのたんに自然的な存在の内容からはけっして読みとることができない。価値にしたがって成就されたそれらの秩序は、自然的な秩序からはもっとも遠くかけ離れている。自然は数えきれないほどたびたび、価値の観点からはもっとも長い持続を要求できるものを消滅させ、もっとも無価値なものを、実は価値あるものから存在の余地を奪うものをさえ保存する。それによって思われるのは、これら両系列の原理的な敵対や一般的な相互排除ではない。それというのも、このことはともかくも、あるものと他のものとの関係を意味し、しかもこのことは悪魔的な世界、逆な符号によってではあるが価値の観点から規定された悪魔的な世界を生み出すからである。むしろ両系列のあいだの関係は絶対的な偶然性である。自然はある時はわれわれの価値評価の対象を無頓着にわれわれに提供するが、他の時には同じ無頓着さでそれをわれわれに拒否もする。したがってまさに両系列の一時的な調和、価値系列に由来する諸要求の現実系列による実現は、それとは反対の事例におとらず両者の関係の完全な無原則性を明らかにする。同じ生内容がわれわれにとっては現実的としても無価値的としても意識されるが、しかしそれがそれぞれにおいて体験する内的な運命は、まったく異なった意味をもつ。われわれは自然の生起の系列をまったく完全に記述できようが、しかし事物の価値はそこには現れない。――まさにこれはわれわれの評価の尺度が、それらの内容が現実にいかにしばしば、あるいはそもそも現れるかどうかにはかかわりなく、その意味を保持するのと同じである。その現実において全面的に規定されていわば完成された客観的な存在にたいし、初めていまや評価が光と影としてつけ加わるが、その評価は存在そのものではなく、どこか他のところに由来する。しかしあたかもこれによって心理学的な事実としての価値表象の形成が自然法則的な生成をまぬがれているかのような誤解は、避けなければならない。超人間的な精神は世界生起を絶対的な完全さで自然法則にしたがって把握するが、この精神であれば人間が価値表象をもつという事実をも世界生起の事実のもとにあるのを見いだすであろう。しかし価値表象は、たんに理論的にのみ認識する精神にとっては、その心理的な存在をこえてはいかなる意味も妥当性ももたないであろう。ここで機械的な因果性としての自然に拒否されているものは、価値表象の客観的な内容的な意義にすぎないが、他方ではあの内容をわれわれの意識事実とする心的な生起は、ただちに自然に所属する。現実的な心理的過程としての評価は自然的な世界の断片であるが、しかしわれわれがそれによって考えるもの、その概念的な意味は、この自然的な世界とは独立に対立したあるものであり、したがって世界の断片ではなく、それはむしろ特別な観点より見た全体的な世界である。人びとが稀にしか明らかにはしないが、われわれの全体的な生はその意識面よりすれば、価値感情と価値考量のなかを経過し、一般に意味と意義とを獲得するのはたんに、現実の機械的に展開する要素がそれらの事実内容をこえて、無限に多種多様な程度と種類の価値をわれわれにたいしてもつことによってのみである。あらゆる瞬間にわれわれの心は現実のたんなる無関心な鏡ではなく、――客観的な認識作用でさえたんにその評価からのみ生じることができるから、われわれの心はおそらくはけっしてそのような鏡ではなく、――心は価値の世界に生き、価値の世界は現実の内容を完全に自立的な秩序にはめこむ。

それによって価値は、存在にたいするいわば対応物をなし、いまやまさに世界像の包括的な形式とカテゴリーとして、存在とさまざまに比較できるようになる。カントは存在は事物の性質ではないと強調した。それというのも私が、それまでは私の思想のなかにのみ存在した客体について、それは存在すると言ったとしても、客体はそれによっていかなる新しい性質も獲得してはいないからである。なぜならそうでないとすれば、私が以前に考えていたのとまさに同じ事物ではなく、別な事物が存在することになるからである。こうして私が事物に価値があると言ったとしても、それによって事物にまた新しい性質が生じるわけではない。それというのも事物が評価されるのは、まさに事物がもつ性質によるからである。精確には事物のすでに全面的に規定された存在が価値の領域へと高められる。このことはわれわれの思考のもっとも深くに入った分析のひとつによって担われる。われわれは世界像の内容を、その現実の存在や非存在をまったく度外視して考えることができる。諸性質の複合体をわれわれは事物と呼ぶが、その関連と発展のすべての法則を含めて、われわれはそれをその純粋に実際的な論理的意義において表象することができ、しかもすべてのこれらの概念やあるいは内的な直感の実現の有無と、実現の場所と頻度とはまったく無関係にできるのである。客体のこの内容的な意味と規定とは、これらの客体が存在のなかに再現するかどうかの問題とは関連しないが、まさに同じように客体が価値の目盛りに位置を、どのような位置を占めるかの問題とも関連しない。しかしわれわれに一方では理論が、他方では実践が問題となれば、われわれは思考内容をこれらの二つから問題としなければならず、二つの点において解答をさけることができない。いかなる思考内容についてもむしろ一義的な存在もしくは非存在は言明できるし、またいかなる思考内容もわれわれにとっては価値の段階——最高から無関心をへて否定的な価値にいたる——においてまったく明確な位置を占めなければならない。それというのも無関心は評価の拒絶であり、これはきわめて積極的な本質をもつことがあり、その背後にはつねに関心の可能性がひそみながら、まさにたんにそれがまったく使用されていないだけである。この要求の原理的な意義は、われわれの世界像の全構成を制約し、われわれの認識手段が概念の実在についての決定にたいしてきわめてしばしば十分ではなく、まさに同じようにわれわれの感情の範囲と確実さとが事物の価値序列化、とりわけ恒常的あるいは一般的に妥当するそれに十分ではないということによっても、もちろんけっして変わりはしない。たんなる概念の世界、実際的な性質と規定との世界には、存在と価値という二つのカテゴリーが対立し、このカテゴリーはすべてを包括し、その素材を純粋な内容のあの世界からとりだす。両者に共通なのは基本性という性格、すなわち相互にあるいはより単純な要素に還元されることの不可能性である。それゆえ、なんらかの事物の存在は直接にはけっして論理的に証明できない。むしろ存在はわれわれの表象作用の根源的な形式であり、これは感じられ体験され信じられるが、しかしそれを知らない者には演繹されることはできない。この根源的な形式が初めてひとたび、論理的なものの彼方にある行為によって個々の内容を捕らえるや、論理的な関連はそれを受け入れ、論理的な関連の及ぶかぎりはそれを支持する。こうしてわれわれはもちろん一般には、なぜわれわれが一定の現実を受け入れるかを言うことができる。なぜなら、われわれはつまり他の現実を、その規定が右の現実と内容的に結びついているので受け入れるからである。それでもこの最初の現実はたんに、なおより基礎的な現実への同様な遡及によってのみ証明される。しかしこの遡及は最後の項をもたなければならず、その項の存在はたんに確信や肯定や承認といった直接の感情によってのみ、より正しくはそのような感情としてのみあたえられている。価値は客体にたいしてまさに同じ関係にある。そのような客体の価値のすべての証明が意味するのは、何らかの客体についてすでに前提されていていまでは問題のない価値を、いま問題の他の客体にも認める強制にすぎない。いかなる動機にもとづいてわれわれがこれをするかは、後に確定される。ここではたんに、われわれが価値証明によって理解するのは、つねにたんに既存の価値の新たな客体への移行にすぎず、これにたいして価値そのものの本質も、なぜ価値がもともとその対象に固着したかの理由も理解しない。ただしその対象も後には価値を他の対象に放射するにしてもである。

　先ずはひとたび価値が存在すれば、その実現への道、そのそれ以上の発展は悟性的に理解される。それというのもいまやその発展は、――少なくともとぎれとぎれには――現実内容の構造にしたがうからである。しかし価値が存在するということこそは、根源現象である。価値の演繹のすべてはたんに、価値が結局はまったく無媒介に現れる諸条件を明らかにするにすぎない。とはいえその諸条件から価値がつくられるわけではない。――これはすべての理論的な証明が、肯定あるいは生存のあの感情が生じる諸条件を準備できるのと同じである。存在とはそもそも何であるかを人は言うことができないように、価値にたいするこの問題に人は答えることができない。そしてまさに両者は事物にたいして形式的には同じ関係をもつことによって、スピノザにおける思惟と延長のように相互に疎遠である。なぜならこの両者はまさに同一のもの、絶対的な実体を表現し、したがってそれぞれがそれぞれの仕方において独立に完全であり、けっして一方が他方へ介入することはありえない。両者がどこにおいてもたがいにふれあわないのは、両者が事物の概念をまったく異なった側面から問題とするからである。しかし現実と価値とのこの無接触な並存は、世界をけっして不毛の二元対立に分裂させはしない。二元対立にあっては精神の統一欲は、——たとえ多数から統一へ、統一から多数へと終わりなく運動するのが精神の運命であり、精神の探究の方式であるにしても——けっして静まらないであろう。価値と現実との上には両者に共通なもの、すなわち内容、プラトンが結局は「イデア」によって意味したもの、現実においてとわれわれの評価のなかとで表示できるもの、質的なもの、概念において把握されるもの、価値の秩序にも事実の秩序にも同じように入ることのできるものがある。しかしこの両者の下にも両者に共通なもの、すなわち心があり、これは現実と価値とをその神秘的な統一のなかに受け入れ、あるいはその統一から生み出す。現実と価値とはいわば二つの異なった言語であり、そこでは論理的には関連し理念的な統一において妥当する世界内容、世界の「事実 Was」と呼ばれるものが、統一的な心に理解される。——あるいはまたそれらの言語はといえば、それらにおいて心が、それ自体はなおこの対立の彼方にある純粋な世界内容の像を表現できる。そしておそらくは世界内容のこれらの二つの総括、認識的な総括と評価的な総括は、なおいまいちど形而上学的な統一によって包括されるが、この形而上学的な統一には言語は、宗教的な象徴による以外には言葉をもたない。おそらく世界根拠が存在し、そこからみればわれわれが現実と価値とのあいだに感じる疎遠さと離散とはもはや存在せず、そこでは二つの系列は唯一の系列として現れる。——この統一がけっしてあのカテゴリーとはかかわりなく、それらの上にかなり無関心であるにせよ、あるいはこの統一の意味するのが、両者のすべての点においての同質的なあくまでも調和的な錯綜であり、この錯綜がたんにわれわれの理解の仕方によってのみ、欠陥のある視覚器官によるように引き離され、断片と反対の方向へと歪められるにせよ。

ところで価値の性格は、それが先に現実との対照において明らかになったように、その主観性とみなされるのがつねである。同一の対象もある心にとっては最高の程度の価値、他の心にとっては最低の程度の価値をもつことができ、そして逆に客体の全面的な極度の相違がそれらの価値の同等性と一致するから、評価の根拠として残っているとみなされるのはたんに主体のみであり、その気分と反応の仕方は正常であったり例外的であったり、持続的であったり変化したりする。この主観性が、世界の総体を「私の表象」であるというので、それを委ねられた右の主観性とは関係をもたないことは、ほとんど説明を必要とはしない。それというのも価値について述べられた主観性は、完成した所与の客体と価値を対立させ、客体そのものがいかにして成立したかにはまったく無関心だからである。表現を変えると、すべての客体を包括する主観は、客体に対立する主観とは別なものであり、価値がすべての客体と分かちあうこの主観性はここではまったく問題にはならない。また価値の主観性は恣意という意味をもつこともできない。すなわち現実的なものからのあのすべての独立性は、意志が放縦あるいは気紛れな自由によって価値をあちこちに分配できることを意味するのではない。むしろ意識は価値を現実についてと同じように、直接には変更できない事実としてそこに見いだす。これらの意義の排除の後に価値の主観性に残るのは、さしあたりはたんに消極的な価値にすぎない。すなわち価値は色彩や温度と同じ意味では客体そのものに付着してはいないということ、それというのも色彩や温度はわれわれの感覚状態によって規定されるが、それでも客体への直接の依存の感情をともなうからであるが、——現実系列と価値系列とのあいだに洞察された無差別性がわれわれに価値にくらべてこの感情を容易に放棄することを教える。とはいえ、この規定よりもより本質的でより実り豊かなのは、心理的な事実がこの規定を否認するように思われるばあいである。

いかなる経験的あるいは先験的な意味において主観から区別された「事物」について語られようと、——価値はけっして事物の「性質」ではなく、事物についての主観のうちにとどまっている判断である。とはいえ価値概念のより深い意味と内容も、個体的な心の生の内部でのその意義も、これと結びついた実践的・社会的な出来事と形態も、「主観」への価値の配当によってはともかく十分には理解されない。この理解への道はある層によこたわり、そこからみれば、あの主観性が何かたんなる暫定的なもの、本来はそれほど本質的ではないものと思われる。

主観と客観とのあいだの区別は、あくまでも正当とされる分割がこれらのカテゴリーについて実践的な世界と科学的な世界を信じさせるほどにはけっして根本的ではない。心的な生活はむしろ自我とその客体とが未分離に休らう無差別状態に始まり、そこでは諸印象や諸表象が意識をみたし、これらの内容の担い手がこれらの内容からすでに分離したといったこともない。実際に規定されてはいるが瞬間的には現実的な状態において、この状態をもつ主体が、この状態がもつ内容から区別されるということ、これはやっと第二次的な意識であり、あとからの分解である。人間が自己自身に自我と呼びかけること、そして彼がこの自我の外部に自立的に存在する客体を認識すること、ここへと導く発展は明らかに〈同一歩調で〉進行する。形而上学が時には、存在の超越的な本質は主体・客体の対立の彼方において絶対に統一的であると考えるばあい、このことはその心理学的な対応を、表象内容によって単純に原始的に満たされていることに見いだす。たとえばこれはまだ自己を自我としては語らない子供においてと、そして未発達な様式においてはおそらく全生涯をつうじて観察される。この統一は、そこから主観と客観とのカテゴリーが初めてたがいに一緒に、そしてさらに説明される過程をつうじて発展するから、それがわれわれに主観的な統一として現れるのは、たんにわれわれが後に初めて発達した客観性の概念によってこれに近づくからであり、またわれわれはそのような統一にはいかなる正しい表現ももたず、一面的な諸要素のひとつにしたがってそれを命名するのをつねとするからであり、その統一は後からの分析においては諸要素の協同として現れる。このように人は、*すべての*行為はその絶対的な本質からしてまったく利己的であると主張する。――ところが利己主義はそれでも行為の内部において、しかもそれと相関的な利他主義との対立において初めて理解できる内容をもつ。こうして汎神論は存在の全体性を神と呼ぶが、それでも神の積極的な概念はたんに、すべての経験的なものからのその対照においてのみ獲得することができる。主観と客観とのあいだのこの進化論的な関係は、結局は次にもっとも大規模に繰り返される。すなわち古典古代の精神世界が近代から区別されるのは本質的には、後者がはじめて一方において自我概念の完全な深さと鋭さをもたらし――自由問題の古代には知られなかった意義にまで自我概念が先鋭化した――、他方においては客観概念の自立性と強固さとをもたらし、それは打破できない自然法則性の表象のなかに表現されているということによる。古代はまだ後の時代ほどには、内容がそのままに主観と客観への投影へ分解されずに表象された無差別状態とは、それほど遠く離れてはいなかった。

この分岐させる発展は主客の両側面において同一の動機、しかしまた異なった層においても作用する動機によって担われているように思われる。それというのも主観であるという意識そのものが、すでに客観化であるからである。ここにあるのは精神の人格形式という根源現象である。われわれがわれわれ自身をなんらかの「対象」のように考察でき、認識でき、判断できるということ、われわれが統一として感じる自我を、それでもなお表象する自我・主観と、表象される自我・客体へ分解すること、しかも自我はそれゆえその統一を失うことなく、さらにかえってこの内的な対抗においてその統一を真にはじめて意識するようになること、――これはわれわれの精神の基本的な業績であり、これが精神の全形態を規定する。主観と客観との相互の促進はここでは一点へのように圧縮され、これが普通は全世界が客観として対立する主観そのものをとらえた。こうして人間は、彼が自己自身を意識し、自己自身を自我と呼ぶやいなや、世界への彼の関係の基本的な形式、世界の彼の受容を実現した。しかしこれ以前には意味からしても心的な発展からしても内容の単純な表象作用があり、これは主観も客観をも問題とはせず、まだ両者のあいだに分割されてもいない。そして他の面からみれば、この内容そのものも論理的な概念的な構成として、同じように主観的な実在か客観的な実在かの決定の彼方にある。われわれはいかなる任意の対象をも純粋にその諸規定とそれらの関連にしたがって考えることができ、諸性質のこの観念的な複合が客観的な存在としてあるか、あるいはあることができるかは、まったく問題とはしない。もちろんそのような純粋な事実内容も考えられるから、それも表象であり、そのかぎりは主観的な構成である。とはいえ主観的なものはここではたんに表象作用の動的な行為、あの内容を受け入れる機能にすぎない。内容そのものはまさに、この表象されることとは独立したあるものとして考えられる。われわれの精神には、内容をそれが考えられることとは独立に考えるという注目すべき能力がある。――これは精神のそれ以上には還元できない原初的な性質である。そのような内容は概念的あるいは実際的な関連と規定とをもち、これらの関連と規定はなるほど表象されることはできるが、しかしそのなかには解消されず、それらが私の表象作用に受け入れられるか否かにかかわりなく、――同様にまたそれらが客観的な実在に受け入れられるか否かにもかかわりなく妥当する。すなわち表象作用の内容と内容の表象作用とは一致しない。こうしてあの未分化な原始的な表象作用を、たんに内容が意識されていることのなかにのみ存在するのに、主観的と呼ぶことができないのは、それがまだ主観・客観の対立にけっして浸されていないからであるが、これと同様に事物あるいは表象のこの純粋な内容も何か客観的なものではなく、この分化した形式からもその反対からも自由であり、あらかじめいずれかの形式に自己を表現する用意ができている。主観と客観とは同じ行為において生まれるが、論理的には純粋に概念的な観念的な事実内容が、あるときは表象作用の内容として、他のときには客観的な現実の内容としてあたえられ、――心理的には人物と事物とを無差別状態に含んでいるまだ自我のない表象作用が自己分裂し、自我とその対象とのあいだに距離が成立し、この距離によって両者のそれぞれが初めて他から区別された自己の本質をうけとることによってである。

ところで結局はわれわれの知的な世界像を成立させたこの過程は、意志による実践の内部においてもまた行われる。ここでもまた欲求し享楽し評価する主体と、価値として評価された客体とへの分離は、完全な心的な状態も実践的な領域の総体的な実際の体系をも包括してはいない。人間がなんらかの対象をたんに享楽するかぎり、それ自体において完全に統一的な行為がある。われわれはそのような瞬間においてもつ感覚は、われわれに対立する客体そのものの意識も、またその瞬間的な状態から分離した自我の意識をも含まない。ここにもっとも深くもっとも高い種類の諸現象がたがいに遭遇する。粗野な衝動、とりわけ非個人的・一般的な性質のそれは、対象においてみずからを失うことのみをもとめ、これにとってはたんにその満足のみが問題であり、何によって満足がえられたかはどうでもよい。意識はもっぱら享楽によってみたされ、一方においては享楽の担い手に、他方においてはその対象に強調を分けて向かせはしない。他方においてまったく醇化した美的な享楽も同じ形式を示す。ここでもまた「われわれはわれわれ自身を忘れさる」が、しかしわれわれはもはや芸術作品をもまた、われわれに対立するものとは感じない。なぜなら心は完全にそれと融合し、それを自己に吸収するとともに、自己をそれに捧げたからである。そこでと同じようにここでも心理的な状態は、主体と客体とのあいだの対立とはまだ、あるいはもはやかかわりをもたず、新しく始まる意識過程がはじめてこのとらわれない統一からあのカテゴリーを解き放ち、こうしていまや初めて純粋な内容享楽を、一方では客体に対立する主体の状態として、他方では主体から独立した客体の作用として考察する。主体と客体との素朴・実践的な統一を分裂させ、両者を――一方を他方において――はじめて意識させるこの緊張は、欲求するという単純な事実によってさしあたりは作りだされる。われわれがまだ所有もせずまた享楽もしないものを欲求することによって、その内容がわれわれと対立する。なるほど発達した経験的な生活においては、できあがった対象がわれわれの前にあり、あとからはじめて欲求される。――なぜなら意欲の出来事以外に他の多くの理論的および感情的な出来事が、心的な内容の客観化へと作用するからである。とはいえ実践的な世界そのもののみの内部においては、その内的な秩序とその理解可能性からすれば、客体そのものの成立と主体によって客体が欲求されることとは相関概念であり、享楽過程の直接の統一を分裂させる分化過程の二つの側面である。人びとの主張したことであるが、客観的な現実についてのわれわれの表象は、われわれがとりわけ触覚によって事物について経験する抵抗から生じる。このことはただちに実践の問題へ移すことができる。われわれが事物をはじめて欲求するのは、事物がわれわれの使用と享楽とに無条件に委ねられてはいないばあい、すなわち事物がまさに使用と享楽に何らかの抵抗を示すことによってである。内容がわれわれに対立するやいなや、それは対象となる。しかもそれが不可侵性を感じられることにおいてのみでなく、まだ享楽されないという距離においてもであり、この距離の主観的な側面が欲求である。カントがかつて、経験の可能性は経験の対象の可能性であり、――なぜなら経験することは、われわれの意識が感性感覚を対象へ形成することであるから――といったように、欲求の可能性は、欲求の対象の可能性でもある。こうして成立した客体は、主体からの距離によって、主体の欲求が設定するとともに克服しようともする距離によって特徴づけられ、この客体をわれわれは価値と呼ぶ。享楽そのものの瞬間は、そこでは主体と客体とが対立を消すから、いわば価値を消費する。価値は主体からの分離において初めて対立者として、客体として再び成立する。平凡な経験であるが、われわれが多くの所有物を初めて正しく価値として評価するのは、われわれがそれらを失ったときであるということ、欲求された事物のたんなる拒絶が、享楽が達せられればほとんど生じない価値をしばしば事物にあたえるということ、われわれの享楽の対象からの隔離――遠離の直接の意味と転用された意味とのすべてにおいて――が、それらの対象を輝かしい光と高められた魅力とのなかに示すということ、――これらのすべては基礎的な事実、すなわち価値は享楽瞬間の破壊されない統一においては生じることなく、その内容が客体として主体から分離され、いまやはじめて欲求されたもの、それを獲得するには距離と妨害と困難の克服が必要なものとして主体に対立することによるという事実の派生と変容と混合形式である。右の類推をふたたび使用すれば、究極においておそらく現実は、それがわれわれにする抵抗によってわれわれの意識におし入るのではなく、抵抗感と妨害感とが結びついた表象をわれわれは客観的に現実的な表象、われわれから独立にわれわれの外部に存在する表象と呼ぶ。このように事物は価値があるからそれを獲得することが困難なのではなく、それを獲得しようとするわれわれの欲求に妨害を対置する事物をわれわれは価値をもつと呼ぶ。この欲求がいわば妨害に砕けるか、それとも堰止められるかによって事物に重要性が生じるが、妨害されなかった意志であれば、その重要性の承認へはけっして誘われなかったであろう。

価値はこのように欲求する自我と同時に、しかもその相関として同じ分化過程において現れるが、この価値はそれをこえてより広範なカテゴリーに属している。これは理論的な表象作用の途上において獲得された客体にも妥当した同じカテゴリーである。そこで明らかとなったのは、内容は一方では客観的な世界において実現され、他方では主観的な表象としてわれわれのなかに生きるが、この両者の彼方に独自の理念的な威厳をもつということである。三角形の概念や有機体の概念、因果性や万有引力の法則は論理的な意味、その内的な構造の妥当性をもち、それらはなるほどそれによって空間と意識とにおけるその現実化を規定するが、しかしそれらはたとえそのように現実化されなくても、妥当するものあるいは意味あるものという、それ以上は分解できないカテゴリーに属し、空想的あるいは矛盾ある概念形象からは無条件に区別されるであろうが、それでもそれらは物理的あるいは心的な非実在の点ではこれらの概念形象とまったく同じである。ところで領域変化によって制約された変更を加えれば、主観的な欲求の客体のものとなる価値についても事情は類似している。われわれが一定の命題を真として表象するばあい、その真理性はこのように表象されていることには従属しないという意識をともなうように、——われわれは事物と人間と事件にたいし、それらがたんにわれわれによってのみ価値ありと感じられるのではなく、たとえだれもそれらを評価しなくとも、価値があるということを感じる。もっとも簡単な例は、われわれが人間の性向、道徳的な、高潔な、力強い、美しい性向にあたえる価値である。そのような内的な性質がつねに行為に現れ、行為がその価値の承認を可能にしたり、あるいは強制するかどうか、さらにその性質の担い手自身が、自己の価値の感情によってその性質を反省するかどうか、これらはわれわれにはそれらの価値という事実にとって無関係であると思われるのみではなく、それが承認され意識されることにたいするこの無関係が、まさにこれらの価値の特徴的な色彩をなす。そしてさらに、知的なエネルギーとそれが自然のもっとも密かな力と秩序とを意識の光のなかに高めるという事実、個人の心という狭い空間においてなお過度の苦悩についての悲観的な主張が正しいばあいでさえ、無限の重要性によってすべての外的世界に優越している感情の威力とリズム、人間の彼方に自然が一般に確固とした規範の確実さのなかに運動していること、自然の多様な形態がそれでも全体の深い統一性に余地をあたえること、自然の機構は理念による解釈を避けもしなければ、美と優美とを生みだすことを拒みもしないということ——これらのすべてからわれわれが想像するのは、これらの価値が意識によって感じられようと感じられまいと、世界はまさに価値に富むということである。そしてこのことは下方へ進んで、われわれが交換取引の客体に認める経済的な価値量にいたり、だれも相当の価格を認めようとはしないばあいでさえ、さらにはそれが一般に要求されずに売れないままであるばあいでさえ、そうである。この方向にむかってもまた精神の基本的な能力は効力を現す。すなわち精神が自己のなかに表象する内容に同時に対立し、これらの内容を、それらがこの表象されることとは無関係であるかのように表象するという能力である。たしかにわれわれが感じる価値はすべて、そのかぎりにおいてはまさに感情である。とはいえわれわれがこの感情をもって考えるものは、それだけで意義ある内容であり、これはなるほど感情によって心理学的に実現されるが、しかし感情と同一でもなければ、また感情によって汲みつくされもしない。明らかにこのカテゴリーは価値の主観性と客観性についての論争の彼岸にある。なぜならこのカテゴリーが、それなくしては「客体」が可能ではない主体との相関性を拒否するからである。それはむしろ第三のもの、理念的なものであり、これはなるほど二元対立に入り込みはするが、しかしそのなかに解消はしない。その領域の実践的な性格に対応してこのカテゴリーは、主体への特別な関係形式を自由に使用するが、このことは、われわれの理論的な表象のたんに抽象的に妥当する内容の保留には欠けている。この形式が要求あるいは請求と呼ばれる。なんらかの事物や人物、関係や出来事に付着する価値は、承認されることを要望する。この要望はもちろん出来事としてはたんにわれわれ主体のなかにのみ見つけられる。とはいえわれわれがこの要望にしたがうことによってここに感じるのは、われわれはそれによってたんにわれわれ自身からわれわれ自身に提起された要求をみたすだけではない——まさに同じようにもちろん客体の規定を模写もしない——ということである。われわれがそれを宗教的な感情へかりたてるなんらかの具体的な象徴の意義は、一定の生活状態を変革あるいは存続させ、それをさらに発展あるいは復元させようとする倫理的な要求、大事件にたいし無関心にとどまらずにわれわれの内面性をそれに反応させようとする義務的な感情、たんに受容されるのみでなく美的な評価の関連のなかに位置づけられようとする直観的なものの権利、――これらのすべては、なるほどもっぱら自我の内部においてのみ感じられあるいは実現される要求であり、客体そのもののなかに対像あるいは客観的な出発点を見いださないが、しかし要求としては自我のなかにおさめられないし、要求が関係する対象のなかにおさめられもしない。自然的な事実性から見れば、そのような要求は主体的とも思われようし、主体から見れば、なにか客体的なものとも見えよう。現実においてそれは、主体と客体とからは合成されない第三のカテゴリーであり、いわばわれわれと事物とのあいだの何物かである。すでに述べたことであるが、事物の価値はあの内容形象に属し、われわれはそれらを表象することによって、それらをわれわれは、この表象されることの内部のそれでもなお自立的なあるものとしてと同時に、それをわれわれのなかに生かす機能から解放されたあるものとしても感じる。ところでこの「表象作用」は、価値がその内容を形成するばあい、厳格にみるとまさに要求の感覚であり、あの「機能」は要求であり、この要求はそのようなものとしてわれわれの外部に存在しないが、しかしにもかかわらずその内容よりすれば理念の王国に由来し、この理念の王国はわれわれのなかには存在せず、また価値評価の客体にその性質として付着もしない。内容形象はむしろ、評価の客体があの理念の王国の秩序におけるその地位によって、主体としてのわれわれにとってもつ意義において成立する。この価値は、それが承認されることには依存しないとわれわれが考えるものであり、形而上学的なカテゴリーである。そのようなものとして価値が主体と客体との二元対立の彼方にあるのは、ちょうど直接の享楽がこの二元対立の此方に立ったのと同じである。後者は具体的な統一であり、あの分化的なカテゴリーはそこへはまだ適用されず、前者は抽象的あるいは理念的な統一であり、その自律的な意義のなかに二元対立はふたたび消滅している。――これはすべてを包括する意識関連――これをフィヒテが自我と呼んだ――においては、経験的な自我と非経験的な非我との対立が消滅しているのと同じである。機能とその内容との完全な融合の瞬間には享楽が主体的とは呼ばれないが、これはいかなる客体も主体概念を正当化するように対立していないからであるが、同様に自律的に存在しそれ自体に妥当する価値がけっして客観的なものでないのは、価値がそれを考える主体からまさに独立に考えられ、なるほど主体の内部で承認されることの要求として現れるが、しかしまたこの要求のみたされないことによってその本質のなにもが失われはしないからである。

日常の生活実践が経過する価値感覚にとっては、概念のこの形而上学的な純化は考察されない。ここで問題となるのはたんに主体の意識のうちに生きている価値と、この心理学的な評価過程において対象として成立する客体性のみである。先ほど示したことであるが、価値形成のこの過程は享楽者と彼の享楽の原因とのあいだの距離の成長とともに実現する。そしてこの距離の大きさが変化することによって——距離が消滅している享楽からではなく、距離とともに成立し享楽が克服しようとする欲求から測られて——いまや初めて生じるのは、主体的と客体的として区別できる価値強調のあの差異である。経済はあの客体の評価にもとづくが、少なくともこの客体にとっては価値はたしかに欲求の相関物である。——存在の世界が私の表象であるように、価値の世界は私の欲求である。とはいえ欲求衝動のすべてがその満足を対象に期待するという論理的・官能的な必然性にもかかわらず、欲求衝動は多くのばあいはその心理的な構造からそれでもこの満足のみにむかい、したがって対象そのものは、それがたんに衝動をしずめさえすればまったくどうでもよい。男性が個人的な選択なしに任意のどの女性にも満足するとき、人がたんに咬んで消化できさえすればなんでも食べるばあい、人がいかなる寝床においても眠るとき、人の文化要求が自然によってただちにあたえられたごく単純な素材によって満足させられるとき、——ここでは実践的な意識はまだ完全に主観的であり、それはもっぱら主体の固有な状態と、その興奮と鎮静とによってみたされ、事物への関心は、それらがこの作用の直接の原因であるということに限られる。原始人の素朴な投射欲、つまり内面性を自明として受け入れて外部へむけられた彼の生活を蔽うのは、なるほどこれである。とはいえ意識された願望はかならずしも、現実に作用している価値感覚の十分な指標とみなされるわけではない。われわれの実践的な力の指導における理解しやすい合目的性は、われわれに十分にしばしば対象を価値あるものとして提示するのに、われわれをもともと刺激するものは、その実際的な意義における対象ではなく、対象がわれわれにあたえる主観的な欲求満足である。この状態から——これはもちろん必ずしも時間的に最初の状態ではなく、もっとも単純ないわば体系的に最初の状態とみなされるべき——意識は二つの道——とはいえこの道はふたたびひとつになる——をへて客体そのものへ導かれる。すなわち同じ欲望が若干の満足可能性、さらにおそらくはすべての満足可能性を退けて唯一の満足可能性を残すやいなや、それゆえそこでは満足一般ではなく、一定の対象による満足が望まれ、そこでは主体から客体への原理的な転換の道が開かれる。もちろん次のような異議が提起されるかもしれない。すなわち、それでもあらゆるばあいに問題となるのは、たんに主観的な衝動の満足のみであり、後者のばあいには衝動そのものがすでにそれ自体から分化し、たんに正確に規定された客体のみがそれを満足させるにすぎず、それゆえここでもまた対象はたんに感覚の原因としてのみ評価され、それ自体においては評価されない。衝動の分化がきめて排他的に尖鋭化して衝動を、現実に衝動を満足させる単独の客体へむけ、他の客体による満足がまったく排除されれば、この異議はたしかに問題となる区別を無効にするであう。とはいえこのことはきわめて稀な例外的事例である。きわめて分化した衝動が発展してくるより広範な基礎、欲望の根源的な普遍性は、まさにたんに駆りたてられることのみを含み、まだ目的の個別規定を含まず、さらにまた満足願望の狭小化が初めてその独自の特殊性を意識する基礎でありつづけるのをつねとする。主体の洗練化は主体の欲求を満足させる客体の圏を制限することによって、主体はその欲求の対象を他のすべての対象に鋭く対立させる。これらは欲求そのものをまたしずめるであろうが、しかしそれにもかかわらずいまやもはや求められない。客体のあいだのこの相違が周知の心理学的な経験にしたがって、意識をとくに高い程度において対象へむけ、対象を意識において独立の意義をもつ対象として出現させる。この段階において欲望は対象によって決定されると思われ、実践的な感覚は、衝動がもはやあのおよそ可能な満足へつき進まなくなるにつれ、ますます〈出発点〉ではなく〈到達点〉によって導かれる。こうして客体そのものが意識のなかに占める空間は拡大する。このことはまたなお次のこととも関連する。人間が彼の衝動によって暴力的に抑制されているかぎり、彼にとって世界はもともと無差別な集塊である。それというのもそこでは世界は彼にとっては、衝動満足のたんにそれだけでは取るに足らぬ手段を意味し、さらにこの効果もまた多くの原因から生じることができ、そのかぎりその独立の本質における対象にはいかなる関心も結びつかない。しかしわれわれがまったく特別な唯一の客体を欲求するということは、われわれがそもそも客体を欲求するという事実をより鋭い意識に高める。しかしこの意識はいわばより理論的な意識であり、これはたんに自己の消滅へとつき進む衝動の盲目的なエネルギーを引き下げる。

欲求の分化的な尖鋭化は欲求の基本的な強制力の弱化と手を携えて進行するから、意識においては客体のための場所はより多くなる。あるいはまさに他の側面からみれば、欲求の洗練化と特殊化とは意識を強制して客体へより大きく献身させるので、独我論的な欲求から一定量の力が奪われる。いたるところで情動の弱化、すなわち瞬間的な感情内容への自我の無条件な献身の弱化は、われわれに対立する存在形式への表象の投入と、つまり表象の客観化と相互に関係している。こうして例えば自己を吐露できることは、情動の有力な鎮静手段のひとつである。内的な経過は言葉のなかにいわば外にむかって投射され、人はそれをいまや知覚できる構成として自己と対立させ、それによって情動の激しさをそらす。激情の鎮静と、存在と意義とにおける客観的なものそのものの表象とは、同一の根本過程の二つの側面にすぎない。内的な関心のたんなる欲求とその満足からの客体への転換は、欲求満足の可能性を狭めることによるが、明らかに客体の側からも同じように生みだされ高められる。——客体が満足を困難とし稀とし、たんに迂路をへて特別な力の投入によってのみ達成できるものとすることによる。すなわちわれわれがきわめて分化した欲求、たんにまったく選ばれた客体のみに向けられた欲求を前提としても、それでもこの欲求もまたその満足を、それが困難も抵抗もなく提供されるかぎり、なお相対的には自明のこととして受け取るであろう。事物の固有の意義を認識するに重要なもの、これはそれでも、事物とわれわれの受容とのあいだに形成される距離である。これはたんに、人が事物の客観的な形象を得るためには事物から遠ざかり、われわれと事物とのあいだに空間をおかねばならないという多くのばあいのひとつにすぎない。たしかにその形象は、距離の過大あるいは過小のさいの不明瞭や歪曲された形象と同じように主体的・視覚的に規定されている。とはいえまさに距離の極端なばあいに主体性は、認識作用の内的な合目的性から特異な強調を得る。もともと客体はたんにそれへのわれわれの関係のなかにのみ成立し、まったくこの関係に融解し、それがこの関係にもはやただちに従わなくなれば、それに応じて初めてわれわれに対向する。事物への本来の欲求は、事物の自立存在をまさに克服しようとすることによって、それを承認するが、このような欲求が成立するのは、願望と成就とが一致しないばあいである。享楽の可能性がはじめて未来像としてわれわれの現在の状態から分離され、それによってわれわれは、いまはわれわれから隔たっている事物を欲求する。知的なものにおいてわれわれがなお子供のばあいに観察する直観の根源的な統一は、ようやく次第に自我の意識と自我に対立する客体の意識とに分裂とするが、これと同様に素朴な享楽が初めて事物の重要性についての意識に、事物へのいわば尊敬に余地をあたえるのは、事物が享楽から遠ざかるばあいである。ここでもまた欲求情動の弱化と価値の客体化の始まりとのあいだの関連が現れるが、これは意欲と感情との基本的な激しさの減少が、自我の意識されることを促進することによる。人格がなおあますところなく瞬間の情動に身を捧げ、まったくそれによってみたされ受け入れられるかぎり、自我はまだ形成されることはできない。むしろ自我の意識はその個々の興奮の彼方にたち、どの興奮も全人間をもはや熱狂させないばあい、初めてこれらの興奮のあらゆる変化のなかでの持続的なものとして現れることができる。個々の興奮はむしろ全人間のある部分をとらえないままであるはずであり、この部分はそれらの興奮の対立の無差別点をなし、それゆえ興奮の一定の減少と制限にして初めて自我を、同じでない内容のつねに同じ担い手として成立させる。しかし自我と客体とがわれわれの生存のありとあらゆる領域において相関概念であり、これらは表象作用の根源的な形式においてはまだ未分離なままにあり、この形式から一方が他方において初めて分化して現れるが、――これと同じように客体の自立的な価値もまた自立的となった自我への対立において初めて展開するであろう。われわれが客体について経験する反発や、客体の獲得の困難や、願望と成就とのあいだに介入する待ち時間と労働時間が、初めて自我と客体とを分離させるのであり、欲求と満足との直接の並存においては両者は未発達のままに別々には強調もされないままである。ところで客体のここで作用している規定が、たんにそのたんなる稀少性――その被欲求性とは相対的に――にあるにせよ、あるいは積極的な獲得努力にあるにせよ、いずにしても客体はそれによって初めてそれとわれわれとのあいだに距離を設定し、この距離が結局は客体に、それがたんに享楽される以上の価値をあたえることを許す。

こうして人は次のように言うことができる。客体の価値はなるほどそれが欲求されることに基づくが、しかしその絶対的な衝動性を失った欲求にであると。しかし同じように客体も経済的な価値にとどまろうとすれば、それはその価値量を、実際に絶対的な価値量のように作用するほどの高さまでは上昇させることを許されない。自我と自我の欲求の対象とのあいだの距離は、――調達の実際的な困難によるにせよ、価格の法外な高さによるにせよ、対象への努力に対抗する道徳的あるいは他の種類の考慮によるにせよ――きわめて大きなものになることができ、ここにはいかなる現実の意志行為も生じず、むしろ欲求も消滅するか、あるいは影のような願望となる。主体と客体とのあいだの距離は、その成長とともに価値、少なくとも経済的な意味での価値を成立させるが、それゆえに下と上とに限界をもち、したがって価値の程度は、要求された事物の獲得に自然的、生産的、社会的な機会に応じて対抗する抵抗の程度に等しいという定式は、実情をついてはいない。もし鉄の獲得に、たとえば呼吸のための空気の獲得によりもより大きな困難がたちはだからなければ、たしかに鉄はいかなる経済的な価値でもないであろう。しかし他方においてこれらの困難が一定の程度以下に下がればこそ、人はそもそも鉄を加工して多くの道具にすることができ、これらが鉄を価値あるものとする。あるいはまた多産な画家の作品は、芸術的完成度が同じであれば、生産の少ない画家の作品よりも安価であると主張されたが、このことも一定の量的限界をこえて初めて正しい。それというのもまさに画家に一定量の作品があればこそ、それによって彼はそもそも初めて彼の画像の価値を高める名声を一度は獲得することができるからである。このようにさらに若干の紙幣本位国においてはまさに金の希少性がもたらしたのは、下層の人びとがたまたま金を提供されても、もはやけっしてそれを受け取ろうとはしないということであった。さらに貨幣実体への貴金属の資格がその希少性に基づくとされるのをつねとすれば、まさにこの貴金属にたいして理論が見のがしてならないのは、この希少性の意義がかなりの著しい頻度をこえて初めて現れることができ、この頻度なしにはこの金属は実際の貨幣需要にまったく役立たず、それゆえにそれが貨幣素材としてもつ価値をまったく獲得できないということである。おそらくはたんに実際上の物欲のみは、与えられたいかなる量の財貨をもこえて要求し、それゆえいかなる価値でも不十分と思うから、たいていのばあいに価値の条件を形成するのは希少性ではなく、希少性と非希少性のあいだの一定の中間であるということを誤認する。希少性の契機は僅かな考慮の示すように、差異感覚の意義のなかに組み入れることができ、頻繁性の契機は習慣の意義に組み入れることができる。いまや生活はいたるところで二つの事実、すなわちその内容の相違とともに変化が必要であり、そしてそれぞれの内容への慣れが必要であるという、この二つの事実の割合によって規定され、ここではこの普遍的な必然性が特殊な形式、すなわち事物の価値は一方では希少性、それゆえ目立つこと、特別な注目を必要とするが、しかし他方では一定の広がり、頻度、持続を必要とし、これによって事物は一般に価値の閾(いき)をこえる。

ある例は経済的な価値とはまったく無関係であり、まさにそれゆえにまた価値の原理的な側面を明らかにするに適しており、この例においてここに客観的と考えられている評価にとっての距離化の一般的な意義を示したい。すなわち美的な評価においてである。現在われわれが事物の美への喜びと名づけるものは、比較的遅くに発展してきた。それというのも美の喜びの個々の事例が、現在もなおいかに多く直接に感性的な享楽を提示しようとも、それの独特なものはそれでもまさに、事象がたんにわれわれに引き起こす感性的あるいは超感性的な興奮の状態ではなく、事象を評価し享楽する意識のなかにもとづくからである。教養ある人であればだれも、女性美への美的な喜びと感性的な喜びとのあいだを原理的に明確に区別するであろう。とはいえ彼はおそらくは個々の現象にたいして、彼の全感情のこの構成要素を相互に区分はできないであろう。ある関係においてはわれわれは客体に身を委ね、他の関係においては対象がわれわれに献身する。美的な価値は他のすべての価値のように、事物そのものの性質とは無関係であり、事物への感情の投射であるかもしれないが、それでも美的な価値に特有なのは、この投射が完全なものであること、すなわち感情内容がいわば完全に対象のなかに入りこみ、自己の規範によって主体に対立する重要事として、対象であるなにものかとして現れるということである。ところで事物の原始的な享楽からすべての高い享楽が出発したはずであり、それでもこの原始的な享楽はたしかにたんに事物の主体的・直接的な享楽可能性と有用性のみと結びついていたからには、事物についてのこの客観的で美的な喜びが、歴史的・心理的にいかにして現れたか。おそらくまったく簡単な観察がわれわれにそれへの解答の鍵をあたえる。なんらかの種類の客体がわれわれに大きな喜びあるいは奨励をあたえたとすれば、われわれはこの客体を後に見かけると、いつも喜びの感情をいだく。しかも今はそれの利用や享楽がもはや問題にならなくてもそうである。こだまのように共鳴するこの喜びはまったく独自の心理学的な性格をおび、この性格を規定するのは、われわれが現在はこの対象についてはなにも意欲しないということである。以前はわれわれを対象と結びつけていた具体的な関係に代わって、いまや対象のたんなる直感が快適な感覚の原因としてあらわれる。われわれは今は対象の存在をふれずにおくので、われわれの感情はたんに対象の現象のみと結びつき、対象のうちなんらかの意味において消費されるものとは結びつかない。要するに対象はわれわれにとって、以前はわれわれの実際的あるいは幸福論的な目的にとって価値があったのに、今はわれわれは対象により控え目に、より離れて、それに触れないで対立するから、それは対象のたんなる直感像であり、これがわれわれを喜ばす。ここにすでに思われるのは、美的なものの決定的な特徴があらかじめ形成されているということであり、このことがただちに明白に示されるのは、個人心理学的なものからの感覚の種族的な発展へのこの転換を立ち入って追及するばあいである。人びとはすでにずっと以前から美を有用性から導き出そうとしてきたが、しかしたいていは両者をたがいに接近させすぎ、美の卑俗な粗悪化にはまり込んだままである。この粗悪化を避けるのは、人が外面的な合目的性や感性的・幸福論的な直接性をたんに種族の歴史のはるかに遠くまで押しもどすばあいであり、そこではわれわれの有機体の内部のこれらの事物の像に本能的あるいは反射的な快感が結びつき、この快感がいまや、この肉体的・心理的な結合を遺伝された個人のなかに作用するようになり、対象の有用性が彼自身に意識されなくても、あるいはそれが存続しなくてもそうである。このように獲得された結合の遺伝にかんする論争に立ち入る必要はない。というのもわれわれの関連にとって十分なのは、あたかも獲得された性質が遺伝的であるかのように現象が経過するということだからである。こうしてわれわれにとって美しいのはまず第一には、種族にとって有用であると示されたものであり、それゆえわれわれが個人としてこの客体に具体的な関心をもたずとも、それの知覚はわれわれに快感をあたえる。――このことはもちろん個人的な趣味の一様性をも、また個人的な趣味の平均的あるいは種族的な水準への拘束をも意味しない。一般的な有用性のあの余韻がまったくさまざまな個人の心に受け入れられ、まったく偏見のない特殊性にまで形成される。――したがって人がおそらくは言うことができるのは、快感情の最初の誘因の現実からのあの分離は結局はわれわれの意識の形式となり、その形成を促した最初の内容から独立し、心的な状況をこの形式のなかに成長させた他のどのような内容も受け入れる用意ができているということである。われわれが実利主義的な快感になお誘因をもつばあいには、事物にたいするわれわれの感情は独特に美的な感情ではなく、具体的な感情であり、これは一定の距離化、抽象、純化によって美的な感情への変形をとげる。ここに生じるのはたんにきわめて頻繁なこと、すなわち一定の結合が一度設立されれば、結合させる要素はその任務がもう要求されないから脱落するということである。一定の有用な客体と快感情とのあいだの結合は種族において、遺伝されることができる機構が、あるいは他のなんらかの仕方で伝えられた機構によってきわめて強固となり、いまやすでにこの客体のたんなる一瞥(いちべつ)が、われわれがその有用性を享楽しなくとも、われわれには快感となる。ここから説明されるのはカントが美的な無関心と呼んだもの、たんに対象の「形式」のみが、すなわち対象の可視性のみがあたえられているばあいの対象の現実の存在にたいする無関心である。ここから生じるのが、美のあの神化と超俗性とであり、――これは、われわれを今や美的に感じさせる現実の動機の時間的な遠隔によって引き起こされる。ここから美はなにか典型的なもの、超個体的なもの、普遍妥当的なものであるという観念が生じ、――それというのも種族的な発展は個々の動機や経験のすべての独特なもの、たんに個体的なものをずっと以前からこの内的な運動から浄化し去ったからである。ここから明らかとなるのは、美的な判断を合理的に基礎づけることの頻繁な不可能性と、美的な判断が往々にして個人としてのわれわれに有用もしくは快適であるものとまさに対立するということである。ところで事物の有用性価値から美的価値へのこの全発展は客観化過程である。わたしが事物を美しいと呼ぶとき、事物の性質と意義とは、それがたんに有用であるときとはまったく異なった仕方で、主体の気分と欲望からは独立している。事物がたんに有用であるかぎりは、それは代替可能であり、つまり同じ効果をもつ他のあらゆるものが、あらゆるものに代わることができる。事物が美しくなるやいなや、事物は個性的な独立存在を獲得し、あるものがわれわれにとってもつ価値は、たまたまその性質において同様に美しい他のものによってもけっして取り替えることができない。われわれは美的なものの成立を、この貧弱な暗示からその豊富な展開まで追及しなくとも、次のことを認識できる。すなわち価値の客観化が成立するのは、客体の評価の主観的・直接的な起源と客体についてのわれわれの瞬間的な感覚とのあいだに形成される距離の関係においてである。種族にとっての有用性は、最初は関心と価値とを対象に結びつかせるが、時間的にますます後退し、そのようなものとしてはますます忘れ去られるにつれ、それだけ客体のたんなる形式と直感とへの美的な喜びはますます純粋になる。すなわち客体はますます独自の品位をもってわれわれに対立し、われわれはますます客体に偶然の主観的なその享楽に終わらない意義をあたえ、われわれが事物をたんにわれわれにとっての手段としてのみ評価するといった関係は、ますます事物の自立的な価値に席をゆずることになる。

　この例を選んだのは、距離化と名づけたものの客観的な作用が時間的な間隔において特に明らかになるからである。この経過はもちろん内包的で質的であり、したがって距離による量的な表示はたんなる象徴的な表示にすぎない。それゆえ同じ効果を一連の他の諸契機によって、すなわち客体の希少性、獲得の困難性、断念の必要性によって引き起こされることができるのは、実際にはすでに示されたところである。ところで経済にとって本質的なこれらの事例において事物の重要性は、つねにわれわれにとっての重要性であり、したがってわれわれの承認に依存したままではあるが、――それでも決定的な転換はこうである。すなわち事物はこの発展の後は力と力のように、実体と能力との世界のようにわれわれに対立し、それがわれわれの欲求を満足させるかどうか、さらにどれほど満足させるかを、その性質によって決定し、われわれに従うまえに闘争と辛苦とをわれわれに要求する。断念の問題――やはり結局は問題となる感覚の断念の――が現れてはじめて、意識を感覚の対象へ向ける誘因があたえられる。楽園の観念が様式化した状態、主体と客体とが、欲求と満足とがまだ分離しては成長していない状態、――この状態は歴史的に限定された時期の状態などではなく、いたるところにさまざまな程度において出現する状態であり、――たしかに解体へと規定されているが、しかしまさにそれによってまたふたたび融和へと規定されてもいる。あの距離化の意味は、融和が克服されるということである。われわれと事物とのあいだに介入する憧憬、努力、犠牲は、それでも事物をわれわれに導くはずのものである。距離化と接近とは実践的なものにおいてもまた相互概念であり、それぞれが他方を前提とし、両者が事物への関係の側面を形成し、それをわれわれは主観的にはわれわれの欲求と呼び、客観的には事物の価値を呼ぶ。われわれは享楽した対象をふたたび欲求するためには、もちろんそれをわれわれから遠ざけなければならない。しかし遠くにあるものにたいしてはこの欲求が、接近の最初の段階であり、それへの最初の観念的な関係である。欲求のこの二重の意義、すなわち欲求はたんに事物にたいする距離においのみ成立することができ、欲求はまさにそれを克服しようとするということ、しかしそれでも存在する距離がそもそも感じられるためには、欲求は事物とわれわれとのあいだの何らかの近接をすでに前提するということ、――これをプラトンは美しい言葉、愛は所有と非所有の中間の状態であるという言葉によって表現した。犠牲の必要性、欲求は無償では満足させられないという経験は、この関係のたんに尖鋭化あるいは強調にすぎない。それはわれわれにわれわれの現在の自我と事物の享楽とのあいだの隔離をきわめて強烈に意識させるが、しかしまさにその隔離がわれわれをその克服への道へ導くということによってである。距離と接近との同時的な成長へのこの内的な発展は、明らかにまた歴史的な分化過程としても現れる。文化は関心圏の拡大を引き起こす。すなわち関心の対象が見い出される周辺が中心から、すなわち自我からますますはるかに離れさるということである。しかしこの遠離はたんに時を同じくする接近によってのみ可能である。現代の人間にとっては、彼から数百あるいは数千マイル離れている客体や人物や出来事が重要な意義をもつとすれば、それらはまずは彼には自然人よりも近くにもたらされていなければならない。自然人にとってはこのようなものはまったく存在しない。それゆえそれらは自然人にとってはなお一般に近接と遠離といった積極的な規定の彼方にある。この双方はあの無差別状態から相互作用しながら発展するのをつねとする。現代の人間は自然人とはまったく違ったふうに労働しなければならず、まったく強度の異なった努力を行わなければならない。すなわち彼と彼の意欲の対象とのあいだの間隔は、きわめてはるかに大きく、両者のあいだにははるかに厳しい諸条件が横たわっている。しかしその代わりに彼が観念的には彼の欲求によって、現実的には彼の労働犠牲によって手にいれたものの量は、限りなくはるかに大きいものである。文化過程は——衝動と享楽の主体的な状態を客体の評価へ移す文化過程こそはまさに——事物にたいする近接と遠隔というわれわれの二重関係の要素をますます鋭く分離させる。

衝動と享楽との主観的な過程は価値において客体化する。すなわち客観的な諸関係からわれわれに生じるのは、障害や欠乏やなんらかの「代価」の要求であり、これらによって一般には、はじめて衝動と享楽との原因あるいは事実内容がわれわれから離れ、それとともに同一の行為においてわれわれには本来の「客体」と価値とになる。こうして価値の客観性あるいは主観性をめぐる概念的・根本的は問題は、一般には誤って提起されている。とりわけ主観性の意味における価値の決定が、いかなる対象をも価値尺度の例外のない普遍性にはもたらすことができず、むしろ価値尺度は所と人とによって、さらには時間によっても変化するということにもとづかせるのは、きわめて人を誤らせる。ここには価値の主観性と個人性とのあいだの混同がある。私が享楽することを欲求し、あるいは享楽するということが何かたんに主観的なものであるのは、そこには対象そのものへのそれだけの意識あるいは関心の強調がまったく含まれていないかぎりにおいてである。ところがまったく新しい過程として評価の過程がはじまり、意志と感情の内容は客体の形式を受け取る。いまや客体はある程度の独立性によって主体に対立し、主体に自己を委ねたり主体を拒否したりしながら、主体の獲得物に要求を結びつけつつ、本来は恣意的な主体の選択によって法則的な秩序へと高められ、そこで主体はあくまでも必然的な運命と制約とに遭遇する。この客体形式を受け取る内容がすべての主体にとって同じではないということは、これにとってはどうでもよい。全人類がまったく同じ評価を行うと仮定すれば、それによってこの評価には、評価がすでにまったく個人的な事例においてもつ評価をこえては、いかなる程度の「客観性」も成長しないであろう。それというのも内容がたんに衝動満足や享楽として機能する代わりに一般に評価されることによって、内容はわれわれからの客観的な距離にあり、この距離を決定するのは、障害と必然的な闘争、利得と損失、孝量と報酬といった実際的な規定であるからである。価値の主観性あるいは客観性への誤った問題がたえず繰り返し提起される理由はこうである。すなわち発達した経験的な状態においてわれわれは限りなく多くの客体を見いだし、これらは純粋に表象的な原因から客体となった。しかし既成の客体が一度はじめてわれわれの意識のなかに現れれば、客体のものとして成長した価値はもちろんもっぱら主観の側にあるように思われる。私が出発した最初の視座、存在の系列と価値の系列への内容の編入は、客観性と主観性への内容の分割とまったく同義であるように思われる。とはいえ、そのさい考慮されないのは、意志の客体そのものが表象作用の客体とは異なったものであるということである。両者がなおいかに空間系列と時間系列と質系列との同じ場所にあるにしても、欲求された対象は表象された対象とはまったく異なった仕方でわれわれに対立し、まったく異なったものをわれわれには意味する。思い起こすのは愛との類似である。われわれの愛する人間は、われわれが認識的に表象する人間とけっして同じ形像ではない。それによって意味するのは、情動が認識像にもたらす変転や偽造ではない。それというのも認識像はその内容がいかに変化しようとも、それでもつねに表象の領域と知的なカテゴリーの内部にとどまるからである。しかし愛人がわれわれにとって客体である様式は、知的に表象された人間とは根本的に異なり、愛人が論理的な同一性にもかかわらずわれわれには異なったものを意味するのは、ほぼミロのヴィーナスの大理石像が結晶学者には、美学者にとってとは異なったものを意味するのと同じである。このように存在要素は一定の規定からは「まったく同一」として認められながら、われわれには表象作用と要求作用というまったく異なった仕方において客体となることができる。これらのカテゴリーのそれぞれの内部においては主観と客観との対立は、異なった誘因と異なった結果とをもち、人びとが人間とその客体とのあいだの実践的な関係を、知的な表象の領域のみに妥当することのできる主観性と客観性とのあいだの二者択一の仕方と並べると、これはたんに混乱となるだけである。それというのも対象の価値はその色や重さと同じ意味において客観的ではないにしても、だからといってそれはまだけっしてこの客観性に対応する意味において主観的であるわけはない。そのような主観性はむしろたとえば錯覚によって生じる色彩、あるいは誤った推論が事物にあたえた性質、もしくは迷信がわれわれに実在を暗示した存在にふさわしい。これにたいして事物への実践的な関係は、まったく異なった種類の客観性を生みだすが、このことは、現実の状況が欲求と享楽の内容をこの主観的な生起そのものから奪いとり、それによって事物のために独特のカテゴリーを作りだし、このカテゴリーをわれわれは価値と名づけることによる。

ところで経済の内部においては、この過程は次のように経過する。すなわち犠牲あるいは断念の内容は、人間とその欲求の対象とのあいだにあるが、それは同時に他者の欲求の対象でもある。前者が他者の欲求する所有物あるいは享楽を断念しなければならないのは、後者が所有してはいるがしかし前者が欲求しているものを後者に断念させるためである。後に示すであろうが、孤立した自己生産者の経済もまた同じ定式に還元される。それゆえ二つの価値形成がたがいのなかへもつれあい、ひとつの価値を獲得するためには他の価値が投入されなければならない。これによって現象は、あたかも諸事物がそれらの価値をたがいに規定しあうかのように経過する。それというのも諸事物がたがいに交換されることによって、それぞれの事物は他の事物においてその価値の実際上の現実化と程度とを獲得するからである。このことは、対象の主体からの距離化のもっとも決定的な結果と表現とである。対象が主体に直接に近いかぎりは、欲求の分化、出現の希少性、獲得の困難と抵抗とが対象を主体から押しのけないかぎりは、対象は主体にはいわば欲求と享楽とではあるが、しかしまだ欲求と享楽の対象ではない。対象が欲求と享楽の対象となる過程はすでに示したが、この過程が完成するのは、対象が距離をおきながらも距離を克服して、とくにこの目的のために作製されることによってである。これによって獲得されのは、もっとも純粋な経済的な客観性、人格への主観的な関係からの対象の分離であり、そしてこの作製が他者のために行われ、他者もこれに対応することを前者のために行うことによって、対象が相互の客観的な関係のなかにあらわれる。価値が交換において受け取る形式は、主観性と客観性との厳格な意味での彼方の、すでに述べたあのカテゴリーのなかへ価値を組み入れる。価値は交換において超主観的、超個人的とはなるが、それでも事物そのものにおける実際的な質と現実とはならない。価値はいわば事物へのその内在的な実際性をこえた要求として現れ、たんにそれにふさわしい対価にたいしてのみ手放され、そのような対価のためにのみ獲得される。自我は価値一般の普遍的な源泉ではあるが、その産物からははるかに後退し、ために価値はいまや自我へその都度に立ち帰ることなく、その意義を相互に測定することができる。価値相互のこの純粋な客観的な関係は、交換によって実現され、交換によって担われるが、しかしその目的を明らかに価値の最終的な主観的享楽にもつ。すなわち交換関係のこの交付と客観的な均衡なしに可能であるよりも、より大きな数と強度の価値がわれわれの近くにもたらされるということにである。神の原理について言われたことであるが、神は世界の諸要素に力を授けたのちは身をひき、諸要素をこれらの力の相互の活動に委ね、いまやわれわれは独自の関係と法則にしたがう客観的な世界について語ることができる。そして神の力が世界過程のこの展望的な外への設定を、世界についての自己の目的をもっとも完全に達成するにもっとも適切な手段として選んだように、われわれは経済の内部において事物に、それの独自の質のように価値量をまとわせ、それから事物を交換運動に、あの量によって客観的に規定された機構に、非個人的な価値作用の相互性に委ねる。——この交互性から事物は増加し、享楽可能の度を強め、その出発点であった究極目的、すなわち主体の感情へたち帰る。これによって価値形成の方向は基礎づけられるとともに開始され、その方向にそって経済は遂行され、その帰結が貨幣の意味を支える。われわれはいまやその詳論にたち向かわなければならない。

二

経済的な流通のための技術的な形式は、その主観的・個人的な基礎から多少とも完全に分離した価値の王国を創造する。個人が対象を買うのは、彼がそれを評価して消費することを望むからであるが、彼がこの欲求を有効に表現するのは、たんに彼が欲求のために交換において提供した対象によって、またそれにおいてのみである。これによって主観的な過程が成長し、これが分化して機能と内容とのあいだの緊張が増大するなかで内容は「価値」となり、過程そのものは諸対象のあいだの超個人的な客観的な関係となる。人びとは彼らの願望や評価によって時に応じてあれこれの交換の実行へと刺激され、それによって彼らは彼らの価値意識にとって、ある客体の量は価値においては他の客体の一定の量に相当するという、その内容がすでに事物そのもののなかにある価値比率を実現するにすぎず、そしてこの比率は客観的に適切ないわば法則的なものとして、個人的なあの動機——それがここから出発しまたここに終わる——に対立するが、まさにこれと同じようにわれわれは倫理的な領域や他の領域の客観的な価値についてもこれに対応することを認める。少なくとも完全に発達した経済の現象はこのように生じるであろう。ここでは対象は、所与のそれぞれの瞬間に確立された規範と程度にしたがって流通し、これらの規範と程度によって対象は個人にたいして客観的な王国として対立する。個人は望むがままにこの王国に参加することも、参加しないこともできるが、彼が参加することができるのは、たんに彼の彼方のこれらの諸規定の担い手もしくは遂行者としてのみである。経済は——どこにおいても完全に非現実的ではないが、またどこにおいても完全に実現されてもいない——発展段階へ向かって努力し、そこでは事物はそれらの価値量を自動的な機構によってのように相互に規定しあう。——この機構が主観的な感情をその予備条件として、あるいはその素材としてどれほど受け入れたか、この問題とは関係がない。しかしまさに対象には他の対象が提供されるということによって、対象の価値はすべて、いやしくも到達できる明白さと具体性を獲得する。経済のあらゆる客体の価値を他の対象に表現させる秤量の相互性は、双方の客体をそれらのたんなる感情意義から引き上げる。すなわち価値規定の相対性はその客観化を意味する。すべての評価過程はもちろん人間の感情生活のなかにおいて行われるが、人間への根本関係がここでは前提され、それは事物のなかにいわば入り込んで成長し、この根本関係をあたえられて事物はあの相互的な秤量へ入り込むが、この秤量は事物の経済的な価値の結果ではなく、すでにその担い手あるいは内容である。

それゆえ経済的な交換という事実は、事物を主体のたんなる主観性への融合からとき離し、主体がその経済的な機能を事物そのものに投入することによって、事物を相互に規定させあう。実際に有効な価値を対象にあたえるのは、対象が欲求されていることだけではなく、他の対象も欲求されていることである。価値を特徴づけるのは、感覚する主体への関係ではなく、主体がこの関係へ犠牲を代償にして初めて到達することであり、他方からみればこの犠牲は享楽されるべき価値として、しかしあの価値そのものは犠牲として現れる。それによって客体は秤量の交互性を獲得し、これが価値をまったく特別な仕方において、事物そのものに客観的に内在する性質として現象させる。対象が取り引きされるとき、――それでもこのことが意味するのは、対象が示す犠牲が確定されることである――双方の当事者にとっての対象の意義は、個人が対象をたんに自己自身への関係において感じるばあいよりも、はるかにつよく何か当事者自身の外部にあるもののように思われる。そしてやがて後に見るであろうが孤立した経済もまた、それが経済人を自然の要求に対立させ、客体の獲得のための犠牲の同じ必要性を彼に課し、したがってここでもまた同じ関係が、たんに担い手を代えただけで、対象に固有な客観的な諸条件に依存する同じ自立的な意義を対象にそなえさせることができる。主体の欲求と感情とがたしかに原動力としてこれらすべての背後にあるが、しかし原動力そのものからはこの価値形式は生じることができず、それはむしろ客体相互の秤量のみにふさわしい。経済は評価の流れを交換の形式によって導き、人間世界のすべての運動の源泉である欲求とその運動が流れ込む享楽の満足とのあいだにいわば中間領域をつくり出す。特殊な流通および行動の形式としての経済の独特なものは、――逆説的な表現をいとわなければ――価値を交換するということよりも、むしろ価値を交換するということにある。たしかに事物が交換においてと交換によって獲得する意義は、この関係を根源的に決定するその主体的・直接的な意義とならんでまったく孤立して存在しているのではなく、むしろ両者は形式と内容とのように共に全体に属している。とはいえ客観的なこの過程はまた十分にしばしば個人の意識を支配し、その素材を形成するのが価値であるということをいわば抽象し、そのもっとも固有な本質を価値の相等性にかちとり、――これはほぼ幾何学がその課題をたんに事物の大小関係にのみ見いだし、実体のみにそれでもその関係が現実に成立しているのに、その実体とは関係させないのと同じである。こうして経済の考察のみではなく経済そのものもいわば、評価過程の包括的な現実からの実際の抽象において成立するが、このことは人間的な行為があらゆる心的な領域の内部においていかに抽象を当てにするかが明らかになれば、最初に思われるほどには奇妙ではない。事物の力と関係と質とは――そのかぎりはわれわれ自身の本質もこれに属している――客観的には統一的な融合を形成し、これは最初はわれわれのそれへとむかう関心によって、さらにわれわれによって加工されるために、多数の自立的な系列あるいは動機へと分裂する。こうしてそれぞれの科学が研究する現象は、科学の設定した観点のもとにはじめて自己完結的な統一性と他の科学の問題にたいする明確な限界をもつ。ところが現実はこの境界線を気にすることなく、世界のあらゆる断片が多種多様な科学の課題の集積を形成する。同じようにわれわれの実践は、事物の外的および内的な複雑さから一面的な系列を切りだし、こうしてはじめて文化の大きな関心体系を創造する。同じことは感情の活動にも現れる。われわれが宗教的にかあるいは社会的に感じるばあい、われわれが憂鬱になるか、もしくは世俗の喜びの気分になるばあい、われわれの感情の対象としてわれわれをみたすのは、つねに現実全体からの抽象である。――われわれの反応能力が、示された印象からたんにあれこれの共通な関心概念に属しているもののみをとらえるからであれ、あるいは反応能力が自ずとすべての対象に色彩をあたえ、対象そのものにおかれた色彩の正当化が、対象の全体において他の色彩の基礎づけと織りあわされて未分離な客観的な統一となるからであれ、そうである。このようにしてこれもまた、世界への人間の関係を把握することのできる次のひとつの定式である。すなわち事物の絶対的な統一と相互融合のなかではそれぞれが他をささえ、すべてが同じ権利であるが、われわれの実践とともに理論もまたこの絶対的な統一と相互融合から個々の要素を絶え間なく抽象し、これらを相対的な統一と全体へと結合する。われわれはまったく一般的な感情においてのほかは、存在の全体へのいかなる関係ももたず、われわれがわれわれの思考と行為との欲求にもとづいて現象からのたえざる抽象を行い、これにたんに内的な関連の相対的な独立性をあたえ、この独立性が現象の客観的な存在にたいし世界運動の連続性を拒否することによって、はじめてわれわれは世界への詳細に規定された関係を獲得する。こうして経済的な体系ももちろん抽象、交換という相互性関係、犠牲と獲得とのあいだの均衡にもとづくが、他方でそれが行われる現実の過程においては、その基礎と結果、すなわち欲求と享楽とが不可分に融合している。しかしこの生存形式は経済の体系を、われわれが諸現象の総体をわれわれの関心の目的におうじて分解した他の領域からは区別しない。

経済的な価値の客観性が経済領域を独立のものとして限界づけるが、その客観性にとって決定的なことは、その妥当性の個々の主体にたいする原理的な超越である。対象には他の対象があたえられなければならないが、このことによって示されるのは、この対象はたんに私にとってのみではなくそれだけでまた、すなわち他者にとってもまた価値あるものであるということである。価値の経済的な形式においては、客観性は主観一般にとっての客観性に等しいという方程式は、そのもっとも明瞭な正当化を見いだす。等価は一般に交換にさいして初めて意識と関心とを引くが、この等価によって価値には客観性という独特な特徴が成長する。それというのもいまや要素のそれぞれがたんに個人的であるか、あるいはたんに主観的にのみ価値があるにしても、――それらがたがいに等しいということは客観的な契機であり、これはこれらの要素そのもののどれのなかにも、そしてやはり双方の外にある要素にもないからである。交換は主観的な価値評価の客観的な測定を前提するが、しかし時間的な先行の意味においてではなく、両者が同じ行為において成り立つという意味においてである。

ここで明らかにしなければならないのは、人間相互の多くの関係は交換とみなすことができるということである。交換はもっとも純粋であるとともにもっとも高められた相互作用であり、これはそれなりに人間の生活を、素材と内容を獲得しようとすればただちに形成する。まずはすでにしばしば無視されてきたのは、最初見たところはたんに一方的に行われてきた作用の多くが実際は相互作用を含んでいるということである。演説者は聴衆にたいし、教師は学級にたいし、ジャーナリストは公衆にたいし、たんに指導する者や影響する者であると見えるが、そのような地位にある者がだれも実際に感じるのは、見かけはたんに受動的な大衆からの規定的で指導的な反作用である。政党にはいたるところで、「私は皆さんの指導者である。それゆえ私は皆さんに従わなければならない」という言葉が妥当する。さらに優れた催眠術師の近ごろ強調したところでは、催眠の暗示のさいには――それでも明らかに一方からの純粋な能動性と他方の無条件な受動性というもっとも決定的な事例においてさえ――催眠術師への被術者の表現しにくい影響が行われ、これがなければ効果は達せられないであろうという。しかしあらゆる相互作用は交換として考察される。あらゆる会話、あらゆる愛（それが別な感情によって報いられるばあいでさえ）、あらゆる遊戯、あらゆる注視がそうである。そして差異があるとも思われるが、人は相互作用においては彼自身が持たないものをあたえるが、交換においては彼が持つもののみをあたえるということ、――このことにはやはり根拠はない。それというのも人が相互作用において実行するのはつねにたんに自己のエネルギー、自己の実体の譲渡のみであることができ、そして逆に交換は他者が以前に持っていた対象のためではなく、他者が以前に持たなかった自己の感情反射のために生じるからである。それというのも交換の意味、交換後の価値量は交換前の価値量よりも大であるということ、――これが意味するのはやはり、各人が他者に彼自身が以前にもっていたよりも多くをあたえるということである。もちろん相互作用はより広い概念であり、交換はより狭い概念である。とはいえ人間的な諸関係においては相互作用は、まったく圧倒的に交換とみなしてよい形式において現れる。われわれの自然な運命は毎日を生活内容の獲得と喪失、流入と流出の連続から合成し、これが交換において精神化されるのは、いまや一方が意識によって他方と置き代えられることによってである。同じ精神的・綜合的な過程が、一般に事物の並存から共存と互助を創造し、同じ自我が、感覚的な所与を内面的に貫流しながら、それらに自己の統一の形式を作りつけ、――この過程と自我とが交換によって、われわれの生存のあの自然にあたえられたリズムをとらえ、その諸要素を組織して有意味的な結合とする。しかもまさに経済的な価値の交換こそは犠牲の色彩をごく僅かしかまぬがれない。愛を愛と交換するばあい、われわれはそこに示された内的なエネルギーをそれ以外にどうしたらよいかを知らないであろう。われわれは愛を捧げることによって、――外的な活動結果を度外視すれば――いかなる効用も犠牲にはしない。われわれが対話において精神的な内容を伝えても、だからといってこの内容が減りはしない。われわれが周囲の人びとにわれわれの人格の像を提示しながら、また他者の像をわれわれに受け入れるとしても、この交換はけっしてわれわれ自身の所有を減少させない。これらのすべての交換にあって価値増大は利得と損失との決算によって生じるのではなく、それぞれの当事者の寄与はこの対立のまったくの彼方にあるか、あるいは寄与をなすのをゆるされることが、それだけですでに利得であり、こうしてわれわれはお返しを、われわれ自身の授与にもかかわらず、不当な贈与と感じるのである。これにたいして経済的な交換は、――それが実体と労働と実体に投入された労働力のいずれにかかわるにせよ――つねにまた他の有用な財の犠牲を意味する。いかに最終結果においては幸福論的な増大が犠牲を凌駕するにしてもである。

すべての経済が相互作用であり、しかも犠牲的な交換の特殊な意味においてそうであるということは、経済的な価値一般の交換価値との同一視にたいして提起される異議に対処しなければならない。まったく孤立した経済者――したがって彼は売買しない――もまた、よくいわれたところであるが、彼の支出と収益とを正しく均衡させるべきであるばあい、それでも彼の生産と生産手段とを見積もらねばならず、それゆえすべての交換から独立した価値概念を形成しなければならない。とはいえこの事実はまさに、それが反駁すべきことを証明している。それというのも一定の生産物が労働やその他の財の一定の支出を認めるかどうかのすべての考量は、経済をいとなむ主体にとっては、交換のさいに行われる評価、つまり提供するものの受け取るものにたいする評価とまったく同じであるからである。すなわち交換の概念にたいしてはしばしばあの思考の不明瞭性が働き、その結果として人が関連や関係については、あたかもそれが関係が生じる諸要素の外部にあるかのように語る。それでも関係が意味するのは、諸要素のそれぞれの内部における状態あるいは変化にすぎず、諸要素のあいだに、二つの他の客体のあいだにある客体の空間的な個別化の意味において存在するものではけっしてない。現実に行われる二つの行為あるいは状態の変化を「交換」の概念に総括することによって、誘惑的に推測されるのは、交換によって当事者の一方と他方とに生じるものがあり、あたかも何かがこれとならんで、あるいはこれをこえて生じるという考えであり、――これはまた実に交換される「キス」の概念の抽象的な実体化が方向を誤らせ、キスを二つひと組の唇とそれらの運動と感覚以外のどこかにある何かであると思わせるのと同じである。その直接の内容から見れば交換とはたんに、ある主体が以前に所有しなかったあるものを現在は所有し、その代わりに以前は所有したあるものを所有しないという事実の因果的に結合された二重性にすぎない。しかしそのばあいあの孤立した経済者は、一定の成果の獲得のために一定の犠牲を提供しなければならないから、交換者とまったく同じようにふるまうが、ただ相手は第二の要求する主体ではなく、事物の自然的な秩序と法則性とであり、これが他の人間のばあいと同じように、われわれの側の犠牲なしにはわれわれの欲求をみたさないのをつねとする。彼は彼の価値計算にしたがって彼の行為を規定するが、この彼の価値計算は一般に交換のさいの価値計算とまったく同じである。経済を営む主体そのものにとっては、彼が所有する実体あるいは労働力を大地に投下するか、それとも他の人間に提供するかは、たんにこの提供の結果が彼には同じでありさえすれば、たしかにまったくどうでもよい。個人の心における犠牲と獲得とのこの主観的な過程は、個人間の交換にたいしてけっしてたんに第二次的あるいは模写的なものではなく、むしろ逆に個人の内部における提供と成果とのあいだの交換こそが、あらゆる双方の交換の根本的な前提であり、そしていわば本質的な実体でもある。後者は前者のたんなる亜種、すなわち提供が他の個人の要求によって促される交換であるにすぎず、他方では提供も主体にとっての同じ効果によって、事物とその技術的・自然的な性質によって誘導されることがありうる。経済過程の現実的に生じることへの、つまりそれぞれの経済を営む者の心に生じることへのこの還元は、きわめて重要である。交換にあってはこの過程が、他者における同じ過程によって制約された相互的な過程であり、このことによって人は、現物的でいわば唯我論的な経済も双方的な交換と同じ根本形式へ、すなわち個人の内部の二つの主観的な過程のあいだの均衡過程へたち帰るということについて思い違いしてはならない。この均衡過程そのものは次の第二次的な問題、すなわちこの均衡過程への刺激が事物の性質と人間の性質とのいずれに発するか、純粋に現物経済的と交換経済的とのいずれであるか、こうした問題には影響されない。それゆえすべての価値感情は、調達可能な客体によって呼び起こされ、一般にはたんに他の価値の断念によってのみ到達でき、そしてこのような断念は、他者のための労働として現れるあのわれわれ自身のための間接的な労働のなかにのみでなく、われわれ自身の目的のためのまったく直接の労働のなかにも十分にしばしば存在する。これによってとりわけ明らかになるのは、交換が本来生産と呼ばれているものとまったく同じように生産的で価値形成的であるということである。双方のばあいに重要なのは、提供する他の財を代償に財を受け取り、しかも最終状態が行為以前の状態に比較して満足感という剰余を生むようにであるということである。われわれは素材も力も新たには創造できず、たんに与えられた素材と力とを移しかえて、できるだけ多くの現実系列のなかにあるものを同時に価値系列へ高めることができるだけである。しかし所与の材料の内部でのこの形式的な移転をなし遂げるのは、人間のあいだの交換と同様にまた生産と呼ばれる自然との交換でもあり、したがって両者は同じ価値概念に属する。すなわち両者にあって問題となるのは、提供によって空虚となった箇所をより大きな価値の客体で埋めることであり、この運動において初めて、以前は必要としまた享楽もする自我と融合していた客体が、自我から分離して価値となる。価値と交換とのあいだの深い関連は、価値によってたんに交換を制約させているのみではなく、交換によってまた価値をも制約させもしており、このことをすでに示しているのは、両者が実践的な生活を基礎づける範囲の同等性である。われわれの生活がいかに事物の機構と客観性とによって規定されていると思われようと、われわれの感情が事物に価値を授け、これにしたがってわれわれの行為を管理するのでなければ、われわれは現実には少しも進むこともできず、少しも考えることもできない。しかしこの行為そのものは交換の図式にしたがって行われ、最低の欲望満足から最高の知的および宗教的な財の獲得まで、価値を獲得するためにはつねに価値が投入されなければならない。ここでは何が出発点であり何が結果であるかは、おそらくは決定できないであろう。それというのも基礎的過程において価値と交換とは分離することができず、実践的な生活の統一を形成し、われわれはこの統一そのものを直接には把握できないから、なるほどそれをあの要素に分解するか、それとも両者のあいだに無限の過程が演じられ、なるほどすべての交換は価値へたち返るが、しかしこの価値もそれなりにまた交換へたち返るようになるかである。しかし少なくともわれわれの考察にとっては、多産的で真に啓発的なものは交換から価値への道である。それというのもこの道との逆は、われわれにはよく知られより自明とも思われるからである。――　価値がわれわれには犠牲過程の成果として現れるということ、このことは無限の富を明らかにし、われわれの生活は、この根本形式のお陰でこの富を手に入れる。犠牲のできるかぎりの縮小化への努力とこれの痛切な感覚とは、犠牲の完全な廃止にして初めて生活を最高の価値にまで高めるであろうということを、われわれに信じさせる。しかしそのさいわれわれが見のがすのは、犠牲がかならずしもつねに外的な障害であるとはかぎらず、むしろ目標そのものの内的な条件とそれへの道であるということである。事物へのわれわれの実践的な関係の謎にみちた統一を、われわれは犠牲と獲得、妨害と達成とに分解し、そして分化した段階における生活は、しばしば両者を時間的に分離するから、われわれが忘れるのは、目標がそのような克服されるべき妨害なしにわれわれにあたえられれば、それはもはや右とまったく同じ目標ではけっしてないであろうということである。われわれの力が根絶しなければならない抵抗が、それでも初めてその力に自己確証の可能性をあたえる。罪の克服の後に心は救いへと上昇し、罪が心に初めてあの「神の国での歓喜」を保証するが、この歓喜はそこでは初めからの義人とは結びつけられない。あらゆる綜合は同時に作用する分析的な原理を必要とし、この分析的な原理がそれでもまさに綜合を否定し（なぜなら綜合は分析的な原理なしには、より多くの要素の綜合ではなく、絶対的な一者であるからである）、そしてまさに同じようにあらゆる分析は綜合を必要とし、綜合の止揚において分析は成り立つ（それというのも分析はなおつねに一定の共属を要求し、これがなければ分析はたんに無関係状態となるからである。もっとも激しい敵意でさえ、それでも単純な無関心よりはむしろ関連であり、無関心もなおたんなる交互不知以上のものではある）。要するに妨害的な反対運動は、これの除去がまさに犠牲を意味するからには、しばしば（おそらく基本的な経過から見れば、つねに）目標そのものの積極的な前提である。犠牲はけっして皮相さや強欲がそう思わせようとするようには、あるべきではないというカテゴリーには入らない。それはたんに個々の価値の条件であるのみならず、ここでわれわれに関係する経済的なものの内部においては価値一般の条件でもある。すでに確定した個々の価値にたいして支払われるべき代償であるのみではなく、それによってのみそれが価値を得ることのできる代償でもある。

ところで交換は二つの形式において行われるが、ここではたんに労働価値についてのみ概略を示したい。余暇あるいは力のたんなる自己満足的な運動もしくはそれだけで煩わしい努力の回避への願望が存続するかぎり、あらゆる労働は疑いもなく犠牲的行為である。とはいえこの衝動とならんで潜在的な労働エネルギーの量があり、われわれはそれをどうしたらよいか分からないか、あるいはそれは自発的な労働への衝動によって示され、それは必要によっても倫理的な動機によっても呼び起こされたのではない。この労働力量の交付そのものはけっして犠牲的行為ではなく、この労働力量をめぐっては多くの要求が競合するが、この要求の総体には労働力量は十分ではない。それゆえ力のこの使用にさいしては、可能な望ましい使用のひとつあるいはより多くが犠牲にされなければならない。仕事Aをはたすための力が、仕事Bには同様に有効に利用できないとすれば、前者はわれわれにはまったく犠牲にはならない。しかし同じことはAの代わりにBが実行されるばあいはまたBにも妥当する。それゆえ幸福論的な減少のもとでは、犠牲にされるのは労働ではなく、まさに労働しないことである。われわれはAのために支払うのは労働の犠牲ではなく、——それというのも労働を交付することは、われわれがここで前提とするように、それだけではけっしてわれわれには重荷とはならないからである——Bの断念である。それゆえわれわれが労働にさいして交換において与える犠牲は、あるときはいわば絶対的なものであり、他のときには相対的なものである。すなわちわれわれが引き受ける苦痛は、あるときは直接に労働と結びついたものであり——それがわれわれには労苦や煩労であるばあい——、他のときには間接的なものであり、このばあいわれわれが客体を獲得できるのはたんに、労働そのものの幸福論的な些細事あるいは積極的な価値にもかかわらず、他の客体の断念によってのみである。したがって、これによって喜んで果たされる労働のばあいもまた、諦めにみちた交換の形式に還元され、経済はいたるところでこれによって特色づけられる。

対象において価値の一定の高さが成り立ち、これによって対象は経済の関係に入り、取引の二つずつの客体のそれぞれが、一方の当事者には追求される利得を意味し、他方には捧げられる犠牲を意味するということ、——このことはなるほど発達した経済には妥当するが、しかし経済を初めて形成する根本過程には妥当しない。二つの事物がそれでも同じ価値を初めてもつことができるのは、まずはそれぞれがそれだけで価値をもつばあいではないか、この論理的な難問は、——それでも二本の線もまた同じ長さであることができるのは、そのそれぞれが比較のまえにすでに一定の長さをもつばあいのみであるという類推によってたしかに証明されるように思われる。とはいえ正確に見れば線が一定の長さをもつのは、現実には初めて他の線との比較の瞬間においてである。それというのも線の長さの規定——それでもそれは「長さ」そのものではないから——を線は線そのものによっては手に入れることができず、その線が測られる他の線によってのみ手に入れることができ、しかもそれによって他の線にはその線が同じように奉仕する。ただし測定の結果はこの行為そのものではなく、それぞれの線に依存することは、それぞれの線がそれぞれの線に依存しないのと同じである。われわれが想起するのは、形而上学的と呼ぶ客観的な価値判断をわれわれに理解させるカテゴリー、すなわちわれわれと事物とのあいだの関係において一定の判断を、その内容はやはり事物そのものにはないのに下そうとして発展する要求である。長さの判断についても事情は同じであり、事物からわれわれに一定の内容によって判断を下すようにといういわば要求が出されるが、しかしこの内容は事物のなかに予め示されているのではなく、たんにわれわれの内部の活動によってのみ実現できる。長さが一般に比較過程において初めて確定され、それゆえ長さが依存する個々の客体そのものには保留されているが、このことがわれわれに隠蔽されやすいのはたんに、われわれが個々の相対的な長さから長さの一般的な概念を抽象し、——したがってこの一般的な概念には具体的な長さを与えるに不可欠な規定性がまさに脱落しており、——そしていまやこの概念を事物のなかへ投入しながら、事物は比較によって単独に規定されることのできるまえに、それでもまずは長さを持たなければならないと思うからである。これに加わるのは、長さを形成する無数の比較から固定した尺度が結晶し、これとの比較によってすべての個々の空間形象がその長さを規定され、こうしてこの尺度はいまやあの抽象的な長さ概念のいわば具体化でもあり、これには相対性が取り去られているように思われる。なぜなら、なるほどすべてはこれによって測られるが、この尺度そのものはもはや測られないからである。——これは落下する林檎は地球によって引かれるが、しかし地球は林檎によって引かれないと信じるのに劣らない誤謬である。最後に、個々の線そのもののみにふさわしい長さがわれわれを偽るのは、われわれが線の個々の部分にすでに多くの要素をもち、それらの関係において長さが成り立つことによる。全世界にたんに一本の線のみがあると考えれば、この線には他の線との相互関係が欠けているので、それはけっして「長く」はないであろう。――そのため人は全体としての世界についてはは周知のようには測量を述べることができない。なぜなら世界はそれ以外にはなにも持たず、それとの関係において大きさをもつことができないからである。しかしそれぞれの線が他の線との比較なしに、その諸部分相互の比較なしに考察されるかぎりは、それぞれの線は事実上はこの状態にある。それは短くもなければ長くもなく、なおカテゴリー全体の彼方にある。それゆえこの類推は、経済的な価値の相対性を反駁する代わりに、むしろそれを明らかにする。

　われわれが経済を交換、つまり獲得にたいする提供という一般的な生活形式のひとつの特殊事例とみなさなければならないとすれば、われわれはすでに最初からその内部においてもまた次の出来事を予期するであろう。すなわち獲得物の価値はいわば出来上がってもたらされるのではなく、欲求された客体に部分的にかあるいはさらに全体的に、その代わりに必要な犠牲の程度によって初めて成長するということである。頻繁であるとともに価値論にとっても重要なこれらの事例は、たしかに内的な矛盾をいだいているように思われる。すなわちそれらがわれわれに事物のための価値の犠牲をもたらすとき、その事物はわれわれにはそのものとしては無価値である。それでもだれもが合理的には、少なくとも同じ高さの価値を代わりに受け取るのでなければ価値を犠牲にはせず、逆に目標が価値を受け取るのはようやく、われわれがその代わりに与えなければならない代償によってであるということは、たんに倒錯した世界においてのみ生じることができよう。ところでこのことは直接の意識にはたしかに適切であり、あの通俗的な立場が他の事例において考えるよりもさらに適切でさえある。主体が他の価値の代わりに提供する価値は事実上は、この主体自身にとってその瞬間の実際的な状況のもとでは、彼が交換で手に入れるものよりもけっして大きくはありえない。これと対立するすべての外観は、主体によって現実に感じられる価値と他の平均的あるいは客観的と思われる見積もりにしたがって問題の交換対象にあたえられた価値との混同にもとづく。こうして飢餓においてはだれもが一切れのパンの代わりに宝石を手離すが、彼には所与の状況のもとではパンのほうが宝石よりも価値が多いからである。しかし客体に価値感情を結びつけるには、一定の状況がつねに必要である。というのもそれぞれの価値感情が、われわれの感情作用の多岐的でたえざる流動と適応と改造とにおいて理解される全複合体によって支えられているからである。この状況が一回かぎりであるか、それとも比較的に持続的であるかは、明らかに原理的にはどうでもよい。飢えた者が宝石を手離すという事実によって彼が明白に示すのは、彼にはパンのほうが価値が多いということである。それゆえまったく疑いのないことであるが、交換の瞬間、犠牲提供の瞬間においては、交換によって入手した対象の価値は限界をなし、手離なされた対象はせいぜいそこまで上昇できるにすぎない。これとはまったく独立に次の問題が成り立つ。あの前者の客体は一体どこからそのように必要な価値を手に入れるか。あるいはそのために提供される犠牲からではないのか。したがって獲得と代償とのあいだの等価はいわば後天的に、そして後者から作り出されるのではないか。われわれはただちに知るであろうが、価値はしばしばこの非論理的に思われる仕方において心理学的に生じてくる。しかし価値が一度成立してしまえばこの価値にとってもまたたしかに、それぞれの他の仕方において構成された価値にとってと同じように心理学的な必然性が成立し、価値のための犠牲的行為が消極的な財であるように、価値を少なくともまさにこれと同じ大きな積極的な財とみなす。現に皮相な心理学的な考察はすでに、一連の事例において犠牲が目標の価値を高めるのみではなく、さらにそれのみが価値を生じさせるのを知っている。この過程に現れるのは先ずは力の実証と困難の克服との喜びであり、さらにしばしば矛盾の喜びでもある。一定の事物の獲得に必要な迂路(うろ)はしばしば、それらの事物を価値と感じる機会であり、しかしまたそう感じる原因でもある。われわれが人間相互の関係においてもっとも頻繁に、そしてもっとも明瞭には男女間の関係において気づくのは、遠慮と無関心と拒否とが、これらの障害を克服しようとする熱烈な願望を燃え上がらせ、われわれを労苦と犠牲へと誘い、これらの抵抗がなければ目標もたしかに労苦と犠牲にはしばしばふさわしくはないと思われる。多くの人びとにとっては偉大なアルプス登攀(とはん)の美的な収穫も、それが異常な労苦と危険との犠牲を要求し、それによってはじめて強調と魅力と聖別とを得なければ、もはや注目される価値もないであろう。骨董品や珍奇品の魅力もしばしばこれとは異ならない。いかなる美的あるいは歴史的な関心がこれらに固定しなくても、この関心はこれらの獲得のたんなる困難さによって取り代えられる。それらはそれらの価格だけの価値があり、これがやがて初めて第二次的に、それらは価値があるだけの価格をもつと思われる。さらに、すべての倫理的な功績が意味するのは、倫理的に望ましい行為のためには反対の方向をとる本能や願望がまずは抑制され犠牲とされなければならなかったということである。倫理的に望ましい行為がそれぞれの克服なしに、阻止されない衝動の当然の結果として生じたとすれば、その内容がいかに客観的には望ましいとしても、やはりこれと同じ意味においてはこの行為に主観的に倫理的な価値は与えられない。むしろ倫理的な功績の高さは、たんにより低くしかもきわめて誘惑的な財の犠牲によってのみ達成され、そしてその高さは誘惑が魅惑的であればあるほど、犠牲が深く広汎であればあるほどますます高くなる。人間のいかなる業績が最高の名誉と評価とを受けるかを見れば、それはつねに全存在の没頭と努力と持続的な集中の最大——それゆえにそれとともにまた二次的なすべてのものの断念と犠牲行為、主観的なものの客観的な理念への献身の最大——を現しているか、少なくとも現しているように思われる業績である。そしてこれとは反対に美的な作品やすべての軽快なものや優美なもの、自明な衝動から湧き出るものが比類のない魅力を広く示すにしても、この魅力の特殊性はそれでもまた重荷と犠牲とのともに漂う感情のせいであり、この感情はふつうは同様な獲得の条件である。われわれの心的な内容の可動性と無限の結合能力とは、ある関連の重要性がそれとは正反対へと移されることをしばしば引き起こすが、これとほぼ同様に二つの表象のあいだの連合は、それらがたがいに承認しあうことによっても、またたがいに拒否しあうことによっても生じる。われわれが困難を克服することなしに好運な偶然の贈物のように獲得したもののまったく特殊な価値を、われわれはそれでもたんに、まさに困難な獲得と犠牲において測定されるものがわれわれにとってもつ意義にもとづいてのみ感じる。——後者は前者と同じ価値であるが、しかし消極的な符号をつけ、そして後者が第一次的な価値であり、これから前者が——まったく逆ではない——導き出される。

これはもちろん誇張されたばあいや例外的なばあいであろう。経済的な価値領域の全範囲においてそれらの類型を見いだすためにまず必要と思われるのは、経済性を特殊な差異あるいは形式として、価値の事実からその普遍性あるいは実体として概念的に分離することである。価値をなにか所与のものやいまは論議の要なきものとして受け取れば、以上のすべてから少なくとも次のことは明らかである。すなわち経済的な価値そのものが対象のものとなるのは、孤立した自立存在においではなく、対象の代わりに提供される他の対象の費用によってのみである。野生の果実は労せずに摘みとられ、交換されないで直接に享楽されるから経済的な財ではない。それが経済的な財とみなされることができるのは、せいぜいその消費がたまたま他の経済的な支出を節約するばあいである。しかし生計のすべての要求がこの仕方において満たされ、犠牲がどの点にも結びつかないとすれば、人類はまさに経済活動することもなく、鳥や魚や逸楽郷の住民と同じである。いかなる仕方でAとBとの二つの客体が価値となったにせよ、Aが経済的な価値となるのはようやく、私がその代わりにBを与えなければならないことによってであり、Bが経済的な価値になるのもやっと、私がAをその代わりに受け取ることができることによってである。――そのさい犠牲が他の人間への価値の提供によって、それゆえ個人間の交換によってなされるか、――それとも個人の関心圏の内部において、労苦と成果との差引勘定によってなされるかは、すで述べたように原理的にはどうでもよい。経済の客体において見いだされるのは、それぞれの客体がわれわれの消費にとって直接あるいは間接にもつ意義と、それらの客体のあいだに行われる交換であり、それ以外にはまったくなにもない。ところで周知のように消費のみではまだ対象を経済的なものとするには十分ではないから、まったく交換のみが対象にわれわれが経済的と呼ぶ特殊な差異を加えることができる。とはいえ価値とその経済的な運動形式とのあいだのこの分離は人為的なものである。経済がすでに価値をその内容として前提するのも、それを犠牲と獲得とのあいだの均衡運動に引き入れることができるためであるという意味において、さしあたりは経済がたんなる形式にすぎないと思われるとすれば、それでも現実において同じ過程が、前提された価値を経済へと形成し、経済的な価値そのものの創造者として次のように説明される。

　価値の経済的形式は二つの限界のあいだに立つ。すなわち一方では客体への要求であり、これはその所有と享楽から予想された満足感と結びつき、他方ではこの享楽そのものであり、正確に見ればこれはけっして経済的な行為ではない。すなわち人がさきほど取り扱ったこと、野生の果実の直接の消費はけっして経済的な行為ではなく、それゆえ果実そのものも経済的な価値ではない（それがまさに経済的な価値の生産を節約するかぎりをのぞいて）ということを認める――このことはおそらく一般になされる――やいなや、本来は経済的な価値そのものの消費もまた経済的ではない。それというのも、この後者のばあいの消費活動は前者のばあいのそれとは絶対的には区別されないからである。だれかが彼の食べる果実を偶然に発見したのか、盗んだのか、自分で栽培したのか、それとも買い入れたのかは、食事行為そのものとその直接の結果においては彼にはいささかの相違もない。ところがすでに見たように、対象がなお感情の直接の刺激物として主体的な過程と融合しているかぎり、いわばわれわれの感情過程の自明な権能をなすかぎりは、対象はけっしてまだ価値ではない。対象はわれわれが価値と呼ぶ固有の意義をわれわれのために獲得するには、まずは主体的な過程から分離されていなければならない。それというのも欲求作用そのものは、それが障害に出くわさなければけっして価値を基礎づけることができず、さらにあらゆる欲求作用がその満足を闘争なしに徹底的に見いだせば、経済的な価値流通はけっして成立しなかったであろうが、たんにこれらのことのみがたしかではなく、——さらに欲求そのものがただちに満足できれば、それは著しい高さまではけっして上昇しなかったであろうからでもある。障害による満足の延期、客体を失うかもという心配、それについての努力の緊張が初めて、意欲の強度と獲得の持続性という欲求要素の総括を成立させる。しかし欲求のもっとも強烈な力が純粋に内部から生じたにしても、それを満足させる客体がわれわれに無限に豊富に与えられれば、人びとはそれに——しばしば強調されているように——いかなる価値をも認めないであろう。そのときわれわれにとってたしかに重要であるのは、その存在がわれわれの願望の満足を保証する種類全体であるが、しかしわれわれが実際に自己のものとする部分量は、同じように苦もなく他の部分量によってとり代えられるから重要ではない。しかしそのさいあの総体もまた価値意識を獲得したが、それは総体にも欠如がありうるという思想による。われわれの意識はこのばあいはたんに主観的な欲求と満足とのリズムによってみたされ、媒介する客体へは注意を結びつけない。一方での欲求も他方での享楽もそれだけでは価値も経済も含んではいない。両者は二つの主体のあいだの交換によって同時に、それらのそれぞれが他方に断念を満足感の条件とするか、あるいは唯我論的な経済においての交換の片方によって初めて実現される。交換によって、それゆえに経済によって同時に成立するのは経済の価値である。なぜなら交換は主体と客体とのあいだの距離の担い手あるいは生産者であり、この距離が主体的な感情状態を客観的な評価へと導くからである。すでに以前にカントの認識論の総括、すなわち経験の諸条件は同時に経験の対象の諸条件であるという総括をとりあつかったが、——これによって彼が意味したのは、われわれが経験と呼ぶ過程とその内容あるいは対象をなす表象とが、悟性のまさに同じ法則に支配されるということである。それゆえ対象がわれわれの経験に入り込んでわれわれによって経験されるのは、それがわれわれのなかの表象であるからであり、そして経験を形成し規定する同じ力が対象の形成に現れるからである。同じ意味においてわれわれは、経済の可能性は同時に経済の対象の可能性でもあるということができる。客体（実体、労働力、権利、あらゆる種類の分配可能なもの）の二人の所有者のあいだのまさに過程が、彼らを「経済」と呼ばれる関係のなかへもたらし、この過程すなわち──相互的な──提供が、同時にこれらの客体のそれぞれを初めて価値のカテゴリーへ高める。論理の側から迫る難点、価値は経済の形式と運動とのなかに入るためには、やはりまずは現存し、価値として現存しなければならないという難問は、いまや取り除かれ、しかもそれはわれわれと事物とのあいだの距離として特徴づけられたあの心理学的な関係の洞察された意義によってである。それというのもこの関係が根源的な主体的感情状態を分化させ、感情を初めて予見し欲求する主体と、これに対立しつついまや自己のなかに価値を含む客体とし、──他方で距離はそれなりに経済の領域において交換によって、すなわち制限と妨害と断念の二面的な作用によって確立されるからである。それゆえ経済の価値は、価値の経済性が成立するのと同じ相互性と相対性において生みだされる。

交換は授与と受領との二つの過程の加算ではなく、新たな第三のものであり、これが成立するのは、二つの過程のそれぞれがそこでは絶対に同時に他方の原因であるとともに結果でもあることによる。これによって断念の必然性から客体に与えられる価値から経済的な価値が成立する。一般に価値が生じるのは、障害や断念や犠牲が意志と満足とのあいだにおし入れた間隔においてであり、交換過程が受取りと譲渡とのあの相互的な制約において成り立つとすれば、この客体のみをこの主体のみに価値とする評価過程はこれに先行する必要はまったくない。むしろこれに必要なものは、〈おのずと〉交換行為において実現される。ここで考えられているのはたんに、価値と交換との概念の内的ないわば体系的な意味、歴史的な現象のなかにたんに痕跡的にかあるいはその理念的な意義として生きている意味にすぎず、価値と交換が現実的なものとして生きている形式ではなく、それらが歴史的・発生的な理解の面ではなく、実際的・論理的な理解の面への投射において示す形式である。

このように経済的な価値概念を孤立した実体性の性格から関係の生きいきした過程へ移すことは、人が価値の構成要素とみなすのをつねとする契機、すなわち有用性と希少性にもとづいてさらに解明される。ここでは有用性が、経済する主体の心身状態にねざした第一の条件として現れ、この条件のもとでのみ客体は経済一般にとって問題となることができる。客体が個々の価値の具体的な高さとなるには、希少性が客体系列そのものの規定としてこれに加わらなければならない。経済価値を需要と供給とによって決定させようとすれば、需要は有用性に、供給は希少性契機に対応する。それというのも有用性は、われわれが対象をそもそも需要するかどうかを決定するであろうし、希少性はそのためにどのような代価を支払うことを強いられるかを決定するであろうからである。有用性は経済的な価値の絶対的な構成要素として、すなわちその大きさが決定され、それによって経済的な交換の運動に入る構成要素として現れる。希少性はもちろん初めからたんなる相対的な契機として認めなければならない。それというのも希少性はもっぱら——量的な——関係、問題の客体が同種の客体のそこにある総体にたいしてとる関係を意味し、それゆえ客体の質的な本質にはまったく触れないからである。しかし有用性はすべての経済、すべての比較、他の客体へのすべての関係に先立って成立し、経済の実体的な要素として経済の運動を自己に依存させるように思われる。

　ところで、これによって書きかえられた作用を示す状況は、まず第一に有用性（あるいは効用）の概念によって正しくは特徴づけられない。人が現実に考えるものは、客体の被欲求性である。すなわちすべての有用性は、それが対象の被欲求性を結果しなければ、対象についての経済的な操作の誘因となることもできない。そして事実上は有用性がそのように結果するとはかぎらない。われわれに有用な事物のあらゆる表象には、なんらかの「願望」が共鳴するが、しかし現実的な欲求は経済的な意義をもち、われわれの実践を導くが、この現実的な欲求がそのような有用性にたいしてさえ現れないことがある。すなわち長い貧困、体質上の怠惰、他の関心領域への誘導、理論的に承認された効用にたいする感情の無関心、獲得の不可能性の洞察、さらに他の積極的および消極的な諸要素がこれを妨げるばあいである。他方では種々の事物がわれわれによって欲求され、それゆえ経済的に評価されるが、これらは言葉の用法の恣意的な拡張がなければ、有益とか有用とは呼ぶことはできない。しかしこれを認めたうえで、経済的に欲求されるすべてのものを有用性の概念のもとにもたらそうとすれば、それでもなお論理的に必要なのは、——他方ではすべての有用なものがまた欲求されるわけでもないから——経済的な運動への最終的に決定的な要素として客体の被欲求性を付加することである。しかしこの要素はこの訂正の後でさえ、けっして評価の相対性を免れた絶対的なものではない。すなわち第一にはすでに見たように欲求作用そのものが、主体と客体とのあいだに障害、困難、犠牲が介入しなければ、意識された規定とはならない。われわれがまず現実に欲求するのは、対象の享楽が中間審において測定されるばあい、少なくとも忍耐の代償、他の努力やあるいは享楽の放棄の代償が対象をわれわれから距離あるところに押しやり、この距離の克服意欲が対象の欲求であるばあいである。ところで第二に対象の被欲求性にもとづいて生じるその経済的な価値は、すでに欲求作用のなかにある相対性の上昇あるいは昇華とみなすことができる。それというのも欲求された対象が実際的な価値、すなわち経済の運動に入り込んでいる価値となるのはたんに、その被欲求性が他の対象の被欲求性と比較され、それによって一般に定量を獲得することによってであるからである。第二の客体がそこにあり、私がそれを第一の客体の代わりに、もしくは第一の客体をそれの代わりに提供しようとしていることが、私には明らかであるばあいに初めて、両者のそれぞれは明示できる経済的な価値をもつ。実際にとって本来は単独価値が存在しないのは、意識にとって本来は単一が存在しないのと同じである。さまざまな側面から強調されているのは、二は一よりも古いということである。毀(こわ)れた杖の部分は複数のための言葉を必要とし、完全な杖は「杖」そのものであり、それを「ひとつの」杖と呼ぶ誘因が初めて提示されるのは、たとえば二つの杖がなんらかの関係において問題となるばあいである。こうして客体のたんなる欲求はなお、この客体が経済的な価値をもつということにはならない。――それというのも客体はそのなかのみにはそれに必要な定量を見いだせないからである。欲求の比較、すなわち欲求の客体の交換可能性にしてはじめて客体のそれぞれを、それらの高さによって規定された価値として、それゆえに経済的な価値として確定する。われわれが相等性のカテゴイリー――直接の個別性から世界像を形成するが、しかし心理学的な現実へはようやく徐々に発展するあの基礎的なカテゴリイーのひとつ――を自由に処理できないとすれば、なおいかに大きな「有用性」も「希少性」も経済的な交流を生みはしなかったであろう。二つの客体が同じように欲求されるに値するとか、同じ価値をもつということは、外的な尺度がなくともたんに両者を現実にかあるいは思考において、価値感情――いわば抽象的な――の相違を認めることなく、相互に取り替えることによって確定できる。さらに、この交換可能性は本来は価値同等性を、事物そのもののともかくも客観的な規定としては表示してはならず、相等性は交換可能性の名称にほかならない。——欲求の強度はそれだけではまだ、客体の経済的な価値を高める作用をおよぼすとはかぎらない。それというのも客体の経済的な価値がたんに交換においてのみ表現されるからには、欲求がそれを規定できるのはたんに、欲求が交換を変容させるかぎりにおいてである。私がいかに激しく対象を欲求しても、それによって交換におけるその対価はまだ決定されてはいない。それというのも私がまだ対象を持たないとすれば、私の欲求は、私がそれを表明しないばあい、現在の所有者の要求にはいかなる影響もおよぼさず、彼はむしろ、たんに対象への彼自身の利害あるいは平均的な利害の尺度によってのみ要求し、あるいは私自身が対象をもっておれば、——私の要求はきわめて高くなり、対象がまったく交換交流から排除され、それゆえそのかぎりではもはや経済的な価値ではなくなるか、あるいは買手が対象にいだく関心の程度まで私の要求が低下しなければならないかである。それゆえ決定的なことはこうである。すなわち実際的に有効な経済的な価値は決して価値一般ではなく、その本質と概念よりして一定の価値量であること、この量は一般に二つの欲求強度の相互の測定によってのみ成立できるということ、この測定が経済の内部において行われる形式は犠牲と獲得との交換の形式であるということ、したがって経済的な対象は表面的に思われるようには、その被欲求性において絶対的な価値要素を持つのではなく、この被欲求性がもっぱら——現実的あるいは仮定的な——交換の基礎もしくは素材としてのみ対象に価値をえさせるということである。

価値の相対性——これによって、感情を刺激して欲求された所与の事物は交互の提供過程と交換過程とにおいて初めて価値となる——は次のような帰結へ駆りたてるように思われる。すなわち価値は価格にほかならないということ、そして両者のあいだには高さの相違はありえないということ、したがって両者の頻繁な分裂は理論が誤っていることを証明するということである。たしかにこの理論の主張するところでは、われわれが価格と呼ぶ一般的な現象がなければ、まず価値が現れることもけっしてないであろう。ある物件が純粋に経済的にいくらか価値があるということが意味するのは、それが私にとっていくらか価値があるということ、すなわち私がそれに代わって何かを提供する用意があるということである。価値そのものがそのすべての実際的な効果を展開することができるのは、たんにそれが他の価値と等価であること、すなわちそれが交換できることのみによる。等価性と交換可能性とは相関概念であり、両者は同じ事態を異なった形式において、いわば静止状態と運動状態とにおいて表現する。いったい何がわれわれを動かして、事物のたんに主観的な享楽をこえてそれらに価値と呼ばれる独特な重要性をあたえさせるか。事物の希少性はそれだけではこれに成功できない。それというのも希少性がたんに事実として存続し、なんらかの仕方において——それでもたんに生産的な労働によってのみではなく、また所有変更によっても——われわれには変更できないとすれば、われわれは希少性を外的な宇宙の自然的な規定、差異を欠くためおそらくはまったく意識されない規定として受け取るであろうが、この規定は事物にはその内容的な性質をこえたいかなる強調もあたえないからである。この強調がはじめて生じるのは、事物には何かが支払われなければならないということからである。すなわち待ちの忍耐や探究の労苦、労働力の支出や他の望ましいものの断念が支払われなければならないということからである。それゆえ価格——さしあたりはこのより広い意義における価格——なしには価値はまったく成立しない。ある南洋諸島の住民の信仰はごく素朴な仕方においてこの感情を表現する。すなわち医者に支払わなければ、彼が処方した治療はきかないという。二つの客体のうち一方が他方よりも価値があるということは内面的にも外面的にも、たんに主体がなるほど前者のためには後者を提供する用意があるが、しかし逆には提供する用意がないということによってのみ表現される。実践がまだ多岐的に複雑化していなければ価値の高さと低さとはいずれも、交換へのこの直接の実践的な意志の結果あるいは表現であることができるにすぎない。そしてわれわれが事物をたがいに交換するのは、それらが同じ価値をもつからであるといえば、これはたんにあのしばしば見られる概念的・言語的な換位にすぎず、この換位によってわれわれはきわめてしばしば、誰かを愛するのは彼が一定の性質を持つからであると信じるのに、——われわれは彼を愛するから彼にこの性質をあたえたにすぎず、あるいはまたわれわれは倫理的な命法を宗教的な教義から導きだすのに、この倫理的な命法がわれわれのなかに生きいきしているから、われわれは現実にこの教義を信じる。

　価格はその概念的な本質よりすれば経済的に客観的な価値と一致し、これなくしては経済的に客観的な価値を対象の主観的な享楽から区別する境界線をひくことには、けっして成功しないであろう。すなわち交換は価値相等性を前提にするという表現は、交換の主体の立場からは適切ではない。AとBとが彼らの所有物αとβとをそれらの価値が等しいから相互に交換するかもしれない。とはいえAが現実にαのかわりにこれと同じ大きさの価値βのみを受け取るにすぎないとすれば、彼は彼のαを手放す理由をまったくもたないであろう。βは彼にとっては、彼が以前αにおいてもっていたものよりより大きな価値量を意味するはずである。同様にBは交換にさいして失うよりもより多くを獲得すればこそ、交換に入るにちがいない。それゆえAにとってはαよりもβのほうが価値があり、これにたいしてBにとってはβよりもαのほうが価値があるばあいも、観察者の立場からすればこれは客観的にはたしかに均衡している。とはいえこの価値同等性は当事者には成り立たない。彼らは提供するよりも多くを受け取る。にもかかわらず当事者が法と正義とにしたがって相手と取り引きし、等価物を交換したと確信すれば、これはAにとってはこう表現される。すなわち彼はなるほど客観的にはBに等しいものにたいして等しいものを提供し、価格（α）は対象（β）にとっての等価物であるが、しかし主観的にはβの価値はたしかに彼にとってはαのそれよりも大きい。ところがAがβに結びつける価値感情はそれでもそれだけで統一であり、価値感情そのもののなかにおいてはもはや、客観的な価値量を彼の主観的な付加量にたいして区切る目盛線は認められない。それゆえ客体が交換されるという事実、すなわち客体が価格であり価格に値するという事実が、もっぱらこの境界線をひき、客体の主観的な価値量の内部において客体が主観的な対価として交換に入る部分を決定する。

他の観察もわれわれに同じように交換が、客観的な価値相等性という先行の表象によってはけっして制約されないことを教える。すなわち子供や衝動的な人びとや、またどうみても原始人がいかに交換するかを見れば、——彼らはまさにいま激しく欲求している対象の代わりに何か任意の所有物を提供するが、そのさい一般的な評価やあるいは冷静な評価のさいの彼ら自身が、この代価をあまりにも高すぎると見るかどうかはどうでもよい。このことが、すべての交換は主体の意識には有利なものでなければならないという結論と矛盾しないのは、この全行動が主観的にはなお交換客体の相等性もしくは不等性の問題の彼方にあるからである。すべての交換には犠牲と獲得とのあいだの比較考量が先行し、これが少なくとも両者の等置とならなければならないということは、まったく非心理学的なあの合理主義的な自明性のひとつである。自己の欲求にたいする客観性もこれに属し、すでに説明した子供などの心的状態はまったくこの客観性を育てあげない。未発達であるかあるいは偏見のある精神の持ち主は、彼の関心の瞬間的な尖鋭化からはるかに後退して比較することができず、彼はまさにその瞬間にたんに一つのもののみを欲し、他のものの提供も熱望した満足からの控除として、それゆえに価格としてはけっして作用しない。子供らしい無経験な性急な人びとが「いかなる代価をはらっても」と、まさに欲求したものを獲得する無思慮に直面すれば、むしろ真実らしく思われるのは、相等性判断が一切の比較考量なしに行われたそれぞれ多くの所有変更の経験結果にすぎないということである。精神を完全に占有するまったく一面的な欲求が、まずは所有によって鎮められるのでなければ、そもそも他の客体にこれとの比較を許すはずもない。強調の途方もない距離が、訓練も抑制もない精神の持ち主において、彼の瞬間的な関心と他のあるゆる表象と評価とのあいだに存続し、これが価値について――すなわちさまざまな欲求量相互の関係について――判断を下すまえに交換を促す。発達した価値概念とかなりの自制とのばあいには、価値相等性についての判断が交換に先行するということは、しばしばあるようにここでも合理的な関係が心理学的には逆に経過する関係からはじめて発展してきたということ（心の領域の内部においてもまた〈われわれにとって〉最後のものが〈本性上は〉最初のものである）、そして純粋に主観的な衝動から成立した所有変化が、その後はじめて事物の相対的な価値について教えたということ、これらの蓋然性について人を欺いてはならない。

このように価値がいわば価格の亜流であるとすれば、両者の高さが同じでなければならないというのは同一の命題のように思われる。ここで挙げたいのは前述の確認、すなわちそれぞれのばあいにおいて当事者はだれも、所与の事情のもとに獲得物のために彼には高すぎる価格を支払わないということである。シャミッソーの詩のなかに、強盗が襲った者に拳銃をつきつけて時計と指輪とを三バッツェンで売り渡させるばあいがあるが、そのような状況のもとでは襲われた者には、――つまり彼はたんにそうしてのみ生命を救うことができたから――交換された物は現実に代価に値する。人が実際に労働しないよりも飢餓賃金を選ばなければならない状況にいなければ、誰もそのような賃金のために労働しないであろう。個々のあらゆるばあいにおける価値と価格との等価についての主張にみられる逆説の外観は、価値と価格との*他のところでの*等価についての一定の表象があらゆるばあいへもち込まれるということからのみ生じる。多数の交換行為を規定する状態の相対的な安定性と、他方ではなお動揺している価値関係をも既成の価値関係の基準によって固定する類推とは、次の観念をひき起こす。すなわち一定の客体にとってはまさにあれこれの一定の他の客体が価値からみて交換等価としてふさわしく、この二つの客体やあるいは客体の圏は同じ価値量をもち、異常な状態がわれわれにこの客体をそれ以上やそれ以下の対価によって交換させるとき、まさに価値と価格とは分離する。――両者は実際には個々のそれぞれのばあいにそれらの状態の考慮のもとに一致するのではあるが。それでも忘れてならないのは、価値と価格との客観的で正当な等価性は、われわれが事実的で個別的な等価性の規範とするものではあるが、それもまたまったく一定の歴史的で技術的な諸条件のもとにおいてのみ妥当し、諸条件の変化によってただちに崩壊するということである。それゆえここでは規範そのものと、規範が異常なものあるいは適当なものと特徴づける諸事例とのあいだに存在するのは、けっして一般的な相違ではなく、いわばたんに数量的な相違にすぎない。――これとほぼ同じなのは、人びとが地位の異常に高いかあるいは異常に低い個人について、彼は本来はもはやけっして人間ではないというばあいであり、他方ではそれでも人間というこの概念はたんに平均にすぎず、その規範的な性格は、人間の大多数があの状態のいずれかに上昇あるいは下降した瞬間に失われ、そこではこのいずれかがそれのみで「人間的」とみなされる。このことを洞察するに必要とされるのはいうまでもなく、実際にはまったく正当化されて定着した価値表象からの断固とした解放である。すなわちこれらの価値表象はとにかく発達した状態にあっては二つの層をなして重なりあい、一方は社会圏の伝統や経験の多数や純粋に論理的と思われる要求から形成され、他方は個人的な状況や瞬間の要求や偶然の周囲からの強制から形成される。後者の層の内部の急速な変化に比べると、前者の層のゆるやかな進化と後者の昇華によるその形成とはわれわれの知覚には隠され、そしてこれらは実際に正当とされたものとして、客観的な比例の表現として現れる。ところで交換にさいして所与の事情のもとにおいては、なるほど犠牲と獲得との価値感情は少なくとも等しい――それというのも、そうでなければ一般に比較する主体はけっして交換しないであろうから――が、しかしこの価値感情があの一般的な確定において測定されて相違を生じるばあい、人びとは価値と価格との分離について語る。このことがもっとも決定的に現れるのは、次の二つの――しかもほとんどつねに結合した――前提のもとにおいてである。すなわち第一には、ある唯一の価値質が経済的な価値そのものとみなされ、したがって二つの客体がたんにあの基礎価値の同じ量をそれらのうちに含んでいるかぎりにおいてのみ等価とみなされるということ、そして第二には、二つの価値のあいだの一定の比例があるべきものとして、たんに客観的であるのみではなくまた道徳的でもある要求という強調をともなって現れるということである。たとえば価値のすべてにおいて本来の価値要因はそれらのなかに対象化された社会的に必要な労働時間であるという観念は、二つの方向から利用され、そして——より直接にかより間接にか適用可能な——尺度をあたえ、この尺度が価値を価格にたいしプラスとマイナスの差異の増大のなかに動揺させる。とはいえあの統一的な価値尺度という事実はまず第一に、ではいかにして労働力が価値となったかの問題をまったく未決定のままにおく。もし労働力がさまざまな材料において活動してさまざまな製品をつくりだし、それによって交換の可能性を生じさせなければ、あるいはまた労働力の使用がその成果の獲得のために提供された犠牲として感じられなければ、労働力はほどんど価値にはならないであろう。労働力もまた交換の可能性と現実性とによってはじめて価値カテゴリーに編入されるのであり、労働力がその後にこのカテゴリーの内部においてそれ以外の内容の尺度を提供するかもしれない状態とはまったく関係はない。それゆえ労働力が一切の価値の内容であるにせよ、この内容が価値としてのその形式を受け取るのは、まずは労働力が犠牲と獲得もしくは価格と価値（ここでは狭義の）の関係に入りこむことによってである。この理論によれば価格と価値が分離しているばあいには、一方の当事者は対象化された直接の労働力の一定量を同じ労働力のより僅かな量にたいして交付するが、しかしこのより僅かな量の労働力には他の——いかなる労働力も示さない——たとえば避けがたい欲望の満足、趣味、欺瞞、独占などの事情が結びつくが、それでも彼は交換を行う。それゆえここでもまたより広い主体的な意味においては価値と対価との等価は存続しているのに、それらの不一致を可能とする統一的な規範である労働力は、またそれなりにその価値性格の交換からの成立を免れない。

客体の質的な規定は主観的には客体の被欲求性を意味し、絶対的な価値量をつくりだすと要求するが、この要求はそれにもかかわらず堅持できない。欲求相互の交換によって実現される関係にして、初めてつねに欲求の対象を経済的な価値とする。この規定がより直接に現れるのは、価値の構成的とみなされるいまひとつの要因、不足あるいは相対的な希少性においてである。実は交換とは、財の不足から生じた不都合を改善しようとする個人間の試み、すなわち所与の貯蔵の分配様式によって主観的な欠乏量をできるだけ減少させようとする個人間の試みにほかならない。すでにそこからまず生じるのは、希少価値と——もちろん正しく批判された仕方で——呼ばれるものと交換価値と呼ばれるものとのあいだの一般的な相関関係である。しかしここでは逆な方向における関連のほうがより重要である。すでに強調したところであるが、財の不足がその評価の結果をもたらしにくいのは、財の不足がわれわれによっては緩和できないばあいである。それが緩和できるのはまさに二通りの仕方においてのみである。すなわち労働力の提供によって財の貯蔵を客観的に増大させるか、それともすでに所有する客体の提供によって所有交換をもたらし、主体にとってまさにもっとも欲求されている客体の希少性を解消するかである。こうしてたしかに先ずいえるのは、財の不足はそれにむけられた欲求との関係において客観的に交換を制約するが、しかし交換がそれなりに初めて希少性を価値契機とする。多くの価値理論における誤りは、有用性と希少性とがあたえられたばあいに多くの理論は経済的な価値、すなわち交換運動をなにか自明なものとして、あの前提の概念的な必然的な結果として措定するということである。しかしそれについては、それらはけっして正しくはない。もしあの前提に禁欲的な節度がともなうか、あるいはこの前提がたんに闘争やあるいは掠奪のみをひき起こせば——これはしかも十分にしばしば生じることである——、いかなる経済的な価値もいかなる経済的な生活も成立しないであろう。

民族学の教えるところによれば、原始的な文化において日頃のきわめてさしせまった必要よりもより多くが問題となるやいなや、価値概念のおどろくべき恣意性や動揺や不適切さがあらわれる。ところがまったく疑いのないことであるが、このことは他の現象、すなわち交換にたいする原始的な人間の嫌悪の結果として——ばあいによってはそれと相互作用して——生じる。交換のこの嫌悪にはより多くの理由が認められる。原始的な人間には客観的で一般的な価値尺度が欠けているから、彼は交換において欺かれることをつねに恐れなければならない。また労働生産物がつねに彼自身によって彼自身のために生産されるから、彼は交換によって彼の人格の一部を手放し、邪悪な力の支配に自己をゆだねる。自然人の労働にたいする嫌悪もおそらくは同じ理由に由来する。ここでもまた彼に欠けているのは労苦と収穫とのあいだの交換にとっての確実な尺度であり、彼は自然によってもまた欺かれることを恐れ、自然の客観性は、彼が自然との吟味され規制された交換において彼自身の行為をも客観性の距離とカテゴリーとに入れるまでは、予測できない恐ろしいものとして彼のまえに立ちはだかる。それゆえ対象にたいする態度の主観性への埋没状態が彼に、事物とその価値との客観化と同行する交換——自然的ならびに個人間的な——を実行しないほうがよいと思わせる。実際のところ、あたかも客体が客体として初めて意識されることが不安感をおのずと呼びおこし、それによって自我の一部が彼からもぎ取られるかのように感じられる。これよりただちに客体は神話的さらには物神崇拝的な解釈をこうむる。――この解釈は一方ではこの不安感を実体化し、これに原始人にとっては唯一の可能な明白さをあたえるが、しかし他方ではそれでもこの不安感をやわらげ、客体を人間化することによってこれをふたたび主観性との融和に近づかせる。この状況からさまざまな現象が説明される。まず第一に、まさに渇望の対象の主観的および無規制的な強奪の、つまり掠奪の自明性と栄誉性である。ホメロス時代のはるか後にもなおギリシアの遅れた地方では海賊が正当な生業として維持され、さらには多くの原始的な民族にあっては暴力による掠奪が誠実な支払いよりも高尚とさえみなされた。この後者もまたまったく理解できる。交換と支払いとにさいして人びとは客観的な規範に従い、この規範のまえでは強い自主的な人格も後退しなければならないが、彼はまさにしばしばこれへは傾かない。それゆえ一般にはきわめて貴族的で頑固な人びとによる商業への軽蔑がある。しかしそれゆえに交換はまた人間のあいだの関係の平和を促進する。なぜなら人びとは交換において、ひとしく彼らの上位にある間主体的な客観性と規範化とを承認するからである。

はじめから推測しなければならないように、掠奪と贈与とが表現する所有変更の純粋な主観性と、事物がそのなかに含まれている等しい価値量によって交換されるという交換の形式における所有変更の客観性、この両者のあいだには一連の媒介的な諸現象が存在する。これに属するのは贈与の伝統的な相互性である。多くの民族において存在する観念によれば、人が贈与を受け取ってよいのは返礼によってお返しするばあい、いわば貰い得にならないばあいのみである。これが直接に規則正しい交換に移行するのは、オリエントにおいてしばしば見られるように売手が買手に客体を「贈る」が、――しかし買手がそれに対応する「返礼」をしないばあい、買手には禍というふうに交換が行われるばあいである。全世界にわたって見いだされるいわゆる奉仕労働もこれに属する。すなわちさし迫った労働の援助のための近隣や友人の集合であり、それへの賃金は支払われない。しかし少なくとも奉仕労働者を十分にもてなし、できれば彼らに小さな祝宴をもうけることは、いたるところで普通に行われ、こうしてたとえばセルビア人についての報告によれば、たんに富裕な人びとのみがそのような自発的な労働仲間を呼び集めることができる。もちろんなお今日でも東洋とさらにしばしばイタリアにおいてさえ、売手と買手にとって主観的な利益の制限と固定化とをなす妥当な価格という概念は存在しない。各人は相手にできるかぎりは高く売って安く買い、交換はもっぱら二人の人間のあいだの主観的な行為であり、その結果はたんに双方の狡猾さと熱望と根気にのみ依存し、物件にもその価格への超個人的に基礎づけられた関係にも依存しない。ここにまさに商売が成立し、——こうローマの骨董業者が説明した——商人があまりに多くを要求し、そして顧客があまりに少なく値をつけ、こうして次第に受諾できる点までたがいに近づく。それゆえここに明らかに見られるのは、客観的に適切なものが主体の対立からいかに生じてくるかである。——全体としては前交換的な状態からの、すでに一般的ではあるがしかしまだその帰結にまでは達していない交換経済への突入である。交換はすでにそこに存在し、それはすでに諸価値のあいだの客観的な生起ではあるが、——しかしその遂行はあくまでも主観的であり、その様式とその量とはもっぱら個人的な質の関係に依存する。——おそらくはすべての初期の文化において商取引が神聖な形式や立法による固定化や世間と伝統とによる保証とをそなえたが、それらへの根本動機がおそらくはまたここにある。これによって人は交換の本質から要求される超主観性に達したが、まだ客体そのものの客観的な関係によっては超主観性をつくりだすことができなかった。一方での交換と他方での諸事物のあいだには価値相等性のような何かがあるという観念とがなお新しいものであったかぎりは、それぞれ二人の個人がたがいに努めねばならなかったにしても、意志の疎通にはそもそも到達しないであろう。それゆえわれわれがいたるところで、さらには中世の後期にいたるまでたんに交換取引の公開のみではなく、なによりも日用の商品の交換量についての精密な決定を見いだし、当事者はだれも私的な協定によってはこの決定を回避することを許されない。もちろんこの客観性は機械的で外面的なものであり、これは個々の交換行為の外部の動機と力とを支えとする。実際に適切な客観性はそのような先天的な決定を免れ、あの形式によって歪められた特別な事情の総体を考慮に入れる。しかし意図と原理とは同一であり、すなわち交換における超主観的な価値決定であり、これはまさに後にはたんにより実際的でより内在的な道を見いだしたにすぎない。諸個人によって自由に自立的に行われた交換は、事実のなかにおかれた尺度による査定を前提とし、それゆえに先行する段階においては交換は内容的に規定され、この固定化は社会的に保証されていなければならない。なぜなら、そうでなければ個人には対象の評価にとっての一切の手掛かりが欠けるからである。これはちょうど同じ動機がおそらくはまた原始的な労働にも、いたるところで社会的に規制された方向と実行方法とをあたえ、ここでもまた交換と労働とのあいだの同質性、より正しくは上位概念としての前者への後者の所属を示しているのと同じである。客観的に妥当なもの——実践的ならびに理論的な観点において——と、それの社会的な意義と承認とのあいだの多様な関係は、他のばあいにもまたしばしば次の仕方で歴史的に現れる。すなわち社会的な相互作用と普及と規範化とが個人に生活内容の威厳と強固さとをあたえ、個人はこれらを後には生活内容の実際の権利と証明可能性から獲得する。こうして子供がそれぞれ任意の事実を信じるのは内的な根拠からではなく、それを伝える人を信じるからである。信じられるのは何かではなく誰かである。同じようにわれわれは趣味においては流行に、すなわち行為と評価との社会的な普及に依存し、事象そのものを美的に判断できるのはずっと後になってである。こうして個人が自己自身をこえて拡大し、そして同時にこの拡大において、すなわち法と認識と道徳において超個人的な支えと安定とを獲得しようとすれば、彼にとっての必要は、——伝統の力として現れる。初めは不可欠なこの規範化はなるほど個別主体をこえるが、しかしそれでも主体一般はこえず、この規範化に代わって次第に成長するのが、事物の認識と理想的な規範の把握から生じる規範化である。われわれがわれわれの方向づけに必要とするわれわれ以外のものは、社会的な公共というより接近しやすい形式をとり、その後にそれは実在と観念との客観的な規定としてわれわれに立ち向かう。それゆえ文化の発展をつらぬいて特徴づけるこの意味において交換は、諸個人が客体と彼ら自身の評価とを十分に知って交換割合を状況に応じて決定するまでは、もともと社会的な確定の事象である。ここに生じる疑念はこうである。すなわちすべての半文化における流通を従わせるのをつねとしたこの社会的・法的な価格査定はそれでもたんに、最初は単独のまだ固定しない形式において諸個人のあいだに行われた多くの先行する交換行為の結果であるにすぎないのではないか。とはいえこの異議は言語と慣習、法と宗教、要するに全体としての集団において成立して支配しているすべての基礎的な生活形式にたいしても同じようにむけられ、これらの生活形式は長いあいだたんに個人の発見によって説明できると考えられたが、たしかにはじめから諸個人間の構成物として、諸個人や多数のあいだの相互作用として成立し、したがって個人そのものへその起源を帰すことはできない。まったく可能と考えたことではあるが、社会的に固定した交換の先駆は個人的な交換ではなく、けっして交換ではないある種の所有変更、たとえば掠奪であった。とすれば個人間の交換は平和条約にほかならず、そして交換と固定した交換は一様な事実として発生したであろう。これへのアナロギーを提供するのは、原始的な婦人掠奪が近隣の種族との族外婚の平和条約――婦人の購買と交換を創立し規制する――に先行したばあいである。これによって導入された原理的に新しい結婚形式は、それゆえただちにその固定化状態のなかに個人を先決するように設定される。そのさい諸個人のあいだの同種の自由な特殊契約はけっして先行する必要はなく、その類型と同時に社会的な規制もまたあたえられる。あらゆる社会的に規制された関係は、内容的には等しいが社会的には規制されない個人的な形式においてのみ現れる関係から歴史的に発展したにちがいないというが、これは偏見である。これに先行したものはむしろ、これとは種類をまったく異にする関係形式における同じ内容であったかもしれない。交換は他人の所有の主観的な獲得形式である掠奪と贈与をこえて進み、――これは族長への贈与と彼によって徴収された罰金が税金の前段階であることにまったく対応している――そしてこの途中において最初の超主観的な可能性として社会的な規制を見いだし、この社会的な規制はそれなりに実際的な意味での客観性を初めて準備する。この社会的な規範化とともに初めて、諸個人のあいだのあの自由な所有交替のなかに、交換の本質である客観性が成長する。

これらのすべてから次のことが明らかとなる。すなわち交換は〈特殊な〉社会学的な構成であり、個人間の生活の根源的な形式と機能であり、これはけっして有用性や希少性と呼ばれる事物のあの質的および量的な性質から論理的な結果としては生じない。むしろ逆に二つの性質は、交換の前提のもとに初めてそれらの価値形成的な意義を展開する。交換、すなわち獲得の目的のための犠牲の提供が、なんらかの理由から排除されているばあい、欲求された客体のいかなる希少性も、あの交換関係の可能性が再び現れるまでは、客体を経済的な価値にすることはできない。――個人にとっての対象の意義はつねにたんにそれの被欲求性にのみある。それがわれわれに提供すべきものにとっては、それの質的な規定が決定的であり、われわれが対象への積極的な関係においてそれをもつとき、対象のこの意義にとっては、これ以外に同じ種類のものの多少とか有無とかはまったくどうでもよい。(ここでは以下のばあいを区別せずに取り扱う。すなわち希少性そのものがまたある種の質的な規定となり、これが対象をわれわれには望ましくするばあい、たとえば美的あるいは歴史的な価値のない古い切手や骨董品や古美術品などのばあいなどである)。ところで言葉の狭義での享楽にとって必要な差異感覚はいたるところで客体の希少性によって、すなわちそれがまさにいたるところでいつもは享楽されないということによって制約されているかもしれない。とはいえ享楽のこの内的な心理学的条件は、すでにそれが希少性の克服ではなくまさにその保存に、さらにはその増大にまで導くはずであるが、このことは経験的には生じないから、実践的とはならない。事物の性質に依存する直接の享楽以外に実際に問題となることのできるのは、享楽への道程のみである。この道程が長く困難であり、忍耐、失望、労働、不便、断念などの犠牲をこえるや、われわれはこの対象を「希少」と呼ぶ。これを直接には次のように表現することができる。すなわち事物はそれが希少であるから獲得することが困難なのではなく、それは獲得することが困難であるから希少である。ある財の備蓄が僅かすぎて、これへのわれわれの欲求をすべて満足させられないという外的な動かない事実は、それだけでは無意味であろう。多くの事物は客観的には希少でありながら経済的な意味では希少ではない。事物が経済的な意味で希少であるか否かを決定するのはたんに、交換によるその獲得にどの程度の力と忍耐と献身とが必要であるかという事情、——つまり犠牲であり、これはもちろん客体が欲求されることを前提とする。獲得の困難、すなわち交換に投入される犠牲の大きさが独特な構成的な価値要因であり、希少性はたんにその外的な現象、量の形式におけるその客観化をなすにすぎない。しばしば見落とされてきたことではあるが、希少性は純粋にそのようなものとしてはそれでもたんに否定的な規定にすぎず、存在するものが存在しないものによって特徴づけられたにすぎない。しかし存在しないものは活動的であることはできず、すべての積極的な結果は積極的な規定と力から由来するはずであり、あの否定的な規定はいわばたんなる影にすぎない。しかしこの具体的な力は明らかにたんに交換に投入された力にすぎない。たんに人びとは具体性の性格を、ここではそれが個体そのものに付着していないことによって削減されると信じてはならない。事物のあいだの相対性は独特の地位をしめ、個体をこえてたんに多数そのものにおいて存続し、それでもたんに概念的な一般化でも抽象でもない。

ここにもまた現れるのは、人間という材料における相対性のもっとも直接的な具体的説明である社会化への相対性の深い関係である。すなわち社会は超単独でありながらそれでも抽象的ではない構成体である。社会によって歴史的な生活は、たんなる個人においてかそれとも抽象的な普遍性のうちに経過するかの二者択一を免れる。すなわち社会は普遍的なものでありながらも同時に具体的な生動性をもつ。ここから生じるのが、交換が事物の相対性の経済史的な実現として社会にとってもつ独自の意義である。すなわち交換は個々の事物と個々の人間にとってのその意義とをその単独性から高めるが、しかし抽象の領域へではなく相互作用の生動性へであり、相互作用はいわば経済的な価値の身体である。ある対象について人が、それが独立にそうである規定をいかに正確に研究しようとも、経済的な価値は発見されないであろう。なぜならこれはもっぱら、この規定にもとづいて多くの対象のあいだに、それぞれが他を条件づけあい、他から受けた意義を他に返しあいながら生じる相互関係のうちに成り立つからである。

三

ところで経済的な価値のこの概念から、その頂点とさらにもっとも純粋な表現としての貨幣の概念を展開するまえに必要なのは、原理的に規定された世界像のなかに経済的な価値そのものを組み入れ、それにおいて貨幣の哲学的な意義を推定することである。それというのも経済的な価値の定式が世界の定式と並行に進行するばあいにして初めて、前者の最高の実現段階はその直接の現象をこえて、あるいはより正しくはまさにこの現象そのものにおいて、存在一般を解釈するのを助けることを要求してよいからである。

客体がわれわれにあたえる最初の印象は無規則な並存と混乱とであり、われわれは客体の永続的で本質的な実体を、客体の運動や色彩や運命から分離することによって、その最初の印象を組織するのをつねとする。というのも運動や色彩などの去来は、客体の本質の強固さを変化させはしないからである。流動する現象の永続的な核心と持続する担い手の偶然的な規定とへの世界のこの編成は、絶対的なものと相対的なものとへの対立へと成長する。われわれはわれわれ自身のなかに心的な存在――その生存と性格とがたんにそれ自体のなかにのみある――を、自己以外のすべてから独立した最終審を感知するように思い、そしてこれを、たんに他のものへの関係から現実的あるいは可測的となる、われわれのあの思想や体験や発展から区別するが、――これと同じようにわれわれは世界において実体や大きさや力――その存在と意味とがそれらのなかにのみ基礎づけられている――を求め、これらをすべての相対的な生存と規定から――たんに他のものとの比較や接触や反応によってのみそれがそれであるもののすべてから区別する。この対立が発展する方向は、われわれの肉体的・心的な素質と世界にたいするその関係によってあらかじめ定められている。われわれの生存において運動と静止、外への活動と内への集中がいかに緊密に結合し、したがってそれらがその重要性と意義とを初めてたがいに見いだすにせよ、——われわれはそれでもこの対立の一側面、静止、実体的なもの、われわれの生内容での内的に強固なものを、変化するもの、不安定なもの、外面的なものにたいしてはもともと価値あるもの、決定的なものと感じる。このことの継続ではあるが、思考が一般にその課題と感じるのは、現象のはかなさや運動の上昇と下降の背後に確固として信頼できるものを見いだし、そしてわれわれを相互依存するものから自足するものへ、自己自身に基礎をおくものへと導くことである。こうしてわれわれは確実な点を獲得し、これによって諸現象の混乱のなかで方向を定め、われわれが自分自身のなかでわれわれの価値あるものや決定的なものとして表象するものの客観的な対照物をあたえられる。こうしてこの傾向のもっとも外面的な適用から始めると、光は物体から流出する精妙な実体とみなされ、熱は素材とみなされ、肉体的な生命は実体的な活力の作用とみなされ、心的な過程は特殊な心的実体によって支えられているとみなされる。神話は雷音の背後に雷神を、大地の下には大地を落ちなくする強固な土台を、天体には天体に軌道のなかをめぐらせる聖霊をおき、同じように知覚された規定と運動とのためには実体を探究するが、この実体はそれらの規定や運動に付着するのみではなく、もともと活動的な力そのものである。そして事物のたんなる関係をこえて、それらの偶然性と無常性をこえて絶対的なものが求められる。すなわち以前の思考方法は物体的なものと精神的なものとにおけるすべての地上の形式の発展と去来とに満足することができない。あらゆる種類の生物がそれらにとっては不変の創造思想である。制度と生活形式と評価とは昔から絶対に、現在それがあるようにあったのであり、世界の諸現象は人間とその組織のみに妥当するのではなく、それらはそれだけでわれわれがそれらを表象するようにある。要するに思考の最初の傾向は、印象の混乱した流れを安定した河床へと導き、その動揺から確固とした形態を獲得すると信じ、実体と絶対的なものとにむかうが、これらにたいしてはすべての個別経過と関係とが、認識作用にとっては克服されるべき予備的な段階へ押し下げられる。

先にあげた例が明らかにしたように、この運動はふたたび逆行的となった。ほどんどすべての文化時代はそれへの個々の萌芽を見たからには、現代の科学の根本傾向として次のことを指摘できる。すなわち現代の科学は現象をもう特別な実体によっても、さらには特別な実体としても理解せず、運動として理解し、その運動の担い手がいわばますますはるかに固有性のないものへと後退すること、それは事物に付着した性質を量的な規定として、相対的な規定として表現しようと努めること、それは有機的、心理的、倫理的、社会的な形成の絶対的な安定性の代わりに休みなき発展を教え、この発展においてはそれぞれの要素はその前後の要素との関係によってのみ確定される位置を占めること、それは事物のもつ独立に存在する本質を断念し、事物とわれわれの精神とのあいだに――精神の立場から見て――生じる関係の確定に満足することである。大地の外見上の静止がたんに複雑な運動であるのみではなく、宇宙におけるその全体の位置もまた他の物質素材との相互関係によってのみ存続するということ、――このことは、世界内容の固定性と絶対性から運動や関係へのその解消への移行のきわめて単純ではあるがきわめて決定的な事例である。

しかしすべてこれらのことは、たとえ完全になしとげられたとしても、それでも固定した点、絶対的な真理を可能とするように思われ、さらにはそれを要求するように思われる。すなわち認識作用そのものが右の解消をはたし、それなりに永遠の発展の流れとたんに比較のための規定――ここへ認識作用は個々の内容を指示する――とを免れるように思われる。認識内容の絶対的な客観性を人間的な主観にのみ妥当する表象様式へ解消することは、それでもさらには遡源できない最後の点をどこかに前提する。心的な過程の流動と相対性とはやはり、われわれの認識が実際にこの性格をもつか、それとも他の性格をもつか、これをわれわれが初めて決定するさいの前提や規範にふれることはできない。すべての絶対に客観的な認識が解消されるはずのたんに心理的な演繹は、それでも一定の公理を必要とし、これらの公理は誤った循環なしにはそれ自身ふたたびたんに心理的な意義をもつことができない。このことはたんに、以下のすべての基礎をなす事態の一般的な直感にとって最大の重要性をもつ点であるのみではなく、個々の多くのばあいにとってもまた模範的でもあり、これはより精密な論究を必要とする。

なんらかの命題の真理性が疑いもなく認識されることができるのは、たんに初めから個別をこえた確実で一般的な基準にもとづいてのみである。これらの基準は個別的な領域に限定され、それなりにそれらの正当性をなおより高くにある基準から引き出すことができる。こうして一系列の認識が重なりあって構成され、それらのそれぞれはたんに他の制約のもとでのみ妥当する。とはいえこの系列は空中に迷わないためには、さらにはもともとそもそも可能であるためには、どこかに究極の根拠を、あとに続くすべての部分に正当性を——自らは必要としないが——あたえる最高審をもたなければならない。これがわれわれの実際の認識作用が組み入れられなければならない図式であり、そしてこの図式は認識作用のすべての被制約性と相対性をもはや制約されない知識につなぐ。とはいえさてこの絶対的な認識が何であるか、われわれはけっしてこれを知ることはできない。その現実的な内容は、その原理的ないわば形式上の存在について成り立つ同じ確実さによってはけっして取り出されない。なぜならより高い原理への分解の過程、これまで最終の原理をそれでもなおはるかへ推論する試みは、けっしてその終結には到達できないからである。それゆえわれわれがいかなる命題を、他のすべての命題の被制約性をこえて最終的に基礎づけられたものとして見いだしたにせよ、——その命題をもまたさらにより高い命題によって制約されたたんに相対的なものと認識する可能性は依然として存続する。そしてこの可能性は積極的な要求であり、ここに知識の歴史は幾度ともなくこれを実現した。もちろん認識作用はどこかにその絶対的な基礎をもつであろうが、しかしどこにそれをもつか、われわれはそれをけっして取り消せないほどに確定することはできず、したがって思考を独断的に終結させないために、最後に到達したそれぞれの点をあたかもそれが最後から二番目であるかのように取り扱わなければならない。

認識作用の全体がこれによってはけっして懐疑的に色づけられはしない。一般に相対主義と懐疑論とを混同する誤解は、カントが空間と時間とをわれわれの経験の条件へ転化させたのを懐疑論として中傷し、彼にたいしておかされた誤解とまったく同じように粗雑である。人がもし相対主義と懐疑論にそれぞれ対立する立場をはじめから現実的なものの無条件に正しい形像として固執し、したがってそれらを否定するそれぞれの理論が「現実」の動揺として現れれば、人はたしかに相対主義と懐疑論との二つの立場を懐疑論と判定しなければならない。相対的なものの概念を、それが論理的に絶対的なものを必要とするというふうに構成すれば、もちろんこの絶対的なものを矛盾なしには除去できない。しかしわれわれの研究の進展がまさに示すであろうことは、事物の相対性への概念的な相関物としての絶対的なものは必要ではないということ、この要求はむしろ経験的な関係——ここでは確かに「関係」が諸要素のあいだに生じるが、諸要素はそれだけでこの関係の彼方に立ち、そのかぎりにおいては「絶対的」である——の、すべての経験のまずは根底をなすものへの転化であるということである。さしあたり認められるのが、われわれの認識作用はどこかに絶対的な規範、それ自身によってのみ正当化された最終審をもつであろうが、しかしその内容はわれわれの前進する認識作用にとってはたえざる流動のなかにとどまらなければならず、ある瞬間に到達されたそれぞれの内容が、その課題によりかなったなおより深い内容を示すことであるとすれば、――これがもはや懐疑論でないのは、なるほどすべての自然生起は無条件に例外のない法則にたしかにしたがうが、しかし認識されたものとしての法則はたえず修正をうけ、この法則性のわれわれに理解される内容はつねに歴史的に制約され、その普遍的概念のあの絶対性を欠くという、この一般に承認されたことが懐疑論でないのと同じである。それゆえ完結した認識作用の究極の前提はたんに条件的に、主観的に、あるいは相対的にのみ真とは見なされないであろうが、それでもわれわれに瞬間的にこの形式の実現として提供される個々の前提のすべてはたんに条件的に主観的に、あるいは相対的にのみ真と見なされてよいし、見なされなければならない。

　このようにすべての表象は他の表象との関係においてのみ真であるということ、たとえば理想的ではあるがわれわれにとっては無限の彼方にある認識の体系はこの被制約性を解かれた真理を含むはずであるばあいでさえ、――このことはたしかにわれわれの態度の相対主義を特徴づけ、これは他の領域へも類似の仕方で適用される。人間の社会化には実践の規範があり、これは超人間的な精神によって認識され、絶対的な永遠の法と呼ばれてもよい。この法は法学的な〈自己原因〉であり、すなわちその合法化を自己自身のなかにもたなければならない。それというのも、それが合法化をより高い規範化から借りるやいなや、前者ではなくまさに後者こそが、あらゆる状況のもとでも妥当する絶対的な法規定を意味するからである。ところで永遠の不変性を要求できる法律内容は実際にはただのひとつも存在せず、むしろあらゆる法律内容はたんに歴史的な状況とその変化との許す一時的な妥当性をもつにすぎない。そしてこの妥当性を法律内容は、その制定自体がすでに合法であり恣意的ではないとすれば、すでに以前から存在している法規範から受け取り、古い法律内容の廃止も、そのこれまでの存続と同じ適法性によって以前の法規範から生じる。それゆえそれぞれの法律制度は自己のなかに自己の変更や拡大や廃止への力を――しかもたんに外面的な力のみではなく理想法的な力をも――含み、したがってたとえば議会に立法を委任する法律は、たんに同じ議会によってあたえられた法律Bを廃止する法律Aの合法性を生じさせるのみではなく、議会が他の官庁のためにその立法権を放棄するばあい、これさえも法的な行為とする。それゆえ他面から見ればこれが意味するのは、あらゆる法律が法律としての威厳をもつのは、たんに他の法律とのそれの関係によってのみであり、自己自身によってはけっしてそれをもたないということである。認識の内容がいかに新しく、しかもなおきわめて革命的であろうと、われわれにとってのその証明可能性はそれでもなお従来の認識の内容と公理と方法からのみひき出すことができる。たとえ最初の真理が存在していると想定されなければならず、その真理が証明されえないがしかしその自足的な確実性にもけっして到達できないとしてもである。――同じようにわれわれに欠けているのは、それ自身のなかにある法であり、この法の理念は相対的な法規定の系列のうえに浮遊してはいるにせよ、法規定のそれぞれは他のものによる合法化に依存している。なるほどわれわれの認識作用もまた、それぞれあたえられた瞬間にはわれわれにはもはや証明できない最初の公理をもつ。なぜなら認識作用はこれなしには、誘導された証明の相対的な系列にも到達しないからである。とはいえ最初の公理は、証明されたものの論理的な尊厳をけっしてもたず、それはわれわれにとっては証明されたものと同じ意味においては真ではなく、われわれの思考が最後の点としての最初の公理に停止するのは、たんにこの公理をこえてなおより高いものへ到達するまでにすぎず、到達すればこのより高いものがこれまでの公理的なものをそれなりに証明する。これに対応してたしかに絶対的にも相対的にも法以前の状態が存在し、そこでは経験的な法が暴力あるいはその他の根拠から制定される。とはいえこの経験的な法はとくに法的に制定されるのでもない。それはなるほどそこにあるかぎりは法とみなされるが、しかしそれがそこにあるということは、けっして法的な事実ではない。それに欠けているのは、法律にもとづくもののすべての威厳である。そしてそれは実際は、そのような不法な法を制定するすべての勢力の努力、その不法な法になんらかの合法化を見いだすか、あるいはそれを虚構する努力、すなわちその法をすでに存続する法から導きだそうとする努力である。――いわばあの絶対的な法への敬意の表明であり、絶対的な法とは相対的な法のすべての彼方に立ち、これによってはけっして把握されず、たんに現今の法規定のそれぞれの先行する法規定からの連続的な導出の形式においてのみ、われわれにとってはその象徴を見いだす。

　しかし無限なものへのこの遡源はわれわれの認識作用を制限のなかにとめおかないが、他の形式の認識作用であればおそらくはこれに成功するであろう。ある命題の証明をその基礎づけに求め、後者の証明をふたたびその基礎づけに求めるなどと続ければ、周知のようにしばしば発見されるのは、証明が可能であるのは、すなわちそれなりに証明できるのは、それが証明すべきあの最初の命題が、すでに証明されたものとして前提されるばあいのみである。このことが特定の演繹にたいして示されれば、この演繹を誤った循環論法として幻想的ともするが、それでも全体として見ればわれわれの認識がこの形式のなかにとらえられていることは考えられなくもない。内容的に規定されたあらゆる認識は、膨大な数のたがいに重なり合って無限の彼方へ消えゆく諸前提に依存するが、このような諸前提を考慮すれば、命題Aは命題Bによって証明され、命題BはしかしC、D、Eなどの真理性によってと続き、こうして結局はAの真理性によってのみ証明できるということは、あくまでも排除されてはいないように思われる。論証C、D、Eなどの連鎖はたんに十分に長いと見なされることを必要とし、したがってその出発点への回帰は意識から遠ざかり、そしてこれは、地球の大きさが直接のまなざしにはその球形を隠し、地球上を真直の方向へ無限に前進できるような錯覚をひき起こすのと同じである。そしてわれわれがわれわれの世界認識の内部において想定する関連、すなわちわれわれは世界認識のどの点からも他のどの点へも証明によって到達できるということ、——これが以上のことを肯定させるように思われる。われわれが本質的にいかなる証明も必要とはしない真理に独断的に立ちどまることを、これをかぎりに欲しなければ、自己証明のこの相互性を——完成されたと考えられた——認識作用の根本形式と考えるのも当然と思われる。こうして認識作用は自由に浮動する過程であり、その諸要素は相互にその位置を規定しあい、これは物体が重力によってそうするのと同じである。重力と同じように真理もここでは関係概念である。世界のわれわれの形像がこのように「空中に浮動する」ことは、まさにわれわれの世界そのものがそうしているから、たんに当然のことにすぎない。これはけっして言葉の偶然の一致などではなく、基礎的な関連への指示である。われわれの精神に固有な必然性は真理を証明によって認識しようとし、その認識可能性を無限の彼方へ移すか、あるいはそれを曲げて環(わ)とするかであり、後のばあいは命題は他の命題との関係においてのみ真であるが、しかしこの他の命題は結局はあの最初の命題との関係においてのみ真である。こうして認識の全体が真でないのは、物質の全体が重くないのと同じであろう。たんに諸部分相互の関係においてのみ性質は通用し、これを全体について矛盾なくに述べることはできないであろう。

この相互性において内的な認識諸要素は真理の意義をたがいに承諾しあうが、この相互性は全体として、われわれの生活の理論的な関心と実践的な関心とのあいだにあるより広範な相対性によって支えられているように思われる。われわれの確信することではあるが、存在するものについてのすべての表象は特殊な肉体的・心的な組織の機能であり、この機能はけっして存在するものを機械的に反映はしない。むしろ複眼をもつ昆虫の世界像、われわれにはほとんど考えられない鋭さの視力をもつ鷲の世界像、退化した眼をもつ洞いもりの世界像、われわれ自身の世界像、同じようにまた無数の他の世界像、これらはまったく奥深い相違をもつにちがいなく、ここから直接に推論できるのは、いかなる世界像も心の外の世界内容をその独立に存在する客観性のなかに模写しないということである。ところが少なくともこのように消極的に特徴づけられた表象がわれわれの実践的な行為にとっての前提と素材と指令であり、この行為によってわれわれは世界と結びつけられるが、この世界はわれわれの主観的に規定された表象作用から相対的に独立している。すなわちわれわれが世界に期待するのは、われわれの働きかけへの世界の一定の反作用であり、世界もまた少なくとも全体としては正しい仕方で、すなわちわれわれには有用な仕方でわれわれに反作用するが、これはまさに同じ世界について完全に異なった像によって行動を規定される動物にも、世界がまさに有益に反作用するのと同じである。これはやはりもっとも注目すべき事実である。すなわち行動は、客観的に存在するものとはたしかにいかなる同等性ももたない表象にもとづいて行われながら、それでもこの客観的な存在するものから、あの客観的な関係のあるがままの知識のさいよりもより大きくはありえない予測可能性と合目的性と的確性の成果を達成するが、他方では他の行動は「誤った」表象にもとづいて行われるため、われわれにはまったくの現実的な障害となる。そして同様にわれわれは、動物もまた錯覚や修正できる誤謬をまぬがれないことを知る。では「真理」とは何を意味することができるか。それは動物とわれわれとには内容的にまったく異なったものであり、そのうえ客観的な現実とはまったく一致せず、にもかかわらずあたかも一致するかのように希望した行動結果へ確実に導くが、この真理とは何を意味することができるか。これは次の想定によってのみ説明できると思われる。組織の差異が要求するのは、それぞれの種が自己を保存してその本質的な生活目的を達成するために、他の種とは区別される特別な仕方で実際にはふるまわなければならないということである。それゆえ表象像に導かれ規定された行動が、行動者に有利な結果をもたらすかどうか、これはこの表象の内容によってはけっして決定されない。表象の内容が絶対的な客観性と一致すると否とにかかわらずそうである。むしろこれはただひとえに、有機体の内部の現実の過程としてのこの表象が他の肉体的・心的な力との協力において、またその特殊な生活要求にかんしていかなる成果となるかに依存するであろう。ところでわれわれが人間について、人間はたんに真実な表象にもとづいてのみ生命を保持し促進しながら行動するが、しかし誤った表象にもとづけば破壊的に行動するというとき、——この「真実性」とは、意識をそなえたすべての種にとって内容的に異なり、しかもいかなる種にとっても事物自体の映像ではないから、いったい何を意味すべきであるのか。人間という特殊な全組織とその力と要求との関連において有用な結果となる表象以外に、その本質よりして、真理はもともとそれが真であるから有用なのではなく、むしろその逆である。われわれが真実という尊称をあたえるのは、現実の力あるいは運動としてわれわれのなかに働いてわれわれを有用な行動へと促す表象にたいしてである。それゆえ原理的に異なった組織と生活要求が存在するのと同じだけ、原理的には異なった真理が存在する。昆虫にとって真理である感覚像も、鷲にとっては明らかに真理ではないであろう。それというのも昆虫がその内的および外的な状況の関連のなかで合目的に行動するさいの基礎となる感覚像こそが、鷲をその状況の関連のなかでまったく無意味で有害な行動へと動かすだろうからである。これらの認識はけっして規範的な堅固さを欠いてはいない。むしろ、表象するすべての生物は原理的に固定した「真理」をもち、その表象作用がそれを個々のばあいに捉えたり間違えたりすることがある。万有引力の法則はわれわれがそれを認識すると否とにかかわらずいつでも「真」である。——にもかかわらずそれは、異なった空間形成と思考カテゴリーと数体系をもつ生物にとっては真ではないであろう。われわれにとって「真なる」表象内容は独特な構造をもち、たしかにわれわれの存在にまったく依存してはいるが、——われわれと性質を異にする生物とは共有されないから、——その代りにその真理価値においてはその物理的な実現からはまったく独立している。一方において体質と欲望をもつ生物が存在し、他方において客観的な存在があたえられれば、この生物にとっての真理であるものは観念的には確立する。真理は生物にとってもっとも有利な表象を意味するから、これによって生物の心理的な諸経過のあいだの選択が行われる。すなわち有利な心理的な経過が淘汰という通常の道程をへて固定し、そっくりそのままに「真なる」表象世界を構成する。そして実際にわれわれは、存在するものの表象の真理性については、表象に導かれた行為が望みどおりの結果をもたらすこと以外には、他のいかなる決定的な基準ももたない。ところでたしかに先にふれた選択によって、すなわち一定の表象の仕方の育成によってようやく、この表象の仕方が持続的に合目的なものとして固定化されると、それらはたがいのあいだに理論の領域を構成し、この領域が新たに登場する表象を今は内的な基準にしたがって、この領域への所属とそれへの対立を決定する。——これはまさに幾何学の諸命題は内的な厳密な自律性にしたがって積み上げて構成されるが、他方ではこの構成と全領域とを一般に可能とした公理と方法的な規範そのものとは幾何学的には証明可能ではないのと同じである。それゆえ幾何学の全体はその個々の命題が妥当するのと同じ意味ではけっして妥当しない。個々の命題は幾何学の内部においては一方は他方によって証明できるのに、あの幾何学の全体はたんに幾何学の外部にあるものとの関係、すなわち空間の性質、われわれの直観の方法、われわれの思考規範の強制との関係によってのみ妥当する。このようにたしかにわれわれの個々の認識は相互に支持しあい、これは一度確定された規範と事実とが他のそれらの証明となることによってであるが、しかし認識の全体がその妥当性をもつのはたんに、一定の肉体的・心的な組織とその生活諸条件とその行動の有効性とへの関係においてのみである。

真理の概念は諸表象の相互の関係として、いかなる表象にも絶対的な性質として付着しているわけではなく、結局は個々の対象にたいしてこそ確認される。カントが確認したように、対象を認識するとは対象の直観の多様性のなかに統一をもたらすことである。われわれはわれわれの世界表象の混沌とした素材から、印象の連続的な流れから、個々の印象を相互に属するものとして選びだし、それらをまとめあげて統一とし、そこでわれわれはそれを「対象」と名づける。統一へ集められるべき印象の総体をわれかれが現実に統一に集めるやいなや、それによって対象は認識される。しかしこの統一は、まさにあの個々の印象と直観材料との機能的な共属と相互志向と相互依存以外に、一体何を意味することができるか。諸要素の統一とはやはり諸要素そのもの外にあるものではなく、諸要素そのものの中に留まって諸要素によって表現された形式の諸要素の共存である。私が砂糖という対象をそのようなものとして認識するのは、私の意識を通過する印象、白い、堅い、甘い、結晶した、などの印象を統一へ組み合わせることによってであり、してみればこのことが意味するのは、私がこれらの直観内容を相互に結合したものとして表象するということと、あたえられたこれらの諸条件のもとでこれらの直観内容のあいだに結合、すなわち相互作用が存立するということ、ひとつの直観内容がこの場所とこの関連においてそこにあるのは、他の直観内容があの場所にあの関連においてあそこにあるからであり、しかも相互的にということである。社会的な組織体の統一あるいは統一としての社会的な組織体が、たんにその諸個人の相互に及ぼす吸引力と凝集力、彼らのあいだの純粋に動的な関係を意味するにすぎないように、個々の客体の統一も、その精神的な実現において客体の認識が存立するからには、その直観の諸要素のあいだの相互作用以外の何ものでもない。芸術品の「真理」と呼ばれるものにおいてもまた、その諸要素の相互の関係のほうがその客体への関係にたいして、人びとが明らかにするのをつねとするよりもはるかに重要であろう。肖像画においては純粋に個人的な主題のために問題が複雑となるが、この肖像画をしばらく度外視すれば、造形芸術や言語芸術の作品の小さな構成部分からは真理の印象も虚偽の印象も受けないであろう。これらの構成部分は、それらが孤立しているかぎりはまだ真偽のカテゴリーの彼方にある。あるいは他の側面からみれば芸術家は、芸術作品がさらに形成されてくるもとの根源的要素にかんしては自由である。彼が性格や様式、色彩あるいは形式の要素、情緒の調子を選んだとき、初めてそれ以上の部分の成長がそれによって予定される。今やこれらの部分は、最初に現れた部分が引き起こした期待をみたさなければならない。この最初に現れた部分は、望むがままにどのように幻想的、恣意的、非現実的であろうともよい。その継続がこれらの部分と調和的に関連し継続しながら行われるやいなや、全体は「内的な真理」の印象を生みだすであろう。このばあい全体の個々のいずれの部分がその外部の実在と一致し、それによって通常の実質的な意味での「真理」への要求をみたすかどうかは、どうでもよい。芸術作品の真理が意味するのは、それが全体として、それの部分がわれわれにいわば自発的にあたえた約束を果たすということである。——しかもまさに相互対応の相互性こそすべての個別的な部分に真理という質を調達するから、任意のどの部分でもよい。それゆえ芸術的なものの特殊なニュアンスにおいてもまた真理は関係概念であり、それは芸術作品の諸要素の相互のあいだの関係として実現され、それぞれの要素とそれの外部の客体——それの絶対的な規範を形成する——とのあいだの固定した同等性としては実現されない。したがって認識作用が一般には、対象をその「統一」において認識することを意味するはずであるとすれば、それは他の側面からいわれたように、対象をその「必然性」において認識することを意味する。両者は深く関連している。必然とは相互に疎遠な二つの要素を統一とならせる関係である。——それというのも必然性の定式は、AあればBありであるからであり、この必然的な関係の意味するところは、AとBとが存在もしくは生起の一定の統一の要素であるということである。このさい「必然的な関係」が意味するのは、まったく統一的で言葉によってのみ分解されるがふたたび総合される関係である。芸術作品のあの統一は明らかにこの必然性と正確に同じものである。それというのも統一が成立するのはまさに、芸術作品のさまざまな要素が相互に制約しあい、一方があたえられれば他方が必然的にそこにあり、そしてこうして相互的にということによってである。そして必然性が関係現象であるのは、たんにそのように結合された事物のあいだにおいてのみではなく、それ自体においてもその純粋な概念よりみてもである。すなわち二つのもっとも普遍的なカテゴリー、すなわち存在と法則からわれわれは世界の認識像を構築するが、——この二つのカテゴリーのいずれもがそれだけでは必然性を含んではいない。そもそも現実がそこにあるということは、いかなる法則によっても必然的とはされず、存在がまったくないとしても、論理的法則や自然法則と矛盾はしないであろう。そして自然法則が存在するということも、まったく同様に「必然的」ではない。自然法則はむしろ存在と同様にたんなる事実であり、それが存在するばあい初めてそれにしたがう出来事が「必然的」となる。自然法則が存在しなければならないという自然法則はありえない。われわれが必然的と呼ぶものはたんに存在と法則とのあいだにのみあり、これはそれらの関係の形式である。両者は原理的にはたがいに独立したたんなる現実である。それというのも存在はそれが法則にしたがうことなく考えられるし、法則の複合はこれに服従する存在がなくても妥当するだろうからである。この両者がそこにあって初めて存在の形成は必然性をうけ取り、必然性によってかあるいは必然性の形態において存在と法則とは、われわれが直接には理解できない統一の要素として現れる。必然性は存在と法則とのあいだに結ばれた関係であり、両者そのもののいずれにも内在せず、法則があることによってのみ存在を支配し、存在が存在することによってのみ法則にその意味と意義として帰属する。

他の側面から同じ目標へ進むと、認識原理にかんして相対主義を次のように定式化できる。すなわち事物の本質をきっぱりと決定的に表現する構成的な原則が、前進する認識作用にとってのたんに視点にすぎない規制的な原則に移行する。思考のまさに最後の最高の抽象化、単純化、あるいは総括こそ、認識作用を完結しようとする独断的な要求を放棄しなければならない。事物はこうこうの状態にあるという主張に代わって、――最高のもっとも普遍的な見解に関してはむしろ、あたかも事物はこうこうの状態にあるかのように、われわれの認識作用はなされなければならないという主張が現れなければならない。これによってあたえられるのは、われわれの認識作用の方法と道程に、世界へのその現実的な関係をきわめて適切に表現させる可能性である。われわれの本質側面の多様性と同じくまた事物へのわれわれの関係の個別的な概念的な表現のすべての一面性――是正をもとめる一面性に対応し、そして生じるのが、そのような表現はなんらの普遍的で長くは満足なものではなく、むしろ反対の主張による歴史的な補完を見いだすのをつねとするということである。これによって無数の個々のばあいにおいて生みだされるのは、不安な動揺や矛盾だらけの混合や包括的な諸原則一般にたいする拒否である。ところで事物の本質を確定しようとする構成的な主張が、たんにわれわれの認識道程を理想的な目標点の確定によって規定しょうとする発見的な主張に変えられれば、このことは明らかに、対立しあう諸原理の同時的な妥当性を許す。いまや原理の意義がたんに目標点への道程のみにあるところでは、人びとはこの道程を交互に進むことができ、そのさいそれでも矛盾をおかさない。これはたとえば帰納的な方法と演繹的な方法のあいだの交替によっても矛盾しないのと同じである。認識作用の実際の統一がはじめて確立されるのは、認識作用の生きいきとした流動的な過程への独断的な硬直のこの分解によってであり、それは認識作用の究極の諸原理がもはや相互の排除の形式においてではなく、相互の依存と相互の喚起と相互の補完の形式において実際的となるからである。こうしてたとえば形而上学的な世界像の発展は、すべての諸個別現象を基礎づける絶対的な現実のひとつと多数とのあいだを動揺する。われわれの思考は次のようにつくられている。すなわちそれはこの両者のいずれかを決定的な終結のように追求しなければならないが、それでも両者のいずれかによっては終結できないといったようにである。事物のすべての差異と多数とがひとつの本質に融和されたとき、はじめて知的・感情的な統一衝動がその安らぎを見いだす。とはいえこの統一がスピノザの実体のように達成されるやいなや、ただちに明らかになるのは次のことである。すなわち人はこの統一によっては世界の理解にはなにもできないということ、この統一は有効となるためには少なくとも第二の原理を必要とするということである。一元論は自己をこえて二元論あるいは多元論へと促されるが、しかしこの後者の定立の後にはふたたび統一への要求が作用しはじめる。こうして哲学の発展も個人の思考の発展も多数から単一へ、単一から多数へとさし向けられる。思考の歴史の示すところによれば、これらの立場のひとつを決定的なものとして獲得しようとするのは無益である。客観との関係におけるわれわれの理性の構造が要求するのはむしろ両者の平等の権利であり、さらにこれを次のようにして達成する。すなわち一元論的な要求を、すべての多数をできるかぎり単一化するという原理へ形成することによって、つまりあたかもわれわれが絶対的な一元論において終わるかのように形成することによって、――そして多元的な要求を、いかなる単一にも止まることなく、いかなる単一にたいしてもなおより単純な諸要素と生産的な偶力を求めるという原理に形成することによって、つまりあたかも最終結果が多元論的なものであるべきであるかのように形成することによってである。――多元論をその質的な意義において追求しても、すなわち事物と運命との個性的な分化において本質と価値からみたそれらの分離を追求しても、事情はまったく同じである。われわれの生存諸要素のこの分離と共属とのあいだをゆれ動いているのが、われわれのもっとも個人的な生活感情である。ある時に生活が耐えられると思われるのもたんに、生活の幸福と卓越とをすべての苦悩と愚鈍とからの純粋な分離において享楽し、少なくともこれらの乏しい要素をそれ以下のものとそれと対立するものとのすべての接触からまもることによってのみである。そしてさらにまた快楽と苦悩、強と弱、美徳と罪悪とを、一方が他方の条件としてそれぞれが聖別化し聖別化されあうひとつの生統一体と感じることが、偉大なこと、さらには本来の課題とさえ思われる。これらの対立した傾向はそれらの純粋な原理性においては稀にしか意識されないであろう。しかしこれらの傾向は素質と目標と断片的な活動とにおいて生へのわれわれの態度をたえず規定している。性格がこれらの方向のひとつによって完全に方向づけられていると思われるばあいでさえ、この方向はそれでもやはりつねに偏向や背景や誘惑としての他の方向と交差する。生内容の個別化と統一化とのあいだの対立は人間の相互のあいだを区分するのではなく、ひとりの人間を区分する。――対立の個人的・内面的な形式は明らかに社会的な形式と相互作用して展開し、社会的な形式は個別化的な原理と社会化的な原理とのあいだを動揺するにもかかわらずである。ここで本質的なことは生のこの両方向からの混合ではなく、発見的方法の形式における両方向の相互の依存である。あたかもわれわれの生は統一的な根本機能をはたし、あるいはこの機能のなかに存続するかに思われ、この機能をわれわれはその統一においては把握せず、分析と総合へと分解しなければならず、この分析と総合はあの対立のもっとも一般的な形式を形成し、それらの協力が生の統一をいわば後から再生産する。ところが個別的なものがその分離と独立存在とにおいて、われわれとわれわれのなかとに絶対的な権利を要求し、そしてすべての個別的なものを自己のうちに合同させる統一が、まさに同じ妥協のない要求をかかげることによって、矛盾が成立し、生はたしかに十分にしばしばこの矛盾のもとに苦しむが、この矛盾が論理的な矛盾となるのは、それぞれの側面がその存続のために他の側面を前提とすることによる。すなわちどの側面も他の側面がその「対立物」としてそれに対立しなければ、実際的に考えることのできる意味や心的な関心をもたないであろう。こうしてここに――そして無数の他の一対の対立物においてもまったく同様に――成立するのが次のような独特な困難である。すなわち無条件なものが条件づけられ、しかも他の無条件なものによってであり、これはこれなりに再び最初の無条件なものに依存するということである。こうして絶対的と感じられるものがそれでも相対的であるということ、このことに原理的な解決をあたえるのは次のことのみであると私には思われる。すなわち絶対的なものとは道を意味し、道の方向は無限に続きながら固定されたままであり、それが実際に踏む有限の距離がどれほどはるかまでであるかはどうでもよいということである。それぞれの部分の内部での運動はそれがまさに続くかぎりは、あたかも絶対的な無限の彼方にある終点へ流入するかのように経過し、そしてこの方向の意味は、たとえ運動がどこかある点から他の方向線――同じ規範にしたがう――に代えたにしても、もとのままにとどまる。

諸思考方向の相互依存のこの形式のうちに一般的な認識複合と特殊な認識複合とが互いに出会う。政治的、社会的、宗教的、さらには他の文化的観点において現代の理解を求めれば、これはたんに歴史的な方法によってのみ、それゆえ過去の理解と認識とによってのみ獲得されるであろう。しかしこの過去から伝えられるのはたんに断片、無言の証人、そして多少とも信頼できない情報と伝承のみであるのに、過去そのものはそれでもわれわれには直接の現在の経験から明らかとなり生きいきとしてくる。いかに多くの改造と量的変化がそのために必要であろうとも、ともかくも現在はわれわれには過去のための不可欠の鍵であり、現在はそれでもたんに過去そのものによってのみ理解され、そして過去は、それのみがわれわれに現在を理解させるのに、まさにこの現在の直観と感受性なしにはまったく親しめない。すべての歴史的な形象は過去と現在という解釈両要素の相互性のなかに生まれ、それらのいずれもが他を静止させない。ある系列において到達されたいかなる点もこれの理解のためにはわれわれに他の系列を参照させるから、最後の理解は無限の彼方へ移される。心理学的な認識にとっても事情は同じである。われわれに対立するすべての人間は、直接の経験にとってはたんに音声を発し身振りをする自動人形にすぎない。この知覚されたものの背後に心が潜んでおり、そこでの経過がどのようであるか、このことをわれわれはまったくたんにわれわれ自身の内的なものとの類推によってのみ推論することができ、このわれわれ自身の内的なものはわれわれに直接知られる唯一の心的な存在である。他方では自我の知識はたんに他者の知識においてのみ大きくなり、さらに観察する部分と観察される部分への自我の根本的な分解も、たんに自我と他の人格とのあいだの関係との類推によってのみ成立する。それゆえわれわれがわれわれ自身の心の知識によってのみ解釈できるわれわれ以外の存在において、まさにこの知識そのものが方向づけられなければならない。こうして心的な事物についての知識は自我と汝とのあいだの相互作用であり、それぞれが自分から他者を指示し、――いわば諸要素の相互のたえざる取り替えと交換であり、そこにおいて真理が経済的な価値と同じように生みだされる。

そして最後にさらになお広げれば、近代の観念論は世界を自我から導きだす。心はその感受性と生産的な形成力によって世界を創造し、これがわれわれの語ることができる唯一の世界であり、われわれには現実的な世界である。しかし他方ではこの世界はそれでも心の根源である。われわれが地球の初期の状態を考えることができる灼熱する球状物質は生命には余地をあたえないが、暫時的な発展はこの球状物質から生物の可能性へと到達し、最初はまだ純粋に物質的で精神を欠いたこの生物がついには、知られない道程をへてではあるが心を生みだした。われわれが歴史的に考えれば心は、そのすべての形式と内容とによって世界の所産であり、――まさにこの世界たるやそれでも、それが表象されるものであるからには同時に心の所産でもある。これらの両者の発生上の可能性が硬直した概念性のなかに固定されれば、それは気がかりな矛盾を示す。しかしそれぞれが発見的な原理とみなされ、他と相互作用や相互交替の関係に立てば事情は異なる。心的な諸条件が表象内容として世界の任意にあたえられたいかなる状態をも生みだしたから、その状態を心的な諸条件から導きだそうとする試みは妨げられはしないし、同様にまたこれらの諸条件を、これらの力と形式とをそなえた心を成立させた宇宙的、歴史的、社会的な諸事実に還元しようとする試みも妨げられはしない。ところで心の外部のあの諸事実の形象そのものが、それなりにまた自然科学的および歴史的な認識の主観的な前提から導きだされ、さらにこれらの前提もまたその発生の客観的な諸条件から導きだされ、こうして無限の彼方へ続く。もちろん認識作用はけっしてこの純粋な図式において経過するのではなく、あの二つの方向はまったく断片的に、きれぎれに、偶然的に混合しあう。しかしそれらの原理的な矛盾は両者の発見的な原理への変化によって解消され、この原理によってそれらの対立は相互作用へ、さらにそれらの相互の否定はこの相互作用の活動の無限の過程へ分解される。

たんになお二つの例のみをここにつけ加えれば、ひとつはきわめて特殊なもの、他はきわめて一般的なものであり、それらにおいては相対性、すなわち認識の諸規範がそれらの意義をたがいに分かちあう相互性が、より決定的に継起と交替との形式において展開される。世界像の概念と深くにある諸要素との内容的な共属性はしばしば時間的・相互的な交替のリズムとしてこそ現れる。こうして経済学の内部においては歴史的な方法と普遍的な法則を求める方法とのあいだの関係が理解される。たしかに経済的な経過はすべてたんに特殊な歴史的・心理的な状況からのみわかりやすく推論される。とはいえそのような推論が行われるのは、一定の法則的な関連の前提のもとにおいてのみである。われわれが個別の事例をこえて普遍的な状況、一般的な衝動、法則的な作用を根底におかなければ、歴史的な推論はまったくありえず、むしろ全体は原子化された出来事の混沌へと崩壊するであろう。ところがさらにつけ加えることができるのは、眼前の状態または出来事とその諸条件とのあいだの結合を可能とするあの普遍的な合法則性も、またそれなりにより高い法則に依存し、それゆえそれも、それだけでたんに歴史的な思考上の総合として妥当するということである。時間的にはるかに隔たった事件と力とが、われわれのまわりとわれわれのなかの事物を形式へともたらし、この形式がいまや普遍的にも超歴史的にも妥当するものとして現れて、後の時代の偶然的な諸要素を形成してその特別な現象とする。それゆえこれらの二つの方法が独断的に固定されて、そのそれぞれがそれだけで客観的な真理を要求すれば、和解できない葛藤と相互の否定とにおちいるが、しかし交替の形式においては両者には有機的な相互浸透が可能となる。すなわちそれぞれが発見的な原理へと変えられ、つまりいずれの方法についても、それがその特有の適用のどの点においてもより高位の基礎づけを他方に求めることが要求される。われわれの認識作用の内部におけるもっとも一般的な対立、すなわちアプリオリと経験とのあいだの対立についても事情は異ならない。すべての経験がその感性的・受容的な要素のほかに一定の形式を示さなければならず、この形式が心に内在し、これによって心はあの所与一般を認識へと形成するということ、――このことをわれわれはカントいらい知っている。いわばわれわれによってもたらされたこのアプリオリは、それゆえすべての可能な認識にとっては絶対に妥当しなければならず、また感覚的に偶然に成立したものとしての経験のすべての変化とすべての修正可能性とを免れる。しかしこの種の規範が存在するはずであるという確実さには、これらの規範がいったいいかなるものかの確実さはまったく対応しない。ある時期にはアプリオリなものと思われた多くのものが、後の時代には経験的で歴史的な形象として認識される。それゆえ一方では現にあるすべての現象にたいして、その感性的にあたえられた内容をこえてその現象のなかに、現象を形成する持続的でアプリオリな規範を求めるという課題が存在し、――これとならんで次の公理も存在する。すなわちいかなる個別的なアプリオリにたいしても（しかしそれゆえにアプリオリ一般にたいしてではけっしてない）経験への発生的な還元を試みるという公理である。

諸方法のこの相互作用する相互支持と相互依存とは、諸原理の混合と折衷との安易な妥協知とはまったく異なり、この折衷にあっては一方の損失は他方の獲得よりもますます大きいのがつねであるが、ここで重要なのはむしろ対立しあう双方のそれぞれの側に、制限されない活動の領域を開くことである。そしてたとえこれらの方法のいずれもがつねになにか主観的なものにとどまるにせよ、それらはそれでも、それらの適用のあの相対性によってまさに事物の客観的な意義を適切に表現するように思われる。それとともにこれらの方法は、価値についてのわれわれの研究を導く一般的な原理、すなわち内容的にはいずれも主観的である諸要素がそれらの相互的な関係においては客観的と呼ばれるものを獲得あるいは表現できるという原則に順応する。こうしてすでに前に見たように、たんなる諸感覚がたがいにまといつきあうことによってわれわれに対象を指示あるいは成立させる。同じように人格――特別の心的実体がその下におかれるほどの強固な形象――が成立するのは、少なくとも経験的な心理学にとっては、個々の表象のあいだに行われる相互的な連想と統覚とによってである。これらの流れゆく主観的な経過はそれらの相互関係によって、それらのいずれにもそれだけでは存在しないもの、理論的および実践的な世界の客観的な要素としての人格を生みだす。同様に客観的な法が生じるのは、諸個人の主観的な利益と力とがたがいに均衡しあい、相互にそれらの地位と限度とを規定しあい、要求と制限との交換によって均衡と正義との客観的な形式を獲得することによる。こうして諸主体の個々の欲求から客観的な経済的価値が結晶してくるのも、相等性と交換との形式が自由に使われ、そしてこの関係が個々のものとしてのあの諸要素には欠けている客観性と超主観性とをもつことができたからである。それゆえ認識のあの二方法はたんに主観的で発見的であるにすぎないかもしれないが、しかしそれぞれが他方にその補足をみいだし、そしてまさにこの補足によって正当化を見いだすことによって、これらの方法は——相互の喚起の無限の過程においてではあるが——、客観的な真理の理想に近づく。

それゆえ諸表象のあいだの真理を意味する関係は、われわれ自身がもはや相対的ではない諸真理のうえの原理的に認められた基礎づけにさいし、われわれがやはり真にこの実際に最後の段階に到達しているかどうかをけっして知ることができず、それゆえそこからさらになおより一般的なより深い段階への道をとるように指示されているのであるから、無限への構築として実現されるか、それとも真理はまさに同じ表象複合の内部における相互性関係に成り立ち、その証明可能性は相互的なものであるかである。しかしこれらの二つの思考運動は独自の機能区分によって結合されている。われわれの精神的な生存を二つのたがいに補い合うカテゴリーのもとに考察すること、すなわちその内容にしたがってと、意識現象としてこの内容を担うかあるいは実現する過程にしたがって考察することは不可避と思われる。これらのカテゴリーの構造はきわめて異なったものである。心的な過程をわれわれは連続的な流れの像のもとに表象しなければならず、それは硬い中断を知らず、有機体の成長のように心的な状態はたえず次の状態へ流れうつる。まったく異なった観点のもとに現れるのが、この過程から抽象されて観念的な自立性において存続する内容である。すなわち相互に明確に切り離された個々の概念と命題の複合、段階構造、体系としてであり、それらのそれぞれ二つずつのあいだの論理的に媒介する項はなるほど隔たりの幅は減少させはするが、その非連続性を減少させはしない。——ちょうど階段の段がたがいに鋭く区切られながら、それでも物体のそのうえの連続的な運動への手段を提供しているのと同じである。ところで思考作用がそのもっとも普遍的な基礎において全体として見られるばあい、円環状に運動するように見えるとすれば、それは「自己の浮動によって身を支え」なければならず、その外部から支持をあたえる〈立場〉をまったく持たないからであるが、――これによって思考の諸内容のあいだの関係は特徴づけられる。これらの諸内容はたがいに背景をなし、それぞれが他からその意味と音調を受け取り、それらは幾組かのたがいに排除しあう対立を形成しながら、それでもわれわれに到達できる世界像の作成へとたがいに促しあい、そのそれぞれは認識可能なものの完全な連鎖をつうじて他の内容の立証根拠となる。これにたいして、この関係が心理的に実現される過程は時間の連続的な直線の経過にしたがい、個人の死が彼の道を終わらせるにしても、その特有の内的な意味よりして無限へと進行する。われわれの反省が認識作用を押しこめるこの二つのカテゴリーは、あの二つの形式へと分けられ、これらは認識作用を個別には幻想的とはするが、しかし全体としてはこれを可能とする。すなわち認識作用は〈無限への退却〉、無限の連続性の図式にしたがって無限界――これはそれでも所与のそれぞれの瞬間には限界である――へと経過するが、――他方ではその内容は他の無限性を示す。すなわち円環の無限性であり、そこではどの点も初めと終わりとであり、すべての部分が相互に制約しあう。

　真理証明の相互性が普通は人目をさけるということは、重さの相互性がまた直接には気づかれないのと同じ理由から生じる。すなわち所与のあらゆる瞬間において法外な多数のわれわれの表象が疑われることなく受け入れられ、真であることへの研究はたんに個々の表象においてのみ行われるのがつねであるから、まさにこれについての決定は、確実として前提された既存のわれわれの表象の総複合との調和もしくは矛盾にしたがって行われる。――ところが別なときにはこの複合からのある表象が疑わしくなり、いま吟味されるべき表象が、これについて決定する多数派に所属するかもしれない。現実にまさに疑わしい表象と現実には確実とみなされている多数の表象とのあいだの法外な量的な不均衡が、ここで相互性関係を隠蔽（いんぺい）する。これはちょうど、これに対応する不均衡がひき起こしたのは、きわめて長くリンゴへの地球の引力のみは認められたが、しかし地球へのリンゴの引力は認めなれなかったということであるの同じである。そしてそのために物体が重さをその独立した性質としてもつように思われたのは、たんに引力関係の一面のみが確認できたからであったように、真理が諸個別表象そのものに固有な規定とみなされたのも、真理が成り立つ諸要素の制約の相互性が、多数の諸表象――たった今疑問ではない――に比べて個々の表象の消え失せるような大きさのばあい、認められなくなるからである。――すべてのわれわれの知識は半端仕事であり改良不可能ではないという意味での「真理の相対性」は、その全面的な確実さとは異常に不釣合な強い調子でしばしば告知される。ここでわれわれがその概念のもとに理解するのは、明らかにまったく異なったものである。すなわち相対性は、他の独立の真理概念への緩和的な追加規定ではなく、真理そのものの本質であり、表象が真理となる方法であり、これは相対性が、欲求の対象が価値となる方法であるのと同じである。それが意味するのは、あの陳腐な使用においてのように真理——本来その概念からすればより多くを期待できた——の割引ではなく、まさに逆に真理の概念の積極的な充実と妥当性である。そこでは真理はそれが相対的であるにもかかわらず妥当するが、ここでは真理はまさにそれが相対的であるからこそ妥当する。

認識論上の大きな原理は例外なく次の困難に苦しむ。これらの原理がそれでもそのままですでに認識であるかぎりは、それらはそれ自身の内容を、それらが認識一般に下す判断に従属させなければならず、そのさい空虚におちいるか、それとも自己自身をとり消す。独断論は認識の確実性を岩のうえのように基準のうえに基礎づけるであろうが、——しかし岩はどこを基礎にしているのか。認識作用一般が確実性をもつことができるということ、これを認識作用はすでに前提にしなければ、あの基準からこの能力を引き出せない。認識の確実性についての主張は、認識の確実性の前提をもつ。これにまったく対応して懐疑論は、すべての認識作用の不確実性と錯覚可能性とを原理的に反証不可能とするか、あるいは真理の不可能性、真理概念の内的な矛盾をさえ主張するであろうが、思考作用についての思考のこの結果に思考作用は、それでもまたこの思考、懐疑的な思考そのものを従属させなければならない。ここに破滅をまぬく循環が実際に存在する。すなわちすべての認識作用が虚偽であれば、懐疑論そのものもやはりまた虚偽であり、それによって懐疑論はさらに自己自身を取り消す。最後に批判主義は認識内容のすべての客観性を、すべての本質的な形式を経験の諸条件から導きだすであろうが、経験そのものが妥当なものであるということを、批判主義は証明することができない。批判主義がすべての超越的なものと先験的なものに加える批判は前提を基礎にしているが、この前提にたいしては、同様な批判的な疑問は、批判主義そのもの基礎をとり除くことなしには向けることができない。こうして典型的な危険がここに認識の諸原理を脅しているように思われる。認識作用は自己自身を吟味することによって、それは自己の事件において裁判官となり、自己自身をこえた立場を必要とし、次の選択をせまられる。すなわちその自己認識を、認識作用が他のすべての認識内容に課した吟味の必要あるいは規範化から除外し、これによって攻撃点を回避するか、——それとも自己自身をこれらの法則に従属させ、過程そのものを、過程そのものがまずはみちびいた諸結果に従属させ、それによって懐疑論のあの自己否定がもっとも明確に示した破壊的な循環論理におちいるかである。相対主義的な認識原理のみは自己自身のために自己自身についての例外を要求せず、それ自身がたんに相対的にのみ妥当することによっても破壊されない。それというのも相対的な認識原理は——歴史的、客観的、心理的に——たんに他の絶対主義的あるいは実体論的な諸原理との交替と均衡とにおいてのみ妥当するであろうし、まさに自己自身の反対物とのこの関係がまさにおのずと相対主義的な関係であるからである。発見的方法は相対主義的な原理の結果あるいはこの原理の認識カテゴリーへの適用にすぎず、いかなる矛盾もなくそれがそのまま発見的な原理であることが承認されることができる。原理の根拠への問題は原理そのものの領域には含まれてはおらず、それが相対主義にとって有害とならないのは、相対主義がこの根拠を無限へ引きのばすからであり、つまり出現すると見えるすべての絶対的なものを関係へと解消しようと努め、さらにこの新たな関係の根拠として出現する絶対的なものについても再び同じように処理するからである。——この過程はその本質からして休止を知らず、その発見的方法は絶対的なものを否認するか承認するかの二者択一を無効にする。それというのも、これを次のように表現しても、すなわち絶対的なものは存在するが、それはたんに無限の過程においてのみ把握されるにすぎないとか、あるいはたんに関係のみが存在するが、それはたんに無限の過程においてのみ絶対的なものに代わることができると表現しても、結局は同じだからである。相対主義のすることのできる徹底的な譲歩は、精神にはたしかに自己自身の彼方に立つことが可能であるということである。あの原理はたんにひとつの思想のみに立ちどまり、それによって無限の多産性をもつ関係を排除するが、この原理においては次の自己矛盾が生じた。すなわち精神は自己自身について裁くべきであり、精神は自己の決定的な判決に自ら服従するかそれともこれを拒否するかし、そして双方とも等しくその効力を失わせた。しかし相対主義はただちに次のことを承認する。すなわちわれわれが下すすべての判決のうえにはより高い判決が立ち、これがその判決の正否を決定すること、しかしこの第二の判決、すなわちわれわれがわれわれ自身にたいして形成する論理的な法廷もそれ自身さらに、心理的な過程として見れば、より高い法廷による正当化を必要とし、ここにおいても同じ過程が――それが無限に前進しようと、正当化が二つの判決内容のあいだで交替しようと、あるいは同一の内容があるときは心的な現実として、またあるときは論理的は法廷として機能しようと――くり返される。ところでこの見解はまた他の認識原理にたいしても、それらの自己自身のもとへの従属がそれらをもたらした自己否定の危険を解消する。懐疑論が真理の可能性を否定するばあい、この意見そのものが不真実でなければならないということは正しくはない。これと同じように現実的なすべてのものの粗悪さについての悲観的な意見は悲観論そのものを粗悪な理論とはしない。それというのも実際のところわれわれの精神の基礎的な能力は、自己自身を批判し、自己自身のうえに自己の法則を立てることである。これは自己意識という根源事実の表現もしくは拡張にほかならない。われわれの心はいかなる実体的な統一ももたず、たんに心が自己自身を分けた主観と客観との相互作用から生じる統一のみをもつ。これは精神の偶然的な形式、つまりたとえ別なものとなってもわれわれの本質的なものを変えないという形式ではなく、精神の決定的な本質形式そのものである。精神をもつとは、この内的な分離を行うこと、自己自身を客体とすること、自己自身を知ることができることにほかならない。「客観なしには主観はなく、主観なしには客観はない」ということは、まずは心そのものの内部において実現され、心は知るものとして知られるものである自己自身のうえに立ち、心が自己のこの知識をさらに知ることによって、心の生は原理的には〈無限への前進〉において流れさり、その時どきの生の現実的な形式、いわばその横断面が循環運動、すなわち心的な主観は自己を客観として知り、客観を主観として知るということである。認識原理としての相対主義は自己自身への従属――きわめて多くの絶対主義的な原理に破滅的となる――によって、まさに初めから自身を分からせることによって、それはたんに他のあの諸原理にもまた提供するものをもっとも純粋に表現する。すなわち自己自身について判断し、この判断過程の結果がどうであれ、過程そのものを幻想的にはしないという精神の正当化である。それというのもこの自己自身の彼方に自己をおくことはいまやすべての精神の基礎として現れ、精神は主観であると同時に客観でもあり、そしてそれ自身においては無限の自己自身の知識と自己自身の批判の過程がどこかの項において切断され、この項が絶対的なものとしてすべての他の項と対立させられるばあいにのみ、認識作用は自己矛盾におちいり、それは一定の仕方で自己を判定しながら、同時にこの判定を下すために、この判定の内容からの除外を自己のために要求するからである。

相対主義的な見解はしばしば事物の価値と信頼性と重要性の削減と感じられたが、そのさい見逃されるのは、なにか絶対的なものの素朴な固執のみが実はまさに問題となり、相対的なものにこの地位を割り当てることができるということである。むしろ現実には逆であり、硬直したすべての独立存在を相互作用へ解消することを無限に続行することによって、われわれは初めて一般にあらゆる世界要素のあの機能的な統一に接近し、そこではそれぞれの要素の重要性がすべての他の要素の上をくまなく照らす。それゆえ相対主義はその極端な対照、すべてを包括する〈実体すなわち神〉をもつスピノザ主義にさえ、人びとの思う以上に近くにある。この絶対的なものは存在一般の普遍概念以外のいかなる内容ももたず、したがってその統一のなかには、およそ存在するすべてのものが含まれる。すべての存在がその実在性からすればすでにあの神的な実体のうちに統一されており、同様にまたそれがその抽象的な概念からしても存在者一般として統一を形成するとすれば、もちろん個々の事物はもはや存在をそれだけではけっしてもつことができない。すべての個別的な不変性と実体性、第二次的なすべての絶対性はいまや完全にあの統一に解消し、そこで人はまさに次のように言うことができる。すなわちスピノザのそれのような一元論においては世界像の総体的な内容は相対性となっていると。包括的な実体、ひとり残存する絶対者はいまや、現実が内容的には変えられることもなく、無視されることができる。——搾取者が搾取されると、マルクスは形式的には同じ過程を叙述している。——そして実際に後に残るのは、関係と過程への事物の相対主義的な解消状態である。相対主義が事物の本質として構成する事物の被制約性は、たんに皮相な見解にとってかそれとも相対主義を十分に根本的には考え抜かれないばあいにのみ、無限性の思想を排除するように思われるかもしれない。むしろその逆が正しい。それというのも具体的な無限はわれわれには次の二つの仕方でのみ考えることができるからである。第一には上昇あるいは下降する系列としてであり、そこではそれぞれの項が他の項に依存し、そして第三の項を自己に依存させる。これは空間的な配列、因果的なエネルギー伝播、時間的な継起、論理的な演繹にかんして行われるであろう。この系列形式が拡張的なものに移したものをわれわれに提供するのが第二に、自己回帰する簡潔な形式における相互作用である。ある要素が他の要素に及ぼす影響が、後者にとっては前者に初めて作用を反射する原因となり、こうして投げ返された作用がそれなりに再び反作用の原因となり、運動を新たに開始させるとすれば、これによって活動の現実の無限性の図式があたえられる。

ここには円の無限性に比較できる内在的な無限性がある。それというのも、円の無限性もそれでもまたたんに完全な相互性においてのみ成立し、この相互性によって円のそれぞれの孤はそれぞれ他の孤にたいしてその地位を規定するからである。——円は他の自己回帰的な線とは異なり、これらの線のそれぞれの点は、すべての内在的な辺から同じ相互作用的な規定をうけはしない。無限性が実体のなかに取り入れられたり、あるいは絶対的なものの尺度として導入されるばあい、それはそれでもつねに、きわめて大きな有限的なものでありつづける。まさにたんにそれぞれの存在内容が他の存在内容によって制約され、後者もまた同じように、——同じことが繰り返される第三の存在内容によるにせよ、相互作用に咬みあわされている最初の存在内容によるにせよ、——制約されていることこそは、現存在の有限性を止揚する。

それゆえこのことは、事物の多様性に考察の究極の統一性を獲得するのを可能とする哲学的な立場の指示としては十分であろうし、経済的な価値のすでにあたえられた説明もこれによってもっとも広い関連に組み込まれる。認識できるすべての存在の根本的な特徴、すなわちすべての現に存在するものの相互依存と相互作用とが経済的な価値を受け入れ、その質料にこの生活原理をあたえることによって、いまやようやく貨幣の内的な本質が理解されるようになる。それというのも貨幣において事物の価値は、事物の経済的な交互作用として理解され、そのもっとも純粋な表現と頂点とを見いだしたからである。

貨幣の歴史的な起源——けっして確立しているわけではない——がどのようであったにせよ、ともかく初めから確かであったのは、貨幣はその純粋な概念を表現する完成した要素として突然に経済のなかに現れたのではなく、たんに既存の価値物からのみ発展することができたということであり、しかも客体が一般に交換可能であるかぎりは、あらゆる客体になにほどかの程度は固有な貨幣性が、個別的な客体においてより高い程度において顕著となり、この客体が貨幣の機能を最初はなおその従来の価値意義といわば同一君主のもとの同君連合においてはたしたというふうにである。貨幣が貨幣ではない価値とのこの発生的な結合をいつか完全に解消したか、あるいは解消できたか、われわれはこの問題を次の章において研究しなければならない。いずれにしても貨幣の本質と意義とが、価値——これにおいて貨幣がその性質の高揚として形成された——の諸規定から概念的に区別されなかったことは、無限の誤謬を引き起こした。しかしわれわれは貨幣をここでさしあたりは、貨幣の実体的な担い手である素材への一切の顧慮なしに考察する。それというのも素材によって貨幣につけられた一定の性質は、貨幣が貨幣として対立させられる財の圏になお貨幣を並べるからである。一見してすでに明らかなように貨幣はいわば党派を形成し、貨幣によって支払われる財の総体は別の党派を形成し、こうして貨幣の純粋な本質が問題となるばあいは、貨幣は実際にたんに貨幣として、貨幣には第二次的なすべての規定——この規定は貨幣と対立する財の党派と貨幣とをそれでも再び同格化する——からの分離において取り扱わなければならない。

貨幣が「抽象的な財産価値」として定義されるのはこの意味においてである。眼に見える対象として貨幣は、価値ある諸対象そのものから抽象化された経済的な価値が身にまとう身体であり、語音に比較でき、語音はなるほど音響学的・生理学的な出来事であるが、しかしそのわれわれにとっての全意義は、それによって支持あるいは象徴されるたんに内的な表象のなかにのみある。ところで客体の経済的な価値が、客体が交換可能なものとして成立させる相互的な関係のなかに成り立つとすれば、貨幣はすなわちこの関係の独立化した表現である。貨幣は抽象的な財産価値の表現であるが、それは経済的な関係から、すなわち対象の交換可能性からこの関係の事実が分化して引き出され、あの対象にたいして概念的な——そしてそれなりに眼に見える象徴と結びついた——存在を獲得することによる。貨幣は経済的なものとしての対象に共通なものの特殊実現であり、——スコラ哲学の意味においてそれは〈個物に先だつ普遍〉とも〈個物のなかの普遍〉とも〈個物のあとの普遍〉とも呼ぶことができよう——したがって人生の一般的な困窮は、他のいかなる外的な象徴においても持続的な貨幣欠乏におけるほどには完全に現れることなく、この貨幣欠乏がたいていの人間を圧迫する。商品の貨幣価格は交換可能性の尺度を意味し、この尺度はこの商品と他の商品の総体とのあいだに存在する。貨幣をその具体的な表現のすべての結果から独立したあの純粋な意味において考えると、貨幣価格の変化が意味するのは、個々の商品と他の商品の総体とのあいだの交換関係が変化するということである。商品量Aがその価格を一マルクから二マルクへ上昇させたのに、すべての他の商品ＢＣＤＥがそれらの価格を維持すれば、このことが意味するのはAとＢＣＤＥとのあいだの関係の変動であり、これをまたＢＣＤＥが価格を低下させたのにAが価格を維持したとも表現できよう。たんに表現のより強い単純さがわれわれに最初の表象方法を選ばせるだけであり、これはちょうど物体のその環境像にたいする位置変化にさいしてわれわれが、物体がたとえば東から西へ移動したというが、実際の現象はまったく同様に適切に、あの物体の静止にたいし全体の環境（観察者を含め）の西から東への移動として描写される。物体の位置が物体に帰属するのはそれだけの規定としてではなく、たんに他の物体への関係としてのみであり、したがってその位置のそれぞれの変化のさいに、あの物体そのものも他の物体も同様に、能動的な主体あるいは受動的な主体と呼ばれ、——同じように経済的な宇宙の内部でのAのすべての価値変化も、その価値そのものがたんにこの経済的な宇宙への関係においてのみ成り立つのであるから、同じ権利によってたんに少しは不便ながらBCDEの変化と呼ばれる。この相対性は物々交換においては直接に実践的となり、いまや結晶して貨幣における価値の表現可能性となる。いかなる仕方でこれが生じることができるか、これは後の研究の問題である。Aは一マルクに値するという命題は、Aからすべての経済的でないものを、すなわちBCDEへの交換関係でないものを浄化しさった。このマルクは価値として考察すれば、経済圏の他の客体への関係におけるAの機能——その担い手から解放された——である。Aがそれだけで、そしてこのたんなる関係から歩み出て何であろうと、ここではそれはまったくどうでもよい。Aとは質的に相違するA_1あるいはA_2はいずれも、それが同じように一マルクに値するかぎりはAに等しい。それはBCDEにたいし量的に規定された交換の同じ関係をもつからであり、あるいはより正確にはもつことによってである。貨幣は「通用するもの」そのものであり、経済的な通用作用の意味するところは、あるものに通用すること、なにか他のものと交換できることである。他のすべての事物は一定の内容をもち、それゆえ通用するが、貨幣は逆にその内容をもつのは、それが通用するということによってである。それは実体へと凝固した通用作用であり、事物そのものを欠いた事物の通用作用である。こうして貨幣は事物の相対性の昇華であるから、それ自体は相対性を免れているように思われる。——これは現実の規範が現実を支配する同じ相対性には服さず、しかもそれは規範の内容である事物のあいだの関係が独立の生活力と意義と強固さへと成長したにもかかわらず、というよりはむしろ成長したからであるのと同じである。すべての存在は合法則的であるが、しかしそれゆえに存在が従う法則そのものはもはや合法則的ではない。もし自然法則が存在しなければならないという内容の自然法則を想定すれば、人は循環のなかを運動するであろう。——そのさいこの循環が属する思考の基礎的な運動が、自己自身に帰るかそれとも無限の彼方にある目標点をめざすから、循環がそれでも正当なものとしては成り立つのではないか、もちろんこの問題は決定されない。こうして規範は、――プラトンとショーペンハウエルとともにこれを理念と呼ぼうと、ストア学派とともにロゴスと呼ぼうと、カントとともにアプリオリと呼ぼうと、ヘーゲルとともに理性発展の諸段階と呼ぼうと、――相対性そのものの諸様式と諸形式にほかならず、これらは現実の個々の事物のあいだを規範を形成しながら発展する。規範そのものは、これに従う個別的なものと同じ意味においては相対的ではない。というのも規範は個別的なものの相対性そのものだからである。この基礎からよく分かるのは、貨幣が抽象的な財産価値として表現するのは、まさに価値を形成する事物の相対性以外の何物でもなく、しかも同時に静止した極として、事物の永遠の運動と動揺と均衡とに対立する。貨幣が静止した極としてこのように対立しないかぎり、それはまさにもはやその純粋な概念に従っては作用せず、他のすべての個別客体と対等である個別客体として作用する。これにたいし貨幣貸借と為替取引においてはそれでも貨幣が貨幣で買われ、それゆえ貨幣はここではその概念の純粋性のうちにとどまるにもかかわらず、個別価値の相対性を獲得するが、貨幣はやはりそれをもたず、たんにそれであるにすぎないはずと反駁するのは、たんにまったくの誤解による。貨幣が直接に価値ある事物の相互のあいだの価値関係を表現することは、たしかに貨幣をこの関係から取り除き、貨幣を別の秩序に入れる。貨幣は問題の関係をその実際の結果とともに体現することによって、みずから価値を受け取り、この価値によって貨幣はたんにすべての可能な具体的な価値との交換関係に入るのみではなく、この価値によって貨幣は具体性の彼方にあるあの貨幣自身の秩序の内部においてもまた、その諸量のあいだの関係を表示できる。ある量は現にあるものとして、他の量は約束されたものとして現れ、ある量はある地域において、他の量は他の地域において受領される。――これらは相互の価値関係となる一時的変更であり、これとはまったく無関係な事実ではあるが、客体の部分量においては相互の価値関係が生じるが、客体は全体そのものとしては他の種類の価値意義をもつ諸客体のあいだの関係を表現する。

貨幣の役割のこの――具体的な価値の系列の外部と内部との――二重性から生じるのが、すでに述べたように貨幣の実際上と理論上の取り扱いにおける無数の困難である。貨幣が財相互の関係を表現し、財が測定され交換されるのを助けるかぎり、貨幣はまったく異なった起源の力として、すべての具体性の彼方の形式的な尺度としてであれ、光のエーテルが可量物のあいだを運動するように財のあいだをたんに運動するにすぎない交換手段としてであれ、直接に有用な財の世界に接近する。しかしこれらの仕事は、その他のすべての財の外部の貨幣の地位に基づき、貨幣がこれらの仕事を果たすことができるためには、貨幣ははじめにそれ自身具体的あるいは個別的な価値であり、そしてこの仕事を果たすことによって結局はまたそのような価値でもある。これによって貨幣はこの具体的な価値の系列の連鎖と条件のなかへ下降するが、同時にそれでもこの系列と対立する。すなわち貨幣は供給と需要とによってその価値を左右され、貨幣の生産費がその価値へ（僅かではあるが）影響を及ぼし、貨幣がさまざまな価値の品質において現れるなどである。利子はこの価値の表現であり、価値はその機能の担い手として貨幣のものとなる。あるいは他の立場からみれば貨幣の二重の役割は、貨幣が一方では交換される商品相互の価値関係を測定しながら、しかも他方では自らそれらとの交換に入りこみ、こうして自ら測定されるべき大きさを表現する。さらに貨幣は自己を測定するにもまた一方ではその対価を形成する財においてであり、他方では貨幣そのものにおいてである。それというのもすでに前に強調したように、純粋な金融業務と利付貸借の表現するように貨幣そのものが貨幣によって支払われのみではなく、為替相場の変動が示すようにある国の貨幣が他の国の貨幣の価値尺度になるからでもある。それゆえ貨幣は、それ自体が規範でありながらも、この規範に自己自身を従わせる規範的な表象のひとつである。このようなすべてのばあいが示すのは、思考作用の初歩的な紛糾と循環運動とであり、いずれも解決はできる。クレタ人がすべてのクレタ人を嘘つきと呼び、こうして彼自身の公理のもとに彼自身の発言の嘘を非難し、悲観論者が全世界を悪いといい、そこで彼自身の理論もまた悪くなければならず、懐疑論者がすべての真理の原則的な否認のため、懐疑論そのものの真理をもまた保持できないなどである。こうして貨幣は尺度と交換手段として価値ある事物のうえに立ちながら、しかもこの仕事がもともとは価値ある担い手を必要とし、やがてはその担い手自身に価値を授けるため、価値自身があの価値ある事物のあいだに並び、価値そのものから発した規範のもとに入る。

ところで最終的に評価されるものは、たんなる価値表現である貨幣ではなく対象であるから、価格変動が意味するのは対象相互の関係の推移であり、貨幣そのものは——つねに貨幣のこの純粋な機能から考察すれば——推移せず、貨幣の多くと少くとの差異はあの推移そのものであり、その担い手から抽象されて自立的な表現に形成されている。

明らかに貨幣のこの位置は、内的な性質として見られた貨幣の無性質性あるいは無個性性と呼ばれるものと同じものである。貨幣は個性的に規定された諸事物のあいだに、それらのすべてにたいして内容的には等しい関係に立つから、それ自体としてはまったく中立でなければならない。ここでも貨幣はまたたんに持続的な系列の内部での最高の発展段階としてのみ現れ、この系列は論理的には扱いにくいが、われわれの世界像にはきわめて重要であり、この系列においてひとつの項はあくまでも系列の方式にしたがってその内的な力の表明として形成されるにもかかわらず、それでも同時にそれから歩みでて党派を形成する潜勢力としてそれを補足したり支配したり、あるいはそれと対立する。系列の出発点をなすのは、まったく取り替えることのできない価値であり、その特性はたしかにまさに貨幣補償との類推によって容易に消しさられる。われわれの所有する大部分のものには、少なくとももっとも広い意味では代償が存在し、したがってわれわれがひとつのものを失ってもその代わりに他のものを獲得すれば、われわれの生存の総価値はそのまま変わらずに続く。すなわち幸福主義的な総量はきわめてさまざまな要素によって同じ高さに維持される。とはいえこの交換可能性は一定の事物には機能せず、しかも——ここではこれが重要であるが——他のいかなる所有もわれわれには同じ高さの幸福量をあたえることができないためばかりではなく、さらに価値感情がまさにこの個性的な形態に結びつくが、しかし他の形態と共通である幸福感情とは結びつかないからである。たんに誤った概念実在論のみは普遍的な概念を個々の現実の完全に妥当する代表として操作し、われわれが事物の価値を感じるのは、一般的な価値分母への還元によって、事物の価値がたんに量的にのみ高低の差はあれ結局は同じとして現れるにすぎないするのは、われわれがまさにこれをこそ欲し、われわれがおそらくはわれわれにとって同じかあるいはより高い量の価値中心への導入によってであると、われわれを信じさせる。むしろわれわれが個性的なものを十分にしばしば評幸福価値を認める他のものを欲しないからである。より鋭敏な感覚方法はきわめて厳格に、一方では一定の所有物がわれわれにあたえる幸福感の量、しかしこの所有物を他の所有物と比較でき交換できるようにする幸福感の量、他方ではこの所有物の幸福論上の結果の彼方にある特殊な諸規定、この所有物をわれわれに同様に価値あるもの、そのかぎりいまや完全に代替不可能とする諸規定、この両者を区別する。このことがわずかな変更をともなって、しかしそれでもきわめて特徴的に現れるのは、個人的な愛着あるいは体験が、それとしては頻繁にみられる代替できる対象にわれわれにとっては代替不可能性をあたえたばあいである。そのような対象の喪失については同じ種類のまったく同じ見本もとうていわれわれを慰めることはできず、――むしろまったく別な性質複合と感情複合に属す財が、あの対象をまったく想起させず、それとの比較を拒否し、かえってはるかにわれわれを慰めることができる。価値のこの個性的形式は、客体が交換可能となるに応じて否定され、したがって交換可能性そのものの担い手と表現とである貨幣は、われわれの実践的な世界のもっとも非個性的な構成物である。事物が貨幣と交換されるかぎり、――同様に物々交換においてではない――事物はこの非個性性に関与し、人びとが事物におけるあの特殊な価値の欠如をもっとも明瞭に表現できるのは、人びとが価値の場所を価値の貨幣等価によって隙間を感じないように満たすばあいである。貨幣はたんに絶対的に代替可能な対象であり、それゆえそのいかなる量も任意な他の部分によって無差別に取り替えられることができるのみでなく、それはいわば事物の代替可能性そのものでもある。貨幣の以上に示したものは二つの極であり、すべての価値物はともかくそれらのあいだに立ち、一方はまったく個性的なものであり、われわれにとってのその意義はなんらかの他の客体においても同様に表示できるなんらかの一般的な価値量のなかにはなく、われわれの価値体系の内部におけるその位置は他のものによっては埋められず、他方はまったく代替可能なものである。この両極のあいだを事物はさまざまな程度の代替可能性において移動するが、この程度を規定するのは、事物がそもそも代替できる程度と、事物が代替できる他の客体の多様性の大きさとである。これをまた人は、すべての事物には代替不可能性の側面と代替可能性の側面とが区別されると表現することもできる。たいていの事物について人は、これについてわれわれはたしかに一方では実際の取引のはかなさのために、他方では偏狭と頑固からしばしば欺かれ、――すべての対象が二つの規定に関与すると言ってよいであろう。貨幣で買えそして貨幣によって代替できるものでさえ、より正確な検討によればそれでもしばしば、他のいかなる所有物によっても完全には代替できない価値ニュアンスをそなえた事物性質をもつ。われわれの実践的な世界の限界をはじめて特徴づけるのは、これらの規定の一方が無限に小さい次の二つの現象である。すなわち一方では数的にきわめて小さい価値と他方では貨幣――事物から抽象されたその交換可能性――とによってであり、われわれの自我の個性的な完全性における維持はこのきわめて小さい価値に依存し、それゆえそこでは交換可能性は問題とはならず、貨幣の絶対的な非個性性は、貨幣がより個性的なもののあいだの関係を表現し、しかもこの関係は、この個性的なものの無限の変転にもかかわらずつねに同じままであり続けるということにかかっている。

特別に規定されたいかなる経済的な価値をも代理する貨幣のこの能力は、——貨幣の本質は経済的な価値のいずれにも結びつかず、任意のいかなる経済的な価値も入ることのできる関係のみと結びついているからであり、——経済的な現象系列の連続性を支える。この系列はいわば侵入と浸出とのなかに、すなわち財の生産と消費のなかに活動する。しかしこれはたんにあの系列の素材にすぎず、その形式の連続性もしくは非連続性への問題を未解決のままにする。すべての消費はさしあたりは経済的な線の安定性のなかに裂け目をつくり、生産へのその関係があまりにも規制されることが少なく、あまりにもひどく偶然に委ねられるので、経済的な線の経過を中断なく保持できない。経済的な線は具体的な客体をつらぬく観念的な線、たとえば振動するエーテル粒子との関係における光線の方向と比較できると考えてよいであろう。ひとつの流れが交互にきびしく分離された外的な事物のあいだをとうとうと流れ、事物の価値意義を相互に交流させるが、この流れのなかにいまや貨幣が、あの脅迫的な中断の除去のために入りこむ。私が消費しようとする対象の代わりに貨幣を提供することによって、私がこの貨幣をはめ込んだのは、私の消費によって生じるか、あるいはむしろ生じるはずの価値運動の裂け目である。所有変更の原始的な形式である掠奪と贈与はその観念からして連続性のこの補完を許さず、これの行われるたびごとに、経済的な流れのあの観念的な線における論理的な関連ともいえるものが停止する。等価物の交換にして初めて原理的にはこの関連を樹立することができ、事実的には貨幣が初めてそれを樹立することができるが、それは貨幣が物々交換においては除去できないすべての不等性を平準化することができ、消費される客体の離脱によって生じる経済的な線の不整合を代理的に満たすからである。しかし貨幣は明らかに経済系列の内部のこの現実的な地位を、たんに経済系列の外部の観念的な地位によってのみ獲得することができる。それというのも貨幣そのものが「個々の」客体であれば、貨幣はそれでもなるほどすべての個々の客体と均衡を保つことができず、また任意の食い違った客体のあいだの橋でもあることができないだろうからである。すなわち経済の連続性が実現される形態の諸関係のなかへ貨幣が絶対に十分に補完的さらには代替的に入り込むことができるのは、貨幣が具体的な価値としては、明確な実体にまで具現された経済価値そのものの関係にほかならないからである。

さらに貨幣のこの意味は経験的には価値不変性として現れ、これは明らかに貨幣の代替性と無性質性にかかり、ここに貨幣のもっとも顕著でもっとも合目的的な性質が認められるのがつねである。経済的な活動系列の長さは、経済の連続性と有機的な関連と内的な多産性を可能とし、貨幣価値の安定性に依存しているが、それはこの安定性のみがはるかな将来を展望する予測や多岐にわたる企画や長期の信用を可能とするからである。ところで個々の客体の価格変動に注目するかぎり、客体の価値が変動して貨幣の価値が安定しているのか、それともそれはあるいは逆ではないかは決定できない。貨幣価値の不変性が初めて客観的な事実として生じるのは、商品もしくは商品領域の価格騰貴が他の商品もしくは商品領域の価格低下に対応するときである。すべての商品価格の一般的な騰貴は貨幣価値の下落を意味するであろう。それゆえこれが生じるやいなや、貨幣価値の不変性は打ち破られる。そもそもこのことが可能であるのは、貨幣が具体的な諸事物の価値関係の表現としてのその純粋な機能をこえて一定の性質を含み、この性質が貨幣を特殊化して売買の対象とし、一定の景気や量的変動や自己運動に貨幣を従わせ、それゆえ貨幣を、それが関係の表現としてもつその絶対的な地位から相対的な地位へと押し込め、こうして簡単にいえば、貨幣はもはや関係であるのではなく、関係をもつということのみよる。貨幣がその純粋な本質に忠実に右の性質から遠ざかれば、その程度に応じて貨幣は価値不変性をもち、それゆえこの不変性が結びついているのは、価格変動が事物への貨幣の関係の変動ではなく、たんに諸事物相互の変動する関係を意味するということである。そしてこの関係がさらに含んでいるのは、ある物の騰貴には他の物の下落が対応するということである。それゆえ貨幣が価値安定というそれに本質的な性質を現実に所有するかぎり、貨幣はこれをその課題に、すなわち諸事物の経済的な関係、諸事物を経済的に価値あるものとする関係を自己のうちに——そのたんなる量によって——純粋な抽象性において表現し、自らはこの関係に入り込まないという課題に負う。それゆえ経済的な価値の変動がより広範により活発に行われれば行われるほど、貨幣の機能もまたますます切実なものとなる。商品の価値がきわめて断固として持続的に固定しているところでは、商品が〈現物で〉交換されるのも理解される。貨幣は諸商品の相互の価値関係の変化の状態に対応するが、それは貨幣がこの価値関係のあらゆる変動にたいし絶対に適切で柔軟な表現を提供するからである。事物の経済的な価値が他のあらゆる事物へのすべての側面から規定された交換関係にあるということは、明らかにこの関係の可変性によってもっとも知覚されるようになる。それというのも部分的な推移のすべてがそれにつづく均衡運動を促進するのをつねとし、こうして全体の内部の相対性をつねに新たに意識させるからである。貨幣はこの相対性の表現にほかならないから、われわれが理解するのは他のところで強調した事実、貨幣の必要は価格の変動と一定の関連にあり、物々交換は価格の固定と一定の関連にあるという事実である。

　貨幣のこのように規定された純粋な意味は、おのずと明らかなように理論的にも実践的にも、発達した貨幣経済とともに初めて明確に現れる。この純粋な意味は担い手にあっては漸次的な発展においてようやく現れ、この担い手は最初はなお貨幣を諸客体そのもの——諸客体のたんなる関係を象徴することに貨幣は本来は定められている——の系列に引きとめた。中世の理論にとっては価値はなにか客体的なものである。この理論は売手に彼が彼の商品のために「正当な」価格を要求すべきことを求め、これを時には価格公定によって固定しようと試みる。買手と売手との関係をこえて事物そのものに事物の価値が、事物の孤立した性質をもつ属性として付着し、この性質をもって事物は交換行為に入る。価値についてのこの観念——当時の実体的・絶対主義的な世界像に対応した——は、現物経済的な状態においてはとりわけ明白である。なされた仕事にたいする一片の土地、一足の靴にたいする一匹の山羊、二十人の死者ミサにたいする一個の宝物——これらには価値感情の一定の強度がきわめて直接に結びつき、ためにそれらの価値は客観的に相互に一致するように思われるかもしれない。交換がより直接にまたより単純な関係において行われれば行われるほど、——したがって多数の比較できる関係がまだ客体にその地位を指定しないあいだは——ますます価値は客体の固有の規定として現れるかもしれない。人がこのように交換を行うさいの明白な確実さは、それが事物そのものの客観的な性質によってもたらされたという観念に反映している。個々の客体の多岐にわたる生産とすべての方面へ拡大した交換運動とへの編入にしてはじめて、客体の経済的な意義は他の客体へのその関係のなかに、したがって相互的に求められることを分からせる。しかしこれは貨幣経済の拡張と一致する。経済的な客体そのものの意味がこの相対性において成り立つということ、貨幣の意味がますます純粋にこの相対性の表現となることであるということ、——この二つのことは相互作用しながらようやく意識の近くにもたらされる。中世において想定されたのは、客体と貨幣価格とのあいだの直接の関係、すなわち両者のそれぞれのそれ自体の価値にもとづき、それゆえ客観的な「正当性」へともたらされることができ、したがってまたもたらされるべき関係であった。この実体主義的な見解の誤りは方法論的には、個人となんらかの権利の内容とのあいだに直接の関連を主張しようとするばあいと同じである。すなわちあの人間の存在は、彼の外にあるものを考慮することなくそれはそれだけのものであり、この権限に「正しい」要求をもつというふうにであり、——たとえばこれは「人権」の個人主義的な観念において見られる。現実においては権利はそれでも人間相互の関係にすぎず、それはわれわれが権利内容とか狭義の「権利」と呼ぶ利益や客体やあるいは絶対的権力においてのみ実現され、権利はそれだけでは個人への挙示でき顧慮されるべき「正当な」あるいは「正当でない」関係をけっしてもたない。あの関係が存在して規範にまで固定化したときはじめて、これらの規範がおのずと個々の人間と個々の内容とをいわば共にとらえながら、後者にたいする前者の処分権を正当なものとして特徴づけることができる。こうして商品についての正当な貨幣価格はたしかに存在する。しかしそれはこの商品と他のすべての商品とのあいだのすべての側面から均衡された一定の交換関係の表現としてのみであり、商品だけと貨幣額だけの内容的な本質の結果としてではなく、商品と貨幣額とはむしろこうしてたがいにまったく無関係に正当と不当をこえて対立しあう。

客体の経済的な相対性を自らのなかに表現するという貨幣の意義——ここから貨幣の実際の機能が分岐する——は、完成した現実としてそこにあるのではなく、すべての歴史的な形成と同じように貨幣の現象をもまたようやく漸次的に概念の純粋性へと純化し、われわれはそれをいわば理念の王国における貨幣の使命と地位と考える。——このことがその対照を見いだすのは、すべての商品についてそれらがある意味では貨幣であるといわれるということにおいてである。任意の対象bはaと交換され、さらに今度の所有者によってcと交換され、そのかぎりにおいてbはその事物としての性質をこえて貨幣としての役割を演じる。それは、bとaとcとがたがいに交換可能であるという事実と、そしてそれらが貨幣である程度との表現である。これは無数の対象について生じ、事実われわれは文化の発展を遡れば遡るほど、ますます多数のまったく多種多様な客体がより完全な仕方やより未発達な仕方で貨幣の役割を果たしているのを見る。諸対象がまだ〈現物にて〉相互に測定あるいは交換されるかぎり、それらの主観的な性質と経済的・

客観的な性質、それらの絶対的な意義と相対的な意義とはまだ未分離の状態にあり、対象が貨幣であることやあるいは貨幣であることができることをやめるのに比例して、貨幣は使用商品であることをやめる。貨幣はますます経済的な価値の表現となるが、それは経済的な価値そのものが、交互に交換可能なものとしての事物の相対性にほかならないが、しかしこの相対性がそれなりに貨幣となりつつある客体においてますます他の諸性質を制して、この客体がついには実体化した相対性そのものにほかならないまでになる。

貨幣への道が物々交換から始まるばあい、なお物々交換の内部において貨幣の方向がとられるのは、単一の客体が他の単一な客体とではなく、多数の他の客体と交換されるばあいである。一人の奴隷の代わりに一頭の牛が、一枚のお守りの代わりに一着の衣服が、一つの武器の代わりに一艘の小舟があたえられるばあい、価値秤量の過程はまだまったく裂かれないものであり、それは客体の公分母——その等しい倍数に客体が算定される——への還元によらずに行われる。しかし一軒の家の代わりに一群の羊が、一つの装身具の代わりに十本の角材が、一回の手助けに三杯の飲物が受け取られるばあい、これらの複合の単位である羊と角材と飲物とは共通の尺度であり、その倍数がさまざまに形成されて、あれこれの交換客体に見いだされる。分割できない対象のばあい価値感情は心理的には、それほど容易には個々の対象のはっきり限定された統一性を見捨てない。しかし装身具はおそらくは角材十二本に、あるいはおそらくはせいぜい八本に値するかどうかと、値引きの交渉が行われるやいなや、装身具の価値もまたその表面上の不可分性にもかかわらず、一本の角材の価値によって測定され、そしてその価値を後者の八倍、十二倍、結局は十倍に構成することができるように思われる。これによって二つの交換対象の価値は、ひとつの交換客体の分割が二つの対象を価値よりみて同一の単位によって表現できないばあいとは、まったく異なった意味において相互に同じ単位で測れるものとなる。貨幣との交換においてこの組合せはたんにその最高の形式へもたらされるにすぎず、貨幣は分割できる交換客体であり、その単位は、まだそのように分割できないどの交換客体の価値にも通約されることを示し、それによってこの客体の抽象的な価値の具体的・特殊的な内容への束縛からの解放を容易にし、あるいはまたそれを前提とする。経済的な客体の相互の相対性は、不可分なものの交換にさいしては心理的に認識するのが困難ではあるが、——というのもここではそれぞれがいわば自己完結的な価値をもつからである——共通の価値分母への、それゆえ最も高くへの貨幣への還元によってより大きくあらわれる。

すでに見たところであるが、相対性がはじめて客体の価値を客観的な意味において創造する。なぜなら相対性によって初めて事物は主体からある距離におかれるからである。相対性と価値という二つの規定にとってもまた貨幣は頂点と具現であり、それによってそれらの関連をあらためて証明する。貨幣はけっして直接には享楽されえない（後に取り扱う例外は貨幣の固有の本質を否定する）から、それはいかなる主観的な関係をも免れる。経済的な交流一般が示すのは主観の彼方であり、これが貨幣において対象化され、それゆえまた貨幣は経済的な交流のすべての内容からもっとも客観的な商慣習や、もっとも論理的でたんに数理的な規範や、すべての個人的なものにたいする絶対的な疎遠性を自己のなかに養成した。貨幣はもともと同化される客体のための手段にすぎないから、それはその内的な本質からして、欲求し享楽する自我にたいしてはとり消せない距離をたもち、それが自我と客体とのあいだに介入する不可欠の手段であるかぎりは、それはまた客体をわれわれから距離あるところにおく。貨幣はなるほどこの距離そのものを再びとり消すが、しかしそうして客体を主体の消費にひき渡すことによって貨幣は、この客体をまさに客観的な経済の宇宙から遠ざける。主観的なものと客観的なものとをそれらの根源的な統一から互いに分出させる距離は、貨幣においていわば具体的となっているが、――他方において貨幣の意味は、距離と近接との以前に論じた相関関係に忠実に、いつもは到達できないものをわれわれに近づけることである。交換可能性によって一般に初めて経済的な価値が存在するが、それは経済的な価値が交換可能性によってその客観的な互助を獲得するからであり、しかも交換可能性は交換に提供されたものを遠ざけることと、交換によって入手したものを近づけることをひとつの行為に結合するからであり、この交換可能性は貨幣においてたんにその技術的にもっとも完全な手段のみではなく、経済的な価値のすべての意義を集中する固有で具体的な存在を獲得した。

貨幣の哲学的な意義はこうである。すなわち貨幣は実際の世界の内部における一般的な存在のもっとも決定的に可視的でもっとも明白に現実的な方式であり、これにしたがって事物はその意味を互いに見いだし、また事物が浮動している関係の相互性も事物の存在と存在様式とを構成する。

心的な世界の根本事実のひとつは、現存在の多くの諸要素のあいだの関係をわれわれが特別な形象に具体化することである。これらの形象はもちろんまた実体的な存在でもあるが、しかしそれらがわれわれにとっての意義をもつのはたんに、その形象と緩いかあるいは緊密な仕方で結合した関係の可視性としてのみである。こうして婚約指輪、しかしまたすべての手紙、すべての担保、またすべての官吏の制服も、人間たちのあいだの道徳的あるいは知的な、法的あるいは政治的な関係の象徴もしくは担い手である。さらにすべての神聖な対象は人間と彼の神とのあいだの具体化した関係である。国々を結びつける電信線も、国々の離反を表す兵器も同じように、個々の人間そのものにとってはほとんど意義をもたない実体であるが、これは人間と人間集団とのあいだの関係においてのみ意味をもち、これらの関係はこの実体のなかに結晶している。たんに要素のみが実在的であり、それらの相互作用から生じた状態をわれわれがこのように関係という独特な概念に総括するかぎり、たしかに関連もしくは関係という表象はすでに抽象とみなされることができる。形而上学的な沈潜にして初めて認識作用をその経験的な方向へ、しかもその経験的な限界をこえて追求し、この二元性をもまた解消するであろう。というのもそれは実体的な要素をもはやまったく存続させず、要素のすべてを相互作用と過程とへ解消し、過程の担い手を同じ運命に従わせるからである。しかし実践的な意識は、現実が経過する関係あるいは相互作用の過程を実体的な生存と統合するために形式を見いだし、実践はまさに抽象的な関係そのものをさえこの形式でくるまなければならない。たんなる関係の特殊形象へのあの投影は精神の偉大な業績のひとつである。それというのも精神はなるほどこの特殊形象のなかに具体化されるが、しかしたんに具体的なものを精神的なものの容器とし、それによって精神的なものにより完全なより生きいきした活動をあたえるためにのみであるからである。そのような形成への能力は貨幣によってその最高の勝利を祝った。それというのも、もっとも純粋な相互作用が貨幣においてもっとも純粋な表現を見いだしたからであり、貨幣はもっとも抽象的なものの具体性であり、超個別性のなかにもっとも多くその意味をもつ個別形象だからである。こうして貨幣は世界への人間の関係の適切な表現である。すなわち人間はつねにたんに具体的なものと個別的なものとにおいてのみ世界を把握することができるが、しかし人間はそれでもたんに現実に世界を把握するのは、これらの具体的なものと個別的なものとが人間にとって生きいきした精神的な過程の身体となり、この過程がすべての個別的なものを織り合わせ、そして初めてそれから現実をつくりだすばあいである。貨幣のこの意義は、経済の対象がその価値の相対性を最初からではなく、ようやく発展目標としてもつとしても、変わらないであろう。それというのも概念によってわれわれは現象の本質を定義するが、この概念をわれわれはしばしばまったくこの現象そのものからではなく、たんにより発達したより純粋な現象からのみ汲みだすことができるからである。われわれは言語の本質を子供の最初の片言音声からは引き出さないであろう。動物の生命の定義において、それが植物からの過渡的生物においてはきわめて不完全にしか実現されていないとしても、われわれはけっして迷いはしないであろう。心的生命の最高の現象において初めてわれわれはしばしばその低い現象の意味を、この現象そのものだけにおいてはまったく証明できないにもかかわらず認識する。さらにある現象系列の純粋な概念はしばしば理想であり、これはその現象系列そのもののなかにはけっして徹底的に実現されてはいないが、しかしそれにもかかわらずその現象系列がこの理想を目指して努力しているということをつうじて、その現象系列の意味と内容とを有効に説明する。こうして貨幣の意義、すなわち欲求された事物を経済的な価値とする事物の相対性を自らのなかに表現するということは、――貨幣がなお相対性を引き下げて不明瞭にする他の面をもつことによっては否定されない。この側面が貨幣において作用するかぎり、それはまさに貨幣ではない。経済的な価値は客体の交換関係において、客体へのわれわれの主観的な反応にしたがって成り立つが、まさに客体の経済的な相対性は、客体のそのほかの意義からようやく漸次的に発展し、したがって客体の全体像においても、あるいはまた全体価値においても、けっしてこのほかの意義をまったく支配できないであろう。交換可能性によって事物に生じる価値、あるいは価値を経済的な価値とする価値のこの変形は、なるほど経済の外延的および内包的な上昇にともなってますます純粋に強力に事物において現れるが、――この事実をマルクスは、商品を生産する社会における交換価値のための使用価値の駆逐と表現した――しかしこの発展はけっして完成には到達できないように思われる。たんに貨幣のみがその純粋な概念よりすればこの究極点に到達し、貨幣は交換可能性の純粋な形式にほかならず、それは事物における要素あるいは機能を具体化し、事物はこの機能によって経済的であり、機能はなるほど事物の全体を形成してはいないが、貨幣の全体を形成する。では貨幣の歴史的な実現はいかなる程度まで貨幣のこの理念を示しているか、そして貨幣はその歴史的な実現においてなおその本質の一部を他のある中心に引きつけられていないかどうか、――次章の研究はこれを示すはずである。

第二章　貨幣の実体価値

一

貨幣の本質についての論争はどこにおいても次の問題につらぬかれている。すなわち貨幣は価値の測定と交換と表示の機能をはたすためには、それじたい価値でありまたあらねばならないか、それとも貨幣はそのためには、価値物と同じ本質をもたずともそれらを代表する計算札のように、固有の実体価値をもつことなくたんなる記号や象徴でありさえすれば十分であるか否かである。この問題は貨幣論と価値論の最後の深みにまで達しているが、しばしば説かれた論理的な根拠がはじめからこの問題を解決するのであれば、この問題の客観的で歴史的な論究はすべて無用となろう。よく言われることであるが、測定手段は測定される対象と同じ性質をもたなければならない。すなわち長さの尺度は長くなければならず、重さの尺度は重くなければならず、容積の尺度は空間的にひろがっていなければならない。それゆえ価値の尺度は価値をもたなければならない。私が互いに測定する二つの事物は、たとえ他のすべての諸規定においてはいかに無関係であろうとも、――私が両者を比較する質にかんしては両者は一致しなければならない。私が二つの客体のあいだに述べたすべての質的および量的な相等性あるいは不等性は、それらが同一の質の相対的な量に関係するのでなければ、まったく無意味であろう。たしかに質におけるこの一致はあまり一般的なものであってはならない。たとえば建築の美と人間の美は、たとえ両者のなかには「美」という統一的な質があるとしても、等しいとか等しくないとかをきめることはできず、むしろたんに特殊な建築的な美やあるいは特殊な人間的な美がそれぞれお互いにのみ比較の可能性を示すにすぎない。しかし共通の性質がまったく欠けているにもかかわらず、感覚作用の主体が対象に結びつける反応のなかに比較の可能性を認めようとすれば、すなわち建物の美と人間の美とが比較されるべきなのは、われわれが双方の観察のさいに感じる幸福の程度によってであるとすれば、ここでもまた偏った外観のもとに質の同等性は明示されているであろう。それというのも作用の同等性は同じ主体にあらわれるときは、ただちにここに問題となっている関係における客体の同等性を意味するからである。同じ主体に同じ喜びをあたえる二つのまったく異なった現象は、それらのすべての相違にもかかわらずその主体へは力もしくは関係の同等性をもつ。これはちょうど突風と人間の手がともに木の枝を折るとき、それらの質のまったくの比較不可能性にもかかわらず、それでも両者はエネルギーの同等性を証明しているのと同じである。こうして貨幣素材とこれによって価値が測定されるすべてのものとは、相互にまったく似てはいないにせよ、しかしともに価値をもつという点では両者は一致しなければならない。そして価値とはそもそも事物の主観的な印象へわれわれが反応するさいの主観的な感情にほかならないとしても、少なくとも右の両者が、一般にいわば人間の価値感覚に作用するさいの質は──孤立できはしないにせよ──両者にあって同一でなければならない。こうして貨幣が諸価値物と比較されるという事実、すなわち貨幣が諸価値物と量的な方程式に入るという事実によって、貨幣は価値質を欠くことができないとされる。

この考察系列に、これとは異なった結論をもつ他の考察系列を対立させよう。われわれはなるほど以上の例において木の枝を折る風の力と、同じことをする手の力とを比較することができるのは、たんにこの力が双方において質的に同様に存在するかぎりにおいてである。とはいえわれわれは風の力を、その風が折った枝の太さにおいても測ることができる。なるほど折られた枝はそれだけではすでに、手の力の使用が表現するのと同じ意味では風のエネルギー量を表現しない。とはいえ二つの突風のあいだの強さの関係と、それとともに個々の突風の相対的な強さとは、一方は枝を折ったのに他方は枝を傷つけさえできなかったということにおいてもよく測定される。そして次の例は私にはまったく決定的と思われる。そもそもわれわれの知るかぎりのもっとも異質的な客体、すなわち形而上学も自然科学も一方を他方へと還元することに成功していない世界像の両極は、──物質的な運動と意識現象である。一方の純粋な外延性と他方の純粋な内包性とは、一般には決定的に両者の統一とみなされる点をこれまでは発見させてはいない。にもかかわらず精神物理学者は、刺激としてわれわれの感覚器官にふれる外的な運動の変化によって、意識された感覚の強度の相対的な変化を測定することができる。それゆえ一方の要素の定量と他方の要素の定量とのあいだに恒常的な関係が成立することによって、両者のあいだになんらかの質的な関係あるいは同等性が存在する必要もなく、一方の大きさが他方の相対的な大きさを規定する。これによって論破されるのは、価値を測定するという貨幣の能力を貨幣の固有の価値という事実に依存させると思われた論理的な原理である。異なった諸客体の定量が比較されることができるのは、たんにそれらが同一の質をもつばあいのみであるというのは、もちろん正しい。それゆえ測定がたんに二つの定量のあいだの直接の比較によってのみおこなわれることのできるばあい、それは質の同等性を前提とする。しかしそれぞれ二つの定量の変化、差異もしくは関係が測定されるべきばあい、測定する実体のあいだの比例が、測定される実体のあいだの比例のなかに反映し、後者の比例を完全に規定することで十分であり、実体そのもののあいだになんらかの本質的同等性が存立する必要はない。したがって等置されるのは、質的に異なった二つの事物ではなく、それぞれ質的に異なった二つの事物のあいだの二つの比例なのである。二つの客体mとnとがなんらかの関係にはあるが、しかしこの関係は絶対に質的同等性の関係ではなく、ために両者のいずれか一方が直接に他方の尺度として役立つことはできない。両者のあいだに成立する関係は原因と結果との関係であれ、あるいは象徴的表現の関係であれ、もしくは第三者への共通の関係、あるいはまたその他のいかなる関係であってもよい。ところで私が1/4mであると知っている客体aがあたえられ、さらに客体bがあたえられ、これについてはたんにnの何分の1の量であるということしか知られてはいないとする。いまaとbとのあいだに関係が成立し、この関係がmとnとのあいだの関係に対応するとすれば、ここから生じるのは、bは1/4nに等しくなければならないという結論である。aとbとのあいだのまったくの異質性と直接の比較の不可能性にもかかわらず、それでも一方の量を他方の量によって規定することが可能である。こうしてたとえば、一定の量の食物とこれによって完全にみたされる目下の食欲とのあいだには、たしかにいかなる方程式関係も成立しない。とはいえその食欲の丁度半分が満たされるだけの食事があたえられれば、これによって直接に規定できるのは、この利用できる量は最初の量の半分に等しいということである。それゆえこのような事情のもとでは、諸部分相互の定量を測定するには全体関係の存続で十分である。ところで客体の貨幣による測定がこの図式にしたがうものとみなすことが可能であるとすれば、貨幣と客体との直接の比較可能性と、それとともに貨幣そのもの価値的性格という論理的な要求も、そのかぎりでは根拠が薄弱である。

このたんに同じように論理的な可能性から現実へと到達するためにわれわれは、財貨量と貨幣量とのあいだのまったく一般的な量関係のみを前提とし、そしてこの関係は増大する貨幣在高と上昇する物価とのあいだの関連、さらに増大する財貨在高と下降する物価とのあいだの関連に示されるが、しかしこの関連はもちろんしばしば隠され、そして例外も多い。それゆえ、われわれがすべてのより詳細な規定を保留して構成するのは、総商品在高と総貨幣在高と両者のあいだの依存関係との三概念である。

さて個々のすべての商品は、あの利用できる総商品量の一定の部分であり、われわれが総商品量をaと呼べば、個々の商品は1／maである。個々の商品がひきおこす価格は、あの総貨幣量のその商品に対応する部分であり、総価格量をbと呼べば、価格は1／mbに等しい。それゆえaとbとの大きさを知り、一定の対象がそもそも売買できる価値物のうちのどれほどの部分をなすかを知れば、その対象の貨幣価格を知るであろうし、またその逆も知るであろう。したがって、貨幣とあの価値の多い客体とがなんらかの質的な同等性をもつか否かとはまったく独立に、それゆえ貨幣そのものが価値であるか否かとはまったく無関係に、一定の貨幣額が対象の価値を規定あるいは測定することができる。――このさいつねに見失なってはならないのは、測定することの完全な相対性である。絶対的な諸量がたがいに等価とされれば、それらはここで問題となっている部分定量とはまったく異なった意味で測定される。たとえば貨幣の総額が――一定の制限のもとで――売買対象の総額にとっての対価を形成するということが前提されるとしても、まだこのことを一方による他方の測定と認める必要はないであろう。貨幣の総額と売買対象の総額とをたがいに等価の関係におくのは、価値を設定する人間と彼の実践的な目的とへの両者の関係そのものにすぎない。貨幣一般と商品一般とをただちに対応しあうものとして取り扱おうとする傾向がいかに強いかを示すのは、少なからず現れる次のような現象である。未開の部族が現物の交換単位をもち、金属貨幣をもったより高く発展した近隣の部族と取引を行うばあい、この現物の単位は往々にして後者の鋳貨と同じ価値をもつとして取り扱われる。こうしての古代アイルランド人がローマ人と関係をもったとき、彼らは彼らの価値単位である雌牛を銀一オンスと等しいとした。安南の野蛮な山岳部族はたんに物々交換しか行わないが、水牛を基本価値とし、平地のより洗練された住民との取引のばあい、後者の貨幣単位の一定の大きさの銀の延棒は、一頭の水牛と等しいと評価される。同じ根本特徴はラオスの近くの野蛮な種族にあっても現れている。彼らは交易のみを行い、彼らの単位は鉄の斧である。しかし彼らは砂金を採取し、これを近隣の部族に売り、これが彼らの量る唯一の対象である。そのためには彼らはとうもろこし粒以外の他の手段をもたず、そこで彼らはそれぞれ一個の斧の代わりにそれぞれとうもろこし一粒の金を売る。貨幣単位が鋳貨複合の価値理念を具体化しあるいは代表するのと同じように、物々交換の商品単位は客体の全範囲の価値理念を具体化あるいは代表するから、一対一のこの定式は――ここで問題となっている全体の素朴に表現された等価にすぎない。単位のあいだの関係は全体のあいだの関係の少なくとも象徴的な表現と感じられるということ、これを人びとはおそらくは想定してもよいであろう。

　ところが二つの全体のあいだの等価が、一度はいわば有効な――たとえ意識されないにしても――アプリオリとして根底によこたわるとすれば、このアプリオリの主観的な偶然性をこえて、部分量のあいだにの客観的な比例がつくられる。それというのも現実にいま存在するのは、双方の側において厳格に同じであるもの、すなわち貨幣と商品とのそれぞれにある部分量と個々の部分量の所属する絶対的な定量とのあいだの分数であるからである。価格形成におけるすべての混乱や偶然の不均衡の完全な調整を前提とすれば、貨幣と商品との交換の領域においてそれぞれの商品のその価格との関係は、目下の経済的に作用しているすべての商品と目下に作用しているすべての貨幣との関係に等しいであろう。このばあい貨幣と商品とが概念的な質的な類似性をもつか否かはまったくどうでもよい。したがって商品が二〇ｍの値段であるとすれば、これは貨幣在高全体の１／ｎである。すなわちそれは価値において財貨在高全体の１／ｎである。二〇ｍは一般に商品とはまったく異なってはいるが、この媒介をつうじて商品を完全に測定することができる。そのさい、たえずくりかえし強調されなければならないのは、すべての貨幣とすべての商品とのあいだの単純な関係という仮定が、まったく暫定的で粗雑で図式的なものであるということである。個別の商品を直接に貨幣価値と等置しようとすれば、商品とその尺度とが同じ本質でなければならないということは、正当な要求ではあろう。しかし交換と価値規定という目的のみのためであれば、さまざまな（あるいはすべての）商品の相互の関係（それゆえ個々の商品の他のすべての商品による除法の結果）を決定し、これを貨幣額、すなわち作用している貨幣在高の対応部分を等置すべきである。そしてこのために必要とされるのは、なにか数的に規定できる大きさのみである。商品nと売却できるすべての商品の総額Aとの関係が、a個の貨幣単位と現存するすべての貨幣単位の総計Bとの関係と等しいとすれば、nの経済的な価値はa／Bによって表現される。このことがたいていはそのように考えられないということは、BもAもきわめて明白――それらの変化が容易にはわれわれの知覚に入らないから――であり、それゆえに分母としてのそれらの機能がとりわけ意識されることもなく、個々のばあいにわれわれの興味をひくのはもっぱら分子nとaであるということによる。そこから成立することのできた表象はこうである。すなわちnとaとはそれだけでたがいに直接に絶対に対応しあい、そのためにはそれらはもちろん同じ本質でなければならない。関係そのものを基礎づけるあの一般的な要因が忘れさられ、あるいはたんに実際には作用してはいるが意識されないということは、人間の本性のもっとも根本的な特徴のひとつを示す例である。一方ではわれわれの意識の限られた受容能力のため、他方では意識の使用のさいの力を節約する合目的性のため、関心対象の無数の側面と規定とのうちつねにたんにごく少数のもののみが実際に注目されるにすぎない。意識された諸要素の選択と編成とはさまざまな観点からなされるが、それらの観点に対応して、これらの要素が体系的な等級に編成されることができる。この体系的な等級が始まるのは、一連の現象からたんにそれらすべてに共通であるもののみが注目され、それぞれの現象においては他の現象と共有する基礎のみが意識されるということとともにである。等級の反対の最後の項を特徴づけるのは、それぞれの現象においてまさにこれを他のそれぞれの現象から区別するもの、つまり絶対に個性的なもののみが意識されるのに、他方では一般的なものや基礎的なものは意識されないままにとどまるということである。この二つの極端のあいだを多様な段階において動いているのは、最高の意識が注がれる総現象の諸側面としての諸点である。ところでまったく一般的に言うことができるが、理論的な関心は意識をより多く事物の共通性にむけ、実践的な関心は意識をより多く事物の個性にむける。形而上学的な関心をもつ思想家には事物の個性的な差異は十分にしばしば非本質的として消えうせ、ついに彼はすべての事物にまったく共通な存在や生成のようなきわめて普遍的な表象につきまとい続ける。逆に実践的な生活がいたるところで要求するのは、われわれに関係する人間や状況における相違と特性とニュアンスとをもっとも鋭い意識で把握することであるが、他方では一般に人間的な性質や、問題となっているすべての状況の共通な基盤は自明として特別な注意を必要とはせず、さらに特別な注意でさえしばしばそれらを、たんに苦労のすえ明らかにすることができるにすぎない。たとえば家族生活の内部において成員の相互の関係は、それぞれが他のすべてと区別される個人的な性質の経験にもとづいて意識的に形成されるが、家族の一般的な性格はこれへの参加者にも特別な考察の対象とはまったくならないのがつねであり、こうしてわずかに、しばしばたんに遠ざかっている者のみがその性格を一般に書くことができるにすぎない。しかしこのことは、この意識されない一般的な基礎がそれにもかかわらず心的に作用するということを妨げない。家族成員たちの個人的な性質は、家族全体を支配している一般的な性格や気風にそれぞれしたがって、実際にはきわめてさまざまな関係を彼らのあいだに生じさせる。この一般的な性格や気風こそは、それでもなるほど気づかれない基盤を提供し、これにもとづいてあの個人的な性質は、その一義的に規定された結果を展開することができる。まったく同じことが、より広い圏についても通用する。人間たちのあいだのすべての関係が、一般にいかに各個人が持ちよる特殊な諸条件に基づくにせよ、その関係が一定の様式において実際に成立するのはたんに、これらの諸条件以外に一定のまったく一般に人間的な諸事実と諸前提とがもちろん存在し、いわば公分母を形成し、この公分母にあの個性的な差異が規定的な分子として加わり、ようやくこうして関係の全体を生み出すことによってであるかもしれない。とろでまったく同じ心理学的な事情が、貨幣価格についても現存することができる。商品の価値と貨幣額の価値とのあいだの同等化が意味するのは、けっして二つの単純な要素のあいだの等式ではなく、ひとつの比例である。すなわち一定の経済圏の一方ではすべての商品の総額と他方ではすべての貨幣の総額——両者はもちろんなおかなりの限定を必要とする——をそれぞれ分母とする二つの分子の相等性である。この相等性が等式として成立するのは、この二つの総額が実際の理由からアプリオリにたがいに等価と定められることによってである。あるいはより正確には、われわれが貨幣と商品との二つのカテゴリーを処理する実際的な関係が、理論的な意識においては等価の形式に反映される。とはいえこれは個々の商品と個々の価格とのあいだのすべての等式の一般的な基礎であるから、これは意識されることなく、あのたんに興味をひきそれゆえたんに意識されるのみのあの個別項にたいし、意識されないままに協力する要因を形成し、これがなければ個々の商品と個々の価格とはけっして関係の可能性をもつことができないであろう。あの絶対的で基本的な等式の巨大な重要性は、その無意識性をごく僅かしかありそうにもないことにするが、実は本来まさにすでに述べた類比の事例のように、それをありそうなものとする。

それだけでは無価値な貨幣という前提のもとでは、たしかに個々の貨幣価値とこれによって価値が表現される商品とは、考察がこれらの二つの要素へ限定されれば、まったく無関係に並存するであろう。何にもとづいてひとつの客体が他の客体よりも一定額だけ高い価格あるいは低い価格をとりきめるか、これを人は知らないであろう。しかしこの関係全体の絶対的な前提として、売却されるすべてのものの総額と貨幣の総額——後に説明する「総額」の意味において——とが等価と定められるやいなや、個々のそれぞれの商品の価格決定はたんにこの商品の価値と貨幣総量とのあいだの分数として生じ、この分数はこの商品の価格と貨幣総額とのあいだの分数としても繰り返される。いま一度注意をうながせば、このことはけっして次の循環を含んではいない。すなわち一定の貨幣総額の能力、つまり個々の商品の価値を測定する能力は、すべての貨幣とすべての商品との等式関係にもとづいているが、しかしこの等式関係そのものはすでに一方による他方の測定可能性を前提とするという循環である。こうしてすべての測定が客体と尺度とのあいだの同質性を必要とするか否かの問題は、いうまでもなく具体的なばあいにはもはや適切ではないが、しかし具体的なばあいの前提には未解決のままに付着し続ける。しかも相対的な諸量の測定は、それらの絶対的な量が測定や同等であることを要しないなんらかの関係に立つことによって事実上は可能となる。たしかに鉄管の太さと一定の水力とのあいだには同等性も測定可能性も存在しない。とはいえ両者が一定の力効果をもつ機械的な装置の不可欠な部分を形成するとすれば、力効果の一定の変化が生じたばあい、必要であれば水力の既知の変化によって、その装置に使用されている鉄管の直径の大きさがどれほどかを正確に測定することができる。こうして商品一般と貨幣一般とは相互には測定できないであろうが、一方の量的な変化が他方の量的な変化にとっての指数をあたえるためには、両者は人間の生活にとってその実践的な目的体系の内部において一定の役割を演じているということで十分であろう。それぞれの貨幣量そのものの意義の分数——これがいかなる絶対的な大きさの一定の部分をなすかについてはまだまったく決定されていない——への還元は、ローマ人が彼らの鋳貨を——特に理由のある例外があるが——絶対的な重量ではなく相対的な重量にしたがって呼んだこととは、関係がなくもない。こうしてアス（as）〔古代ローマの重量や面積の測定単位〕はたんに一二の部分からなる全体を意味するにすぎず、これは相続のばあいにも容積や重量のばあいと同じように利用され、そしてポンドやいかなる任意のどんな部分とも取り替えられることができた。そしてここではたんに度量の相対性のみが意識され作用したということは、アスが太古以前に一定の絶対的な重量の銅延棒を意味したという仮説によっても、けっして変更されはしない。

いまや貨幣総額という概念のすでに触れた限定が、いくらかより正確に行われなければならない。購買される商品と同じだけの購買する貨幣が存在すると単純に言えないのは、一方での累積されたすべての商品と他方での累積されたすべての貨幣とのあいだにある量り知れない量的相違によるのではない。それというのも質的に同種の諸事物にってのようには両者にとって共通な尺度は存在しないから、両者のあいだには、直接のより多いとかより少ないとかはまったく成り立たないからである。原理的には貨幣のすべての目的はいかに小さな貨幣量によっても達成できるから、いかなる商品量もみずから一定の貨幣量への一定の関係をもちはしない。このことが現実において取引を阻害することなくどこまで達することができるか、これを示すのはすでに報告された次の事実である。数世紀前のロシアにはきわめて小さな銀貨が存在したから、それを手ではテーブルから取り上げることができず、財布からそれをテーブルにこぼし、それを支払い額へと分け、それから双方はそれぞれの取り分を舌でなめてとり、財布へ吐き入れた。貨幣在高の絶対的な容積がどれほどであるとしても、それが貨幣の職務をはたすかぎり、それはつねに同じ大きさの「貨幣」のままであると、人は言うことができよう。変化するのはたんに、この貨幣記号あるいは断片が他の関係において、すなわちなんらかの種類の材料とみなされるばあいに表示する量のみである。しかし貨幣としてのその量はそれによって変化する必要はない。それゆえすべての商品とすべての貨幣とのあの直接の比較は、けっしていかなる結論ももたらしはしない。貨幣の全体と商品の全体とのあいだの不均衡は、価値を表現するあの分数の分母として、むしろ全体としての貨幣在高が全体としての商品在高よりもはるかに速く回転するという事実にもとづく。それというのも、人はだれも避けることのできるかぎりは、巨額の貨幣を寝かしてはおかないし、実際はほとんどつねにそれを避けることができるが、しかし商人は彼の在庫のかなりの部分を売り切れるまでは長く寝かしておくことをさけることができないからである。回転速度のこの相違がなおはるかに大きくなるのは、売りには出されないがそれでも時には魅力的な付け値には売られる客体を人が考慮に入れるばあいである。それゆえ個々の商品に現実に支払われた価格を基礎として、これにもとづいて全商品在高の買入に必要な貨幣量を問題とすれは、この貨幣量が実際の貨幣在高をはるかに超過していることが、たしかに見られる。この観点から言わなければならないのは、貨幣は商品よりもはるかに僅かしか存在せず、商品とその価格とのあいだの分数はすべての商品とすべての貨幣とのあいだの分数とはけっして等しくなく、すでに論じたところから容易に明らかになるように後者の分数よりもはるかに小さい。しかしそれにもかかわらず、われわれの根本的な比例は次の二つの道において救われる。すなわちまず第一に、現実の売買運動にある商品量は、比例のなかに入ってくる商品総量として見ることができよう。アリストテレス的にいえば、売却されない商品はたんに「可能的な」商品にすぎず、それが「現実的な」商品になるのは、ようやく売却された瞬間においてである。貨幣はそれが買う瞬間、すなわち貨幣の機能をはたす瞬間にはじめて現実に貨幣となり、これと同じように対応して商品も、それが売却されたときにはじめて商品になり、それ以前にはたんに観念的な予想によってとその内部でのみ販売客体であるにすぎない。この立場からすれば販売客体が存在するのと同じだけ貨幣が存在するということは、まったく自明な命題、さらに同一的な命題である。——このばあいもちろん貨幣のなかには、信用と振替取引とによって可能となったすべての貨幣代替物もまた含まれる。ところが一時的に休止している商品もけっして経済的に作用しないのではなく、商品在高が貨幣在高のように突然余すところなくそれぞれの瞬間の運動に入れば、経済的な生活は無限に変化するであろう。とはいえより詳細に考察すれば、休止している商品在高はたんに三つの側面からのみ現実の貨幣売買に作用をおよぼすと思われる。すなわち貨幣流通のテンポ、貨幣素材もしくは貨幣等価物の調達、準備金への貨幣支出の割合へである。しかしこれらの契機はすでに現実の売買にその作用を及ぼしたのであり、その影響のもとに商品と価格とのあいだの経験的な関係も形成され、これらの契機はあの根本的な比例における商品総量を、所与の各瞬間に現実に生じる売買から構成されたものと理解するのを、けっして妨げはしない。しかし第二に、同じ貨幣量は商品のようには消費されないから無数の売買を媒介し、そして孤立したそれぞれの瞬間に存在する商品総計に比較しての貨幣の総計の僅少性を、貨幣の流通の急速性によって補うということ、このこともまた事実の結果として承認されることができる。貨幣制度の若干の頂点においてまったく直接に明らかになるのは、貨幣実体によって媒介された価値清算において価値実体がいかにきわめて僅かな役割しか演じないかである。一八九〇年にフランス銀行は実際に払い込まれた貨幣の一三五倍（四億フラン対五四〇億フラン）を当座勘定で処分し、さらにドイツ帝国銀行は一九〇倍も同様に処分している。機能している貨幣総額にもとづいて商品の貨幣価格決定がおこなわれるが、この価格総額の内部において貨幣額は、それが機能することから生じたものに比べるときわめて僅かである。それゆえ個々の瞬間についてではないにしても、一定の拡張された期間についてなら、この期間中に処分された貨幣の総額は同じ期間中に売買された客体の総額に等しいと言うことができる。とにかく個人がやはり支出し、とりわけ大きな買付けの価格に同意するのも、彼の現在の現金高との関係からではなく、比較的長い期間内での彼の総収入との関係においてである。このようにわれわれの比例において貨幣分数が商品分数との同等性を獲得するのは、貨幣分子の分母が実質的に存在する貨幣量からではなく、一定の期間における回転数によって決定される倍数の貨幣量を含むことによってであろう。この観点からすれば、一般に存在する商品と貨幣の対価としての現実の商品とのあいだの二律背反は解決され、さらに封鎖された経済圏内での商品の総額と貨幣の総額とのあいだにはいかなる原理的な不均衡も存在できないという主張が堅持される。——たとえ個々の商品と個々の価格とのあいだの正当な関係についていかにひどく論争されているにせよ、問題の分数の一定の大きさが心理的に固定しているのに、これとならんで客観的な推移によって他の大きさが正当となったばあい、いかに多くの動揺と不均衡が成立するにせよ、ことに取引の急速な増加が流通手段の一時的な欠乏をいかにひどく感じさせるにせよ、そうである。当該の国での商品価値に比しての貨幣の不足あるいは過剰から生じる金属輸入もしくは金属輸出は、関係する国々が地方として含まれている経済圏の内部における均衡にすぎず、したがってその金属の輸出あるいは輸入の意味するのは、この経済圏において商品と貨幣とのあいだのいま有効な一般的関係が、個々の地域において被った混乱から再び回復させられるということである。この想定のもとでは価格が適切か否かの問題は、直接には二つの予備問題、第一には貨幣のいかなる額と販売客体のいかなる額とが現に作用しているかと、第二には今問題になっている客体は販売客体のいかなる部分を形成しているか、この二つの問題から答えられるであろう。後者の問題は本来は決定的なものであり、客体分数と貨幣分数とのあいだの等式が、客観的にも計算的にも真でもあり偽でもあるという等式であることができるのにたいし、客体一般と貨幣一般とのあいだの等式にあってはたんに合目的性か非合目的性かのみが問題となることができるが、しかし論理的な証明可能性の意味での真理は問題とはなることができない。全体性相互のこの関係はいわば公理の意義をもち、公理はけっしてこれにもとづく個々の命題と同じ意味で真ではない。個々の命題のみが証明できるが、これにたいして公理はそれが論理的に由来するものを指示はできない。ここに大きな重要性をもつ方法的な規範が認められ、これにとっての例を価値についてのまったく別なカテゴリーから引用したい。ペシミズムの根本主張は、存在の総体は喜びにたいする苦しみの著しい過剰を示すということである。生物の世界は統一体として、あるいはまた平均として考察すれば、快楽よりもはるかに多くの苦痛を感じるということである。ところでそのような主張は、はじめから不可能である。それというのもこの主張が前提とするのは、快楽と苦痛とを反対の符号をもつ質的に同じ大きさのように、直接にたがいに秤量し相殺しあうことができるということである。しかし両者にとっては共通の尺度が存在しないから、このことは現実にはありえない。いかなる量の苦痛を補うにはいかなる量の快楽が必要であるかは、それだけでは感得されることはできない。それにもかかわらずそのような測定がたえず行なわれ、またわれわれが日々の事件においても運命の関連においても個人生活の総体においても、喜びの量が苦痛の量に達しないとか越えたとかの判断を下すことが、いかにして起こるのであるか。このことが可能であるのはひとえに、生活の経験がわれわれに──正確にか不正確に──幸福と不幸とが実際にどのように分配されているか、一定の快楽量を購うために平均してどれほどの苦痛を耐え忍ばなければならないか、さらに典型的な人間の運命はどれほどの苦しみと快楽とを示すか、これらについて教えることによる。これらについてなんらかの観念が成立して──いかに無意識的で漠然としていようと──初めて人びとは個々のばあいに快楽があまりにも高価──すなわちあまりにも大きな苦痛量によって──購われたとか、あるいは個々の人間の運命が喜びにたいする苦痛の過剰を示すと言うことができる。しかしあの平均そのものが「不均衡」でないのは、むしろ平均とは、それによって個々のばあいの感覚の割合が適切なものとか不適切なものと規定されるからである。──そこで人間の平均が大きいとか小さいとかほとんど言うことができないのも、この平均こそがはじめて個々の人間──それだけで大きくも小さくもあることができる──が測定されるさいの尺度を提供するからである。同じように「時間」の経過が速いとか遅いと言うことができるのがひどい誤解にすぎないのも、──時間の経過、すなわち平均として経験され感じられた出来事一般のテンポは、測定する大きさであり、それにおいて個々の体験の歩みの速さと遅さとが明らかとなるからであるが、その平均そのものは速くも遅くもない。それゆえペシミズムの主張、すなわち人間生活の平均は楽しみよりも多くの苦しみを示すということは、楽天主義の主張、すなわち人間生活の平均は苦しみよりも多くの楽しみを示すということと同様に、方法論的には成り立たない。快楽と苦痛との総量（あるいは言いかえれば、個人や期間に割り当てられた快楽と苦痛との平均）が感覚されるということは根源現象であり、その側面がたがいに比較されることができないのは、快楽と苦痛の外部にあってこれらを一様に包括する尺度がそのためには必要だからである。

ここで問題とされる認識の類型は、このように十分に特徴づけられるであろう。すでにふれた領域や他の多くの領域の内部においては、これらの領域を形成する第一次的な諸要素そのものは、異なった性質をもつからには比較できず、それゆえたがいにもしくはある第三のものによっても測定されることができない。ところが一方の要素が一般にこの程度において、他の要素があの程度において存在するという事実はそれなりに、両種の要素が協力している個別の部分的な事件や出来事や問題の判断のための尺度をなす。個々の出来事の諸要素は全体量の割合を繰り返しながら、それらは「正しい」関係、すなわち正常な普通の類型的な関係をもつが、それからの逸脱は一方の要素の「優位」や「不釣合」と思われる。もちろん個々の事件のそれらの諸要素はそれだけでは真実や虚偽、同等や不等という関係をもたない。これはそれらの全体がこの関係をもたないのと同じである。むしろ全体量の大きさが絶対的なものを形成し、これによって個別的なものが相対的なものとして評価されることによって、これらの要素ははじめてその関係を獲得する。しかし絶対的なものはそれなりに相対的なものに比較を可能とはするが、自らは比較可能性の規定には支配されない。――ところで販売客体とその貨幣価格とのあいだの関係はこの類型に所属するかもしれない。おそらく両者は内容的には相互に共通なものをまったくもたず、質的にはきわめて異なり、したがって両者は量的には比較できない。とはいえ販売可能なすべてのものと貨幣のすべてとがともかくもともに経済的な宇宙を形成するから、商品の価格が示す有効な貨幣総量の部分が、商品が有効な商品総量のなす部分であるとすれば、商品の価格は「適切」であることができよう。商品と一定の貨幣額とのなかの等しい「価値」がそれらの相互の比例関係を基礎づける必要はない。むしろ貨幣価格はいかなる価値をもまったく必要とはせず、少なくとも商品と同じ意味での価値を含むことを必要とはせず、たんにそれがすべての貨幣一般と作る分数が、商品とすべての商品価値一般とが作る分数と同じでありさえすればよい。——商品の貨幣価格がこの商品と商品全体との関係にいかに依存しているかは、個人経済の経過さえも示している。人びとの言うところによれば、われわれが貨幣犠牲を提供するのは——これはそのものとしてはわれわれには負担である——たんにわれわれが適切な対価を得るばあいのみである。その犠牲の免除はすべて積極的な利益と考えられる。とはいえそれが利益であるのは、たんにこの犠牲を他の機会に提供することが可能となることによってのみである。私が貨幣の別な取り扱い方をまったく知らなければ、私は私の全所有貨幣をただちに、これを要求する客体のために引き渡すであろう。それゆえ価格の適切性が意味するのは、私が——平均的人間として——価格を支払ったのちも、同じように欲求する他の事物を買うためには、なお多くの残りを保存しなければならないということのみである。それぞれの個々の対象への支出は、これ以外になお他の対象を買いたいということへと調整されなければならない。各人が彼の私的な支出を調整し、それぞれの商品種類への支出を彼の全収入と比例させれば、このことが意味するのは、個別物への彼の支出と家計の全体への彼の支出との関係は、すでに調整された個々の客体の意義と彼に望まれて親しめる諸客体のやがて調整される全体の意義との関係に等しいということである。そして個人経済のこの図式は明らかに経済一般のアナロギーであるのみではなく、この図式の徹底的な適用から平均価格の確定が現れるにちがいない。すなわちたえざる主観的な秤量が結果として、商品と価格とのあいだの客観的な関係を生み出すにちがいなく、この関係は有効な全商品残高と貨幣総量とのあいだの比例に依存するとともに、——すべての変更を保留して——個人の全需要とそのために使用できる彼の全貨幣収入とのあいだの比例にも依存する。

これまでの推論の全体は、貨幣が現実に価値であるか否かの問題にはけっしてふれず、価値を測定するという貨幣の機能は貨幣に固有価値という性格を強制しないということ、これを証明することのみが重要であった。しかしこのたんなる可能性はそれでも貨幣の現実の発展経過のみではなく、なによりもその内的な本質の認識への道を自由にする。——原始的な経済段階においてはいたるところで使用価値が貨幣として現れる。すなわち家畜、塩、奴隷、煙草、毛皮などである。貨幣がどのような仕方で発展したにせよ、それは最初はとにかく価値、直接に価値として感じられるものであったにちがいない。印刷された紙切の代わりにきわめて価値ある事物を手放すということは、目的系列のきわめて大きな拡大と信頼性とにおいて初めて可能であり、これによってたしかに生じたのは、直接には価値のないものもさらにわれわれを助けて価値を得させるということである。このように人は、あくまでも的確な結論へ導く論理的な推理系列を、それだけでは不可能であったりあるいは矛盾にみちた推論項をつらぬいて導くことができる。——しかしこれはたんに思考作用がその方向と正しさをまったく信じているばあいにかぎられる。まだ動揺している原始的な思考作用であれば、そのような問題点においてはただちに方向と目標を失い、そのため思考作用は、それぞれがそれだけでできるだけ具体的で明白な正しさをもつ命題においてその機能をはたさなければならない。——もちろん思考の柔軟性とその目標の広がりとを犠牲としてである。これに対応して無価値なものによる価値系列の完成は、価値系列の拡大と合目的性とをまったく異常に高めるが、しかしこれは個人の発達した知性と集団の安定した組織のばあいにして初めて実現されることができる。直接にはまったく利用できないものが間接にはふたたび価値に換えることができることを確信していなければ、それの代わりに価値をあたえるといったほど、だれも愚かにはならないであろう。それゆえ交換はもともと物々交換、すなわち直接の価値物のあいだに行われた交換であったとしか考えられない。人びとの想定するところであるが、ある客体はまさにそれが一般に願望されるために、特に頻繁に交易されて流通し、それゆえ特に頻繁に他の対象によって測定され、このような客体が心理的にはもっとも早く一般的な価値尺度となることができた。まさに獲得された結論によれば貨幣はそれだけでは価値である必要はないが、この結論にたいする外見上の決定的な対立においてわれわれがここで知るのは、もっとも必要でもっとも価値あるものが最初に貨幣となる傾向があるということである。もっとも必要なものをわれわれはここでは、けっして生理学的な意味において理解しない。むしろたとえば装飾欲望は、「必需品」と感じられるもののなかでは支配的な役割を演じることができる。それというのもわれわれが自然民族について実際にもまた聞くところによれば、彼らの身体の装飾品やそのために使用される対象は彼らには、われわれがはるかに切実に必要と考えるすべての事物よりも価値があるからである。われわれにとっての事物の必要性はつねに、そのものとしてはまったく同権の——より正しくは、そのものとしてはまったく「権利を」もたない——内容にわれわれの感情があたえる強調にすぎず、そしてこの強調はわれわれが立てる目的にもっぱら依存するから、いったい貨幣性をおびる傾向をもつ直接に切実なあの価値物とは本来どのようなものであるのか、これを決定することは初めからまったくできない。ただ価値物がその感じられた必要性のためにさまざまな他の事物と特に頻繁に交換され、この価値物に貨幣性がもともと結びついたということは、避けられない想定とも思われる。貨幣がその素材からみて直接に価値があると感じられなければ、それは交換手段としても価値尺度としても成立することができなかったであろう。

これを現在の状態と比較すれば疑いもないことであるが、貨幣がわれわれに価値があるのは、もはやその素材が直接に必要で不可欠な価値と考えられるからではない。ヨーロッパ文化のいかなる人間も、今日硬貨に価値があるのは、それから装飾対象が製作されるからであるとは考えない。そして貴金属はたんに装飾や技術の目的のためになお有利な使用を見いだすには現在ではあまりにも大量に存在しているから、たしかに今日の貨幣価値をその金属価値へは還元できない。金属価値学説の結論にあるようにそのような移行が完成したと考えれば、この移行は貴金属からの過大な対象を生産し、その価値は最低限まで低下せざるをえないであろう。それゆえ貨幣がそれ以外の金属客体への可能な転換によって評価されることは、まさにこの転換がまったくかあるいは微々たる程度でしか生じないという条件のもとでのみ可能である。それゆえ発展の初期においては、すなわち貴金属の現在高がごく僅かなころは、貴金属の使用がいかにひどく装飾として貴金属の価値を規定したにせよ、この関係はそれでも貴金属の生産の増加につれて消滅する。この発展をなお支持するのは、原始人がすでに強調したように一定の仕方で身を飾ることをきわめて重大な必要事とみなすが、しかし価値目盛のその後の開発はこの関心を実際には「なくてもよい」とか「余計な」というカテゴリーへ組み入れることである。装飾は現代の文化生活においては、民族学的な報告やさらにはまた中世の報告において驚いて見いだすような社会的な役割を、もはや絶対に演じてはいない。この状況もまた、貨幣がその素材に負う意義を低下させるのに役立つにちがいない。人は次のように言うことができる。すなわち貨幣の価値はますますその〈出発点〉からその〈到達点〉へと移行し、こうして金属貨幣はその素材価値への心理学的な無関心に関しては紙幣と同じ段階に立つ。紙幣がたんに金属への指図にすぎないから紙幣の実質的な無価値性をとるにたらないと説明してはならない。これにたいしてすでに反証するのは、まったく無準備の紙幣でさえそれでもつねに貨幣として評価されるという事実である。人びとがまた政治的な強制に言及し、これのみがそのような紙幣にその流通を調達してやるとするばあい、このことの意味しているのはまさに、直接の実質的な利用以外の他の理由が一定の素材に貨幣価値をあたえることができ、そして現に実際にあたえているということである。紙幣やさまざまな形式の信用による現金の金属貨幣の増大する交替は、不可避的に金属貨幣そのものの性格に反作用する。——これはたえず他者に代理される者が個人的なものにおいて、ついには代理人にふさわしい評価を受けるのとほぼ同じである。貨幣がますます広範で多様な職務をはたすようになり、その個々の量がますます急速に流通するようになると、貨幣の機能価値はますますその実体価値を凌駕するにちがいない。現代の発達した取引は明らかに、実体的な価値の担い手としての貨幣をますます排除しようとするが、むしろそうしようとせざるをえないのは、もっとも増大した貴金属生産さえもすべての売買を現金で支払うには十分ではないからである。一方での振替取引と他方での国際的な手形発送とが、この一般的な傾向の際立った点にすぎず、この傾向のすでに初期の特徴期な現象を本章の最後の節は取り扱うであろう。

経済的な観念が一般に原始的であればあるほど価値の測定もまた、ますます比較される価値物のあいだの感覚的・直接的な関係を前提とするであろう。まさにすでに述べた見解、すなわち商品と貨幣額とのあいだの価値方程式は、一方では分子としてのこれらの両者と他方では分母としての経済的に考察されるすべての商品とすべての貨幣との総量、この両者のあいだに成立する分数の相等性を意味するということは、——明らかに事実上はいたるところで有効であろう。なぜならこの見解にして初めてひとつの客体を実際に貨幣とするからである。とはいえ貨幣そのものはたんに除々にしか成立しないから、この様式もまた交換される諸客体の直接の比較の原始的な様式から除々に発展するであろう。ニューブリテン島について報告された事例は、おそらくは最低の段階を示す。そこでは原住民は数珠つなぎにした宝貝を貨幣として使用し、これはデワラと呼ばれる。この貨幣は腕の長さなどの長さの尺度にしたがって購買に用いられ、魚の代わりには一般に魚そのものと同じ長さのデワラが提供される。他に宝貝貨幣の領域からもまた折りにふれ報告されるところでは、二つの商品の等量が等価とみなされるということが売買の典型である。たとえば一定の量の穀物は同じ量の宝貝の価値がある。ここでは明らかに商品と価格との等価性における直接性が、きわめて完全にしかもきわめて単純に表現され、これにたいして量的な一致とはならない価値比較は、すでにより高い精神的な過程を意味する。同じ量のあの素朴な等価値化の痕跡は、マンゴ・パークが一八世紀に西アフリカの若干の部族について報告した現象にある。そこでは棒状の鉄貨幣が貨幣として流通し、さらに商品量の表示にも使用され、ために一定の量の煙草やラム酒は、それぞれ一棒の煙草とか一棒のラム酒と呼ばれた。ここでは価値の同等を量の同等とみなすという欲求――明らかに原始的な価値形成の強くて感覚的に印象深い根拠――は、言語上の表現に訴えた。それでも若干の他の現象が、きわめて異なった外観ではあるが、原理的な同じ感覚に属する。ミレトスの植民地、ドニエプル河畔の都市オルビアから古代の青銅鋳貨がわれわれには残され、それは魚の形をしており、おそらくは鮪と魚籠を意味する刻印がついていた。いま推定されるところでは、あの魚業民族はもともと鮪を交換単位として用い、そして――おそらくはより低い状態にある近隣部族との交易のために――鋳貨の導入にさいして鮪一尾ごとの価値をひとつの鋳貨に表示するのを必要と感じた。というのもこの鋳貨はその形式の魚との同一性によって、魚との等価性と代替可能性とを直接に具体化したからである。――ところが他の場所においては、これほど印象的ではないにせよ外面的な合致を放棄せずに、対象（雄牛や魚や斧）の像のみが鋳貨に刻印され、この対象は交換の時代には基本単位をなし、その価値をいまや鋳貨が表示する。ゼント・アヴェスタ〔ゾロアスター教の聖典〕の規定するところでは、同じ根本感情が支配し、医者は家長の治療への謝礼として下等の雄牛一頭の価値を、村長のばあいは中等の雄牛一頭、町長のばあいは上等の雄牛一頭、郡長のばあいは雄牛四頭の価値を要求すべきであるが、これにたいして家長の妻の治療へは雌ろば一頭、村長の妻のばあいは雌牛一頭、町長の妻のばあいは雌馬一頭、郡長の妻のばあいは雌らくだ一頭の価値が医者のものとなる。ここでもまた給付客体と給付対象の性の同一性は、価値と対象との等価性を直接の外面的な同一性に基礎づけるという傾向を表示する。これと同じ状態にあるのが、貨幣はその発展の初期においては大きくて重い量の個物、すなわち毛皮、家畜、銅、青銅から、あるいは宝貝のようにきわめてかさ高い個物から成るのをつねとしたという事実である。われわれが知る最初の銀行券は現在も保管されており、十四世紀の末の中国からのものであるが、長さが一八センチで幅が九センチであり、この事実もこれに属する。ここになお作用しているのは、多ければ多いほどよいという農民的規準の傾向であり、――これを支持する自然な感情は、より洗練された反省的な経験によって初めて誤りを論証できる。貴金属貨幣についてもまた最大の鋳貨を見いだすのは、ほとんどもっぱら未発達の現物経済的な文化をもつ民族においてである。最大の金貨とみなされるのは、八八〇マルクに値する安南人のロール、日本の大判（一二〇マルク）、アシャンテ人〔アフリカの黄金海岸地方の原住民〕のベンタである。安南にはまた六〇マルクの価値をもつ銀貨もある。量の意義についての同じ感情から、最大の鋳貨の鋳造権はしばしば最高の権力者に保留されているのに、小さい（たとえ同じ金属でも）鋳貨は下級の機関によって鋳造される。こうしてペルシアの大王は大きな貨幣を鋳造したが、しかし地方総督はその四分の一以下の黄金の小型鋳貨を鋳造した。かなりの量という性格はさらに原始的な金属貨幣形式にのみではなく、これに先立った貨幣種類にもまたしばしば特有でもある。スラブ人は紀元一世紀にザール川とエルベ川のあいだに住んだころ、きわめて粗野な自然民族であったが、貨幣としてはリンネルの布を使用し、その一枚の購買力は一〇〇羽の鶏あるいは一〇人分の一月間の小麦の額となった。そしてかなり発達した貨幣制度の内部においてさえ認められるのは、貨幣概念がますます僅かな金属価値によってみたされるということである。中世のグルデンは一ドゥカーテンの価値をもつ金貨であったが、――現在ではグルデンは一〇〇枚のクロイツァー銅貨になる。かってのグロッシェンは厚い（大きな）銀貨であり、かってのマルクは一ポンドの銀の額となり、ポンド・スターリングは七〇マルクに値した。原始的で現物経済的な状態のもとで貨幣取引は、けっして日常のこまごました需要についてではなく、比較的大きな価値をもつ客体についてのみ行われたであろう。そして均整への傾向はすべての未発達な文化に特有であり、また貨幣交換をも支配し、外面的に大きなものにはまた外面的に大きな価値記号を要求したであろう。諸現象の極端な量的な相違が、それにもかかわらず力や意義や価値の相等を承認するということは、より高い文化段階によってのみ初めて洞察されるのがつねである。実際が等式の実行にもとづくばあい、そこに初めて同等であることのできるかぎり直感的な直接性が要求され、原始的な貨幣の量的な強力さがその対価との関係においてこれを示している。抽象作用は小さな金属片を後には任意のいかにかさばった客体との等価物としても認めるが、この抽象作用は同じ方向へ次の目標に向って上昇する。すなわちは価値方程式の一方の項がもはやけっして価値そのものとしては機能せず、たんになお他方の項の価値の抽象的な表現としてのみ機能するにすぎないという目標である。それゆえにこそ貨幣の測定機能は、最初から貨幣の基体の物質性とはきわめて僅かしか結びついてはおらず、現代の経済の変化によってもほとんど変化をこうむらない。

二つの大きさの量的関係をもはや直接の比較によって確定するのではなく、それぞれの大きさを他のそれぞれの大きさと関係させ、そしてこの二つの関係が相互に等しいとか等しくないということに基づいて確定する。――このことは人類がなしとげたもっとも大きな進歩のひとつであり、古い世界の素材からの新しい世界の発見である。まったく異なった高さの二つの業績が示されるばあい、――これらが比較されるのは、それぞれの遂行者が投入しなければならなかった能力量への関係において、彼らが同じ意志緊張と傾倒とを示すからである。二つの運命が幸福の段階においてお互いからはるかに隔たっているばあい、――運命の担い手がそれにふさわしいか否かの功績の程度からそれぞれの運命が問題とされれば、これらはただちに測定できる関係を獲得する。二つの運動がまったく異なった速度を示すばあい、それらのいずれかが出発段階との関係において受けた加速度が双方において同じであることが観察されるやいなや、二つの運動は共属性と同等性とを獲得する。二つの要素がそれらの実体的な直接性においては相互に無関係ではあるが、しかし第三の要素と第四の要素との双方の関係が同じであれば、この二つの要素のあいだのある種の共属性がわれわれの感情にたいして紡ぎだされるのみではなく、まさにそれによって一方の要素が他方の要素の算出可能性の要因となる。そしてさらに問題を拡大すれば、二人の人物は彼らの示すことのできる性質においては比較できないにせよ、それぞれ第三の人物への関係はそれでも両者のあいだに同等性をつくりだす。すなわち第一の人物が第三の人物にたいし、第二の人物が第四の人物にたいし、それぞれ同じ愛情やまたは憎悪、支配やあるいは服従を示せば、これらの関係はここではそれぞれの独立存在の疎遠性にたいして、より深い本質的な同等性の基礎を固める。最後に最終の例をあげれば、種類の異なった芸術作品のそれぞれがそれぞれの特有の理想に一定の関係をもたなければ、それらの完成は互いに比較できないし、それらの価値を段階の関連のなかに配列することもできないであろう。それぞれの芸術作品の課題や素材や様式から規範が成長し、これにたいして芸術作品の現実が近いとか遠いという感知できる関係をもち、この関係は明らかに作品の最大の多種多様性にもかかわらず、同等あるいは比較可能なものであることができる。そのような関係のこの可能な同等性によってはじめて、それだけではまったく無関係な個々の作品から、価値によって精確に接合された秩序である観念的に共属するもの、すなわち美的な世界が成立する。そしてこのことはたんに芸術の宇宙のみに拡がるのではない。一般にわれわれの孤立した価値評価の素材から同等の、もしくは等級づけられた重要性の総体が生じるということ、不調和なものさえもたんに価値相互の統一的な秩序と内的な関係とを要求されてこそ不調和と感じられるということ、――われわれの世界像のこの本質的な特徴をわれわれはいたるところでわれわれの能力、すなわちたんにそれぞれ二つの事物のみではなく、それぞれ二つの事物のそれぞれ他の二つの事物にたいする相互の関係を比較考量し、これを同等性判断もしくは類似性判断において総括する能力に負う。貨幣は、われわれの内奥のこの基本的な能力あるいは形式の産物として、この能力のもっともはるかな例であるのみではなく、いわばまさにこの能力の純粋な具体化にほかならない。それというのも貨幣は、事物相互の交換において実現されるべき価値関係を、たんに次のようにのみ表現するからである。すなわち貨幣の個別の額となんとかして得られた分母との関係は、この個別の額に対応する商品と、交換において問題となる商品の全体とのあいだに成立する関係に等しいというふうにしてのみである。貨幣は本質的には価値ある対象ではない。そうであればその諸部分が相互に、あるいは全体にたいして偶然に、他の価値物が相互にもつのと同じ割合をもつであろう。むしろ貨幣がその意義を示すのは、まさにこれらの他の諸客体の相互の価値関係を表現することにあり、貨幣がこのことをうまくやれるのは発達した精神のあの能力、すなわち諸事物そのものが同等性や類似性をもたないばあいも、諸事物の関係を等置する能力の助けによる。しかしこの能力は二つの客体の同等性や類似性を直接に判定し表現するという、より原始的な能力からようやく次第に発展してきたのであるから、ここに生じるのが先に述べた現象、すなわち貨幣をもまたその対象へこの種の直接の関係のなかにもたらそうとする現象である。

現代の経済の内部において問題となる移行は、たとえば重商主義に始まる。できるかぎり多くの現金を国内に獲得しようとする諸政府の努力は、なるほどなお多くは多くを助けるという原理によって指導された。とはいえこの原理が助けようとした最終的な目的は、やはりもともと産業と市場の機能的な振興であった。これ以上の進歩が成り立ったのは、この目的に役立つ価値が実体的な価値形態を必要とはせず、むしろ労働の直接の生産物がすでにそのようなものとして決定的な価値を示すという洞察においてであった。このことはほぼ以前の政策、すなわちたんにできるだけ多くの土地を獲得し、できるだけ多くの人をそこに「植民する」という政策の目的についてと同じである。十八世紀の末まで政治家はほとんど、真の国民的な偉大さは土地の獲得以外の他の仕方で促進されうるとは考えなかった。一定の歴史的な状態のもとでのそのような目標の正当化は、それでもこれらの実体的な豊富はたんに動的な発展の基礎として重要であるにすぎず、しかもこの動的な発展は結局はたんにこの種のきわめて限られた基礎しか必要とはしないという洞察を妨げなかった。ここに明らかになったのは、生産と富との増大にとって貨幣等価物が物理的に現に存在することはますます余計なものとなるということであり、たとえ「多くの」貨幣がもはや貨幣そのもののためではなく、一定の機能的な目的のために追求されるばあいでさえ、この目的はいわば自由に浮動する過程において、貨幣の排除のもとにおいても達成される――特に現代の国際的な商品交換が証明しているように――ことができるということである。商品の相対的な価値を表現するという貨幣の意義は、われわれのこれまでの論述からしても貨幣に存続する固有価値にはまったく依存しない。容積の測定のための尺度にとっては、それが鉄と木とガラスのいずれから成り立っているかは、その部分の相互の関係やあるいは第三の大きさへの関係のみが考慮されるからには、どうでもよい。――これと同じように、貨幣が価値の規定のために示す尺度も、貨幣の実体の性格とはまったく関係がない。商品の価値にとっての尺度と表現としての貨幣のこの観念的な意義において貨幣は、まったく変化しないままであるが、他方で貨幣は中間商品や価値保存手段や価値輸送手段としては、その性格を一部は変化させたし、一部はさらにはお変化させようとしている。すなわち貨幣は、これらの責任を最初にはたした直接性と実体性との形式から観念的な形式へと移行する。すなわち貨幣はその作用をたんなる観念として、なんらかの代表的な象徴と結びついた観念として行う。

これによって思われるのは、深くにある文化傾向のなかへの貨幣の発展が順応することである。人がさまざまな文化層を特徴づけるのは、それらがどの程度まで、そしてどの点においてそれらの関心の対象への直接の関係をもつか、そして他方それらはどこにおいて象徴の媒介を使用するかにしたがってである。たとえば宗教的な欲求がみたされるのは、象徴的な礼拝と儀礼によるのか、それとも神への個人の直接の帰依によるのか。人間の相互のあいだの尊敬が、一定の儀礼によって相互の地位を暗示する確定した図式主義によって示されるのか、それとも形式にとらわれない丁重さや従順さや尊敬によって示されるのか。売買や承諾や契約が、その内容のたんなる告示によって行われるのか、それとも儀式ばった行為の外面的な象徴によってはじめて法的に認められ信頼されるものとされるのか。理論的な認識が直接に感覚的な現実に向かうのか、それとも一般的な概念や形而上学的あるいは神話的な意味形象による現実の代表にかかわるのか。——これらは生活諸方向のもっとも深い相違に属する。しかしこれらの相違はもちろん固定的ではない。むしろ人類の内的な歴史が示すのは両者のあいだのたえざる上昇と下降とである。一方においては実在の象徴化が発展するが、しかし同時に反動として象徴はたえず解消され、その本来の土台へ還元される。まったく特異な例をあげよう。性的な事物はすでに長く躾と羞恥による隠蔽のもとにあったのに、それらを示す言葉はなおまったくあからさまに使用された。この数世紀のあいだに初めて言葉も同じ予防措置のもとにおかれた。——象徴が実在の感情意義のなかへ侵入した。ところが最近はこの結合の分離が再び開始される。自然主義的な芸術傾向は、言語、それゆえたんに芸術的な目的に使用される象徴にたいし、事物そのものと同じ感覚を結びつける感覚作用の未分化性と窮屈性を指摘した。猥褻なことの叙述はまだけっして猥褻な叙述ではなく、したがって現実感覚を象徴的な世界から分離しなければならず、この象徴的な世界においてすべての芸術、さらにはまた自然主義的な芸術も運動している。厄介な対象についての会話における教養ある階層の一般的な大きな自由も、おそらくはこれとの関連において生じ、客観的で純粋な性向が前提されるばあいは、以前は禁止されてきた雑多なことを語ることが許される。——羞恥感情はまさに再びもっぱら事柄のみにむけられ、言葉は事柄のたんなる象徴として再び解放されて自由となる。このように現実と象徴とのあいだの関係は狭い領域においても広い領域においても動揺し、おそらくは次のように信じてよいであろう。——このような一般性は立証責任を引き受けることができないが、——すなわちそれぞれの文化段階（そして結局はそれぞれの国民とそれぞれの圏とそれぞれの個人）は、その関心対象の象徴的な取扱いと直接の現実的な取扱いとのあいだに特殊な比率を示すか、そうでなければまさにこの比率は全体として変わらずに持続し、この比率が表現される対象のみが変化をこうむるかのいずれかである。しかしおそらくはさらにいくらか特殊的に次のように規定できよう。すなわち象徴主義のとりわけ顕著な出現は、きわめて原始的な素朴な文化状態とともにきわめて高度に発展して複雑化した文化状態にも固有であるということ、そして客体から見れば上方へと進行する発展は、認識の領域においてはますます象徴からわれわれを解放するが、しかし実践の領域においてはそれをますますわれわれにとって必要とする。神話的な世界観の曖昧な象徴主義に比べると現代の世界観は、客体の把握におけるまったく比較できない直接性を示す。これにたいして生活諸要素の外延的および内包的な累積によってもたらされるのは、これらの生活諸要素の総括と凝縮と代表とを象徴的な形式において操作しなければならないことが、より単純で狭少な状態においてし必要であったよりもはるかに多くなる。象徴主義はより低い生活段階にあってはきわめてしばしば迂路と力の浪費であったが、より高度の生活段階にあってはまさに事物を支配する合目的性と力の節約に役立つ。ここでたとえば国際的あるいは政党政治的な意味での外交技術を考えればよい。たしかに利害対立の結末を決定するのは、現実の勢力量の関係である。しかしこの勢力量はもはや直接には、すなわち物理的な闘争においては相互に測定されず、たんなる観念によって代表される。それぞれの集合的勢力の代表者の背後には、彼の党派の現実の勢力が凝縮された潜在的な形式においてひそみ、そしてこの勢力の程度に正確に応じて代表者の発言も有効であり、彼の利益も達成されることができる。代表者自身がいわばこの勢力の象徴である。さまざまな勢力集団の代表者たちのあいだの知的な運動は、現実の闘争がたどった経過を象徴化し、敗者はあたかも現実の闘争に敗れたかのようにその結果に服従する。たとえば差し迫ったストライキの回避のための労働者と経営者とのあいだの交渉を思い出す。ここでは双方は力のそれぞれの見積にしたがって、現実に生じるストライキが要求するであろう点までは譲歩するのがつねである。〈最後の手段〉が回避されるのは、包括的な観念においてその結果が予想されることによる。現実の力のこの代表と測定とがたんなる観念によってつねに確実に可能であれば、一般にすべての闘争がなくてすむことができよう。あの空想的な提案、将来の戦争を将軍たちのあいだのチェスの試合によって決定するという提案は、チェスの試合の結果が、武器の戦闘の結果がどうであるかにはいかなる手掛かりもあたえず、それゆえ武器の戦闘を効果的には象徴化し代表することができないから、きわめて不合理である。これにたいし軍勢力と機会と指揮の知能のすべてが完全な象徴的な表現を見いだす戦闘遊戯であれば、その作成可能性の不可能な前提のもとにではあるが、いうまでもなく物理的な戦闘を不必要とすることができよう。

進歩した生活がたずさわらなければならない要素——力や実体や出来事——の充満は、包括的な象徴への生活の凝縮をせまり、人びとはいまや象徴によっても確かに、細目の完全な広がりを操作したばあいと同じ結果が生じると見積もる。こうして結果はただちにこれらの細目にも妥当し、それらには適用可能である。このことは事物の量的関係がいわば独立するにつれ、それに応じてますます可能となるにちがいない。われわれの表象作用の進歩する分化は、どれほどかの問題はなにかの問題からの一定の心理学的な分離をこうむる——このことが論理的な観点からすればいかに奇妙に思われようとも——ということをもたらす。このことは数の形成において、これこれの多くの事物からこれこれの数が抽出されて独自の概念へと独立化されることによって、まず最初にしかももっとも効果的に現れる。概念がその質的な内容からして固定すればするほど、関心はますますその量的な関係へとむかい、ついには現実のすべての質的な規定を純粋な量的な規定に還元することを、認識の理想であると言明した。量のこの分離と強調とは事物の象徴的な取扱いを容易とする。それというのも内容的にはきわめて相違する事物も、それでもまさに量的な観点においては一致できるから、ある事物の量的な関係や規定や運動は、他の事物についての量的な関係や規定や運動にとっての有効な像をあたえることができる。もっとも単純な例は、任意の客体の数的な規定をはっきりと直観させる計算券であり、あるいは期待される温度感覚の高低を度数で示す温度計である。事物からの量的なものの心理的な分離による象徴のこの可能化は、今日われわれにはもちろんきわめて自明とも思われるが、異常な結果をともなう精神的偉業である。貨幣が価値のすべての質を無視し、価値の純粋な量を数的な形式に表現するかぎり、貨幣の可能性もまたこの精神的偉業に立ちかえる。古代ロシアからの報告は、質的に規定される表現から量的に象徴的な表現へのまったく特徴的な移行を提示する。そこでは最初はテンの毛皮が交換手段として通用した。しかし取引の経過において個個の毛皮の大きさも美しさもその交換力へのすべての影響力を失い、それぞれの毛皮がまったくたんに一枚の毛皮としてのみ、しかも他のすべてと同じものとして通用した。ここから生じた毛皮の数の唯一の重要性がひき起こしたのは、取引が増大するにつれて毛皮の耳がたんに貨幣として使用され、結局は政府によって刻印されたと思われる皮の小片が交換手段として流通するまでになった。ここできわめて明らかなのは、純粋に量的な観点への還元がいかに価値の象徴化を担い、この象徴化にもとづいてはじめて貨幣がまったく純粋に実現したということである。

これにたいして最初からまったく観念的な貨幣は、すべての直接の価値物との関係の欠如——これはすべての価値物への同等の関係を含む——によってとりわけ広範な普及に適しているにもかかわらず、より高度の経済的な要求を満足させないように思われる。宝貝貨幣は千年以来アフリカの大部分に流通し、それ以前にはインド洋の諸地方に、さらには先史時代のヨーロッパに通用したが、この宝貝貨幣の著しい普及は、それがそのように純粋に観念的でなければほとんど不可能であったであろう。低い経済段階においては貨幣価値の極端な諸対立がともに存在する。一方では牛貨幣とかフィリピンで大貨幣として流通した木綿のような絶対に価値具象的な貨幣もあれば、他方では宝貝貨幣やマルコ・ポーロが中国で発見した桑の木の皮からの貨幣やタイで通用した漢字銘のある陶器片のような絶対に観念的な貨幣にも出会う。あの価値具象的な価値種類をこえて一定の機能的な発展が道をひらいたのは、天産物、しかも同時にとりわけ輸出品でもある天産物が交換手段となるところである。すなわちヴァージニアの煙草、カロライナの米、ニューファウンドランドの棒鱈、中国の茶、マサチューセッツの毛皮である。輸出品にあっては価値が、貨幣商品の国内消費に起こる直接性からいくらか心理的に押し出される。とはいえすでに挙げた抽象的な貨幣と消費貨幣とのあいだのきわめて効果的な中間を示すのは、やはり装飾貨幣、それゆえに金と銀とである。というのも装飾貨幣は抽象的な貨幣ほどには変わりやすくもなければ無意味でもなく、また消費貨幣ほどには粗野でもなければ特異でもないからである。明らかに金銀は、貨幣を同時にきわめて容易にきわめて確実に象徴化へと導く担い手である。貨幣はその能力の最大限に達するためにはこの結合の段階を通過しなければならず、そして近い将来にこの段階から完全に歩みでることはできないと思われる。

第二次的な象徴――素朴な精神状態の素朴な象徴主義と区別してこう呼ぶことのできる――が、実際活動のための事物と価値との直接の具体性にますますとって代わるとすれば、それによって生活態度にとっての知性の意義が異常に高められる。生活がもはや具体的な細かな事柄のあいだを経過することなく、抽象と平均と総括によって規定されるようになるやいなや、とりわけ人間相互の関係において抽象過程のより早くより正確な実行が著しい優位をあたえられる。未開の時代においては公共の秩序はたんに物理的な強制によってのみ樹立することができたのにたいし、今日では官僚のたんなる出現がそれには必要である。たんなる署名がわれわれを外面的にも内面的にも無条件に拘束する。繊細な人びとのあいだではかすかな暗示的な言葉や顔つきが、彼らの関係を永続的に確立するのに十分であるのに、劣った人びとのあいだでは、長い説明や実際の態度にもとづいてようやく関係が生じる。紙上の計算によってわれわれを犠牲へともたらすことができるが、関係する諸要素の現実の影響によってのみ愚か者からは犠牲が強制的に取り上げられる。――このように象徴的な事物や行為のこの意義が可能であるのは、明らかにたんに知性が著しく高まったばあいのみ、直接の細かな事柄の介入を必要としないほどに独立した精神的な能力が存在するばあいのみである。

このことを詳しく述べたのは、貨幣をまた文化のこの潮流のなかへの配列することを明らかにするためである。勢力と実体との節約という原理がますます影響力を発揮するにつれ、代表と象徴とによる操作がますます拡大するようになるが、代表や象徴はそれらが代表するものとはまったく内容的な類似性をもたない。そしてこれとまったく同じ方向にあるのが、価値物の操作が象徴において実行されるが、象徴はその領域の決定的な実在との実質的な関係をますます失い、たんなる象徴となるということである。この生活形式はたんに心的な過程の異常な増大を前提とする——たとえば正貨準備による銀行券の保証だけでさえいかに複雑な心理的な前提諸条件を必要とするか——のみではなく、心的な過程の高度化をも、すなわち主知性への文化の原理的な方向転換をも前提とする。生活が本質的に知性にもとづき、知性がわれわれの心的なエネルギーのなかでは実践的にもっとも価値ありと認められるということ、——このことは以下の考慮がなお詳細に示すように——貨幣経済の浸透と手を携えて進行するのをつねとする。そこで商業領域の内部においてもまた、とりわけ純粋な金融業務が問題となるところでは、疑いもなく知性が主権の地位を占める。知的な抽象化する能力の上昇は、貨幣がますます純粋な象徴となり、その固有価値と無関係となる時代を特徴づける。

二

それにもかかわらず固執しなければならないのは、こうしてたんに発展の方向、他のすべての価値物と並列する貨幣素材の現実の価値によって始まる発展の方向のみが規定されるということである。それゆえ論破されなければならないのは若干の接近した見解であり、これは他のすべての価値物にたいする貨幣の相違を強調し、これによって貨幣が原理的に他のすべての価値物と同じ種類の価値ではけっしてありえないことを証明しようとすることによって、貨幣実体の無価値性についてのわれわれの見解と外見上は一致する。これによってきわめてしばしば、たんに無限の接近においてのみ完成されることのできるものが、硬直と先取りの形式において確定された。われわれは貨幣の独断的な価値の拒否から、次の表象が誘惑するかもしれない貨幣の無価値という独断に陥ってはならない。きわめて有用な客体でさえ貨幣として機能するには、その有用性を放棄しなければならないかのように思われる。たとえばエチオピアでは岩塩の特別に切りとられた断片が小銭として流通するが、それらがそれでもまさに貨幣であるのは、たんに人びとがそれらを塩としては使用しないことによる。ソマリア海岸ではかっては青い綿布の断片、それぞれ二エルレの大きさの断片が貨幣として流通した。これは任意に裁断したり合成したりする布地貨幣に比べると貨幣取引きの意味では大きな進歩ではあるが、使用のこの形式がそれでも示しているのは、織物としての織物の使用を放棄するという傾向にほかならない。技術的および審美的な目的のための金と銀との可能な効用は、それらが貨幣として流通するかぎりは実現されることができない。そしてすべての貨幣種類についても同じである。貨幣素材はさまざまな作用によってわれわれの目的領域において光を放つが、貨幣としてのそれらの作用が現れるばあい、これ以外のすべての作用は沈黙しなければならない。貨幣素材は、それがその実際的、審美的、あるいは他の価値を発揮する瞬間に流通から遠ざかり、もはや貨幣ではなくなる。他のすべての価値物は相互に比較され、それらの効用量の程度によって交換され、まさにこの効用量が所有されるが、貨幣はこの系列からは完全に歩みでている。それというのも貨幣は、獲得された対価と同じ意味で使用されるやいなや、まさにもはや価値ではなくなるはずだからである。貨幣素材としての貴金属の特別な適性に寄与するのは、貴金属が他の目的のためのいかなる形成からもとくに容易に貨幣形態へと元にもどすことができるということである。しかしそれゆえにこそ貴金属は同じように所与のあらゆる瞬間に、貨幣であるかそれとも装飾品であるかの二者択一、言いかえれば貨幣として機能するかそれとも使用価値として機能するかの二者択一に直面する。外見上はまさにこれによってまたもや貨幣は、たしかに他の価値カテゴリーのなかに入れられる。それというのも私が一メートルの薪を買うとき、私はそれでもその実体をそれが私に燃料として役立つものからのみ評価し、それ以外のなお可能な他の用途によってではないからである。しかし実際には事情はまったく異なっている。貨幣の価値はその実体の価値において成立すると主張すれば、このことが意味するのは、貨幣の価値があるのは、この実体がまさに貨幣ではない側面や力のなかにあるということである。このことが含んでいると思われる矛盾が指示するのは、貨幣は必ずしも「それだけで」価値をもつ実体、すなわち他の関係において価値ある実体によって担われることを必要とはせず、まさにたんに貨幣として機能する能力のみが、そのほかには重要ではないなんらかの実体へと移されれば十分であるということである。貨幣実体の必然的な価値を根拠づけたすべての価値機能のそのような放棄が、最初からたんに貨幣であるにすぎずそれ以上のなにものでもない貨幣の可能性を正しく推論させるかどうか、——これが吟味されるべきである。

ここで問題となるのは、より多くの機能可能性をもつ客体について、それらの機能可能性のうちのたんにひとつのみが他の可能性を排除して実現されることができるというきわめて重要な現象であり、そしてまさに実現された機能可能性がその意義と価値とにおいて、他の機能可能性の引退によっていかに変容されるかの問題である。さまざまな可能性の並存へとむかって求められた洞察のためには、多様な機能の継起が最後まで他よりも生きのびた機能にいかに影響するかを明らかにするほうがよいであろう。悔悟した罪人が、これまでつまずいたことのない義人よりも道徳的な世界秩序にとってはより高い価値であるとすれば、前者の道徳的な高さがそれでもそのような評価をうけるのは、それがいま現にそこにある瞬間からではなく、——というのもまさにこの瞬間の倫理的な内容は、まさに仮定されるところでは最初からの義人の気分とは異ならないからであるが——、むしろ道徳的に異なる方向にむかっていた過去の瞬間と、この瞬間はもはや存続しないという事実とから引きだす。あるいはわれわれの活動の強い抑圧と、その方向の外面的な強制ののち、ふたたび自由と自立とが現れるや、いまやわれわれの行為には特殊な幸福感情と価値感情とが結びつき、この感情は行為の個々の内容やあるいはその結果から湧きでるのではなく、隷属の形式が排除されているということからもっぱら由来する。まったく同じ行為も、これが一連の連続した自主的な行為と結合していれば、まさにこの魅力を欠くであろう。というのもこの魅力はあの以前の生活形式のたんなる通過に由来するからである。存在しないものの存在するものにたいするそのような効果は、直接的な感情生活が抒情詩的あるいは音楽的な作品にたいしてもつ意義において、いくらか変更されてわれわれの特殊な問題に——内容上の疎遠さにもかかわらず——より接近して現れる。それというのも抒情詩や音楽がいかに強烈な主観的な内的な感動にもとづいて構成されるにせよ、芸術としてのそれらの性格が要望するのは、感動の直接性が克服されるということである。感情の素材はその衝動性とその個人的な偏狭性とその除去できない偶然性とによって、たしかに芸術作品の前提をなすが、しかし芸術作品の純粋性は感情の素材にたいする距離、それからの解放を要求する。実に芸術の真の意味は創作者にとっても鑑賞者にとっても、それがわれわれ自身と世界との関係の直接性からわれわれを引きあげることにあり、そして芸術の価値がかかっているのは、われわれがこの直接性を離脱すること、それがもやは存在しないものとして作用することである。そして芸術作品の魅力を生かすのは、それでもまさにあの原生的な感情や心のあの根源的な感動の余韻であると人がいうばあい、それによってまさに承認されるのは、芸術作品の特殊なものは、感情内容の直接的な形式と美的な形式とに共通なもののなかにあるのではなく、直接的な形式が消えるときに美的な形式が受け取る新しい調子にあるということである。そして最後に、この類型のもっとも決定的でもっとも一般的な事例であるが、これはわれわれの根本的な評価へのその深い根ざしのゆえにほとんど注目されない。すなわちわれわれにはあたかも巨大な量の生活内容は、われわれが享楽するその魅力の高さを、われわれがそのために無数の機会を他の享楽と自己確証に利用しないままにすることに負っているかのように思われる。たんに人びとのたがいに無意識なままの通過や束の間の接触ののちの別離のみではなく、さらにわれわれがもっとも貴重なものを送りあったであろう無数の人にたいする完全な疎遠さには、――たんにそれだけでそこに王者のような浪費や存在の怠慢な傲慢さがあるのみではなく、享楽しなかったことのこの固有価値からは、その彼方へわれわれが現に所有するもののうえに、高められ凝縮された新しい魅力が輝きわたる。生の無数の可能性のうちからまさにこれが現実となるということは、これに勝利の音調をあたえ、実現も享楽もされなかった豊富な生の影はその凱旋行列を形成する。人が他人にあたえるものでさえ、他人にとってのその価値をしばしば引き出すのは、彼が保留したもの、さらに他人には決定的に渡さないものからである。とりわけ地位がいくらか低い者への友情的な献身は、それがあまりにも広範でありすぎ、あまりにも控え目でなさすぎれば、彼にとっての価値を失う。受領者が、相手はまだ彼に与えないものをもっていると感じれば感じるほど、――相手が自己を、自己の一部をそもそも与えてくれることは、ますます彼には貴重となる。そして最後に、われわれ自身にとってのわれわれの行為と創造の意義においても同じである。突然のやむをえない要求によってわれわれがしばしば教えられるのは、これまではほとんど関係のなかった仕事にたいしてもわれわれが才能と能力とをもち、そのエネルギーもなんらかの偶然の必要が引きだされなければ、永久に潜在的なままであったろうということである。このことが示唆しているのは、あらゆる人間のなかには彼が発揮する能力以外のほかになお不確定の多量の他の潜勢力がねむっており、そして結局はあらゆる人間も実際になったよりも他のさまざまな人間となることができたかもしれないということである。ところで生はこれらの多くの可能性からたんにごく限られた数の可能性にしか実証を許可しないとすれば、この限られた可能性がいかに多くの可能性からの選抜を示し、それらが展開するためにはいかに多くの活動形式が未発展のままにとどまり、これらの能力量がこの可能性にひき渡されねばならなかったかを、われわれが明らかに感じれば感じるほど、この限られた可能性はますます重要であり貴重であると思われる。特定の可能性が実現されるためにこのように多くのそれだけで可能な実証が犠牲にされることによって、この特定のものは、はるかに広い範囲の生活エネルギーのいわば精髄を表現し、そして発展の拒否された生活エネルギーから意義と強調性を引き出し、精選性と集約された能力との音調をもち、この能力がその特定の可能性を、この能力によって直接にみたされたわれわれの存在の領域をこえて、この領域の全範囲の焦点と代表とにする。

まず貨幣は、価値形成のこの一般的な類型に入るであろう。たしかに正しいことであるが、貨幣素材がまさに貨幣となるためには、その素材の他の価値は機能を放棄しなければならない。とはいえ貨幣素材が貨幣としてもつ価値は、また貨幣素材を貨幣として機能させ、その素材が放棄しなければならない利用可能性によっても規定されうる。いま論じたすべての事例においてと同様に、実現された機能の感じられた価値は、この機能の積極的な内容とそのために犠牲となった他のあの機能の協力的な否定とから構成される。これらの他の機能が作用することのみではなく、それらが作用しないことが、ここでは効果的なことである。客体の価値を規定するのが、その客体のために犠牲が提供されることであるとすれば、貨幣実体そのものの価値は、この実体が貨幣であるために実体の他のすべての利用可能性が犠牲にされなければならないことにある。もちろんこの評価の仕方は両面的に作用するにちがいない。すなわち貨幣素材は貨幣としての利用の放棄によって、他の利用可能性の価値上昇を経験するにちがいない。アメリカ・インデアンの貝殻玉は貝殻によって成りたち、この貝殻は貨幣として役立つが、しかしまた装飾のための帯としても身につけられるばあい、これらの機能は明らかに純粋な相互作用のなかにある。すなわち装飾品としての貝殻の意義さえ、そのために貨幣としての直接の可能な利用が放棄されることによって、まったく確実に貴重性という特別な倍音を受けとる。人はこのすべての類型を希少価値の事例とみなすことができる。通常はこの希少価値が意味するのは、ある客体が対応する一定の欲望はその客体の所与の量のみたすことのできるよりも多くの個人に、あるいはより強い強度で存在するということにすぎない。ところでこのばあい同じ客体がみたすことのできるさまざまな欲望は、――同じ個人の内部であれ、多くの個人のあいだであれ――この客体をめぐって競争しているから、このことはそれでもまたもちろん備蓄の制限にもとづき、この制限はそれらの欲望のすべてが満足を見いだすことを許さない。たとえば穀物の取引価値は、あらゆる飢餓をただちにみたすために十分な穀物がないということにさかのぼるとすれば、貨幣素材の取引価値は、貨幣への需要のほかになおこれにむけられた他のすべての需要を満足させるに十分な貨幣材料が存在しないということにさかのぼる。それゆえわれわれがいまや知るのは、その他の利用の断念は貨幣としての金属を、他のまったく利用できない素材と同じ価値段階へ低下させるどころか、さらに可能でありながら実現されなかった利用は、金属が貨幣としてもつ価値へときわめて顕著に寄与するということである。

　次の意見もまた、貨幣素材の無価値性についてのすでに反論された意見よりもなおより直接的に、貨幣はけっして価値ではありえないということをわれわれに信じさせようとする。絶対に有力な人物が、一定の圏の内部で彼の願望のむかうすべてにたいして専制的な処分権をもつと――たとえば南太平洋の酋長たちについて、彼らにははじめからすべてが属しているから彼らは「盗むことができない」といわれるように――考えれば、そのような人物は、この圏の貨幣をまた獲得しようとする動機をまったくもたないであろう。というのも貨幣に代えてもつことのできるもののすべてを彼は、貨幣がなくとも直接に自分のものにすることができるからである。貨幣がその他の存在する価値物につけ加わる価値であれば、有力な人物の願望はこれらの価値物と同じように、貨幣にもむけられるはずである。ところがこのことがここで仮定された事例においては明らかに生じないとすれば、貨幣は実際にはたんに現実の価値物の純粋な代表にすぎず、それゆえ貨幣がなくともまさに価値物に到達できるやいなや、そのような代表は必要ではないということになると思われる。しかしこの単純な思想が前提とするのは、それが証明しようとすること、すなわち貨幣基体はその貨幣機能のほかになお有効な固有の価値をけっしてもたないということである。それというのも貨幣がそれをもつとすれば、それはまたあの有力な人物によっても欲求されるはずだからである。もちろん貨幣としてのその意義のためにではなく、その他の価値、つまり実体的な価値のためにである。これにたいして最初からこの価値が欠けていれば、その欠如はもう一度証明される必要はない。しかしこの事例はこの論理的な不十分さをこえて、たしかに貨幣の独特な価値種類を明らかにする。貨幣そのものが所有する価値を貨幣は交換手段として獲得した。それゆえ交換すべき何物もないところでは、貨幣はまたいかなる価値ももたない。それというのも保存手段と輸送手段としての貨幣の意義は、明らかに交換手段と同列に立つのではなく、むしろ交換機能の派生であり、交換機能がなければ貨幣は他のこれらの機能をけっして果たすことができないであろうが、これにたいし交換機能そのものはこれらの機能からは独立している。貨幣によって獲得できる財貨が、ある人にとってはなんらかの理由から無価値であれば、彼にとっては貨幣もほとんど価値をもたないように、また財貨を獲得するために貨幣を必要としない人にとっても貨幣はほとんど価値をもたない。要するに貨幣は、人間と人間との関係の、彼らの相互依存の、一方の欲望の満足をつねに相互に他方に依存させる相対性の、表現と手段とである。それゆえいかなる相対性も生じないところでは、――人が人間にはもはやなにも望まないからであれ、人が人間にたいして絶対的な高さにあるからであれ、――それゆえにいわば人間とはいかなる関係にもなく、――反対給付なしにあらゆる欲望を満足させるからであれ、――貨幣にはいかなる場所もない。このように見れば、貨幣の世界と具体的な価値物の世界は、スピノザにおける思惟と延長との関係と同じである。すなわち一方はけっして他方に介入できない。なぜならそれぞれがすでに独立にそれぞれの言葉で全世界を表現するからである。すなわち価値一般の総計は事物の価値の総計に貨幣の価値の総計を加えたものから成り立つのではなく、むしろ一定の価値量が存在し、これが一方では事物の形式において、他方では貨幣の形式において実現される。

貨幣が完全にこの価値に還元され、そしてそれだけで価値ある事物とのあらゆる並列関係を離脱すれば、貨幣がそれによって経済的世界において実現するのは、プラトンのイデア論の根底にあるあのきわめて注目すべき観念であろう。経験できる世界への深い不満にわれわれはそれでも拘束されるが、この不満がプラトンを動かし、時間と空間を超越した超経験的なイデアの王国を想定させ、この王国は事物の自足的な絶対的な固有の本質を内に包含している。

この王国のために地上の現実は一方ではすべての真の存在とすべての意義とを空にされたが、しかし他方ではそれでもあるものがこの王国から地上の現実へと反射した。少なくとも地上の現実は絶対者のあの光り輝く王国の青白い影としてこの王国に関与し、この迂路をへて結局はそれでもなおそれ自体には拒否される意義を獲得した。ところでこの関係は実際には価値の領域における反復あるいは確証を見いだす。たんに認識する精神の前にたつ事物の現実は、——われわれがこの研究の最初に確定したが——価値については何も知らない。事物の現実はあの冷淡な合法則性、きわめてしばしばもっとも高貴なものを破壊し、もっとも下賤なものを保護する合法則性にしたがって経過する。なぜならそれはまさに順位や利害や価値にしたがっては運動しないからである。ところでわれわれはこの自然の客観的な存在を価値のヒエラルヒーの下へおき、われわれはこの存在の内部に善悪と貴賤と価値の有無による編成を創造する。——この編成とは具体的な現実におけるあの存在そのものはまったく関連をもたないが、しかし存在がわれわれにとってもつことのできるすべての意義がその編成から生じ、われわれはその編成をその人間的な起源についての明瞭性にもかかわらず、それでもすべてのたんなる気紛れと主観的な好みのすべてとまったくの対立していると感じる。事物の価値——倫理的と幸福主義的な、宗教的と美的な——は事物のうえを浮遊し、これはプラトンのイデアが世界の上を浮遊しているのと同じである。すなわち両者は本質を異にし、もともと触れあわず、前者は独自の内的な規範によって管理された王国であるが、しかしこれはそれでも後者にその起伏と色彩とを授ける。ところで経済的な価値は、直接に感じられるあの根源的な価値からの誘導において、根源的な価値の対象が交換可能であるからには相互に秤量されることによって成立する。しかしこの領域の内部では、これがいかに構成されたにせよ、経済的な価値は個々の客体にたいして、価値一般がもつのと同じ独特の地位をしめる。この領域は世界そのものであり、この世界は具体的な客体を、客体そのもののなかにはない独自の規範にしたがって編成し配列する。事物はその経済的な価値にしたがって秩序づけられ分類されて、その自然法則的な直接の実在のばあいとはまったく異なった宇宙を構成する。ところで貨幣が実際に貨幣以外の事物の価値の表現にすぎないとすれば、貨幣と事物との関係は、プラトンがまさにまた実体的に形而上学的な実在と考えたイデアと経験的な現実との関係と同じであろう。貨幣の運動、すなわち均衡と蓄積と流出は、——諸事物の価値関係を直接に表示するであろう。価値の世界は、現実の世界のうえに見かけは無関係ながらそれでも無条件に支配的に浮遊し、貨幣においてその表示の「純粋な形式」を見いだした。そしてプラトンは現実の観察と昇華とからイデアを成立させ、それでも後には現実をまさにこのイデアのたんなる反映と解釈したが、これと同じように具体的な諸事物の経済的な関係と等級と変動とは、諸事物の独自の派生物として、すなわち諸事物の貨幣等価物にふさわしい意義の代表や影として現れる。価値のいかなる他の種類もこの点においては、経済的な価値ほどには恵まれた状態にはない。宗教的な価値が司祭や教会のうちに、倫理的・社会的な価値が管理者や国家権力の具体的な制度のなかに、認識価値が論理の規範のなかに具体化されるばあい、これらの価値のいずれもが貨幣ほどには、価値ある具体的な対象や事象から離れず、もはや価値のまったく抽象的な担い手でもなく、さらにそれどころか問題となっている価値領域の全体は、ほとんどどこにも、そのように忠実な反映においては現れない。

経済的な価値の純粋な象徴というこの性格は理想であり、貨幣の発展はそれにむかって努力するが、完全にはそれに到達することはできない。貨幣はもともと——これは無条件に固執されなければならない——他のすべての価値客体と同列に並び、貨幣の具体的な実体価値は他の価値客体と比較秤量された。交換手段と価値尺度への要求が上昇するにつれ、貨幣はますます価値方程式の一項からこの方程式の表現となり、そしてそのかぎりその基体の価値にますます左右されなくなる。にもかかわらず貨幣は実体的な価値の残滓をぬぐいさることができず、しかも、もともとこのことは、経済の本質から生じる内的な理由からではなく、経済的な技術の一定の不完全さによる。そのひとつは交換手段としての貨幣にかかわる。貨幣の固有価値のたんに象徴的な意義による代理は、われわれがすでに見たように以下のようなことから生じる。すなわち個々の商品とその瞬間に経済的に作用する商品総量との比率が、特定の変容のもとに一定貨幣量とその瞬間に経済的に作用する貨幣総量との比率に等しいということ、現実の取引を規定する実際の利害関心はこれらの分数の分母ではなく、変化する分子にむけられるから、分母はたんに実際には作用しながら意識されないということ、さらにそのためにこの取引においては商品と貨幣額とのあいだの直接の方程式が生じていると思われるが、この方程式はもちろん客体と貨幣の実体価値とのあいだの最初の方程式とはまったく異なった基礎に立つが、この後者も次第に前者へ移行するということである。この発展そのものが承認されても、問題の価値総量から成り立つ要素はいずれにせよきわめて変動する限界のあいだにあり、これらの要素が作用して本能的に得られた概算は、つねにきわめて不正確なものでしかありえない。おそらくはこのことが、商品と貨幣とのあいだの直接の価値方程式が完全には放棄されることのできない理由である。貨幣のなかに潜んでいる固有の実質的な価値の断片も、われわれの認識があの比率の正確な規定には十分でないから、われわれの必要とする拠り所と補足とであるが、正確に規定されたばあいはもちろん、測定されるものと測定するものとのあいだの本質的同等性、すなわち貨幣の固有価値は余計となろう。しかし経済行為を可能にするこの比率が正確性をもつことができないということが感じられ、経済行為の実際において示されるかぎり、測定はなお価値尺度と価値そのものとの一定の質的な同一性を必要とする。これに対応する事例を貴金属の美的な利用から明らかにすることは、おそらくは興味のないことでもないであろう。一八五一年のロンドンの博覧会について消息通は、イギリスとインドの金銀細工の相違について次のように報告している。すなわちイギリスの金銀細工にあっては職人は、できるだけ多くの金属をできるだけ小さな形成に押し込もうと努力したように思われるが、しかしインドの細工のばあいは「できるだけ僅かな金属量に完璧に精巧な労苦の最大の量をほどこすために、琺瑯や象眼や穿孔などが利用される」。にもかかわらず形式が表現される僅かな金属がまさにそれでも貴金属であるということは、インドの細工の美的な意義にとってもたしかにどうでもよいことではない。このばあいもまた形式、すなわち実体部分の相互のたんなる関係は、実体とその固有価値を支配している。しかしこのことがまたさらにおし進められ、金属量がたんになお消え去りそうな価値しかもたないとしても、対象が最高度に装飾されて美的に喜ばれるためには、この最小限はつねになお貴重な素材でなければならない。その本来の実質価値はここではもちろん問題とはならず、むしろたんに問題となるのは、もっとも貴重な素材のみが一般には諸部分の完全な形式的な関係の適切な担い手であるということであるにすぎない。

ともかく明らかなことではあるが、十分には確定されないたんなる関係にたいする補足と固定の原理への貨幣における実体価値のあの還元は、経済人そのものの意識のまったくの下方に生じる過程のたんなる解釈にすぎない。経済的な相互作用はまさに一般的に、きわめて驚くべき合目的性において、無数の要素のきわめて巧妙に組織された協力関係のなかで経過するから、人が人間の類的生活の無意識的な合目的性にたち返ろうとしなければ、展望しつつ超個人的な英知によって統率する精神を、この相互作用の指導者として想定しなければならないであろう。個人の意識された意欲と予見が経済的な機構を、それがその恐るべき不調和と不完全さにもかかわらず示している調和のうちに保持するには十分ではないであろう。むしろ想定されなければならないのは、経済の歴史的な過程において蓄積されてこの過程を規制している無意識的な経験と予測である。とはいえ忘れてならないのは、無意識的な観念はけっして十分な説明ではなく、もともと誤謬推理にもとづく補助的表現にすぎないということである。一定の行動や思想はわれわれのなかに、一定の観念や推理系列などを基盤として生じる。ところがこれらの行動や思想がこれらの先行するものなしにわれわれのなかに生じるやいなや、われわれが推論するのは、まさにこれらの先行するものがたんに無意識の形式において、ともかくもそこにあったということである。しかしこのことは疑いもなく論理的には不当である。われわれがこのばあい基礎づける観念をまったく意識しなかったというたんに否定的な事実を、われわれはこっそりと、無意識的な考えが存在するという肯定的な事実へ逆転させる。実際われわれは、基礎づける意識過程なしに心的な結果を示すそのような経過について、詳しいことはなにも知らず、無意識的な観念や経験や推理はたんに、それらの過程があたかも意識的な動機や理念に起因するかのようになり行くということにとっての表現にすぎない。しかし説明衝動にさしあたり残されているのは、これらの無意識的な観念や経験や推理を探究し、そしてそれらが現実の過程のたんなる象徴にすぎないとしても、それらを――無意識的に――作用する原因として取り扱うことだけである。知識の現在の状態では、価値形成とその固定化とその変動とを意識的な理性の規範と形式にしたがった無意識的な経過として解釈することは、不可避であり、それゆえ正当である。

貨幣がその象徴的性格へまったく解消させられない第二の理由は、むしろ取引の要素としての貨幣の意義にある。貨幣の交換機能は抽象的に考察すれば、たんなる記号貨幣によってもみたされることができるにせよ、やはり人間のいかなる力もこの記号貨幣を、ありそうな濫用にたいして十分な保証をめぐらすことはできないであろう。あらゆる貨幣の交換機能と測定機能も明らかに貨幣の量の一定の限界、よくいわれる貨幣の「希少性」に結びついている。すなわち商品と貨幣との個別量と総体量とのあいだのあの比率が妥当すれば、この比率は貨幣のあらゆる任意の増加にさいしても変化せず、しかも価格形成にとって同じ意義をもってさらに存続することができるように思われる。そのばあい貨幣分数は、分母の増大のばあいにのみまた分子の比例した増大を示すが、その価値は変わりはしない。とはいえ貨幣増加がきわめて著しいばあい、実際には変化のこの比率は生じない。むしろ現実においては貨幣分数の分母はきわめて増大するのに、分子はすべての取引関係が新しい基礎に適応するまでは、さしあたりそのままにとどまる。それゆえ価格は、分子の絶対的な大きさから成り立ち、さしあたっては変化しない。ところが価格は相対的にははるかに小さくなっている。すなわち貨幣分子ははるかに小さくなっているのである。したがって新しい貨幣量の所有者、それゆえさしあたりは政府は、すべての商品売手にたいしてきわめて有利な立場に立つが、それからやがて不可避的に取引のまったく厄介な混乱という反動が現れるにちがいなく、しかもとりわけ政府そのものの収入が、価値を低めた貨幣で入金する瞬間からである。もちろん貨幣分数の分子――商品の価格――は、政府の過剰な貨幣備蓄がおもに支出されたときに、はじめてこれに比例して上昇する。それゆえ政府はその必需品の高まった価格に、沈下した貨幣備蓄でふたたび直面する。この状況にあっては貨幣の新しい発行によって対処するという誘惑は、たいていは抵抗しがたく、この賭けは改めて始められる。私はこのことを、数多くのしばしば取り扱われる恣意的な紙幣発行の失敗の典型としてのみとりあげた。しかしこのような発行は、増加に制限のある実体との貨幣の硬い結合が存在しなくなるやいなや、誘惑的にすぐ浮かびあがる。さらに外面的には反対の現象さえこのことをより決定的に示している。十六世紀にフランスの政治家は、将来はもはや銀を貨幣として使用すべきではなく、鋳貨を鉄から鋳造すべきであると提案した。――しかもアメリカから銀の大量輸入がこの金属からその希少性をうばったという観点からである。人が銀の代わりに、もっぱら国家の刻印一般によってのみ価値を保存する金属を受け取れば、ここには貨幣量の必要な制限へのより大きな保障はあろうが、しかし他方で銀の所有者がすべてそれによってただちに貨幣をもてば、貨幣の量へのすべての制限がなくなる。したがってこの注目すべき提案が示しているのは、貴金属は貴金属として適切な貨幣素材であるのではなく、むしろそれが貨幣製造にたいして不可欠の限界をおくかぎりにおいてであり、したがって貴金属がこれをするのをやめれば、なにか他の基体が、その制限可能性により大きな人びとの信頼を集めて、それに代わらなければならないということ、これについてのきわめて明確な感情である。――そもそも貴金属に流通手段としての優位を得させるのは、たんに貴金属の一定の機能的な性質のみであり、そしてこの性質がなんらかの理由によって貴金属から一度失われれば、この点においてより優れた性質をもつ他の流通手段がこれに代わる。たしかにジェノヴァにおいては一六七三年に、流入した鋳貨の劣悪な品質と数えきれない多様性は、取引を為替と振替に基礎づけさせた。さて今日われわれが確かに知るところであるが、たんに貴金属のみが、あるいはむしろ金のみが必要な性質にとっての、とりわけ数量制限にとっての保障をあたえ、そして紙幣は恣意的な増発による濫用の危険をたんに金属価値とのまったく確かな一定の結合によってのみ免れ、この結合は法律もしくは経済そのものによって確定されている。この数量制限の合目的性がいかに有効であるか——したがってそれが第一次的な個人的な効用をさえまったく支配できた——を示すのは、たとえば次の現象である。アメリカ合衆国における南北戦争のあいだ、西部の諸州においては紙幣——グリーン・バックス紙幣——は実際には流通から排除されていた。それは法律上は支払手段であったにもかかわらず、だれも金で受け取った貸付金をあえてこの紙幣で返済しようとはしなかった。していれば一五〇パーセントの利益を得たであろう。さらに十八世紀のはじめにフランス政府が巨額の財政難のさいに発行した国債についても同じように経過した。政府は法律によって、いかなる支払いも四分の一まではこの国債によってなされてよいと規定したにもかかわらず、この国債はそれでもきわめて急速にその額面価値のまったく僅かな端数へと下落した。これらの事例が示しているのは、取引の法規そのものがいかに金属貨幣の意義を保持するかである。しかもこの取引の法規は、けっしてたんにすでにあげた実例の類型にしたがってのみできるのではない。大英銀行が一七九六年から一八一九年にかけて銀行券の兌換を停止したとき、結局はその銀行券の金にたいする減価はたんに三から五パーセントにしかならなかった。しかし商品価格はそのため二〇から五〇パーセントも上昇した。そして強制公定相場がもっぱら紙幣と小銭を流通させるばあい、きわめて重大な損害が避けられるのも、プレミアムが比較的長い期間にわたってつねに最小の変動しか示さないということによってのみである。他方でこのことはまさに紙幣発行の正確な制限によってのみ可能である。しかしこの不可欠な規制的な意義を金がもち、そして以前は銀もまたもっていたのは、それらが交換を媒介する諸対象とのそれの価値同等性のためではなく、それらの相対的な希少性のためであり、これが市場の貨幣による氾濫を阻止し、それとともに商品と一定の貨幣量との等価が基礎とする比例の絶え間のない破壊を阻止する。しかもこの比例の破壊は二つの側面から生じる。過度の貨幣増加は民衆のなかに悲観主義と疑念とを生み、そのため人びとはそのかぎりできるだけ貨幣なしですませ、現物交換あるいは債務証券に復帰しようとする。このことが貨幣への需要を減少させるから、流通している貨幣にとっては、まさに需要されている価値は低下する。ところで貨幣を発行する機関はこの価値減少をますます貨幣を増加させることによって阻止しようとするから、供給と需要とはますます間隙を拡大し、すでに示した反作用の〈悪循環〉はそのような貨幣の価値をますますひどく沈下させる。貨幣基体への国家の刻印によってつくられた評価への不信——純粋な金属価値への信頼にたいして——もまた、ローマ共和国の後期においては鋳貨はもともと小取引においてのみ流通し、これにたいして大取引は主として貨幣を重さにしたがって使用したという形式をとることもできる。たんにこのように大取引は、政治的な危機や党派利害や政府の影響にたいして保護されていると信じられていた。

以上からすればたしかに思われるのは、無制限な貨幣増加の有害さはもともと貨幣増加そのものにではなく、むしろたんにその配分の仕方にのみ帰せられるかのようであるということである。たんに無から創造された貨幣がさしあたりはひとつの手のなかにあり、ここから一様ではなく合目的でもない仕方でひろがるからこそ、あの動揺や異常景気や停滞も生じる。これらは、貨幣量が均等にかあるいは一定の正義原則にしたがって分配される方式が発見されれば、避けられるように思われる。こうして主張されるのは、突然すべてのイギリス人が彼らのポケットのなかの貨幣が二倍になっているのを見いだせば、これによってたしかにすべての価格のそれに対応した上昇が現れるが、しかしこのことはだれにも利益をもたらさないであろう。完全な相違は、人びとがポンドやシリングやペンスをより高い数字で計算しなければならないということであろう。これによって記号貨幣にたいする異議がなくなるのみではなく、さらに今や貨幣増加の利益が、より多くの貨幣はまたより多くの取引と快適と勢力と文化を意味するという経験的な事実に基づいて生じるであろう。

ところで、まったく実現不可能な前提に基づくこの構成のそれそのもののための論議がいかにほとんど報いるところがないにせよ、それでもそれは、貨幣の実体価値の漸次的な解消はけっしてその目的点には完全には到達できないということを生ぜしめた現実の状態の理解へと導く。——われわれはあの理想的な状態を与えられたと仮定し、そこでは貨幣の増加は実際に各個人の所有物の均等な上昇をひき起こしたとすれば、すべての価格が一様に高くなるから、すべてが元のままであるという推論と、——すべての取引の活気化と上昇は貨幣の増加に帰せられるという他の推論とは矛盾する。それというのも次の考えはたしかに人をそそのかすからである。個人の相互の関係、すなわち上位者と下位者とのあいだの各人の社会的な地位はこのばあい変わらないままであろうが、これにたいして客観的な文化財はより活発なより集中的なより広範な仕方で生産され、こうして結局のところ個人の生活内容と生活享楽とは絶対的にみれば社会的な総体水準とともに上昇したであろうが、たんに他者との関係のみによって規定される貧富の関係はなんら変わりはしない。現代の貨幣経済的な文化はすでに今では、かつては富者でさえ無しですまさなければならなかった一連の財――公的な施設と教育機会と娯楽手段など――を、貧者にも手に入れさせたが、それによって両者の相対的な地位が貧者に有利に推移してはいない。こう人は指摘することができよう。この可能性、すなわち比例的に分配された貨幣増加は絶対的に見れば客観的な文化を、それゆえまた個別の生活の文化内容をもまた増加させたが、他方では個人の相互の関係は変わらないままであるという可能性は、――それだけでたしかに論議に値する。しかし正確に見れば右の客観的な結果が実現されるのは、やはりもっぱら貨幣増加が――少なくとも最初は――不均等な分配によって作用することによる。貨幣はあくまでも社会学的な形象であり、個人への限定においてはまったく無意味な形象であるから、たんに個人の相互の関係の変化としてのみ所与の状態にたいしてなんらかの変化を生じさせることができる。貨幣過剰に従う取引の上昇する活発さと強烈さは、貨幣の過剰とともにより多くの貨幣にたいする個人の渇望が高められるということに遡る。他者の貨幣をできるだけ多く自己のポケットに導入したいという願望は、たしかに慢性的なものではあるが、しかしそれが明らかに十分に緊急となって個人を特別な気力緊張と精励へ導くのは、彼が他者にくらべての彼のより劣った所有をとりわけ鋭くしかも切実に意識したばあいのみのことである。このような意味で〈事業とは他者の金〉と言われる。貨幣量の増加は人間の相互の関係と商品価格の相互の関係をまったく変化させないという右の理論の前提が実現すれば、労働エネルギーへのそのような刺激は生じないであろう。貨幣量のあの魔術めいた倍増もまた、これが財産の現在の相違にぶつからなければ、関係のいかなる変化ももたらさないであろう。それというのも、たとえば三つの収入、一千マルク、一万マルク、十万マルクの倍増は、それぞれの所有者の以前の状態にたいする関係をもまたきわめて著しく変化させるからである。なぜなら後の増加した一千マルクなどによってはたんに、最初の一千マルクなどによって調達される事物の二倍だけも購入されないからである。むしろ第一の側はたとえばたんに食事の改善のみに、第二の側は美的な文化の洗練に、第三の側は大きな冒険的投機にかかわる。絶対的な平等が先行するという前提のもとではたしかに、主観的な水準は変わらないままであろうが、しかし客観的な水準もまたそうであろう。――ところが他のばあいは後者の客観的な水準が予想できない仕方で変化し、そしていずれにせよあの称賛される飛躍を示すであろうが、これは個人の財産の相違が以前よりもより明確に存在し、あるいは感じられるばあいのみのことである。

しかしわれわれの目標になおいっそう近づくのは、あの理論の実際的な側面と結びついた熟慮である。すなわちすべての貨幣所有の倍増は、それとともに直ちにすべての商品価格にとってもまた一様の倍増が現れるから、すべてを変えないままにしておくということである。とはいえこの基礎づけは誤っており、貨幣の深く本質にねざした独特の規定を、つまり貨幣の相対的な弾力性欠如と呼ぶことのできる規定を見のがしている。この規定が成り立つのは、経済圏の内部において分配された新しい貨幣量が、これまで存在していた比率にしたがって諸価値を高めるのではなく、それらのあいだに新しい価格関係を創造し、しかもここでは個人的な利害関係者の勢力がこの推移を生ぜしめることはないということにおいてである。むしろこの規定は、商品の貨幣価値はその相対性と商品との内的な無関連性にもかかわらず、それでもより長く存続するあいだに一定の固定性を獲得し、これによって客観的に適切な等価物として現れるという事実の結果に基づく。ある対象の価格が長い期間にわたって一定の変動の内部において一定の平均水準を維持したばあい、この価格は貨幣価値の変動を理由としては、なんらかの抵抗をすることもなくこの高さを放棄しないのがつねである。対象とその価格とのあいだの連想作用――概念上も利害上も――は心理的にきわめて固定されるから、売手はその価格の下落を、買手はその価格の上昇を容易には認めようとはしない。寒暖計は自動調整的な機構によってそれぞれの気温に応じて上昇あるいは下降するが、原因と結果とのあいだの比例の正確性は一方の運動に他方の運動よりもより対抗する抵抗の相違により乱されはしないが、貨幣価値と商品価値とのあいだの均衡が現実にこれと同じ機構によって生じれば、売手が価格の下落を、買手が価格の上昇を認めることも自明となろう。また人間は突然少し前よりも二倍の貨幣をポケットにもてば、彼はいまやそれぞれの商品に突然以前の二倍を消費する気にはならない。おそらく彼は、この新しい所有に有頂天となってその所有の意義をやむなく新しい尺度によってではなく、以前から慣れていた尺度によって評価し、価格をまったく問題にしないであろう。とはいえ現在の適切な価格の超過が、背後への残留と同じように示しているのは、少なくとも価格過多の初期においては価格の比例的な調整は問題とはなることができず、むしろ商品と習慣となった価格幅とのあいだの固定化した連想はつねにこの調整に偏向的に介入するということである。さらに商品への需要は、経済人のすべてに一様におこるにせよ、彼らの貨幣所有の減少あるいは増加においてきわめて異なるであろう。たとえば貨幣所有が減少するばあいにおいては、これまで一様にかなり販売されていた客体はなお価格の半額で、一定の程度の範囲や過多にまで売れるであろうが、しかしこの限界の彼方では、もはや買手をまったく見いださないであろう。他方、全般的な貨幣増加のばあいには、広範な大衆にとっての彼らのこれまでの願望の目標であった財貨、それゆえに彼らのこれまでの生活水準のすぐ上にあった財貨への激しい需要が生じるであろうが、もっとも基本的な欲望——その消費量は生理的に限られている——についても、さらにもっとも繊細でもっとも高い欲望——つねに小さなごく緩慢にしか増加しない圏にしか意義をもたない——についても、需要は著しくは上昇しないであろう。それゆえ価格騰貴はあの中級の財貨には極端な仕方で、価格が相対的に変わらない他の財貨を犠牲にして生じ、貨幣の流れのすべての価格への比例的な配分は問題ともなることができない。原理的に表現すれば、現存の貨幣の絶対的な量の無影響性についての学説は、価格の相対性をよりどころとし、それゆえに誤っている。というのもこの相対性は、実際の価格形成においては完全には存在せず、むしろ一定の商品の価格の心理的な固定化と絶対化によってたえず破られるからである。

　ところで外的な制限によっては限定されない貨幣増加の無害性にたいするこの疑惑に、おそらく人は反論して、この疑惑はそれでも価格水準のそれぞれ二つの順応、つまり増加の前と後との順応のあいだの過渡期にのみあてはまるにすぎないとする。この疑惑の前提はまさしく、すべての過程は商品と貨幣との量的関係にしたがって規定された価格の比例性から出発するということである。しかしまさにこの比例性はやはり他の水準においても形成できるにちがいなく、こうして以前に比例性に先行した変動がかって除去されたのとまったく同じように、後に成立した変動もまた除去されることができる。この疑惑はたんに状態の変化にのみ妥当するにすぎず、変化した状態には妥当せず、過渡期の不調整と動揺と困難とを変化した状態のせいとされてはならない。流通手段の量がどれほどであれ、そこに結局は完全な順応が生じないこと、すなわちそこに商品の貨幣価格がその商品の価値と問題となる商品総量とのあいだの比率を正しく表現できないことは、たしかにまったく考えられない。したがって貨幣の任意な増加もこの比率を持続的には撹乱することはありえないであろう。――これはまったく正しい。とはいえこれはそれでもやはり、貨幣増加の内的なすべての制限の除去が人間的な状況の不完全性の内部で可能であることを証明してはいない。というのも人間的な状況の不完全性こそはまさしく、認められた動揺と困難とをともなうあの過渡的状態を実は永続状態にあると説明するであろうし、原理的にはたしかに貨幣のいかなる量にも到達可能な順応性をけっして到達させないだろうからである。

これらの論議は次のように総括できるであろう。すなわち貨幣は、それがたんなる貨幣ではないばあい、すなわちたんに事物の価値側面を純粋な抽象において表示しないばあい、その職務をもっともよくはたす。それというのも貴金属が装飾や技術的な目的のために使用できるということは、なるほどまた重要ではあるが、しかしそれでも第一次的な事実としては、それが貨幣の職務によって重要であるという第二次的な事実からは――あくまでも概念的には区別されなければならないからである。ところが貨幣はその価値存在においてその最初の唯一の規定をもつ。しかしこの概念的に要求されていることの実現こそ、貨幣機能の純粋な記号貨幣への移行、貨幣量を制限するすべての実体価値からの貨幣機能の完全な分離こそは、技術的には実行できない。――ところがそれでも発展の進歩は、あたかもこの点に終わるべきであるかのように進行する。このことはけっして矛盾ではなく、むしろ数知れないほどの多数の発展が同じ図式にしたがって進行する。すなわちそれらは一定の目標点へと接近し、この目標点によってはっきりとその方向を規定されるが、――しかしこの目標点への実際の到達のさいに、それへの努力によって維持された特質は失われるであろう。すぐれて貨幣経済的な現象がまずはこのことを明らかにするが、この現象は同時に個人的な事情において、無制限の貨幣増加の結果にとっての類比を提供する。ますます多くの貨幣を得たいとする個人の努力は、きわめて大きな社会・経済的な意義をもつ。取引所商人はできるだけ多くの利得をおさめようと努めることによって、彼は取引に活気をあたえ、供給と需要とを相互に一致させ、普通であれば実らない多くの価値を経済的な循環へ引き入れる。とはいえきわめて高額の取引所得の実現が達成されるのは、たいていはたんに相場が過度に変動し純粋に投機的な要素が優位をしめるばあいのみのことである。しかしこのことによって、やはり最終審の社会的な関心が基づく商品の生産と消費は、一部は異常発達的に刺激され、一部はなおざりにされ、いずれにせよ固有の内的な条件と現実の需要に対応する発展からは押しのけられる。それゆえここには貨幣のまったく独特な本質があり、かっては個人的な利益と社会的な利益が一定の点までは提携したのち、この本質に基づいて社会的な利益からの個人的な利益の分離が構成される。事物の価値が事物そのものから分離し、固有存在を特殊な基体において獲得したことによってのみ、この基体は利益と運動と規範をそれだけで形成することができるが、これらは時にはそれによって象徴される客体の利益と運動と規範とはまったく対立的に振る舞う。貨幣と結びつく私経済的な努力は、それがいわばたんなる努力にとどまるかぎりは、結局は財貨の生産と消費に結びついて社会・経済的な努力を促進することができる。——ところがその目的の最終的な達成は、社会的な目的の達成を妨げるかもしれない。——この類型がもっとも頻繁にしかももっとも決定的に実現されるのは、感情の衝動が絶対的な目標を追求しながら、すべての望まれた満足がたんに目標への相対的な接近にのみ結びついていることをはっきりとは知らず、目標の徹底的な達成がおそらくはその反対にさえ転化するばあいである。思い出されるのは恋愛であり、恋愛はもっとも親密で永続的な結合への願望によってその内容と色彩を受け取るが、それが到達されるやあまりにもしばしばこれらの双方が失われる。政治的な理想も同じであり、それはすべての世代の生活に力と精神的・倫理的な高揚とをあたえるが、これらの運動によるそれらの実現の後は、まったく理想的な状態どころか、かえって硬化と俗物根性と実利的な物質主義の状態をひきおこす。さらに生活の平穏と無事への憧憬であり、それは生活の労苦と労働とに目標をあたえるが、まさにこれが達せられるや、しばしば内的な空虚と失望へと消えさる。実に幸福感でさえ、われわれの努力の絶対的な目標ではあるにせよ、実際に永遠の浄福として実現されれば、たんなる倦怠とならねばならないことは、すでに陳腐となっている。それゆえわれわれの意志は、あたかもこの状態に達すべきかのようにのみ経過するが、この状態が達せられるとかえってこれを否認し、そして過ぎ去ったその反対の苦悩の追加にして、はじめてこの状態に意味を維持させることができる。この発展類型はより詳細には次のように記述できる。生の一定の要素の、おそらくはすべての要素の合目的的な活動は、これらの要素とならんでこれらとは反対の方向に向かう要素が存在することに依存すると。それぞれの要素とその反対の要素とがうまく協力する比率は、もちろん可変的なものであり、しかも時には一方の要素がたえず増加すれば他方の要素がたえず減少するという意味においてであり、したがって発展の方向は、あたかも一方の要素の他方の要素による完全な駆逐を目指すかのような方向である。とはいえこのことが生じて第二の要素のすべての付加がまったく消滅した瞬間には、第一の要素の活動と意義もまた麻痺するであろう。このことが現れるのは、あるいは個人主義的な社会傾向と社会主義的な社会傾向との対立においてである。たとえば社会主義的な傾向が状態の発展を支配する歴史的な時期があり、そこではさらにその社会傾向がたんに現実においてのみではなく、さらにまた理想的な性向の結果としても、そして完全性に接近した進歩的な社会制度の表現としても支配している。ところがそのような時代の政党政治が、いかなる進歩もいまや社会主義的な要素の増加に基づくから、この要素の完全な支配がもっとも進歩した理想的な状態であると結論すれば、――この政党政治が見落としていることは、社会主義的な傾向の対策のあのすべての成果が結びついているのは、この対策がともかくなお個人主義的な経済秩序のなかに持ち込まれているということである。社会主義的な対策の相対的な増加によって条件づけられたすべての進歩は、この対策の絶対的な貫徹がさらなる進歩を示すという結論をまったく許さない。個人主義の上昇している時代においても事態はまったくこれに対応する。個人主義によって導かれた対策の意義が結びついているのは、中央集権的で社会主義的な性格の制度がなおつねにそこに存在し、これらの制度はなるほどますます抑圧されるかもしれないが、しかしそれらの完全な消滅はまた、この対策も予期しなかった結果へ、従来のそれとはきわめて異なった結果へ導くであろうということである。類似の事情にあるのが芸術の発展における自然主義的な努力と様式主義的な努力である。芸術発展の所与のいかなる時期も、現実のたんなる模写と現実の主観的な改造との混合である。ところで現実主義の立場からすれば、芸術は客観的な要素のたえざる増大によってますます完全に発展する。とはいえ客観的な要素が芸術作品の唯一の内容をなすやいなや、これまでますます高まっていた芸術への関心も突如として無関心に転化するであろう。なぜなら芸術作品はこのばあい現実とはもはや区別されず、その特殊存在の意義を失うだろうからである。他方において一般化的で理想主義的な契機の増加はしばらくのあいだは芸術を洗練するにせよ、ある点に到達すれば、あの理想化的な運動はまさにますます純粋で完全な形式において現実を表現すべきであるのに、ここではすべての個人的な偶然性の排除が芸術から、現実との関係をまったく奪い去るにちがいない。要するに、一連のもっとも重要な発展は次の図式にしたがって実現する。すなわちひとつの要素のますます増大する優位は一定の成果をますます増大させはするが、しかしこの要素の絶対的な支配と対抗的な要素の完全な排除は、この成果をその絶対的な高さへまでは高めず、逆にこの成果からこれまで保持した性格までを奪い去る。——貨幣の実体的な実質価値とそのたんなる機能的および象徴的な本質とのあいだの関係は、このような類比にしたがって展開するであろう。後者はますます前者にとって代わるにしても、それでも前者はなおなんらかの程度においてつねに存在しなければならない。なぜならこの発展の絶対的な完成においては、貨幣の機能的および象徴的な性格もまたその拠り所とその合目的的な意義を失うだろうからである。

しかしこれによって問題となるのは、内面的に異なった諸発展の形式的な類比のみではなく、この外面的な同等性において実現するより深い生の意味の統一性でもある。生は多数の諸要素と諸傾向との相互浸透と相互融合として見いだされ、われわれはあらゆる領域とあらゆる時期におけるわれわれの行動を統一的で一面的な原理によって絶対的に統御させることによってのみ、それらの多数の諸要素と諸傾向とに実践的に対処しているように思われる。しかしこの途上においてあの多様な現実はくりかえしわれわれを出迎え、われわれの主体的な努力を、これに対立するすべての諸要因に織り合わせて、経験的な生存とし、この生存のなかにおいてそもそも理想もはじめて現実の状態へと入ることができる。このことはけっして経験的な生存の否認を意味するのではなく、むしろ生はその諸要素としてのそのような絶対的な努力へ調整される。これは物理的な世界が運動へと調整されるのと同じであり、この運動は妨げられずに放置されれば思いもよらぬところへ導かれるが、しかし阻止的な反作用と衝突すると、まさに合理的な自然生起を生みだす。そしてわれわれの意欲が、ある方向を無限に追跡し、変更と反転とによってはじめていわば現実の集積状態に到達するようにして、実際の世界が成立すれば、ここでもまた実際的な構成が理論的な構成に先立って形成される。われわれはまた幾度ともなく事物についての概念を次のように構成する。すなわち経験は概念をこの純粋性と絶対性とにおいてはけっして示さず、むしろ反対方向の概念による緩和と制限とがこれに経験的な形式をあたえることができるというようにしてである。しかしそれゆえにこれらの概念は排斥されるべきではなく、むしろまさに概念と原理とについての誇張的で修正的なこの独特の処理によって、われわれの認識にふさわしい世界像が成立する。

われわれの心は、直接には近づけない事物の統一性にたいし、いわば遅ればせに模写しつつ関係するが、そのばあいの公式は、実践的なものにおいても理論的なものにおいても、まずはひどすぎ、高すぎ、純粋すぎるがあり、これには抑制的な対立物が現実と真理との整合と範囲をもたらす。こうして事物の相互に測定される価値のたんなる表現、いかなる実質価値とも無縁な表現としての貨幣の純粋な概念は、——歴史的な現実はつねにたんに貨幣の実質価値という反対の概念によってこの純粋な概念の縮小としてのみあらわれるとしても、完全に正当化され続ける。われわれの知性はたんに実在の程度をあくまでも純粋な概念の限定としてのみ把握し、理解することができ、この純粋な概念はたとえ現実からいかに隔たっているにせよ、それが現実の解明にはたす職務によって正当化される。

三

いまやここで問題となるのは、原理的に構成されたものの歴史的な形成である。貨幣の本質と意義が現れるのは、その大きな文化哲学的な関連からすれば、貨幣をその純粋な概念へと導いて一定の実体への拘束から解放する運動においてである。——とはいえこの道は貨幣に方向をあたえる目標へは到達できない。これによってはじめて貨幣は、いかなる領域においえもまたいかなる意味においても、実体的なものを自由に浮動する過程へ解消しようとする普遍的な発展へ参加する。しかも貨幣はこの参加をありとあらゆる形式において獲得する。すなわち一方ではあの包括的な発展の構成要素として、他方では具体的な価値物へのその独特な関係によってこの発展の象徴としてである。さらに一方ではあの発展によって規制された文化潮流の結果として、他方ではこの潮流の自発的な原因としてである。この関連がここでわれわれに関心をいだかせるのは、それが人間の共同生活の状況と必要との結果として貨幣の形成を生じさせる方向にあるからである。それゆえ問題となるのは完成されることのない道程であるというあの限定をはっきり心に留めて、いまや貨幣の機能的意義と、貨幣の実体的意義の隠蔽への機能的意義の上昇とを取り扱う。

究極の根底から見れは貨幣概念の右に示した解消は、そう思われるほどには根本的ではない。それというのも正確に考えると貨幣の実体価値でさえ機能価値にほかならないからである。いかに貴金属がたんなる実体としてのみ尊重されるにせよ、それが尊重されるのはそれでもたとえばたんにそれが身を飾り、人を目立たせ、技術的に利用でき、美的な喜びをあたえるなど、――それゆえそれが一定の機能を果たすからである。貴金属の価値はけっして自立したその存在のうちではなく、つねにたんにそれが果たすもののなかにのみ成立する。すなわち貴金属の実体はすべての実際的な事物の実体と同じように、それが果たすものを無視して純粋に実体としては、世界のうちのもっともどうでもよいものである。多くの客体について言うことができるが、それらは価値があるのではなく、価値あるものになる。――それというのも客体はそのためにはたえず自己から外へ、そして他の客体との相互作用に入らなければならないからである。価値感情はたんに客体の作用にのみ結びつく。それというのも美的な気分が貴金属にあの客観的な価値をおわせるとしても、この客観的な価値のたんなる現存によって、すべての承認と享楽との彼方において、世界そのものはより価値ありより意義あるようになるにしても、――貴金属はそれでもこの価値をもって経済のなかへけっして入るのではないからである。ここではむしろすべての価値は貴金属の性能にとりつけられ続け、貴金属が貨幣としてのその性能とは原理的に区別される実体価値をもっというのは、真の事態を覆い隠すたんに恣意的な表現法にすぎない。それというのも金属のあの実体価値も同様に機能価値であり、たんに貨幣としてのその機能ではないにすぎないからである。むしろ貴金属のすべての価値は系列をなし、この系列は実は機能の系列にほかならない。これらの機能が現実において生きいきと作用していなければいないほど、このことはもちろんますます認識されにくくなる。利子取得にたいする中世のすべての疑念は、貨幣が近代におけるよりもはるかに固定的で実体的であり、事物には封鎖的に対立すると思われ、そして事実そうでもあったということにさかのぼる。近代においては貨幣はむしろ動的に、流動的に、順応的に作用し、またそうであるように思われる。貨幣が貨幣を生むというのは不自然であるというアリストテレスの学説の採用と、返済された資本は貸与された資本とまったく同じであるべきであるということからの利子の窃盗としての排撃、貨幣は使用によっては消耗せず、さらにそれは賃貸契約の客体のように債権者には利得をもたらさないというヘールスのアレクサンダーによるその基礎づけ、貨幣ははじめから通用へと規定されているから、貨幣にあっては使用と消費とは一致し、それゆえ使用はたとえば住宅にあってのように消費とは分離して売却できないという聖トマスの学説、――これらのすべての学説が示しているのは、いかに貨幣が固定的に、生活の変動から遊離したものと考えられたか、いかに生産力とは考えられていなかったかである。貨幣の作用の事実上の些末性がその機能的な性格をまったく遮蔽していた。しかし貨幣の本質を金属実体そのものと結合していると考えるのは、貨幣にたいする同じ根本感情である。この見解もまた中世のそれと同じように、貨幣を〈物自体〉として経済的な客体の運動と対立させるのみで、貨幣をこの運動のなかへ引き入れもしなければ、貨幣はその担い手が何であれ貨幣として機能をもつというよりは、むしろ機能そのものであるとも考えない。

中世の考え方への対極をなすのは信用経済であり、ここでは指図証券が貨幣職務をつかさどる。中世の考え方にとっては支配的な理念は貨幣の実体であり、その作用ではない。——それによってこの作用は実際には排除されはしなかったが、最小限にまで低下させられた。——近代の貨幣観念は金属と結合し、そこでは作用する実体が核心であり、最後に信用経済は実体の排除によって、たんにその作用のみを重要なものとして残存させる傾向をもつ。

あの中世の皮相な見解へおそらく協力したのは、現象をもれなく実体と偶有性とに分ける古い図式である。たしかにこの図式は歴史的にははかり知れない意義をもった。あらゆる現象を実体的な核心と相対的で可変的な表出形式と属性とに分解するということは、事物の謎めいた無形式性の最初の方向づけであり、最初の確かな手引きであり、われわれの精神に適当な一般的なカテゴリーのもとへの事物のこの無形式性の形成と服従とである。こうして最初の眺めのたんなる感覚的な相違も、相互の関係の組織と規定を獲得する。しかしそのような形式の本質は、社会的な組織のように永遠の持続の外観と要求のもとに存続することである。それゆえ他の社会制度のためのひとつの社会制度の破壊は、あたかもすべての秩序と制度一般が失われるかのように思われ、知的な秩序の改革も同じ印象をひきおこす。すなわち従来は世界像のいわば背骨をなしたカテゴリーが崩壊するとき、世界の客観的な強固さもその主観的な理解とともに壊滅したかのように思われる。しかし貨幣価値が機能価値への還元に抵抗することができないのは、ちょうど光と熱と生命とがその特殊な実体的な性格を保持することができず、運動様式への解消を避けることができなかったのと同じである。

いまやまずは経済圏の一定の構造諸関係を考察する。

貨幣が実際に貨幣であるかぎり、すなわち貨幣として作用するかぎり、貨幣がどの程度までこの構造諸関係に依存し、貨幣の実体に依存しないか、――この問題が明らかになるのは、原理的な考慮と結びつけられる消極的な事例からであろう。われわれの認めるところであるが、二人の人間のあいだの関係において外的な形式が内的な強烈性程度に正確に適合した表現であるのは稀であり、しかも両者の不適合が現れるのをつねとするのは、内的な関係は連続的に発展するが、外的な関係は飛躍的に発展するというようにしてである。それゆえ所与の時点おいて両者がたがいに一致したとしても、外的な関係はひとたび獲得した形式に固執するのにたいし、内的な関係は上昇する。ところで一定の程度からは外的な関係の突然の成長が生じ、この成長は――いまやここに特徴的なものがあるが――一般には、同じ時期の内的な関係に対応する地点に停止せず、これを越えてさらに進んだ内面性を先取りする。たとえば友人のあいだのお前は、すでに長きにわたって持続した好意の最終の表現としてあらわれ、それでも最初の間はしばしばなおいくらかは誇張されたとも感じられるにせよ、それでも一気に外的な親密さを生みだし、これにまったく対応した内的な親密さはいくらかたってはじめて追いつくのをつねとするからである。しかし内的な親密さは時には外的な親密さに追いつかない。多くの関係が没落するのは、その形式が一定の程度まではその内面性によって承認されるにしても、完全には内面性によって追いつかれないからである。これに対応したことは非個人的なことにおいても見いだされる。社会的な生活の勢力はその表現を、法や交換形式や支配関係などの一定の状況のなかに求めるが、これらの領域のいったん獲得された形式がたやすく固まるから、しばしば長いあいだこの表現を見いださない。にもかかわらず内的に要求された外的な変化が現れるとすれば、この変化は内面的な力がまだ完全には成熟しておらず、またその後からの正当化が必ずしもうまくいかないといった程度においてしばしば生じる。貨幣経済も時にはこのようにして成立した。一般的な経済状態がすでに久しく貨幣経済を促したのち、貨幣経済がそこで巨大な範囲の現象として現れるや、いまや一般的な経済状態はふたたび貨幣経済には完全には適合しない。そのばあい内的な経済的な力の発展が、それが先取りした形式に十分に迅速に追いつかなければ、そのような現象は悲劇的な終末を見るかもしれない。これがフッガー家、実はそればかりか十六世紀の南ドイツのすべての大銀行が没落したさいの状況である。彼らの金融業は現代の世界的銀行家の取引に完全に比較される。それらが営まれた時代は、なるほど中世の現物経済的な狭隘（きょうあい）さからぬけ出してはいたものの、しかしそれでも、そのような業務に不可欠な相関物である交通や担保や商習慣はまだなかった。一般的な状態は、スペインや支配者たちの貸金をただちに回収できるほどではなかった。新たな貨幣経済的な形式がアントン・フッガーを誘惑して、ヨーロッパの当時の実際の状態を適切に表現する程度をはるかにこえて貸金を拡げさせた。あの金融勢力の債務者たちの状態も、同じ理由から良くはなかった。十六世紀のスペインの財政難が生じたのは、貨幣がなるほどスペインでは十分にしばしば存在しながら、しかしその大部分が使用されたオランダにはなかったということによる。これによって困難や遅延や出費が生じ、これらがスペインの財政の崩壊へときわめて大きく影響した。異なった地域的な諸条件にあってはまた貨幣のまったく異なった機能がただちに現れる。すなわちオランダとしてはスペインとの戦争において、その貨幣が存在の場所で使用されるという巨大な利益をもった。オランダ人の手中において貨幣は真にはじめて「貨幣」となった。なぜならここでは貨幣はまったく妨げられずに機能することができたからである。——とはいえオランダ人はスペイン人よりも相対的にははるかに少ない貨幣実体をもち、彼らの生存は信用に基づいていたのではあるが。貨幣機能の地域的な諸条件が有利であればあるほど、貨幣機能はますます少ない実体によってはたされることができ、したがって人は逆説的に次のように言うことができる。すなわち貨幣が実際に貨幣（その本質的な意義よりみて）であればあるほど、貨幣は貨幣（その実体からみて）である必要はない。

　ところで地域的な諸条件の影響とならんでさらに貨幣実体の解消を準備するのは、社会的な相互作用の安定性と信頼性、いわば経済圏の堅固さである。このことがたまたま示されるのは、貨幣そのものは静止しているのに貨幣は作用の数をますます増加させるという事実にさいしてである。貨幣の経済的な意義はその価値と一定期間内のその転用の頻度との積であるとは、時どき現れる見解であるが、この見解が見過ごすのは、貨幣と結びついて生じるたんなる希望と恐怖、欲望と心配によって貨幣がおよぼす強力な影響である。すなわち貨幣が経済的にもまたきわめて重要なこれらの感情をひき起こすのは、天国と地獄とが同じ感情をひき起こすのと同じであり、しかもたんなる観念としてである。一定の箇所での貨幣の存在あるいは欠乏の純粋な観念が、緊張させるようにあるいは無気力にするように作用し、そして銀行の地下室の金準備は銀行券を保証するものであり、これが明らかに証明しているのは、貨幣がその純粋に心理的な代理においていかに完全な作用を実現させるかである。ここでは貨幣は実際に「動かない起動者」と呼ばれるべきである。ところで明らかなことではあるが、たんなる可能性としての貨幣のこの作用は、経済的な組織一般の精巧性と確実性に依存している。社会的な結合が弛緩し散乱し不活発なところでは、たんに現金での売買しかなされないのみではなく、静止した貨幣もまたそこで作用できる多くの心理的な水路も見いだされない。これに属するのがまた貸付貨幣の二重存在、すなわち一方では未回収債務という観念的ではあるがきわめて重要な形式において、他方では債権者の手中の実在としてのそれである。貸付貨幣は債権としては債権者の資産額に属し、彼の手元にはまったくないにもかかわらず、それでも彼にはきわめて有効であるとともに、他方ではこの価値は債務者の財産にはまったく見いだされないけれども、債務者はそれでもこの価値によって、彼の財産であるのと同じような経済的な活動を行うことができる。こうして貨幣の活動はその貸付によって二つの部分に分けられ、それによって貨幣の経済的なエネルギーの効果は著しく高められる。しかしこの分割をひき起こした知的な抽象作用がその効果を収めることができるのは、まさにたんにきわめて安定した精巧な社会制度のもとにおいてのみであり、したがって貨幣はこの社会制度においてそもそも比較的に確実に貸し出され、経済的な活動も貨幣のあの部分的機能のうえに基礎づけられることができる。貨幣をそもそも活動的にするためには――貨幣は以前には他の交換商品とは区別されなかったが――社会的な関係の一定の外延性と内包性とが必要とされるように、貨幣の作用を精神化するためには、社会的な関係のきわめて強化された外延性と内包性とが必要とされる。この高められた現象にあってとりわけ明白に証明されるのは、貨幣がそのもっとも内的な本質よりしてその基体の物体性に拘束されることがいかに僅かであるかである。ところが貨幣はまったく社会学的な現象、人間のあいだの相互作用の形式であるから、社会的な結合が緊密になり信頼され快適になればなるほど、貨幣の性質はますます純粋に現れる。さらに貨幣形式のすべての外面性にまでも影響を及ぼしているのは、流通文化の一般的な安定性と確実性とである。紙のようにきわめて薄くて壊れやすい素材を最高の貨幣価値の担い手とすることは、相互の保護が保証するきわめて強固に緊密に組織された文化圏においてのみ可能であり、したがってそれへの一連の基本的な危険――外面的とともにとりわけ心理的な性質をもつ――は、このような文化圏においてのみ排除される。それゆえ中世ではかなり頻繁に皮紙幣が使用されたのも注目すべきである。貨幣がいわば非実体的な本質のゆえに、貨幣価値のたんなる機能価値への前進的な解消を示するとすれば、皮貨幣はそれへの前段階を象徴するであろう。皮貨幣は実体的な価値を特徴づける諸性質のうち、少なくとも相対的な破壊不可能性という性質をなお保持し、個人的および社会的な諸関係の構造の一定の前進の後に、はじめてその性質を手放すことができる。

貨幣政策の実際と理論とは、貨幣の社会学的な状態への依存と同じように、貨幣の実体意義から機能意義への発展の過程を確証するように思われる。中世の国庫中心主義とさらに重商主義とは、唯物論的な貨幣政策と呼ぶことができるであろう。唯物論が精神をその表明と価値とともに物質へ組み入れるように、右の二つの立場は国家的・経済的な生活の本質と運動力とを貨幣実体と結びついていると考えた。しかし両者のあいだに存在するのは、粗野な形式の唯物論と洗練された形式の唯物論とのあいだと同じ区別である。粗野な唯物論が主張するのは、観念そのものが物質的なものであり、腺が液体を、肝臓が胆汁を分泌するように、脳は思想を分泌するということである。洗練された唯物論の主張するのは、観念はそれじたい物質的ではないが、物質の運動形式であり、思想は光や温度や電気と同じように、物体的な諸部分の振動の特殊な様式において成立するということである。知的な立場のこの相違に対応して、一方では国庫中心主義は政府の関心を、君主の直接の利用あるいは国家目的のためにできるだけ多くの正貨を取り戻すことにおくのにたいし、他方で重商主義もなるほど正貨に主要価値をおきはするが、しかし正貨を実体的に引き出すためではなく、国の経済的な運動を機能的に活気づけるためである。それゆえ貨幣政策のこの唯物論的な方向は、貨幣実体が価値そのものであるという観念になおまったく深く結びついているが、この方向そのものの内部においても――やはりすでにこの実体のひどく外面的な意義から機能的な意義への転換が一般に認められる。問題とされる諸時期の政治的な制度もこれに対応する。中世の国庫中心主義の制度が支配するところでは、君主は自己の土地にたいしてまったく外面的な関係に、しばしば結婚あるいは征服によって確立された非有機的な関係にあり、したがってこの関係がまったく適切に表現されたのは、たんにできるだけ多くの貨幣を国土から引き出すという傾向においてである。――全領土の貨幣との交換による頻繁な売却は、以上のことからの当然の帰結であった。固定的でまったく実体的な貨幣関心が支配者と被支配者とを結びつけたから、これは彼らがいかに結合していなかったかも示した。支配者と被支配者とのあいだのこの社会学的な関係にとっては、中世においての支配者のきわめて頻繁な鋳貨政策は、鋳貨のたえざる悪化に成り立ち、もっとも手近な技術であった。たんにまったく非有機的な共存にあってのみ可能であるのは、一方の側にはすべての利益を、他方の側にはすべての損害をあたえるといった政策である。正貨にたいする喜びは東洋人に生まれつきと思われるが、これは彼らの君主の国庫中心主義に還元され、君主たちは貨幣改悪の結果を配慮することなく鋳貨特権を税源として利用した。これへの必然的な対応が金そのものや銀そのものの蓄積への臣民の情熱であろう。台頭しつつあった中央集権的・専制的な国家が意味したのは、政治的な諸要員のあいだのはるかに緊密で活発な関係であった。すなわちその有機的な統一の観念が形成したのは、「朕は国家なり」から「国民の第一の下僕としての国王」にいたる君主の理想に共通なものである。ところで、ここでもまた政府の関心はできるだけ多くの貨幣実体の獲得にあったとはいえ、それでも貨幣の獲得の究極目的が貨幣の実体的な所有にではなく、産業の繁栄などのための貨幣の生産性のなかに求められたということは、国家組織体の首長と成員とのあいだの活発な相互作用と、国家存在そのものの活気とに対応する。やがて自由主義的な傾向が国家の生活を、諸要素のますます自由な流れと、ますます妨げられない柔軟さと、ますます動的な均衡へと導いたとき、アダム・スミスの理論にとっての実質的な基礎があたえられた。すなわち金と銀とはたんなる道具にすぎず、炊事道具となんら異ならず、炊事道具の増加によっては食物が増えないように、金銀の輸入はそれだけでは国土の福祉は高めはしないという。ついに古い実体的な秩序が解体して、無政府主義的な理想が可能となれば、貨幣理論のこの方向もまた当然ながらこの無政府主義的な理想のなかにその極端に達する。プルードンはすべての固定的な国家構成を廃止して、個人の自由な相互作用を社会的な生活の唯一の正しい形式として認めようとし、貨幣一般の使用と戦った。それというのも彼が貨幣のなかに見たのは、あの支配構造との正確な類似であり、支配構造は個人から彼の生きいきした相互作用を吸いとり、それを自己のなかに結晶させる。それゆえ社会の統治がすべての市民によって国王の干渉なしにと同じように、価値の交換可能性も貨幣の干渉なしに基礎づけられなければならず、すべての市民が選挙権をあたえられているように、すべての商品はそのままに貨幣の媒介なしに価値代表にならなければならない。——アダム・スミスの見解によって、ここで主張された貨幣理論への方向がとられ、この方向は唯物論的な方向との対立において先験的な方向と呼ぶことができる。それというのも唯物論が精神も物質であると明言すれば、——先験哲学は物質さえも精神であると説くからである。

はない。むしろ問題は次の認識、すなわちあらゆる客体は具体的な性質のものであれ精神的な性質のものであれ、それがわれわれにとって存在するのは、それが心によってその生過程において産出されるかぎりにおいて、あるいはより正確にはそれが心の機能であるかぎりにおいてであるということである。ところで貨幣についての唯物論的な見解が誤謬であると思われるにせよ、歴史的な考察が示しているのは、誤謬がけっして偶然ではなく、実際の社会的な状態の適切な理論的表現であり、この社会的な状態は、その理論的な反映が理論的な諸力によって克服されるまえに、まずは現実の諸力によって克服されなければならならなかったということである。

貨幣の社会学的な性格が現れるより広範な関連はこうである。すべての社会的な構成の出発点としてわれわれが想像することができるのは、たんに個人から個人への相互作用のみである。暗黒のなかにつつまれた社会的な生活の歴史的な発端が現実にどのように形成されたにせよ、――社会的な生活の発生的および体系的な考察は、このもっとも単純でもっとも直接的な関係を基礎としなければならず、われわれはそれでも今日でさえなお無数の社会的な新形成が結局はこの基礎から出発しているのを見る。ところでより以上の発展は相互作用する諸力のこの直接性をより高い非個人的な諸構成体の創造によって取り替え、これらの構成体はまさにあの諸力の分離した担い手として現れ、個人の相互の関係をつらぬいて導き媒介する。これらの構成体はきわめてさまざまな現象様式において、すなわち手近な実在においてとともにたんなる理念や想像の産物として、多肢的な組織としてとともに個人における表現として現われる。こうして必要事や商習慣は集団仲間の取引において初めはそのつど発達し、ついには固定化するが、これらの必要事や商習慣から習慣や法や道徳といった客観的な法則が形成される。――これらは人間の表象作用や評価作用の理念的な産物であり、いまやわれわれの思考にとっては個別の意欲や行為のまったくの彼方に、いわばそれらから分離した「純粋な形式」として存続する。このようにこの過程を継承しつつ、国家法は裁判官と全行政ヒエラルヒーのなかに具体化される。同様に政党の団結力も党首と議会の代表に具体化され、また連隊の凝集はその軍旗のなかに移され、神秘的な結社の凝集はその聖杯のなかに移されるなど。それゆえ第一次的な諸要素そのもののあいだの相互作用が社会的な統一体を生み出したが、これに代わってこれらの諸要素のそれぞれがそれだけで、それらの上やそれらの間に押し出された機関との関係に入る。実体化した社会的機能のこのカテゴリーに属すのが貨幣である。交換の機能、個人のあいだの直接的な交互作用は、貨幣とともに独立に存在する構成体へ結晶化する。労働生産物やあるいは他のなんらかの源泉から占有されたものの交換は、明らかに人間の社会化のもっとも純粋でもっとも原始的な形式のひとつであり、しかも「社会」がすでに完成され、そしてそれから社会の内部で交換行為が生じるといったことではなく、むしろ交換そのものが、諸個人のたんなる並存から彼らの内的な結合、すなわち社会を成立させる機能のひとつである。それというのも社会は絶対的な統一体ではないからである。すなわちその成員のあらゆる個々の関係、つまり上位と下位、凝集、模倣、分業、交換、同じ方向の攻撃と防御、宗教的な共同体、党派形成、その他の多くの関係が社会の担い手あるいは枠組として社会のなかに成立するために、まずはそこに存在しなければならない絶対的な統一体ではないからである。むしろ社会はこれらの特殊な相互関係の全体の総括、もしくは一般的な名称にほかならない。もちろん個々の相互関係は消滅するかもしれないが、なお「社会」はつねに存続する。とはいえこれはひとつの相互関係の脱落ののちも、なお十分に多くの他の関係が作用するばあいのみのことである。すべての相互関係が崩壊すれば、もはやいかなる社会も存在しないであろう。これはまさに有機的な身体の生命統一は、それの機能のあれこれ、すなわちそれの諸部分のあいだの相互関係のあれこれが停止しても、さらに存続することができるが、機能のすべてが停止すればもはや存続できないのと同じである。——なぜなら「生命」とはまさに、身体の原子のあいだで相互作用をおよぼしあう力の総計にほかならないからである。それゆえ交換が社会化を生みだすというのは、おそらくはなお曖昧な表現である。交換はむしろ社会化であり、その存続が諸個人の総計を社会的な集団のひとつとするあの社会的な関係のひとつである。なぜなら「社会」はこれらの関係の総計と等しいからである。

　ところで物々交換についてしばしば強調される不便さと不十分さは、まだ直接性の段階にとどまっている他の社会的な相互作用においても生じる不便さと不十分さに比較される。すべての政府対策が市民の総体によって審議され承認されなければならないとすれば、集団の対外的な防衛がすべての集団所属員の原始的な軍務によってまだ実行されるとすれば、統合と組織とがまだもっぱら個人的に行使される権威と強制にもとづくとすれば、正義の執行がまだ共同体の直接の判決によって行われるとすれば、——そこからは集団の拡張と複雑さとが増大するにつれて、あのすべての不合目的性と妨害と弛緩とが生じ、これらが一方ではこれらの機能の特別な分業的な機関への譲渡と、他方では代表し総括する理想と象徴との創造をうながす。交換機能も実際には二つの種類の形成となる。一方では商人の身分であり、他方では貨幣である。商人は、それまでは生産者のあいだで直接に行われた交換機能の分化した担い手であり、生産者のあいだの単純な相互関係に代わって、生産者のそれぞれが独立に商人にたいしてもつ関係が現れる。これは集団仲間の直接の統制と凝集とが政府機関への共通な関係によってとって代わられるのと同じである。そしていまや人はより正確な認識を準備しながら、商人が交換する主体のあいだに立つのとまったく同じように貨幣は交換客体のあいだに立つと言うことができる。交換客体の等価性が直接に有効となり、その運動を自己完結させるということに代わって、いまや交換客体のそれぞれがそれだけで貨幣との同等関係と交換関係へ入る。商人が交換の具体化された機能であるように、貨幣は交換されることの具体化された機能である。貨幣は以前に見たように、事物の相互の実体化したたんなる関係であり、これは事物の経済的な運動に表現される。このように貨幣は結局は個々の事物の彼方に立ち、事物のそれぞれは貨幣との関係に入るが、固有の規範によって組織された王国としてであり、この王国はまさにそれでも、もともとはあの個々の事物そのもののあいだに生じた均衡と交換との運動の客観化にすぎない。とはいえこれはすでに述べたように、たんに予備的な見解にすぎない。それというのもこの過程を実行するのは結局は事実ではなくて人間であり、そして事物と事物とのあいだの関係は、ここで問題となる領域においてはそれでも人間と人間とのあいだの関係であるからである。個人のあいだにおける行為としての交換であるもの、これは具体的になり自立的に存在するいわば凝固した形式での貨幣であるが、これは政府が集団構成員の相互の秩序維持を、守護神もしくは契約の櫃が彼らの凝集を、軍事身分が彼らの自衛を表すのと同じ意味においてである。これらのすべてはあのもっとも広範な次のような類型の一様な事例である。すなわち原初的な現象や実体や経過からの個別の側面は、属性がその実体において、行動がその主体において存在するように、たんにこれらの現象や実体や経過においてや、それらとともに存在するが、その側面は自己の身体を身にまとうや、それでもそれらから解放されるという類型である。すなわち抽象化がまさに完成されるのは、個別的な側面が具体的な構成に結晶することによってである。交換の外部においては貨幣が意味をもたないのは、共同の攻撃や防御の外部では連隊や軍旗が、あるいは共通の宗教心の外部では司祭や寺院が意味をもたないのと同じである。貨幣の二重の性質、なるほどきわめて具体的でそのようなものとして評価される実体でありながら、それでもその意味をたんに運動と機能への完全な解消にのみもつという性質は、——貨幣がたんに人間のあいだの交換という純粋な機能の実体化、いわばその化身に成り立つことに基づく。

貨幣素材の発展は貨幣の社会学的な性格をますます完全な表現にもたらす。塩や家畜や煙草や穀物のような原始的な交換手段は、それらの使用よりすれば純粋な個人的関心によって規定され、それらは唯我論的である。それらは結局は個人によって消費され、この瞬間には他者はそれにいかなる関心も示さない。これにたいして貴金属は装飾としてのその意義によって諸個人のあいだの関係を示している。すなわち人びとは他者のために身を飾る。装飾は社会的な欲求であり、そして貴金属はまさにその輝きによって目を自己にひきつけるのにまさにとりわけ適している。それゆえ一定の装飾種類はまた一定の社会的な地位に保留される。こうして中世のフランスにおいては金の装飾品を身につけることは、一定の地位以下の人びとには禁じられていた。装飾はそのすべての意義を、それがそれを身につけている人以外の他者のなかにひき起こす心理的な過程のうちにもつということによって、貴金属はあのより根源的な、いわば求心的な交換手段とはあくまでも区別される。もっとも純粋な社会的な出来事としての交換、すなわちもっとも完全な相互作用としての交換は、それにふさわしい担い手を装飾品という実体において見いだす。なぜなら装飾品はその所有者にとってのすべての意義をたんに間接的にのみ、すなわち他の人間との関係においてのみ提示するからである。

特殊な形象への交換行為のこの具体化が技術的に完成されるのは、それぞれの客体が他の客体と直接に交換される代わりに、まずその特殊な形象と交換されるというふうにしてであるとすれば、いまや問題は、より詳細に吟味すれば客体の背後に立つ人間たちのこれに対応する態度はいかなるものかである。——それというのも商人にたいする共通の態度は、たとえ貨幣取引の原因と結果であるとしても、これにたいしてはそれでもたんに比喩としてしか役立たないからである。ところで明らかであると思われることではあるが、客体と貨幣とのあいだのあの関係の基礎と社会学的な担い手とは、貨幣を発行あるいは保証する中央権力にたいする経済を営む個人の関係である。刻印が貨幣を金属量——より自然な貨幣種類についてはふれない——としてのたんなる性格をこえて高めたとき、はじめて貨幣は絶対的な中間法廷として、すべての個々の生産物のうえに立つという職務を果たす。個々の現実の交換からの交換過程の抽象化、客観的な特別な形象へのその具体化が初めて生じることができるのは、交換が二人の個人のあいだの私的な経過として、彼らの個人的な行為と反対行為に完全に閉じ込められたものとは別なにかとなったときである。交換が別なそれ以上のものとなるのは、一方のあたえる交換価値が他方にとっては直接には意義をもたず、他の決定的な価値物へのたんなる指図証券としての意義をもつことによってである。――この指図証券の実現は、経済圏の総体もしくはその最高の代表としての政府に依存している。物々交換が貨幣購買にとって代わられることによって、双方のあいだに第三の法廷が入る。すなわち社会的な総体であり、これが貨幣とひきかえにそれに対応する現実価値を提供する。これによってこの両者の相互作用の旋回点はさらに移動し、それは彼らのあいだの直接の結合線から遠ざかり、彼らのそれぞれが貨幣利害関係者として経済圏にたいしてもつ関係のうちへ移され、この経済圏は貨幣を引き受け、そしてこれをその最高の代表からの刻印によって証明する。これに基づいているのが、すべての貨幣は社会にたいする指図証券にすぎないという理論における真理の核心である。貨幣はいわば、支払い人の氏名が記入されていない為替手形、あるいはまた刻印が引受けの代わりをする為替手形として現れる。金属貨幣のなかにも信用を見いだそうとする理論にたいして異議が提起され、信用はそれでも義務を設定するのに金属貨幣支払いはいかなる義務をも解消するとされるとき、ここで見過ごされているのは、個人にとっては解消であるものも総体にとっては拘束でありうるということである。貨幣による一切の私的な義務の弁済がまさに意味するのは、いまや総体がこの義務を権利者にたいして引き受けるということである。現物給付からの義務はそれでもたんに二つの仕方でのみ片付けられる。すなわち直接の反対給付によるか、それとも反対給付への指図証券によるかである。貨幣所有者は指図証券を手中にもち、これを先に給付した者へ手渡すことによって、彼をさしあたりは名も分からない生産者のもとに指し向け、生産者は同じ経済圏への所属にもとづいてまさにこの貨幣にたいして、あの要求された給付を引き受ける。保証された紙幣と保証されない紙幣とのあいだの区別は、貨幣の信用性格との関係において設定されたものであるが、ここではまったく取るにたりない。人びとが考えたのは、たんに不換紙幣のみが真に貨幣〈紙幣 papiermonnaie〉であり、これにたいして兌換紙幣は貨幣にたいする指図証券〈紙の通貨 monne de papier〉にすぎないということであるが、これにたいしていまや再び主張されたのは、この取引においては保証された紙幣も、買手と売手とのあいだにおいてさえ、たんなる約束にすぎない小切手とは異なり、支払い約束としてではなく確定的な支払いとして機能するからには、この区別は買手と売手とのあいだの取引にはいかなる意義ももたないということである。この問題提起のすべては、社会学的な事態に深くせまってはいない。社会学的な事態にとって疑いのないことであるが、金属貨幣もまた支払い約束であり、そのかぎりそれが小切手と異なるのは、それの現金化を保証する圏の大きさによってのみである。社会的な圏への貨幣所有者と売手との共通の関係――この圏のなかで履行されるべき給付にたいする貨幣所有者の要求、この要求がみたされて支払われるであろうという売手の信頼――こそは、貨幣取引が物々交換とは反対に実現した社会学的な状況である。

金属貨幣は信用貨幣の絶対的な対立物として理解されるのがつねであるが、実際には金属貨幣にも独特な仕方で絡み合って二つの信用前提が潜んでいる。第一に日常の取引の内部においては、鋳貨の品位の吟味はごく例外的にしか行われない。貨幣を発行する政府への公衆の信頼がなければ、あるいは時によっては鋳貨の名目価値にたいしてその実質価値を確定できる人びとへの彼らの信頼がなければ、現金取引さえ行うことができない。マルタの鋳貨の刻銘、〈銅ではなく信頼 non aes sed fides〉は、信頼という欠くことのできない補足をまったく見事に示し、信頼がなければいかに完全な鋳貨もたいていのばあい、その機能を果たすことができない。まさに硬貨の受理についての理由の多種多様性と度々の対立とが示しているのは、その客観的な証明力が本質的なものではないということである。アフリカのいくつかの地方ではマリア・テレージア銀貨は、それが本物として受け取られるためには白くてきれいでなければならないのに、他の地方ではまったく脂じみ汚れていなければならない。しかし第二にそこになければならないのは、いま受け取られた貨幣は同じ価値のためにふたたび支出されるという信頼である。ここでもまた不可欠で決定的であることは、〈銅ではなく信頼〉――経済圏への信頼であり、経済圏は提供された価値量を、そのために受け取った中間価値である鋳貨と引き替えに、いかなる損傷もなくふたたびわれわれに補償するということである。このように二つの側面から信頼をあたえることなしには、だれも鋳貨を使用することができないであろう。この二重の信頼にしてはじめて不潔でおそらくは識別しがたい鋳貨に一定の価値量をあたえる。人間の相互の信頼がなければ一般に社会が崩壊するように、——それというのもいかに僅かな関係しか現実には、各人が他者について証明できるほどに知っているものにしか基づいてはおらず、いかに僅かな関係しか、信頼が合理的な証明やさらには実地の検証ほどには強くなく、さらにしばしばより強くないばあいには、しばらくのあいだも持続しないことであろうか。——信頼がなければ貨幣取引も崩壊するであろう。しかしこの信頼は一定の仕方でニアンスをもつ。貨幣の価値が基づいているのは、交換手段とひきかえに一定の数量の商品を獲得できるという受取人の信頼であるから、あらゆる貨幣は本来は信用貨幣であるという主張は、——まだ完全には啓発的ではない。というのもそのような信頼に基づくのはたんに貨幣経済のみではなく、すべての経済一般でもあるからである。農民は、耕地が今年も昨年の収穫と同じほどをもたらすと信じなければ、種をまきはしないであろうし、商人は、公衆が彼の商品を欲しがるであろうと信じなければ、彼はそれらを調達しないであろうなどである。この種の信頼は弱められた帰納的な知識にほかならない。とはいえ信用のばあい、ある人への信頼のばあいにこの種の信頼になお加わるのは、記述しがたい別な要素であり、これは宗教的な信仰においてもっとも純粋に具体化されている。人が神を信じるというとき、このことはたんに神についての知識の不完全な段階のみではなく、知識の方向にはけっして横たわってはいない心的状態であり、これは一方ではたしかに知識よりもより僅かであるが他方ではより多い。人が「ある人を信じる」と言いながら、いったい彼のなにを信じるのかをさらに追加もせず、あるいはまたそれについて明確に考えさえもしないのは、きわめて微妙で奥深い言い方である。それはまさに、存在者についてのわれわれの観念とこの存在者そのものとのあいだには、初めから関連や統一性があるという感情であり、存在者についての表象の一種の首尾一貫性であり、この表象への自我の傾倒における確実性と無抵抗性であり、この表象はなるほど挙示できる理由にもとづいて成立するが、しかしこの理由から成り立ちはしない。経済的な信用もまた多くのばあいにおいてこの超理論的な信仰の要素を含み、そして公共へのあの信頼、すなわち公共はわれわれがわれわれの労働の生産物を提供して入手した象徴的な記号にたいし具体的な対価をわれわれにあたえるであろうという信頼も、同じようにこの超理論的な信仰の要素を含んでいる。これはすでに述べたようにきわめて高い程度において単純な帰納推理であるが、しかしそれをこえてなお宗教的な信仰に似たあの社会心理的な「信頼」という追加を含んでいる。貨幣所有があたえる個人的な安心という感情はおそらく、国家的・社会的な組織と秩序への信頼のもっとも集中的でもっとも先鋭的な形式と表明とである。この経過の主観性は、金属価値一般を創造する者のいわばより高い能力である。この金属価値がすでに前提されているとすれば、いまや金属価値はあの両面的な信頼によって初めて貨幣取引のために実用的となる。それゆえここでもまた示されるのは、実体貨幣から信用貨幣への発展は思われるほどには根本的ではないということである。なぜなら信用貨幣とは、すでに実体貨幣のなかに決定的な仕方で存在していた信用要素の進化と独立化と分離として解釈されるからである。

しかし貨幣の継続的利用可能性の保証は、そこに契約者の総体集団への関係が含まれてはいるが、それでも独特の形式をもつ。すなわち抽象的にみればこの保証はまったく存在しない。なぜなら貨幣所有者はだれにたいしても貨幣と交換に、疑いもなく良質の貨幣と交換にさえ、何物かを彼に提供することを強制できないからである。このことはボイコットのばあいにさえまったく感知されるようになった。たんに債務がすでに存在するばあいにのみ債権者は債務を、その種類がどうであれ貨幣によって支払わせるように強制されるかもしれない。――しかもこれでさえ、けっしてすべての立法においてそうであるわけではない。貨幣のなかにある請求権もやはりみたされないかもしれないという可能性は、たんなる信用としての貨幣の性格を確証する。それというのもやはり信用の本質とは、信用の実現の確率がいかに百パーセントに近づこうとも、けっして百パーセントにはならないということだからである。それゆえ個人は実際に自由であり、彼の作品あるいは彼のその他の所有物を貨幣所有者に提供したり、しなかったりする。――ところが総体はもちろん貨幣所有者にたいして義務づけられている。自由と拘束とのこの配分は、いかに逆説的であろうと、それでも認識カテゴリーとして役立つこともまれではない。こうしてたとえば「統計的な法則」の弁護者の主張したところでは、社会は一定の諸条件のもとではなるほど自然法則的に一定数の殺人と窃盗と私生児をもたらすにちがいないが、しかし個人はこれによって関係ある行動へと強いられるわけではなく、むしろ自由に道徳的にもあるいは非道徳的にも行為できる。統計的な法則が規定するのは、まさにこの特定の人がこのような行為を実行しなければならないということではなく、たんに彼が属している全体がこのような行為の予定された量を生みだすにちがいないということである。あるいはわれわれの聞くところによれば、社会もしくは種族の総体は神の世界計画において、つまり究極の超越的な目的への存在の発展において、確定された役割を演じなければならないが、しかしこの発展の個々の担い手は重要ではなく、彼らはいわば全体の仕事を彼らのあいだに割り当てる自由をもち、さらに個人はあの総体の仕事に損害をあたえることなくこの計画から身を引くことができる。最後に強調されるのは、集団の行為は物質量が重力によって規定されているように、その利害の自然法則的な引力によってつねにはっきりと規定されるが、これにたいして個人は理論と葛藤によって惑わされ、多くの可能性のあいだに立ち、──はっきりした本能と合目的性とによって導かれたゆえにすべての自由を欠如した集合的行動と相違して──それらのなかで正しいにせよ誤っているにせよ選択できる。この観念がどれほど正しくまた誤っているかはここでは研究されず、たんに指摘されるのは、公共と個人とのあいだの関係のこの図式、すなわち公共を強制されたもの、個人を自由なものと考え、公共の拘束を個人の自由によって緩和し、個人の自由を公共の拘束によって制限し、総体結果の規定のうちにそれらを調整するという図式は、他のばあいにもまた妥当するということである。貨幣の継続的利用可能性にとっての保証は、総体の支配者もしくは代表者が金属片の刻印あるいは紙切れへの捺印（なついん）によって引き受けたものであり、それぞれの個人が貨幣を拒否するという彼の自由にもかかわらず、貨幣を受け取るであろうという法外な確率の割引である。

これらの関連から述べられるのは、貨幣が通用すべき圏が広ければ広いほど通貨はますます価値が高くなければならないということである。地方的に限定された集団の内部においては、価値の低い貨幣が流通してもよい。もっとも原始的な文化においてもすでにそうであり、ダルフール（エジプトのスーダンの西部の地名）においてはそれぞれの地区の内部では地方的な交換手段、鍬や煙草や木綿玉などが流通しているが、しかしより高い通貨はすべての地域に共通である。すなわち布地や牛や奴隷である。さらに国家の紙幣でさえ地域的に制限されるといったことが生じる。たとえばトルコでは一八五三年に、コンスタンティノープルのみで通用するはずの紙幣が発行された。まったく小さな緊密に連合した諸結社は時に互いに協定しあって、なんらかの任意の象徴──点取り札にいたるまで──が貨幣として認められた。しかし商業関係の拡大は高い価値の貨幣を要求する。なぜなら貨幣を遠隔地へ発送する必要は、その価値のできるだけ僅かな容積への圧縮を合目的的とするからである。こうして歴史的な世界帝国も広範な取引圏をもつ商業国家と同じようにつねに、相対的に高い実体価値をもつ貨幣へと押しやられた。このためには一定の現象によって証明もまた反対面から提供される。中世の貨幣鋳造権の主要な利益は、鋳造権をもつ者が彼の領地においていつでも新しいペニヒ貨を鋳造し、商取引のためにこの領域に流入した古い貨幣や外国の貨幣のすべてに新しい貨幣との交換を強要することができたということにある。それゆえ彼は彼の鋳貨を改悪するたびごとに、彼の鋳貨と交換されたよい鋳貨とのあいだの差額を利益として得た。とはいえすでに示したように、この利益を条件づけたのは、鋳造権をもつ者の領域がかなり大きいということである。きわめて狭小な領域にとっては、その鋳貨にとっての市場があまりに限られたので、鋳造特権も報いられなかった。したがってドイツではどの修道院やどの小さな都市にも、言いようのない軽率さで鋳造権があたえられたので、鋳貨改悪の利益が領域の一定の大きさに結びついていなければ、そこでの鋳貨害悪はなおはるかにひどくなっていたであろう。それゆえまさに比較的大きな圏はその社会経済的な構造にしたがって良貨を要求するから、強制的な悪貨における利益もまさに、たんにここにおいてのみとりわけ大きい。ところで、このことがさらに積極的に証明されるのは、十四世紀のヨーロッパにおける取引の増大が鋳貨体系の一般的な単位としてのグルデン貨の導入と金本位制による銀本位制の駆逐を引き起こしたことによってである。シリング貨とペニヒ貨はいまは補助貨幣であり、それをどの小さな州や都市でも取引のために、しかも望みのままの無価値のものにも鋳造することができた。そのため中世においては貨幣鋳造権の授与もまた、まずは銀貨についてのみあたえられた。金貨を鋳造する権利は特別の認可を必要とし、この認可は比較的大きな領地をもつ政府にのみあたえられた。この相関関係にとってきわめて特徴的であるのは、ビザンツの宮廷に――六世紀まで――残されたローマ帝国の世界支配の最後の残余が、金貨を鋳造する独占権であったということである。そして最後にこの相関関係が確証されるのは、紙幣を発行する国家そのものの内部の紙幣流通にとってのすでに述べた地方的な制限の事例のなかには、次のようなことさえ生じたということである。すなわちフランスにおいてはかっては港湾都市のみを除いて、それゆえはるかに放射する取引の地点でなければ、いたるところに通用すべき紙幣が存在した。ごく一般的には圏が拡大するやいなや通貨は、異郷人や関連諸国にも受け入れられ魅惑的にされなければならない。それというのも経済圏の拡大とともに――〈他の条件が等ければ〉――経済圏の弛緩が手を携えて進行するからである。すなわち状況への相互の洞察はより不完全となり、信頼はより条件づきとなり、要求の執行力はより不確実となる。このような状況のもとでは支払われる貨幣は買手の圏においてのみ安心して使用されるが、他の圏ではこのことが疑わしいから、だれも商品を供給しないであろう。それゆえ彼が要求するのは、それだけで価値ある貨幣、すなわちどこにおいても受け取られる貨幣であろう。貨幣の実体価値の増大が意味するのは主体の圏の拡大、貨幣の一般的な承認が保証されている圏の拡大であるが、他方で狭少な圏においては貨幣の継続換金可能性は、特殊な社会的、法的、個人的な保証と結合とに基づいて生じることができる。貨幣の継続換金可能性が貨幣の受け取りの動機であるとすれば、貨幣の実体価値はいわばそのための担保をなし、この担保は他の手段による換金可能性が保証されればゼロにまで低下するかもしれず、他の手段の危険が大きくなればなるほど、担保の価値はますます上昇するにちがいない。ところが経済的な文化の発展が引き起こすのは、きわめて拡大してついには国際的となった圏がこの点において、もともとはたんに閉鎖的な集団のみを特徴づけた諸特徴を獲得するということである。すなわち経済的および法的な諸条件は空間的な分離をますます根本的に克服し、以前はたんに近接地においてと同様に遠隔地においても確実に、正確に、さらに計算可能なように作用する。このことが生じるのに応じてあの担保、すなわち貨幣の固有価値も低下するであろう。複本位制の傾倒者にさえ通用している観念は、複本位制はたんに国際的な採用のさいにのみ可能であるとするが、これもこの考慮の内部にある。われわれが——個々の国民の内部においても国民相互においても——完全に緊密で信頼できる関連からなおいかにはるかに隔たっているにせよ、発展はさらに疑いもなくこの関連を目指して進行し、ますます大きな諸圏の結合と統一化とが法や商習慣や利害によってますます成長し、この結合と統一化とが、貨幣の実体価値がますます僅かとなり、ますます完全にその機能価値によって取って代わられるということの基礎である。

注目すべきことには商業関係のあの空間的にはるかな拡張は、すでに述べたように交換手段の実体価値性を上昇させ、現代文化においてはまさに実体価値のまったくの除去へ、すなわち振替と手形発送による地域間と国際間の決済へと導く。貨幣の個々の関与地域の内部においてさえ、発展はこの形式によって支配される。たとえば納税は現在は所有によってではなく、主として収入によって要求される。プロシアにおいては豊かな銀行家が、最近の数年間は営業上の損失をだし、最近ようやく導入された小額の財産税さえ免除される。それゆえ公共たいする義務を決定するものの、そして選挙権が納税に依存するかぎりは公共にたいする権利を決定するものは、けっして貨幣所得ではなく貨幣の活動の収益、貨幣から生みだされた貨幣である。貨幣の一般的な発展の方向がこれによっていかなる方向に決定されるか、これを示すのは古代ローマにおける貨幣資本の役割への一瞥である。貨幣資本が非生産的な方法によって――戦争と貢租と両替業によって――獲得されたように、それはまたその借り手にとっても生産へではなく消費へと指定された。そのさい利子もまた明らかに資本の本来の収益とはみなされることができず、それゆえ資本と利子とのあいだの不明確な非有機的な関係も、キリスト教のなかに深く指し込まれた利子抗議のなかに示され、生産的な資本の概念と事実とによってはじめて客観的に規制され組織された。それゆえあの古代ローマの状態は現在の状態との極端な対立であり、現在の状態においては資本はその意義をもはや資本そのものであるものにおいてではなく、資本が果たすものにおいてもつ。すなわち資本の発展は資本を、生産とは内的に無関係な硬直した要素から生産における生きいきした機能のなかへ移し入れた。――われわれがいまもういちど貨幣の生命の核心としてのその保証をふり返れば、総体を代表する客観的な構成体がたんにその限られた部分のみか、それともその利益を不完全にしか代表しなければ、それに応じて保証はいうまでもなく拘束力を失う。こうしてたとえば私営銀行も相対的には客観的な超個人的な組織であり、個人的な利害関係者の取引のあいだに押し入る。この社会学的な性格がもちろん私営銀行に貨幣の発行の能力をあたえるが、しかし国家の監視がその保証を真に一般的な中央構成体に移さないかぎり、私営銀行のなかに客観化された地域のたんなる局部性は、その銀行券の「貨幣」性格の不完全性に現れるであろう。北アメリカの紙幣経済の弊害は一部は、鋳貨はたしかに国家要件ではあるが、しかし紙幣の製造は私営銀行の権利であり、国家は介入すべきでないという見解に由来する。そのさい人びとが見過ごしたのは、金属貨幣と紙幣とのあいだの相違のたんなる相対性と、双方はそれらがまさに貨幣であるかぎりは、利害関係者の客観的な機関への共通な関係による交換機能の実体化においてのみ成り立つということと、さらに貨幣はその機能をはたすことができるのは、つまり直接の価値を代表することができるのは、あの貨幣発行の機関が利害関係者圏を代表あるいは表現するかぎりにおいてのみということである。それゆえ地方の有力者の鋳貨もまた時には少なくとも包括的な構成体への所属の外観をえようと努める。フィリッポスとアレクサンドロスの死後数世紀の後も、なお彼らの名と刻印とをもつ鋳貨が――形式的には王の鋳貨であるが実質的には都市の鋳貨が――さまざまな場所で鋳造された。上方へ進行する発展が実際に目指すのは、貨幣価値を保証する機関と権力との拡大――そしてここに直接にその一部である中央集権化――である。この方向の特徴をきわめてよく示しているのは、十八世紀以前に国家が発行した国庫証券は通常は国王の個別の収入を基礎とし、これによって保証されていたということである。最初は十八世紀のイギリスの〈大蔵省証券〉は、総体的な国家収入にもとづく指図証券であった。それゆえそれは特別な事情に左右されず、また特に吟味されるべき品質ももたず、むしろこの品質はたんになお国家一般への支払い能力への一般的な信頼のなかにのみあった。ここに現れるのは現代の大きな中央集権化の傾向であり、これは同じ時期の個性化の傾向とけっして矛盾しない。これらの二つの傾向はむしろひとつの過程の両面であり、人格の社会へ向けられた側面と自己の主体に向けられた側面とのより鋭い分化と新たな統合とである。この発展は貨幣の本質から、すべての個人主義的に個別化する要素を取り除き、きわめて広範な社会的な圏の中央集権化された権力をその担い手とする。貨幣の抽象的な財産形式はこの発展を、対人信用と同様に国家信用にももたらす。個人としての君主はなお十五世紀と十六世紀の始めは一般にはほとんど信用をもたなかった。問題とされたのは君主自身の信用性ではなく、抵当と担保との価値であった。対人信用が基づくのは、債務者の財産をなす客体がいかに変化しようと、彼の財産の価値総額は一定の債務にたいしつねに確実であると、一般に想定されているということである。ある人の財産が価値一般として、すなわち貨幣によって評価されて初めて、彼は個人として持続的な信用をもつことができる。そうでなければ信用は、変化する客体財産に依存しなければならない。なお十八世紀においても大多数の債務が一定の鋳貨の一定の額で支払われたということは、この後の段階から今日の段階への過渡期と思われる。それゆえあらゆる特殊形式から解放された抽象的な価値の概念は、なお完全には活動的とはなっていなかった。——この価値の背後にはもはや客観的な規定ではなく、たんになお国家あるいは個別人格のみが保証人として立つ。

しかし主要問題は、貨幣制度にとっての金属の意義が、共同体の組織によるその機能的な意義の確実化の背後にますます退くことである。それというのも金属はまさに本来はつねに私的所有物であり、それゆえ公的な利益と権力もけっしてそれを完全には支配できなかったからである。貨幣は言葉のますます厳格な意味において公的な施設になると言うことができる。すなわち貨幣はますます公的な権力と公的な制度、総体から支持された取引関係や保証が作りあげて正当化したものから成り立つ。それゆえ特徴的なのは、以前の時代においては貨幣はまだその抽象的な機能のうえにいわば独りでは立つことができず、金融業は特殊な経営か鋳造の技術的な製造、もしくは貴金属商業を頼りとしたということである。このように十三世紀の初頭のウイーンにおいてはフランドルの染物屋が規則的な両替業を営み、イギリスと部分的にはまたドイツにおいても金細工師がそれを営んだ。鋳貨の両替は、そもそも中世においては最初に貨幣取引を引き受けた（いかなる地域でも原則的にはたんにその地方の鋳貨のみで支払われねばならなかったから）が、元来は貨幣鋳造所そのものの特権、つまり「鋳造所仲間」の特権であった。後に都市が鋳貨権を獲得し、はじめて両替と貴金属商業とは貨幣鋳造所から分離された。それゆえ鋳貨の機能は最初はいわば同一君主のもとでの国家連合のように、その素材と結合した。公的な権力がこの機能を保証するやいなや、この機能はこれまでそれと結びついていた関係から独立し、為替業と貴金属商業とがすべての人に自由となり、しかもまさに貨幣としての鋳貨の機能が超個人的に保証されればされるほど、ますますそうなる。貨幣の増大する脱個人化と、中央集権化された最大の社会圏との貨幣のますます緊密な関係とは、金属価値にたいする独立性における貨幣の機能の強調への正確で効果的な関係にある。貨幣の価値が基づくのは貨幣の確実性であり、この担い手としての政治的な中央権力は金属の直接の意義によって、この意義を排除しながらも徐々に成長する。ここには価値感情のほとんど注意されないニュアンスとの類似がある。客体の価値が、それがわれわれに他の客体を得やすくさせることに基づくとすれば、その価値は二つの係数によって規定される。すなわちその客体がわれわれに媒介するものの内容的な価値と、その客体がこの媒介を成就するさいの確実性とである。一方の係数の低下は一定の限度までは、他方の係数の上昇がこれに対応すれば、全体の価値を変化させずにおくことができる。こうしてわれわれにとっての認識の意義は、その確実性とその内容の重要性との積に等しい。自然科学においては認識の確実性が、精神科学においては認識の内容の重要性が優越するのがつねであり、これによってこの二つの科学の総体価値の同等性が原理的に可能である。アリストテレスのように知識の確実性が疑われないばあいにのみ、知識の価値はもっぱら対象の価値に依存させることができる。こうして宝くじの価値は、それが当たる確率と万一の利得の高さとの積であり、同様に任意のあらゆる行為の価値は、それが目的に到達する確率とこの目的の重要性の積に等しい。また公債証書の価値は、元金にたいする保証と利子の高さから合成される。ところで貨幣にあっては事情は以上と正確には同じではない。それというのも貨幣の上昇する確実性は、貨幣が獲得を保証する客体の価値減少にまったく対応しないからである。とはいえ類似が妥当するのは、貨幣の利用可能性の確実性の増大につれて貨幣の他の価値係数である内的な金属価値は、無規定にはるかに低下するかもしれないが、貨幣の総体価値は変わらないかぎりである。他方では貨幣の社会学的な地位の原因とともに結果として直接に生じるのは次のことである。すなわち貨幣は集団の中央権力とその個々の要素とのあいだの関係をより多数に、より強く、より緊密にしなければならないが、それはいまやまさにこれらの要素の相互の関係がいわば貨幣によって統率されるからである。こうしてカロリング王家はすでに明確に努力し、物々交換や家畜交換を貨幣経済によって排除しようとした。王家はしばしば命令し、鋳貨を拒否してはならず、受け取らない者をきびしく罰することとした。貨幣鋳造権はもっぱら国王特権であり、したがって鋳貨による取引の遂行は、以前は純粋に私的で個人的な取引様式が存続したところへの国王の権力の拡張を意味した。これとまったく同じ意味において、ローマの金貨と銀貨とがアウグストゥス以来はもっぱら皇帝の名と委任とによって鋳造され、これにたいして補助貨幣を発行する権利は一方では元老院に、他方では自治団体にとどまった。この関連を一般化したにすぎないのは、ダレイオス一世、アレクサンドロス大王、アウグストゥス、ディオクレティアヌスからナポレオン一世にいたるまでの偉大な君主が、強大な鋳貨制度を創設したことである。現物経済の時代において大きな社会的な勢力が存在することのできたのは完全な技術によってであるが、この技術は、この勢力が自給自足し、——たとえばメロヴィング朝以来の大荘園に妥当するように——国家のなかの国家になることを指示する。これにたいして貨幣経済におけるこれに対応する勢力形象は、まさに国家組織と連携して成長し存続した。それゆえ現代の中央集権的な国家もまた、近世の初期にアメリカの金属貯蔵の開発から獲得された貨幣経済の巨大な飛躍において大きくなった。中央権力を指示して契約当事者の関係を超越する鋳貨があらゆる取引に介入することによって、封建的な状態の自足性は破壊され、それゆえに人は貨幣のこの権力を、個人をますます王冠のまわりに集めてますます王冠に緊密に結合させるから、重商主義のより深い意味として主張し、他方ではドイツ皇帝がこの中央集権手段を領主たちによって奪われたという事実は、ドイツ帝国の分裂の本質的な原因のひとつとみなされた。——ところが十三、四世紀のフランスとイギリスの国王は貨幣経済的な運動に助けられて王国の統一を樹立した。ロシア帝国が大体においてすでに不可分の帝国とみなされたころ、イヴァン三世はそれでも彼の若い皇子たちに国土の一部を授けた。彼らはそこでは君主らしく振る舞うことができたが、国王は高級裁判権以外に貨幣鋳造権のみを中央権力に保留した。さらに締まりのない地域が、国土の通商関係から成り立ち、その国土を政治的な境界をこえてとり囲んでいるばあい、その国土の貨幣がその堅実さによっていたるところで通用するようになり、こうしてこの経済圏のすべての地点を原産地と結びつけ、つねに元通りに再び原産地を指示するやいなや、拡大と堅固さとを異常に獲得する。こうしてポルトガルとブラジルにおけるイギリスのソブリン貨(一ポンド金貨、最初はヘンリー七世によって一四八九年に出された)の流通はイギリスの通商に大きな威信をあたえ、これらの国々に拡がった通商関係を統一的にまとめた。ドイツでの歩みは、カロリング時代のすぐあとに皇帝は個々の個人と修道院に貨幣鋳造権をあたえたが、そのさい皇帝はなお鋳貨の重量と品位と形式とをみずから規定した。しかしすでに十二世紀前に、この鋳造権をあたえられた人びとは貨幣品位と刻印とを任意に決定し、それゆえに彼らが欲するままの多くの利益をその際あげることができた。こうして鋳貨制度の中央権力からの分離と鋳貨の改悪とは手を携えて進行した。すなわち最大の社会学的な圏あるいはその中央機関が貨幣を保証することが少なければ少ないほど、貨幣はますます実際には貨幣ではなくなる。この関連の逆行可能性はこの関連を確認するのみである。すなわち貨幣の品位貧弱化はそれなりに、貨幣がその統一に依存している最大の圏の解体と崩壊へと影響した。さらにそればかりではなく純粋に形式的で象徴的な関係でさえ、これらの現象においてはなんらかの仕方で協力したかもしれない。金と銀との本質的な特徴のひとつは、それらの相対的な破壊不可能性であり、その結果において金銀の総量は長期にわたってほとんど変わらないままである。なぜなら採掘によって追加される量は、すでに存在する量にくらべてごく僅かにすぎないからである。多数の他のすべての客体は使い古され、永遠の流れのなかに姿を消し、そしてふたたび補充されるのにたいし、貨幣はほとんど無限の耐久性のなかに、個々の事物のこの変転とは無関係なままである。しかし貨幣はこれによって個々の事物を超越するが、これはちょうど客観的な集団統一が人格の動揺を超越するのと同じである。それというのも集団機能のあの具体化された抽象の特徴的な生活形式は、まさにそれがこの機能の個々の実現の彼方に立ち、個性的で一時的な現象の流れのなかに静止する形象であり、これがいわばそれらの現象を受け入れ、それらによって形成され、ふたたび釈放するからである。すなわちこれは国王の不滅性であり、これは国王の偶然的な人格や、その個々の処置や、その集団の変転する運命の彼方に立ち、彼の肖像をつけた鋳貨の相対的な永遠性は、国王の不滅性にとって象徴としてと同じように証拠として作用する。君主との取引が、十六世紀にそもそも初めて大規模な純粋な金融業を創造した。これがひき起こした君主との交流は、それまで金融業と結びついていた商品取引をなにか下賎なものと思わせ、金融商人は君主の威厳との類似のもとに、これにそびえ立った。こうして貨幣制度にたいする社会主義者の憎悪もまた、労働者にたいする資本家のこの制度に帰せられる私経済的な優越のみではなく、彼らの反君主的な本能にも由来するかもしれない。それというのも貨幣が要求する集団総体の客観化は必ずしも君主的な形式をとって生じる必要はないにせよ、それでも近世の歴史においてはまさにこの形式が、集団の経済的な機能への中央権力の干渉にもっとも強く貢献したからである。君主の固定した居住地もまた中央主権化をきわめて促進するが、それは貨幣納税において初めて可能である。輸送できない現物税に対応するのは、どこでもそれを〈現物で〉消費する宮廷の巡回である。近代の租税政策がしばしば現物税を地方自治体に委譲し、しかも国家を所得税に基づかせようとするのは、まったくこの意味においてである。中央権力の租税要求が個人の純粋な貨幣収入にむけられることによって、それがまさにとらえるのは、最初からもっとも緊密な関係をもっていた所有客体である。貨幣制度と緊密に関係する官僚制度の発達は、そのかぎりにおいてたんに中央集権的な発展の徴候にすぎない。封土封建制の官僚制は地方分権的なものであり、封土受領者の空間的にへだたった所有地は、彼の関心を中央からそらせた。ところが貨幣給与はたえず改めて行われ、彼の関心を中央へ導き、中央への彼の依存をつねに新たに強くする。それゆえトルコ政府はそのたえざる鋳貨改悪にあたってそれでも十九世紀の初頭には、官吏と将校のために二倍の重さの鋳貨を鋳造させることを強いられた。なぜなら本来の国家職員にたいしてこそ真に有効な貨幣が必要とされたからである。それゆえ官僚制度の法外な増加と洗練とは貨幣経済において初めて可能であった。しかしこれこそはまさに、集団結合の特別な中央の構成体への客観化と貨幣とのあいだに成り立つ関係の徴候にほかならない。ギリシア人においてはこの関係はもともと国家的な統一ではなく宗教的な統一によって担われた。すべてのギリシアの貨幣はかっては宗教的であり、重量や容積や時間配分といった一般に通用する他の量概念とまったく同じように司祭身分に由来する。そしてこの司祭身分は同時に諸地方の連合統一を代表し、最古の連合はまったく宗教的な基礎に基づき、この基礎はかなり広い領域にとっても時には唯一の基礎であり続けた。聖殿は超分立主義的で中央集権的な意義をもち、そして貨幣が共通な神性の象徴を担いながら表現したのは、まさにこの中央集権的な意義であった。神殿のなかに結晶化した宗教的・社会的な統一は、神殿が発行する貨幣においていわば再び流動的となり、個々の破片の金属意義をはるかにこえて貨幣に基礎と機能とをあたえる。この社会学的な状況に担われ、そしてその状況を担いながら、貨幣実体の犠牲にもとづいて貨幣機能の上昇する意義が実現される。いくらかの実例と考察とはこの過程を明らかにするであろうが、貨幣の内容を形成する多くの職務のうち、以下の職務について実例をあげて考察する。すなわち流通の簡素化、価値尺度の不変性、価値の流動化とその流通の促進、できるだけ簡約な形式への価値の圧縮についてである。

序説的に強調したいのは、すでに述べた君主によって企てられた鋳貨改悪こそは、大衆の巨大な不利によって、貨幣の金属価値にたいする機能価値をきわめて鋭く明らかにしたということである。改悪された鋳貨を臣民に受けとらせ、これの代わりにより良質の金属を引き渡させたものは、それでもまさに改悪鋳貨が貨幣の流通目的をはたしたということであった。鋳造権君主がせしめたものは、貨幣の機能価値にたいする法外に高められた等価物であり、この機能価値のために臣下は新旧鋳貨の交換を、すなわち貨幣の金属価値の犠牲を承諾しなければならなかった。とはいえこれはまったく一般的な現象にすぎず、その特殊な先鋭化と思われるのは、その形式によって一般に他の貨幣よりも取引により役立つ貨幣は、同じ価値内容にもかかわらず他の貨幣よりも優越しているのみではなく、むしろそれはそれによって次の事例におけるようにその固有の実体意義をはるかにしのぐことができるということである。一六二一年に北ドイツの鋳貨改悪によってライヒスターラー貨（ドイツにおいて一五六六年から一七五〇年頃に通用した銀貨）の価値が四八から五四シリングに騰貴したとき、ホルシュタイン、ポンメルン、リューベック、ハンブルクや、その他の政庁は共同の鋳貨法令を発して、ライヒスターラー貨は一定の時点からはたんに四〇シリングとしてのみ通用すべきであるとした。このことは一般に正当で有益と評価されて受け入れられはしたが、それでもライヒスターラー貨はさらに分割と計算とが比較的に容易であったため、なお長く四八シリングとして通用した。同じことははるかに高い複雑な段階においても生じる。取引所は現在のところ公債証書が高額と低額とで発行されて、――〈割合からすればば〉価値はまったく同じであるにもかかわらず――低額証券のほうがより多く求められ、比較的小さい取引に利用されるから、高額証券よりも低額証券のほうにいくらか高く値段をつけるのをつねとするばあいのことである。さらに一七四九年にアメリカの植民地における鋳貨目的にかんする委員会の声明したところでは、生産よりも消費の多い経済の未開発な国においては、貨幣はより豊かな隣国よりも劣悪でないばあいは不可避的にそこへ流出するから、つねにそこよりも劣悪でなければならないという。それゆえこの事例はさきに述べて事実、すなわち一定の貨幣形式の計算と決算とへの適合は、客観的に妥当する価値をはるかにこえて意図的に高められた価値をこの形式にあたえるということの上昇と先鋭化である。貨幣の機能的な合目的性はここではその実体価値をこえて大きくなりすぎ、その意義を転回させることになる。まったく価値の少ない小銭が貴金属にたいし時には信じられない価値を主張したばあいは、すべて機能価値による金属価値の圧倒の証明としてこれに属する。このことが生じるのはたとえば金採掘地方においてであり、そこでは獲得された富が活発な取引を生みだすが、それでもそこには日々のより小さな需要のための交換手段がない。このようにして十七世紀の終わりにブラジルの採金業者たちのあいだに小銭の欠乏が生じたとき、ポルトガル国王はこれを利用して、金の法外なプレミアムをとって銀貨を提供した。その後カリフォルニアとオーストラリアにおいても採掘業者がたんに小銭を得るために、その代わりに二倍から一六倍の金属価値を金で支払うということが生じた。この種のもっともひどい現象を提供するのは、最近まで支配していた――最近は改革中であるといわれている――トルコの鋳貨状態である。ここにはニッケル貨も銅貨も存在せず、小銭としてはたんに惨めな銀の合金、アルティリック貨、ベシュリック貨、メタリック貨のみが存在し、これらのすべては取引にはまったく不十分な量しか存在しない。その結果はこうである。すなわち政府は一八八〇年にみずからこれらの鋳貨の名目価値をほぼ半分に減少させたが、これらの鋳貨はその価値をほとんど変えないで維持し、金にたいして言うに値するほどの逆プレミアムをまったくつけず、そればかりか全世界に流通している貨幣記号のうち最悪とされているメタリック貨が、時には金にたいして額面以上に上がることがある。まさにこのことこそきわめて特徴的である。すなわちもっともつまらない鋳貨がまさに取引にとってはもっとも重要な鋳貨であり、もっぱらこの重要性によって評価される。――それゆえにこそまた小さな鋳貨はいたるところで鋳貨改悪の最初の対象である。メタリック貨の価格は逆説を含んでいる。すなわち貨幣は無価値であればあるほどますます価値多きものとなることができる。――なぜなら貨幣の実体的な無価値性こそは、貨幣を一定の機能的な職務に適合させ、この職務が貨幣の価値をいまやほどんど無限に高めることができるからである。

貨幣の機能意義の上昇した意識と上昇した事実性とは、銀本位制にたいする異議をもまた可能とした。すなわち貨幣に要求されるものは、第一にも無条件にも便利さと取り扱いやすさとであるという異論である。食糧品の使用が多くの不便さをともなうにしても、それがたんに栄養があり美味でありさえすれば、その食糧品はたしかに維持されることができる。不便な衣服もまた美しいか暖かいから維持される。しかし不便な貨幣は食べられない食糧品や着られない衣服と同じである。それというのも貨幣の最高の目的は、財貨交換の便利さであるからである。ここで比較された財貨との相違はまさに、貨幣が他の財貨に比べて主要性質とならぶ副次性質をほどんどもたず、またもたなくてもよいということに基づく。貨幣はすべての具体的な財貨のうえの絶対的な抽象体であるから、貨幣はその純粋な規定の外にあるいかなる性質によっても不当に煩わされもしなければ、他の方向へ誘導されもしない。

貨幣の機能の上昇あるいは低下はその実体価値とは無関係にその価値を増大あるいは減少させることができるということは、——とりわけ貨幣の実体価値と緊密に結合していると思われる貨幣の評価根拠、すなわち貨幣の価値不変性についてさえ妥当する。ローマ皇帝はすでに述べたように、金貨と銀貨との鋳造の独占権をもっていたが、銅貨すなわち信用貨幣は元老院によって、そしてオリエントでは都市によって鋳造された。このことは最初から、皇帝が実体価値のない小銭によって国土をあふれさせないことへの一定の保証をなした。結果はやはりたんに、皇帝たちが彼らにゆだねられた銀貨の改悪に頼ることになり、そこからはまたローマ鋳貨制の底知れない崩壊が始まった。いまやここから価値関係の注目すべき逆転が生じた。すなわち銀貨は改悪によって信用貨幣にまで下落したが、銅貨のほうはその価値をかなり変わらずに維持したことにより、価値鋳貨の性格をかなり高い程度まで回復した。それゆえ価値不変性という性質はここでは、それの相対的な高さあるいは降下によって、貨幣価値の担い手としての金属実体のこれまでの性格を完全に逆転させることができる。実体価値にたいする安定性価値の優越というこの意味においていまや主張されるのは、紙幣本位制の金本位制への移行はけっして地金支払いの再採用をともなうにはおよばないということである。たとえばオーストラリアのようにその紙幣が銀にたいしていかなる逆プレミアムをつけない国においては、たんなる金計算への移行によってはすでに金本位制の決定的な利益、すなわち貨幣価値の安定化は獲得される。こうして問題となっている実体の機能は、実体そのものがまったくなくても達成できる。さらに最近では貨幣価値の不変性への関心が、紙幣への金属の準備をまったく廃止すべしという要求となった。すなわち金属の準備の存続するかぎり、さまざまな国にとって共通の制度が創設され、これがそれぞれの国の内的な取引を他の国の政治的および経済的な運命のすべての変動に従わせる。準備のない紙幣はその輸出不可能性によって、まったく国内にとどまって国内のすべての企業に役立つという利益を提供するのみではなく、さらになによりも完全な価値不変性を提供する。この理論がいかに攻撃できるにせよ、それでもそのたんなる可能性が示しているのは、貨幣概念の実体概念からのあの心理的な分離と機能的な職務の観念によるその成長する完成である。ついでに述べれば貨幣のこの種のすべての機能は明らかに、機能への貨幣の一般的な解消が行われるさいの諸条件に従い、それゆえこの種の機能は所与のそれぞれの瞬間には不完全にしか妥当せず、この概念は無限の彼方にある発展目標を示している。貨幣が測定すべき価値はまた貨幣がその相互関係を表現すべきであるが、この価値がたんに心理学的なものであるということによって、すでに貨幣には容積や重量の尺度のもつ不変性は拒否される。

しかし貸金の返済にさいして、借りているあいだに貨幣の価値が変われば人はどうすべきであるか、この問題に直面して実生活は、右の価値不変性を事実とみなす。この変化が貨幣価値一般の下落によって生じ、したがって同じ貨幣額が返済のさいに価値が少なくなっていれば、このことは法律によっては考慮されない。すなわち同一の貨幣額はそのまま同一の価値とみなされる。鋳貨そのものが合金によってであれ、鋳貨品位の変更によってであれ、改悪されたばあい、法律はただちに、新しい鋳貨品位にしたがって相当する額が返済されるべきとか、同一の分量の品位が返済されるべきとか、まったく機械的に債務の名目価値が返済されるべきとかを規定する。したがって大体において重きをなすのは、貨幣はその価値を変わらないままに維持するという観念である。ところでこの安定性は、貸付にさいしてそれを疑う人のいない現物対象においてさえ擬制にすぎない。春に借りた一ツェントナー（重さの単位、ドイツでは五〇キログラム）の馬鈴薯は、後にそれを〈現物で〉返すばあい、はるかに多くの価値があったり、はるかに少ししか価値がなかったりするかもしれない。とはいえここで対象の直接の意義を考慮することができれば、馬鈴薯の交換価値は変動するかもしれないが、その満足価値と栄養価値とはまったく同じものであり続ける。ところが貨幣はこの種の価値をまったくもたず、たんに交換価値をもつのみであるから、貨幣の安定性の前提はそれだけいっそう目立つようになる。発展は合目的的に、この実際に必要な擬制がますます真実であることを証明しようと努めるであろう。すでに貴金属について人びとの強調するところでは、装飾への貴金属の関係は貨幣の価値安定性に役立つ。それというのも装飾欲望はきわめて弾力的であるから、貴金属準備の増加のさいはただちにより多くの量の金属を吸収し、それによってその価値の過度の低下を阻止するが、貨幣への需要が増大するばあいは装飾品準備は貯水池として役立ち、ここから必要な量が取り出され、価格上昇が制限されるからである。しかしこの傾向の継続においては、貨幣実体をまったく排除するという目標があるように思われる。それというのも貴金属のようなきわめて適切な貨幣実体でさえ、動揺を完全には免れることができず、動揺は需要と生産と加工などの貴金属の独特の条件から生じ、交換手段と相対的な商品価値の表現としてのその職務とはある程度までは無関係であるからである。貨幣の完全な安定性が初めて達成できるのは、貨幣がもはやけっして独立してはおらず、具体的な諸財貨のあいだの価値関係のたんに純粋な表現にすぎないときである。これによって貨幣は、財貨の動揺によっては変化しない静止状態に入るであろう。これはちょうどメートル尺が、これが測る現実の大きさの相違によっては変化しないのと同じである。そのときこの職務の遂行によって貨幣のものとなる価値もまた、最大限の安定性に到達するであろう。なぜなら需要と供給との関係はこのようにして、その量がわれわれの意志に不完全にしか従わない実体への依存のばあいよりも、はるかに正確に規制されるからである。もちろんそれによって否定されないのは、一定の歴史的および心理的な状態のもとでは、金属との結合が金属との分離よりも貨幣にはより大きな安定性を保証することができるであろうということである。——これはすでに主張したところである。こうして——そこであげた類比と結びつければ——もっとも深くもっとも崇高な愛とは、すべての現世の残滓の完全な排除のもとに二つの心のあいだにのみ成り立つ愛であるとしても、——ただこの愛が到達できないかぎりは——愛感情の最大限がまさに示されるのは、純粋に心的な関係が感覚的な近接と魅力とによる加味と媒介を受け取るばあいである。こうして天国がその浄福の約束はたすのは、浄福の意識がこれとは反対の感情の対照をまったく必要とはしないことにおいてであろうが、——しかしわれわれが人間であるかぎりは、それとは別に存在している悩みにみちた冷淡なうらぶれた感情状態のみが、われわれに積極的な幸福を相違感覚としてもたらすことができる。それゆえ理想的な社会制度においてはまったく実体のない貨幣が絶対に合目的な交換手段であるとしても、それでもそれまでは貨幣の相対的に最高の合目的性はまさに実体への貨幣の結合によって制約されることができる。したがって貨幣の実体との結合状態が意味するのは、純粋な機能のたんに象徴的な担い手への貨幣の解消となる無限の道程からの逸脱ではけっしてない。

貨幣の機能価値と内的な価値とのあいだの分離過程の特別な段階を示すのは、実際の支払いには使われない貨幣が価値の評価のための尺度として用いられるばあいである。貨幣は同時に尺度職務をはたすことなしには、交換職務をはたすこともできない。しかし尺度職務は、ある点においては交換職務からは独立に現れる。古代エジプトにおいては価格は〈ウテン Uten〉、すなわち輪にした銅線の破片によって定められたが、支払いはきわめてさまざまな必需品によって行われた。中世においては貨幣価格はしばしば固定されていたが、買手は貨幣価格にたいし〈任意のもので〉支払ってよかった。アフリカの多くの場所においては今日も財貨交換は時にはまったく複雑な貨幣相場にしたがって行われるが、貨幣そのものはたいていは存在しない。十六世紀のきわめて重要なジェノバの為替市場の取引は、マルケン貨幣（下記のスクード・デ・マルケンの独訳）（スクード・デ・マルケン scudo de'marchi）という価値単位によって清算された。この貨幣単位は存在しているいかなる鋳貨においても表現されず、むしろまったく想像上のものであり、一〇〇スクードは最良の金貨スクード九九と同じ価値をもった。すべての債務はマルケン貨幣によって調整され、それによってこの測定通貨はまさにその観念性のために、貨幣鋳造のすべての変動と混乱とを免れた完全に固定した通貨であった。インド会社もまたインド鋳貨の改悪と磨滅と贋造に対処するため〈ルピー通貨〉を導入したが、これはまったく鋳造されたことのない鋳貨であり、一定の量の銀に相当し、たんに尺度をなし、改悪された実際の鋳貨の価値はそれによって確認された。いまや実際の鋳貨そのものも、そのように固定した観念的な尺度によって、それだけで固定した相対的な価値を獲得した。これによって十九世紀の初めの理論家が思い浮かべた状態がほとんどすでに到達された。彼は鋳貨もしくは他の形式での取引を媒介するすべての貨幣を、交換される財貨にたいする指図証券として説明することによって、結局は貨幣のすべての実在性の否定に到達する。すなわち彼は本来の意味での貨幣を鋳貨と対立させ、たんに鋳貨のみを貨幣にしたがって計算されるあの「指図証券」であると説明し、他方で貨幣そのものはすべての財産価値にとっての観念的な尺度にすぎないとする。それゆえここではマルケン貨幣の原理が一般的な理論となり、貨幣は純粋な形式と関係概念へときわめて観念化され、ために貨幣はもはや具体的な現実とはけっして一致せず、むしろ貨幣と具体的な現実との関係は、抽象的な法則と経験的な事例との関係に等しいにすぎない。右にあげた出来事において価値測定の機能は実体的な担い手からは分離された。すなわち計算鋳貨は金属鋳貨にたいしいわば意図的な対立において現れ、その地位を金属鋳貨の彼方に確立する。ここで問題となる関係においては観念的な貨幣も良い貨幣と同じ職務を果たす。それというもの良い貨幣さえここでまさに良いのはたんにその機能、すなわち良い貨幣の助けによって行われる価値測定の安定性によってのみであるからである。

ところでこのことはさらに、等価物が貨幣の本質的な職務のひとつとしての価値の流動化を際立たせるかぎりは、等価物による貨幣価値の代表へと通じる。交換手段、価値尺度、価値貯蔵手段などとしての貨幣の意義が、その最初の微々たる状態からそのいわゆる実体価値にまさる優勢へとより成長すればするほど、ますます貨幣はまさに金属形式とは別の形式においてもまた地上に流通することができる。そして同じ発展、貨幣の制限された硬直性と実体的な固定性からのこの代理物への発展は、さらにこれらの代理物そのものの内部にも現れる。たとえば個人から個人へあてられる記名債務証書から無記名証券への発展がそうである。以下ではこの発展の段階が追及される。本来の貸付人のみではなくこの証券の持参人も取り立てへの権利をもつという債務承認の条項は、すでに中世に現れているが、しかしこれは証券の価値を譲渡するためではなく、債権者の代理人による取り立てを容易にするためであった。証券のこのたんなる形式的な流動化は、リヨンの取引所において流通したフランスの〈白地手形〉においてより事実的な流動化となった。これはその様式からはなお個別的な債権者を指示するが、しかし彼の名前は記入されてはいない。しかし名前が空欄に書き込まれるや、債権者はいまや個別に決定される。純粋な無記名証券による本来の商取引は、十六世紀にアントワープではじまった。われわれの知るように、はじめ無記名証書が特別の譲渡なしに支払いに使用されたころ、満期日にしばしば兌換がそれに拒否されたため、皇帝の命令が無記名証券の原理的な有効性を確立しなければならなかった。ここにわれわれはきわめて明確な段階的連続をもつ。問題の価値は個別的に規定された債務証書によっていわば債権者と債務者とのあいだにはさみこまれる。それが最初の流動性を獲得するのは、それが最初の債務者の勘定においてではあるが、少なくとも第三者によって取り立てられることができることによってである。この流動性が拡大するのは、白紙証券が債務者の個人的な規定を廃止はしないが、しかしそれでもそれを任意に延期することによってであり、結局は鋳貨のように手から手へとわたることのできる純粋な無記名証券において、価値は完全に流動化されるようになる。これはさきに国家の大蔵省証券おいて観察した発展の裏面、あるいはいわばその主体の転換であると思われる。大蔵省証券は個々の特定の国王収入の代わりに結局は国家収入一般に基づいて発行されることによって、債務者の側からすればその個人的な固定性を失い、その実体的な制限性から一般的な国家経済の運動のなかへと移行し、そしてすでにその特殊な品質の吟味もいまは廃止されたので、この品質が表示する価値のかぎりなくはるかに動的は担い手となった。

価値の一般的な流通促進において、いまやまたただちに貨幣の実体と機能との関係も発展する。貨幣と貨幣代理物とのあいだの関係の一面的な見解にたいして、貨幣代理物――小切手、手形、倉荷証券、振替――は貨幣を駆逐することなく、たんにその回転をより速めるにすぎないと主張された。貨幣のまさに代理というこの機能がよく示されるのは、紙幣がその大きな、それゆえ流通しにくい額面からますます小さな額面へと低下するということにおいてである。すなわち一七五九年までは大英銀行は二〇ポンド以下の紙幣を発行せず、一八四八年までフランス銀行は五〇〇フラン紙幣のみを発行したにすぎなかった。あの貨幣代理物が現金支払いにとって代わることによって、なるほど個人は比較的多くの貨幣額を金庫に保存することを免れる。とはいえこのことの利益はそれでもたんに、このように自由になった貨幣が他のところで、たとえば小切手銀行で活動することができることにのみある。それゆえ節約されるのは実際は貨幣ではなく、たんに金庫現金としての貨幣の受動的な無為在高のみである。こうしてさらにまた観察されるのは、信用貨幣と正貨とはたんに簡単に相互に交換されるのみではなく、一方は他方をまさにより活発な運動へもたらすということである。きわめて多くの正貨が市場にあるばあい、しばしば信用経済もまた陶酔状態へと昂進し、ついには病理的な現象にまでなる。こうして十六世紀のドイツにおいて多くの金属輸入には最大のもっとも不堅実な信用が結びつき、五〇億時代の会社設立熱狂となった。このように貨幣と信用とがそれらの意義をたがいに高めあうことは、同じ機能的な職務へのそれらの召命を意味するにすぎない。したがってこの職務が一方の発展において強く現れれば、他方もまた運動の同じ活発さへと促される。それゆえこのことは両者のあいだの他の関係、すなわち信用は正貨を無用とするという関係とけっして矛盾はしない。われわれの聞くところによれば、イギリスではすでに一八三八年には生産の途方もない上昇にもかかわらず、正貨は五〇年以前よりも僅かであり、さらにフランスにおいては革命以前よりも僅かであったという。同じ根本動機から生じた二つの現象のあいだには、一方ではたがいに促進しあいながら他方ではたがいに駆逐しあい交替しあうという二重の関係が存在する。——このことはまったく理解でき、けっして稀ではない。ここで思い起こされるのは、愛の根本感情が感覚的にも精神的にも表現され、しかもこれらの二つの表現様式が相互に強めあいながらも、しかしまたその一方が他方を排除しようと努めあい、そしてしばしば、まさにこれらの二つの可能性のあいだの相互演技が、根本感情をもっとも深くもっとも生きいきと実現させるということである。さらに思い出されるのは、認識衝動のさまざまな活動は、それらがたがいに促進しあうばあいも、たがいに排除しあうばあいも、根本的な関心の統一性を一様に示すということである。最後に、集団における政治的なエネルギーは個人の気質と環境とにそれぞれしたがってさまざまな政党に凝縮されるが、しかしこれらの政党はそのエネルギーの力の規模を諸政党のあいだの闘争の激情のなかに示すとともに、全体の関心が時には諸政党を共同の行動へ統一化させることにも示す。こうして信用の意義は、一方では正貨流通とともに相互の促進の関係のなかにあり、他方では正貨流通にとって代わり、たんに両者が果たさなければならない職務の統一性を示すにすぎない。

ところで取引の増大によって要求されると思われる貨幣実体の増加に代わって、貨幣の流通速度の増加がますます現れる。先に述べたところであるが、すでに一八九〇年にフランス銀行は、実際に払い込まれた貨幣の一三五倍（四億フランにたいする五四〇億フラン）も当座勘定へ移し、ドイツ帝国銀行はさらに一九〇倍も移した。一般には稀にしか明らかにはされないが、貨幣は信じられないほど僅かな実体でその職務をはたす。戦争やあるいは他の破局の突発のさい貨幣が、あたかも地中に沈没したかのように消滅するという奇妙な現象は、たんに流通の停滞を意味するにすぎず、この停滞は、つかの間も貨幣から離れたくはないという個人の不安によって誘発されたり強められたりする。正常な時代には流通の迅速さが、貨幣の実体を現実に存在するよりもはるかに膨大と思わせる。——これはちょうど、燃えている小さな火花が暗闇のなかで輪形に急速に運動していると、輝いている完全な環とも見えるが、その運動が停止した瞬間にはただちにふたたびもとの実体的な微小粒へと溶解するのと同じである。このことがもっとも顕著に現れるのは、劣悪な貨幣のばあいである。それというのも貨幣は次のような諸現象のあのカテゴリーに属しているからである。すなわち規則的な形式と過程にあってはその活動が、挙示できる限界と限定された範囲のなかに保たれているが、逸脱と悪化にあっては活動が、ほとんど際限のない見通しのつかない損害をひき起こすといった現象である。そのための類型は水と火との威力である。良い貨幣は劣悪な貨幣ほどには多くの副次作用によって煩わされず、それゆえその使用にさいしてそれほど多くの考慮と用心と二次的な処置を必要とはせず、劣悪な貨幣に比べて容易によどみなく流通することができる。貨幣がたんなる貨幣の職務をより厳格な形式で果たせば果たすほど、貨幣の量はますます僅かしか要求されず、それはますます容易にその運動にとって代わられる。取引の増加もまた流通する貨幣実体の増加によってではなく、貨幣片の縮小化によって達成されることができる。鋳貨の発展は一般に大きなそれから小さなそれへと進行するが、ここではその発展を特徴づける例をあげる。イギリスでは長期にわたってファージング貨(〇・一二グラムの銀に同じ)が最小の鋳貨であった。ようやく一八四三年から半ファージング貨が鋳造された。それゆえそれまでは一ファージング以下に値するすべての価値物は貨幣取引から排除され、またファージングの二つの整数のあいだにあるすべての価値物にとっては取引が困難であった。ある旅行者がアビニシア(エチオピアの旧称)(一八八二年)から語るところによれば、まったく一定の鋳貨のみが、一七八〇年のマリア・テレージア・ターラー貨のみが承認され、しかも小銭がまったくといってよいほど欠けているので、商取引が異常なまでに阻害されている。それゆえ誰かが半ターラーの大麦を買おうとすれば、彼は残りの貨幣で他のなんらかの対象を購入しなければならない。これにたいして一八六〇年代のボルノー地方(西アフリカのナイジェリアの北部の地名)からは特に容易な取引について報告されている。そこではあのターラー貨の価値は約四千の宝貝に分割され、そのため貧民も最小の商品にたいして貨幣をもった。もちろん鋳貨の縮小化がもたらした結果は、もはや多くが無償ではなされず、原始的な状態においては慣例である貸与と援助は、きわめて些細なことにも貨幣報酬が用立てられ、まさにそれゆえにまたそれが要求されるやいなや、ただちに消滅する。しかし代償なしのあの献身は最初は社会的な必要であり、次には道徳的な義務あるいは任意の好意であるが、まだけっして発展できる本来の経済を意味せず、これは逆に掠奪がそれを意味しないのと同じである。献身がそのような本来の経済となるのは、ようやく取引とその対象との客観化によってである。あの主観的な行動もたしかに高く経済的でもある価値をもつが、――しかしそれは経済にきわめて狭い限界をおく。そしてこの限界は、あの価値をもちろん直接に否定する処置によって初めて破壊されることができ、できるだけ小さな鋳貨の導入はそのような処置のひとつである。貨幣素材のいわば原子への分解は取引を非常に高める。それは貨幣取引のテンポを速めることによって、貨幣取引の数を増大させる。すなわちそれゆえに貨幣が機能する一定の様式は、貨幣の実体の量的な増加に代わることができる。

　ところで最後に貨幣の一定の作業は初めから、実体の本質とは異質的な意味をもつ。事物の経済的な意義を事物に独自の言葉において一般に表現するのみではなく、それをそこに圧縮することは、貨幣の機能に属する。ある対象の用益のおそらくは長期にわたってひき延ばされたすべての要素の価値と、その対象の空間的に散在する諸部分の特別な価値と、その対象へ準備されてそれに注がれたすべての力と実体との価値とは、すべてこの対象が支払われる貨幣総額の統一性へと圧縮される。貨幣価格がいかに多くの量の鋳貨単位からなるにせよ、それはやはり統一体として作用する。貨幣価値の諸部分の完全な無差別性は、諸部分の意味をもっぱら量的な高さに成り立たせるが、この無差別性のためにこれらの諸部分は、実践的な領域においては通常はほとんど存在しないほど完全に統一体を形成する。たとえば農場のような高価できわめて複雑な客体についてさえ、五〇万マルクの価値がするといわれるとき、この総額がいかに多くの個々の前提と考慮を基礎にするにせよ、この総額によって農場の価値はやはりまったく統一的な概念のなかに集約され、これはそれ自体において統一的な事物がそれ自体統一的な鋳貨概念によって評価され、それゆえたとえば一時間の労働が一マルクに値するのと、なんら異なるところはない。このことがせいぜい比較できるのは、若干の個性的な諸形態の本質的なものを結合した概念の統一性である。たとえば木という一般概念を構成するとき、個々の木々におけるきわめてさまざまな現実化から抽象化された諸標識は、もはや並存しているのではなく、たがいに浸透しあって統一的な本質性となる。概念のより深い意味とは、標識のたんなる集合ではなく、むしろ理念的な統一であり、この統一のなかにこれらの標識は、それらのすべての相違にもかかわらずたがいに出会い、たがいに融合しあう。――これと同じように貨幣価格は、客体の多面的で外延的・経済的なすべての意義をいわば広がりのない統一体へ収斂する。たしかに貨幣の純粋な量というあの性格はこのことを妨げるにちがいないと思われる。すなわち一マルクは第二の一マルクとともに、有機的な身体もしくは社会的な団体の諸要素の形成するような統一体を形成することはできず、相互のなかへの編み合わせがそれらのあいだには欠如し、それらは永遠に並存の形式に拘束されたままのように思われる。とはいえこのことは実際には、関連のない諸単位のたんなる加算的な集合体にすぎない。これにたいして五〇万マルクは農場の価値としては、農場の価値の高さの統一的な象徴であり、その表現もしくは等価物であり、したがって個々のマルク単位のたんなる並存ではなく、これはちょうど気温が二〇度によって示されるばあい、それによっては二〇の個々の度数の総計ではなく、むしろそれ自体においてまったく統一的な温度状態が考えられているのと同じである。これが対応するのは、価値を圧縮するするという貨幣のすでに述べた作業であり、この作業によって貨幣は偉大な文化諸力に参加するが、この文化諸力の本質は、どこにおいても最大の力を最小の点に集中し、エネルギーの集中の形式によって、われわれの目的にたいする消極的および積極的な抵抗を克服することにある。ここで何よりもまず思い出されるのは機械であり、しかもそれは、たんに機械が自然力をわれわれの望む活動の軌道へ集中的に導くという明白な側面からのみではなく、また機械のあらゆる改良と機械の速度の上昇とが労働者を彼の能力投入の高められた集中へと強いるという側面からでもある。このことはまさに、機械的な技術の進歩と労働時間の短縮とがなぜしばしば手をたずさえて進行することができ、また進行せざるをえないかの理由である。なぜなら改良された機械装置はたんに自然力のみではなく人間力をもまた、より圧縮された形式、いわば緻密な形式においてわれわれの目的に役立てるからである。私は同じ文化傾向が、われわれの世界像の内部における自然法則の支配において実現されるのを知っている。個々の現象への固着や原始的な経験の偶然性と孤立に比べると、自然法則は認識作用の法外な圧縮である。自然法則は無限の個別事例の現象様式と運動とを簡単な公式のなかに総括し、精神はこの公式をもって生起の空間的および時間的な拡張を、見渡しのきく体系のなかへと圧縮し、この体系のなかにはいわば全世界が潜在的には包含されている。諸現象のまったく別な極において、携帯兵器の鉄砲による交替は同じ発展形式を示す。火薬のなかには巨大な力の圧縮があり、この圧縮は最小限の筋肉作用によって直接にはまったく達せられない広がりの作用を解き放つ。さらに歴史的な運動の内部において氏族や家族や組合仲間などの組織に代わって現れる人格の重要性と分化も、おそらくはこれと同じ原理に従うであろう。運動する力が、ますます個性化され外面的により狭く限定された担い手から放射するにつれ、それは以前よりもより圧縮されて現れ、個人が彼の集団への緊密な融合において集団から割り当てられた運命要素は、いまや個人そのもののなかに凝集する。現代人の自決権も、きわめて増大した量の活動可能性が個人的な生存という狭い形式のなかに結合されなければ、合目的的にはけっして生じることができなかったであろう。これとけっして矛盾はしないが、これと同時にあの狭い共同体の諸機能が大部分まで、はるかに広大な大国家に移された。それというのも実際の業績に注目すれば、現代の国家の活動形式はその官僚組織と権力手段と中央集権化によって、小さな原始的な共同体のそれよりは無限にはるかに集中的なものであるからである。現代の国家はすべての政治的な能力の巨大な集中と融合と統一化に基づき、したがって人びとははっきりと次のように言うことができる。すなわち集中化して独立しているが広がりの僅かな共同体への国民の分解は能力の浪費をひきおこしたが、この能力の浪費に比べると、分化した自由な個人も、他方では現代の大国家も、能力の比較できない集中を表現し、社会的な活力はこれによってきわめて簡潔な形式へともたらされ、個々のあらゆる要求にたいしても新たなエネルギー使用の最小限によって最大限の業績が達成されることができた。ところで興味あるのは次のことを見てとることである。すなわち貨幣は事物の価値をもっとも簡潔な圧縮された仕方で表現することによって、力の圧縮への歴史的な傾向のこの実例にたんに加わるのみでなく、さらに貨幣はまたこのことを、同じ方向にあるがまったく異なった領域に属するあの多くの実例と直接の関係をもつというふうに確認してもいる。鉄砲の出現した時代には〈貨幣こそは戦争の勝敗の筋肉〉となり、火薬は騎士と市民から武器を奪い、これを傭兵たちの手に委ね、それゆえ武器の所有と利用とは貨幣所有者の特権となった。機械技術の発生と進歩とが貨幣制度といかに緊密に結合しているかは、いかなる証明をも必要とはしない。これにたいして後に取り扱わなければならないのは、原始的な集団形成のあの発展による一方では個性の解放と、他方では大国家への拡大とは、貨幣経済の発生ともっとも親密な内的な関係をもつということについての証明である。こうしてわれわれが知るのは、力の圧縮という文化傾向と価値の貨幣形式との直接にも間接にもさまざまな関連である。文化過程の他の側面にとっての貨幣のあのすべての間接的な意義は、事物の経済的な価値が貨幣によってもっとも圧縮された表現と絶対的な強度の代表を得たという貨幣の本質的な業績にかかっている。伝統的に貨幣の主要職務のもとに考えられるのが、貨幣は価値保存手段と価値輸送手段であるということであるとすれば、これはたんにあの基本的な機能の粗雑な二次的な現象にすぎない。しかし明らかにこの基本的な機能は、貨幣の実体との結合へのいかなる内的な関係ももたず、さらにはこの基本的な機能においてもっとも鋭敏に現れるのは、貨幣の本質的なものは、貨幣の担い手の独特の意義をはるかにこえて貨幣に投入された観念であるということである。価値圧縮者としての貨幣の役割が大きくなればなるほど、——そしてこの役割が大きくなるのは貨幣の個々の量の価値増大によってではなく、貨幣のこの機能のますます多くの客体への拡大と、ますます多様な価値の貨幣形式への圧縮とによってであるが、——貨幣はますます実体との必然的な結合から解放されるであろう。それというのも実体はその機械的な不変性と固定性とにおいて、実体の観念に投影され実体のなかに圧縮された価値物の豊富さと変化と多様性とにますます不適合とならざるをえないからである。

このことを貨幣の精神化の上昇と呼ぶことができるであろう。それというのも貨幣の本質は多数に統一の形式をあたえることだからである。感覚的な現実においてはすべてが並存し、精神においてのみ融合が存在する。概念によって概念の諸標識は統一され、判断によって主語と述語は統一され、そして直感的なものの直接性においては統一への類似はまったく存在しない。有機体は物質から精神への架橋として、いうまでもなく統一への萌芽であり、相互作用は有機体の諸要素をたがいに絡み合わせ、有機体は到達できない完全な統一へのたえざる努力である。精神においてはじめて諸要素の相互作用は真の相互浸透となる。交換における相互作用は諸価値物にこの精神的な統一をあたえる。それゆえ相互作用の抽象である貨幣は、すべての空間的・実体的なものに象徴のみを見いだすことができるにすぎない。それというのも空間的・実体的なものの感覚的な相互外在は貨幣の本質と矛盾するからである。実体が後退するにつれてはじめて貨幣は現実に貨幣となる。すなわち貨幣は、相互作用する価値諸要素のあの真の融合と統一点となり、たんに精神の偉業のみがこれであることができる。

こうして貨幣の業績は一部はその実体と平行し、一部は実体の量とは無関係に果たされることができ、それゆえその価値は低下せざるをえないとしても、――このことは貨幣一般の価値が低下するということをけっして意味するのではなく、たんに個々の具体的な貨幣量の価値が低下するということを意味するにすぎない。これら両者はほとんど一致せず、そこで人はまさしく、個々の貨幣量の価値が少なくなればなるほど、貨幣一般は価値を増すと言うことができる。それというのも貨幣がきわめて安くなり、一定のどの貨幣額もきわめて価値がなくなることによって、貨幣は一般的な普及と急速な流通とどこへもおしかける利用可能性を獲得することができ、これらが貨幣にその現在の役割を保証する。個人の内部においても個々の貨幣量とその全体量とのあいだの同じ関係が活動する。個々の支出にさいしてもっとも手軽にもっとも浪費的に貨幣を手放す人こそは、貨幣一般にもっとも依存しているのがつねである。このことはまた、人はきわめて多くの貨幣をもつばあいにのみ、貨幣を軽蔑することができるという慣用句の意味のひとつである。平穏な時代と場所においては、生活のテンポも経済的により緩慢であり、貨幣もある箇所にはるかに長くとどまるが、貨幣の個々の量は、現代の大都市の経済的な追及におけるよりもはるかに高く評価される。急速な流通は手離しと再入手との慣習を生みだし、個々のそれぞれの量を心理的にはますますどうでもよいものや価値なきものにするが、他方で貨幣は貨幣一般として、――ここでは貨幣取引は個人には、あの平穏な生活においてよりもはるかに強烈に広く影響する――ますます大きな意義を獲得する。ここで問題となるのはきわめて広範な類型、すなわち全体の価値はその個々の部分の価値が低下するに比例して上昇するということである。思い出されるのは、社会集団の成員の個人としての生活と関心とがより低く評価されればされるほど、社会集団の規模と意義とはしばしばますます高まり、客観的な文化、その実質的な内容の多面性と活動性とは分業によってその頂点に達するが、分業はこの文化の個々の担い手と参加者とをしばしば単調な専門と制限と萎縮とに閉じ込め、個人がなお調和的な全体であることが少なければ少ないほど、全体はますます完全になり調和的となるということである。同じ形式はまた客観的にも現れる。ある種の詩の特殊な魅力と完成とは、個々の言葉がけっして独立の意味を、支配的な感情と全体の芸術目的に役立つ意味を除いて、心理的にまったく響かせないことと、さらに言葉の独特の意義を形成する連想の全体範囲がまったく後退し、たんに詩の中心にむかう連想のみが意識に明らかとなることとにある。したがって詩の諸要素がその個性的な独立の意味を失えば、それに応じて全体はますます芸術的に完全となる。そして最後にまったく外面的な事例がある。あるモザイク像の製作価値と芸術価値は、その個々の小石が小さければ小さいほど高くなる。全体の色彩がもっとも適切でもっともニュアンスに富むのは、個々の構成部分ができるだけつまらなく単純で、それだけでは無意味な色面を示すばあいである。それゆえ評価の領域においてはけっして未曾有の事例ではないが、全体の価値と部分の価値とはたがいに反比例して発展し、しかも事情の偶然の集合によってではなく、直接の原因によってである。個々の挙示できるいかなる貨幣額も数世紀前よりはいまは価値が少ないということは、貨幣の意義の巨大な上昇にとっての直接の条件である。そしてこの条件そのものがまた依存しているのは、貨幣の実体価値の犠牲にもとづく貨幣の機能価値の上昇である。このことが示されるのはたんに貨幣一般においてのみではなく、またそれより派生した個々の現象においてでもある。すなわち一部は教会の高利貸禁止論のため、一部は現物経済的な状態のために、利付貸付がほとんど存在しなかったかぎりは、利率は異常に高かった。経済的な生活において利子が大きな意義を受け取れば受け取るほど、利率はますます僅かとなった。

そして実体から業績への発展を貨幣の「無価値」化と解釈し、しかもあたかもこれによって人間から心――すなわちすべて――が奪われるのとほぼ同じものが貨幣から奪われるかのように解釈すれば、これはあまりにも原理的な立場からしても、この発展についてのきわめて重大な誤解である。この見解はすでに主要事を見過ごしている。それというのも貨幣が解消される機能そのものが価値をもつからであり、それによって貨幣には価値が成長し、この価値は金属貨幣のばあいは付加的なものであり、記号貨幣のばあいは唯一のものである。しかもこの価値はたしかに現実の価値であり、これは機関車がその輸送機能の遂行によって価値をもち、この価値が素材の価値以上のものであるのと同じである。もちろん貨幣は最初は、それが価値であるから貨幣機能を果たすことができる。しかし後には貨幣は、それが機能をはたすから価値となる。貨幣の価値をその実体価値におくのは、機関車の価値をその鉄重量の価値におくに等しい。もっとも後者の価値はそこに挿入された労働価値だけ上昇する。しかしまさにこの類似は、機能から生じる特殊な価値の承認を否定するように思われる。機関車の価格――この関連においては価値と価格とを区別する必要はない――はいうまでもなく素材価値と形式価値との和、すなわち素材価値とそこに投入された労働力の価値の和からなる。機関車が貨幣のように客体の交換を生じさせるということは、なるほど機関車がそもそも評価される誘因ではあるが、しかしこの評価の程度はまったくこれに依存しない。――これはちょうど他のばあいにも無数の客体の有用性は、それらが一般に市場価格をもつということをひき起こすが、しかしこの市場価格の高さはまったく他の要因によって規定されるのと同じである。有用性はそのような客体にあっては、ばあいによって価格がそれ以上に上昇してはならないという限界を設定し、ここでは有用性は価格の積極的な大きさを生み出すことはできない。この比較が妥当すれば、貨幣の価値はまたもやその機能からその実体へと帰ることを指示されるように思われる。とはいえこの比較はまさに決定的な点には妥当しない。機関車がたんにその素材価値と形成価値によってのみ支払われるということはもっぱら、任意のいかなる人でも機関車を建造することができ、それゆえ材料と労働力の和以外に機関車が生じるに必要な観念が価格形成になんの影響ももたないということに結びつく。もし機関車についての特許が存在すれば、機関車に支払われる価格の高さには、機関車が素材価値と労働価値との合計をこえてもつ価値が示されよう。観念が共有財産であるかぎりは、その現実化はまったく「希少性」をもたず、したがって希少性にして初めて観念の機能意義を価格において特別に表現させるであろう。ところが貨幣にも特許に相当するものが存在する。すなわち政府の貨幣鋳造権であり、これがすべての無権限者が貨幣の観念を現実化することを阻止する。貨幣の「希少性」は、貨幣が貴金属から成り立つばあいは部分的に、貨幣が紙幣や小銭であるばあいは全面的に、政府のこの独占に基づく。中国の法律は右の第一のばあいにおいて、本物の金属から鋳造した貨幣偽造者を、価値の低い金属から鋳造した貨幣偽造者よりも重く罰することによって、政府の独占を特に鋭く表現する。なぜならこのことを基礎づけるとすれば、前者が後者のばあいよりもまさにそれによって政府とより不適当に競争して政府の特権をより深く侵害するからである。任意のそれぞれが貨幣を鋳造できれば、貨幣の価値はたしかに素材価値と形式価値との和にまで低下するであろう。――そしてこのことによってあの独占もその利益とともに消滅するであろう。それゆえ民族学的な側面から認められることであるが、貝殻貨幣のさいのように各人がみずから任意に貨幣をつくることができるところでは、富者や族長の権力地位はきわめて容易に脅かされる。逆に貨幣の製造の国家の特権には、それぞれの貨幣所有者が所有額に〈比例して〉参加し、――これは特許された対象の購買者が発明者の特許に参加するのと同じである。中央権力に保留される貨幣鋳造権が貨幣に、現実に貨幣として機能する不変の可能性を保証し、この貨幣鋳造権によって――この機能はいまやそれなりに、貨幣の素材価値と形式価値にさらに有効な価値量を付加する可能性を、あるいは素材価値と形式価値とがないばあいは、貨幣にとにかく価値を付与する可能性をあたえる。これについてきわめて特徴的なのは、すでに共和制時代からのローマ法の規範である。計量銅貨に代わる鋳造貨幣の導入からローマ人は、鋳貨の実際価値が協定価値と一致すると否とにかかわらず、法的には鋳貨がその協定価値として受け取られるべきであると見なした。しかし金属からのこの独立がただちに要求したのは、貨幣はそもそもたんにまさにこの鋳貨のみであり、他のすべてはたんなる商品であるという追加規定であり、この鋳貨への要求にさいしてのみ人は厳格な金銭債務訴訟を行うことができ、その他のすべての金銭債務には商品債務と同じようにたんに実際の価値、それゆえ貨幣としてのその名目によっては影響されない価値〈その物の価値〉に基づいてのみ提訴すべきであった。すなわち合法的な鋳貨が貨幣の機能を保持したので、他の貨幣の価値は貨幣価値ではなく素材価値である。まさにそれによって合法的な鋳貨は、他の鋳貨であればたんにその内容によってのみ獲得できる価値を受け取り、その内的な価値とは独立に通用するということを正当化した。リットル枡は経済的な価値をもつが、それは素材と形式とを含んでいるからではなく、——というのも枡がこれらによってそれらの外にある目的に利用されなければ、だれもこれを必要とはしないだろうから、——それが測定の機能を適切に果たすからであり、これと同様に貨幣はその価値を、測定の職務とそれが果たす他の職務のなかにもつ。ただこの価値がまたもやたんに貨幣においてのみ十分な一般性によっては表現できないことが、価値がそれ自体よりも他のものにおいて表現されるリットル枡のばあいのようには、価値をただちに認識することを妨げる。貨幣の職務は貨幣の「使用価値」を形成し、この使用価値はそれでも貨幣の「交換価値」にともかくも表現されなければならない。貨幣とは、その「使用価値」のなかに同時に「希少価値」が含まれている客体のひとつである。それというのも使用価値は政府による鋳造に結びつき、すでに示したように政府の鋳造が希少価値を包含するからである。貨幣の実体説は、事物の意義をその〈出発点〉から〈目標点〉へ移動させるまったく不可避的な認識傾向にたいして抵抗する。貨幣とは何であるかではなく、貨幣は何のためにあるかが、貨幣にその価値をあたえ、したがって貨幣の本来の価値が貨幣をその機能にむかわせるにしても、貨幣がそこでその価値をこの機能の遂行によって受け取り、これによって高い段階において、低い段階において放棄したものを取り戻す。

ところで右に述べた発展において貨幣は、それが純粋な象徴となってその交換目的と測定目的のなかへまったく解消する点へ到達しようと努力するばあい、多種多様な平行線が示しているのは、貨幣をこの方向へ導く一般的な精神史的傾向である。われわれが第一次的にとらわれずに現象においていだく関心は、これらの現象を未分離な全体として把握するのがつねである。それらが形式と内容との統一としてわれわれに立ち現れるように、われわれの価値感情もまた現象の形式に、それがこの内容の形式であるから結びつき、また現象の内容に、それがこの形式の内容であるから結びつく。より高い段階においてはこれらの諸要素はたがいに分離し、たんなる形式としての機能に特別な評価方法がむけられる。形式によって担われる内容の多種多様性は、形式にたいしてしばしば些細と思われる。こうしてわれわれはたとえば宗教的な気分を、教義的な内容への無関心のもとに評価する。心一般のこの一定の高揚と緊張と融和とがそこに存在し、これが一般的なものとして無限に多様な歴史的な信仰内容を担うということ、――われわれはこれを価値があると感じる。このように力の実証そのものがしばしばわれわれに尊敬の念を起こさせるが、われわれはその結果には尊敬を拒否するにちがいない。同様に洗練された美的な関心が向かうのが、芸術作品において純粋に芸術であるもの、広義での芸術形式であり、その素材すなわちその主題と本来の感情にたいする無関心は増大するが、この本来の感情の昇華と客観化のなかに初めて真に美的な機能が創作と観賞とにおいて経過する。同様にわれわれが認識を価値ありと感じるのもまさに、世界を自らのうちに反映する精神の形式的な機能としてであり、そしてそのかぎり認識作用の対象と成果とが喜ばしいか喜ばしくないか、役立つか純粋に空想的であるか、これはどうでもよい。ところで価値感情のこの分化は、さらに注目に値する側面をもつ。近代の自然主義的な精神の完全な発展がむけられるのは、普遍概念の王座からの退位と個別的なもののまったく正当な表象内容としての強調である。生活の理論においても実践においても普遍的なものはたんに抽象的なものとして取り扱われ、抽象的なものはその意義をたんにその素材、すなわち具体的な固物にのみ見いだすことができるとされ、人はこの固物を超越することによって空虚に陥ると信じる。しかし、にもかかわらず普遍的なものの重要性についての感情は、かってプラトンにおいてその頂点に達し、その後も消滅せず、そして世界についてのわれわれの像のあらゆる点において、単独なものの素材的な実在性と、形式的・普遍的なものの深さと広さとが和解するとき、はじめてわれわれは世界への完全に満足できる地位を獲得する。こうして歴史主義と社会的な世界観は、普遍的なものを肯定しつつそれでもその抽象性を否定しようとする試みであり、すなわち個別的なものをこえての超越と、普遍的なものからの個別的なものの誘導とであり、この普遍的なものは完全で堅実な現実性をもつ。それというのも社会は、抽象的ではない普遍的なものであるからである。ところでこの方向にあるのが、内容からの分離における機能のあの評価である。機能はそれが仕える特殊な目的にたいしては普遍的なものである。すなわち宗教的な感情はその信仰内容にたいしては普遍的なものであり、認識作用はその個々の客体にたいしては普遍的なものであり、あらゆる力は概して特殊な課題にたいしては、課題の多種多様性につねに同じものとして対立する普遍的なものである。――これらはいわばきわめて多種多様な素材を受け入れる形式と枠組である。貨幣に結びついた価値感情が貨幣の素材から独立し、普遍的なものではあるがけっして抽象的なものではない貨幣の機能へ移るとき、貨幣はこの発展傾向に参加しているように思われる。最初は統一体としての一定の仕方で機能している素材にかかわった評価は分化し、そして貴金属は貴金属としてますますさらに評価されつづけるとともに、他方ではいまやその機能もまた、その素材的な担い手のいずれにたいしても超個人的なものであり、特別の独立した評価を手に入れる。貨幣が交換を媒介して価値を測定するということは、貨幣がわれわれにとって存在するためのいわば形式であり、金属はこの形式を受け取ることによって貨幣となる。――これは超世俗的なものについての表象が宗教的な感情に受け入れられることによって宗教となり、また大理石の塊が芸術作品となるのは、芸術的な創造力がその塊に、空間的に固定化されたまさにこの機能にほかならない形式をあたえたときのことであるのと同じである。価値感覚の洗練はこの根源的な融合を分解し、形式あるいは機能をわれわれとは独立した価値へと発展させた。たしかに貨幣のこの価値もまた担い手をもたなければならない。しかし決定的なことは、価値はもはやその担い手から湧きでるのではなく、むしろ逆に担い手がまったく第二次的なものであり、そのそれだけの性質はたんになお価値感覚の彼方にある技術上の理由からのみ問題となるにすぎない。

第三章　目的系列における貨幣

一

すべての精神史上の大きな対立、すなわち現実の内容をその原因からみて理解しようとするのか、それとも結果からみて理解しようとするのか、――すなわち因果的な思考方向と目的論的な思考方向との対立――この対立はその原型を、われわれの実践的な動機づけの内部における相違に見いだす。われわれが衝動と呼ぶ感情は、緊張したエネルギーが解消へと促される生理学的な経過と結びついていると思われる。緊張したエネルギーが行為に移されることによって衝動はやむ。衝動が現実にたんなる衝動であるばあい、それは行為によっていわば自己自身を離れるやいなや、たちまち「満足させ」られる。もっとも原始的な衝動感情として意識に反映されるこの直線的な因果経過に対立するのは、意識内容として知られるかぎりでの原因が結果の表象のなかに存在するような諸行為である。われわれはここではいわば後方から駆り立てられるように感じるのではなく、むしろ前方から引きよせられるように感じる。したがってここでは満足感は、衝動が力を発揮したたんなる行為によってではなく、行為が呼びおこした結果によって初めて現われる。たとえば目標のない内的な不安がわれわれを激しい運動に駆りたてるばあい、最初のカテゴリーの事例が現われる。第二のカテゴリーの事例が現われるのは、一定の衛生学上の目的を達成するために同じ運動をするばあいである。もっぱら飢餓からの食事は第一のカテゴリーに属し、飢餓なしにたんに美食のためのみの食事は第二のカテゴリーに属する。性的機能は動物の意味において行なわれれば第一のカテゴリーに、一定の享楽を期待して求められたばあいは第二のカテゴリーに属する。ところでこの区別は、われわれには二つの側面よりみて本質的と思われる。われわれがたんなる衝動から、それゆえ狭い意味において純粋に因果的に規定されて行動するやいなや、行動の原因として現われる心的な状態と、この心的な状態がもたらした結果とのあいだには、いかなる内容上の相等性も存在しない。われわれを運動させたエネルギーをもつ状態は、そのかぎり行動と行動の結果とにたいして、ちょうど風が木からゆり落とした果実の落下にたいする風のように、ほとんど質的な関係はもたない。これにたいして結果の表象が誘因として感じられるばあい原因と結果とは、それらの概念的あるいは外見的な内容よりみてたがいに一致する。それでも行為の原因はこのばあいもまた、表象あるいはその物的な相関物の現実の――たとえ科学的にはより詳細に定式化できないにしても――力であり、この力は表象の思考内容からはあくまでも分離される。それというのもこの内容、行為あるいは生起の観念上の事実内容は、それだけでは絶対に無力であり、たんに概念的な妥当性をもつにすぎず、現実のエネルギーの内容となるかぎりにおいてのみ、現実において存在することができるにすぎないからである。すなわち理念としての正義もしくは道徳はけっして歴史において効果をおよぼさず、むしろそれができるのは、それらが具体的な勢力によってその勢力量の内容として受け入れられるばあいである。それゆえわれわれの行動の内部における因果性と目的論とのあいだの権限争いは、次のように調停される。すなわち結果が、客観的な可視性の形式を身にまとうまえに、その内容よりみて心的な活動の形式においてそこに存在するあいだは、因果結合の強さはごく僅かな損害も受けない。それというのも内容はこの因果結合にとっては、たんにそれがエネルギーとなったばあいにのみ考察され、そのかぎりにおいて原因と結果とはあくまでも区別されるが、他方では両者の理念的な内容が示す同一性は、現実の原因とはけっして関係しないからである。

　現在の課題にとってより深い意義をもつのは、衝動的な意欲と目的に導かれた意欲とをたがいに特徴づける別な差異である。われわれの行動がたんに（より狭い意味において）因果的にのみ規定されるやいなや、全過程は、衝動的なエネルギーが主体的な運動へ変わることによって終わり、緊張の感情、駆り立てられているという感情は、行為が衝動の結果として現われるやいなや取り除かれる。衝動は、運動へのそれにとって自然な続行によって完全に生きつくし、そこでは主体の内部における全過程は閉ざされたままである。目的の意識によって導かれた過程は、まったく異なった経過をたどる。この過程は最初は行為の一定の客観的な結果を目ざし、その結果の主体への反作用、あるいは主体のこの結果への反作用によって終末に達する。それゆえ目的行動の原理的な意義は、それが主体と客体とのあいだにつくりだした相互作用にある。われわれの生存というたんなる事実が、すでにわれわれをこの相互作用のなかに織り込むことによって、目的に規定された行動はこの相互作用を精神の内面性へと高める。まさにこのことによって世界にたいするわれわれの関係はいわば曲線として、主体から客体へとむかい、客体を自己に引き入れ、再び主体へと帰ってくる曲線としてあらわれる。そして事物とのいっさいの偶然的で機械的な接触も外面的にはたしかにこれと同じ図式を示すが、目的行動としてのそれは意識の統一性によって貫流され結合されている。自然存在者として考察すれば、われわれはわれわれをとり囲む自然的な存在とたえず相互作用にあるが、しかしこれらの存在と完全な同格関係にある。目的行動において初めて自我は人格として、人格の外部（そして内部）の自然要素から分化する。あるいは異なった見方をすれば、個人的に意欲する精神と純粋に因果的に考察された自然とのそのような区別にもとづいて、初めて精神と自然とのあいだのより高い段階のあの統一、目的曲線に表現されるあの統一が可能である。この原理的な関係はいくらか弱められてではあるが、文化人の労働と自然人の労働とのあいだにあると考えられている相違においても繰り返される。すなわち文化人の労働は規則的に方法的に行なわれるが、自然人の労働は不規則的に気まぐれに行われる。すなわち前者は、われわれの有機体が労働に対立させる抵抗の意志的な克服を要求するのに、後者は心的な中心に累積された神経力の解放にすぎない。

　ところでこのことは、いっさいの目的行動の本来の目的が行動する主体そのものにあるはずであるとか、なんらかの客観的なものを実現させる理由が、その客観的なものが反作用してわれわれのなかに喚起する感情のなかにつねにあるとかを意味するのではない。このことが本来の利己的な行為に生じるばあい、それでもこれとならんで次のような無数の行動がある。すなわち動機と結果とのあいだのあの内容の同等が客体の意味、主体外的な生起の意味での結果のみにかかわる行動である。われわれの行動を生じさせる内的なエネルギーは、いくたびともなく意識の側面にしたがってたんに行動の実際の結果のみをとり入れ、その結果はさらにわれわれ自身にたち帰って作用しつづけるにもかかわらず、この作用を目的論的な過程のまったくの外部に放置する。なるほどわれわれの行為の結果が結局はわれわれのなかに感情を喚起しないとすれば、結果を実現しようと努力する原動力は結果の表象からは生じないであろう。とはいえ行動のこの不可欠な最終項は、それゆえにまだ行動の最終目的ではない。目的論的に規定されたわれわれの意欲は、むしろきわめてしばしばその実際的な結果にとどまり、意識的にはその結果以上を問題にはしない。それゆえわれわれが因果的・衝動的な過程に対立する目的過程の公式を求めれば、――そのさいこの対立が考察方法の対立、いわば方法論的な対立にすぎないかどうかは、未決定のままであるが――こうである。すなわち目的行動とはわれわれの主体的なエネルギーの客観的な存在との意識的な組合せを意味し、そしてこの組合せは現実の主体のなかにおける二重の拡大に成り立つ。すなわち第一には現実の内容の主観的な意図の形式における先取において、第二には現実の実現の主観的な感情の形式における反作用においてである。この規定から明らかになるのが生活体系における目的の役割である。

まずここから明らかとなるのは、いわゆる直接の目的が目的そのものの概念にたいする矛盾を意味するということである。目的が客観的な存在の内部における変更を意味するとすれば、この変更はそれでもたんに行為によってのみ実現されることができ、この行為は内的な目的設定をそれの外の存在に媒介する。われわれの行動は橋であり、これをへて目的内容は心的な形式から現実形式へ移行する。目的は本質的に手段という事実と結びついている。これによって目的は一方ではたんなる機構――さらにその心的な相関である衝動――とは区別され、この機構においてはそれぞれの要素のエネルギーが直接にそれに続く要素のなかに完全に放射され、これをこえて次の要素へはむかわない。次の要素はむしろたんに直接に先行する要素によってのみ管轄される。目的の方式は三項からなり、機構のそれは二項にすぎない。他方では目的は手段への依存によって、神的行為とも考えられるものからも区別される。神の力にとっては意志思考とその現実化とのあいだには時間的および客観的な間隔が存在することはありえない。人間の行為はこれらの二つの要素のあいだに挿入され、それは神には存在するはずもない妨害の克服にほかならない。われわれが神を世俗的な不十分さの像にしたがって考えないとすれば、神の意志は直接にそのようなものとして、意欲されたもののすでに実在であるにちがいない。神が世界についてもつ究極目的については、人はたんにきわめて制限された意味においてのみ語ることができるにすぎない。すなわち世界の運命を決着づける時間上の最終の状態としてである。しかし神の御心にとっては先行する世界の運命への究極目的の関係が、手段への人間の目的の関係と同じであるとすれば、すなわち唯一の価値あり意欲されるものとしてであるとすれば、――なぜ神はあの価値のない妨害的な中間段階を放棄して直接にそれをもたらさなかったかは、推察できないであろう。それというのも神はわれわれのように技術的な手段を必要とはしないからであるが、われわれは独立した世界に技術的な手段をもって、世界の妨害との妥協と漸次的な貫徹とを頼みとするきわめて限られた力によって対立する。あるいは異なった表現をすれば、神にはいかなる手段も存在しないから、いかなる目的も存在するはずはない。

この対照から明らかになるのは、右に強調したことの本来の意義、すなわち目的過程は、個人的に意欲する自我とその外部の自然とのあいだの相互作用を意味するということである。意志とその満足とのあいだにある機構は、一方では自我と自然との結合であるが、しかし他方ではまた両者の分離でもある。その機構が意味するのは、意志がそれ自体からは満足に到達できない不可能性であり、その機構があらわすのは、意志が克服する妨害である。それゆえ合目的性は本質的に相対的な概念である。なぜならそれはつねに、それ自体は目的と無縁なものを前提とし、この変形において成立するからである。この変形が必要とはされず、むしろ意志そのものがすでにその充足を自己に含むとすれば、目的設定はまったく生じないであろう。われわれ自身の行為は、そこに目的に規定された意志が存続するからには、われわれが手段のこの二重性を知る最初のばあいである。すなわちわれわれはその行為において、われわれ自身の心の外にある存在の抵抗と、この抵抗を克服しようとする指導的なエネルギーとを——一方は他方において意識され、その特殊な本質を獲得する——まったく身近に感じる。ところがその行為が目的の外的な対象を直接にはつくり出すことができず、そのためには望まれた結果を自らひき起こす他の外的な出来事をまずは出現させなければならないとすれば、そのあいだに挿入された事象はわれわれ自身の行動とここでは本質を同じくする。すなわち両者は等しく機構であり、さらにまた等しく精神から精神へと導く機構でもある。両者は持続的にたがいに接合しあい、出発点と終着点とを心のなかにもつ曲線を構成する。一定の生活様式の内部におけるこの曲線の平均的な項の数は、いまや自然にたいする知識と支配とともに生活態度の広さと洗練化をも表示する。そしてここに始まるのが、貨幣の創造において頂点に達する社会的な錯綜である。

まず次の関連は明らかである。Dという目的が達成されるべきで、そのためにはABCという一連の機械的な経過が、BはAによって、CはBによって、そしてDは初めてCによってひき起こされるというふうに作られねばならないとすれば、内容と方向とをDによって規定されているこの系列は、それらの項のあいだの因果関連の認識に依存する。CがDを呼び起こし、Bが同様にCを呼び起こすことができるなどということを、私がすでに知っているのでなければ、私はDへの願望においてまったく途方にくれるであろう。それゆえ目的論的な連鎖は、それらの項の右とは逆の方向に向かう因果的な結合が知られなければ、けっして生じないはずである。目的はこれにたいして、通常はそれなりに一般に因果的な関連を探求しようという心理的な刺激をあたえることによって報いる。それゆえ目的論的な連鎖はその内容的・論理的な可能性を因果的な可能性に見いだすが、しかしこの因果適な可能性はその関心を、すなわちその規則的な心理学的な可能性を目的という意欲のなかに見いだす。このように特徴づけられた相互作用は、ごく一般的に表現すれば理論と実践との関係を意味し、因果的な意識の深化が目的論的な意識の深化と手をたづさえて進行するという結果を明らかにもたらす。目的系列の長さは因果系列の長さに依存し、他方では手段の所有はいくたびともなく、たんに目的の実現のみではなく、目的の思考をも初めて生み出す。

自然的な存在と精神的な存在とのこの交差の意義を洞察するには、短い手段系列によるよりも多岐にわたる手段系列によるほうが、より多くのより本質的な目的を達成できるという、明白な自明の理を念頭におかなければならない。原始人は自然の因果性の認識においてきわめて制限され、それによって目的設定においても同じように制限されている。彼らにあっては目的曲線は中間項としては、自己の身体的な行為とそれぞれの客体への直接の作用以上のものをほとんど含まないであろう。さてこの客体から期待された反作用が彼に起こらなければ、彼は魔術的な法廷がなんらかの影響によって望まれた結果をひき起こすことを期待するが、そのような法廷の挿入も、ほとんど目的論的な系列の延長と思われるよりは、むしろその実行不可能性の証拠と思われる。それゆえあの短い系列が十分ではないばあい彼は願望を断念するか、それともかぎりなくより頻繁にはまったく願望を抱かない。系列の延長が意味するのは、主体が客体の力をますます多く自己のために働かせるということである。原始的な欲望がすでにより多くみたされていればいるほど、目的論的な系列はより多くの項を要求するのがつねであり、きわめて洗練された因果認識にしてはじめて、事物の自然の秩序の内部における直接の関連、つまりより短い道を発見することによって、ときには項の数の減少に成功する。このことは自然の関係の転換にまで高まることがある。すなわち比較的原始的な時代においては、単純な生活需要はなお単純な目的系列によって調達されるが、より高い分化した需要には多岐にわたる迂路が必要とされる。ところが進歩した技術的な文化は、まさに後者の高い分化した需要のために比較的より単純でより直接的な生産方法を所有するのがつねであるが、これにたいして生活の基礎的な必要物の獲得はますます多くの困難に出くわし、この困難はますます複雑化した手段によって克服されなければならない。一言でいえば文化の発展は、実際に近くにあるものについては目的的な系列の延長へとむかい、実際に遠くにあるものについてはその短縮へとむかう。そしてここでは道具というきわめて重要な概念が、目的行動にかんするわれわれの考慮のなかに現れる。あの目的論的な曲線の原始的な形式は、それでもわれわれの行為が外的な客体を反作用へと促し、この反作用が客体の特有の性質にしたがって経過し、われわれに望ましい影響の地点に到達するということである。ところで道具が意味するのは、主体とこの客体とのあいだへの法廷の挿入であり、この法廷は両者のあいだのたんに時間的・空間的のみではなく、また内容的にも中間的地位をしめる。それというのも道具は一方においてはなるほどたんに機械的に有効な外的な客体であるが、しかし他方ではまたたんにそれへ作用がなされるのみではなく、さらにそれによって作用がなされる――手によってのように――客体でもあるからでもある。道具は強化された手段である。それというのも、道具の形式と存在とはすでに目的によって規定されているのにたいし、原始的な目的論的な過程にあっては自然のままの存在物がやっとあとになって目的に役立てられるからである。野性のままに成長する果実で満足するかわりに、種子を地中にまき、そののち植物の果実を享楽する者は目的論的に行動するが、しかし目的という現象は彼の手の限界において終わる。しかしこの機会に鍬と鋤とが使用されれば、自然の過程そのものが始まる地点はさらに押しやられ、主観的に規定された要素は客観的に規定された要素にたいし延長される。道具によってわれわれはたしかに目的系列に新しい項を任意につけ加えるが、しかしそれによって示されるのは、たんにそれぞれの道がまっすぐであるのに応じてけっして短いわけではないということにすぎない。道具は、われわれが外界においてわれわれの産物と呼ぶことのできるものの典型である。それというのも道具はいわば一方ではまったくわれわれの力によって形成され、そして他方ではまったくわれわれの目的に入りこむからである。まさに道具そのものが目的ではないということによって、道具には目的が所有するあの相対的な独立性が欠けている。目的がわれわれに絶対的な価値としてそのまま妥当するにせよ、あるいはわれわれが目的にわれわれへの効果を期待するにせよ、そうである。すなわち道具は絶対的な手段である。ところで道具の原理は、けっしてたんに物理的なものにおいてのみ有効なのではない。むしろ関心が直接に物質的な生産にかかわるのではなく、生産の精神的な諸条件や諸側面、あるいは一般に非物質的な出来事が問題となるところでは、道具はいまや現実にまったくわれわれの意志の産物であり、素材の特殊性と目的への内的な疎遠さとに妥協するにおよばず、そのかぎり道具は真になお純粋な形式を獲得する。おそらくここでは社会制度はもっとも際立った典型をなし、個人はそれを利用することによって、たんに個人的な能力ではけっして到達できない目的を達成することができる。国家への参加は国家があたえる外的な保護によって、一般に多数の個人的な目的行為の条件であるが、このもっとも一般的なことをまったく度外視すれば、――たとえば私法の特別な諸制度は個人の意欲に、他のばあいであれば個人にまったく拒否されたままの実現可能性を得させる。個人の意志は契約、遺言、養子縁組などの法形式の迂路をとって進むことによって、公共によってつくられた道具を利用し、この道具が彼自身の力を幾倍にもし、その作用線を延長し、その結果を確実にする。偶然的なものがたがいにすり減らされ、利害の一様性が寄与の集積を許すことによって、多くの者の相互作用から客観的な諸制度が成立し、これらの諸制度が諸個人の無数の目的論的な曲線にとってのいわば中央停泊地を形成し、そうでなければ達成できないものへの曲線の延長にとってのまったく合目的的な道具を諸個人に提供する。教会の礼拝についても事情は同じである。すなわち礼拝は教会の総体によって準備された道具、教会の総体にとって典型的な感情を客観化する道具である。――たしかにそれは宗教心という内部と上部とにある究極目的にとっての迂路ではあるが、しかし道具をへる迂路であり、この道具はすべての物質的な道具とは異なり、そのすべての本質を、個人が単独では、すなわち直接の道をへては獲得できるとは信じない目的にとってのたんなる道具であることにもつ。

そしてこれによってついに到達するのは、貨幣が諸目的の交錯においてその場所を見いだす点である。周知のことから始めなければならない。すべての経済的な流通は、現在は他者が所有しているある物を私が持ちたいと欲し、そして私が所有し彼が持ちたいと欲するある物を私が彼に引き渡したばあい、彼がその代わりに私の欲するある物を私に引き渡すということにもとづく。してみれば明らかになるのは、この二側面的な過程の最後の項は、最初の項の現れたばあいつねに生じるとはかぎらないということである。幾度ともなく生じることであるが、私はAの所有する対象aを欲するであろうが、私がその代わりに喜んで譲渡しようとする対象あるいは給付bが、Aにとってはまったく魅力がない。あるいはしかし相互に提供される財貨を双方がたしかに欲してはいるが、しかしそれらが相互に対応しあう量について、直接の相互比較によっては一致が達せられない。それゆえわれわれの目的のもっとも可能な達成にとって最大の価値をもつのは、中間項が目的の連鎖のなかに挿入され、私がいつでもbをそれにかえることができ、そしてそれを今度は同じようにaにかえることができるということである。――これはほぼ、落下する水、熱せられたガス、風に動かされた風車の翼といった任意のあらゆる力が発電機に導入されたばあい、発電機によって任意のあらゆる力の形式におきかえられることができるのと同じである。私の思想が一般に理解される言語の形式を受け入れなければならないのは、この迂路をへて私の実践的な目的を促進するためであるが、これと同じように私の行為あるいは所有が貨幣価値という形式をとるのは、先へと進みゆく私の意欲に役立つためである。貨幣は道具のもっとも純粋な形式であり、しかも右に特徴づけた性質をもっている。すなわち貨幣は制度であり、個人は彼の行為と所有とをそこへ流入させ、この通過点をへて目的に到達でき、この目的は、彼の努力が直接それに向けられても到達できないであろう。だれも貨幣で直接に取引するという事実は、以前に述べた諸類型よりも貨幣の道具的性格をなおより明瞭に目立たせる。――貨幣は実にその本質と作用とを、私が手中にもつ断片に汲みつくすのではなく、それらを社会的な組織と超主観的な規範にもち、これらの組織と規範とが貨幣を、その物質的な限定と些末さと硬直さとをこえて、まさに無限に多様でしかも広範な目的の道具とする。国家や礼拝といった構成にとって特徴的であったのは、それらがもっぱら精神的な力から形成され、しかも外的な物質の固有法則性とのいかなる妥協も強いられず、それらの目的をそれらの本質の全体にあますところなく表現することである。しかしそれらの構成はそのさい、それぞれの特殊な目的にきわめて接近し、もともとすでにその目的のなかに入り込み、したがって感情はしばしばそれらの道具的性質――この性質からすればそれらの構成はそれ自体においては価値のない手段であり、その背後にある意志によっていつもはじめて生きいきした手段となる――に反抗し、それらを道徳的な究極価値として説明する。貨幣はその手段的性格のそのような曖昧化からはきわめて隔たっている。貨幣はわれわれを助けて目的を達成させるが、しかし右の諸制度とは異なって貨幣は、われわれに達成させる個々の目的とは内容的にいかなる関係ももたない。貨幣はなお交換という契機によって客体から分離しているから、客体にたいしてはまったく無差別である。というのも貨幣が全体として媒介するのは、実は客体の所有ではなく、客体相互の交換だからである。貨幣はその完全な形式においては絶対的な手段である。なぜならそれは一方においては完全な目的論的な規定をもち、異なった性質の系列に由来するいっさいの被規定性を拒否するが、しかし他方では目的にたいしても純粋に手段的および道具的な存在に自らを限定し、いかなる個別目的によってもその本質を予断されず、目的系列にたいしては完全に無差別な通過点として現れるからである。おそらく貨幣は、人間が「道具をつくる」動物であるということ――このことはたしかに人間が「目的を設定する」動物であるということと関連する――のもっとも決定的な証拠と表現である。手段という観念は一般に世界における人間の位置を特徴づける。人間は動物のように衝動生活の機構と直接の意欲と享楽とに拘束されてはいないが、しかしまた彼は、彼の意志そのものが意欲されたもののすでに実現であるといった直接の力――われわれが神において考えるような――をもってはいない。人間はこの両者の中間に立つ。というのも彼はなるほど瞬間をはるかにこえて意欲するが、しかしこの意欲を多岐にわたる目的論的な系列の迂路をへてのみ実現できるにすぎないからである。プラトンにとって愛が所有と非所有とのあいだの中間の状態であるとすれば、愛は主観的な内面においては、客観的で外面的なものにおいて手段であるものである。そして人間にとって、つねに努力し、けっして持続的に満足することなく、つねにまずは成長する人間にとっては、右の意味においての愛がもともと人間的な状態であり、これと同じように他の側面からすれば、手段とその高められた形式である道具とは、人間という類型の象徴である。道具は人間の意志のすべての偉大さと、しかし同時にそれを制限する形式を示し、あるいはまたそれらを含んでもいる。目的を、それとのあいだにおかれた中間系列だけわれわれから彼方へ押しやるという実際上の必要が、おそらくは未来というすべての表象を初めてひき起こし――記憶の能力が過去をひき起こすのと同じように――、そしてそれとともに人間の生活感情に、過去と未来とのあいだの分水嶺に立つという形式と、生活感情の拡大と制限とをあたえた。しかし貨幣において手段はそのもっとも純粋な現実性を受け取り、貨幣は手段という抽象概念とぴったりと一致するような具体的な手段である。貨幣は手段そのものである。そしてそのようなものとしての貨幣は、人間の意志内容にたいする人間——いくらか逆説的に簡略すれば、間接的な存在と呼ぶことのできた——の実践的な地位を、つまり意志内容にたいする彼の力と無力とを具体化し、先鋭化し、昇華し、——ここに生の根本動機の理解にとっての貨幣の巨大な意義がある。しかしここでは貨幣から生の全体へと向かうこの方向にしたがって貨幣を、さしあたってはわれわれの目的である逆の方向を生の全体が辿ることのできるものとするかぎりにおいて考察する。すなわち内的および外的な関係が貨幣のなかにその表現やその手段やその結果を獲得するからには、そのような関係から貨幣の本質を認識しようとする。ここでただちにつけ加えるのは、貨幣のこれまでの確定が展開した諸規定のうちのひとつである。なぜならそれは、貨幣のあの抽象的な性格がいかに実際の現実へ移されるかを、とくに明白に示すからである。

以上に述べたことであるが、すでに確定した目的のみがけっしてつねに手段の表象や調達を制約するとはかぎらず、むしろ実体と力とについての処理が十分にしばしばわれわれを刺激し、これらによって媒介することのできる一定の目的をわれわれにはじめて設定させる。すなわち目的が手段の思考をつくったのち、手段がまた目的の思考をつくる。手段のもっとも高められた様式と呼んだ道具においてこの関係は、なるほどしばしば変形されるが、その代わりにいわば慢性的な形式へ移される。手段はその通常の単純な形態において目的の実現にあって完全に生を終え、任務をはたした後は手段としてのその力と関係とを失うのにたいし、道具の本質は個々のその利用をこえて持続することと、あるいは前もってはけっして確定できない多数の任務につかされることにある。このことが妥当するのは、いかなる例をも必要とはしない幾千もの常日頃の事例のみではなく、またきわめて複雑な事例においてもである。いかにしばしば軍事的な組織が、もっぱら対外的な勢力保持の道具へと規定されながら、これらの起源の目的とはまったく対立する王朝の内政的な目的に奉仕させられるであろうか。とりわけいかにしばしば人間のあいだの関係が、一定の個別目的のために設立されながら、性格のまったく異なったはるかに広範な内容の担い手へと成長するであろうか。こうして人びとはたしかに、人間のあいだのいっさいの持続的な集団——家族的な、経済的な、宗教的な、政治的な、社交的な、——が、初めからは規定されていなかった目的を自己のものとする傾向をもつということができる。ところで明らかなことではあるが、道具は——〈他の条件が等しければ〉——それがあるいは役立つことのできる目的がより多数であればあるほど、その現実をとりかこむ可能性の範囲がより大きければ大きいほど、ますます重要となり価値あるものとなるが、他方においてまさに同じ程度においてそれ自体はより無差別になり、より無色となり、個々のすべての目的にたいしてより客観的になり、しかも一切の特別な目的内容からはより隔たった距離にあらねばならない。貨幣は手段そのものとしてこの後者の条件を完全にみたすことによって、前者の観点からはきわめて高められた重要性を獲得する。このことはさしあたっては、個々の貨幣量の価値は、それと交換される一定の個々の一切の対象の価値を凌駕すると定式化することができる。それというのも貨幣は、この対象の代わりに他の何らかの対象を無限に大きな範囲から選ぶ機会をあたえるからである。もちろん貨幣も結局はたんにひとつの対象のためにのみ使用されることができるにすぎない。しかし選択の可能性は、貨幣の価値から割り引かれなければならない利得である。貨幣は、予見されない使用の可能性がその最大限に達し、そしてこのことによってこうして一般に達せられる最大限の価値を獲得した道具である。貨幣は自己の内容の絶対的な欠如のため、無限の使用のまったくの可能性をもち、むしろその可能性そのものであるが、その可能性が積極的に現れるのは、貨幣が静止してはおれず、あたかも自ずとたえず使用されように促されるということである。語彙に乏しい言語、たとえばフランス語にとっては、種々の異なったものを同一の表現によって示さなければならないという必要が、とくに豊富な風刺や関係や心理的な倍音を可能とし、そして人びとは、言語の豊富さはまさにその貧困にあると言うことができる。――これと同じように貨幣の内的な意義の空虚さはその実用上の意義の充実をひき起こし、さらにその意義範囲の概念上の無限性を絶え間ない新たな形成によってみたし、貨幣が示すたんなる形式につねに新しい内容を想像することへと促す。というのも形式はいかなる内容にとっても停止点ではなく、あらゆる内容にとってたんに通過点にすぎないからである。結局はすべてのきわめてさまざまな商品もたんにひとつの価値、すなわち貨幣にたいしてのみ交換されるが、――しかし貨幣はすべての多種多様な商品と交換される。このことは労働にたいしては特別な形式をとり、貨幣資本はほとんどつねにある使用から他の使用へ――せいぜい一定の損失をともなうが、しばしば利益をもたらす――移されることができる。しかし労働にはほとんどまったくこれは生じず、しかも労働が未熟練の上方へ高まれば高まるほど、ますますほとんど生じなくなる。労働者は彼の技術と熟練とを彼の職業から引き出し、他の職業へ投資することがほとんどまったくできない。

それゆえ彼は選択の自由とその利益とにかんして、貨幣所有者にたいして商品取扱人とまったく同じように不利な状況にある。そのため所与の貨幣額の価値は、それと等価の個々のそれぞれの客体の価値に、同種の不定の多くの客体のあいだの選択の自由を加えたものと同じであり、——この剰余には商品圏もしくは労働圏の内部において近似的な類似がほとんどない。

貨幣のこうして成立する価値剰余は、この選択機会が現実に先鋭化して達した決定が考量されるばあい、より深く基礎づけられ、より高められて現われる。人びとの強調したところであるが、さまざまに使用できる財も量的にはその可能な使用のひとつのみにむけられるにすぎず、それは所有者がもっとも重要な使用においてもつ利益にしたがって評価される。重要さの少ない他のすべての使用を引き起こすことは、非経済的で非合理的とみなされる。それゆえ財の量がその可能な使用のすべてに十分であるか、あるいは十分以上であれば、——それゆえ財がその使用をめぐって競争するばあい——財はそのもっとも価値のない使用に応じて評価され、これと同じように使用が財をめぐって競争するばあい、もっとも価値ある使用がその財の価値基準となる。しかしこのことがもっとも完全に、しかももっとも有効に現れることができるのは、ほかならぬ貨幣においてである。それというのも貨幣はいかなる経済的な調達にも使用できるから、人はそれぞれの所与の金額によって、いま問題となっている需要のすべてのうち主観的にもっとも重要なものをみたすことができるからである。貨幣が提供する選択は、他のすべての財のばあいのようには特に限定されてはいない。そして人間の意志には限界がないから多数の可能な使用は、自由に処理できるそれぞれの貨幣量をめぐってつねに競争する。したがって決定はそれでも合理的につねに、それまでもっとも熱望された財にむかうから、所与のあらゆる瞬間の貨幣の評価は、その瞬間に感じられたもっとも重要な利益の評価と同じであるにちがいない。木材の貯蔵あるいは建築用地も、望まれたさまざまな使用のうちのたんにひとつのみに向けられ、それゆえそれらのうちのもっとも価値ある使用にしたがって評価されるが、にもかかわらずその重要性においては、その全領域のいわば地域的な制限をこえることはできない。しかし貨幣はそのような制限から自由であり、それゆえその価値は、総じて存在する最高の利益に相当し、この利益は処分できる貨幣額によってその量にしたがって保証される。

ところでさらに貨幣が抽象的な手段として持つこの選択機会は、同時に提供される商品のみではなく、また貨幣が使用される時点にも関係する。財の価値はけっして、それが使用の瞬間に示す実際の意義においてのみ規定されるわけではない。むしろ、いつこの瞬間を生じさせようとするかという選択の自由の大小が係数を示し、この係数が財の評価を内容的な意義にしがっていいちじるしく上下させる。右に述べたことが、並存する使用可能性の大きな範囲から生じる選択の機会であるとすれば、現在のそれは、継続する使用可能性から生じる選択の機会である。私がただちに使用できるが、しかしただちに使用するにおよばない財が、——他の条件が等しければ——より価値あるものである。具体的な財の系列は、それらの価値を限定してさまざまに段階づけられる二つの極のあいだにひろがる。財は一方の極にあってはなるほど現在は享楽されるが、しかし後には享楽されず、他方の極にあってはなるほど後には享楽されるが、しかし現在は享楽されない。それゆえたとえば夏にはいま捕えた魚が、冬になってはじめて着用される毛皮と交換されるとすれば、魚の価値は、私がただちにそれを消費できるということによって高められるが、これにたいし毛皮の価値は、その利用の延期が損傷や紛失や減価のあらゆる機会に余地をあたえるため損なわれる。他方において魚の価値は、対象がすでに明日にも腐敗するために引き下げられるが、毛皮の価値は、それが使用を引きのばすことを許すため高められる。ところで交換手段として利用される客体は、価値を高めるこの二つの契機を自らに統合することが多ければ多いほど、ますます多くの貨幣質を所有する。それというのも貨幣は純粋な手段として一般には、それらの達しうるかぎりの綜合をあらわしているからである。なぜなら貨幣は、その使用をあらかじめ定めるいかなる具体的な性質ももたず、むしろ具体的な価値の獲得のための道具にすぎず、したがってその使用の自由は、それが使用される時点にかんしても、またそれが支出される対象に関しても、まったく同じように大であるからである。

貨幣のこの特別な価値は、事物と時間契機とのすべての特殊化にたいする貨幣のまったくの無関係と、一切の特有の目的のまったくの拒否と、その手段的性格の抽象性とから生じるが、貨幣のこのような価値から——貨幣をあたえる者の商品をあたえる者への優越が流れ出る。このばあいの例外、すなわち愛着的な評価からの販売の拒絶、ボイコットやトラスト結成などのさいの販売の拒絶——これらが生じるのは、貨幣の代わりに欲せらるれる事物価値が個人的な事態からして他の価値によってはまったく代えられないばあいである。そのばあいたしかに、その代わりに提供された貨幣が現在のその所有者にあたえる選択機会は——そして同時にまたその特殊利益も——脱落する。なぜならまさに選択の代わりに意志の一義的な被規定性が存続するからである。しかし一般に貨幣所有者は、あの二面的な自由を享受し、したがって彼は商品所有者のためのこの自由の放棄に、特別な等価物を要求するであろう。このことが現れるのはたとえは、「景品」という経済・心理学的にきわめて興味ある原理においてである。人は秤量できる商品の購入にさいしては、商人が「秤りをよくする」ことを、すなわち少なくともそれよりもほんの少しでも余分にくれることを期待し、そしてこのことはまた、ほとんどいたるところで生じる。もちろんここには、商品の秤量には貨幣の計算のさいよりも誤りが生じやすいということが加わる。とはいえ特徴的なことは、この機会はそれでもそれだけで双方にとって同じように有利でもあり、また同じように不利でもあるが、貨幣の与え手がある力をもち、この機会の解釈を彼には有利な方向に強制できるということである。注意すべきことに、相手がまた同じように貨幣をあたえるばあいでさえ、この利益は「買い手」にとどまる。顧客は銀行家に、保険契約者は損害発生にさいして保険会社に、彼らが「親切に」振舞うことを、すなわち法的に絶対に強制できることよりも僅かでも多くが、せめて形式においてなりとも果たされることを期待する。銀行家や保険会社もまたたんに貨幣のみをあたえるにすぎず、顧客は顧客で彼らにたいして寛大に親切に振舞おうとは考えず、たんにあらかじめ定められた給付を完全に果たすにすぎない。それというのも双方から払いこまれた貨幣量は、まさに異なった意義をもつからである。銀行家と保険会社にとっては、彼らの取り扱う貨幣は彼らの商品である。たんに顧客にとってのみ貨幣は、ここで問題になっている意味での「貨幣」、なるほど株式取引や保険に使用することができるが、けっして利用するにおよばない価値である。ところが銀行家や保険会社はいかなる選択ももたず、彼らの商品である貨幣を一定の方向のみに使用できるにすぎない。あの使用の自由が顧客の貨幣に優越性をあたえ、この優越性には彼の相手の「親切」が等価をなす。しかし「景品」が貨幣の与え手の側から生じるばあい、すなわちたとえは給仕や辻馬車の御者の支払いのさいのある形式の心付けのばあい、――そこでは貨幣の与え手の優越は、心付けの前提である社会的な優越性に表現される。貨幣制度のすべての現象と同じようにこの現象もまた、生の体系の内部においてはけっして孤立せず、同様に生の体系の根本特徴を、すなわちあらゆる関係において他者よりも関係の内容が重要でない者のほうが有利であるということを、たんなるもっとも純粋であるとともにもっとも外面的な現象にもたらしたにすぎない。このことはきわめて明白にまったく逆説的とも思われる。それというのもまさに、われわれを所有やあるいは関係へひきつける要求が強烈であればあるほど、それでもその享楽もまた――この享楽の期待された高さこそ意欲の強さを規定するから――それだけいっそう深く激情的になるからである。しかしまさにこのことの容認は、欲求の強さの少ない者の利益をひき起こし、そしてそれを正当化する。それというのも他者よりも関係から少ししか得ていない者が他者の側から何らかの譲歩によってそれを補償されるということは、理にかなっているからである。このことはもっとも微妙でもっとも親密な関係にさえあてはまる。愛にもとづくいっさいの関係において、愛することの少ない者のほうが外面的にみると有利である。それというのも他方のより多く愛する者は、この関係の利用をむしろはじめから断念し、犠牲的精神のより強い者であり、彼はより多くの満足のためにまたより多くの犠牲をささげるからである。こうしてそれでも公正がつくり出される。すなわち欲求の程度が幸福の程度と一致するから、関係の形成が欲求の強さの少ない者に何らかの特殊利益を容認することは公平である。――そして彼はまた一般にこの特殊利益を強要できる。なぜなら彼は成り行きを待つ者であり、控え目な者であり、諸条件を設定する者であるからである。それゆえ貨幣の与え手の利益はけっしてただちに不正ではない。すなわち商品と貨幣との取引においては、彼はより少しを欲求する者であるのがつねであるから、より強烈に欲求する者が交換価値の客観的な等価物をこえる利益を彼にあたえることによってこそ、双方の側の均衡が生じる。そのさい最後にまた考慮されなければならないのは、彼がこの利益を享受するのは、貨幣を持っているからではなく、それを手離すからであるということである。

貨幣が経済のすべての特殊な内容と運動からの解放から引き出す利益は、なお他の現象系列にも現われ、その類型は、経済の動揺がなおきわめて強く有害であるばあいも本来の金満家は変わることなく、それどころか程度を高めて利益をえるのがつねであるということである。商品市場における価格暴落とともに度外れた騰貴の結果がいかに多くの破産と倒産となるにせよ、――経験が規則として示したのは、売手と買手、債権者と債務者にとっては対立しあうこの危険から、大銀行家は規則的な利益を引き出すということである。貨幣は経済運動のまったく中立的な道具として、経済運動がいかなる方向といかなる速度を示すばあいにもその貢献に支払いを受ける。この自由にとって貨幣はたしかに租税を納めなければならない。すなわち貨幣の無党派性によって貨幣の与え手には、たがいに敵意をいだきあうさまざまな側から容易に要求が提起され、そして彼は、質的に規定された商品を取り扱ういかなる者よりもたやすく裏切りの嫌疑におちいる。近代の初期にフッガー家とヴェルザー家、フィレンツェ市民とジェノヴァ市民といった大きな貨幣勢力が政治的決定に、とりわけヨーロッパの制覇をめぐってハプスブルク家とフランスとの激烈な闘争に介入したとき、それらの勢力はあらゆる党派から、彼らが巨大な額を貸与した党派からさえ不信の眼をむけられた。金融業者はまったく信用されず、純粋な金融業はけっして金融業者をたんに一瞬といえどもきっぱりさせず、そして彼らが先程まで支持した闘争の相手である反対派も、まったく障害を認めることなくいまやそれなりに要求や申し出をもって彼らに接近する。貨幣は、無性格という消極的な概念で示されるあのきわめて積極的な性質をもつ。われわれが無性格と呼ぶ人間にとって本質的なのは、人物や事物や思想の内的な内容上の威厳によって規定されているのではなく、個物が彼を印象づけた量的な力によって圧倒されているということである。このように貨幣と貨幣にのみひきつけられる人間に無性格という色彩をもたらすのは、すべての特殊な内容から解放されて純粋な量において成立する貨幣の性質である。——これは金融業のあの利益と、そして質的な価値にたいする貨幣の特殊な高い評価とのほとんど論理的に必然的な裏面である。貨幣のこの優越はまずは右にふれた経験、つまり売手が買手よりもより関心をもち、より熱中するという経験に示される。それというのもここで実現されるのは、事物にたいするわれわれのすべての態度にとってきわめて重要な次の形式であるからである。すなわち二つの価値部門がたがいに対立しあい全体として考察されるとき、それらの一方が他方に決定的に優越してはいるが、しかし後者の個々の内容や見本は、前者のそれに対応するものには優位をしめるということである。こうしてわれわれは、すべての物質的な財の総体とすべての観念的な財の総体とのあいだの選択をせまられたばあい、前者の放棄は生の観念的な内容を含めて生一般を否定することになるから、たしかに前者を選ぼうと決定するにちがいない。ところがわれわれはためらうことなく、個々それぞれのよりぬきの物質的な財を何らかの観念的な財のために犠牲にする。同様にわれわれはさまざまな人間への関係においても、全体としての感じでは一方が他方よりもどれほど価値ゆたかで不可欠であるかをまったく疑わないが、それにもかかわらず関係の個々の瞬間や側面においては、全体としては価値のない関係がわれわれには、より好ましくも魅惑的でもありうる。それゆえ貨幣と具体的な価値客体とのあいだにおいても事情は同じである。すなわち価値客体の総体と貨幣の総体とのあいだの選択は、ただちに後者の内的な無価値さを明白にする。それというのもわれわれは貨幣のばあいたんに手段をもつにすぎず、貨幣が役立つはずの目的をもはやまったくもたないからである。これにたいして個々の貨幣量と個々の商品量とが比較されるばあい、一般には前者と後者との交換のほうが、逆のばあいよりははるかに強く欲求される。またこの関係はたんに対象一般と貨幣一般とのあいだにみではなく、また貨幣一般と個々の商品カテゴリーのあいだにおいても成立する。個々のピンはほとんど価値をもたないが、しかしピン一般はほとんど不可欠であり、「貨幣ではまったく買えない」。無数の商品種類が同じ事情にある。すなわち貨幣によって個々の見本をただちに調達できる可能性が、その見本の価値を原理的に貨幣に比して低下させ、貨幣を支配的な力、対象を自由に処理する力と思わせる。ところが全体としての商品種類は、われわれにとってのその意義においては貨幣とまったく比較できず、貨幣にたいしてあの独立の価値をもち、この価値は特異の見本の容易な再調達可能性によって、きわめてしばしばわれわれの意識にはおおい隠されている。しかし実際の経済的な関心は、ほとんどもっぱら個々の断片かあるいはその限られた総計にのみ付着しているから、貨幣経済が現実にもたらしたのは、事物にたいするわれわれの価値感情がその基準を事物の貨幣価値に見いだすのをつねとするということである。しかしこのことは明らかに、対象の代わりに貨幣を受け取りたいというあの圧倒的な関心と相互作用する。

　そしてこのことは結局は一般的な現象になり、これを人びとは富の余得と名づけ、地代の不労所得と比較することができる。富者が享楽する利益は、彼が自己の所得によって具体的に調達できるものの享楽をはるかにこえる。商人は貧者よりも富者とより真面目により安く取引し、だれもが、富者の富によってまったく利益をえない者でさえ、貧者よりも富者にたいしてより愛想よく接し、富者をめぐっては疑問のない優越性の観念的な領域がただよっている。いたるところで観察できるが、高価な種類の商品の買手、鉄道の高級車の利用者などには、さまざまなささやかな優遇が容認されている。この優遇がもともと、彼によって支払われた実物価値とほとんど関係ないのは、商人が高価な商品を売るさいの愛想のよい笑いがこの商品と関係ないのと同じであり、むしろこの笑いは無料添え物であり、これは安価品の消費者のみには拒否されたままである。それでもこの消費者は――そしてこれがその際いわばもっとも苛酷なことであるが――実際の瞞着について苦情を言うことができない。おそらくこのことをもっとも独特な仕方で示しているのは、それ自体はきわめて些細な現象である。若干の都市の市電には二つの等級があり、これには異なった運賃がかかるが、しかし高級のほうが何らかの実際の利益や大きな快適さを提供しているわけではない。とはいえ人びとは高い運賃によって、低額の乗客から隔離されるため同じ高い運賃を払ったにすぎない人との排他的な共存を購入する。ここで富裕者は多くの金を支払うことによってまったく直接に——彼の支出の実際の等価によってではなく——利益を調達できる。外面的に考えると、これによって余得の反対が現れる。それというのも富裕者には、彼の貨幣にたいし貧者より比較的より多くではなく、比較的より少ししか給付されてはいないからである。とはいえそれにもかかわらず貨幣の余得は、ここではいわばより消極的ではあるが、しかしとくに純粋な形態においてあたえられる。すなわち富裕者は事物の迂路をへてではなく、もっぱら他者たちが彼ほどには多くの貨幣を消費できないということによって彼の利益を獲得する。それのみではなく富はある種の道徳的な功績とさえ考えられる。このことが表現されるのは、たんに富裕な人びとにたいする尊敬の概念や、あるいは「上品な」とか「上流社会」としての彼らの通俗的な名称のみではなく、またそれとの相関現象、すなわち貧者はあたかも何らかの罪を犯したかのように取り扱われること、人びとは怒って乞食を追いたてること、善良な人びとでさえ貧者にたいていは自明な優越を認められると信じることである。シュトラスブルクの錠前職人にたいし一五三六年、八クロイツァー以上の賃金をとる者のすべてにとっては月曜の午後は休みであると定められたとき、それによって物質的によい境遇にある者には恩恵が施されたが、この恩恵は道徳の論理からはまさに貧乏人にこそあたえられるべきであろう。しかし富の余得は一度ならずまさにそのような倒錯した現象にまで高まる。すなわち実践的な理想主義、たとえば外面的には報われない科学的な研究のそれは、通常はみすぼらしい学校教師よりは豊かな人間においてのほうがより大きな尊敬によって考察され、倫理的によりすぐれているとして尊敬される。富のこの高利、富がその所有者にその代わりのものを消費しないで得させるこの利益は、価値の貨幣形式と結びついている。それというのも明らかにこれらのすべては、使用のあの無限の自由の表現かあるいは反映であり、この自由が他のすべての価値にたいして貨幣を目立たせるからである。これによって実現するのは、富者はたんに彼がすることによってのみでなく、また彼がすることのできることによっても影響をおよぼすということである。すなわち財産は、富者がいま現実に彼の所得によって調達するものと、他者たちがそれによって儲けるものとをはるかにこえて、具体的な範囲をこえてひろがる星気体（神智学で考えられた人体を囲む霊的なもの）によってのように、無数の利用可能性の周辺によってとり囲まれている。これを明瞭に示しているのは、言語が多大の貨幣手段を「資力」、——すなわち能力、可能状態そのもの——と呼ぶことである。これらの可能性のすべては、もちろんたんにそのごく僅かな部分しか現実にはなれないが、にもかかわらず心理学的には清算され、その達成可能な結果のいっさいの確定を拒否する力、したがって正確には規定できない力という印象へと凝固する。しかも資力が可動的であり、それがあらゆる可能な目的に用いられることが容易であればあるほど、すなわちそれゆえそれぞれの資産額が貨幣であるか、あるいは貨幣に替えられることがより完全であればあるほど、そしてより純粋に貨幣そのものが、いっさいの固有の目的論的な性質のない道具と通過点とになればなるほど、それだけいっそうより広範なより印象的な仕方でそうなる。貨幣はたんなる手段であるかぎりにおいて純粋な潜勢力を示し、この潜勢力は凝縮して統一的な勢力表象と重要性表象となり、これまた具体的な勢力と重要性として貨幣所有者のために作用する。——これはほぼ芸術作品の魅力と同じであり、この魅力には、たんにその内容や実際の必要性によってそれと結びついている心的な反作用のみではなく、すべての偶然的、個人的、間接的な感情結合も数え入れられ、この感情結合がその芸術作品に、ここかしこにあれこれと響きを発しさせ、そしてそれらの不確定な総計がそれでも初めてその作品の価値の全体と、われわれにとってのその意義とを限定する。

このように余得が正しく解釈されるばあい、余得の本質に根ざしていることであるが、その所有者の全体状況によってその使用のあの機会と選択の自由とがより完全に実現されればされるほど、余得はますます強く現れるにちがいない。このことは貧者にあってはきわめて僅かしか生じない。それというのも彼の貨幣所得はたんに生活の必要に足りるにすぎないため、初めから決定されており、その使用可能性のあいだの選択には、たんにあるかなきかの余地しか残されてはいないからである。この余地は所得が増大するにつれて拡大し、したがって増大した所得のそれぞれの部分は、それらが必需品と一般品と予定品との満足に必要とされる部分から隔たっているに応じて余得を獲得する。すなわちそれゆえ既存の収入につけ加わるそれぞれの部分は、あの余得のより高い付加をもつ。——もちろんこれはきわめて高くにある限界内においてであり、この限界をこえると一切の所得部分はこの点にかんして同等の資格をもつ。この点において人は、問題の現象を特殊な帰結において、しかも他のばあいも多方面に結果をもたらすと思われる考量にもとづいて把握することができる。多くの財は、社会のもっとも支払い能力のある人びとによっても消費されることができず、むしろ一般に売りつくされるためには比較的貧しい階層、さらにはきわめて貧しい階層にも提供されなければならないほどの量において存在する。それゆえそのような商品は、これらの階層が最悪のばあいでさえ支払うことができるよりは高くはならない。これを消費上の価格制限の法則と呼ぶことができよう。すなわち商品は、その現存の数量のためになお提供されるはずのもっとも資力のない社会層がなお支払うことができるよりも、より高くはなることはできない。この点に限界効用理論の個人的なものから社会的なものへの転回を認めることができよう。なお商品によって充足されることのできるもっとも低い欲求に代わって、このばあいはもっとも低級な者の欲求が価値形成にとって基準的となる。この事実は裕福な者にとっての巨大な利益を意味する。それというのもこれによっていまや彼は、まさにもっとも不可欠な財さえ、求められさえすれば彼がそのために払い込むよりも、はるかに低い価格で自由に処理できるからである。貧者は質素な生活手段を買わなければならないということによって、それらの生活手段を富者にとっては安くする。たとえ富者が貧者とまったく同じ割合で彼の所得の大部分を、もっとも根本的な要求（衣、食、住）に向けなければならないとしても、彼はなおつねに貧者よりも奢侈的欲求のために、絶対的に考えればより多くを残すであろう。とはいえ彼はなおそれに加えて付加的な利益をもつ。すなわち彼はもっとも必要な欲求を、彼の所得の比較的はるかに小さい部分でみたすことができる。それをこえる部分によっていまや彼は、貨幣の使用における選択の自由をもち、この自由が彼を、彼の事実上の経済的な能力を凌駕するあの尊敬と優遇の対象とする。貧者の貨幣手段は、無限の可能性というこの周辺によってとり囲まれてはいない。なぜならそれはきわめて規定された目的へ、初めからまったく直接にまた明白に流れ込むからである。それゆえ貨幣手段は彼の手中にあっては、富者の手中にあるのと同じように純粋な抽象的な意味においてはけっして「手段」ではない。なぜなら目的がすでにただちに手段へ入り込み、手段を色づけ支配しているからである。そのためにこそまたドイツ語は、多大の貨幣手段をあたえられた者のみを一般にきわめて敏感に「手段をあたえられて資力がある」と呼ぶ。多大な貨幣手段と結合した自由は、なお他の側面よりみても余得へと導く。公的な職員が俸給を支払われないばあい、たんに裕福な人びとのみが指導的な地位につくことができるという結果となる。こうしてたとえばアカイヤ同盟の将軍は、――少なくともごく最近までは――イギリスの国会議員のように裕福な人でなければならなかったし、また官吏がきわめて僅かしか支払われない国にあっては、しばしば完全な金権制、少数の家族への高い官職のある種の世襲が発達した。無給の地位は奉仕への関心から貨幣関心を解放するように思われながら、まさに官職地位は、それが提供するすべての名誉と勢力と機会とによって富の付属物となる。そしてこのことが富の貨幣形式と結びついていることは明らかである。なぜならこの貨幣形式のみがその目的論的な中立性のために人格に、その時間と滞在地と活動方向にたいするまったく自由な処分を許すからである。右に見たように富がそれだけですでに尊敬を獲得し、「功績」の収益と価値との二つの意味を乱用し、ある種の道徳的な評価を享楽するばあい、このことは無給の国家職員においては、貧者の達することのできない指導的な官職の勢力所有へと凝集する。そしてこの指導的な官職にはいまやさらに、愛国的な犠牲の名声というそれ以上の余得が結びつき、この名声はたしかにしばしば功労によって得られたが、しかしまた道徳的な動機以外のまったく別な動機によっても、いわば純粋に技術的な道をへてたんなる貨幣所有の意のままとなる。同じことをなお一段高く上方へ辿れば、われわれは中世の末期にたとえばリューベックにおいて、裕福な人びとが好んでより多くの家族的兄弟分団体に加入し、それによってますます確実に魂の救済をはかったことを知る。中世の教会はまた宗教的な財の獲得のためにも、たんに富者のみが通行することのできる技術的な道を意のままにし、そしてこの道はまずはつねになおその超越的な目標の彼方に、さまざまな宗教的兄弟分団体へのあの参加のような、ある量の世俗的な名声と利益とを無料の景品としてともなっていた。さらに純粋に心理学的な側面よりみても、以前に示した財産の限界をふみこえることは次の余得をもたらす。限界以上の財産にあっては、欲求された対象がいくらに値するかの問題は多くのばあいは一般にいかなる役割も演じない。このことが意味するのは、通常の言葉の慣用がこの表現と結びつくよりもはるかに多くより深い。すなわちなお所得がすでに示した仕方でともかくも一定の使用へと確定されているかぎり、あらゆる支出はそれに必要とされる貨幣消費の考えに不可避的に苦しむことになる。多数の人間にとっては願望と満足とのあいだに、それがいくらに値するかの問題が介入し、そしてこの問題が事実のある種の物質化をひきおこすが、これは現実の貨幣貴族には棚上げされている。貨幣を一定程度をこえて所有する者は、それによってなお貨幣を軽蔑できるという付加的な利益を獲得する。事物の貨幣価値をまったく問題にする必要のない生活態度は、異常な美的魅力をもち、もっぱら客体の内容と意義とに依存する客観的な観点のみにしたがって、事物の獲得を決定することができる。きわめて多くの現象において貨幣の支配がまた事物の特性とその意識をも低下させるにせよ、それでも貨幣がこれらを高めているという他の現象もまた明白である。すなわち客体の質は少なくとも、それらに共通なもの、つまり経済的な価値がそれらの外部にある構成に投影され、そこに局限されること多ければ多いほど、それだけいっそう個性的にあらわれるという心理学的な機会——それが実現されることがきわめて稀れであるにせよ——をもつ。ところで事物の純粋に客観的な質と評価には、それらとは内的にまったく無関係な事物の貨幣価値との関係によって歪曲と陰影とが起こるが、あの生活態度は貨幣を問題としないことによって、その歪曲と陰影とをまぬがれる。それゆえ少しばかり資力のある者がまったくの富者と同じ対象を買うことのできるばあいでさえ、後者はそれでも獲得と享楽との容易さと直接性と非歪曲性という心理学的な余得を獲得するが、前者にはそのまえから貨幣犠牲の問題が響きつづけることによって、そのような心理学的な余得はかき曇される。やがてわれわれは、鈍感さがまさに逆に事物の特殊性と実質的な魅力とにたいする無感覚を貨幣的富の陰影とするのを見るであろうが、このことはけっして右の関係にたいする反証ではなく、貨幣の本質の証明にすぎない。すなわちその本質とは、貨幣はいっさいの固有な規定から隔たっていることによって、内的および外的な生活のまったく対立して経過する糸を受け入れ、さらに貨幣は固有の方向にあるそれぞれの糸のより決定的な発達と表現との道具であるということである。ここに実践的な精神の発展史にとっての貨幣のたぐいない意義がある。貨幣によってすべての経験的な構成体の特殊性と一面性とのこれまでに最高の減少が達せられる。人間の概念構成の悲劇と名づけることのできるもの、すなわちより高次な概念は、その広がりによってますます多くの固体を包括するが、その広がりにたいしては内容において増大した空虚さで支払いをしなければならないということが、貨幣においてそのもっとも完全な実践的な対照を見いだす。すなわち普遍妥当性と無内容性とを側面とする存在形式は、貨幣において現実の力となり、対立するすべての取引客体とそれらの心的な環境とにたいする右の力の関係は、奉仕としてと同じように支配としても解釈できる。貨幣所有の余得は、貨幣のこの形而上学的ともいえる本質の単独の現象、すなわち貨幣はそのいっさいの個々の使用をこえ、しかもそれが絶対的な手段であるから、すべての価値の可能性をすべての可能性の価値として有効にするということの、単独の現象にほかならない。

この関係の作用領域から、なお第二の系列のみを取り出すにとどめたい。貨幣の手段意義はすべての特殊な目的のうえにそびえているが、この手段意義は次の結果をもたらす。すなわち貨幣は、社会的な地位によってさまざまな個人的および特殊的な目的から排除されている個人と階級との関心の中心と固有の領域とになる。ローマの解放奴隷には完全な市民的な地位がすべてのその機会とともに欠けていたが、このことによって彼らは好んで金融業に専念するようになった。さらにすでにアテナイにおいて純粋な金融業が四世紀に初めて出現したとき、もっとも豊かな銀行家パションはその生涯を奴隷として始めた。トルコにおいてアルメニア人は、軽蔑されしばしば迫害された民族であり、往々にして商人と金融業者――ちょうどスペインにおいてこれと類似した状態のもとでムーア人がそうであったように――であった。インドにおいてもこの現象は頻繁である。すなわり一方においては、社会的にきわめて抑圧され普通でも控えめに遠慮深くふるまったパールシー教徒（インドに住むイラン系のゾロアスター教徒）は、たいていは両替屋もしくは銀行家であり、他方では南インドの多くの地方において金融業と富とは、混合カストであるチェティスの手中にあり、彼らはカストの純粋性を欠くためほとんど尊敬されない。同じようにユグノーもイギリスにおけるクエーカー教徒と同じように、彼らの危険にさらされ局限された地位にあってきわめて熱烈に貨幣獲得に熱中した。まさにありとあらゆる道が一様に貨幣獲得へと通じているから、だれかを原理的に貨幣獲得そのものから排除することはほとんどできない。純粋な金融業から排除することはまったくできない。なぜならそれは他のいかなる営業よりもより僅かしか技術的な前提条件を必要とはせず、それゆえより容易に統制と干渉を避けるからであり、しかも貨幣を必要とする者は一般に窮地におかれ、そこでは彼は結局のところ普通はもっとも軽蔑される人物や、普通はもっとも忌避される隠れ場さえを捜すからである。さらに何らかの意味において無権利な者はまさに、たんなる貨幣関心の領域から遠ざけられてはいないため、これら二つの規定のあいだには、さまざまな方向に作用する結合が成立する。すなわち一方においては、社会的な階級零落がたんなる金融業者を脅かしやすく、彼はしばしば彼の勢力と不可欠性とによってその苦痛からのがれるが、他方において中世の遍歴民はどこにおいても劣悪な権利しかもたなかったにもかかわらず、彼らには金銭問題においては公正に法が適用された。完全な市民の権利と享楽からの社会的な要素の排除が、もはや法的な規定やあるいは他のばあいに彼らに課せられた規定によってでなく、彼らの側の自発的な放棄によって生じるばあい、まに同じ結果が現われるにちがいない。すでにクエーカー教徒が完全な政治的な平等権をもったとき、彼らは彼ら自身を他者の利益から排除した。すなわち彼らは誓約せず、それゆえまったく官職にもつくことができず、生活の装飾と関連するすべてのもの、スポーツさえもしりぞけ、彼らは教会の十分の一税を拒否したので農業さえも放棄しなければならなかった。このように彼らは、いやしくもなお外的な生活関心をもつためには、接近を拒否されなかった唯一のものとして貨幣を指示された。これにまったく対応してヘルンフート派の人びとの生活について述べられたところであるが、彼らには科学や芸術や愉快な社交などのすべての観念的な内容が欠け、こうして彼らの生活は宗教的な関心とならんで、たんにむき出しの獲得欲のみを実践的な衝動として存続させた。それゆえ多くのヘルンフート派や敬虔派の人びとの勤勉さや所有欲はけっして偽善の徴候ではなく、文化関心から逃避する病的なキリスト教の徴候、それ自体とならぶ世俗的に高いものにはたえられないがむしろ世俗的に低いものにはたえる敬虔の徴候である。さらに社会的な階梯の右とは対立する段階にとってさえ、他のすべての関心の消滅の後も貨幣にたいする関心がなおつねに、もっとも強靭でもっとも生きのびる最後の関心層として持続し、このことは宿命的である。アンシャン・レジームのフランスの貴族が社会的な義務から身をひいたということは、農業領域そのものの行政を手におさめた国家の増大する中央集権化によるものであった。国家が貴族から内容的に価値あるすべての支配機能をとりさることによって、貴族にとって領地所有は、できるだけ多くの貨幣をしぼり出す以外のいかなる意義ももたなかった。このことが貴族からとりさることのできない最後の関心点であり、それゆえ以前には貴族と農民とのあいだの生きいきとした結合において存続したすべてのものが、その関心点へ還元され、いまや貴族はそのすべてのものから押しのけられた。しかしあの奪えない可能性がすでに金融業を、抑圧され社会的に不利益をこうむっている人びとの〈最後の手段〉とすれば、彼らにとって貨幣の力はなお積極的に作用し、人びとが社会的な等級の一定の直接の手段、すなわち官吏資格、彼らに保留されている一定の職業、人格の発展、これらから排除されているところでも、なお地位や影響や享楽を獲得させる。それというのも貨幣はなるほどたんなる手段ではあるが、しかし絶対的な程度においてそうであり、したがって何らかの実質的な規定によるいっさいの予断を拒否するから、貨幣はすべてのものからの無条件的な〈到達点〉であるのと同じように、またすべてのものへの無条件的な〈出発点〉でもあるからである。それゆえ集団の一部分の他の部分の目的系列からのいかなる排除もなく、同じ目的論的な形成が集団全体をおおうばあいも、右にまったく対応した現象が現れる。スパルタ人には本来の経済的な利益のすべてが禁じられたが、それでも彼らについて異様な金銭欲が報告されている。リュクルゴスの憲法は財産の分配を実際的ではないと規制したが、財産への激情は、それが特殊な性格をもっとも少ししかもたず、それゆえその制限がもっとも実行しにくいところに噴出したように思われる。またスパルタにおいては財産の真の享楽にかんして長いあいだ貧者と富者とのあいだにいかなる差もなく、富者は貧者よりもよい暮らしをしてはいなかったとも伝えられた。それだけに貪欲はいっそう貨幣のたんなる所有へ突進したにちがいない。エフォロス（スパルタの植民地のクレロス〔分配地〕に代官としておかれた役職名）の断片の述べるところでは、エギナ（ギリシアのサロン島内の商業で栄えたポリス）がそのような主要商業地となったのは土地の不毛が住民を商業へ向けたからであるというが、これにはまったく別な要因から同じ根本情勢が作用している。――そしてエギナは本来のヘラスにおいて一般に鋳貨が鋳造された最初の場所であった。貨幣は経済的な世界のあらゆる点から他のあらゆる点へと流れる目的系列の共通な交点であるから、あらゆる人がそれをあらゆる人から受けとる。「不誠実」という呪詛が一定の職業にもっとも重苦しくのしかかったときも、人びとはできるかぎり誠実な人を求めてまずは彼に貨幣をにぎらせたが、にもかかわらず刑吏からさえそれを受けとった。すべてにうち勝つこの力への洞察からマコーリーは、ユダヤ人は彼らの貨幣によって政治的な権利の実質をもつから、彼らにそれを渡さないのは背理であるということによって、彼らの解放を弁護した。彼らは選挙民を買収することができ、国王を操縦することができ、債権者としては債務者を支配することができ、したがって政治的な権利は、彼らがすでにもっているものの形式的な完成にほかならない。彼らから政治的な権利を現実に取り去るためには、彼らを殺害し掠奪しなければならないであろう。しかし彼らに貨幣を許すならば、〈われわれは影を取り去るかもしれないが、しかし彼らに実質を残すにちがいない〉。――これは貨幣概念の目的論的な転回にとってのきわめて特徴的な表現である。というのも純粋に内容的に人は、それでも社会的、政治的、個人的な地位を実在的および実質的な価値と呼んでよいが、しかしそれ自体はその他の価値の空虚な象徴化である貨幣をたんなる影と呼んでよいはずだからである。

強調するまでもないことであるが、貨幣関心の集中性と社会的な抑圧のあいだのあの全相関関係は、ユダヤ人においてもっとも広範な例をもつ。それゆえわれわれは彼らにかんしてたんに二つの観点のみを、貨幣のここで問題の本質意義にとってとりわけ重要なものとして示す。ユダヤ人の富は貨幣において成り立っていたから、彼らはそのように特につけ狙われて効果もあがる搾取対象であった。それというのも他のいかなる所有物も、それほどすばやく簡単に損失なく差し押さえられないからである。労働による獲得にかんして経済的な財を合目的性の大小の階梯に配列することができように、また掠奪による獲得にかんしてもそうすることができる。だれかから土地を取り上げるばあい、その利益を——それをすぐさまふたたび貨幣に代えるばあいを除いて——ただちには実現できず、時間と労苦と費用とが必要とされる。すでに動産はもちろんより実際的な状態にあり、それらのあいだにも、ここに作用するきわめて多くの差異が存在する。中世のイギリスにおいてはたとえば羊毛はこの点においてはもっとも合目的なものであり、それは〈一種の流通手段〉であり、議会はこれによる賦課を国王に承認し、国王は商人から貨幣をしぼり取ろうとしたとき、まずは羊毛にたよった。貨幣はこの階梯の極点を形成する。すべての特殊な制限から解放された貨幣の同じ性格は、賤民的地位にあったユダヤ人にとって貨幣を、もっとも少ししか拒否されないもっともふさわしい獲得目標とし、またそれは貨幣を、彼らを掠奪するにもっともふさわしく、もっとも直接的な刺激ともした。われわれは中世のユダヤ人追放について、迫害が向けられたのはいくらかの都市では豊かなユダヤ人であったが、他の都市ではまさに貧しいユダヤ人であったと聞くが、このことはあくまでも右の反証ではなく、まさに右の特徴にもとづいて貨幣に生じた力をたんに他の側面から示しているにすぎない。

貨幣制度にたいするユダヤ人の関係は、貨幣のあの性格を同じように表現する社会学的な状況にさらに現れる。社会的な集団の内部において異郷人が演んじる役割は、まずは貨幣の輸送可能性と集団の限界をこえる使用可能性とによって、はじめから彼を集団にたいする貨幣に媒介された関係へと向ける。貨幣制度と異郷人そのものとのあいだの関係は、若干の自然民族における現象のなかにすでに現われる。貨幣はそこでは外部から輸入された記号からなり、したがってたとえばソロモン島やニジェール河畔のイポ族（西アフリカのナイジェリアの東部に住む原住民）においては、貝殻やその他のものから貨幣記号を生産することがある種の産業であり、その貨幣記号は生産場所そのものにおいてではなく、それが輸出される近隣の地方において貨幣として通用する。このことは流行を思い出させ、流行は外部から輸入されたばあいにこそ、しばしばとくに尊重されまた有力である。貨幣と流行とは社会的な相互作用の形成であり、あたかも社会的要素は時には眼軸のように、あまり近くない点にもっともよく収斂（しゅうれん）するように思われる。しかし人格としての異郷人は、社会的に権利を奪われた者にとって貨幣をそのように価値あるものとする同じ理由から、何よりも貨幣に関心をもつ。なぜなら貨幣は、完全に権利をもつ者やあるいは土着人が特殊な実際的な方法や個人的な関係によって接近する機会を、異郷人にあたえるからである。強調されることであるが、バビロンの寺院のまえで土着の娘たちの膝に貨幣を投げあたえ、その代わりに彼女たちに売春させたのは異郷人であった。しかし異郷人の社会学的な意義と貨幣のそれとのあいだの関連には、なおそれ以上の媒介がある。すなわち純粋な金融業は明らかに何か第二次的なものであり、中心的な貨幣関心はむしろまず第一に、また主として商業に現われる。しかしきわめて適切な理由から商人は、経済的な運動の初期には異郷人であった。経済圏がまだ小さく、そこにはいかなる洗練された分業もないかぎり、必要な分配には直接の交換や購入で十分であり、遠くで生産された財の調達のために初めて商人が必要となった。ところがこの関係の決定性は、またただちにその逆転可能性に示される。すなわちたんに商人が異郷人であるのみではなく、また異郷人は商人になりやすい。異郷人はたんに一時的に滞在するのみではなく、集団の内部に定住して持続的な生業を求めるやいなや、このことが現れる。プラトンの『法律』においては市民には金銀のすべての所有が禁止され、すべての商業と営業とは原則的に異郷人に保留される。こうしてユダヤ人が商業民族となったことは、彼らの抑圧以外にまたあらゆる地域への彼らの分散にもよる。ユダヤ人は最後のバビロンの追放のあいだに初めて、その時までは彼らが知らなかった金融業へ導き入れられた。そしていまやただちに強調されたのは、この職業にとくに大多数にいたるまで没頭したのは他教徒内に散在したユダヤ人であった。追い散らされた人びとは、多少とも封鎖された文化圏のなかに閉じこめられ、そこに根をはって自由な位置を生産において見いだすことが困難であり、それゆえまずは原生産そのものよりもはるかに弾力的な仲介商業にたより、仲介商業の活動の余地はたんなる形式的な結合によってほとんど無限に拡大することができ、それゆえそれは、もとから集団のなかへ成長したのではなく外から訪れた人びとを、もっとも容易に受け入れることができた。ユダヤ人の精神性の深い特徴、すなわち内容上の創造的な生産よりもはるかにより多く論理的・形式的な結合のなかで活動するという特徴は、この経済史的な状況と相互作用するにちがいない。ユダヤ人が異郷人であり、彼の経済集団との有機的な結合のないこと、これが彼らを商業と純粋な金融業へのその昇華とへ向けた。ユダヤ人の状態へのきわめて注目すべき洞察によってオスナプリュック（ドイツの都市、ハンザ同盟に加入し十五世紀に最盛期を迎える）の規定は一三〇〇年頃、普通は最高一〇パーセントの利子しか取られていなかったのに、ユダヤ人には例外的にマルク当たり一週一ペニヒ、したがって年に約三六パーセントの利子を取ることを許した。とくに重要になったのは、ユダヤ人がたんに民族的異郷人であるのみでなく、また宗教的異郷人でもあったということである。そのためユダヤ人には利子取得についての中世の禁令が適用されなかったから、彼らは金貸しにふさわしい人格となった。高い利子をユダヤ人に理由づけたのは、まさに土地からの解放であった。というのも土地抵当は彼らにとってはけっして確実ではなく、さらに彼らはつねに、高位の権力が彼らの要求を無効と宣告することを恐れなければならなかったからである。（こうしてヴェンツェル王は一三九〇年にフランケン州にたいし、カール四世は一三四七年にニュルンベルクの城主に、バイエルンのハインリヒ伯はシュトラウビング（ドイツのミュンヘンの北北東の地名）の市民にたいしなどである）。異郷人は彼らの企業と貸付とのために、より高い危険割増を必要とした。――しかしこの関連はたんにユダヤ人にあてはまるのみではなく、商業と貨幣との本質にきわめて深く根ざし、ためにそれは一連の他の諸現象をも少なからず支配する。ここでは若干の現代的な現象について述べるにとどめよう。リヨンやアントワープといった十六世紀の世界的取引所は異郷人によって、しかも異郷の商人がまさにこの場所において享楽したほとんど無制限な商業の自由にもとづいて、その刻印を獲得した。そしてこのことは、再びこの場所の金融的性格と関連する。すなわち貨幣経済と商業の自由とは、いかにしばしば歴史的な偶然と誤った統治原則とによって曖昧にされるにせよ、深い内的な関連をもつ。異郷人の金融上の役割は、両者の結びつきをきわめて正しく示している。メディチ家時代のフィレンツェの多くの家族の金融上の重要性は、彼らがメディチ家によって追放されるか、あるいは政治権力を奪われ、その結果として異郷における金融業によって――彼らは異郷においてはまさに他のいかなる仕事にもたずさわることができなかったので――新たな勢力と意義とを獲得することに頼ったということに、まさしくもとづいている。外見上は対立している現象が、正確にみればいかに並行して経過し、まさに同じ関係を示しているかは、考察に値しなくもない。十六世紀においてアントワープが、疑う余地のない世界商業の場所であったころ、この意義はそこに定住して商品を売ったイタリア人、スペイン人、ポルトガル人、イギリス人、北ドイツ人といった異邦人にもとづいていた。土着のアントワープ人は商品取引にはごく僅かな役割を演じるにすぎず、主として代理人として、そして金融業においては銀行家として活動した。世界商業の利益によって統一化されたこの国際的な社会においてはまさに土着人が、他のところであればしばしば異郷人の演じる役割を演じた。すなわちここで決定的なことは、大きな集団とそれによそよそしく対立する個々の個人とのあいだの社会学的な関係である。これらの個人はまさに具体的な利害とは無関係であることによって集団との金融業へと向けられた。たしかに多くのばあいにおいてこの関係は土着人と異郷人とのあいだにつくられる。しかしすでにアングロ・サクソン人がイギリスの原住民を駆逐せずに自らに受け入れたとき、彼らは原住民を「異邦人」と呼んだ。そしてアントワープに生じたように異郷人が大きな結合的集団を形成し、土着人がそのあいだに散在する少数者を形成するばあい、その結果において示されるのは、同じ社会学的な原因は同じ結果をもつということである。ところでこれにとっては、いかなる人びとがまさに土地に土着的であり、いかなる人びとが異郷的であるかの問題は、それだけでは重要ではない。集団の内部において個々の異郷人は、いわば私的な理由から商業へ、さらにもっとも高くは金融へと定められたと思われるが、この私的な理由をはるかにこえてわれわれに現れるのは、近代の銀行家の最初の大きな取引であり、それは十六世紀において、あくまでも外国において生じた。貨幣はたいていの目的論的な系列の地域的な制約から解放されている。なぜならそれは、任意のあらゆる出発点から任意のあらゅる到達点にいたる中間項だからである。そしてほとんどと言ってよいであろうが、歴史的な存在のあらゆる要素がその特殊なものを、まさにそれのみに固有な強さをもっとも純粋に表現できる活動形式を求めるとすれば、この最初の近代的な大資本は青年の自負の拡大衝動におけるように、その空間をとびこえる力と、そのいたるところにおける使用可能性と、その不偏不党性とがもっとも強く意識される使用へと押しよせる。大きな金融商店への民衆の憎悪は本質的には、その所有者とたいていはその代表者も異郷人であるのをつねとするということに関連した。すなわちそれは国際的なものにたいする国民的な感情の憎悪、特殊な価値を意識してそれと同時に無性格な無差別な勢力によって制圧されると感じる偏狭さの憎悪であり、その勢力の本質は、偏狭さにたいし異郷人そのもののなかに人格化された。これにまったく対応するのは、ソフィストとソクラテスとの主知主義と、精神のこの新しい気味悪い権力手段とにたいする保守的なアテナイの民衆の嫌悪である。というのもこの権力手段は貨幣のように中立的で冷酷に、伝来のすべての制限を冷笑する力をまずは破壊作用のなかにしばしば示すからである。さらに貨幣のこの傾向をいわば客観化しながら加わるのは、当時は金融業の異常な拡大が皇帝とフランス国王とのあいだにおける果てしない戦争、オランダ、ドイツ、およびフランスなどにおける宗教戦争に由来したということである。戦争は直接には純粋に非生産的な運動にすぎないが、貨幣手段を完全にわがものとし、そして堅実な商品取引――つねにより多く場所的に拘束されていた――の完全な繁茂を貨幣取引によってひき起こした。さらに外国への大資本の道はこの迂路を経て直接に反逆的となった。フランス国王は長くフィレンツェの銀行家の救けによってイタリアにたいする戦争を行い、彼らはドイツの貨幣の援助のもとにロートリンゲンと、のちにはエルザスをドイツ帝国からもぎ取ることができ、スペイン人はイタリアを支配するためにイタリアの貨幣力を使用できた。貨幣資本はその飛翔（ひしょう）においてその純粋な手段的性格の解放性をあらわすが、十七世紀になって初めてフランス、イギリス、スペインにおいて貨幣資本のこの飛翔がやみ、政府の資本需要を自国でみたそうと努力された。そして現代の金融が再び多くの点において国際的になっているとすれば、このことにはそれでもまったく別な意義もある。すなわちあの古い意味での「異郷人」はまさに今日もはや存在せず、商業の結びつきとその慣例と商法とは、まったくかけ離れた国ぐにから、ますます統一化しつつある有機体を形成した。貨幣は、かってはそれを異郷人の領域とした性格を失わず、それどころかそこに交差する目的論的な系列の増加と変化とによって、抽象的な色彩のないものへとますますその性格を上昇させた。この点においてかってはは土着民と異郷人とのあいだに存在した対比は、この対比によって支えられた交易の貨幣形式が経済圏の総体をとらえたので、たんにそれゆえにのみ消滅した。貨幣制度にとっての異郷人の意義は、かって耳にした忠告、すなわち人はけっして友人と異郷人という二種類の人間に金融をおこなってはならないという忠告に、ちょうど細密画におけるように圧縮されているように思われる。金融業の無差別な客観性は第一のばあいにおいては関係の人格性と衝突し、これはほとんど完全には取り除かれないし、第二のばあいにおいてはまさに同じ事情が、敵意にみちた意図に広い活動の余地をあたえ、このことはわれわれの貨幣経済的な法形式が、悪意ある損害を確実に排除するに十分なほどには、どこにおいても精密ではないということと深く関連する。金融業——そこにおいては温情はやむといわれてきたのは正しい——にとっての適当な相手とは、われわれにとっては内的にまったく中立的な人、われわれに賛成でも反対でもない人である。

二

これまで述べたことには価値感情という事実が前提されたが、われわれにとってのその自明性はその重要性についてたやすく人を欺くことができる。貨幣がわれわれにとって価値があるのは、それが価値の獲得のための手段であるからであるが、しかし同じようによく人はそれでも、それはたんにそのための手段にすぎないにもかかわらず、と言うこともできよう。それというのも価値の音調はわれわれの行動の究極目的にもとづき、手段そのものは目的論的な系列への編入なしには完全に価値とは無縁であり、価値の音調がまた手段へ移行するということは、けっして論理的には必然的とは思われないからである。この価値移行が純粋に外面的な関連にもとづいて生じるということは、われわれの精神的な運動のきわめて一般的な形式へ配列され、この形式を質の心理学的な拡張と呼ぶことができよう。すなわち対象や力や出来事の事実的な系列が項を含み、これがわれわれのなかに一定の主観的な反応、すなわち快あるいは不快、愛情あるいは憎悪、肯定的な価値感情あるいは否定的な価値感情を呼びおこすばあい、——われわれにはこの価値がたんにその直接の担い手にのみ付着しているとは思われず、われわれはまたその系列のそれだけでは同じように特記されない他の項を右の項に参加させる。このことはけっしてたんに、最終項がその実現のすべての原因のうえへその意義を放射する目的論的な系列にのみあてはまるのではなく、諸要素の結合がそれとは異なって経過するばあいにもあてはまる。すなわち家族のすべての成員は、そのひとりの名誉あるいは不名誉に参加する。偉大な詩人のもっとも重要ではない作品でさえ、他の作品が重要であるためにそれだけには生じない評価を享受する。個人への愛着あるいは憎悪も政党の立場から発しておれば、それだけとしては無関心な感情やあるいは反対の感情でのぞむような党綱領の論点にまでひろがる。ある人間への愛情は、彼の本性の諸側面のひとつへの同情的な感情からはじまり、ついには彼の全人格を、ひいてはさまざまな性質と表現とを同じ熱情で包括するが、それらの性質や表現はこの関連がなければこの情熱をけっして要求しなかったであろう。要するに多数の人間や事物が何らかの結合によって統一体として現れさえすれば、個々の要素が呼びおこした価値感情は、いわば体系を関連づける根底をつうじて、それだけではその感情に無縁な他の要素のうえにも流れでる。まさに価値感情は事物そのものの構造とは関係をもたず、その踏みこえることのできない領域を事物の彼方にもつから、厳格には事物の論理的な限界にとどまらずに、客観的に正当とされる事物との関係をこえて一定の自由をもって発展する。心的生活の比較的高い点が、隣接してはいるがそれだけではその性質に十分でない要素を色づけるということは、これだけで何か非合理的なものをもっとすれば、このことが明らかにするのは、それでも心のまったく祝福すべき豊かさ、内部から規定された心の要求、すなわちひとたび感じられた重要性と価値とをまた事物におけるそれらの内的な反響の完全な程度にしたがって、しかもそれぞれがその分け前を要求できる権原をこせこせと問題にせず、十分に生きつきさせようとする要求である。

質のそのような拡張のすべての形式のなかでもっとも合理的でもっとも明白なものは、たしかに目的系列のそれである。もちろん客観的にはこの形式もまた無条件に必然的とは思われない。それというのも、それ自体はどうでもよい手段が価値ある目的を実現することによって獲得する意義は、そこに移された価値において成り立つ必要はけっしてなく、独特なカテゴリーであることができ、これはおそらくはこの状況の異常な頻繁さと重要さとにもとづいて成立できるであろう。とはいえ実際に心理学的な拡張がいまやひとたび価値質をとらえると、究極目的の価値を絶対的と呼び、手段の価値を相対的と呼ぶことのできる区別だけが存続できる。意志過程が決定的に停止する事物の価値が絶対的——ここで問題の実践的な意味において——である。もちろんこの停止はけっして時間的に延長された停止記号であるにおよばず、たんに神経刺激系列の終結であるにすぎず、したがってこの神経刺激系列が満足感のなかで活動をおえれば、意欲のそれ以上の活動が新しい神経刺激のなかに現れなければならない。これにたいして客体が相対的に価値があるのは、その実現が絶対的な価値の実現を条件づけるということによって、価値としての客体についての感情が条件づけられているばあいである。客体が価値の相対性を示すのは、同じ目的への他の手段がより有効であるか、あるいはより到達可能であると認識された瞬間に、その客体が価値を失うということにおいてである。絶対的な価値と相対的な価値との対立は、客観的な価値と相対的な価値との右に取り扱った対立とはほとんど一致しないから、絶対的な価値と相対的な価値との対立は、主観的な価値設定とともに客観的な価値設定との内部においても展開することができる。――ここでは価値と目的との概念をかなり区別せずに用いたが、実際には両者はこの関連においてはたんに同一現象の異なった側面にすぎない。すなわちその理論的・感情的な意義よりみて価値である事実表象が、その実践的・意志的な意義よりすれば目的である。

ところで右の二種類の価値と目的とを設定する心的なエネルギーはきわめて異なった性質をもつ。究極目的の創造はいかなる事情のもとでもたんに自発的な意志行為によってのみ可能であるが、手段には相対的な価値がたんに理論的な認識によってのみ同じように無条件に承認されることができる。目標の設定は性格、気分、利害関心から生じる。しかしわれわれに道を指令するのは事物の性質である。最初のものはわれわれに自由であるが第二のものにはわれわれは奴隷であるという方式は、きわめて多くの生活状況を支配し、それゆえ他のどこよりも目的論的な領域においてもっとも広範にあてはまる。とはいえこの対立性は、そこに客観的な存在へのわれわれの内的な力のきわめてさまざまな関係があらわれ、同一の内容があるカテゴリーから他のカテゴリーへ移ることを妨げない。まさに究極目的の自発性こそは、手段が心理学的にその目標の価値に参加するという事実とともに、手段がわれわれの意識にとってはそれだけで十分な決定的な価値の性格を受け取るという現象を可能にする。たとえこのことを可能にするのがたんに、すべての悟性的な論理的基礎づけからのわれわれのなかの意志の最終審の独立性によるにせよ、この事実そのものはいかに合目的性に逆行するように見えようとも、それにもかかわらず合目的性に役立つことができる。すなわちわれわれがわれわれの目的をもっとも首尾よく達成するのは、その目的がわれわれにそのようなものとしてもっとも明確に意識されているばあいであるということは、けっして確定してはおらず、むしろたんにまったく皮相な瞥見にのみ妥当することができる。すなわち「無意識的な目的」の概念がいかに困難で不完全であるにせよ、――それによって表現される事実、すなわちわれわれの行動が一定の究極目標にもっとも正確に適応して経過し、われわれの意識においては究極目標の作用については何も見いだされないが、しかし究極目標の何らかの作用がなければ、われわれの行動がまったく理解されないという事実――この事実は無限にしばしば繰り返され、さらにわれわれの全生存様式を規定し、そこでわれわれはそのための特別の名称をまったく欠くことができない。われわれはこの事実をたんに無意識的な目的という表現によって説明するのではなく、たんにそれを名づけようとせざるをえなかった。この問題がより明瞭となるのは、われわれの行動が目的によっては、つまり存在するようになる何ものかによってはけっしてひき起こされず、行動のまえに存続する肉体的・心的なエネルギーとしての目的によってのみつねにひき起されるという自明の事柄をたえず念頭におくばあいのことである。そこからいまや次の事態が推察される。われわれの総体的な活動は、一方ではわれわれのもっとも内面的な自我から発した中心的な諸力によって、他方では感覚的印象や気分や外的な刺激と諸条件の偶然によって、しかもこれらの両者のきわめて多様な混合のもとに導かれる。われわれの行動がより合目的的となるのは、第一の要因が優越し、狭義の精神的な自我から発したエネルギーが多様なすべての所与を自己の方向へ導くに応じてである。かなりの量の緊張したエネルギーがわれわれのなかに統一的に集められ、それらの漸次的な放射が、すべての外面的なものを出発点から支配するあの確固とした方向を厳守すれば、――これは副次的な非難すべき関心においても形式的には同じように実現される状況である――この実在的な肉体的・心理的な潜勢力が、概念的な意識に反映されたばあいまさに目的と呼ばれる。ところで目的が意識過程として、そう名づけられたエネルギーの緊張の心的な反映であるとすれば、そのエネルギーの緊張が事実上さらに発展しつづけるばあい、なぜ目的が意識されたものとしては消滅できるかが明らかになる。それというのもまさに目的の真の基礎そのものが解消されつつあり、それが次第に現実の行為に変わり、たんになおその作用においてのみ生きつづけるからである。そしてわれわれの記憶の構造によれば、ひとたび成立した目的表象がたとえあの真の基礎よりも生きのびて、意識においてさらに存続できるにせよ、このことはそれでも、真の基礎によってつらぬかれ導かれるように思われる行為にとって必要ではない。むしろこの構造が正しければ、われわれが目的論的な系列において行動するためには、たんにあのエネルギーの統一がかって存在したこと、それゆえ目的一般の一回の存在のみが必要とされる。目的において現実に力であったものは、そのうえに現われた行動のなかに生きつくし、この行動はその出発点である目的によって、存続する意識内容としての目的が実践的な系列になお長くともなうか否かにかかわらず、導かれつづける。

ところがさらに明らかになるのは、目的の意識が活動的でありつづけるばあい、それは純粋に観念的なものではなく、それなりにまた過程でもあり、これは有機的な力と意識強度とを消耗するということである。それゆえ一般的な生活合目的性は、その過程を排除しようと努める。なぜならその過程は、まさにわれわれの行動の目的論的な指導にとって原理的には（すべての錯綜と偏向とを度外視すれば）もはや必要ではないからである。そしてこのことがいまやついに次の経験的事実を明らかにするように思われる。すなわちわれわれの実践的な系列の最終項は、たんに手段によってのみ実現できるから、われわれの力が手段の創出に向けられ、それに集中されることがより完全であればあるほど、手段によってより確実につくり出されるということである。まさに手段のこの創出こそが本来の実践的な課題である。この課題がより徹底的に解決されればされるほど、究極目的はそれだけ意志の労苦なしにすますことができ、したがって手段の機械的な結果として出現するであろう。究極目的が先へ先へと意識されることによって、一定量の力が消耗され、それが手段への労働から取り去られる。それゆえ実践的にもっとも合目的なことは、目的系列のすぐ次に実現されるべき段階へのわれわれのエネルギーの完全な集中である。すなわち究極目的にとってもっとも役立つことができるのは、究極目的への手段をあたかもそれが究極目的そのものであるかのように取り扱うことである。それゆえ心理学的な強調の分配は、無限に処理できる力の欠乏により必要とされるから、あくまでも論理的な編成にはしたがわない。すなわち論理的な編成にとっては手段はまったくどうでもよいものであり、すべての強調は目的におかれるのにたいし、実践的な合目的性は、この関係の心理学的なまったくの逆転を要求する。人類が外見上はきわめて非合理的なこの事実にいかに負うところ大であるかは、述べるまでもない。われわれの意識がもっとも原始的な目的設定につねに固執し、したがってより多様な手段の構築にはたんに不完全にしか自由ではないとすれば、おそらくわれわれはその目的設定をけっしてこえないであろう。あるいは、もしわれわれが低位のそれぞれの手段についての労働にさいし、そのうえに構成されたより以上の諸手段の全系列を最後の究極目的とともにたえず意識していなければならないとすれば、われわれは堪えがたい麻痺的な分裂を経験するであろう。最後に、もしわれわれが最後の目的にたいする目前の課題の極小性を論理的な正当さでたえず念頭におき、意識一般に対応するすべての力をさしあたっての必要事に集中的に役立てないとすれば、われわれは目前の課題のためにしばしばまったく力をもたなければ、また欲望ももたなかったであろう。——明らかなことではあるが、生活の技術がより複雑になればなるほど、究極目的のこの輪廻もますます頻繁にますます根本的に生じる。競争と分業とがともに増大するにつれ、生活の目的はますます達成しにくくなる。すなわち目的のためには手段のますます高い下部構造が必要とされる。文化人の大部分はその生涯をつうじて、言葉のあらゆる意味での技術への関心にとらえられつづける。彼らの究極意図の実現を支える諸条件は彼らの注意を要求し、彼らの力を自己に集中させ、あの現実の目標は意識からまったく消え失せ、さらに十分にしばしばついには否定される。このことは次の事情によっても促進される。文化的に発達した状態にあって個人は、きわめて多岐にわたる目的論的な体系のなかにすでに生みおとされている（たとえば外的な道徳にかんしては、社会的な目的の諸条件としてのそれらの起源について誰ももはや問題とはせず、それはむしろ定言的命令として妥当する）といった事情であり、彼はすでに久しく確定した目的への協力のなかへ成長し、さらに彼の個人的な目標さえ、しばしば自明なものとして周囲の雰囲気から彼に訪れ、明瞭な意識においてよりもむしろ彼の事実上の存在と発展において妥当するようになるといった事情である。これらのすべての事情に助長され、たんに生活一般の究極目的のみではなく、さらに生活の内部の究極目的もまた、識閾をたんに不完全にのみこえて高められるにすぎず、意識の全先鋭化は実践的な課題、つまり手段の実現へ向けられる。

たしかに何らの特別な証明も必要とはしないことではあるが、究極目的のこの先取りは生活のいかなる仲介段階においても貨幣ほどの範囲には、しかもそれほど徹底的にはけっして生じない。客体でその価値をもっぱら仲介的性質に、つまりより決定的な価値への置換可能性に負いながら、それほど根本的にさらにあますところなく心理的に絶対的な価値へと、つまり実践的な意識を完全にみたす究極目的へと成長したものは、けっして存在しない。貨幣のこの終局的な被欲求性はまた、まさに貨幣がますます純粋に手段的性格をおびるにつれて高まるにちがいないであろう。それというのもこのことが意味するのは、貨幣によって調達できる対象の範囲がますますさらに拡大するということであり、事物がますます無抵抗に貨幣の力に降伏するということであり、貨幣そのものはますます無性質となるが、しかしまさにそれゆえに事物の一切の性質にたいし等しく強力となるということだからである。貨幣の増大する意義は、たんなる手段でないすべてのものが貨幣から除去されるということに依存する。なぜならこうして初めて客体の特殊な性格との摩擦が消滅するからである。手段としての貨幣の価値が高まるにつれて、手段としての貨幣の価値も高まり、しかも大いに高まって貨幣が価値そのものとして妥当し、目的意識が決定的に貨幣において停止するまでになる。貨幣の本質における内的な両極性、すなわち絶対的な手段であることと、そしてまさにそれによってたいていの人間にとっては心理的に絶対的な目的になることとは、貨幣を独特な仕方で意味形象とし、そこに実践的な生活の多くの規則がいわば凝結する。われわれは生活を、あたかもそのそれぞれの瞬間が究極目的であるかのように取り扱うべきであり、それぞれの瞬間は、あたかも生活が本来もともとそのためにそこに到達したかのように重要に考えられるべきである。そして同時にわれわれは、あたかも生活のいかなる瞬間もけっして決定的ではないかのように生活すべきであり、われわれの価値感情はいかなる瞬間にも静止すべきではなく、あらゆる瞬間がより高い段階へ、さらにより高い段階への通過点と手段とみなさなければならない。それぞれの生活瞬間への外見上は矛盾にみちたこの二重の要求、あくまでも決定的であることとあくまでも決定的でないこととは、心が生活への関係を形成する究極の内面性から発し、——しかも十分に奇妙なことには、この要求はいわば皮肉な充足を貨幣において、一切の性質と強度の彼方にあるからもっとも外面的な精神の形象において見いだす。

貨幣が価値意識にとって絶対化される範囲は、経済的な関心の原始的生産からの産業的な経営への偉大な転換に依存する。近代とたとえば古典ギリシア文明とは貨幣にたいしてきわめて異なった態度をとった。これは主として貨幣がかってはたんに消費に役立ったにすぎないが、しかし現在は本質的に生産にも役立つことによる。この相違は貨幣の目的論的な役割にとってきわめて重要であり、貨幣はここでもまた経済一般の真の指標として示される。というのも一般的な経済的関心もまた、当時は生産よりもはるかに多く消費に向けられたからである。生産もまさに主として農業的な性質をもち、その伝統的に固定した単純な技術は、たえず変化する産業ほどには経済的な意識のいちじるしい消耗を必要とはせず、そのため経済的な意識は経済の他の側面、消費へより多く向けられた。労働一般の発展もこの図式を示す。自然民族においては労働はほとんどすぐ次にくる消費のために行なわれるものにすぎず、より以上の獲得のための踏段をつとめる所有のために行なわれるのではない。それゆえにこそ古代の社会主義的とも呼ばれるべき努力と理念も、またたしかに消費の組織化をめざしたが、しかし生産的な労働の組織化ではなかった。そこでこの点においてプラトンの理想国家も、彼がまさに闘争へと定められていたアテネの民主制とただちに一致する。アリストテレスの文章のある箇所はこのことを特に鋭く明らかにする。政治的な機能にたいして給料が導入されるやいなや、このことは民主制においては富者にたいする貧者の優越をひき起す。それというのも貧者は富者よりも私的な仕事によって要求されることがより少なく、それゆえ公的な権利を行使するより多くの時間をもち、彼らは実に給料のためにそうするからである。それゆえここでただちに明らかになるのは、貧者のほうが仕事のより少ない人びとであるということである。しかしこのことが後の時代とは対照的に偶然事ではなく、原理的にあの経済形式のなかに基礎づけられたことであるとすれば、大衆の関心がまさにたんに直接に生きる必要にのみ向かうのも当然となる。すなわち貧者の失業を前提とする社会構造は本質的に、生産的な関心の代わりに消費的な関心をもつにちがいない。経済的な領域についてギリシア人に見いだされる道徳的な規定は、ほとんどまったく営利とは関係をもたない。――たしかにこのことは、数的にははるかに優越していた原始生産者である奴隷には、いかなる社会的あるいは倫理的な関心もけっして結びついてはいなかったことによる。アリストテレスが主張するように、調達ではなく使用のみが積極的な道徳の発達への機会をあたえる。このことは貨幣についての彼とプラトンの主張と完全に一致し、両者は貨幣にたんに必要な悪のみを認める。それというのも価値強調がもっぱら消費におかれるところでは、貨幣は経済の究極目的と直接に対決させられるから、その無差別な空虚な性格をとくに明白に露呈するからである。生産手段としては貨幣は究極目的からはるかに隔たり、それは周囲を他の手段によってとり囲まれ、それらにたいして控え目にまったく別な相対的な意義をもつ。貨幣の意味におけるこの相違は、時代の精神における究極の決定にさかのぼる。生産的な関心にたいする消費的な関心の意識上の優越は、右に述べたように農業の生産の優位に由来する。土地所有は法律によって保護されて相対的になくならない実体であり、ギリシア人に生活感情の持続と統一とを保障できた唯一のものであった。ギリシア人は生活の持続性を確固とした持続的な内容による時間系列の充満としてしか考えることができず、この点において彼らはそれでもなお東洋人であった。このことは実体概念への固執であり、この固執がギリシア哲学の全体を特質づける。たしかにこれによってはギリシア人の生活の現実はけっして特徴づけられず、むしろまさにそれに拒否されていたものと憧憬と救済が特徴づけられる。ギリシア人の精神がその理想を、国民性がさほど偉大でも活気にみちてもいないばあいに生じるように、たんに所与のものの継続と完成に求めず、むしろ絶えざる党派化と闘争とによってひき裂かれて危険にさらされた激情的な所与の現実がその完成をそれとは異なったもの、つまりは現実の思考と形成との確固とした限定と安定した形式に求めたということこそ、ギリシア人の精神の巨大な広がりを意味する。これとまったく対立しているのが現代の見解であり、それは生活の統一と関連とを、内容的にはきわめて変化にみちた諸要因の力の作用と法則的な継起とに認める。われわれの生活のまったくの多様性と流動性とは、われわれから生の統一の感情を解消せず、――われわれ自身が錯覚あるいは不十分と感じるばあいのみを例外として、少なくとも原理的には解消せず、――それどころか生の統一の感情はそのような多様性と流動性とによってこそ担われ、もっとも強く意識されさえする。しかしこの動的な統一はギリシア人には知られなかった。同じ根本特徴が彼らの美的な理想を建築と彫刻の形式において頂点に到達させ、彼らの世界観を宇宙の有限性と完結性に、さらには無限性への忌避へと導いたが、――まさにこの根本特徴によって彼らは、生存の連続性をたんに実体的なものとしてのみ承認し、実体的なものが土地所有に依存し、土地所有においてのみ実現されるとした。これはあの近代的な統一が、流動的な性質をもつ貨幣において、すなわちつねに自己から歩みでて、きわめて変化に富み最高度に多種多様な等価物に本質の相等性を表現する性質をもつ貨幣において実現されるのと同じである。貨幣にもとづく本来の商業取引の信用をギリシア人において失わせるのに加わったのは、商業取引がいくらか長期にわたり、将来の計算可能性によって営まれるということである。しかしギリシア人にとっては将来は原理的に何か計算不可能なもの、将来への希望は何かきわめて人を欺くもの、さらには神の怒りを挑発するかもしれない不敬事とも思われた。生活形成のこれらの内的および外的なすべての要素はきわめて相互作用しあい、したがってそのひとつを時間的に根本的なもの、無条件に誘因的なものとはほとんど呼ぶことができない。農業経済の性格は、一方ではその確実さと、その中間項の数がわずかでほとんど変化しないこと、生産にたいする消費のその強調をともない、他方では事物の実体性に向けられた気質、すべての計算不可能なものへの、まったく不安定で動的なものへの恐怖をもつが、これらはたしかに統一的で歴史的な根本状態のたんに異なった放射、分化した関心という媒介によって分けられた放射にすぎず、たしかにわれわれはその歴史的な根本状態を、分析に向けられたわれわれの悟性によっては直接に把握できないし、また名づけもできない。――あるいはそれらはあの形成に、それらのあいだに先在性への問いの提起がまったく誤りである形成に所属する。なぜならそれらの構成の本質は初めから相互作用のうちにあり、一方は他方の上に他方は一方の上にとたがいに無限にうちたてられて循環し、この循環は認識の細目にとっては誤りもあるが、しかしその根本的な要素にとっては本質的で不可欠でもある。ところがこれがいかに解釈されようと、事実はこうであった。すなわちギリシア人にあっては経済の手段と目的とは後の時代ほどには広くは分離せず、手段が後の時代と同じ心理的な固有生命を獲得せず、貨幣はそれほど当然に、しかも内的な矛盾を見いだすこともなく、独立した価値へと成長することもなかった。

貨幣の意義は、手段の目的への心理的な上昇のもっとも完成した最大の例であることにあり、――これがまったく明らかになるのは、手段と究極目的とのあいだの関係がなお詳細に検討されるばあいである。すでに先ほど一連の誘因に言及し、それがわれわれの行動の真の目標をわれわれ自身に隠蔽し、われわれの意欲をわれわれ自身が思うのとはまった異なった目標へと現実には向かわせることをみた。しかしわれわれの意識の内部の目的をこえて、それ以上の目的を求めることがあくまでも正当であるとすれば、――この求めつづけることの限界はどこにあるか。目的論的な系列がその瞬間的に意識された最後の項によってはけっして終決しないとすれば、系列のそれ以上の構築の道は無限へと開かれているのではないか。そしてそこでまさに必要とされるのは、われわれの行動の通じる所与の究極目的にわれわれはけっして満足せず、それぞれの究極目的になおそれ以上の基礎づけを、なおそのうえに横たわる究極目的のなかに求めることではないか。これに加わるのは、達成された利得あるいは状態も、究極目的の概念と論理的に結びついたあの最終的な満足をあたえないということであり、むしろ達成されたそれぞれの点が本来は、それをこえて横たわる最終状態への通過段階として感じられるにすぎないということである。――感覚的なものの領域においても理想的な領域においてもそうであり、前者にあっては感覚的なものが、それぞれの享楽に新しい要求を継続的に加える絶えまのない流れのなかにあるからであり、後者のばあいは理想的なものの要請が、いかなる経験的な現実によってもけっしてみたされないからである。このすべてを総括すれば、われわれが究極目的と呼ぶものは目的論的な系列のうえを漂うように思われ、この目的系列にたいしてはちょうど地上の道にたいする地平線と同じ状況にあり、地上の道はたえず地平線へ向かって行くが、しかしいかに長くさまよったあとも、出発点よりはそれに近づけない。それというのも問題となるのは、究極目的があるいはたんに到達できないのではなく、それが内容によってはけっしてみたされない表象形式であるということである。目的論的な系列は、とにかくこの世の実現できるものに向かうかぎりは、たんにその実現からのみでなく、その内的な構造からも停止することなく、それぞれの目的系列がその究極目的においてもっと思われる固定した点に代わって、この究極目的が次のような発見的な規制的原理としてのみ現れる。すなわちいかなる個々の意志目標も究極目標とはみなされず、あらゆる意志目標には、より高い目標への段階となる可能性が開かれているという原理である。究極目的はいわばたんなる機能あるいは要請であるにすぎない。概念として見ると究極目的は、最初はまさにそれが解消すると思われる次の事実の凝縮にほかならない。すなわち人間の意欲と価値との道は無限へと通じるが、これにたいしてその途上で到達したいかなる地点も、いわば前から見ればいかに最終状態と見えようとも、後から見ればたんなる手段と見なされることを避けることはできない。これとともに究極目的の品位への手段のあの上昇も、はるかに非合理的ではないカテゴリーへ移る。なるほど個々のばあいにとっては非合理性は除去されはしないが、しかし目的論的な系列の総体は、限られた断面とは異なった本質をもつ。すなわち手段が目的になるということは、根本においては目的もまた手段にすぎないということによって正当化される。可能な意欲と自己発展する行動と満足との無限の系列において、われわれはほとんど恣意的にある要素をとらえてそれを究極目的とし、それに先行するすべてのものをそれにたいして手段にすぎないとするが、しかし客観的な観察者やあるいはわれわれ自身も後には、もともと有効で妥当する目的をはるかにそれをこえて設定するにちがいない。しかしこの目的もまた同じ運命にたいし保護されているわけではない。われわれの努力の相対性と究極目的の絶対性とのあいだの極度の緊張というこの点において、貨幣はふたたび意味深く以前の暗示をさらに発展させながら現れる。一方においては事物の価値の表現と等価物とであることによって、しかし他方においてはそれでも純粋な手段と無差別な通過段階とであることによって、貨幣はまさに決着づけられたことを適切に象徴する。すなわち追求され感じられた価値も結局は手段と一時的なものとして現れるということである。そして無限に多くの人間にとっては、生活のもっとも昇華された手段が生活のもっとも昇華された目的となるから、貨幣は、人びとが目的論的な要素を手段と目的とのいずれと見なそうとするかはたんに立場によるにすぎないということの、もっとも明白な証拠——その極端な決定性がこの命題を学校の例題の徹底性と一致させるような証拠――をなす。

ところでたとえ個人が貨幣を熱望しなかった時代がまったくなかったにせよ、それでもたしかに人はこの欲求の最大の先鋭化と普及とが生じるのは、個々の生活関心のささやかな満足と宗教的・絶対的なものへの上昇とが、ともに生存の究極目的としては力を失った時代においてであるということができる。それというのも個人の内的な状態をはるかにこえて、現代においては――ギリシアとローマの没落期のように――生活の全様態と人間相互の関係と客観的な文化とが、貨幣関心によって色づけられているからである。内容的に満足をあたえる最終的な生活目的が萎縮した瞬間に、まさにもっぱら手段でありそれ以上の何物でもない価値が究極目的の場所にはびこり、その形式を身にまとうということは、歴史的な発展の皮肉と思われるかもしれない。とはいえ現実においては貨幣は絶対的な手段として、しかもそれによって無数の目的系列の統一点として、その心理的な形式においてはまさに神の表象への重大な関係をもち、たしかに心理学のみがこの関係を暴露できるが、それはいかなる瀆神も犯すはずはないというのが心理学の特権だからである。神の思想がそのより深い本質をもつのは、世界のすべての多様性と対立とが神において統一に到達するということにおいてであり、神がニコラウス・クザーヌスの美しい言葉によれば〈反対の一致〉であるということにおいてである。存在のすべての疎遠性と非宥和性とが神において統一と和解とを見いだすというこの観念から、神の表象とわれわれが神をもつという表象とともに漂う感情の和平と確実さとすべてを包括する豊かさとが生じる。貨幣がひき起す感覚は疑いもなく感覚の領域においては、これとの心理的な類似性をもつ。貨幣はますますあらゆる価値の絶対に十分な表現と等価物とになることによって、客体の広範な多様性のすべてをこえた絶対的な高みへと上昇し、諸事物にとっての中心点となり、それらの事物はきわめてかけ離れ、きわめて対立しあい、きわめて疎遠ではあるが、この中心点に共通なものを見いだし、たがいに接触しあう。これとともに貨幣はまた実際にも個別的なものをこえたあの上昇を、最高の原理の信頼へと同じように貨幣の全能への信頼をあたえるが、この最高の原理の全能はわれわれにこの個別的で低いものをあらゆる瞬間にあたえ、いわばふたたびこの個別的なものへ変わることができる。貨幣制度へのユダヤ人の特別な適性と関心とは、彼らの「一神教的な訓練」と関係づけられた。数千年来統一的な最高の存在を仰ぎ見て、そこに――とりわけそれがきわめて相対的な超越性をもつにすぎないから――すべての個々の関心の目的点と交点とをもつことに慣れてきた民族性は、経済的な領域においてもまたとくにすべての目的系列の包括的な統一として、またその系列の共通な先鋭化の点として現れる価値に集中するにちがいない。また貨幣への激しい追求、貨幣がたとえば土地所有といった他の重要な価値とは異なって経済的生活や、さらには生活一般に伝える激情は、終局の安静とあくまでも矛盾せず、そこでは貨幣の作用は宗教的な気分に近づく。それというのも貨幣をめぐる闘争でのすべての興奮と緊張とが、かち取られたものの所有での至福の安静の条件をなすのみではなく、さらに宗教財があたえる魂のあの海のような静けさ、存在の統一点にあるというあの感情が、神への追求と格闘との代償としてはじめてその最高の価値意識に達するからでもある。そしてアウグスティヌスが商業活動について、〈よくも商売といったものだ。なぜなら商売は暇つぶしだからである。しかし静かな真理を、すなわち神を求めないことは悪いことである〉と言うばあい、――このことは正当にも、営利手段を営利手段と結びつけて貨幣獲得の究極目的にまで高まる勤勉にはあてはまるが、しかしまさにもはや〈商売〉ではなくてその到達点であるこの究極目的そのものにはあてはまらない。宗教的および教会的な志向がしばしば貨幣制度に対立して示す敵意は、最高の経済的な統一と最高の宇宙的な統一とのあいだのこの心理的な形式類似性への本能と、まさに貨幣関心が宗教的な関心に準備した競争が経験した危険――この危険は、たんに生活の実質が経済的であるところのみでなく、それが宗教的であるところにおいてもまた示される――にさかのぼる。利子への教会法学者の拒否のなかに、貨幣一般への忌避が表明される。それというのも利子は金融業をその純粋な抽象性においてとり出すからである。利子原理そのものはそれだけではまだ完全な程度の有罪性を含まず、――中世では利子を貨幣の代わりに商品であたえるばあい、しばしば有罪性を避けると信じられた――、完全な程度の有罪性は貨幣の利子であり、貨幣で支払われる利子であった。そこでそのような利子の廃止は貨幣制度一般の根底をつくと思われた。貨幣はまさにあまりにも容易に究極目的として現れ、あまりにも多くの人びとにおいて目的論的な系列を最終的に終決させ、彼らにある程度の利益の統一的な結合と、抽象的な高さと、生活の細目をこえた主権性とをあたえ、そしてこれが、まさにこの満足の高揚を宗教的な法廷にもとめる彼らの要求を和らげる。それゆえすべてのこれらの関連から、それでも明白な比較点以上に効果的であるのは、ハンス・ザックスがすでに一般的な意見の代弁者に〈貨幣はこの世においては世俗の神である〉という結論を引き出させていることである。一般的意見の全範囲は貨幣の地位についての根本動機へさかのぼる。すなわち貨幣は絶対的な手段であり、これはまさにそのために絶対的な目的という心理的な意義にまで上昇するということへである。もちろんまったく首尾一貫した定式化によってではないが、唯一の絶対的なものは事物の相対性であるといわれた。そしてたしかに貨幣は、そのためのもっとも強力でもっとも直接的な象徴である。それというのも貨幣は実体における経済価値の相対性であり、個々のいっさいの価値の意義であり、この意義を貨幣は他の価値の獲得のための手段としてもつからである。――しかし現実には手段としてのこのたんなる意義は、その個々の具体的な担い手からは解放されている。しかしまさにそのために貨幣は心理的には絶対的な価値になることができる。なぜなら貨幣は相対的なものへの解消をおそれる必要がないからであり、そのためきわめて多くのはじめから実体的な価値は、絶対性への要求を堅持できない。存在の絶対的なもの（ここで語っているのは事物の理念的な意味ではない）が運動や関係や発展へと解消されるにつれ、われわれの価値要求にとってもまたこれらの運動や関係などが絶対的なものにとって代わる。経済の領域は貨幣の心理的に絶対的な価値性格において、この歴史的な類型をあますところなく例証する。――そのさい通俗的な誤解にたいしてと同じように注意してよいが、この発展のすべての領域における形式的な相等性によってその好ましさの相等性はけっして主張されるべきではない。――

個人にとっての貨幣の究極目的的性格が、彼の圏の経済文化にとって適切な表現である強度をこせば、守銭欲と吝嗇という現象が出現する。ここではっきりとこれらの概念のその時々の経済状態への依存を強調する。なぜなら貨幣の獲得と固執とのまさに同じ絶対的な程度の激情も、貨幣の一定の意義のばあいにはあくまでも正常で適切であるが、しかし意義の異なるばあいはあの肥大症的なカテゴリーに入るかもしれないからである。本来の守銭欲の開始の限界は一般にはきわめて発達した活発な貨幣経済のばあいにはきわめて高いが、しかし原始的な段階にあっては相対的に低い。ところが吝嗇（りんしょく）にあっては事情は逆である。すなわちほとんど貨幣経済的には動いてはいない狭小な状態のもとで貨幣支出においては倹約的で合理的であるとみなされている者も、売買が敏速で取得と支出とが容易である広大な状態にあってはすでに吝嗇と思われる。すでにここに示されるのは、後になおより明白になること、すなわち守銭欲と吝嗇とが、絶対的な目的としての貨幣の評価という同じ基礎を分有するにせよ、両者はけっして一致する現象ではないということである。両者は、貨幣によって管轄されるすべての現象と同じように、他の内容においてもまた低い段階やあるいは高い段階を認めることのできる傾向のたんに特別な発達段階をあらわしているにすぎない。両者は具体的な客体にたいしてその貨幣価値とは関係なく、人びとがハムスターになぞらえるあの人物たちの、心理学的にはきわめて注目すべき蒐集欲において明らかになる。すなわちこれらの人間はそれぞの種類の高価な蒐集を蓄積しながら、対象そのものを享楽せず、それればかりか、しばしばそれでもさらに対象を気にもかけない。普通であれば所有の主観的な反射のために獲得され所有されるが、ここではその所有の主観的な反射が価値を担わず、いかなる個人的な帰結もともなわないまったく客観的な事実、これらの事物がまさに自己の所有にあるという事実が、そのような人物にとっては価値がある。この現象は、さほど極端ではない制限されされ形式においてはごく頻繁であり、簡単に利己主義として取り扱われるのがつねであり、この現象はたしかに利己主義の通常の形式と否定的な側面を分かちあい、自己の所有から他者のすべてを排除する。にもかかわらずそれは利己主義からは、以下の迂路によって示されるニュアンスによって区別される。

くりかえし強調されなければならないが、利己主義と利他主義との対立はわれわれの行動の動機づけをけっして完全には包括しない。われわれは実際にもまた、一定の出来事や事物が現実となるか否かについて客観的な関心をもち、しかもある主体におよぼすその影響をまったく顧みない。われわれにとって重要なのは、世界における調和、理念による秩序、意味深長――これらはけっして倫理的なものやあるいは美的なのもの通常の図式に適合するにはおよばない――が支配し、そしてわれわれは、われわれがそれへの協力を要求されると感じるが、しかしこのことが、私もしくは貴方といった誰かある人格にとって喜びあるいは奨励となるか否かを、つねに問題とするとはかぎらないということである。宗教的な領域においては三つの動機づけが、ここで問題となる動機づけの地位をとくに明らかにする仕方で集合する。宗教的な命令の履行は純粋に利己的な理由から生じることができる。それはまったく粗野な仕方で恐怖あるいは希望からであるかもしれないし、あるいはいくらか洗練された仕方で、この履行がともなう良心もしくは内的な満足感のためかもしれない。さらにそれは利他的な本質のものであることもできる。すなわち神への愛、神への心情の帰依がわれわれを神の命令に服従させる。これは愛人の喜びと満足とがわれわれの最高の生活価値であるから、われわれが愛人の願望をみたしてやるのと同じである。しかし最後に世界秩序の客観的な価値についての感情が、われわれの心を神の命令への服従へと動かすことができる。世界秩序においては最高の原理の意志が無抵抗に個々のすべての要素の意志のなかに継承され、神とわれわれとのあいだの客観的な関係が、その適切な表現もしくは内的に必然的な結果として、われわれにこの服従を要求することができるが、しかしわれわれ自身にとってのいかなる結果も、あるいは神の喜びと満足も、この動機へ入りはしない。こうして多くのばあいにおいて目的意識は客観的な現実において停止し、現実の価値をその主観的な反射からあらかじめ借りはしない。個人的なものの彼方にあるこの動機づけの心理学的もしくは認識論的ないっさいの解釈を、ここでは決定しないままにしておく。いずれにせよそれは心理学的な事実であり、この事実は個人的な色彩の目的系列ときわめて多種多様に結合する。蒐集家は彼の貴重品を他者たちに閉ざし、それらを自らもまったく享楽しないが、にもかかわらず所有をきわめ猜疑(さいぎ)深く監視し評価し、あの超主観的な評価方法の付加物によって彼のすべての利己主義を色づける。全体としてはそれでも享楽されるのは所有の意味であり、われわれがこの意味に対立させるのは、たとえば星のように人がそこに喜びをもつが欲求はしない客体のみでなく、すべての主観的な喜びからは原理的に独立した価値をもつ客体でもあり、これは宇宙の美と秩序と意義とが、享楽されることを必要とはせずにそれでもなおその価値を固執するものと思われるのと同じである。ところで所有へのあの強い欲望をもつ者のばあいには、中間現象あるいは混合現象がある。すなわちここではすでに所有が必要とされるが、しかし所有はその正規の主観的な結果へまでは進出せず、この主観的な結果なしに何か価値あるもの、追求に値する目標として感じられる。ここでは事物の質は価値の本来の担い手ではなく、たとえ事物の質がいかに不可欠であり、価値の程度をいかに規定しようとも、——真に動機づけるものは、事物が所有されているという事実であり、事物への主体のとる関係の形式である。この形式——たしかにたんに内容においてのみ現実的となることができる——、主体のこの所有が純粋な主観的な事実としてそこにあるということ、このことが価値あることであり、目的論的な系列はそこに停止する。

経済的な価値の絶対化、主観に帰るまえの目的論的な系列の断絶、これがきわめて独特な仕方で現れるのは土地所有の一定の意義においてであり、この意義は土地所有の本来の経済的な意義と多種多様な仕方で——たしかにしばしばたんに倍音のようにともに漂うにすぎない――混ざりあっている。すなわち土地所有は、それが所有者に主観的な効果をもたらさなければ、たしかにいかなる価値にもならない。そうとすれば土地所有の価値は、この指示できる価値要因、すなわち収益、不動産所有のより大きな確実性、それがあたえる社会的な勢力などに完全につきはしない。むしろそれをこえて土地所有としばしば結びつくのは、いわば理念的な価値であり、さらには次のような感情である。すなわち人間が大地にたいしこの支配関係をもつということは、人間が人間の生存一般の基礎にたいし、それをいわば自我のなかにひき入れるきわめて緊密な関係をもつということ、それだけで価値があるという感情である。このように土地所有は一定の威厳をもち、そしてそれをあたえ、この威厳が他のすべての所有よりも土地所有をきわだたせ、他の種類の所有の効果が所有者にとっては同じか、より大きいばあいでさえそうである。こうして土地所有は十分にしばしば、類似の仕方ではたんに客観的な理想のためにのみもたらされる犠牲のもとに固執される。それゆえ土地所有の意義のなかには絶対的な価値の要素がひそみ、土地所有には、まさに価値あるのは土地所有者であることであり、しかもこの価値が効用のなかに表現されないばあいでさえそうであるとの観念がともない、――あるいはかっては少なくとも伴った。こうして土地所有への拘束は宗教的な色彩をおびることがあり、たとえばギリシアの最盛期にはこれに近づいた。土地所有の処分は、たんに子供にたいしてのみではなく先祖にたいしての犯行ともみなされた。というのもそれは家族の連続性を中断するからである。それればかりかまさに土地所有を容易には増大させることができないという事情もまた、宗教的に神聖な超個人的な家族統一性の担い手としての土地所有の機能を助長した。しかし特に中世において土地所有は、現在よりもはるかに多く絶対的な価値という地位を占めた。それというのも土地所有はまた当然にまずはその収益と享楽のために求められ、そしてそのかぎりは相対的な価値ではあったが、それはやはりそれだけで貨幣経済におけるその役割に比して独特の意義をもったからである。なぜなら土地所有はたえず貨幣に変えられるとはかぎらず、また貨幣にしたがって評価されるとはかぎらなかったからである。それはいわばいかなる等価物も持たず、それを含む価値系列はそれによって終結する。動産はたがいに交換されたが、不動産は〈いくらか割り引いて〉比較できないもの、価値そのもの、不動の基礎であり、本来の経済的な運動はその上において初めて行われるが、この基礎は本来この運動の彼岸にたつ。こうして教会が土地所有をわがものにしようと努力したのは、けっしてたんに経済的・相対的な利害関係からのみではなかった。すなわち十四世紀の初めにはイギリスの土地の約半分、フェリペ二世の時代にはスペインの土地の半分以上は、聖職者階級の手中にあった。――なお今日においてさえ宗教国家チベットにおいては、すべての生産的な地所の三分の二は聖職者階級に属している。教会が中世の生活にその経過の確固たる規範、外見上は永遠に基礎づけられた規範をあたえたのと同じように、すべての価値を基礎づけるあの価値をも教会が手中におさめたことは、現実的な意味においても象徴的な意味においてもふさわしいと思われたにちがいない。教会の土地所有の譲渡不可能性は、土地所有のこの内的な性格の意識的な法律上の確定にすぎなかった。それが明示するのはたんに、価値運動がここではその終点に到達したということ、さらにここに経済的な領域におけるもっとも極端で決定的なものが達成されたということにすぎない。こうして人が永久財産を、すべての足跡が入るが出られない獅子の洞窟になぞらえることができれば、それはやはりまた、教会が基礎とする原理のすべてを包括する絶対性と永遠性との象徴でもある。

それゆえ究極目的の絶対的な価値はたんなる用益をこえ、究極目的への財のこの成長は、貨幣関心のあの病理学的な退化、つまり吝嗇と守銭奴にそのもっとも純粋でもっとも決定的な事例を見い出し、さらに同じ類型の他の事例をますます自己に引き入れる事例さえ見いだす。それというのも究極目的となった貨幣はすでに、それだけではまったく経済的な性質をもたない財貨でさえ、貨幣と同格の決定的な価値としては存続させないからである。貨幣は人生のいまひとつの究極目的として智恵と芸術とならんで、個人的な意義と強さとならんで、さらには美と愛とならんで立つことだけには満足せず、さらに貨幣はそれらとならんで立つことによって、それら他のものを自己のための手段へと押し下げる力を獲得する。この順序変更は本来の経済的な財貨にあっては、なおより多く生じる。というのも人が本来の経済的な財貨をいつでも貨幣によって取り戻すことができるやいなや、とりわけそれらの経済的な財貨の価値の貨幣への徹底的な表現可能性がこれらの財貨から、純粋に無差別的な経済の外部にあるそれらの個性的な意義を奪うやいなや、あたかも比類のない価値であるかのようなそれらの財貨の無条件な固執は愚かに思われるにちがいないからである。貨幣の抽象的な性格、貨幣がそれだけで独立にすべての個々の享楽からへだたっている距離は、貨幣についての客観的な喜び、すべての個々の個人的な用益をはるかにこえた価値の意識を促進する。守銭奴にとっては貨幣がさしあたってはもはや他のなんらかの道具と同じ意味においては目的ではなく、つまりその結果のための目的ではなく、むしろ究極目的と見なされるとすれば、いまや貨幣はさらに吝嗇漢にとってはけっして享楽と同じ意味において究極目的であるのではなく、この個人的な領域の彼方において彼にとっては畏怖すべき尊敬の対象、彼にとってはタブーでさえある対象である。吝嗇漢は貨幣を愛するが、これはちょうど人がきわめて尊敬される人物を愛するのと同じであり、彼のたんなる現存のなかに、われわれが彼を知りわれわれが彼とともにあると感じるということのなかに、すでに浄福があるが、しかし彼にたいするわれわれの関係は、具体的な享楽の細目へ入り込むことはない。吝嗇漢ははじめから意識的に貨幣を何らかの享楽の手段として利用することを断念することによって、貨幣を彼の主観にたいして架橋できない距離におくが、にもかかわらず彼はこの距離を彼の所有の意識によってたえず克服しようと努力する。

このように貨幣の手段的性格によって、貨幣が享楽されない享楽の抽象的な形式として現れるとすれば、貨幣が支出されないで保存されるかぎりは、貨幣の所有の評価は事実性の色彩をおび、貨幣は諦念というあの微妙な魅力を身にまとい、この魅力がすべての客観的な究極目的にともない、享楽の肯定性と否定性とを言葉ではもはや表現できない無類の統一へ結合させる。吝嗇においてこの二つの契機はたがいにもっとも極端な緊張に達する。なぜなら貨幣は絶対的な手段としては享楽の無限の可能性を見やりながら、同時に絶対的な手段としてはその利用しつくさない所有において享楽にはまだまったく触れないままだからである。この側面よりすれば貨幣の意義は権力の意義と一致する。権力と同じように貨幣はたんなる能力であり、これは主観的にのみ予期できる将来の魅力を、客観的に存在する現在の形式のなかに集積する。実際に「可能性」という表象は、一般に十分には区別されない二つの動機を含んでいる。人が何ごとかを「できる」と主張するばあい、このことが意味するのはけっしてたんに将来の生起の思考上の先取りのみではなく、現に存在する諸要素の緊張力と肉体的あるいは心的な配置と一定の方向に向けられた蓄えとの、すでにいまの現実的な状態である。ピアノをひくことの「できる」者は、たとえひかなくても、ひくことのできない者からは区別され、けっしてたんに後者がひけないのに前者がひける将来の瞬間においてのみではなく、すでに現在の瞬間においても彼の神経と筋肉との現在のまったく具体的な状態によって区別される。能力のこの状態は、それだけではまったく将来について何も含んではいないが、しかしいまや第二に「できた」という現実となるが、これはたんに一定のそれ以上の諸条件との遭遇によってのみであり、これらの諸条件の出現をわれわれは同じように確実には予知しない。この不確実性契機と現在すでに現実的な力あるいは状態についてのあの感情もしくは知識とが能力の要素を形成し、しかも量的にはきわめてさまざまな混合においてであり、たとえば「私はピアノをひくことができる」にはじまって、九柱戯の「次の投げで九柱全部を倒すことができる」にいたるまでであり、——ピアノのばあいは現実的なものの要因がきわめて優越し、それ以外に要求される諸条件についての不確実性が最小であるが、九柱戯のばあいはその瞬間の所与の既知の状況的な諸条件が、右の結果にはなお必要とはされながらも、完全に不確実な要因に比してまったく少数である。——ところで貨幣のなかにいわば流入して実体となった能力は、ここではまったく独特の組み合わせを示す。人が貨幣において現実に所有するものは、所有の瞬間に限定すればゼロに等しい。貨幣が価値ある結果へ発展するということにとって決定的なことは、むしろ貨幣のまったくの外部にある。しかしこのその他のものが適当な瞬間にはまた現実にそこに現れるという可能性は、途方もなく大である。一般に「能力」のなかに含まれる確実性と一義性との程度は、現に存在する事実的なもののなかにあるのに、すべての未来的なものは不確実であり、貨幣にたいしてはこの後者の不確実性はまったく消滅するが、しかしこれにたいし現にすでに存在するもの、現実に所有されているものそのものはまったく重要ではない。このことによって能力の特殊な音調は貨幣においてきわめて先鋭化する。すなわち貨幣は現実にはたんなる能力、われわれが手にもつ現実的なものがたんにその意義を示す未来の意味においてはたんなる能力である。しかしそれはまた現実の能力、そのような未来の実現可能性についての完全な確実性の意味での現実の能力でもある。

ここでは満足の確実性は、貨幣がわれわれの関心の他の対象にたいしてもつ願望と成就とのあいだの関係の特殊性によってもなお高められる。達成された願望の主観的な結果はけっして、その願望を成立させた欠乏状態の正確な補足であるとはかぎらない。対象の欠乏は対象の所有がぴったりとみたす穴のようではなく、したがっていまはすべてがいわば願望のまえにあるかのようである。たしかにショーペンハウエルは欠乏をこのように表現し、それゆえ彼にとってはすべての幸福はたんに消極的なものにすぎず、欠乏がわれわれにつくり出した苦痛状態の除去にすぎない。

しかし幸福が何か積極的なものと考えられるとすれば、われわれの願望の達成はけっしてたんなる消極的な状態の廃止、すなわち正確にそれに対応する積極的な状態によって、この状態にともなう幸福感だけ増大された廃止であるにとどまらない。むしろ成就にたいする願望の関係は限りなく多種多様である。なぜなら願望は対象のすべての側面を、すなわちわれわれへのその作用のすべての側面をほとんどけっして顧慮しないからである。願望の現実においてわれわれは願望がわれわれに可能性のカテゴリー、つまり所有欲のカテゴリーのもとに意味するものをほとんどけっしてもたない。欲したものの所有も一般にはわれわれを失望させ、しかも良い面からも悪い面からもそうであり、さらに所有の他在はいかなる感情もともなわない事実的な他在としてのみ意識されるが、このことは平凡な智恵ではあるが正しい。しかし貨幣はここでは特別な地位をしめる。一方において貨幣はたしかに願望とその客体とのあいだの不通約性を絶頂にまで駆りたてる。さしあたり貨幣に向けられていた努力は、まったく無規定な何物かを貨幣において見いだすにすぎず、欲求は合理的であるかぎりは絶対にそれには満足できず、それはそのまったく空虚な本質からわれわれへの実際の関係を取り去る。それゆえ願望がそれをこえて具体的な目標へ進まなければ、致命的な失望が現れるにちがいない。この失望がまた幾度ともなく経験されるのは、確実な幸福としてはげしく切望された貨幣的富が、その獲得後にそれが現実に何であるかを露呈するばあい、すなわちたんなる手段として現れるばあいであり、この手段の究極目的への上昇はその到達にはたえることができない。それゆえここでは願望と達成とのあいだのすさまじい齟齬が存在するが、他方では貨幣の心理的な究極目的的性格が長く固定され、それゆえ守銭欲が慢性的な状態となるやいなや、これとは逆のことがきっと生じる。すなわちこのばあい欲求された事物がその所有以外は何もけっしてあたえず、願望のこの制限が一時的な自己欺瞞にすぎないとすれば、いっさいの失望もまた予防される。われわれが普通に所有したいと欲求するすべてのものは、その所有によってわれわれに何かを給付するはずであり、そしてこの給付の不十分な見積りのなかに、いま述べた願望と達成とのあいだのしばしば悲劇的でしばしばユーモラスな完全な不通約性が横たわっている。しかし貨幣はもとより吝嗇には、このたんなる所有をこえる何かを給付するはずもない。われわれは貨幣そのものを、普通のばあいに何らかの対象を知るよりもより正確に知っている。すなわち貨幣については何も知ることができないから、貨幣はまたわれわれに何も隠すことができない。貨幣は絶対に質のない事物として、普通であればもっともつまらない客体でさえできること、つまり不意打ちや失望をその内部に秘めることができない。それゆえ現実に決定的に貨幣のみを欲する者は、これらの不意打ちや失望にたいして安全である。獲得されたものが憧れたものとは異なって見えるという一般的な人間的な不十分さは、一方では守銭欲がたんに幻想的な支持できない仕方で目的意識をみたすやいなや、守銭欲においてその頂点に達するが、しかしそれは他方では意志が真に決定的に貨幣所有にとどまるやいなや完全に消え失せる。人が人間的な宿命を願望とその対象とのあいだの関係の図式に入れようとすれば、貨幣はなるほど目的系列の停止点にそれぞれしたがって、われわれの欲求のもっとも不適当な対象ではあるが、しかしまたもっとも適当な対象でもあると、人は言わなければならない。

なお、ここでいまいちど立ち返る貨幣の権力的性格は、貨幣経済がまだ完全には浸透せず、自明でもなく、貨幣がその強制的な権力を、その本来の構造にしたがって自らは貨幣に従わない状態において示すばあい、おそらくはもっともはっきりと、少なくとももっとも気味悪く現れるにちがいない。最高に発達した文化においてこそ貨幣はその権力の頂点に到達したと思われるということは、以前は一般には知られなかった無限に多くの客体が、たしかにそこでは貨幣の意のままになるということによる。しかしこれらの客体は初めから貨幣にたいする服従へと定められ、ここにはより自然な状態の完全な様式と評価方法とを、それらとは異質な貨幣制度と対立させる摩擦、その克服がはじめて権力の意識をとりわけ尖鋭化するにちがいない摩擦は生じない。貨幣が価値のなかの価値であるのと同じように、インドの生活についての識者はインドの村の銀行家、つまり金貸しを「村のすべての男のなかの男」と呼ぶ。彼のインド語の名称は「偉大な男」を意味する。強調されることであるが、十三世紀においてようやくより大きな資本財産がふたたび出現したとき、資本は権力手段であったが、大多数の人びとはまだそれを知らず、それゆえその作用にはなお前代未聞のいわば超経験的なものという心理的な付加物がつけ加わった。教会と民衆とが当時は金融業一般を非難すべきものと見た——〈商人は罪なくしてはありえない〉という教会の原則を十三世紀のケルンの都市貴族でさえも認めた——ということをまったく度外視しても、資本のようなきわめて神秘的な計算できない権力の利用は、なにか道徳的に危険なこと、暴力的な濫用と思われたにちがいない。そして誤った偏見がそれにとらわれた者をしばしばその偏見が真実であることの証明へと駆り立てたように、当時の商業資本的な家柄も実際にその権力の恥しらずな濫用においり、その濫用の様式と範囲とは、まさに貨幣資本の新しさと、まったく異なって構成された状態へのその印象の新鮮さによって可能であった。これと関連するのは、下層の民衆が――中世から十九世紀にいたるまで――大きな財産の成立を、完全には正しくないことによって行われ、その所有者をなにか気味悪い人物と考えるのをつねとしたということである。すなわちグリマルディ家やメディチ家やロスチャイルド家の財産の起源については、きわめてひどい怪談が流布し、しかも道徳的な疑惑という意味においてのみではなく、あたかも悪魔的な力が作用しているかのような迷信的な仕方で流布した。

貨幣に具体化された能力のこのように分析された様式は、それの使用されるまえにこそ、昇華された権力感を貨幣に増大させる――「豊穣な瞬間」はいわば貨幣において停止する――から、吝嗇は権力への意志の形態であり、しかも絶対的な手段としての貨幣の性格を明らかにし、権力が実際にはたんに権力にとどまり、その使用や享楽には転換しないことを示す。このことは老年期の吝嗇にとっての重要な説明契機である。たしかにこの傾向は次の世代のための配慮として合目的的であり――この動機が吝嗇漢にいかに僅かしか意識されないのがつねであるにせよ、彼は老人になるにつれ、ますます彼の財宝からの分離を考えなくなる。主観的にはおそらくむしろ本質的であるのは、老年においては一方では生活の感性的な側面がその魅力あるいは享楽の可能性を失うが、他方では理想が失望と活気の欠乏とによってその刺激力を失うという事情である。こうして最後の意志目標と生活魅力としてなお残るのはしばしばたんに権力のみであり、これは一部は老人の暴君ぶる傾向のなかに、さらには高い地位の人物が高齢においてしばしば「影響力」への病的な欲望を示すということに現れるが、しかし一部は吝嗇のなかにもあらわれ、これにとってはまさに同じ抽象的な「権力」が貨幣所有のなかに具体化している。人があらゆる吝嗇漢を、彼の意のままになるすべての享楽と貨幣の魅力的なすべての利用可能性とを心にえがくことに専念していると考えれば、これは誤りとみなされる。むしろ吝嗇のもっとも純粋な形式は、意志が現実には貨幣をこえないで、貨幣をまたかりそめの思考においてもけっして他のもののための手段として取り扱わず、貨幣がまさに使用されない手段として代表する権力を、絶対に満足をあたえる決定的な価値と感じるといった形式である。吝嗇漢にとっては他のすべての財貨は生存の周辺にあり、そのそれぞれから一義的に方向づけられた半径がその中心へ、つまりは貨幣へと通じる。この方向を逆にしてそれをその終点からたんに内面的にせよふたたび周辺へ逆に導こうとすれば、これはまったく特別な快楽と権力との感情を誤解していることになる。それというのもあの中心にやどる権力は、具体的な事物の享楽に変えられることによって、権力としては消えるからである。われわれの本質は支配と奉仕との二元性に基礎をおき、われわれが創造する関係と構成体とは、これらの二つのたがいに補いあう衝動をさまざまな混合において満足させる。貨幣があたえる権力とは反対に吝嗇の下品さは、十五世紀の詩人によってあますところなく表現されているように思われる。すなわち貨幣に仕える者は「彼の奴隷の奴隷」である。実際に吝嗇はわれわれを最高の目的のまえと同じように、どうでもよい手段のまえにひざまずかせることによって、内的な隷属のもっとも昇華された形式、戯画化されたといってもよい形式を含むとともに、他面においてはもっとも昇華された権力感情によって支えられてもいる。貨幣はここでもまたその本質を、われわれの敵対的な諸志向にたいし一様にもっとも決定的でもっとも純粋な表示をあたえるという本質を示している。貨幣において精神は最大の範囲の構成物を創造し、これはいわば純粋なエネルギーとして作用しながら、より統一的に、――すなわちたんなる貨幣としてすべての特別な規定を拒否しながら――自己を表現すればするほど、それだけますます精神の両極をはるかに分離させる。

ところで貨幣が一般の思考様式にたいして獲得した支配にとってきわめて特徴的なのは、現実においては吝嗇の正反対である一連の現象が吝嗇――貨幣についての吝嗇の意味において――と呼ばれるのがつねであるということである。ここで問題となるのは、燃えさしのマッチをもう一度使用したり、手紙の余白を注意深く切りとったり、結び糸の切れはしさえも捨てず、ピンがなくなるたびに探す苦労をいとわない人びとである。このような人びとを吝嗇を呼ぶが、それは人が事物の貨幣価値をまったく無邪気に事物の価値とみなすことになれているからである。しかし実際には彼らはそのような客体の貨幣価値を考えているのではなく、彼らの感情の強さは、まさに客体の客観的な価値にかかわり、その貨幣価値はこれにはなんの比例的な指示もあたえない。少なくともきわめて多くのばあいにおいて、そのような節約家が保存しようとするのは、あくまでもはした金ではない。まさに彼らこそは、ただちに客体をふたたび調達できる貨幣への顧慮から十分にしばしば独立し、まさにただ事物そのものを評価する。このカテゴリーにはまた次のような奇妙な、しかしさほど稀でもない人びとも入る。すなわち躊躇することなく百マルクを寄贈するが、しかしたんに真の克己によってしか、彼の持ち合わせの書箋の一枚かあるいは類似のものも贈りはしないといった人びとである。それゆえここにあるのは吝嗇の正反対である。すなわち吝嗇漢にとっては事物は――それが貨幣価値を表現するかぎりを除けば――まさにどうでもよい。なぜなら貨幣は事物からその究極目的としての特性を奪い去ったからである。ところがあの人びとの態度が事物の貨幣価値によって規定されているとすれば、その態度はまったく無意味となろう。たしかにその態度も貨幣価値の完全な無視によって、またふたたび非合理的となるかもしれない。彼らは目的のために、目的をいつでも達成できるものとする手段を忘れるが、他方では吝嗇漢は手段のために、手段にそれのみで意義をあたえる目的を忘れる。さらに現れるのは、外的な形式においてはあの実際的な節約と一致しながらもそれとは内的な齟齬によって、貨幣の目的論的な特性をさらに明らかにするのを助ける現象である。多くの「節約的な」人間が重きをおくのは、一度支払われたすべてのものはまた消費されるということである。しかもそれによって他のばあいに必要とされる支出が節約されるばあいのみではけっしてなく、消費がけっして享楽ではないことをとにかく確信した奢侈的享楽にたいしてさえそうである。目的はともかくも誤っているが、しかしこの誤りを実現するためにさらに犠牲がはらわれる。それというのも、この現象の類型は「亭主にくれてやるよりはむしろ腹をこわすほうがまし」の示すばあいだからである。倹約な母親が子供たちによって、病後に家庭に服用されずに残った薬の残りを無駄にすまいと服用したとからかわれたということは、――多くの人びとによってきわめてまじめに行われる処置の戯画を示すにすぎない。対象の消費は前提よりすればどうでもよいのであり、あるいはどうでもよいよりも悪いのである。それゆえその動機は、対象を無駄にしてはならないということではありえない。それというのも主体にとっての意義をなす対象の享楽面が脱落することによって、対象は無駄になっているからである。それゆえ現実には意図の向けられた対象はまったく消費されず、動機づける性質をまったく欠いた他の対象が消費される。それゆえ動機はたんに、消費によって少なくとも貨幣消費がその等価を見いだしたということでしかありえない。こうして貨幣はそのすぐ次の目的に到達し、これによって感情の安定と目的論的な系列の頂点が達せられ、これとならんでその系列の主観的な究極目的の過誤が、問題そのものとしてあの満足を引き下げることなく存続する。こうして内容的には興味のないこの陳腐な現象が、貨幣価値のまったく独特な目的論的な布置を明らかにする。たとえそれがきわめて重要な客体には現れないのがつねであり、そのため何か小市民的で目立たないものをもつにしても、それはやはりおそらくは、貨幣という中間段階による真の究極目的の圧倒のもっとも極端な表現である。それというのもこのさいに脱落しているのは、たんに吝嗇のばあいと同じようにすべての経済行為の本来の意味のみではなく、さらにはまた権力と可能性との魅力でもあり、この魅力が吝嗇にあっては何物にも利用されない貨幣所有を飾っている。すなわちともかくも消費の意味と内容とでありうるすべてのものが脱落している客体が、不便と有害とにたえて消費されるが、それはたんにそのために支出された貨幣が、それに絶対的な価値をあたえたからにすぎない。それゆえ目的過程はここではたんに貨幣段階に凝結するのみではなく、さらにそれはなおそれをこえていわば逆行的であり、倒錯的でもある。なぜならそれだけでは合目的的ではない評価が、まったく非合目的な処置によって実現されるからである。

ところで貨幣の位置を、それが貨幣の性格をたんなる媒介者をこえて独立の関心へ高めるかぎりは、なお二つの否定的な事例にしたがって追及したい。浪費はその現象の吝嗇との対立性が現すと思われるよりも、ある方向以上によりそれに類似する。ここで注目すべきは、現物経済の時代においては価値の貪欲な保存が現物経済の性質と、つまり農業の生産物のきわめて限られた貯蔵可能性と一致しにくいということである。それゆえ無限に貯蔵できる貨幣への農産物の転換が可能でないか、あるいは少なくとも自明ではないばあい、農産物の真に貪欲な貯蔵は稀にしか見られない。土地生産物が直接に獲得されて消費されるばあい、たいていは一定の寛大さが、とりわけ旅客や困窮者にたいしてはみられるが、はるかに蓄積へと誘う貨幣が寛大さへ傾くことははるかに少ない。こうして殉教者ペテロが古代のメキシコ人に貨幣として役立ったカカオ袋を賞賛するのは、それが長く貯蔵されたり密かに保存されたりできず、それゆえいかなる吝嗇をも許さないからである。これにまったく対応して現物経済的な状態は、浪費の可能性と魅力とを制限する。そのような状態の内部における浪費的な消費と軽率な無駄使いとは、無意味な破壊を度外視すれば、自己および他の主体の受容能力にその限界を示す。しかし主要事は、貨幣一般の浪費が具体的な対象の浪費にたいしてまったく異なった意味、まったく新しいニュアンスを含むということである。すなわち後者が意味するのは、個人の理性的な目的系列にとっての価値がたんに否定されているということであるが、前者の意味するのは、その価値が合目的的でない仕方で他の価値へ移されているということである。貨幣経済における浪費者の類型、たんに貨幣哲学的に重要な現象を提供する類型は、貨幣を〈原品にて〉無意味に贈る者ではなく、貨幣を無意味な購買あるいは自己の状態にふさわしくない購買のために費やす者である。浪費にさいしての喜びは、たとえば対象のはかない享楽にさいしての喜び、それと結びついた自慢のさいの喜び、客体の獲得と消費とのあいだの興味ある交替のさいの喜びからは正確に区別されるべきであり、浪費の喜びはむしろ浪費活動の純粋な機能にかかわり、その実質的な内容や随伴現象への顧慮なく、——それゆえに何らかの対象のための貨幣支出の瞬間につきまとう。この瞬間の魅力が浪費者においては一方では貨幣の、他方では対象の、適切な評価をおおっている。これによって目的系列にたいする浪費者の地位が明瞭に示される。目的系列の最終項が客体の所有からの享楽であるとすれば、われわれにここで本質的なその最初の中間段階は、人が貨幣を所有するということであり、第二の段階は、人が貨幣を対象のために支出するということである。ところで吝嗇漢にとってはあの最初の段階がそれだけで喜ばしい自己目的へと成長し、浪費者にとっては第二の段階が自己目的へと成長している。貨幣は浪費者にとっては吝嗇漢にとってとほどんど同じように、たんに所有の形式においてのみではなく支出においてもぜひ必要である。浪費者の価値感情は、貨幣の他の価値形式への移行の瞬間に定住し、しかもそこには彼はこの瞬間の享楽を、すべてのより決定的な価値をそのために無駄使いするという犠牲をはらっても購入するという強烈さがともなう。

それゆえきわめて明瞭に観察されることであるが、貨幣価値にたいする無関心が浪費の本質と魅力とをなし、しかもまさにこのことが可能となるのは、たんにこの価値が知覚され評価されるものとして前提されるということによってのみである。それというのも無関心なものの放棄そのものは明らかにまったく無関係であろうからである。アンシャン・レジームの狂気じみた浪費にとっては、次の事例は典型的である。すなわちコンデ皇子が貴婦人に贈った四〜五千フランの価値のダイヤモンドを彼女から返されたとき、彼はそれをひき砕かせ、その事件について彼女に書いた手紙に、まき砂として利用した。テーヌはこの物語に、当時の見解についての所見をつけ加える。〈人は金銭で動くことが少なければ少ないほど、それだけいっそう社交界の人となる〉。とはいえこのことにはやはり自己欺瞞がひそんでいる。それというのも貨幣への意識され強調された否定的な態度こそは、弁証法的な過程によってのように、その反対の態度を基礎にもち、ここからのみあの否定的な態度に何らかの意味と魅力とが生じることができるからである。同じことはまた大都市のここかしこに存在する商店にあっても生じる。これらの商店は、安価によって客をひく商店とはまさに逆に、きわめて高価なものをおいているということを、これみよがしにとくとくと強調する。彼らがこれによって表しているのは、価格を問題にはしない最良の顧客への期待である。ところがそのさい注目すべきことは、彼らが主要事――物品――を強調せずに、むしろその否定的な相関、つまりは価格が問題とはならないということを強調し、そしてそれによって知らず知らずにふたたび貨幣観点を、たとえ逆の符号によってであるにせよ関心の前景に押し出すということである。貨幣との緊密な関係のために浪費癖はきわめて容易に巨大な加速度的増大を達成し、それにとりつかれた者から理性的なすべての尺度を奪いさる。なぜなら具体的な客体にたいしては受容能力の限度によってあたえられる規制が、そこには欠けているからである。

　吝嗇な守銭奴を性格づけるのは、これとまったく同じ無際限性である。すなわち守銭欲が現実の享楽の代わりに求めるたんなる可能性は、それだけで無限に進行し、現実の享楽のようにはその制限の外的および内的な根拠を見いださない。外部から訪れるまったく積極的な固定化と支点とを貪欲が欠くばあい、それは激しさを増大させてまったく無形式にあふれ出るのをつねとする。このことが相続争いの特別の無節操と激しさとの理由である。ここではいかなる労働もあるいはまた客観的に基礎づけられた測定も個人の要求を確定しないから、だれもアプリオリには他者の要求を承認しようとはせず、したがって自己の要求にはいっさいの抑制が欠け、自己の要求へのいっさいの侵害が、とくにまったく根拠のない不正と感じられる。願望とその客体の何らかの限度とのあいだのこの内的な無関連性は、相続争いにあっては相続関係の個人的な構造から生じ、守銭奴にあっては客体の構造に由来する。守銭欲が無原則性に余地をあたえ、この無原則性が要求にその制限のいかなる理由も見いださせないが、この無原則性の特徴をよく現すと思われるのは、一四九九年のブラウンシュヴァイク（ハノーヴァーの東方の都市）の貨幣一揆である。それまでは良貨とならんで悪貨も存在したが、当局は将来は良貨のみが流通することを望んだ。ところが同じ人びとが彼らの生産物と彼らの労賃にたんに良貨のみを受け取りたいと望み、悪貨による彼らへの支払いをもはや受けとらないために暴力的に一揆を起こした。良貨と悪貨とのまさにこの頻繁な並存こそは、貨幣欲の内的な無節操――これに比べるとそれ以外の他のもっとも強烈な激情でさえつねにいくらか心理的には局限されたものをもつ――にもっとも豊かな可能性をあたえる。われわれは中国からでさえ諸革命について、政府が悪貨で支払いながら租税を良貨で取り立てたからであると知っている。たんなる貨幣関心そのものによこたわる無際限性へのこの傾向は、取引所において確立した独特の現象、すなわち零細な穀物投機家は、つまり素人はほとんど例外なく〈強気で〉ゆくという現象の隠れた根底をも形成するということを、純粋に仮説的に承認したい。ここで信じるのは、利得は下落を見越して投機すれば一般に限界をもつが、騰貴のばあいは限界をもたないということは、論理的にはなるほど否定できないが、しかし実際にとってはまったく些細な事実であり、——この事実が強気の側に心理学的な刺激をひき起こす。客体の現実の引渡を問題とされる有力な穀物投機家は、下落と騰貴の両面から機会を当てこむが、差額取引が示すような純粋な金融投資には、形式的には無限に進行する方向がふさわしい。まさにこの方向は貨幣関心の内的な運動形式を決定し、以下の事実の図式としてなおいっそう容易に推測できる。ドイツの農業は一八三〇年から八〇年にかけての時期に、持続的に増大する収穫をもたらした。これによって成立したのが、このことが無限に進行する過程であるという観念であり、したがって農場はもはやその瞬間の収穫に対応する価格にしたがってではなく、これまでに観察された比例にしたがって将来に高まると期待される収穫に対応する価格で購入された。——農業の現在の窮境の理由はこれである。価値観念をこのように誤った平面へ誘ったのは収穫の貨幣形式である。収穫がたんに「使用価値」としてのみ、たんにその直接の具体的な量にしたがってのみ問題となるばあい、収穫の増加の観念はむしろ冷静な限界を見いだすが、これにたいし貨幣価値の可能性と先取りとは無限に進行する。このことに基礎づけられているのが吝嗇と浪費との本質である。なぜならそれらはともに、目的系列にたいしそれだけで停止と限界とをあたえることができる価値測定を、すなわち客体の終極的な享楽についての価値測定を原理的に拒否するからである。本来の浪費者——彼は快楽主義者やたんなる軽率者とは、個々の現象においていかにこれらのすべての諸要素がたがいに混合しあっているにせよ、混同されてはならない——は、ひとたび客体が彼の所有となったばあい、それにたいして無関心となるから、彼の享楽行為はけっして休息も持続も見いだせないという呪いにとりつかれる。享楽の開始の瞬間は同時にその消滅を含み、生活はここでは吝嗇漢のそれと同じ悪魔的な方式、すなわち到達されたそれぞれの瞬間はその上昇への渇望を呼び起こすが、しかしこの渇望はけっして解消されることはありえないという方式をもつ。それというのもすべての運動は、あるカテゴリーの内部において究極目的から流れ出るのと同じように満足を求めるが、しかしそのカテゴリーは実はもともと目的を拒否し、手段と決定まえの瞬間に満足するからである。吝嗇漢が両者のなかではより抽象的である。彼の目的意識は究極目的からはなおより大きな距離において停止する。浪費者はつねに事物のより近くまで接近する。彼は合理的な目的に向けられた運動をその後の到達点において見捨て、そこがあたかも究極目標であるかのようにそこに定住する。一方における明瞭な結果の完全な対立においてのこの形式的な同等性と、他方における両傾向の一様な無意味さにおいてそれらのあいだでの気紛れな遊戯をさそう規制的な実質的な目的の欠如、これが説明するのは、吝嗇と浪費とがしばしば同じ人物に——さまざまな関心領域への分配においてであれ、あるいは生活気分の交替との関連においてであれ——見いだされるということである。生活気分の収縮と拡散とが吝嗇と浪費とに、たんにそれぞれのばあいに異なった符号をつけられたにすぎない同一の運動においてのように表現される。

われわれの意志にとっての貨幣の二重の意義は、貨幣において実現される二つの規定の総合にさかのぼる。すなわち食糧と衣服とがいかに切実に一般的に求められようとも、これらへの要求はやはり自然にしたがって制限されている。まさに必要なものとそれゆえにまずはもっとも強烈に要求されるものは、十分に存在することができる。ところが奢侈品への需要はわれわれの本性からして無限である。供給はここでは需要をけっして越さないであろう。それゆえたとえば貴金属はとりわけそれが装飾材料であるかぎり、利用の内的な無制限性をもち、これは貴金属の第一次的な不必要性の結果である。価値物は生活の中心の近くにあればあるほど、さらにより多く直接の自己保存の条件であればあるほど、たしかにますます強く直接に求められはするが、しかしまさにこれは量の点ではますます限られ、人びとはそれにたいしより早く飽和点に達するようになる。これとは逆に、価値物があの第一次的な切実さからよりはるかに隔たっていればいるほど、それへの欲求はその限度を自然的な要求に見いだすことがより少なくなり、あたえられたそれぞれの量が要求をほとんど変えることなく存続させる。それゆえわれわれの欲求の階梯はこの両極のあいだを動く。それは直接の強度をもつが、しかし自然によって制約されるか、——それともそれは奢侈的欲求であり、これは必要性が欠けている代わりに拡張の無限の可能性をもつ。ところで多くの文化財はこの両極の一定の混合のなかを運動し、したがって一方への接近は他方からの疎遠に対応し、貨幣は双方の頂点を結合させる。それというのも貨幣はもっとも不可欠な生活欲求とともに、もっとも無用なそれをも満足させるに役立つことによって、欲望の内包的な切実性をその外延的な無限性に結びつける。貨幣はすべての欲求限界を拒否することによって——これはたんに一定の量とわれわれの受容能力との関係によってのみ可能である——、それだけで奢侈的欲望の構造をそなえているが、しかし貨幣は装飾材料としての貴金属とは異なって、欲求のこの無限界性を直接の必要からのあの距離によって相殺する必要はない。というのも貨幣はもっとも直接的な生活必需品の相関物にさえなっているからである。吝嗇と浪費とは、貨幣への奇妙に結びつけられたこの欲求性格をいわば解きほぐして示し、貨幣は吝嗇と浪費とにとっては、それが純粋に欲求されることのなかに消え去る。吝嗇と浪費とは、われわれが良い側面から貨幣について観察したこと、すなわち貨幣はわれわれの敵対的な心的な運動がゆれ動く範囲の直径を拡大するということを、悪い側面から示している。ただ浪費が流動と拡張との形式で示しているものを、吝嗇はいわば実体的な硬直において示しているまでである。

浪費とは異なった次元よりして、第二の否定的な現象が守銭欲と吝嗇とに対立する。すなわち決定的な価値としての貧困、自足的な生活目的としての貧困である。ここでは目的系列のひとつの項の絶対的な意義への成長が、吝嗇と浪費とはまったく異なった方向へ移った。というのも吝嗇と浪費とは究極目的への手段のもとにとどまったままであるのに、貧困は手段の欠如のままに変わらないか、あるいは究極目的の背後によこたわる部分がすでに経過した目的系列の結果として現れるかぎりは、その部分へ押し入るからである。吝嗇と浪費と同じように貧困もそのもっとも純粋で特殊な現象においては、たんに何らかの程度の貨幣経済においてのみ現れる。まだ貨幣経済的に規定されていない自然的な状態にあっては、それゆえ土地生産物がまだたんなる商品としては、つまり直接に貨幣価値として現れないかぎりは、個人の絶対的な窮乏はさほど容易には生じない。すなわち最近にいたるまでロシアにおいて自慢されたのは、ほとんど貨幣経済的に発達していない地方ではまったく個人的な貧困が知られなかったということである。このことは一般的な現象として、直接的な必需品が比較的容易に入手可能であり、そのために貨幣手段の調達があらかじめ必要とはされないことによるのみではなく、さらにまた貧困にたいする人道的および同情的な感情が、あの状態においては貨幣状態よりもより容易に呼び起こされるということにもよる。貨幣状態にあって貧者に欠けているもの、それゆえに人びとが彼を助けなければならないものは、彼に直接に必要なものではけっしてない。同情は純粋な貨幣状態においては、その本来の関心の点に到達するまでにまずは迂路をへなければならない。この迂路の途上において同情はしばしば衰退する。これに対応するのが、まさに実際に人助けを好む同情深い人たちが、貨幣よりはむしろ食糧や衣服によって貧者を助けるようになるということである。それゆえ貧困が道徳的な理想として現れるやいなや、それがもっとも悪い誘惑として、本来の悪としていみ嫌うもの、これもまた貨幣の所有である。

魂の救済が究極目的として感じられるところでは、その救済のためには貧困が多くの教義においてまったく積極的な不可欠の手段であると思われ、この手段がやがてはこの地位から、それ自体によって意義をもち妥当する価値の威厳にまで高まる。このことは目的系列のさまざまな段階において、しかもさまざまな動機から生じることができる。まずは世俗的なすべての享楽と利害問題とにたいするたんなる無関心がそこへ導くであろう。至高者へと努力する魂からこの重荷があたかも自然に、とりわけそれへ向けられた意志を必要としないで脱落する。最初のキリスト教徒たちはしばしばこのように振舞ったかもしれない。すなわち見える財貨にたいして直接に敵意をもって攻撃的にではなく、ちょうど人がそれへの知覚のための器官をもたない事物にたいしてのように、そのような財貨にたいしまったく無関係にであった。そのため原始キリスト教の——きわめて散在的な——共産主義は、現代の共産主義の努力とはもっとも深い本質において対立する。すなわち前者は世俗的な財貨にたいする無関心に発するが、後者はまさにそれらにたいするきわめて強い評価に発する。この両者の混合形式もまた時間的には両者のあいだに位置する。すなわち中世の終わりの社会主義的・革命的な運動はなるほどあくまでも貪欲な性質をもったが、しかしそれでも部分的には、完全な無欲の理想をもつ禁欲的な思潮によって育まれた。たしかに貨幣にかんしてはこの禁欲的な思潮も、物質的な関心のたんなる彼岸から下降し、より決定的でより積極的な形式をとらなければならない。それというのも人はきわめて不可欠なものへの途上においてもたえず貨幣に出会うからであり、さらに貨幣の獲得はそれにもとづいて生じる生計そのものの調達よりも、より多くの注意と意志活動とを要求するからである。あの教父のようにバターの代わりにそれと気づかず車軸油を食べるほどに生計にたいして冷淡であった人でさえ、貨幣流通の時代にいやしくも生存しようとすれば、ごく些細な金額であってもその獲得のためには彼の意識を同じようには他へそらすことができない。

それゆえ外的なすべてのものにたいする無関心のみが原理的に支配しているところでは、この無関心がまさに貨幣にたいしてはたやすく現実の憎悪へと移行する。第二にこれになお決定的に作用するのが貨幣の誘惑的な性格である。貨幣はあらゆる瞬間に利用される準備ができているから、意志薄弱な時のもっともひどい落とし穴であり、さらにそれはすべてのものの調達に役立つから、心にその時どきのもっとも魅惑的なものを提供する。そしてこれらのすべては、貨幣が現実にたんに貨幣としてわれわれの手中にあるかぎりは、それがこの世のもっとも無差別でもっとも罪のないものであるだけに、それだけいっそう不気味な危険性をもつ。こうして貨幣は禁欲的な感じ方にとっては、無害と公平の仮面のもとにわれわれを誘惑する悪魔の適切な象徴となる。したがって悪魔とともに貨幣にたいしても唯一の保全は、いかにそれが無害と思われようとも、絶対にそれから遠ざかること、いっさいの関係を拒否することにある。仏陀の最古の教団においてはこのことが原理的に表現される。教団に加入する僧侶はまさにそれとともに、彼の家族関係と妻とを放棄するのと同じように彼の財産一般を放棄する。そして一時の例外を度外視すれば、日々の必要の僅かな対象以外は何も持つことが許されず、しかもそれさえも本来はたんに施し物として彼に施されるばあいにのみであった。この規定がいかに根本的であったかを示すのは、僧侶たちが自分たちを呼んだ名称、乞食の教団である。彼らは毎日彼らの日々に必要とするものを——しかもけっして公然たる懇願によってではなく、黙って施し物を期待しながら——乞食して得たから、あらゆる所有物への拘束は、およそ可能であるかぎりは解消された。あるアラビアの遊牧民族にあっては、個人が定住への誘惑によって種族の生活条件にたいし不誠実にならないように、穀物を蒔き家を立てるなどが法律によって禁じられたように、同じことは内面的な方向転換のもとに仏教の僧侶についても妥当した。彼らは彼ら自身を、どこへ飛ぼうとも翼以外には何も持たない鳥になぞらえ、施し物としてはいかなる耕地もいかなる家畜もいかなる奴隷も受け取ることを許されなかった。しかしこの禁令がもっとも厳しかったのは金と銀にかんしてであった。僧侶に貨幣の施し物をあたえようと考えた慈善家は、それを彼にあたえることを許されず、手工業者もしくは商人にそれをあたえ、あたえられた者がそこでその代わりに、受け取ることの許される現物を僧侶に提供した。しかし僧侶仲間がそれにもかかわらず金もしくは銀を受け取れば、彼は教団仲間のまえで懺悔(ざんげ)しなければならず、貨幣は近くに善良な俗人がいれは、彼に生活手段の購入のためにあたえられた。いかなる僧侶さえもそれを処理することは許されなかった。しかし誰もすぐさま手近にいなければ、貨幣は他の僧侶に投げ捨てるために引き渡された。しかも「欲求から自由であり、憎悪から自由であり、瞞着から自由である僧侶」――したがって実際にもまた貨幣を投げ捨てるという保証をあたえる僧侶――にである。ここでは――たとえいわばひとつの思想のなかへ凝固したこれらの心の持ち主たちの独特な貧血症的な抑圧によってであるにせよ――貨幣は恐怖と嫌悪の対象となり、貧困は猜疑深く監視される財産、現世のあらゆる多様性と関心事から顔をそむけたこの生活の価値目録の貴重な部分となる。貨幣のなかには統一的な価値があり、その拒否によって現世のまさにすべての多様性が拒否される。

ところで貧困という絶対的な価値へと尖鋭化する内的な形成は、最初のフランチェスコ修道院の僧侶によってきわめて純粋な決然さと比類のない激情とで示される。ここで問題なのはたんに十二世紀と十三世紀のイタリアの教会のあの恐ろしい世俗化、聖職売買にもっとも簡潔に表現された世俗化にたいする反動のみではない。すべてが貨幣にゆだねられ、すべてが貨幣によって得られた。すなわち教皇選挙からもっとも憐れな田舎司祭にいたるまで、最大規模の修道院建設からフィレンツェの司祭がネズミの溺死したぶどう酒をふたたび浄めて飲めるようにしたさいの慣用句の陳述にいたるまでである。これにたいする改革運動は、十五世紀以降はけっして完全には中断することなく、もちろんすでに以前から貧困を聖職者にとっての理想的な要求として知れわたらせていた。なぜならそれによって教会の世俗化が徹頭徹尾切り去られるだろうからである。とはいえ貧困が独立の価値やもっとも深い内的な要求の相関となったのは、ようやくフランチェスコ会修道士においてであった。修道会の最初の時代について専門史家の述べるところはこうである。「貧困のなかに〈貧しい人びと〉は安全と愛と自由とを見いだした。新しい使徒のすべての渾身の努力がひたすらこの貴重な財宝の保全にむけられたのも不思議ではない。貧困にたいする彼らの崇拝は限度を知らなかった。花嫁らしい愛の完全な熱狂によって彼らは日々に新たに彼らの胸奥の友をえようとした」。ここでは貧困は積極的な財産となり、これは一方ではいわば最高の財貨の獲得を媒介し、この最高の財貨にたいしては、貨幣が世俗的な軽蔑すべきものにたいしてなすべきことをなした。貨幣と同じように貧困は貯水池であり、実践的な価値系列がそこへ注ぎ込み、そしてそこからふたたび栄養を取り出す。しかし他方において貧困はすでにまったく直接に、世界がより高い意味において、さらに最高の意味において禁欲者に属するということの一面、あるいはその表現であった。

彼は本来はけっして禁欲者ではなく、むしろ貧困のなかに事物のもっとも純粋でもっとも洗練された精髄を所有した。これは吝嗇漢が貨幣のなかにそれを所有したのと同じである。仏教の僧侶が「何物も所有しないわれわれは高い喜びのなかに生きる。光の国の仏にように喜悦がわれわれの食べ物である」と述べているように、――フランチェスコ会修道士は〈何物も所有しないのに万物を所有する者〉と特徴づけられた。貧困はここではその禁欲的な本質を失う。すなわち貧困は内的な財の獲得のための否定的な条件をなすが、その内的な財が貧困そのものにまで下降し、普通であれば世間にとって究極目的の完全な代表とみなされる手段の断念が、決定的な価値への同じ上昇を経験した。貨幣が手段的な地位から絶対的なものの意義へと上昇する経過の巨大でしかも遠大な力は、ほかならぬたんに貨幣の意味の否定が同じ形式へと高まることによってのみ、もっとも鋭い光を受けることができる。

これらの現象は貨幣の本質をその反射によって照らし明らかにするはずであり、これらの現象の圏を高い貨幣文化にほとんど特有な二つの出来事、すなわち冷笑主義と倦怠によって閉じることにする。――この両者は貨幣の手段的価値への還元の結果であり、この還元は生活の特殊な価値が甘受しなければならない。この還元は吝嗇と守銭欲とによって新しい究極価値の成長のなかに現れるが、しかし冷笑主義と倦怠とによっては古いすべての究極価値の蔑視のなかに現れるから、冷笑主義と倦怠とは吝嗇と守銭欲という現象のいわば裏面をなす。貨幣はすでに浪費と貧困における喜びとにおいて目的論的な系列の否定性を成立させ、冷笑主義と倦怠とにおいてこの否定性は完成する。――この否定性はいまやたんに貨幣に結晶している価値の単独性のみではなく、価値一般という事実をもとらえることによって完成する。今日われわれが冷笑主義と呼ぶものが根本的な志向よりみて、その名称の由来するギリシアの生の哲学とほとんど関係をもないにせよ、両者のあいだにはいわば逆であるにせよやはり関係がある。古代の冷笑主義はまったく積極的な生活理想をもっていた。すなわち個人の無条件的な心の強さと道徳的な自由とである。この理想が冷笑主義にはきわめて無条件的な価値であったから、これに比べればそれ以外に承認された価値のすべての相違は無に帰した。ある人が主人であるのかそれとも奴隷であるのか、彼が要求を美的な方法でみたすのかそれともそうでない方法でみたすのか、彼が祖国をもつかあるいはもたないのか、彼が家族の義務を果たすか果たさないか、――これらは賢者にとってはまったくどうでもよく、しかもたんにあの絶対的な価値との比較においてのみではなく、さらにこの無頓着においてまさにその絶対的な価値の現存が明らかになる。現在冷笑的と呼ばれる性向にとって決定的と思われるのは、それにとってもまた価値の高さの差異がまったく存在せず、一般に高く評価されるものはその唯一の意義を、最低の水準に引き下げられることにもつということ――しかしこの平準化からは積極的で理想的な道徳上の究極目的が脱落しているということである。ソクラテス式の人生の英知のあの逆説的な後裔にとって手段あるいは第二次的な結果であったものが、ここでは中核となっており、それによってその意義を完全に変えた。冷笑主義者――今後は現在の意味での――はその本質を多血質の熱狂者との対立においてもっとも明白に示す。熱狂者にあっては価値運動の曲線は下から上へと進行し、低い価値をさえ高い価値へ高めようと努力するのにたいし、冷笑主義者にあってはその曲線は逆の方向をとる。すなわち彼の生活感情は、最高の価値でさえも低いこと、価値の差異が幻想であることを理論的にも実践的にも証明したとき、はじめて適切に表現される。この情趣にもっとも有効にかなうのは貨幣の能力であり、これは最高の価値をも最低の価値をも一様にひとつの価値形式へ還元し、それによってそれらの価値を、いかに異なった種類と程度との価値が問題となろうとも、同じ原理的な水準にもたらす。冷笑主義者はいかなる他の一般的な領域においても、ここよりは勝ち誇った正当化を見いだせない。ここではもっとも洗練されもっとも理想的なもっとも個人的な財が、必要な貨幣をもついかなる者にとっても意のままになるのみではなく、なおはるかに特徴的には、もっとも尊敬すべき者にさえ彼が資産のないばあいはそれが拒まれ、そしてここでは貨幣の運動が、個人的な価値と事物価値とのあいだのもっとも無意味な結合をひき起こす。それゆえ冷笑主義の培養地は大きな取引の、とりわけ取引所取引の場所であり、そこでは貨幣が多量に存在し、たやすく所有者を変える。そこで貨幣そのものが唯一の利害の中心となればなるほど、また尊敬と確信、才能と徳、美と魂の救済とが貨幣にたいして賭けられるのをみることが多ければ多いほど、それだけいっそう嘲笑的で軽薄な情趣がこのより高い生活財にたいして成立し、この生活財は週市の財と同じように同じ価値の痛みで売られ、こうして結局はまた「市場価格」を受け取る。価値は本質的にはそれに固有なカテゴリーと理想以外のいっさいの評価を拒否するが、この価値にとっての市場価格の概念は、冷笑主義が主観的な反射において示すものの客観化の完成である。

平準化の別の意義は、事物の評価の差異よりはむしろ種類の差異にかかわり――貨幣の中心的な位置が事物の個性的な発達程度とは反対に、事物に共通なものへ関心を付着させるから、――それはその個人的な表現を倦怠に見いだす。冷笑主義者は上から下への価値の運動に生活の刺激を見いだすという倒錯した意味においてであるにせよ、彼は価値領域によってそれでもなお反応へと心を動かされるのにたいし、倦怠者はその――もちろん完全にはけっして実現されない――概念よりして、価値感覚一般の差異にたいして無感覚となり、彼はすべての事物を一様に気の抜けた灰色の音調において感じ、それによって反応へ、とりわけ意志の反応へと刺激されることを評価しない。それゆえ決定的なニュアンスはここでは事物一般の無価値化ではなく、事物の特殊な相違にたいする無関心である。というのもこの特殊な相違からこそ、まったく生きいきした感情と意志とが湧きでるが、これは倦怠者には拒まれているからである。生活のありとあらゆる多種多様性をまさに同じ貨幣額で所有できるという事実がひとたびだれかを内的に支配すれば、彼はまさに倦怠を感じるにちがいない。一般には徹底的な享楽が倦怠の原因と考えられ、あまりにも強い魅力が結局は神経からすべての反応能力を汲みだすから、この考えは正しい。とはいえこれによっては倦怠現象の範囲はまだ終わってはいない。すなわち事物の魅力はけっしてその獲得のための実践的な活動の原因であるのみではなく、さらにまた逆に事物のために実際に必要な労苦の種類と程度とが、しばしばそれなりにわれわれにとっての事物の魅力のまさに深さと激しさとを規定する。努力の個性化のすべて、道程の錯綜のすべて、特別な要求のすべて、これらは対象の獲得が課したものであり、これらのすべてが対象そのものの上に、われわれにたいする対象の本質と関係との特殊性として移され、魅力として対象のなかにあたえられる。これとは逆に対象の獲得がより機械的な、それ自体においてはよりどうでもよい方法で首尾よく行けばゆくほど、対象そのものはますます色彩と興味とのないものと思われる。――これはまさに、いたるところで目標がたんに道を規定するのみではなく、道もまた目標を規定するのと同じである。そのために貨幣による獲得はいかなる対象にも特別な種類の調達を保留せず、つねに同じであり、その客体をどうでもよいものにするにちがいなく、しかも富が価値差異のこの実践的な還元をますます多くの対象に拡げれば拡げるほど、明らかにますます根本的にそうするにちがいない。われわれが事物を購入する状態にないかぎりは、事物はなおその特性に応じたすべての魅力によってわれわれに作用する。われわれが事物をわれわれの貨幣所有によって、まったく自明ながらそれぞれの刺激をめざして獲得するやいなや、その魅力は色あせるが、これはたんに所有と享楽そのものによるのではなく、またその獲得のための無差別な方法がその特殊な価値を消し去るためである。この影響はもちろん個々のばあいには認められないほど小さい。しかし貨幣によって獲得できる客体への富者の関係において、さらにおそらくは公的な精神が今日この客体にたいしていたるところであたえる総体的色彩においても、その影響は累積されて顕著な大きさとなっている。こうして冷笑主義と倦怠とは同じ事実にたいする二つの異なった天性の回答、ときにはまたさまざまな程度で混合してもいる天性の回答であるにすぎない。すなわち冷笑的な気質にあっては、どれほど多くが貨幣で得られるかという経験と、そして結局はすべての事物とすべての人間とが購入できるという帰納推理とが、積極的な快感をひき起こすのにたいし、倦怠へと傾く者にとってはまさに同じ現実像が、彼には魅力となる最後の可能性を彼から奪い去る。そのため冷笑主義者は彼の内的な状態を一般にはまったく変えようとはしないのにたいし、倦怠者はしばしば十分にこれを変えようとする。すなわち彼における類的なものは生活刺激を要求するが、これを彼の個人的な気質は彼には感じにくいものとする。ここから現代の熱望、刺激と興奮への、極端な印象への、そのもっとも急速な交替への熱望——ある状態の危険もしくは苦悩をその内容の量的な誇張によって切り抜けようとするあの典型的な試みのひとつ——が生じる。それによってもちろんそれらの実際的な意義は一時的にそらされはするが、しかしまもなくもとの関係が、いまや諸要素の量を増すことによって重さを増して現れる。しかしより本質的なのは、印象や関係や教訓における「刺激的なもの」そのものの現代的な評価——それがいったい何のためにわれわれを刺激するかを、強調することを人は必要とは考えない——もまた、手段へのあの特徴的なとらわれを現しているにすぎないということ、すなわち人は本来の価値生産のこの前段階に満足しているということである。ところでたんなる刺激そのものの追及は、広がりゆく倦怠の結果であり、この倦怠からは自然のままの被刺激性はますます減少し、そしてこの倦怠はといえば貨幣経済から、そのたんなる手段価値によるすべての特殊な価値の脱色によって生じるから、——われわれはここに病気が薬にその固有の形式を伝えた興味ある事例のひとつをもつ。貨幣文化が意味するのは、生活のその手段への次のようなとらわれである。すなわち生活の疲労からの救済でさえも、あたかも自明であるかのようにその究極意義を隠すたんなる手段のなかに、つまり「刺激的なもの」そのものの事実のなかに求められる。

三

すでに述べたところであるが、守銭欲と吝嗇とは多くのばあい結びついて現れるにせよ、やはり両者は概念的にも心理学的にも正確には区別されるべきである。そして実際にもまた両者を別々に示す現象が存在する。貨幣への道の速度は貨幣からの道の速度からの完全な独立をしばしば示し、しかもこのことはけっして狭義の守銭欲と吝嗇とが問題となるばあいのみではなく、内的な運動が正常なものの限界をこえない段階においてもそうである。このことが主としてひき起こされるのは、目的系列における貨幣のあの不当に高い評価によってである。というのも目的系列はそのなかにいかなる客観的な基準ももたないため、その意義をしばしば変化させ、ために貨幣はなおそれが獲得されるかぎりは、それ以上の客体のためにその譲渡が問題となるばあいとはまったく別な価値感情を呼びさますからである。貨幣への道にともなう貨幣にたいする価値感情の緊張は、貨幣への到着によってやわらぎ、このことを人は、消費者としてのたいていの人間は利徳を求める事業家のするように正確には経済性の法則を遵守しないと表現した。われわれは取得においては支出においてよりもより厳格でより正確でより軽率さが少ないというこの経験に、おそらくは古代ユダヤ法のある規定は由来する。これによれば一般に金銭上の係争にあってはつねに被告が宣誓しなければならない。たんに小商人にたいしてのみ律法説明書のある箇所において例外的に、彼の帳簿の関係ある記入の真実を誓うことが許された。一定の状態のもとでは貨幣評価の収縮と拡散とのあのような交替が君候たちにおいて現れ、彼らはルイ十一世や他の多くの君候のように、その収入の徴収においてはきわめて厳格であるが、しかしその支出においてはあくまでも寛大である。しかし大体においては取得の速度と支出の速度との均衡関係は否定できない。そのためだれも賭博者や金採掘者や〈売春婦〉よりも容易にまた軽率には貨幣を支出しない。さらにカール五世以降のスペインの破壊的な財政は、アメリカの貴金属が比較的に労苦なくスペイン人のものとなったことに帰せられる。あの「悪銭身につかず」という言葉が示しているのは、たしかにたんに一定の堅実な取得の代償としてのみ取得物の確実さをあたえるのをつねとする経済の客観的な構造のみではない。すなわち特に容易で急速な取得をもつ職業は、その客観的な状態のなかにまたすでに通路をふくみ、これをつうじて取得されたものが自然の傾向や機会によってふたたび流れ去るということのみではない。しかしその諺（ことわざ）はより有効な基礎づけを心理的な状態のなかにもつ。目的論的な系列が貨幣獲得の点までより速やかに経過すればするほど、力の消費と重要さとの感情はますます僅かしかそこに集積されなくなり、したがってそれは価値中心にますます皮相的に固着し、それゆえますます容易に離れやすくなり、したがってまたわれわれはますます速くそれをふたたび手離すようになる。しかしたとえ系列の上方へ導く断面と下方へ導く断面とが、このようにより大きな緊張かあるいはより小さな緊張という共通の性質をおびるにせよ、それでもそれらそのもののあいだには次の差異が残る。すなわち貨幣は、それがまだ得られないかぎりは究極目的という価値をもつが、それがいまや現実にひとたび獲得されて、そこにたんなる手段的性格が――吝嗇がこれを妨げないところでは――感じられるやいなや、たちまちその価値を失うのをつねとするということである。

目的論的な系列の二つの断面のあいだのこの転回点を強調したのは、この転回点において貨幣のもっとも本質的な特徴がきわめて決定的な可視性に到達するからである。すなわち貨幣がすぐ次の唯一の努力目標としての意識をみたすかぎり、それは意識にとってはいわばなお質をもつ。なるほどわれわれは、それがいかなる質であるかを正しくは言えないであろうが、しかしそれへの意志の関心、それへの思考の集中、それに結びついた生きいきとした希望と感動とが熱情によって貨幣を照らし、この熱情が貨幣そのものにいわば多彩な光沢をあたえ、どれほどという問いをなお度外視しても、貨幣一般の概念をわれわれにとって重要とする。われわれのすべての実践的な願望はそのように発展する。すなわち願望が達成されないままにわれわれの前にあるかぎり、全種類そのものがわれわれを刺激し、そこでわれわれは十分にしばしば錯覚にさえ身をゆだね、その種類のなおごく僅かな量でさえ、それがまさにこの事物であるにすぎず、この概念を現しさえすれば、われわれを持続的に満足させるであろうと考える。われわれの欲求はまずは質的な性格からみた客体にむかい、そしてその規定が現れる量への関心は、質がすでにいくらか実現され感じられるばあい、一般にその重要性をはじめて認めさせる。われわれの関心のこの類型的な発展は、とくに変形された仕方において貨幣をとらえる。貨幣は無限に多種多様な具体的な目的にとっての、それだけではどうでもよい手段にほかならないから、たしかに貨幣の量はわれわれには合理的には重要な唯一の規定である。貨幣にたいして提起される問いは「何が」や「いかにして」ではなく、「いかほどか」である。しかし貨幣のこの本質あるいは無本質性はすでに述べたように、それが獲得されたばあいにしてはじめて一般には完全な心理的な純粋さで現れる。いまや決定的な価値への転換においてはじめて、もっぱら貨幣の量が貨幣の意義について、つまりは貨幣の媒介者的な力について、いかに決定的であるかがまったく通用するようになる。目的論的な系列がこの点に達するまでは、そして貨幣が要求のたんなる対象であるかぎりは、貨幣の純粋な量的性格は、一般概念としての貨幣に妥当する感情強調によって、その普通のいわば質的に感じられる本質から後退する。——これは吝嗇にあって慢性的となっている関係である。なぜなら吝嗇は目的論的な系列にこの重大な点をこえさせず、したがって吝嗇漢は質的に特殊な魅力をもつものと同じように、もちろん貨幣にも持続的な関心を結びつけるからである。しかし「いかほどか」の問題への貨幣関心の制限、すなわち貨幣の質がもっぱらその量において成り立つということは、われわれにとっては重要なさまざまな結果をもたらす。

まず第一に貨幣所有の量的差異は所有者にとっては、きわめて顕著な質的な差異を意味する。このことは経験上のきわめて陳腐な事実であり、もし誘惑がつねにくりかえし作用して、貨幣の純粋な量的性格をまさに逆に解釈させ、貨幣の意義と効果とを機械的に、すなわち低い意義と効果の乗法によって高いそれを表象させないとすれば、以上の強調も無意味であろう。まず初めに貨幣の圧縮における量的な差異が質的な結果の側面へいかに深く影響するかの証拠として、まったく外面的な事例について述べたい。低額の銀行券の発行は高額のそれとはまったく異なった性格をもつ。主として低額の銀行券の所有者である貧しい人びとは、高額の銀行券の所有者ほど容易には、現金に代えるためにそれを提示することができない。ところが他方において恐慌がひとたび勃発すれば、彼らはより性急により見さかいなく返済を求めて押しかけるか、あるいはその銀行券を〈いくらででも〉手渡してしまう。同じ証明方向に作用するのが、次のより原理的な考察である。

営利目的のためのすべての貨幣支出は二つのカテゴリーに分かれる。すなわち危険をともなうものと危険をともなわないものとである。純粋な一六勝負を度外視して抽象的に考察すれば、なるほど個々のいかなる貨幣支出にもこの両形式が含まれている。それというのも他のもっとも無茶な投機でさえ、たしかに投機客体のきわめてひどい価値低下を予期しなければならず、それでもそれがゼロになることは考えるにおよばないが、他方ではもっとも堅実な営利事業でさえ、つねに何らかの危険付加物を含んでいるからである。しかし実際にはきわめて多くのばあい、この危険付加物はたんに無限に小さいものとして無視されることができ、したがってあらゆる事業について、それにはなにも賭けられてはいないか、あるいは主体の投下資本もしくは財産の一定の部分が賭けられているということができる。ところで、あるいは失われるこの投入の大きさを二つの客観的な要因、つまり損失の蓋然性と万一の利得の高さとによって規定させることは、合理的とも思われる。ある事業において損失の機会が二分の一であり、最高の利益が二五マルクとなるばあい、その事業に一〇〇マルクを賭けるのは明らかに非合理的である。しかし同じ条件のもとに二〇マルクを賭けるのは、いかなる事情のもとにおいても合理的と思われる。とはいえこの客観的な計算は実際には、一定の金額の危険における理性と非理性を決着づけるには十分ではない。むしろなお個人的な性格がこれに加わる。いかなる経済状態の内部においても理性的にはけっして危険に賭けられてならない一定の部分の財産が、それと交換される利益機会がいかに高くいかにありそうであっても、それとは関係なく存在する。最後のもののあの絶望的な賭けは、「もはや失うものをもたない」ということによって理由づけられるのをつねとするが、この理由づけによって示されるのは、人が行動の合理性を公然と放棄したということである。しかし合理性を前提すれば、投機の成功の客観的な蓋然性への問いが、それぞれの財産の内容における一定の部分目盛りの彼方において初めて正当となる。この限界以下の量は、獲得される額がいかに大きく、また損失の蓋然性がいかに小さくとも、理性的にはけっして賭けられず、したがって普通であれば危険の正しさを理由づけるこれの客観的な要因も、ここではまったくどうでもよいものとなる。価値の貨幣形式は容易にこの経済的な要請を見誤らせる。なぜならそれは価値をきわめて小さな断片に分割し、それによって財産のあまりない者さえも、原理的には踏み込んではならない危険へ誘い込むからである。このことがきわめて特徴的に示されたのは、たとえはトランスヴァールと西部オーストラリアの鉱山会社が発行した一ポンドの金鉱株においてである。この株券はその相対的にきわめて僅かな金額ときわめて大きな利得機会とによって、普通であれば取引所投機とはまったく無縁なままであったにちがいない人びとのなかにも入りこんだ。イタリアの富くじもいくらか似た事情にある。ところが多くの国家の近代的な株式立法は、発行されるすべての株の額面価格にとってかなり高い最低限の制定によって、国民の安寧にとってのこの危険を防止しようと努める。請負や貸付などの投機的な価値がきわめて小さな部分に分けて提供されるばあい、提供分の客観的な希少性、すなわち総額に比しての僅少性は、提供分が主観的には、すなわち買手の財産に応じてはまさにかなりのものであるということについて容易に人を欺く。さらにそれ以上の事実、すなわち客観的にはきわめて小さな金額によって一般に投機的な利益が得られるという事実が、事情はこの金額の危険を許さないということを多くの人びとに忘れさせる。そのばあいの悲劇的なことは、所得によってたんに生存の最小限しかあたえられず、そのためけっして何も賭けてはならない人びとが、そのような誘惑にまさにもっとも激しく屈服するということである。根拠ある利得が、本来はそれをもっとも必要とする状態にある人には、まさにこの状態の論理によって拒否されるのみではなく、さらに彼にはまた損失にたいする根拠ある保証もこばまれ、まさに彼の状態はもっとも僅かしかその損失に耐えられない。雇用主保健によって雇用主は、病気のばあいの雇い人の法的な看護を比較的に小額の保健料によって買うが、まさに貧しい家族はこれをまったく利用しないことが多い。彼らにとっては病気となった雇い人の看病はたしかに苦しいが、それでも彼らがあえて危険をおかすのは、所得がきわめて僅かなばあいは小額の確実な経費のほうが、はるかに高額のたんなる機会よりも――これが純粋に計算的にはいかに非合理的と思われるにせよ――耐えがたく思われるからである。所得あるいは財産の内部には危険が経済的に正当とされる限界があり、明らかにこの限界は、人格の境遇がよければよいほどより低きにあり、つまりはその限界はより多くの部分を投機的な目的のために解放する。――しかもたんに自明なことながらも絶対的により大きな部分のみではなく、また相対的にもより大きな、つまりは総所得に比してより大きな部分までも解放する。またこの差異は金銭的にまったく高い状態とまったく低い状態とのあいだにのみ成り立つのではなく、金銭的な状態の僅かな差異もすでに他の点で同じ事情であれば、異なった危険部分の正当化を認めさせる。このことはすでに取り扱った富の余得へのいまひとつの寄与である――それというのも明らかに財産はそのより大きな部分が所有者の経済的な生存を動揺させることなく投機的に投資されればされるほど、自己増殖する機会をより多くもつからである――のみではなく、さらにそれが示しているのは、貨幣がその量のたんなる差異によってまったく異なった質的な性格をおび、経済的な貨幣本質を質的にまったく異なった形式のもとにおくことでもある。ある貨幣額の外的な全意義、さらには内的が全意義は、その貨幣額があの区分線の上方と下方とのいずれにあるかにしたがって異なったものとなる。しかし両者のいずれとなるかはもっぱら、その貨幣額が普通のばあいに介在する貨幣所得のいかなる量とともに所有者の財産をなすかに依存する。財産はその量の変化とともに完全に新しい質を獲得する。

このことは結局は事物の作用のきわめて一般的な形式のひとつに入り、この形式はそのもっとも顕著な実現を心理学的な領域に見いだす。問題となるのは、原因として作用する現象の量的な増加は必ずしもその結果の、それに対応する規則正しい増加を生じさせるとはかぎらないということである。むしろ結果の一定の増大をひき起こした原因の強度の増大も、同じ階梯のより高い段階においては同じ増大にはもはや十分ではなく、むしろそれは絶対的に高まった程度にあっては、たんに同じ結果を達成するためにもきわめて高められた作用が必要とされる。たとえば想い起こされるのは、新たに開かれた営業部門において一定の利益をもたらす経営手段も、後にはまさに同じ収益を得るためには大いに増加されなければならないという頻繁な現象であり。あるいは薬剤の効果が最初は調剤を僅かに増すことによって著しく高まるのに、後には客観的には同じ増加もきわめて弱められた効果しかおよぼさないということであり、あるいはまた窮屈な財産状態にあっては、ある利得が幸福を呼び起こすが、その利得がたえず継続したのちは、結局は同じ利得量にはいかなる幸福反応もまったく対応しないということである。もっとも頻繁に取り扱われる例は、いわゆる識閾（しきいき）にかかわる。すなわち外的な刺激はわれわれの神経に達しても、一定の強さ以下ではけっして気づかれない。その強さに達することによって、それは不意に感覚を呼びおこし、そのたんなる量的な増加が、きわめて質的な規定をもつ効果に急変する。しかしさまざまなばあいに、この増加もまたこの結果にかんしてはふたたび上方の限界に達し、したがって刺激強化のたんなる継続は、この限界をこえればふたたび感覚を消滅させる。これによってすでに、原因のたんなる量的な増加によってひき起こされる原因と結果とのあいだのあの不一致のもっとも先鋭化された形式、すなわち効果のその反対への直接の急変が指示される。このことはまたすでに述べた薬剤の例にも起こる。すなわち特に類似療法の実験によって確定しているが、調剤の純粋に量的な変化によって、同一の患者に正反対の効果が得られることがある。電気療法においてもまた観察されるが、より頻繁な反復は結果をその反対へ、そしてふたたび反対の反対へと急変させる。快をもたらす感覚刺激のほとんどすべてがたんなる累積と強化とによって、快感の最初の高揚ののちには快感の消滅と、さらには積極的な苦痛となることがありうるということは、大きな典型的な意義をもつ日常の経験である。最後に、誘因となる客観的な刺激とそれがひき起こす主観的な感覚とのあいだの不通約性は、また以下の仕方においても示される。きわめて低い経済的な価値も疑いもなく価値ではあるが、にもかかわらずそれはしばしばわれわれに、普通は経済的な価値そのものに対応する行動をとらせない。貨幣価値をもつ客体でありながら、その貨幣価値がしばしばまったく計算されず、その処理においてはまったく要因としては現れないものがある。たとえば郵便切手である。われわれは他人には普通であれば一ペニヒの価値も要求してはならないし、要求しようともしないが、これらの他人に彼ら自身はまったく関心をもたない照会への回答を望み、われわれと同じ地位にある人にたいしてはあえて返信用切手の付加をほとんどしない。普通であれば一グロッシェン（昔のドイツの小銀貨）を慎重に節約して取り扱う者でさえ、一枚の切手やあるいはまた一枚の市電切符については、同じ価値をもつ他の多くのものに比して少しの節約の念しか起こさないのをつねとする。たしかに主体の財産と気質とにしたがって、きわめてさまざまに位置する経済的な識閾が存在するように想われ、その下方にとどまる経済的な刺激はまったく経済的とは感じられなくなっている。おそらくこのことは、すべてのより高い領域に共通な現象であろう。それというのもこれらの領域が成立するのはいずれにせよ、すでに以前に存在し認められていた諸要素が提携して新しい形式となり、それによってそれらの諸要素が、従来は知らなかった新しい意義へと高められるからである。このように事物は法や美的享楽や哲学的考察の対象となる。——事物とその久しく知られていた内容とに、こうして新しい側面が成長する。しかしこのことが生じるためには多くのばあい、それらの諸要素の一定量が前提とされる。それらの諸要素がその量以下にとどまれば、それらはあのカテゴリーの宿るより高い意識層、比較的刺激されにくい意識層へは高まらないであろう。こうしてたとえば一定の色彩やあるいは色彩配合は、十分な明確さでは知覚されるかもしれないが、——しかしそれらの占める平面がかなりの拡がりをもたなければ、それらはやはり美的な快感をひき起こしはしないであろう。以前にはたんなる事実があるのみであり、これは感覚的な識閾をこえても美的な識閾をこえなかった。同じように歴史的な識閾が存在し、これは個人的なエネルギーとその歴史的な結果とのあいだの注目すべき不釣合をひき起こす。ゴータマとまったく似たことを教えた多くのインドの禁欲主義者が存在したが——しかしゴータマのみが仏陀となった。たしかにさまざまなユダヤの教師が存在し、彼らの予言はイエスの予言とさほど相違しなかったが――しかしたんにイエスのみが世界史を規定した。さらにいたるところでそうである。すなわち人格の意義は持続的な階梯をなすが、しかしその階梯にはひとつの点が存在し、その上方においてはじめて人格の歴史的な影響が始まるのにたいし、この重要性閾の下方にとどまる人びとは、それに相当する僅かな影響もおよぼさないばかりか、さらにまったく影響をおよぼすことなく完全に忘れ去られる。哲学的な識閾はおそらくはなおそれよりも高くにあろう。同じ現象も極小の量においては日々のはかない無関心事に属しているが、いくらかより多い量においてはおそらくな美的な注目をひき、強力な刺激的な次元においては哲学的あるいは宗教的な反省の対象となることができる。悲劇的なものへの感情にも同じようにまた量閾がある。さまざまな矛盾と不十分さと幻滅とは日々の生活の個々の事柄としてはどうでもよく、あるいはユーモラスな特徴さえもち、われわれがその恐るべき拡がり、その繰り返しの不可避性、今日のみではなく毎日のそれによる彩色を意識するやいなや、たちまちそれらはわれわれを深く悩ます悲劇的な本質を獲得する。法の領域においては閾の事実は〈大裁判官は瑣末事にはかかわらない〉という原理によって特徴づけられる。一本のピンの窃盗は、法意識の複雑な心理的な機構を動かすには質的にややあまりにも瑣末――たとえ質的にもまた論理的な意識にとってもいかに決定的にまさしく窃盗であるにせよ――である。すなわち法意識もまたそれゆえに識閾をもち、したがってその下方にとどまる刺激は、たとえ他の意識領域を大いに刺激するにしても、いかなる心理的・法的な反応も――国家の反応をまったく度外視して――呼びさまさない。経済的な意識もまた特殊な識閾をあたえられているという事実から、一度の大きな支出の代わりにむしろ個々には「気づかれない」小さな連続的な一連の支出を好むという一般的な傾向が説明される。それゆえすでにプーフェンドルフが君主にたいして、国民はとうてい貨幣から離れようとはしない〈非常に金ばなれが悪い〉から、唯一の対象に高額の税を課すよりは、むしろ多くの対象に僅かな税を課したほうがよいと提案したとき、この理由づけはその要点をまったく示してはいない。それというのも国民は右のいずれかの形式において貨幣を引き渡さなければならず、たんに一方の形式における個々の引き渡しは経済的な識閾の下方にとどまり、したがって引き渡された個々の金額が同じようには経済的な計算と感覚と反応とのカテゴリーへは高まらないだけのことだからである。――これはまさに二つの重さがそれぞれ圧力の識閾の下方にとどまれば、順次に手にのせられてもまったく感覚をひき起こさないが、しかし二つが同時に作用すればただちにそれをひき起こすのと同じである。

このことがわれわれの単純あるいは複雑な感覚への消極的な抵抗と考えられ、それの克服の後に初めてその感覚が意識に影響を伝えるとすれば、いまやこの抵抗はまた積極的なものともなることができる。想像できることではあるが、われわれの肉体的・心的な受容器官は、所与のあらゆる瞬間に一定の方向と強さとの動揺の状態にあり、したがって新たに生じる刺激の作用は、そこから生じる内的な運動が右の既存のそれにたいしてもつ関係に依存する。すなわち新しい内的な運動が既存の運動と同一の方向に配列され、したがってそれが妨げられることのない拡張可能性を獲得し、それがまた既存の運動に逆行することができ、したがってそれがその作用においてまったく解消されたり、あるいは部分的に解消されて、積極的な抵抗の克服の後にはじめていわば感覚器官を自己の方向に動かすことができる。ところでこの表象によって特徴づけられた行動は、われわれが差異感覚と呼ぶいまひとつの事実にかかわる。すなわちわれわれは感覚において、絶対的な大きさにとってのいかなる尺度ももたず、たんに相対的な大きさにとってのみそれをもつ。すなわちわれわれはひとつの感覚の他の感覚との差異によってのみ、それぞれの感覚の尺度を規定する。この経験——その変容はここでは顧慮しなくともよく、われわれにとってその経験がわれわれに妥当するのは、たんにその批判者たちさえ承認するかぎりにおいてである——は明らかに、以上に語ったすべての現象系列の基礎である。それというのも——これをもっとも簡単な例において表現すれば——一の強さの触覚神経における運動が三分の二増したとすれば、これは二の強さの運動が三分の一増したばあいと同じことだからである。それゆえわれわれが所与の感覚状態の相対的に同じ相違に同じ反応を結びつけるという事実は、客観的には同じ刺激がきわめてさまざまな主観的な結果をもたらすということひき起こす。新しい刺激が呼びだした感覚は、感覚作用の既存の状態からより遠く離れていればいるほど、ますます強くますます目立つものとして意識されるようになる。ところでこのことはすでに述べたように、刺激はわれわれの意識に現れるまえに、その方向と対立するわれわれの肉体的・心理的な器官の気分をまずはしばしば克服しなければならないという事実と交差する。それというのも刺激はあの相違感覚にしたがって、それが先行の状態からより遠く離れていればいるほど、それだけますます目立つが、しかしそれは他の原理にしたがって、原理の方向が現存の内的な運動と異なっていればいるほど、――一定の限界までは――それだけますます目立たなくなるからである。このことと関連するのは、感覚は刺激が同じままであればその絶頂に達するまでに、ごく短いにせよ一定の期間を必要とするという観察である。前者の現象系列が疲労という事実にさかのぼる――神経は第一の刺激によって疲労しているから、第二の同種の刺激にたいしてはもはやまさに同じエネルギーでは反応しない――のにたいし、後者の現象系列が示しているのは、疲労がけっして直接に刺激反応とは結びつかず、まずはこの反応が刺激の変化しないばあいは、あたかもそれ自体からのように蓄積されるということである。――おそらくこのことはすでに述べて理由、すなわち刺激がその絶頂に達するまえに、まずは受領器官の抵抗が克服されなければならず、そして刺激はたしかにその絶頂から、いまや現れつつある疲労によってふたたび下降するという理由による。作用のこの二元性は複雑な現象においてもまたきわめて明瞭に現れる。たとえば喜びへの誘因も、まったく不幸な個人の生活に現れると、彼はこれを激情的な反応、まだ使用されない幸福論的なエネルギー、彼の以前の生存の暗い背景にたいするもっとも強い対照によって感じるであろう。しかし他方においてわれわれが認めるのは、喜びにさえ一定の慣れが必要であるということ、心がすでに継続的に喜びとは反対の経験に適応していれば、幸福刺激もまったく正しくは受け入れられないということである。とりわけかなり微妙な生活刺激は、困窮と苦悩とに規定された内的な生活リズムによっては、さしあたりは影響することもなく受けつけられず、そしてそれが感覚される強さは、まさに右とは反対の生活リズムを前提とさせ、幸福論的な契機のかなり長い累積のちにはじめて現れる。いまやこの累積が持続し、心のすべての状態が結局はそれに対応するリズムあるいは構造へ移されれば、最初は十分に知覚されなかった刺激量が、現在もまた十分に知覚されないままに欠け、しかも最初とは正反対の状態からそうなる。なぜならいまやそのような幸福論的な慣れが生じ、注目に必要とされる相違がないからである。この二律背反はその大きな目的論的な意義をまた経済的な生活においても示す。相違感覚はわれわれをあらゆる所与の状態から駆り立てて新たな財貨の獲得へ、新たな享楽可能物の生産へと向かわせる。相違感覚の限界づけは、現存の有機的な状態の克服されるべき積極的もしくは消極的な抵抗によるものであり、われわれを強制してこの新たな方向をまた持続的なエネルギーをもって追及し、財貨の獲得をかなり著しい量にいたるまで継続させる。しかしこの増大にたいして相違感覚はふたたびその上限を定めるが、それはこの一定の刺激への慣れがこの刺激を弱めて、ついには増加をもはや感じなくさせ、むしろ質的に新しい刺激を追いつづけさせるからである。ここでは客体量の増加が規則正しく進行しながら内的な結果の変更をひき起こすが、これと同じ仕方において事物の貨幣価値はたんなる上昇によって、事物にたいする欲求の急変となることがある。ある対象はまったく価格をもたないか、あるいは最少の価格しかもたず、最初はまさにそれゆえにきわめてしばしばけっして評価されず、また欲求されもしない。その価格が上昇するやいなや、欲求に値する価値もまた成立し、これがしばらくは価格とともに極端な刺激点へと高まる。そして価格がなおもますます上昇しつづけ、その取得が当事者たちにとって問題外となれば、この断念の最初の段階ではおそらくは最大の激しさの要求が示されるが、しかしやがては断念への適応、無益な憧憬の抑制が生じるであろう。さらに「酸っぱいぶとう」の典型にならって、まだ到達できないものにたいする直接の嫌悪さえ生じる。きわめて多くの領域において積極的な態度と消極的な態度とのそのような交替が、経済的な要求の量的な変化と結びついている。ロシアの農民に重くのしかかった租税の重圧は、彼らの劣悪で原始的で粗放な経済の原因としてあげられる。すなわち彼らは裸の生活以外にはまったく何も余分にもたないから、勤勉も彼らには何の甲斐もない。明らかにその重圧がいくらか少なければ、ごく勤勉に働けば彼らにも利得が残り、彼らはまさにできるかぎり集約的な耕作へと誘われるであろう。しかし公課がなおも下がれば、彼らが彼らの文化水準のすべての必要を満足させる収穫をいまやすでに得ているかぎり、彼らはおそらくはふたたび以前の怠惰へ逆戻りするであろう。あるいは別の例をあげれば、階級なり個人なりが低い生活水準を強いられ、そのためたんに粗野で低俗な楽しみと気晴らししか知らないばあい、いくらか高い収入はたんにこれらの享楽をより頻繁により広く求めさせるのみであるが、しかし収入がいまやきわめて著しく高くなれば、享楽にたいする要求は一般に異なった領域へと高まる。たとえばウオトカ壜(びん)が主たる喜びをなすところでは、高くなった賃金はウオトカの消費の増加となろう。しかしそれがさらに大いに高くなれば、まったく異なったカテゴリーの享楽への欲求が生じるであろう。最後にここではさまざまな快楽と苦痛との感覚にとっての識閾が明らかにまったくさまざまな高さにあるという事情から、あらゆる分析を嘲笑する錯綜に達する。まず生理学的な領域においては、最近の研究が苦痛感覚の無限の相違を明らかにし、この相違はさまざまな身体部分の神経のあいだに存在し、若干の部分にとっては他の識閾値の六百倍を示し、しかも特徴的なことには、まさに同じ場所の圧迫感覚にとっての識閾値は他のそれにたいしてまったく恒常的な関係をもたないほどである。ところで非感覚的なさまざまなより高い感情にとっての識閾値を比較することは、たしかにきわめて疑わしい。なぜならその感情をひき起こす要因はまったく異質的であり、感覚神経の機械的あるいは電気的な刺激のようには、量にしたがっては比較できないからである。これによっていっさいの測定が排除されているかに思われるにもかかわらず、人はまたより高い感情領域の一様ではない刺激敏感性を承認し、それとともに——これまで問題とされた生活状態もつねにそのような多数の感情領域にかかわるからには——外的な諸条件と内的な感情結果とのあいだの理論にとっては透徹できない途方もなく多種多様な関係を承認する。

　まさに貨幣所有によって規定された感情の運命のみが、この識閾値と比例性への大体の洞察を許す。それというのも貨幣はありとあらゆる感情への刺激として作用するからであり、そして貨幣がこのように作用することができるのは、特性を欠いたその無性質な性格が貨幣をいっさいの感情からきわめて大きな距離におき、したがって貨幣がすべての感情にたいして一種の平等な関係を獲得するからである。もちろんこの関係はたんに稀にしか直接的なものであるにすぎず、むしろ媒介的な客体を必要とするであろう。そしてこれらの客体は一面からすれば非特殊的である——すなわちそれを貨幣によって買うことができるかぎりは——が、しかし他面よりすれば、一定の感情をひき起こすから特殊的である。われわれは貨幣によって調達できる特殊な客体の享楽価値を貨幣においてあらかじめ感じるということ、それらの客体の魅力が貨幣に移され貨幣に代表されるということ、このことによってわれわれは貨幣において、個々の享楽感覚の識閾値が一種の比較可能性を得るための唯一の対象をもつ。にもかかわらずここに相互の測定を排除するように思われる理由は明白である。すなわちさまざまな領域において同じと判断される享楽量を生みだす事物の貨幣価値における異常な多種多様性がそれである。上昇する貨幣系列において享楽の識閾が、美食家と蔵書家とスポーツマンとにとってはまったく異なった高さを示すとすれば、このことは、そのさいに活動する享楽エネルギーがさまざまに刺激されやすいことによるのではなく、むしろ享楽エネルギーを同じ程度に刺激する対象がきわめてさまざまに高価であることによる。にもかかわらず考えられるのは、貨幣量と幸福主義的な結果とのあいだの識閾値の偶然性が均衡に向かって努力するということであり、諸個人（もしくはまた類型）の特色を示すのは、購入できる客体あるいは印象がいかなる貨幣価値をもつことによって、彼らにとっては識閾をこえるか、少なくともこの意味においてである。この発展は次の事実によって始められる。すなわち、さしあたりわれわれの感情的な査定にとっては、ある客体の価格の適切もしくは不適切は、同じ客体に他のところで要求される価格においてのみ生じるのではなく、まった質的にまったく異なった商品種類のまったく異なった絶対的な価格においても生じるという事実である。これについての調整が意味するのは、均整的な貨幣価格基準の生成であり、この貨幣価格基準はたしかにまずはきわめて多くの主観的で偶然的な動揺の最終結果である。たとえばわれわれが初期パレスチナのユダヤ人の経済的な状態について知るかぎりでは、それは一定の品目の異常な廉価と他の品目の法外な価格によって人を驚かす。今日の物価にたいするその関係はきわめて動揺し、合理的には表現できないほどであり、したがって一般的な貨幣価値が現在とはどれほど異なっていたかは述べることができない(そしておそらくは古代のいかなる時代についても同じであろう)。それというのも一般的な貨幣価値が、当時はけっして存在しなかったからである。この現象を人は富者と貧者とのあいだの経済的な懸隔によって説明しようとし、この懸隔が生活基準にかんする貧者のいかなる野心によっても減少しなかったとする。すなわち下層の身分はまさにきわめて大きな安定した節度をもち、ために一定の商品は彼らによっては原理的に要求されなかった。それゆえ二つのまったく異なった物価基準が発達した。すなわち貧者が支払うことができ、そして支払おうとするものにとってのそれと、貨幣が問題とはならない富者の領域であったものについてのそれである。このことはおそらくは古代のすべての民族において多かれ少なかれあてはまった。ところでそれと関連して強調されるのは、近代の社会観にしたがって中産身分は衣服や食事や便宜や娯楽にかんして上流身分と張り合おうとし、そして下層身分は中産身分と張り合おうとするということである。このことがはじめて統一的で一般的な貨幣価値を生み出したのであろう。この方向への経済的な文化の道を次のように定式化できよう。すなわち経済的な文化は本来は安価なものを高価にし、本来は高価なものを安価にすることへと進行する。この均斉化はまずは客観的な側面に示され、その真に驚くべき現象を「平均利潤率」のなかに見いだす。すべての経済的な諸要因の相互のほとんど信じられない適応、意識的な経過としてはまったく証明できないその適応によって、素材と労働条件と生産量よりみてたがいにまったく独立したきわめてさまざまな経営が、発達した経済においてはそこに投下された資本にたいし、それにもかかわらず――〈他の条件が等しければ〉――同じ利潤を提供するということが達成された。まさにそのような調整が貨幣価値の主観的・幸福主義的な結果にとってもなされるということは、人間の個人的な差異を考慮すればもちろん問題とはならない。とはいえ、あらゆる客体の貨幣への漸次的な表現可能性と一般的な貨幣価格基準の漸次的な形成、つまりはすべての商品にとっての貨幣の一様な意義の漸次的な形成――これらによって文化過程は右と類似した状態に接近するかもしれない。すなわち貨幣の量的階梯においては一定の点がばあいによっては、一定の個人もしくは類型にとって経済的な閾と享楽閾と倦怠閾のいずれかを示す客体の等価として現れるかもしれない。閾現象のこの領域はその錯綜と個性化とによってきわめて扱いにくいが、この領域において貨幣はともかくも次のような唯一の客体として現れる。すなわちその純粋に量的な性格と事物のあらゆる差異性への一様な態度とによって、きわめて多種多様な刺激敏感性を統一的な系列へ配列する可能性をなおもっとも早くあたえる客体としてである。しかしさらに一定の出来事は貨幣が経済的な識閾にたいしてもつまったく直接的な意義を指示する。しかも意識一般がはじめて貨幣的な刺激にたいして特に経済的な意識として反応するというようにしてである。俗物的な偏狭さは客体の愛他的な譲渡の要求を、対象にはそれでも金がかかるという理由によってしばしば拒否する。――このことは現実には、ここでは人がたんなる経済のひどく利己的な原理にしたがって行動することの正当化の理由として感じられる。まさに同じように愚かな両親は子供の悪ふざけによる破壊を、その事物には金がかかっていると強調することによっておさえようとする。子供たちに客体そのものの価値を説明する代わりに、彼らは使用された貨幣の観念にたいしてまずは経済的な反応を開始する。このことがきわめて特徴的な仕方で現れるのは、外面的にはまったく対立する二つの現象においてである。贈与は贈与者がそのために貨幣を支出したばあい、初めて多くの側から十分なものと考えられ、人が自ら所有するものを贈ることはけち臭く、不当な、不十分なことと思われる。たんにまったく敏感で高潔な人間のばあいにのみ、他者自身が所有した贈与品をもっとも高く評価するということが生じる。それゆえ贈与者が自己のために犠牲を供してくれたという意識が初めて受領者に現れるのは、この犠牲が貨幣形式において供されたばあいのことである。ところが他のばあいにはまさに貨幣授与が、上流社会にあっては直接に零落させるものとして作用し、奉公人や御者や使丁などさえ一本の煙草にたいして、おそらくはその三倍の価値をもつ酒代にたいするよりもしばしばはるかに感謝する。ここで決定的であることは、授与がまさに経済的なものとして作用すべきではないということであり、あるいは少なくともその経済的な性格を後退させることが特別な懇切として作用するということである。それゆえ前者にあっても後者にあっても価値は貨幣形式において初めて意識を経済的なものとして刺激し、そしてこの意識がさらにひき起こす感覚にそれぞれしたがって同じ行動が望まれたり、あるいは忌避されたりする。発達した貨幣経済が経済的な客体を連続的な系列にはめ込むにせよ、——それは経済的な客体と貨幣そのものとのあいだにきわめて一般的な相違をつくり出す（これは商品貨幣時代にはあまりないであろう）ので、まさにたんに貨幣価値にのみ反応する識閾の成立が、あますところなく説明される。

識閾の現象を貨幣との特に顕著な関係におくいまひとつの理由はこうである。すなわち本来はそれに比例する作用を起こさない原因の存続と累積とは、一定の限界の上方に初めて入るためには、経過が生じる全体系が不動であり、それ自体において固定していればいるほど、ますますより広大となり、そしてこの限界をますます高くに押し上げさせる。こうして周知のように水のいっさいの運動を防ぎさえすれば、それを凍らすことなく零度以下にまでかなり冷やすことができるが、しかしごくわずかな動揺さえもそれをただちに氷にする。また次第に熱せられる湯のなかに手を入れても、手あるいは湯のいっさいの運動を避けることさえできれば、普通に耐えられる温度をはるかにこえて入れつづけることができる。また同様により高く複雑な領域においても多種多様な影響や状態は、われわれの全本質がおそらくはまったく異なった点からゆり動かされたばあいに、初めてそれに応じた感情反応を呼びおこす。価値の所有もその欠乏も、あるいは一定の状況の無価値さも、われわれがその意義を意識するまえに久しく存続することができ、さらに次第に増大しさえすることができる。内的な諸要素をいわばたがいに摩擦させあわせる衝動が、まずは生じなければならず、その結果としてわれわれがその現実の強さを意識するようになるのは、まさにいまやようやく認められたその現実の他のすべての要素にたいする関係もしくは相違においてである。さらに愛情や憎悪のような感情も長くわれわれのなかに生きつづけ、そしていわばひそかに累積され、さらにある変装された作用をおよぼし、やがて何らかの衝動が、たいていは関係の外面的な規則性の中絶が、あの感情を意識のなかに爆発させ、いまや初めてそれらの感情に、それにふさわしい拡がりと効果の豊かさをつくり出すことができる。社会的な発展もまた同じ類型にしたがって経過する。無意味と悪習とは、かって確定された制度のなかへ紛れこむのみではなく、しばしばある程度までは社会的な識閾の下部において累積され増大されて、一般的な粛正がまったく種類を異にする刺激からしばしば生じてあの障害を意識にもたらすと、その瞬間からはそれに耐えることがもはや理解されなくなる。周知のように対外戦争による動揺がしばしば初めて、国家の矛盾や腐敗した欠陥を白日にさらす。このことが基礎づけるのが、たとえば他のところで強調した観察、すなわちきわめてひどい社会的な相違、諸階級の相互の融和しがたい高さの懸隔が、一般には社会的な平和と手をたずさえて進行するということである。階級制限の硬直性が緩和され、社会の内部のより生きいきした運動が諸身分のあいだの一定の媒介的で過渡的な諸現象や、観察して比較する近さを生み出したとき、初めて平等化の改革もしくは革命への叫びがあがるのがつねである。しかしこのことが生じるやいなや、下層階級には彼らの抑圧されていることが意識され、上層階級には一部はそれについての道徳的な責任と一部は彼らの所有状態を防御しようとする衝動が意識され、社会的な平和は破られる。いまや貨幣経済の内部においては、意識を相違感覚と閾感覚へと刺激する生活体系の動揺が、まったく特に広範な活動的なものとなる。関係の固定化は、意識反応への高められた誘因にこの結果をあたえないでおくが、関係が貨幣に基礎づけられるばあいは、この固定化がたえず中断される。なぜならそのような関係はすべて、休止状態に抵抗する何か不安定なものをもつからであり、しかも特に貨幣は人格へのいかなる客観的な関係ももたず、したがって等級あるいは零落、職業あるいは道徳的な価値、感情的関係あるいは活動のようには、いわば人格に癒着してはいないからである。そのような生活内容にもとづくすべての関係は、それが比較的強固に人格に属しているため、ある種の安定性をもち、変化する諸要素の影響に一定の惰性を対置し、この惰性が右の諸要素のかなりの集積のばあいに初めて、それにまったく比例した結果を関係にたいしてつくり出す。これにたいして貨幣はその無性格のために、質的に規定されたいかなる人格そのものにたいしても関係をもたず、ある人格から他の人格へと内的な抵抗なしになめらかに移り行き、したがって貨幣にもとづく関係や状態は、変化へのいかなる誘因にも容易にまた適切に譲歩する。あるいはわれわれの現在の関心をより正確に表現すれば、貨幣の集積現象はたんなる量という性格をもっとも純粋にそれだけで示し、同時にもっとも頻繁にもっとも明白に量の作用を生活の内容的な規定において感じさせる。しかし貨幣においてそのように頻繁に現れる識閾現象は、たんに貨幣の総体規定をより明瞭にするにすぎず、あの富の余得もこれに属している。実は富の余得も根本においては、たんにこのように特色づけられた現象の個々の事例にすぎない。それというのも富の余得が表現しているのは、より多くの貨幣の意義はたんにより少しの貨幣の意義の比例的な倍数において成り立つのみではなく、むしろこの意義の相違はその基体の純粋に量的な変化にもかかわらず、質的に新しい結果現象への、さらにはそれとの反対の結果現象への急変を提示するということだからである。

この事実には、なるほど自明ではあるがそれでも論議を必要とする前提がある。その事実そのものは、いっさいの貨幣額が多数の人物に分配されれば、ひとりの手中にあるばあいとは異なった質的な意義をもっとも表現できる。それゆえ人格の統一は、所有のあらゆる量的相違とその意義とにとっての相関もしくは条件である。法人の財産は明らかにその管理の統一性のために、ここで問題となっている機能的な点においては同じ段階にある。また国民財産について語るばあいも、このことが可能なのは、国民が統一的な所有主体として考えられるかぎりにおいてであるにすぎず、あるいはまた個人の財産が相互作用（分配、個々の支出の全体への配慮、収入と支出とのあいだの均衡など）によって協力して実際の統一になるのと同じように、個々の市民に分割された所有が、国民経済の内部においてとり結ぶ相互作用によって統一的と表象されるかぎりにおいてであるにすぎない。貨幣はたんにその量のみにしたがう重要な価値として、そのままに外延的な並存において現れ、したがっていかなる金額もひとつであるためには、つまり統一体として作用するためには、その外部の原理を、個々の部分量を関連と相互作用とへ、要するに統一体へと強制する原理を必要とする。個々の表象内容が個人的な意識統一において集合することによってひとつの世界像を生み出し、さらにまさにそのようにして世界要素の総計がたんなる総計以上のものとなり、それぞれの部分と全体とがたんなる並存をこえて新しい意義を受け取るが、これと同じように個人的な所有者の統一が貨幣に作用をおよぼし、その統一によって総括された量に、貨幣の量的な相違を質的な意義へ転換させるあの可能性を初めてあたえる。これについての認識価値は、おそらくは限界効用理論の規定との結びつきにおいてより明瞭となろう。これはほぼ以下のように要約することができる。財の在庫のそれぞれの部分量は最低に評価された部分、すなわちもっとも不必要な利用に向けられた部分の価値をもつ。それというのも任意の部分が失われると、合理的には残りによってより重要なすべての需要を充たし、たんにもっとも重要でない需要のみが充たされないままとなり、それゆえいずれかの部分がなしですまされねばならないにしても、それはもっとも重要ではないものだからである。それゆえ財の在庫の価値は実際はそれから引き出される効用によって、つまりはその個々の構成部分のきわめてさまざまな高さの用益の総計によって規定されるのではなく、もっとも利用されることの少ない部分の効用が多数の同じ大きさの部分一般と乗ぜられたものによって規定される。ところがこの理論についてはまったく一般的に、ある例外が承認される。すなわち財の総額が統一体をなし、そして統一体として一定の効率を示し、この効率がその個々の部分の利用の総計と同じでないばあいである。こうしてたとえばわれわれの聞くところでは、森林の存在は気候と降雨とに影響を、それとともに土地の肥沃度、住民の健康、国富の一部の安定度などに影響をおよぼし、要するにそれは全体として価値をもち、そのいかに僅かな断片といえども、個々の木の効用を見積もっても計算されはしない。こうして軍隊の価値もまた個々の兵士の限界効用によっては判断できず、流れの価値も個々の水滴の限界効用によっては判断できない。これによって示された相違はまた、個人の財産についても妥当する相違である。ひとりの人間が所有する百万マルクが彼に得させる尊敬と社会的な資格とは、千マルクの所有者のそれに対応する意義の千倍とはまったく異なるのみではない。むしろこの主観的な結果を基礎づけながら、百万マルクの客観的な経済的価値は、たとえばそれの千マルクずつの千部分の限界効用からは計算できず、むしろそれをこえた統一体を形成し、これは統一的に行動する生物の価値がその個々の肢体をこえているのと同じである。前章において詳論したところであるが、ひとつの対象の貨幣価格は、いかに多くの貨幣単位から成り立つにせよ、それにもかかわらず統一体として作用する。すでに述べたが百万マルクはなるほどそれだけでは、関連のない諸単位のたんなる加算的な集合体であるが、これにたいしてたとえば農場の価格としては、それはその価値の高さの統一的な象徴であり、その表現もしくは等価物であり、したがって絶対に個々の価値単位のたんなる並存ではない。この実際的な規定はここにいまやその個人的な相関を見いだす。すなわち人間の統一性への関係は貨幣の量を質として、貨幣の外延性を内包性として実現するのであり、このことは貨幣の構成部分のたんなる加算的な並存からではけっして達成できないであろう。

おそらくこのことは、また次のようにも表現されよう。貨幣は価値単位の純粋に算術的な集計として、絶対に無形式なものと呼ばれることができる。無形式性と純粋な量的性格とは同一である。事物がたんにその量のみを顧慮されるかぎり、その形式は度外視される。――このことがもっとも明瞭に生じるのは、事物が秤量されるばあいである。それゆえ貨幣そのものは、もっとも恐ろしい形式破壊者である。それというのも事物a、b、cがすべて価格mに値する理由が、それらの事物のいかなる形成であるにせよ、それらの相違、それゆえにそのそれぞれの特殊な形式は、それらのそのように確定された価値のなかまではもはや影響することなく、いまや一様にa、b、cを代表するmのなかに没し、経済的な評価の内部においてはもはやいかなる事物の規定をも決定しないからである。関心が事物の貨幣価値へ還元されるやいなや、事物の形式は、それがいかにこの価値をひき起こしたにせよ、重さにとってと同じように、どうでもよいものとなる。この方向にあるのが近代の唯物論であり、これはその理論的な意義において近代の貨幣経済とともかく共同の根底をもつにちがいない。すなわち物質そのものはまったく形式のないもの、あらゆる形式の反対であり、物質が現実の唯一の原理として妥当するとすれば、貨幣価値への還元がわれわれの実際の関心の対象において成就したのとほぼ同じ過程が、現実においても実現されている。非常に高額の貨幣が――貨幣量の閾意義と深い関連において――空虚な量的性質をまぬがれた特別な、いわばより個人的な形姿をいかにして獲得するかについて、なお時どきは語らなければならないであろう。こうしてすでに純粋に外面的にも、貨幣の無形式性は量が増大するにつれて相対的には減少する。すなわち最古のイタリアの銅貨の小銭は無形式のままであるか、あるいはせいぜい粗雑な円形もしくは立方体の形態をとった。これにたいし最大の銅貨は一般に四角の延棒形式に鋳造され、通常はその両側に記号がつけられた。ところがまさに貨幣そのものとしての貨幣の原理的な無形式性のなかに、美的な傾向と貨幣関心とのあいだの敵意が根ざしている。美的な傾向はひたすらたんなる形式へと向かい、したがって周知のように、たとえばすべての造形芸術の本来の美的な価値は素描におかれ、これは純粋な形式として任意のいかなる素材的な量のなかにも変わらずに表現される。このことは今ではなるほど誤謬として承認され、さらにこれまで認められていたよりもなおはるかに先へ行き、次のように言わなければならない。すなわち芸術形式が表現される絶対的な大きさはその美的な意義にきわめて著しく影響し、そして美的な意義は量的な大きさのきわめて小さなあらゆる変更によっても、形式が絶対に同じであるにもかかわらずただちに変化させられる。しかしそれゆえ事物の美的な価値が事物の形式に、すなわちその諸要素の相互の関係に付着したままであることに変わりはない。このことはたとえ現在われわれが、この形式の性格と作用とが形式の実現される量によってきわめて本質的に規定されるということを知っていても、やはり同じである。貨幣の生活支配的な意義にもかかわらず、貨幣と関係するのはなるほど非常に多くの諺ではあるが、しかし無数の民謡のなかではごく少数のみにすぎないと思われるということ、そして貨幣改鋳のために蜂起が勃発したところにおいて、この機会に成立し人民のなかに普及した民謡さえも貨幣問題そのものをたいていは顧みないということは、おそらくは意味のあることであろう。事物の価値がたんなる量的なもの、同じ種類の単位のたんなる総計によってすべての質に代わるものとなるやいなや、事物をその形式の価値よりみて問題とするか、それともその価値の量よりみて問題とするか、この強調の敵対がつねに非融和的に、すべての美的な関心にとって決定的に存続する。

さらに直接的に言うことができるのは、ある事物の価値がその形式により多くやどればやどるほど、その量の大きさはますますどうでもよいものになるということである。われわれの所有するもっとも偉大な芸術作品、たとえばデルフィ（ギリシアの古代都市）の馭者像（一八九六年に発見）やプラクシテレスのヘルメス像、ボッティチェリの春やモナリザ、メディチ家の墓標やレンブラントの晩年の自我像が――数千もの完全には識別できない点数において存在するとすれば、これはなるほど人類の幸福にとっては大きな相違ではあろうが、しかしそれによって理想的な価値、客観的に美的な価値、あるいは望むならば芸術史的なともいえる価値が、いま存在するひとつの見本が提示する程度をこえて高められることは絶対にないであろう。すでに工芸美術的な対象については事情は異なり、そこでは美的な形式は実際上の使用目的との完全な統一をなし、したがってこの使用目的のもっとも完全な創出さえ、しばしば本来の美的な魅力として作用する。そのように創造されたすべての価値にとってここで本質的なのは、対象がまた使用されもし、そのため対象の理想的な意義が対象の普及とともに増大することである。すなわち客体がその形式以外になお他の価値要素に余地をあたえる程度に応じて、客体の実現の度数もまた重要となる。このことはまたニーチェの倫理的な価値理論と彼の本質の美的な気分とのあいだのもっとも深い関連でもある。すなわち社会の等級は彼にとっては一般にそこで達成された価値の高さによって――いかにそれが単純であるにせよ――規定され、評価できる質の普及後によっては規定されない。――同じように芸術史上の一時期の等級も、すぐれた平均的な業績の高さと量とにではなく、たんに最高の業績の高さのみに依存する。こうして功利主義者はたんに行為のまったく明白な結果のみを問題とし、望ましい生活要素の多量と普及とを強調する社会主義へと傾く。ところが理想主義的な倫理学者は、行為の――多少とも美的に表現できる――形式に深い関心をよせ、むしろ個人主義者であるか、あるいは少なくともカントのように個人の自律を何よりも強調する。主観的な幸福の領域においてもやはりまた同じである。生活感情の極端な尖鋭化は、いわば自我にとっては生存の素材における自我のもっとも完全な表現を意味し、この生活感情の尖鋭化についてしばしばわれわれは、それがけっして反復される必要がないと感じる。その尖鋭化をひとたび享楽したことが生活に価値をあたえ、この価値はなおいまひとたびの同じものによっても断じてそれに比例しては高められない。その瞬間においては生はまったく個性的に尖鋭化し、そして素材――もっとも広い意味での――の抵抗を生の感情と意志とに完全に屈服させるが、まさにそのような瞬間こそは超時間性の対照、〈永遠の姿〉の対照と呼ぶことのできる雰囲気をともなう。すなわち数の超越とともにそこには時間の超越がある。そして自然法則は世界の性格と関連とにとってのその意義を、その実現化の事例の数からは借りず、それが一般にそこにあり、他の何ものでもなくそれが妥当するという事実から借りるが、――これと同様に自我の最高の高揚の瞬間もわれわれの生にとっての意義を、そのような瞬間がともかくも一度はそこに存在したということにもち、その内容に何ものも付加しない反復は、その意味を増加させえない。要する形式への価値感情の尖鋭化はいたるところにおいて、その量的契機にたいしてますます無関心にするが、他方その尖鋭化の無形式性はまさにその量的契機を、価値を決定するものとして指示する。――

まだ貨幣経済的な文化の高みにおけるほどの無限に多くの目的系列が貨幣において交差せず、そしてまだ絶え間ない粉砕と再総括とが貨幣のいっさいの固有構造を原子化したり絶対的な柔軟性へ移したりしないかぎりは、――貨幣がなお特別な形式を示す諸現象が現れる。このことが生じるのは、より大きな金額をより小さな金額の加算によって代えることのできないばあいである。それへの萌芽はすでに現物交換取引が示している。多くの民族ではたとえば家畜はたんに鉄や道具のみと交換されるが、しかし――普通は交換価値の多い――煙草とは交換することが許されない。他のところ、たとえばヤップ島においては、きわめて多種多様な貨幣種類（骨、真珠貝の殻、石、ガラス片など）には等級がある。すなわち低級な貨幣種類の何倍に高級なそれが相当するかが確定しているにもかかわらず、それでもたとえばボートや家のような一定のより価値ある事物は、それに対応する多くの低級な硬貨によってではなく、それぞれの客体にたいして規定された高い等級の貨幣種類によって支払われなければならない。婦人の購入にも同様に一定の貨幣質へのこの制限が通用しているのが見いだされ、それは他の質によっては代えることができない。さらに逆の方向においてもまた、まさに同じ制限が行われている。すなわち若干の場所にあっては黄金は、多量のつまらない商品を購入するためにはけっして使用されず、もっぱらとりわけ高価な事物を購入するために使用される。この現象群はたとえばわれわれの金本位制の規定、つまり一定の高さ以上の支払いには黄金を要求できるが、しかしそれ以下の支払いには他の金属を受け取らなければならないという規定には対応しない。この規定は、本位貨幣と補助貨幣とのあいだの原理的で技術的な区別にさかのぼるが、右の慣例にはこの区別は存在するとは思われず、むしろ貨幣種類が統一的な系列をなし、そこではたんにより高い単位のみが量的な内容を、量的には表現できない特別な形式価値へと連結しているように思われる。これは、たんなる量的性格の不可避的な結果である貨幣機能の陳腐化を予防し、貨幣機能に、最初はそれがきわめてしばしば担っていた神聖な性格をあたえるための、優れた手段である。しかしそれはまた、貨幣のそのような形式的もしくは質的な意義が原始時代に属し、そこでは貨幣がまさになおたんなる貨幣ではなく、さらにそのうえなお何ものでかであることの指示でもある。この音調はなお最高の発展段階のわずかな現象のなかにもきわめてかすかに、いわば消えなんとする程度で共鳴している。こうしてたとえば次のような現象も、もともと貨幣の形式意義にさかのぼるにちがいない。すなわちフランス国民は一フランの代わりに好んで二〇スーと言い、五フラン貨の代わりに好んで一〇〇スーと言うなどであり、また簡単に半フランとは言うことができず、この金額をスーあるいはサンティムで表現する。それゆえ同じ金額がこの後者の形式において表象されれば、前者の形式とはいくらか異なった感情反応を呼びさますように思われる。民衆が貨幣という抽象的な語の代わりに好んで鋳貨名を、それゆえ貨幣の一定の形式を、もっぱら貨幣がその量にしたがって考えられているばあいにさえ使用するとすれば、このことは同じ意味をもつ。すなわち「クロイツァーがなければ傭兵は動かない（ただでは人は動かない）」、「ターラーでたたけばすべての扉が開く（地獄の沙汰も金次第）」などである。さらにまた認められるのは、より低い価値で計算する人びとが一定の大きさを上からの分割によってよりも、むしろ下からの加算によって示すということである。よく知っている単位の掛け算から生じた金額は、たんにその意義をより明瞭により分かりやすく表現するように思われるのみではなく、さらにこの主観的な契機が感情へと客観化されて、そのように表現された金額があたかもまたそれ自体においても、他の因数において示されるばあいよりもより大きくより完全であるかのように感じられもする。この種の相違は北ドイツにおいても、ターラーに代わってマルク計算が現れたときに観察された。過渡期においては「三〇〇マルク」はしばしば「一〇〇ターラー」とはまったく異なった心理的な倍音をともない、新しい形式は同一の内容を表現しながら、古い形式よりもより大きくより豊かに思われ、これにたいして古い形式はより小じんまりとより限定され、それ自体へ閉ざされているように思われた。それゆえ次のような現象もこの性質をもつ。すなわち他のすべての事物においてはきわめて本質的な形式が、貨幣において少なくとも暗示され、そしてその形式が、いかなる形式があたえられようとも普通であれば貨幣に固有な無条件的な金額の同一性を、いくらかなりとも妨げるといった現象である。

にもかかわらず以上のほかに一般にも貨幣において形式と呼ぶことのできるものが人格の統一から貨幣に生じ、この統一が財産所有の諸部分の並存を共存と統一とへ変化させる。そのためにまた財産、とりわけかなり多くのそれは、貨幣一般のもつ美的な不快さをもたない。しかもこれはたんに、富がもたらす美的な可能性によるのみではない。むしろ一部はこの可能性とならんで、一部はそれを基礎づけながら、貨幣が個人的な中心との関係によって獲得する形式として財産の表象が存在し、この形式が貨幣一般の抽象的な表象から財産を分離させ、同じではあるが多くの人びとに分配された金額にたいするそのような財産統一体の相違によって、形式としてのその性格を明白に示す。所有の人格性がいかに強く形式規定性そのものを支えて強調するかは、けっしてたんに貨幣においてのみ示されるのではない。古代ゲルマンの完全自由民の耕地は不可分の所有物であった。なぜならそれはマルク共同体における成員資格と連帯的であったからである。所有は人から流出し、そのため統一性と不可分性という同じ性質をもった。そして中世におけるイギリスの土地所有にかんして、土地区画の完全な相等性がつねに不自由な所有についての指示を、領主の側の従属小農への合理的な土地分配への指示をつねにあたえるということが推察されるとすれば、——やはりここでもまた所有にその明確性と形式規定性とをあたえるのは、非個人的で不自由ではあるが統一的な人格であろう。所有の事物化、人格からの所有の分離が意味するのは、一方においては多数者の土地を一人の手中に集中させる可能性であると同時に、他方においては個々の土地を任意に分割する可能性である。土地所有の人格性とともにその形式の固定性と重要性もまた失われ、土地所有は流動的なものとなり、その形成は実際的な状態（ここへはもちろんたえず個人的な状態も入る）によって刻々に解体されてはふたたび形成されるが、しかし所有の人格との連帯は、内から訪れる自我の形式統一性によって所有を貫いた。──昔の生活は、固定的にあたえられた統一性とははるかに多く結びつけられていたように思われ、このことは実はほかならぬ生活の高揚したリズムを意味するが、現代はこのリズムを任意の分割できる連続へと分解した。生活の内容は──それが絶対に持続的な、非リズミカルな、しっかりと限定されたいっさいの形式とはおのずと無縁な貨幣によってますます表現されるにつれ──いわばきわめて小さな部分に分解され、そのまとまった全体性は、任意のどのような総合と形成さえも可能となるまでに打ち砕かれる。これとともに初めて近代の個人主義と、その製作物の充溢とのための素材がつくられる。明らかに人格はそのように形成された素材によって、あるいはもともと形成されてはいない素材によって新しい生活内容を創造しながら、以前のばあいには素材の統一性との緊密な連帯においてなしたのと同じことを、より大きな独立性と可変性とによってなす。

貨幣は歴史的・心理学的な領域の内部においては、そのように特徴づけられたその本質によって、質的な規定の量的な規定への還元という近代科学一般の認識傾向のもっとも完全な代表となる。ここでまず第一に考えられるのは中性的な媒体の振動であり、これはわれわれの色覚と音感の客観的な誘因とみなされる。われわれが緑と紫のような質的に相違するもののどちらを見るか、あるいは最低音と最高音のどちらを聞くかを決定するのは、振動の純粋に量的な相違である。客観的な現実のたんに断片のみが偶然に関連もなくわれわれの意識のなかへ作用をおよぼすが、この客観的な現実の内部においては、すべてが量と数とにしたがって秩序づけられ、そしてわれわれの主観的な反応の質的な差異には、それらの差異の客観的な対照物の量的な差異が対応する。物体の無限の差異性は物体の化学的な関係に現れ、それらのすべてはおそらくは同一の元素の異なった振動にすぎない。数学的な自然科学が侵入するかぎり、そこには一定の所与の物質と状態と運動因の前提のもとに、構造と発展とをたんなる量的公式によって表現しようとする努力がある。同じ根本傾向は、異なった形式と適用とにおいて次のすべてのばあいにも作用する。すなわち独特の力や形成にかんする以前の仮定が、特殊ではなく以前からも知られていた要素の集合作用に還元されたばあいである。こうして地面の形成にかんして地面の形態は、比較できない突然の大変動に代わっていまではむしろ、認められないほど小さいがしかし測り知れないほど多数に現れて徐々に蓄積された作用――水、空気、植物の繁茂、寒暖などのたえず観察できる力がおよぼす作用――から説明される。歴史的な諸科学の内部においても同じ志向が認められる。すなわち言語、芸術、制度、あらゆる種類の文化財は無数の極小の寄与の成果と思われ、それらの成立の驚異は歴史的な個人人格の質によってではなく、歴史的な全集団の合流し圧縮された活動の量によって説明される。歴史研究の対象と思われるのは指導者の特に個人的な才能よりは、むしろ精神的、文化的、政治的な生活の日常の小さな経過であり、これらの集積によって歴史的な存在が、その拡がりと発展とにおいてつくられる。そして個人の卓越と質的な無比性とがそれにもかかわらず存在するばあい、それは特に幸運な遺伝、つまり種属の累積されたエネルギーと獲得物とのできるだけ多くの量を包括し表現する遺伝であると解釈される。さらにまったく個人主義的な倫理の内部においてさえ、この民主的な傾向は世界観にまで高められるとともに、心情の内面にも下降して有力となる。というのもここに現れるのは、最高の価値は英雄的なものや天変地異的なものや傑出した行為や体験にではなく、日々の生存とそのそれぞれの瞬間にあり、それはそのようなこととしてつねに偶然的で外面的なものをもつという主張である。われわれがすべての偉大な情熱と前代未聞の躍進とを味わいつくすことができても、――その成果はそれでもたんに、それらが静かな名もない一様な時間に残したものにすぎず、そのような時間のなかにのみ現実の完全な自我は生きている。最後に経験主義的な傾向は、それと対立するすべての現象とすべての正当な批判にもかかわらず、それでもなお現代の全体をもっとも徹底的に特質づけ、ここに現代の民主主義とのもっとも内的な形式上と志向上との結合を示し、予言的あるいは合理的な個々の観念に代わってできるだけ多数の観察をおき、それらの個々の観念の質的な本質を、集められた個々の事例の量によって代える。そしてこの方法論的な意図にまったく対応するのが心理学上の感覚論であり、これはわれわれの理性のもっとも崇高なもっとも抽象的な形象と能力さえも、もっとも日常的な感覚的な要素のたんなる累積と高揚として説明する。質のカテゴリーにたいする量のカテゴリーの増大する優越、あるいはより正確には質のカテゴリーを量のカテゴリーへ解消しようとする傾向、要素をますます固有性のないものに移そうとする傾向、要素そのものになおたんに一定の運動形式のみを許そうとする傾向、すべての特殊なもの、独自なもの、質的に規定されたものを、あのそれ自体では色彩のない、本来はなおたんに数的な規定のみに親しむ要素や意識の多少、大小、広狭、頻希のいずれかとして説明する傾向――たとえこの傾向がこの世の手段によってはその目的をけっして絶対的には達成できないにせよ――このような傾向を示す例は、容易に増すことができる。「どれほどか」への関心は、たとえ「何が」と「どうして」との結びつきにおいてのみ指示できる現実の意味をもち、それだけではたんに抽象を示すにすぎないにせよ、われわれの精神的な本質の基礎に属し、質的関心の縦糸のなかの横糸である。それゆえ両者が一緒になってはじめて織物をつくり出し、そのため一方の排他的な強調は論理的には正当とはされないにせよ、それでもその強調は心理学的には、時代と個人と心の領域との偉大な分化のひとつではある。ニーチェをすべての社会主義的な評価から分離させるもの、これをもっとも鋭く示しているのは、彼にとってはもっぱら人類の質のみが意義をもち、したがってその時々に最高のたんにひとつの範例のみが時代の価値を決定したのにたいし、社会主義にとってはまさに望ましい状態と価値との普及程度のみが問題となるということである。

現代の量的傾向の右にあげた例は明らかに二つの類型を示している。第一に、質的に異なる主観的な表象を基礎づける客観的な実体と出来事そのものは、たんに量的にのみ異なっているにすぎない。第二に、主観的なものにおいても諸要素もしくは諸力のたんなる累積が、量的に異なって条件づけられた性格とは独特に価値観点からも相違する性格をもつ現象を生みだす。この二つの方向にかんして貨幣は、量的契機の近代の強調の例、表現あるいは象徴として現れる。ますます多くの事物が貨幣と交換に入手されるという事実、そしてまたこれと連帯して貨幣が中心的で絶対的な価値へ成長したという事実は、事実がついにたんに貨幣に値するかぎり価値をもち、われわれが事物に感じる価値質がたんに貨幣価格の大小の関数にすぎないと思われるという結果をもたらす。この価格の大か小かの相違は直接に二重の結果をもたらす。すなわち主体のなかに、もっとも深い苦悩ともっとも高い歓喜という対立した感情を、この両極のあいだのすべての中間項とともに呼びおこし、同じようにまた他者の側からは主体を、軽蔑すべき無関心と卑屈な尊敬とのあいだの少なからずおびただしい階梯のなかに入れる。そしていまひとつの次元において貨幣は、多くの方向へと同じように僅かな方向へさえも、一様な価値意義を放射する。すなわち典型的な現代人は、事物がきわめて多くに値するからそれを評価し、そして事物がきわめて僅かにしか値しないからそれを評価する。貨幣意義が事物意義にとって代わるということは、ほかならぬ貨幣の多と少の一様な——たとえそれぞれの個々の事例にとって一様でないこともちろんであるにせよ——作用によってもっとも徹底的に表現することができる。思想あるいは価値がそれぞれの領域をより集中的に支配すればするほど、そのそれぞれが肯定的な徴候とともに否定的な徴候とによって発展させる重要性はますます一様な強さをもつようになる。——他方では客観的なものにおいて貨幣量一般の増大は、ひとりの手中におけるその蓄積と同じように、客観的な文化の上昇、製品と享楽物と生活形式の生産をひき起こし、貨幣量が僅かであるかあるいは別な仕方で分配されていれば、それらの質についてはまったく語ることができないであろう。さらにあの量的傾向は形而上学の此方の他のどこかにある領域よりも、貨幣においてより徹底的に実現されると考えてよいであろう。それというのもわれわれがつねに質的な事実性を量的な関係に還元するところでは、その量の多少が特別な結果を決定することになる諸要素——物理的、個人的、心理的な——は、それ自体やはり何ほどかの程度において質的に性格づけられつづける。この規定をますます遠くへ押しやることができ、したがって諸要素の昨日はなお分解できなかった質が今日はそれなりに変容として量と数とにしたがって認識できるようになる。しかしこの過程は無限へと進行し、所与のあらゆる瞬間に量が問題となる諸要素の質的な規定をなお存続させる。たんに形而上学のみが絶対に固有性のない実体の構成に成功するかもしれず、その実体は純粋に数学的な関係にしたがって整理され運動させられて、世界の活動をつくりだす。しかし現象の領域においてはたんに貨幣のみがすべての「どのように」からのこの解放、「どれほど」によるこのただひとつの規定を達成するにすぎない。われわれはどこにおいても純粋な存在もしくは純粋なエネルギーを把握して、その量的な変容からは現象の特殊性を生じさせることはできず、むしろすべての特殊な事物にたいして、その事物の要素と原因とはすでに何らかの関係（つねに類似性とはかぎらないにせよ）をもっている。——ところが貨幣は、そのためにとそれによって生じるものへの右に対応する関係からまったく解放される。純粋に経済的な価値が形態を獲得し、その量的関係からいまやありとあらゆる独特の形象が現れるが、しかしその価値はまさにその量以外の何か他のものを、そのために投入するにはおよばない。こうしてここでもまた生の偉大な傾向のひとつ——質の量への還元——は、貨幣においてそのもっとも極端なそしてまったくあますところのない表現に達する。ここでもまた貨幣は、精神史的な発展系列の頂点として、その発展系列の方向を初めて一義的に確定する頂点として現れる。

綜合篇

第四章　個人的な自由

一

あらゆる人間の運命の展開は、それが拘束と解放、義務と自由との絶えざる交替において経過するという観点から表現することができる。しかしこの最初の概算の提示する区別は、より詳細に考察すればその険しさを緩和させる。すなわちわれわれが自由と感じるものは、実際にはしばしば義務の交替にすぎない。これまで担ってきた義務に代わって新しい義務があらわれることによって、われわれは何よりも先ずはあの古い圧迫の脱落を感じる。そしてわれわれは、その圧迫から自由になったのであるから、最初の瞬間には一般に自由であるように思われる。――これも新しい義務までであり、この義務をわれわれは、最初はいわばそれまで大切にしてきた筋肉群、それゆえ特に強力な筋肉群によって担うが、この筋肉群がしだいに疲れるにつれて義務の重さが力をあらわし、いまや解放の過程が、以前は義務に終わったのとまったく同様に義務に始まる。この図式はすべての拘束において量的に同じように実現されるわけではない。むしろ、ある拘束には他の拘束よりも自由の音調がより長く、より集中的に、より意識的に結びついている。かなりの義務履行は、他のものに劣らず強く要求され、全体としての人格の力を少なからず要求するが、にもかかわらず人格にとくに多くの自由をあたえるように思われる。義務の相違は、それと調和する自由のこの相違を生み、以下のような類型を示す。義務がたんなる理念にたいして存在するのでないばあい、それぞれの義務には他者の請求権が対応する。それゆえ道徳哲学はいたるところで道徳的な自由を、理念的あるいは社会的な命法か、もしくは自己の自我をわれわれに課す義務と同一視する。他者の要求は、義務者の個人的な行為と履行とを内容とすることもあり、あるいは少なくとも個人的な労働の直接の結果にかかわるかもしれず、あるいはまた結局はたんに一定の客体のみが問題とされ、権利者はその享楽に対しては権利をもつが、義務者がそれを調達する方法にたいしてはもはやいかなる影響力ももたない。この階梯は同時にまた、義務の履行とともに存在する自由の程度の階梯でもある。たしかに全体としてすべての義務は、主体の個人的な行為によって果たされる。とはいえここには大きな相違がある。すなわち権利者の権利が直接に及ぶのが履行する人格であるか、それともたんに彼の労働の産物にすぎないか、あるいは最後に産物そのものであっても、義務者がそれを得るのにいかなる労働によったか、さらにはそもそも自己の労働によったかを問わないばあいである。権利者の利得が客観的には同じ大きさであっても、これらの最初のばあいは義務者の自由を完全に拘束し、第二のばあいはすでに自由にいくらかより大きな余地をあたえ、第三のばあいは自由に多大な余地をあたえる。第一のばあいのもっとも極端な例は奴隷である。ここでは義務はけっして何らかの客観的に一定した履行にかかわるのではなく、履行者そのものにかかわる。義務は主体がもちあわせるかぎりのすべての活力の活動を包括する。現代的な状況において義務が、客観的に規定された履行力の結果ではなく履行力一般にかかわり——官僚や奉公人といった一定の労働カテゴリーのばあいのように——ながらも、それでも自由をさほど大きくは損なわないとすれば、このことは履行時期の時間的な制限か、もしくは義務の対象者のあいだの選択の可能性か、あるいは義務者に同時にそれでも権利者と感じさせる反対給付の大きさから生じる。さらに隷農が全労働力をもってまったく領主館に所属したり、あるいは彼の奉仕が「無限」であるかぎりは、彼は右の第一の段階にある。奉仕が時間的に制限されることによって第二の段階への移行が実現される（だからといって、この段階が歴史的につねにより後の段階であると言うべきでない。反対に農奴の自由の悪化は、きわめてしばしば第二の関係から第一の関係へと導いた）。この第二の段階が完全に達せられるのは、一定の労働時間と体力との代わりに一定の労働生産物が要求されるばあいである。ところでこの段階の内部には等級が観察される。すなわち領主の奴僕は土地収穫の何割かの部分——たとえば一〇分の一の穀物束——を引き渡すか、それともきっぱり定められた量の穀物や家畜や蜂蜜などを引き渡さなければならないからである。この最後の様式は事情によってはより苛酷でより困難であるかもしれないが、しかしそれでも他方では領主を農奴の経済にたいして無関心にさせるから、義務者にふたたびより大きな個人的な自由をあたえる。すなわち農奴が多くを生産して右の一定の公課が生じさえすれば、領主は全体の収穫にはいかなる関心も示さないが、しかし公課が収穫の何割かにあたるばあいは収穫全体への関心が大いに生じ、これが監視と強制規則と圧迫となるにちがいない。相対量に代わる絶対量への公課の固定化は、すでに貨幣納を示す移行現象である。原理的に考察すれば、たしかにこの段階の全体にわたって人格そのものの義務関係からの完全な自由と解放とが、すでにあたえられているかもしれない。それというのも権利者にとって問題なのは、彼が一定の客観的な公課を受けとるということのみであり、義務者は好むところでそれを手に入れればよいからである。とはいえ実際にこの経済運営にあっては、彼はもっぱら自己の労働からのみそれを手に入れることができ、したがってまた関係もこの基礎の上にうち立てられる。人格の活動は義務によって一義的に規定されていた。そしてこれが一般的な類型であるのは、たんにつねに現物経済において給付が反対給付へと義務づけるばあいである。たしかに給付と人格とは直ちに分離し、義務者は原理的には人格をまったく給付から後退させ、給付を純客観的に、たとえば他者の労働によって作製して果たす権利をもつようになる。しかし現実には経済的な制度が同じようにこのことを排除し、支払われるべき生産物をつうじてこの生産物のなかに主体そのものを義務づけ、個人的な力を一定の方向に拘束しつづける。人格の原理にたいして事実性の原理がいかにたえず自由への転換を意味するかを示すのは、たとえば十三世紀の騎士待遇者のきわめて前進的な封土資格である。すなわちこれによって彼らのそれまでの個人的な依存はたんなる物的な依存へ変化し、それによって彼らは封土以外の他のすべての要件においては領邦法のもとにおかれ、つまりは自由になった。正確にこれと同じ意味において、賃労働へと強いられる有能な人物が現今は個人企業家よりも、強固な客観的な経営を備えた株式会社に仕えることを選び、あるいは奉公人不足が生じているが、これは少女たちが主人のもとでの奉公よりも工場労働を選び、主人への奉公においてはなるほど物質的には良好であるが、主観的な人格への従属にはほとんど自由が感じられないからである。——第三の段階では人格が生産物から現実に分離し、したがって要求はもはやけっして人格には及ばなくなるが、この第三の段階は、公課の現物から貨幣への交替によって達せられる。それゆえ古典ローマ法が、任意のあらゆる財産請求は現物による履行が拒否されれば貨幣で支払ってもよいと規定したとき、この規定は私法の領域での個人的な自由のいわば〈大憲章〉と呼ばれた。それゆえそれは、いっさいの個人的な義務を貨幣で買いとる権利である。ある量のビールや家禽や密蜂を農奴に要求できる領主は、それによって農奴の活動を一定の方向に規定する。彼がたんに貨幣地代のみを徴収するやいなや、そのかぎりにおいて農奴は養蜂や養畜やあるいは他の何を営もうと完全に自由である。個人的な労働奉仕の分野においても形式的には同じ過程が、代理人を立てることのできる権利によって進行し、相手は実際的に異論がないばあいはこの代理人を受け入れなければならない。この権利は、関係をその意味からしてまったく新しい基礎のうえにおくから、貨幣納と同じように、まずはしばしば闘い取られなければならない。なぜならこの権利はまた貨幣納と同じように、義務一般の廃止への道であると感じられるからである。〈ドームズデー・サーベイ〉（イギリスの征服王、ウィリアム一世の行なった土地調査台帳ドームズデー・ブック Domesday Book のための調査）の編者が、夫役を定期的な貨幣納付で代えた農民を特質づけて選んだ表現は、彼らは完全に自由でもなければ完全に隷属してもいないと指摘しているという。たんに貨幣地代の名称のみにはなお久しく現物納からの起源がつきまとった。すなわち台所税、壷税、宿泊税（巡回領主と彼の役人の宿泊に代わる）、蜂密税などが徴収された。過渡的段階としてしばしば生じたのは、本来の現物公課が貨幣で評価され、この金額が現物に代わるものとして要求されることである。この中間現象が見いだされるのはまた、ここで取り扱っている例からはるかに隔たった状態においてである。すなわち日本においてはなお一八七七年、あらゆる地代と租税とが米で支払われるか、もしくは米で算定されて貨幣で支払われた。──これはちょうどエリザベス女王のもとで、大学に所属する一定の土地が賃貸されたとき、賃貸料は穀物で協定されたにもかかわらず明らかに銀で払い込まれたのに対応している。これによって少なくとも義務の価値量の同一性はなお強調されてはいるが、しかし義務そのものはすでに、内容規定によってひき起こされたいっさいの個人的な拘束をはぎとった。〈初夜権〉が実際にどこかに存在したとき、これはそれに類似した段階をへて発展した。領主のその権利は義務を負う人格のすべてを、つまりは彼のもっとも重要な所有物の譲渡を、あるいはむしろ彼の存在の譲渡を内容とした。領主が臣下の娘に結婚への権利を容認することの代償がそれであった。次の段階は、彼がこの権利──これを彼はいつでもなお拒否することができた──をある貨幣額の支払いにたいしてあたえることである。第三の段階は、彼の異議申し立て権一般が廃止され、むしろ臣下は定められた額、つまり花嫁税、結婚税、婦人税、あるいは類似の税を領主に支払うやいなや、自由に結婚することができるようになる。それゆえ人格の解放は、第二の段階においてなるほどすでに貨幣に依存していたが、しかし強要することのできない領主の同意をなおつねに得なければならなかったため、やはりそれでももっぱらそうであるというわけでもなかった。この関係がようやく完全に非人格化されたのは、貨幣支払い以外の他のいかなる要因もそれを決定しなくなったときである。領主のここで関連のあるいっさいの権利の廃止以前では、臣下の義務が貨幣支払いに変化し、これを領主が受け取らねばならなくなったときほど、個人的な自由が高まることができたことはない。それゆえ確かにまたしばしば農奴の奉仕と納品との減少とさらに結局はそれらの完全な償却とが、それらの貨幣関係への変化をこえて進行した。貨幣納付と解放とのあいだのこの関連は、事情によっては権利者によってきわめて有効と考えられ、ために権利者自身も現金にたいしきわめて生きいきとした関心を高まらせた。農民の夫役と現物納との貨幣地代への変化は、ドイツにおいては十二世紀以降に始まった。そしてまさにそれが中断されたのは、資本主義が十四世紀と十五世紀に領主たちをも感染させることによってである。それというのも彼ら領主たちは、もはや動かすことのできない数量的な規定をもつ貨幣地代よりも、現物納付のほうがきわめてはるかにより拡張可能で恣意的に増大させることができると認識したからである。現物納付のこの利点は彼らには十分に大きく思われ、ために彼らの貪欲は、他の点で貨幣関心が彼らにおいて支配的となったまさにその瞬間に、現物納付を固執させるようになった。まさにこの理由から人は農民をけっして貨幣に近づけまいとした。イギリスの隷属小農は領主の特別の許可なくしては一頭の家畜といえども売却することができなかった。それというのも彼は家畜の売却によって貨幣を手に入れ、それによって他のどこかで土地を獲得し、これまでの主人にたいする義務をまぬがれることができたからである。——もっとも極端な解放過程は、貨幣公課そのものの内部の発展によって達せられた。すなわち定期的な地代に代わって一度かぎりの資金支払いが生じることによってである。この二つの形式において客観的な価値は同じであるにもかかわらず、それでも主観への反映はまったく異なる。なるほど個々の地代支払いは、すでに強調したように義務者がたんに必要な貨幣を得さえすれば、個人の行為にかんしては彼に完全な自由をあたえる。とはいえ規則的な公課はこの行為を、無関係な力によって彼に押しつけられた一定の図式へ強制し、したがってはじめて公課の資金化によって、最大の個人的な自由にも同時に対応するそれぞれの義務の形式が達成された。資金支払いとともにはじめて義務はあますところなく貨幣納付に移行するが、これにたいして規則的な定期性による地代支払いは、たんなる価値量をこえたなお少なくとも形式的な拘束形式を包含する。この相違はたとえば次のように現われる。すなわち十三世紀以降しばしばイギリス議会は、各州が一定数の兵士または労働者を国王のために提供すべきことを票決したが、しかし各州の代表者会議は、人間の保証のために規則的に貨幣を納付した。しかしこれによってたとえいかに多くの個人的な自由が救われたにせよ、——やはりこのことは、イギリス国民が一度かぎりの貨幣献納によって女王から買いとったあの権利と自由からは本質的に異なっている。資金を受け取る者がそれによって、個々の地代支払いのさいにおかれるすべての不安定をまぬがれるとすれば、納付者の側のこれに対応する等価は、いまや彼の自由が、つねに繰り返し納められる地代のさいに示される不安定な形式から、安定した形式へと移行することである。イギリス国民の国王にたいする自由は一部は、彼らが一定の権利にかんしては資金支払いによって国王ときっぱりと話をつけたということにもとづいている。たとえばヘンリー三世の免許状の述べるところによれば、〈この承認と引き替えに、彼らは彼らの全動産の一五分の一をわれわれにあたえた〉。国民の自由のためのそのような商的取引は、いくらか粗野で外面的な機械的性質をおびているにもかかわらず、というよりもまさにそれゆえにこそ、たがいの明確な妥協を意味し、「国王と国民とのあいだには紙一枚といえども入るべきではない」という国王の感情とはまったくの反対を意味した。——しかしまさにそれゆえにこそまた、それは情味ある関係の不可測物のすべての徹底的な排除を意味し、この情味ある関係は、自由の獲得に金銭取引的な色彩がより少ないさいには、自由を取り消すかあるいは自由を幻想的とする手掛かりをしばしば提供する。現物納付に代わる貨幣納が個人の解放をになう段階的な発展の好例が実現されるのは、臣下や市民や隷属小農がそれぞれ役人や保護者や領主裁判官といった彼らの領主の旅行にさいして彼らを宿泊させて世話をしたという義務においてである。この賦課は古い国王奉仕から発して、中世にはきわめて重要な広がりに達した。この義務の客観性と非人格性への最初の歩みは、義務が厳格に限定されたとき生じた。こうしてわれわれはかなり早くに、いかほどの騎士と侍臣とを宿泊させなければならないか、いかほどの馬と猟犬とを用意する必要があるのか、いかほどのパンや葡萄酒や肉や料理や卓布などを提供すべきかが正確に規定されているのを見いだす。直接の宿泊と食事の提供とが行われるやいなや、つねに一方では給付の限界が容易に動揺し、他方では給付は決定的に個人的な関係の性格をおびなければならなかった。これにたいして宿泊のかわりに現物のたんなる給付が行われることを聞くばあい、これはより発展した段階である。このばあいは量の測定が、人を宿泊させて満足させなければならないばあいよりも、はるかに正確であることができるであろう。こうしてリーゼックの代官は穀物の一定の公課を受け取るべきであるとされたという。すなわち「人はクローツェンブルク村にいるばあい、村の貧しい人びとを悩ましたり、彼らに損害をあたえたりしないように、家の子郎党のためにパンを焼くべきである」。この発展はさらに進行し、高位の領主が旅行したり公判に出席したりしたばあいには、固定した貨幣納付が約定された。さらについにはまた、そこになお存在している変わりやすい個人的な要因も取り除かれる。なぜなら裁判官などの役職上のかっての旅行がまったく異なる組織によってとって代わられると、この給付が固定した公課に代えられ、この公課がこのばあいも饗応金や領主日当や巡回裁判上納金として取り立てられるからである。まさにこの道をへてそのような給付は結局はまったく廃止され、臣下の一般的な租税給付となったが、この給付にはいわばいっさいの特殊な形成が欠け、それゆえにそれは、近代の個人的な自由の相関でもある。

そのように現物給付が貨幣支払いにとって代わられるばあい、双方の側に利益がみられるのがつねである。これはより大きな関連への着眼を促すきわめて注目すべき事実である。意のままに享楽できる財量が限られたものであり、それが現在の要求を満足させず、結局のところは「世界は処分されており」、すなわち一般にいっさいの財には所有者があるという考えから出発するばあい——ここから生じるのは、ある者にあたえられたものは他の者から奪われたものに違いないということである。ところでここでは、このことが明らかに妥当しないばあいのすべてを取り去っても、なおそれでも一方の要求充足が他方の犠牲においてのみ起こることができるという、無数に多くのばあいがつねに残る。このことをわれわれの経済活動の特徴もしくは基礎そのもの、あるいはそのひとつと見なそうとすれば、それはあのすべての世界観に、すなわち一般に人類にあたえられた価値——道徳、幸運、認識——の量はそれらの性質よりみて変わらないものと考え、たんにそれらの形式と担い手のみが変化することができるすぎないという世界観に配列されるであろう。ショーペンハウエルは、それぞれの人間にとっては彼の苦楽の量は初めから彼の本性によって規定され、詰めすぎにもならなければ空のままでもあることができず、われわれがわれわれの状態を転嫁するのをつねとする外的環境のすべては、この変わらない苦楽の量を感じる形式の相違をあらわすにすぎないという仮定に傾いた。この個人主義的な考えを人間の総体に拡張すれば、われわれのすべての幸運志向、すべての状態の発展、所有と生存とのためのすべての闘争は、価値のたんなる推移と思われ、そのために価値の総量は変化することはありえず、したがって分配上のあらゆる変化は、ある者が今は所有しているものは他者が――自発的にかあるいは非自発的に――手放したものであるという根本的な現象を意味するにすぎない。価値のこの保存は明らかに、悲観主義的・静寂主義的な世界観に対応する。それというのも人が現実に新しい価値を創造することができると信じることが少なければ少ないほど、何ものもまた現実に消え失せはしないということがますます重要となるからである。逆説的な帰結においてこのことを教えるのは、ある敬虔な禁欲者を堕落させれば彼の功徳は誘惑者に移行するという、インドに広まっている考えである。

しかしまた、これとは正反対の現象も注目される。あの情意関係の幸福はたんに利得のみにではなく同様に自己献身にもあるのであるから、このすべての情意関係によって各人が相互に一様に他者によって豊かにされるばあい、相手が欠けていては享楽が買い取られない価値が発達する。まさに同じように知的な財宝の伝達が意味するのは、他方の享楽するものが一方から奪い取られなければならないということではない。何らかの客観的な精神的内容がもはや主観的・排他的な所有物ではなく、他者たちによって考え継がれるばあい、少なくとも病理的ともいえる感覚の繊細さのみが、現実にそれを奪われたと感じることができるのみである。概して精神的な所有物については、少なくともそれが経済的な所有物に移されないかぎりは、他者の犠牲で得られたのではないと言うことができる。なぜならそれは貯蔵から取り去られたのではなく、むしろその内容がすべてにあたえられているばあいでさえ、結局は獲得者の自己の意識から生み出されなければならないからである。ここで客体の性質から生じる利害のこの宥和を経済的な領域においてもつくり出すことが、いまや明らかに重要となる。というのもここでは個々の需要の充足をめぐる競争によって各人はたんに他者の犠牲においてのみ豊かになるからである。この状態を右の完全な状態に移しかえる手段には二つの類型がある。すなわちもっとも身近な手段は、同胞にたいする闘争を自然にたいする闘争へと誘導することである。自然のまだ占有されていない貯蔵から人びとがより以上の物質と力とを引き出して人間に役立てれば、これに応じて、すでに占有されている物質はそれをめぐる闘争から除外される。物質とエネルギーの保存にかんする命題は、幸いなことにたんに自然の絶対的な全体にのみ妥当し、人間の目的行動がそれだけで指定する自然の断面には妥当しない。確かにこの相対的な全体は、われわれがますますより多くの物質と力とをわれわれには合目的的な形式にもたらし、いわばわれわれがそれらを併呑することができるから、無限へと増大することができる。その範囲からみてすでに占有されているものからでさえ、進歩する技術はわれわれに、ますます広範な用益を獲得することを教える。すなわち粗放的な経済から集約的な経済への移行は、けっしてたんに農耕の領域のみではなく、あらゆる物質においてもまた、それがますます特殊な用益へとますます細かい部分に分けられるか、あるいはその潜在的な力がますます完全に解放されれば実現される。人間の力の領域の拡張がこのようにさまざまな次元へ進行することによって、世界が処分されているということは虚偽となり、はじめて要求充足がいかなる種類の掠奪とも結びつかないこととなる。——これを文化の実質的な進歩と名づけることができよう。ところでこれとならんで第二に、機能的進歩と呼ぶことのできるものがある。ここで問題となるのは、一定の所与の客体の所有変更にとって、それを双方に有利とする形式を見いだすことである。もともとそのような形式に到達することができるのは、たんに最初の所有者が物理力をもち、対応する交換利益が彼に提供されるまでは他者の欲する対象を引き留めておくばあいのみである。それというのも、そうでなければ対象は彼から簡単に取り去られるからである。掠奪と、おそらくは贈与も、所有変更のもっとも原始的な段階と考えられ、それゆえにそこでは利益はなおまったく一方の側に、そして負担はまったく他方の側にかかる。ところが交換の段階が所有変更の形式としてこの段階をこえ、まず最初はすでに述べたように双方の同じ力のたんなる結果として現れるとすれば、これは人類が一般になすことのできたきわめて巨大な進歩のひとつである。人間とそれ以下の動物とのあいだには、たんなる程度上の相違がさまざまな方向に向かって存在するが、この相違に注目して人間をまごうことなく一義的に他の動物から分離する特殊な差異が、周知のようにしばしば求められてきた。すなわち人間は政治的な動物として、道具をつくる動物として、目的を立てる動物として、階統的な動物として、さらには——真摯な哲学者の側からは——誇大妄想におかされた動物として定義された。おそらくこれらの系列に、人間的な交換する動物であるということを付加することができる。そしてたしかに交換する動物とは、まったく一般的な特性叙述のひとつの側面ないしは形式にすぎず、そこでは人間の特有のものは、人間が客観的な動物であるということにあると思われる。われわれは動物界のどこにおいても、客観性と名づけられるものへの、主観的な感情や意志の彼方にある事物の考察や取り扱いへの、たんなる萌芽さえも見いだしはしない。

このことが競争という人間の悲劇をいかに減少させたかは、すでに示したところである。ますます多くの生内容が超個人的な形態へ客観化されるということが、文化過程による本来の教化なのである。すなわち書物や芸術、祖国や一般的文化といった観念的な形象、概念的および美的な表象への生の形成、種々雑多な興味あるものや重要なものについての知識——これらのすべてが、一方が他方から取り去ることなく享楽されることができる。価値がそのような客観的な形式により多く移行すればするほど、あたかも神の家と同じように、そこにはあらゆる心のためのより多くの場所がある。生活内容のこの増大する客観化が、〈私がそこに行けるように退いてくれ〉といった自己利益のための他者の排除のすべてとかかわることなく競争と併存するのでなければ、おそらくは現代の荒涼たる激烈な競争はけっして耐えられないであろう。人間を純粋に事実的・心理的により低い動物界から分かつもの、つまりは客観的な観察の能力、純粋な客観性のために衝動と興奮とをともなう自我を度外視する能力——まさにこの能力が歴史過程を助けて、おそらくはもっとも高貴にしてもっとも洗練された出来事を達成させ、闘争と相互の駆逐なしに獲得できる世界の構造を達成させ、一方の価値の獲得と享楽とが他方のそれを排除することなく、むしろ幾度ともなく他方にも同じものへの道を開くにいたったが、このことはまことに深い意義をもつ。この問題の解決は、客観的なものの世界がいわば実質的な形式において成就したが、この解決に接近するのが機能的な形式における交換である。単純な奪取やあるいは贈与には純粋に主観的な衝動が生きているが、この奪取や贈与にたいして交換はすでに見たように客観的な評価と熟慮、相互の承認と直接に主観的な欲望の慎みとを前提とする。これらが元来はけっして自発的ではなく、他方の同等の力によって強制されているかもしれないということは、それには重要ではない。それというのも決定的なこと、とりわけ人間的なことは、まさに次のことだからである。すなわち力の相等性は相互の掠奪や闘争へではなく釣合のとれた交換へと導き、そこでは一方的で個人的な所有と所有欲とが、主体の相互作用から発しながら、しかもこの相互作用をこえて高まる客観的な総体的行為へと入り込むことである。われわれには何かまったく自明のものと思われる交換は、所有変更を公正と結びつける第一の手段、しかもその単純さにおいてまことに驚くべき手段なのである。純粋に衝動的な利己主義やあるいは利他主義の支配のもとでは、利益のたんなる片務性が所有変更を特徴づけるが、受け手が同時に与え手でもあることによって、この片務性は消滅する。それはそうとして、この愛他主義はけっしてつねに、発展の時間的に最初の段階をなすとはかぎらない。

とはいえ交換がひき起こしたたんなる公正は、ある形式的で相対的なもの、すなわち一方が他方よりも多くも少なくも所有すべきではないということであるにすぎない。しかし交換はさらにそれをこえ、知覚された価値の絶対的な総額の増大をひき起こす。交換において各人が彼には相対的に余分なもののみをあたえ、彼には相対的に必要なものを受け取ることによって、所与のそれぞれの時点で自然から獲得された価値が、首尾よくますます高い利用にもたらされることになる。世界が現実に「処分され」ており、あらゆる行為が客観的には変わらない価値量の内部のたんなる推移において現実に成り立つと仮定しても、それでもなお交換の形式は、いわば価値の間細胞的な増殖を惹起する。客観的には同じ価値量が、交換のひき起こした合目的的な配分によって、より高い程度で感じられた主観的により大きな用益へと移行する。権利と義務とのそれぞれの新たな分配にさいしての偉大な文化的な課題は、その分配がそれでもつねに交換を含むということである。外見上は利益がまったく一方的に延期されるばあいでさえ、真に社会的な処置はこの課題をゆるがせにはしない。こうしてたとえば十八世紀と十九世紀の農民解放にさいしての課題は、農民が獲得すべきものをたんに領主に喪失させることのみではなく、用益の総額を同時に増大させる所有と権利との分配様式を見いだすことでもあった。

ところでここには、この方向に向かって商品もしくは給付と貨幣との交換を完全なものと思わせる貨幣の二つの特質がある。すなわち貨幣の分割可能性と無制限な利用可能性である。この第一の特質によって、一般には給付と反対給付とのあいだに客観的な等価が生じることができる。自然の客体であれば、その交換が双方のいずれからも完全に公正と承認されるほど、その価値が規定され等級づけられることは稀である。貨幣にして初めて、それ自体が他の客体の価値の表示にほかならず、しかもほとんど無限に分割したり合計したりすることができるから、交換価値の正確な相等性のための技術的な可能性をあたえる。とはいえこの可能性によって、すでに強調したように片務的な所有変更から上方へと導く発展の最初の段階が初めて達成される。現物交換は稀にしか双方に彼らの一様に望む客体を供給しなければ、彼らを一様に余分な客体から解放もしないが、第二の段階はこの事実をこえてたかまる。一般にはより生きいきとした願望が一方の側にあり、他方が交換に同意するのはたんに強制されてか、あるいは不釣合に高い報酬にたいしてかである。ところが業績と貨幣との交換のばあい、一方は自分のまったく特に必要とする対象を受け取り、他方はすべての者がまったく一般に必要とするものを受け取る。貨幣はその無制限な利用可能性と、この可能性から生じる常時の被願望性とによって、——少なくとも原理的には——あらゆる交換を双方にとって等しく有利なものとする。すなわち一方が現物を受け取るのは、たしかにたんに彼がちょうどいまそれを必要とするから確かにそうするのであり、他方が金を受け取るのも同様に、彼が一般にあらゆる瞬間にそれを必要とするから、まさにいまそれを必要とする。これによって貨幣をめぐる交換は、双方に彼らの満足の水準の上昇を可能とする。ところが現物交換にあっては、きわめてしばしばたんに一方のみが客体の獲得や売却への特殊な関心をもつにすぎないであろう。こうして交換は、所有変更の一方的な利益をこえて上昇する大きな文化問題の解決のための、これまでのもっとも完全な形式である。すなわち客観的にあたえられた価値量が、その担い手のたんなる変更によって、主観的に感じられた価値のより高い量へと形成される。このことは価値の本来の創造とならんで、社会的な合目的性にとっては明らかに課題そのものであり、人間が生内容にあたえた形式によってそこに潜在する価値の最大限をいかに解き放つかという、社会的な合目的性によって解かれるべき普遍的に人間的な課題の部分である。それゆえ貨幣がこの課題に役立つのをわれわれが知るばあい、貨幣がそこで演じる技術的な役割が示される。そして貨幣のこの役割は、交換が右の課題を解決するための本質的な社会的な様式であるということと、交換そのものが貨幣に具体化されていることとにもとづく。

商品と貨幣との交換は、他の方法の結果によるすべての幸福主義的な享楽量の引下げのもとにおいても、原理的につねに享楽量の増大を可能とし、享楽量のこの増大は双方の当事者の主観的な状態にのみもとづいているわけではない。すなわち明らかにまた客観的・経済的な豊饒性、将来のための財圏そのものの集中的および包括的な増大も、あの所与の財量がいかなる仕方で現在において分配されるかに依存する。さらにその財量は、その分配量の受け取り手にしたがって、きわめてさまざまな経済的な結果へとさらに発展しつづけるであろう。ある者の手から他の手中への財のたんなる移行は、そこから発達する次の時点の財量を、上方へとともに下方へ向かっても著しく変えることができる。直接的には次のように言うことができる。すなわちさまざまな手中にある同じ財量も、さまざまな土壌のなかの同じ種子のようにさまざまな財量を意味すると。分配の相違のこの結果は、その最大の拡張を貨幣において獲得するように思われる。土地あるいは工場が所有者の変わるごとにいかに経済的な意義を変えるにしても、この利得の変動は、まったく些細な程度をこえれば偶然と異常といった性格をおびる。ところが同じ金額も相場師あるいは金貸し、国家もしくは大産業家の手中にあれば、著しく異なった利得の意義をもつ。——ここではこのことが正常なことであり、まさに貨幣所有がその利用の客観的および主観的な要因と、これらの要因の良否とに提供する比類なき発展の余地に対応している。ある集団の全貨幣所有にたいしては、その分配の不平等と変更とがたんなる形式上の変更にすぎず、全体の意義は同じままであるとは、ほとんど言うことができない。まさにこの形式上の変更が、この材料において経済と富との全体にとってもっとも本質的な差異結果を発展させる。ここにおいてもまた問題となるのは、たんに量的な差異のみではなく、さらに——われわれの問題にとってはきわめて本質的であり、他方ではまたふたたび量問題にさかのぼるが——質的な差異でもある。さまざまな手中にある同じ物的財は、経済的には一般に貨幣利得の量的な相違を意味するにすぎない。しかしさまざまな手中にある同じ貨幣財は、まず第一にその客観的な結果の質的な相違を意味する。ここで疑いもなく入り込む社会的な合目的性は、現代の財産が以前の貨幣経済の性質をもたなかった財産に比して、なぜはるかに短期間しか同一の家族にとどまらないのを常とするかを明らかにする。貨幣はいわばより豊饒な手を求める。そしてこのことは、人が外観的には他のどこよりも貨幣所有に、より静かに、より確実に、より受動的に安住することができるから、ますます奇妙であるとともに、ますます深い必然性から発しているにちがいない。貨幣は所与の瞬間にたんに分配されることによって、最小の経済的な豊饒性とともに最大のそれをも発展させ、さらにそのうえ、その所有変更が他の客体ほどの摩擦や空白期の損失をもたらさないのを常とする。それゆえ経済的な合目的性は、その課題、すなわち所有の分配様式によって所有の最大の総体的意義を獲得せんとする課題にとって、とくに豊かな分野を貨幣にたいしてもつ。

ところでここでとくに問題となるのは、中断されていた探究の再開である。貨幣経済が個人の自由という貴重なものをその総量よりみていかなる程度まで高めることができるか、すなわち一方にあたえられるべきものが他方から取り去らなければならないという社会的な価値のあの原始的な形式から貴重な自由をどの程度まで解放することができるかである。まず第一に貨幣経済のまったく表面的な現象が、その利益のこの二面性を示している。通常の商品交換は、そこで商品が直接に検討され引き渡されるのであるから、購買者を義務づけて彼の関心を商品についてのきわめて正確で老練な吟味へとさし向ける。なぜなら販売者はそのような吟味の機会をあたえるやいなや、その後のいっさいの異議をしりぞけることができるからである。取引がさらに発展して見本にしたがって売買されるようになれば、責任は売手に移る。彼はたんに見本と提供品との正確な一致にたいして責任をもつのみではない。さらにたまた彼には不利なことに見本の質に間違いが見つかれば、当然買手はそのたびにそこから遠慮なく利益を得るであろう。われわれの今日の物産取引所の取引は見本にしたがってではなく、かっきりと確定された一般に妥当する基準にしたがって行われるから、いまではこの責任を双方に免れさせる形式が存在する。いまや買手はもはや全体をあらかじめ吟味するにも、あるいはあらゆる間違いの機会をもつ見本を吟味するにもおよばず、他方で売手もまたもはや、かなり偶然的でさまざまな危険を含んだ個々の見本にしたがって提供しなくともよい。むしろいまでは両者は、一定の名称をもつ品質の小麦や石油について契約したばあい、それが客観的に確定された商品規格、あらゆる個人的な不確実性や不十分性をこえた規格に結びついていることを正確に知っている。それゆえ貨幣経済の頂点においては取引様式が可能となり、この様式は取引の主観的基礎が客観的な基礎へ移されることによって双方の責任を軽減し、一方の利益に他方の損失を対立させせなくなる。これとの正確な平行を示すのが信用事業である。中世においては個々の商人の信用性を確かめることはきわめて困難であり、このことによって商人自身が、資金供給者と同じように活動を妨げられ切りつめられていた。ようやく十六世紀の取引所、とりわけリヨンとアントワープの取引所において、一定の商店の手形がはじめて先天的に「信用できる」とみなされるようになり、無差別な信用性そのものの概念が成立し、これがつくったのが、信用性の個人的な考量から独立した客観的な代替の価値への債務である。商店は他のばあいには、なおまったくさまざまな資格をもったかもしれないが、しかしそれらの義務については信用され、したがってこの義務は客観的な目的にかない、それ以外の個人的な規定から解放された。取引所はいたるところで金融をもっとも純粋な形式へ高めたが、同じようにそれはまたここでも「確実」という一般的で客観的な概念を創造することによって、一方への負責とは対立しない他方への免責を典型的な仕方でつくり出し、さらに個人的に動揺する評価を客観的に妥当する性質へ移すことによって、信用の与え手とともに受け手にも一様に便宜をあたえた。

　ところで個人的な自由にとっての貨幣経済の意義が深まるのは、われわれが貨幣経済のもとでもなお存続する依存関係が本来もっている形式を問題とするばあいである。貨幣経済はこれまでに述べたようにたんに相互依存の解消のみではなく、特殊な種類の相互依存をも可能とし、この依存が、同時的な最大の自由に余地をあたえる。さしあたり貨幣経済は、外面的にみれば以前には知られなかった一連の拘束を作りだす。必要な収穫量をかち取るためにはかなりの経営資本を土地へ投下しなければならないが、この資本は多くはたんに抵当借りによってのみ生じるにすぎず、また道具がもはや直接に原料からではなく、しかじかの多くの予備加工をへて生産され、さらに労働者が本質的には彼自身には属さない生産手段によって働くようになる。これらが生じて以来——第三者への依存はまったく新たな領域を占めた。複雑化した技術のために人間の行為と存在とが客観的な諸条件にますます依存するにつれて、それだけ人間の存在と行為もまた必然的にますます多くの人びとに依存しなければならない。とはいえこれらの人びとはもっぱらあの機能の担い手、つまりはあの資本の所有者、あの労働条件の媒介者として、主体にとっての意義を獲得する。彼らがそのほかに人格として何であるかは、この点についてはまったく問題とはならない。

　この一般的な事実の意義については以下で述べるであろうが、この事実が前提とするのは、人間一般を特定の人格とする発展である。明らかにこの発展が初めて生じるのは、多くの性質や特徴や力がたがいに人格に集まるということをつうじてである。たしかに人格は相対的な統一体であるが、しかしこの統一体がともかく現実的で活動的となるのは、人格がさまざまな諸規定を統一化することによってのみにすぎない。肉体的な有機体がその存在をもつのは、多くの物質的な諸部分から生過程の統一を形成することにおいてであるが、これと同じように人間の内的な個人的な統一も、さまざまな諸要素と諸規定の相互作用と関連とにもとづいている。孤立的に考察すれば個々それぞれの要素や規定は客観的な性格をおびる。すなわちそれはそれだけではまだけっして本来的に個人的な何ものでもない。美貌も不器量も、肉体力も知力も、職業的活動も性向も、なおこれら以外の人間のあらゆる無数の特徴も、ばらばらなものとしては人格を一義的に確定はしない。それというのもそれらのそれぞれは、たがいにまったく対立する他の任意の性質と結びつくことができ、つねに同じものとして無限に多くの人格の像において見いだすことができるからである。それらの多くがいわばある焦点においてたがいに出会い相互に結びつくことによって、はじめてそれらがある人格を形成し、この人格がいまやそれなりに反作用して、個々それぞれの特徴を、ある個人的・主観的なものとして特徴づける。彼がこれかあれかであるということではなく、彼がこれでもありあれでもあるということが、人間を代替不可能な人格とする。心の謎にみちた統一は、われわれの表象作用が直接に近づくことのできるものではなく、むしろその統一がたんに多くの光線に分裂したばあいにのみ、それらの総合をつうじてその統一は、はじめて再びこのひとりの特定の人格として表示できるようになる。

ところでこのように条件づけられた人格は、貨幣経済的な状況においてはほとんど完全に分解される。人びとが依存する供給者、資金提供者、労働者は、けっして人格として作用するのではない。なぜなら彼らはたんにそれぞれの一面にしたがってのみ関係に入り、商品を供給し、資金を提供し、労働を果たし、したがって彼らのそれ以外の規定は、右の一面に加わることによってのみ彼らに個人的な色彩をあたえるにもかかわらず、けっして考慮されないからである。もとよりこれによって示されるのは発展の絶対的な終着点であり、この発展はいまや実現されつつあるが、まだ多くの点では未完成である。――それというのも人間の相互の依存は、今日なお実際にはまだけっして十分に客観化されず、個人的な要因をまだ完全には排除してはいないからである。しかし一般的な傾向は疑いもなく進行し、なるほど主体はますます多くの人間の仕事に依存するようになるが、しかしその背後に存在する人格そのものからはますます独立化するようになる。これら二つの現象は根底においては関連しあい、同一の経過の相互に制約しあう側面をなす。すなわち現代の分業は依存の数を増大させるが、同じようにまたそれは人格を彼らの機能の背後に消滅させる。なぜなら分業はまさに人格のたんに一面のみを作用させ、他のすべての面の集合がはじめて人格を生むにもかかわらず、それらの他の側面を後退させるからである。この傾向のあますところなき完成のばあいに現れるはずの社会的な形態は、社会主義への、少なくとも極端な国家社会主義への決定的な形式的関係を示すであろう。それというのも社会主義にとってもっとも問題となるのは、社会的に考慮さるべきいっさいの行為を客観的な機能に変えることだからである。今日すでに官僚の占める「地位」は客観的にあらかじめ形づくられ、人格のまったく一定の個別的な側面もしくはエネルギーのみを受け入れるにすぎないが、これと同じように絶対的に貫徹された国家社会主義においても、人格の世界のうえにいわば社会的に有効な行為の客観的な形式の世界がそびえ、この世界は人格の力に、まったく正確で客観的に規定された表現のみを許し指令するであろう。この世界の人格の世界にたいする関係は、幾何学的な図形の経験的な物体にたいする関係とほぼ同じであろう。人格の主観的な傾向と人格の全体とは、そのときその一面的な機能様式のひとつへ限定され、それとは異なって外的な行為へ移されることはなく、必要な社会的な総体行為はこの一面的な機能様式へと分解され、固定され、客観化される。それとともに人格の行為の資格づけは〈出発点〉としての人格から客観的な合目的性、つまりは〈到達点〉へと完全に移され、そしてそこでは人間の行為の諸形式は、ちょうどプラトンの理念の王国が実在の世界を超越するように、人間の豊かな心理学的な現実を超越する。そのような形態への発端は、すでに述べてようにさまざまに存在し、自立的な理念形象としての分業的な機能は、十分にしばしばその担い手と対立し、ために担い手たちは、もはやたがいに個人的には区別されることなく、いまやいわばそのような機能を通過するのみであり、しっかりと限定されたこの個々の要求に彼らの人格の全体を投下することもできなければ、またそうすることも許されない。人格はむしろ機能あるいは地位のたんなる担い手として、ホテルの一室の旅人と同じように、どうでもよいものとなる。この方向にむかってまったく完成された社会制度においては、個人は限りなく従属的である。彼に割り当てられた仕事の一面的な規定は、すべての他者の複合による補いへと彼を指定する。しかも要求の充足は、個人のもっとも固有な能力からはきわめて不十分にしか生じず、いわば彼と対立する純粋に客観的な観点より生じた労働組織からあらわれる。その根本理念に適合した国家社会主義がいつか存在できるとすれば、それは生活形式のこの分化をはっきりと現すであろう。

しかし貨幣は、一方ではその無限の従順性と分割可能性とによってあの多くの経済的な依存を可能とし、他方では無差別で客観的な本質によって人間のあいだの関係からの個人的な要素の除去を助長する。このことによって貨幣経済は、私的な利益の領域における生活形式の分化の素描を示す。現代の文化的人間と比較すれば、何らかの古い経済もしくは原始的な経済に所属する者は、たんに少数の人間に依存しているにすぎない。たんにわれわれの要求の圏が著しく広大であるのみではなく、われわれと彼らに共通な基本的な必要（衣、食、住）さえも、われわれははるかに大きな機関の助けによって、はるかに多くの手をへてしか充足できない。しかもわれわれの活動の専門化は、他の生産者たちの無限に拡大した圏を必要とし、われわれは彼らと生産物を交換しなければならないだけではなく、さらに直接の活動そのものが、数を増大させる予備活動と補助力と半製品に依存する。ところが貨幣経済がほとんど発達しないか、まったく発達しないころには、人びとは相対的にごく狭隘な圏に依存し、その代わりにこの圏ははるかにより多く個人的に確定されていた。古代ゲルマンの農民やインディアンの部族員、スラブやインドの家共同体の所属員、さらにしばしばなお中世の人間も、以上のような一定の個人的に知られた人間、いわば取りかえることのできない人間と経済的な依存関係にあった。たがいに依存しあう機能が問題となることが少なければ少ないほど、機能の担い手はますます持続的となりますます重要となる。これにたいして貨幣経済的な人間は、いかに多くの「供給者」のみに依存しているであろうか。しかし彼は個々の特定の供給者からは比類なく独立し、しばしばたやすく気ままに彼をとり代える。この発展はなるほど軽視されてはきたが、やはりまごうことなく明らかにされるべきであり、そのためには今はただ小都市における生活状況を大都市のそれと比較しさえすればよい。初期の段階の人間はより僅かな数の彼の依存に、緊密な個人的関係、しばしば個人的な代替不可能な関係によって支払わなければならなかった。ところがわれわれは多くのわれわれの依存を、その背後にある人格にたいする無関心や、人格をとり代える自由によって償われる。さらにわれわれは一方では複雑なわれわれの需要によって、他方では専門的なわれわれの能力によって、原始人よりもはるかに大きく社会全体に依存するが、原始人はともかくもまったく狭隘な彼の孤立した集団によって生活をつくることができた。——してみればわれわれはその代わりにこの社会のそれぞれ特定の要素からは著しく独立している。なぜならわれわれにとっての特定要素の意義は、その業績の一面的な事実性へと移され、それゆえこの業績は個人的には異なった他の多くの人物によっても、はるかに容易に生産されることができ、彼らとわれわれとは、貨幣にあますところなく表現された利益以外には、何ものによっても結びついてはいないからである。

ところでこれは内的な独立を、個人的な自立存在の感情を成立させるためのもっとも好ましい状態である。それというのも他者にたいするたんなる孤立では、それによって考えられている積極的な状態にはまだうまくゆかないからである。純粋に理論的に定式化すれば、独立とはなおたんなる不依存以外の何ものかである。——たとえば永遠性が不死性以外のなお何ものかであるのと同じである。それというのも石や金属もまた死にはしないが、しかしそれらを不死とは呼べないからである。それでもすでに孤立存在、つまりは孤独の他の意義においても、純粋な否定の外観は誤りである。孤独もまた、それが心理学的な作用と強調とをもつばあい、いっさいの社会の不在をけっして意味するのみでなく、まさに社会が観念的に現に存在しながら、それからその存在がやがて否定されることを意味する。孤独は社会の遠隔作用であり、否定的な社会化による個人の積極的な規定である。たんなる孤立が、他者への憧憬もしくは他者からの隔離存在の幸福、要するに感情の依存を生まないばあい、それは人間一般を依存か自由かといった問題の彼方におき、実際の自由を意識させる価値にはもたらさない。なぜならそれには対立、軋轢、誘惑、相違の近さが欠けているからである。個性の発展、個々のすべての意志と感情とによってわれわれの自我の中核を発達させるという確信、これが自由とみなされるべきであるとすれば、自由はたんなる関係の欠如としてではなく、まさに他者にたいするまったく特定の関係として、このカテゴリーのもとに入る。これらの他者は、彼らがある者にとってどうでもよくなるためにも、まずはそこに存在して知覚されなければならない。個人的な自由は、けっして孤立した主体の純粋に内的な性質ではなく、いかなる相手もそこにいなければその意味を失う相関現象である。人間のあいだのいっさいの関係が、接近の要素と距離の要素から成り立つとすれば、独立とは、距離の要素がなるほど最大限になってはいるが、しかし左の表象から右の表象が消滅するほど完全には接近の要素が消滅してしまうことのできない関係である。独立を客観的な事実として主観的な意識においても生じさせるには、両要素のもっとも好ましい具体的な形態はいかなるものか、いまはたんにこれのみが問題である。ところでそのような形態が存在していると思われるのは、なるほど他の人間にたいする拡大した関係がそこに存在してはいるが、しかし本来は個人的な性質をもつすべての要素がそこから遠ざけられているばあい、影響があってもそれがたがいにまったく匿名的に行われ、規定があってもだれに行われるかが顧慮されないばあいである。そのような客観的な依存のさいは主体そのものは自由であるが、この依存の原因と結果は、人びとの交換可能性にある。すなわち主体の交替が自発的であるにせよ、あるいは関係の構造によってひき起こされるにせよ、そこに自由の感情を担う独立の主観的な要素のあの無関心が現れる。この章のはじめに述べた経験、すなわち義務の交替がきわめてしばしばわれわれには自由として感じられるという経験が思い出される。

拘束と自由とのあいだの同じ関係が、ここではたんに個々の拘束のなかへ移されているにすぎない。中世の家臣の不自由民との特色ある差異は原始的な例をあたえる。すなわち家臣は領主を変えることができたが、不自由民は恒常的にたんにひとりの領主に拘束されていた。このことは、領主にたいする拘束の程度がそれ自体として考察すれば同じであるばあいでさえ、一方にとっては他方にとってとは比較にならぬほどの高い程度の自立を意味した。拘束一般ではなく個人的に定められた領主への拘束が、自由の本来の対極をなす。現代の奉公人関係を特徴づけるのは、主人はなるほど証明書や個人的な印象にしたがって奉公人を選ぶが、しかし一般に奉公人はそれに対応する彼なりの選択への可能性も基準ももたないということである。ようやくごく最近になって、より大きな都市での奉公人の欠乏がここかしこで奉公人に、提供された地位をとるに足らぬ理由から拒否できる機会をあたえた。このことは双方から、結局は受け入れられた奉仕が客観的な要求からみて以前に劣らず広範に彼を拘束するばあいでさえ、奉公人の独立への強力な歩みとして感じられた。それゆえ再洗礼派の宗派が、多数の女性と結婚することと彼女らを頻繁に取り替えることとを、まさにそうして婦人の原理からの内的な独立がもたらされるということによって正当化したのは、同じ形式が完全に異なった領域に移されているが、それでもまた原理的に正しい感情の戯画にすぎない。われわれの総体状態はあらゆる瞬間に、ある程度の拘束とある程度の自由とから合成される。——個々の生活領域の内部においてはしばしば、一方はより多くその内容において、他方はより多くその形式において実現されることとなる。一定の利益がつねにわれわれに課す束縛は、われわれがいわばそれを局地的にとり囲むことができれば、すなわち依存量を減少させることなく、依存量が実現される客観的、理想的、あるいは個人的な法廷そのものを選ぶことができれば、ただちに自由によって緩和されるように感じられる。貨幣経済の賃労働者層においても形式的には同じ発展が生じる。労働の苛酷さと強制とをみれば、賃労働者は装いを変えた奴隷であるにすぎないかのように思われる。われわれがこれから見るのは、彼らが客観的な生産過程の奴隷であるという事実が、いかに彼らの解放への移行として解釈されることができるかである。しかしその主観的な側面は、個々の企業家への奉仕関係が以前の労働形式に比して比較できないほどはるかに緩(ゆる)いということである。たしかに労働者は、農民が耕地に拘束されているように労働に束縛されている。とはいえ貨幣経済が企業家を交替させる頻度と、貨幣賃金の形式が労働者に許す企業家の選択と変更との多様な可能性とは、それでも労働者には拘束の内部でのまったく新たな自由をあたえる。奴隷はきわめて劣悪な生活条件を引き受ける覚悟をしたばあいでさえ、主人を取り替えることはできなかった。——労働者はあらゆる瞬間にこれができる。こうして個人的に定められた主人への取り消せない依存の圧迫が廃止されることによって、あらゆる実際的な拘束にもかかわらず個人的な自由への道が進められた。労働者の物質的な状況にたいして自由がしばしば影響しないからといって、われわれがこの自由の開始を承認することが妨げられてはならない。それというのも他の領域と同じようにここでも自由と幸福主義的な改善とのあいだには、願望や理論や扇動がただちに前提するのを常とするような必然的な関連はけっして存在しないからである。何よりもこの方向に作用するのは、労働者の自由にはまた雇用主の自由が対応するということであり、この自由は労働形態がより拘束的であるばあいは存在しなかった。奴隷保有者も領主も、奴隷や夫役農奴を履行力のある良好な境遇におくことに個人的な関心をもった。すなわち彼らにたいする彼の権利は、彼自身の利益のために義務となった。——このことは賃労働者にたいする資本家にかんしては生じないか、たとえ生じてもけっしてつねに認められるわけではない。労働者の解放はいわば雇用主の解放によってもまた、すなわち不自由民が受けた配慮の廃止によっても支払われなければならない。それゆえ労働者の一時的な状態の苛酷さもしくは不安定さは、個人的に確定された依存の廃止とともに始まる解放過程のまさしく証拠である。社会的な意味における自由は、不自由とまったく同じように人間のあいだの関係である。不自由から自由への発展は、この関係がまず最初は安定と不変の形式から不安定と人格の交換の形式へ移行するといったふうに進行する。自由が他者一般の意志からの独立であるとすれば、それは特定の他者の意志からの独立とともに始まる。ゲルマンやあるいはアメリカの森林の孤独な住人は依存してはいない。現代の大都市人は言葉の積極的な意味において独立している。なるほど彼は無数の供給者と労働者と協力者とを必要とし、彼らなしにはどうすることもできない。しかし彼は彼らとはたんに貨幣に媒介されて絶対に客観的に結合しているのみであり、したがって彼はこの特定の個人としての誰かある個人にではなく、たんに貨幣に値する客観的な業績のみに依存し、この業績はまったく任意の交替する人格によって担われることができる。ところでたんなる貨幣関係は、個人を——いわば抽象的な——全体としての集団へきわめて緊密に結びつけるから、しかもわれわれのこれまでの詳論にしたがえばすでに貨幣は抽象的な集団の力の代表であるところから、個々の人間の他者にたいする関係は、彼が貨幣によってまた事物にたいしても持つ関係を繰り返すにすぎない。一方では商品の貯蔵の急速な増大によって、他方では事物が貨幣経済のもとでこうむる強調の独特の低下と損失とによって、個々の対象はどうでもよいものとなり、しばしばほとんど無価値ともなる。ところがまさにこれらの対象物の全種類はたんにその意義を保持するのみでなく、さらに文化の上昇とともにわれわれはますます大きく客体に、しかもますます多くの客体に依存するようになる。こうしてわれわれにはすでに以前に重要となったように一本のピンは無価値にもひとしいが、まったくピンがなければ、もはや現代の文化的人間はやってはゆけない。そして最後に貨幣そのものの意義も同じ規定にしたがって発展する。すなわち貨幣が途方もなく安価になることによって、個々の価値量はますます無価値となり取るに足らぬものとなるが、しかし貨幣一般の役割はますます強力となり包括的となる。これらすべての現象において、貨幣経済の内部で客体はそれらの個体と個性においては、われわれにとってますますどうでもよいもの、本質のないもの、交換できるものとなるが、ところが全種類の果たす客観的な機能はわれわれにとってますます重要となり、われわれをますます依存的にする。

この発展はひとつのなおより一般的な図式に、人間的なもののきわめて多くの内容と関係とに妥当する図式に配列される。本来この人間的なものの内容と関係とは、物的なものと個人的なものとの未分離な統一のなかにあらわれるのがつねである。われわれが今日感じるように生の内容、すなわち所有と労働、義務と認識、社会的地位と宗教は——何らかの独立存在、すなわち実在的もしくは概念的な自立性をもち、人格に受け入れられてはじめて人格とのあの緊密な連帯的な結合をもつかのようであるが、実はけっしてそうではない。むしろ原初的な状態は完全な統一であり、一般にはなお生の個人的な側面と客観的な側面との対立の彼方にあるまったくの無差別なのである。こうしてたとえば低い段階での表象活動は、客観的で論理的な真理と主観的でたんに心理的にすぎない形象とのあいだをまったく区別することができない。すなわち子供や自然人には、瞬間の心理的な形象や幻想や主観的につくられた印象がただちに現実と思われる。彼らにとっては言葉と事実、象徴と象徴化されたもの、名称と人物とは、民族学と児童心理学との無数の事実が証明するように一致する。しかもこのことは、それ自体で分離した二つの系列が誤って溶解し、たがいに縺れ合うといった過程ではない。むしろ二元性は抽象的にも事実上の適用においてもなおまったく存在せず、表象内容は初めから完全に統一的な形象としてあらわれ、この形象の統一性はあの対立の一致においてではなく、対立一般と無関係であることにおいて成り立つ。こうして生内容はさきほど述べたように直接に個人的な形式をとって発展する。一方での自我の強調と他方での事物の強調とが、けっして完全には終わることのない長い分化過程の結果として、素朴な原始的な統一形式からはじめて出現する。生内容の無差別状態は他の方向に向かっては事物の客観性をそれ自体から駆り出すが、この無差別状態からの人格のこの発達はいまや同時に自由の成立過程でもある。われわれが自由と名づけるものは人格の原理ときわめて緊密に関連し、ために道徳哲学は十分にしばしばこの両概念を同一であると宣言した。心的な諸要素のあの統一、それらの諸要素のいわば一点におけるあの集合状態、われわれがまさにこの人格と呼ぶ存在のあの強固な輪郭と代替不可能性――なんとしてもこれらが意味するのは、あらゆる外的なものにたいする独立と封鎖とであり、もっぱら自己の本質の法則にしたがう発展であって、これをわれわれは自由と呼ぶ。この人格と自由という両概念に一様に横たわっているのは、われわれの本質のなかの究極的な最奥の要点の強調であり、この要点はすべての物的なもの、外的なもの、感性的なもの――われわれの固有の本性の外部とともに内部にもある――と対立する。ここに客観的に規定された持続的な自然的存在にたいして対立者が成立し、この対立者はその特殊化をたんにこの自然的存在にたいする例外的地位への要求のみならず、さらにまた同様にそれらの存在との宥和への努力にも示し、自由と人格という二つの概念は、たんにこの一つの事実の二つの表現にすぎない。ところで人格の表象が客観性の表象への対応と相関として、客観性の表象と同じ程度に成長しなければならないとすれば、いまやこの関連から明らかになるのは、客観性概念のより厳格な発達は個人的な自由の概念と手をたずさえて進行するということである。こうしてわれわれはこの三百年間の独特の平行運動を理解する。すなわち一方では自然法則性、事物の客観的な秩序、出来事の客観的な必然性がますます明瞭に精密にあらわれるとともに、他方ではあらゆる外的な自然の暴力にたいする独立の個性と個人的な自由と自立存在との強調がますます鋭くなり強力となる。最近の時代の美的な運動もまた同じ二重性格とともに始まる。すなわちファン・アイクとイタリア十五世紀の初期文芸復興の自然主義は、同時にまた現象におけるもっとも個人的なものの彫琢でもあり、風刺詩文と伝記と戯曲との時を同じくする出現はそれらの最初の形式において、それらが個人そのものを目指していたのと同じように、自然主義的な様式を担ってもいる。——ついでに注意すれば、この様式が生じたのは貨幣経済がその社会的な結果をいちじるしく発展させ始めた時代であった。たとえすでにギリシア精神の頂点において自然法則的な世界像に近い真に客観的な世界像が、その人生観の一面として提起され、それの他の側面が人格の完全な内的自由と自己依存を形成したにせよ、ギリシア人にあっては自由と自我との概念の理論的な発達に不完全さが存在するかぎり、この不完全さには自然法則的な理論の厳格性についての同じ欠陥が対応した。たとえ形而上学が事物の客観的な規定と個人の主観的な自由とのあいだの関係においていかなる難問を見いだそうとも、文化内容としてのそれらの発達はたがいに平行し、したがって一方の深化は、内的な生活の均衡を回復するには、他方の深化をも要求するように思われる。

そしてここではこの一般的な考察はわれわれのより狭い領域へと流れ込む。経済もまた仕事の個人的な側面と客観的な側面との未分離に始まる。無差別はやがてしだいに対立へと分裂し、個人的な要素は生産と生産物と販売からますます後退する。しかしこの過程が個人的な自由を解き放つ。まさにわれわれの見たように自然がわれわれにとってより客観的に、より事実的に、より自己合法則的になるにつれて、個人的な自由も発達する。——これと同じように個人的な自由は、経済的な宇宙の客観化と脱個人化とともに高まる。非社会的な生存の経済的な孤独においては、個人的な独立の積極的な感情はほとんど生じないように、自然の合法則性と厳格な客観性についてなお何も知らない世界像においてもまた同じである。あの対立と同じように、この対立においてはじめ自立存在の独特の力と独特の価値との感情が成立する。さらに自然にたいする関係にとってもまた、あたかも原始経済の孤立においては——それゆえ今日の意味での自然法則性が知られなかった時代においては——自然についての迷信的な見解によるより強い不自由が支配していたかのように思われる。経済が発展して完全に拡張し、複雑化し、内的に相互作用しあうようになることによって、人間相互のあの依存がはじめて成立する。この依存は個人的な要素を排除することによって、関係の完全な欠如ができるよりも個人をより強く自己に頼らせ、自由を積極的に意識させる。貨幣はそのような関係の絶対にふさわしい担い手である。それというのも貨幣は、なるほど人間のあいだに関係をつくり出しはするが、しかし人間を関係の外部に放置するからである。貨幣は客観的な業績の正確な等価物であるが、しかし業績における個人的で人格的なものにとっては、きわめてふさわしくない等価物である。すなわち貨幣がつくり出す緊密な客観的な依存は、区別を知覚する意識にとっては、その緊密な依存から分化した人格と彼の自由とが、はじめて明白に高まるための背景である。

二

生の運動のもとに理解されるのをつねとするのは、とりわけそれが外的な対象と結びつくかぎりは、事物の獲得かそうでなければ享楽であり、このばあい労働は広義の獲得に含められる。これにたいして事物の所有は、運動ではなく安定したいわば実体的な状態であり、運動にたいして、ちょうど存在の生成にたいするのと同じ関係にあるものと思われる。これとは反対に私の信じるところでは、所有の意義のすべての深さと広さとを把握しようとすれば、それをも行為と呼ばなければならない。所有物を何か受動的に受け入れられたもの、無条件に従順な客体とみなし、まさにそれが所有物であるかぎりわれわれの側のいかなる活動をももはや必要とはしないとみなすのは、間違った習慣である。われわれは所有したいものを獲得すべきであり、いっさいの所有は同時に義務でもあり、人は才能を発揮すべきであるなど、こういったことをわれわれが訓戒として耳にするばあい、存在の領域において誤認されたあの事実は、たんに倫理的なものの領域へのみ、すなわち神聖な願望の領域へのみ逃避する。せいぜい人が承認するのは、人びとは所有物によってさらに何ごとかを始めなければならないが、しかし所有物はそれだけでは静止した何ものかであり、ある行為の終点であろうと、おそらくはまたその出発点であろうと、しかし行為そのものではないということである。より詳細にみれば、この消極主義的な所有権概念は虚構として示される。ある原始的な状態のもとでは、このことはとくにはっきりと現れる。古代の北ペルーや同じく古代のメキシコにおいては、耕地——年々分配された——の耕作は共同の仕事であったが、しかし収穫は個人的な所有物であった。しかし誰も自己の分割地を売却したり贈ったりすることを許されないのみではなく、自発的に旅行し耕地の耕作に帰らなければ、彼は分割地をまったく失った。まったく同じように古代ドイツのマルク共同体においても、一区画の土地の所有そのものはなお、人が現実のマルク仲間でもあることを意味しなかった。すなわち人は仲間であるためには、現実にもまた所有地を自ら耕作しなければならず、判決例に述べられているようにそこで自ら飲食し、彼自身のかまどをもたねばならなかった。何らの行為でもない所有はたんなる抽象にすぎない。すなわち所有へと導く運動と所有をこえて彼方へ導く運動とのあいだの無差別点としての所有は、ともに収斂して零となる。あの静止した所有権概念は、潜在的な状態へと移された客体の積極的な享楽あるいは処理にほかならず、それをいつでも享楽し、あるいはそれで何ごとかをすることのできることの保証である。子供は注意をひくものであればあらゆる対象を「持ち」たがり、人はそれを彼に「贈ら」なければならない。しかしこのことが意味するのはたんに、子供がその瞬間にそれによって何ごとかを始めようとし、しばしばたんにまじまじとそれを見てそれに触れようとするということにすぎない。まったく同じように低い民族の所有権概念も持続性をもたず、またわれわれの特徴の原理的な永遠性をもたない。その概念はたんに事物の享楽とそれによる行為との一時的な関係を含むにすぎず、事物はしばしば次の瞬間にはきわめて無関心に与えられたり失われたりする。このように原始的な形式における所有は、安定しているよりはむしろ不安定である。ここからそれぞれのより高い所有形式が、事物にたいする関係の持続性と確実性と恒常性のたんなる漸次的な増大として発展し、まったく一時的な所有形式は、あらゆる瞬間に事物との関係に立ち帰る持続的な可能性へと変化するが、しかしこの可能性の内容と実現とは、個々の処理や利用の順序以外のものや、あるいはそれ以上のものを意味するわけではない。所有を事物についての個々の処理行為にたいする何か質的に新しい実質的なものであるかのように考えることは、たとえば因果概念の歴史においてきわめて重要となっている典型的な誤謬のあのカテゴリーに属する。ヒュームが注意をむけたのは、われわれが原因と結果と呼ぶあの事実的に必然的な結合がけっして確認できず、それについて経験できる現実的なものはむしろたんに二つの出来事の時間的な順序にすぎないということであった。その後カントは、時間的な順序のたんなる感性的な知覚もまだけっして経験ではなく、むしろ経験論者の意味での経験もまた因果的な生起の現実的な客観性と必然性とを前提とすることを証明し、この証明によってわれわれの世界像の確実さを救いだしたように思われる。言いかえれば前者のばあいは認識がたんに主観的および個別的な印象に限られるべきであったが、後者のばあいはわれわれの知識の客観的な妥当性が確証され、この妥当性がまったく個々の事例と個々の表象する主観とをこえてそびえるとされた。――これはちょうど所有権が個々の用益の彼方にあるのと同じである。ここで問題となるのは、われわれが第一章において客観的な価値の本質を確定しようとしたばあいとまさに同じカテゴリーの適用である。われわれの意識の個々の内容の上部、つまりは表象と意志衝動と感情の上部には客体の領域があり、思考はそれらの客体を意識して漂うが、客体は特異な偶然的な表象化のすべての彼方にある持続的な事実的な妥当性をもつとされる。事物の持続的な実体とそれらの運命の合法的な秩序、人間の永続的な性格と人倫の規範、法の要求と世界全体の宗教的な意味——これらのすべては、いわば観念的な存在と妥当性とをもち、この存在と妥当性は言葉のうえでは、あの実体と合法則性とが実現されたり、あるいはあの要求と法則とが充足されたりされなかったりする個々の経過からの独立による以外には示すことができない。われわれはある人物の持続的な特徴を、彼がはっきりと自己をあらわす個々の行動や、あるいは彼と矛盾さえする個々の行動から区別するが、これと同じように道徳的な命法は、経験的世界において服従されようとされまいと、威厳をまったく損なわれることなくどこかに存在する。幾何学上の命題が、個々の図形によって正確に表されようと不正確に表されようと、それらの図形とはかかわりなく妥当するように、世界全体の素材と力とは、人間の表象作用がそのいかなる部分をこもごも自己のために分離しようとも、このこととはかかわりなく存続する。

　たしかに認識論は、永遠の自然法則をその現実化の時間的な総計から区別しなければならない。とはいえ分からないのは法則が認識作用の実際の内部において、一般につねに現れてくるそれぞれの個々の現実化の規定以外に、なお何をなすべきであるのかである。たしかに客観的な対象も同じ意味において、それが現れる主観的な知覚からは区別される。とはいえ対象の意義はたんに、一般に可能な対象の知覚のそれぞれを一義的に規定することにのみある。たしかに道徳的規範は、それが積極的あるいは消極的に適用される個々の行動の彼方にある。しかしそれはそれでもたんに、そのようなそれぞれの行動にたいしてその価値を規定する意味をもつ。したがって規範が関連するいかなる個々の行動もまったくありえないとすれば、規範の現実の意義は零（ゼロ）に等しいであろう。要するに確かにあの実体と価値のカテゴリーが一般に区別されるのは、それぞれの個別事例そのものからであり、さらには諸個別事例のなおきわめて大きな相対的な総計からである。しかし諸個別事例の絶対的な総計は、カテゴリーのあますところなき等価である。諸個別事例は、それらの形而上学的な意味を度外視すれば、個々の出来事と表象と活動との全体にとっての簡約された表現にすぎない。そしてたしかに経験的な一連の個体——そのようなものとしてつねに不完全であり相対的である――が、あのカテゴリーの内容をおおいつくしたり、あるいは汲みつくしたりはしないという事実によって、人はこの点について誤ってはならない。

ところでこのことは、所有権概念が現れる定式である。たしかに所有権は、事物にたいする個々の権利と用益から概念的にも法律的にも区別されなければならない。そして誰かが所有によって行おうとすることは、行為と享楽のこの総計が事物にたいする彼の所有と合致するといえるほどには、けっして初めから規定されているわけではない。とはいえ一般に可能であるとともに現実的でもある利用の総体は、それでもそれと合致する。〈他物権〉が所有権からいかに区別されようとも、それでも両者のあいだには内容的にはたんに程度上の相違があるにすぎない。すなわちいかなる所有権も、客体にたいする権利の総計以外の他の何ものにおいても成り立つことはできない。ローマの元首の地位ほどに統一的で完結的に思われる所有でさえ、法史的には一連のさまざまな方法で獲得された職務への就任であり、これはちょうど領主が「財産」としての隷属的な農奴を所有していることが、それでも彼ら農奴にかんして次第に増大する個々の権利の総計を意味するにすぎないのと同じである。たんに所有権は、事物にたいする権利の相対的な総計ではなく、原理的に絶対的な総計をあらわし、さらにそれを保証しているにすぎない。まさにそれゆえにこそ、現実としての所有権は、たとえ概念的な抽象としてではないにしても、所有者の行為を必要な相関としてもつ。所有権へと導いた過程の観念的な影響の持続においてのみ、さらには将来の享楽あるいは利用の観念的な先取りにおいてのみ、安定した所有は成り立つ。この現象は誤ってたんに付随的とみなされるのを常とするが、所有からこの現象を取り去れば、所有には何も残らないこととなる。

ところが所有と称されるこの主観的な運動の変化する様式は、所有が実現される客体の特性に何ほどか依存する。しかし貨幣は、この依存が最小である所有客体である。所有客体が貨幣でないばあい、その獲得と利用とは一定の力と特殊な性質と努力とに依存する。しかしこのことから直接に明かとなるのは、独特の所有物はまた逆に所有者の性質と活動に影響するにちがいないということである。土地もしくは工場を所有する者は、経営を他者にまかせて結局は地代受領者とならないかぎり、また中心的な所有物件として画廊もしくは競馬小屋を所有する者は、それぞれの存在においてもはや完全には自由ではない。そしてこのことが意味するのは、たんに彼の時間が一定の程度と様式で要求されるということのみではなく、何よりも彼の一定の能力がそのために前提とされるということでもある。特殊な事物所有は、いわば逆行的な予定を含んでいる。さまざまなものの所有は、たんに所有権の法的な意味だけが問題とされるのでなければ、たちまちさまざまな所有なのである。とりわけ特徴ある客体の所有は、それがあの抽象的な所有権概念以上のものを意味しようとすれば、それぞれの人格にただちに外部からのようにとりつけられるようなものではない。そのような所有はむしろ、主体の力もしくは性質と客体のそれらとの相互作用から成り立ち、そしてこの相互作用は、両者の一定の関係のばあいにのみ、すなわち主体の一定の適性のばあいにのみ成立する。所有物の所有者への影響が所有者を規定するということは、たんにこの考察の裏面であるにすぎない。主体が特別な客体にたいしてより決定的により一義的に適していればいるほど、その客体の所有はそれだけますますふさわしく積極的となるが、これと同じようにまた逆に、所有物が現実により根本的により徹底的に所有されればされるほど、すなわち効果的に使用され享楽されればされるほど、その所有物は主体の内的および外的な本質にたいしてますます決定的で確定的な影響をおよぼすであろう。このように連鎖は存在から所有へ、所有からひるがえって存在へと進行する。人間の意識が彼の存在を規定するのか、それとも彼の存在が意識を規定するのかというマルクスの問いは、部分領域にかんしてはここにその回答を見いだす。それというのも人間の所有は、マルクスの意味での存在に属するからである。人間はこの独特の結合に媒介されて特殊な性質によって一定の所有物に指定されるが、しかし他方ではこの所有物によって本質を規定されもする。とはいえこの結合は、その転回点をなす客体に応じて緊密であったり緩やかであったりする。純粋に美的な意義をもつ対象、きわめて分業的な規定をもつ経済的な価値、接近や利用可能性の困難な客体のばあい、その結合はきわめて厳しいものであろう。そしてこの結合は、客体の特殊な規定が次第に減少するといった階梯によってますます緩められ、ついに貨幣のばあいにはまったく崩壊するように思われる。

存在の所有からの独立と、所有の存在からの独立とは、貨幣が成就したものであり、さしあたりは貨幣の獲得に示される。それというのも貨幣の抽象的な性質によって、ありとあらゆる性質と活動とが貨幣に流れ込むからである。すべての道がローマに通じる——ローマがあらゆる局地的な利益のうえに横たわり、しかもあらゆる個別的行為の背後にある法廷と考えられるから——のと同じように、すべての経済的な道は貨幣へと通じる。そしてそのためにイレナエウスがローマを世界の綱要と名づけたように、スピノザは貨幣を〈万物の摘要〉と名づけた。少なくとも貨幣は、すべてのなおきわめて不等な生産のつねに同等な副産物である。貨幣が他の事物の処理における有能さによって獲得されるということ、これが貨幣のもつ特質である。多くの土地産物は農夫の有能さによって得られ、多くの長靴は靴屋の勤勉によって得られるが、しかし多くの貨幣はいかなる特殊な活動における有能さによっても得られる。それゆえ貨幣の獲得には、普通であれば他の客体の獲得を主体の存在に結びつけるあの特殊な素質は必要とはされない。もちろん、あらゆる取引の貨幣的側面の処理に特別な才能を示す人物はいるが、しかし経済的な取引一般の結果がいまや貨幣に表現されるのであるから、一般的な商業的才能はきわめてしばしば貨幣獲得への才能としてあらわれる。しかし以上に述べた説明を逆に強化するのは、ある人格がすべての貨幣問題への理解での欠乏によって目立つということである。この種の人物がこのように特徴的に際立つ——たとえば農業とか文学的もしくは技術的な仕事にはいかなる才能ももたない人物とはまったく異なって——ということがまさに示しているのは、貨幣の獲得が他のあらゆる価値の獲得よりもはるかに広範な性質の人びとに訴えるということである。貨幣がその起源を完全に脱しているということ、すなわち貨幣を「得る」には言葉のたんなる経済的な意味のみではなく道徳的な意味においても特殊な活動によったが、貨幣がこの活動を完全に脱しているということ、このことから明らかとなるのは、もっとも有効な財産さえの享楽も、とかく何か鼻にかかるものをもち、他の特権——出生や役職や優越——からは生じない憎悪をプロレタリアートのなかに、困難で苛酷な要素がなおこれらの特権に加わらないばあいも、生むということである。

他方ではこれに対応した例外が、貨幣経済の最高の高みにおいては観察されるかもしれない。おそらく専門家は大金融家やあるいは大投機家の事業について特定の人格の「手腕」を、つまりは一方の企てを特に他方のそれから区別する特有の様式とリズムとを認識することができる。とはいえここでまず考察されるのは、なお他の現象においても証明されるであろうこと、つまり貨幣のたんなる量的性格が非常に巨額であるばあい、それはたしかに質的な特色をもつニュアンスに道を開けるということである。巨大な貨幣手段が稀にはたんにひとりの手中におどろくほど集中することがあるが、たえず循環する貨幣の運命が形成する無関心と磨滅と陳腐とは、それと同じ程度の集中に達しはしない。ここで本質的なこととしてつけ加わるのは、貨幣一般が特殊な「金融業」においてまったく特別な本質を受け取るということ、すなわち貨幣が他の客体にかんする交換手段としてではなく中心的な内容として、さしあたりは自己をこえて出て行くことのない取引行為の客体として機能するということである。貨幣は純粋に両面的な金融業においては、たんにそのように成長した手段であるという意味においてのみ自己目的ではなく、さらに初めから他の何ものをも指示しない関心の中心でもあり、それゆえこの関心の中心はまたまったく固有の規定を形成し、いわばまったく土着的な性質を発達させ、たんにこの性質のみに依存する技術を生み出す。この事情のもとに貨幣が現実に固有の色彩と独特の性質とをもち、人格は、貨幣が結局は別の性質の目的のためのそれだけでは無色な手段であるばあいよりも、貨幣の運用においてはるかに多く自己を表現することができる。何よりもこのばあい貨幣はすでに説明したように、実際にはきわめて発達したまったく独特の技術に達する。そしていたるところにおいて、たんにこの技術のみが人格の個人的な様式を可能にする。一定のカテゴリーの諸現象は、特別な技術が成長してそれらの現象を圧倒するほどに充溢し内的に封鎖されて現れるが、たんにこのようなばあいにのみ素材はまさにこの技術によってきわめて柔軟となり可塑的になり、ために個人はこの素材の取り扱いにおいて自己の様式を表現することができる。

貨幣と人格とのあいだに特殊な関係が現れるばあい、その特別な諸条件はこのばあいを、すでに主張した貨幣の機能、すなわち所有と存在とをたがいに分離させるという機能の否定として理解させない。この機能はいまや、とりわけ使用の側からは、なお以下のように現れる。すでにわれわれの見たところであるが、所有権を一時的な用益から区別するものは、用益があらゆる瞬間にあらゆる方向にむかって起こることができることの保証である。ある事物の所有権という事実は、その事物のすべての利用と享楽との完全な総計に等しい。この事実が個々のそれぞれの瞬間にわれわれの心に浮かぶ形式は、まさに将来のあらゆる用益の保証、つまり所有者の意志以外の何ものもこの客体を利用し享楽することができないという確実性である。ところでこのような確実性は、法に先立つ状態においては——もちろんいかなる直接的な法的規制をも免れている開化した状態の領域においてもまったく同じように——、自己の所有権を保護する所有者の力によってのみあたえられる。この力が麻痺するやいなや、彼はもはや彼のそれまでの所有権の享楽から他者を排除することができず、所有権はただちに他者に移行し、他者の力が客体の用益の排他性を他者に保証するに十分であるかぎり、所有権は同じように他者にとどまる。法的な状態においては、総体が所有者にたいして所有権の持続的な所有と所有権からのすべての他者の排除とを保証するから、もはやこの個人的な力が必要とされることはない。このばあい所有権とは、ある客体の完全な用益の社会的に保証された潜在可能性であるといえよう。ところでこの所有権概念は、貨幣において現実化されるやいなやいわば高揚を経験する。それというのも誰かが貨幣を所有することによって、彼には共同体の制度をつうじてたんに貨幣の所有のみでなく、まさに同時にきわめて多くの他の事物の所有が保証されもするからである。事物にたいするそれぞれの所有権が、その事物の性質が許す特定の用益の可能性を意味するにすぎないとすれば、貨幣にたいする所有権は、不特定の多くの事物の用益の可能性を意味する。公的な秩序は他のすべての所有権にかんしては所有者にたいして、特別な種類の客体がもたらすもの以外の何ものをも保証しない。すなわち土地所有者にたいしては、彼以外の誰も彼の土地から収穫を得ることは許されないし、彼のみがそれを耕したり、あるいは耕作せずに放置したりすることが保証され、また森の所有者には、木を伐ったり狩猟を行うことなどが保証される。しかし公的な秩序は貨幣を鋳造することによって貨幣所有者に、彼が貨幣によって穀物や木材や獣などを獲得できるように保証する。こうして貨幣は、一般的な所有概念という、より高い潜勢力をうむ。この潜勢力のなかでは、貨幣以外のいっさいの現物所有の特別な性格はすでに法制度によって解消し、貨幣を所有する個人は無数の客体と対立させられ、この客体の享楽が公的な秩序によって彼に一様に保証される。それゆえ貨幣はそのいっそうの利用と結実とを、一面的に規定された客体のばあいと同じようにおのずと示しはしない。国家については、それを基礎づけたのと同じ手段によってのみそれが維持されるといわれた。——このことはそれでもきわめて多くの他の所有に、すなわち精神的な所有にも、しかしまた貨幣によって得られ、事物の獲得をもたらした事物への同じ関心によってもっぱら維持されることのできるさまざまな所有にも妥当するが、しかし貨幣所有には絶対に妥当しない。貨幣のその起源からの完全な独立、そのすぐれて非歴史的な性格は、前方に向かっては貨幣の利用が絶対的に無規定であるということに反映される。それゆえわれわれは、貨幣の個人的な意義という観念を、教会の利子禁止令のうみ出した観念のように、まったく根拠のない混乱したものと感じる。商人はなお十六世紀においても、自分の貨幣で高利を貪ることはなるほど罪悪ではあるが、他人から借りた貨幣でそうするのは罪悪ではないとみなした。もちろんこの区別はたんに、一般に貨幣と人格とのあいだに内的な倫理的関係が存在するばあいにのみ可能であると思われる。しかしこの区別を追感できないことは、この関係の欠如を証明する。にもかかわらずこの関係が生じるばあい、この関係はまさに貨幣一般とではなく、たんに貨幣の量の相違のみと結びつく。たしかにまた他の所有物の所有者にたいする作用と所有者の所有物にたいする作用とは、問題となる所有物の量にしたがってそれぞれ異なるであろう。たとえば土地のばあいの農民の土地所有と大土地所有とのあいだの相違である。しかしここでさえも利益と必要な素質には一定の相等性が残り、この相等性によって所有の質は、所有者の所有と存在とのあいだの紐帯として示される。しかし人間と貨幣所有とのあいだに一定の結合が存在するばあい、特徴的な原因あるいは結果として現われるのは、まさに貨幣の純粋な量である。ところが他の所有にあっては、まさにたんなる質が必ず個人的な原因と結果とに結合するのがつねである。このようにまったく法外な貨幣財産の所有にしてはじめて、規定的な方向をおのずと生活にあたえ、富者はたしかにこの方向を避けがたい。普通であれば人格を貨幣との直接の関係において示すのは、取り扱いにくいまったく稀な現象のみである。たとえば、あらゆる人間に貪欲漢と浪費者とがひそんでいると言われるのがつねであり、このことが意味するのは、ある文化圏がその収入を消費する純粋に平均的な様式から、あらゆる個人が上方とともに下方へも逸脱するということである。たしかに個人にとっては価値についての個人の主観的な感覚からすれば、一定事物にかんするそれぞれの他者の支払いが多すぎたり少なすぎたりするように思われるのは、ほとんど不可避的であるにちがいない。貨幣によって支払われる具体的な事物への評価の相違という自明の理由は、唯一のものではない。むしろこれとならんで、個人がいかに貨幣そのものに対処するかという個人的な様式がある。すなわち誰かがかなりの貨幣を気軽に一度に浪費するか、それとも好んでさまざまにこまごまと支出するかであり、あるいは巨額の利得が彼を浪費へと刺激するか、それともまさに以前に倍する節約へと刺激するかであり、あるいは彼が貨幣の支出にさいしてややもすれば生活の安定を失い、支出のたびに次の支出を心理的に軽く感じるか、それとも支出ごとにいわば内的なこだわりを残し、ために正当な支出さえもいまはたんにためらいながら行うかである。これらのすべては、人格の深みにまで達する個人的な差異であるが、しかし貨幣経済の内部においてはじめてこのように意味深長に、あるいは一般的に現れる。それにしてもここでもまたこの表現の材料はたんなる量である。貨幣運営のこのように個人を特徴づけるこの完全な相違は、事物と人間とのほかの処理に明らかになる諸人格のあいだの相違とはまったく反対に、ともかくも量がより多いかより少ないかの相違から生じる。それゆえ一般的にはそのさい依然として、他のあらゆる所有は、はるかに特定の要求を個人に課し、はるかに特定の影響を個人におよぼし、こうして個人の限定ともあるいは桎梏とも思われつづける。貨幣所有にしてはじめて、少なくともきわめて高くにおかれきわめて稀にしか達せられない限界のもとで、二つの方向へ十分な自由をあたえる。

それゆえまた貨幣経済にしてはじめて、その生産性が内容的にはいっさいの経済的な運動のまったく彼方にある職業部門の発達を可能とした。——教師と文学者、芸術家と医師、学者と政府官僚といった、とくに精神的な活動の職業部門である。現物経済が支配するかぎり、これらの部門は一般に僅かな範囲にしか達するにすぎず、しかも大土地所有にのみもとづいていた。それゆえまた中世においては教会と、そして多くの方向に向かって騎士階級とが精神的な生活を支えた。人間のここに示したカテゴリーは、彼らがたがいに求めあうかそれとも大義を求めるかという問題の厳格さによる等級を含み、彼らの人格の全価値はこの問題に依存していた。利得をもたらす活動が原理的にもっぱら利得そのものに動機をおかなければならないばあい、この標識は完全に廃止され、せいぜい傍若無人の利己主義と真面目な心情——しかしこれはここでは本質的には禁止的に作用する——とのあいだの二者択一にとって代わられる。独特なことはこうである。すなわち貨幣は、もっとも昇華された経済的価値であるにせよ、あるいはむしろそうであるがゆえに、事物の経済的な側面からわれわれをもっとも完全に解放することができる——もちろんこれは、経済的な結果においては意味をもたない活動に、あの峻厳な問題をもってわれわれを対決させるという代償をはらってであるが——ということである。しかしより高い発展に特有の生活要素の分化はいたるところにおいて、独立化したものとしての生活要素がやがてふたたび新しい総合を形成するといったことをひき起こすが、同じようにすでにここでもまた、後に完成されるべき次のことが示される。すなわち所有物と人格の中核とのあいだの貨幣による疎遠感は、それでもなお一方の他方にたいする新たな意義に余地をあたえるということである。

それというのも芸術家、官僚、僧侶、説教者、研究者たちの活動は、事実的な内容にしたがって、たしかに客観的な理想において測られ、そしてこの理想において確定された高さにしたがって、遂行者の主観的な満足をつくり出すからである。しかしこの理想とならんで、その活動の経済的な結果が存在し、この結果は周知のようにつねに事実的あるいは理想的な結果の恒常的な関数であるとはかぎらない。さらにこの結果はきわめて低劣な性質の持ち主のばあいに、目的を手段に押し下げるといった仕方で前景に押しだされるかもしれないのみではない。さらに大義のために生きる鋭敏な人びとにとってさえ、経済的な側面からみた業績の成功のなかに、主要な結果の側面から感じられた不十分さの慰めと代償と救いとがあるかもしれない。少なくとも増大した力を結局は主要事へ向ける関心の気休めや一時的な転換に似た何ものかがある。人が業績によってただちに貨幣に値するのではなく、むしろ業績が大義やその内的な要求において測られるばあい、彼の運命ははるかに困難で厳しくもある。彼に欠けているのは、少なくとも経済的な意味においては自己の義務を果たし、それについての承認を受けたという考えによる、あの有益な気分の転換と慰めとである。彼はそのばあいとはまったく異なって、すべてか無かの前におかれているのを知り、自己自身をこえて、いかなる情状酌量も知らない法典に順応しなければならない。人びとが「金銭を顧慮するにおよばず」、たんに大義のためにのみ生きることができるから羨まれるばあい、彼らの恩寵はこのように相殺される。彼らは贖いをしなければならない。すなわち彼らの行為の価値をいまや決定するのは唯一の結果のみであり、この結果が失敗に終わったとき彼らには、少なくとも具体的な副次的結果は首尾よくいったというささやかな慰めさえもない。副次的結果が、まさにかち取られた貨幣の形式で現れるということは、貨幣にたいしてそのような意義の獲得をいちじるしく容易にする。そこにきわめて一義的な形式においてまず示されるのは、業績が、固有の価値かあるいは客観的な窮極価値の背後にとどまっているにもかかわらず、それでも他の人間たちにとってはいくらかは価値があるにちがいないということである。さらに貨幣の構造は、生じなかった理想的な主要結果にとっての相対的に満足すべき代償として貨幣が機能することを、とくにふさわしいものとする。なぜなら貨幣は、その具体性と冷ややかな量的な規定とによって質的な生活価値の動揺と流動にたいして、ある支えと心的な救済とをあたえるからであり、生活価値が初めて獲得された状態にあるばあいは、とりわけそうである。最後に価値感覚の錯綜は洗練された性質の人びとにとってはきわめて不安であるにちがいないであろうが、この錯綜は理想的な価値にたいする貨幣の完全に内的な疎遠性によって予防され、主要結果と副次的結果の双方が無条件に分離して存続しつづけ、その一方は、他方の意義がこばまれているばあいにも他方と混同されることなく、たしかにいつかは一定の内的な意義を得ることができる。このように貨幣は、所有と存在のあいだの分離によって純粋に精神的な職業をつくりだしたあと、分化したものの新しい総合によって純粋に精神的な価値の生産を、いわばたんに絶対的な段階のみへではなくまた相対的な段階——前者のばあい人びとはそのような無条件的な決定には耐えることができない——へも首尾よく運ぶ。

貨幣経済はまさにあの根本的な分離によって、考察に値しなくもない自由概念を現実化するのに役立つ。人間の不自由は、彼が外的な力に依存しているということによって、まずはまったく表面的に特徴づけられる。この外的な依存はその対照を次の内的な関係に見いだす。すなわち心の関心あるいは行為が他の心ときわめて緊密に組み合わされ、したがってそれらの独立した運動と発展とが妨げられるという関係にである。外部への不自由はきわめてしばしば内的なものへ継続する。それは心的な領域あるいはエネルギーに圧倒的に強調をあたえ、このエネルギーが他のエネルギーの発展のなかにいわば融合し、自己自身への自由な帰属を妨げる。もとよりこの状態は、外的な拘束以外の他の原因からも現れることがある。道徳哲学が道徳的な自由を感性的・利己的な衝動からの理性の独立と定義するのをつねとすれば、このことは自由というまったく普遍的な理想のたんなる一面的なばあいであるにすぎず、この普遍的な理想は、他のあらゆるものにたいする心のエネルギーの分離した発展、つまりは独立した全力投入において成り立つ。感性がまた「自由」であるのは、それがもはや理性の規定とは結びつかず、それゆえもはや理性によって拘束されないばあいであり、思考作用が自由であるのは、それがたんにそれの固有の内的な動機にのみしたがい、固有でない道へそれを引き込もうとする感情と意欲との結びつきから解放されたばあいである。このようにこの意味においての自由は内的な分業として、衝動と関心と能力との相互の解放と分化として定義づけることができる。人間というものが全体として自由なのは、人間の内部においてそれぞれ個々のエネルギーがもっぱらそれぞれ固有の目的と規定とにしたがって発展し生きつくすばあいである。通常の意味での自由がそのなかに含められるのは、外的な諸力からの独立としてである。それというのもわれわれが外的諸力によってこうむる不自由は、正確にみれば次のばあいを意味するにすぎないからである。すなわち外的な諸力のために運動に投入された内的な力が、つまりは強制された目的にしたがう心の領域が、他のエネルギーや関心が自由に放置されればとらなかったであろう方向に、それらを引き入れるというばあいである。われわれに強いられた労働も、それが他のばあいの行為もしくは享楽においてわれわれを妨げなければ、われわれはそれを不自由とは感じないであろう。われわれに課せられた欠乏も、それが他の通常のもしくは望まれた感覚エネルギーをそらしたり抑圧したりしなければ、けっして不自由とは感じられないであろう。自由とは自己の本質にしたがって生きることを意味するという、あの古い命題は、ここで具体的な細目において考えられていることの包括的で抽象的な表現にすぎない。人間は多数の性質と能力と衝動から成り立っているから、自由が意味するのはそれらのそれぞれの自立であり、たんに固有の生法則にのみしたがう発展であるにすぎない。

　ところで個々の心的な系列の相互の影響からのこの分離は、けっして絶対的なものとはなることができない。むしろそれは事実的で不可避的な心的な関連に限界を見いだし、この関連によって人間は、結局は彼の存在と行為とのあらゆる多様性において、相対的な統一体としてあらわれる。内的な系列の完全な分化あるいは自由は、実現不可能な概念である。この点における到達可能なものの定式は、錯綜と結合とが系列の個々の点とますます少なく関係するようになるということであろう。ある系列が他の心的な領域と不可避的に結合しているばあい、それがもっとも自立した発達にまで到達するのは、その領域の諸要素とまったく個別的に結ばれているばあいではなく、その領域とたんに一般的にのみ結ばれているばあいである。たとえば知性は、その最大の深化と成果とがたんに意志がもっとも精力的に生動するばあいにのみ出現するといった仕方で意志と緊密に関連し、他方――思考作用は、それを促す意志が特殊な色彩、特殊な内容をもつやいなや、ただちにその固有の規定、独立したその内的な首尾一貫性からそらされる。知性はあくまでも一般的な生エネルギーとの融合を要求する。しかし知性が、宗教的、政治的、感性的などの生エネルギーの特別な形態と融合すればするほど、それだけ知性はますます、その固有の本質方向を独立に発展させることができないという危険におちいる。こうして芸術的な製作は、とくに洗練化され精神化された段階では、より高度な知的な発達と結びついている。しかし芸術的な製作がこの知的な発達を利用しつくし、さらにはそれに耐えることができるのは、知的な発達が専門的には尖鋭化せず、その範囲と深化とがたんに一般的な領域においてのみ展開するばあいのことである。他のばあいには製作の自立性と純粋に芸術的な動機とは、逸脱と狭隘化とをこうむる。このように愛の感情はたしかに愛人のもっとも正確な知識を原因と結果、もしくは随伴現象としてもつことができるであろう。

もの、意識が一面的に尖鋭化して他者の何らかの個別的な性質に向けられるということによって容易に妨げられる。むしろたんに他者についてのたかも個別的で一面的なもののすべての調整のもとに、彼について人びとが知っているものを、つまりは彼にかんする意識を形成するばあいにのみ、これが基礎となって生き生きとした感情がもっとも妨げられることなく、いわば自己自身にのみ聴従してその力と誠実さとを発達させることができる。こうしていたるところで心的なエネルギーの不可避的な融合は、それが他者の特殊化した側面あるいは発展段階とではなく、まったく一般的なものと結合したばあいにのみ、そのエネルギーの固有な規定のみにしたがう自由な発達を妨げないように思われる。たんにこのようにしてのみ両者のあいだに、分化した発達を両者のそれぞれに可能とする距離が樹立できるように思われる。

われわれがここでたずさわっている事例もまた、たしかにこの類型に属する。心的な過程の純粋に精神的な系列は、経済的な関心をになう系列から完全には分離されることはできない。後者の基本的な性格は、なるほど個別的なばあいと例外的なばあいにはこの分離を妨げないが、しかし個人的および社会的な生の一般的な関連においてはそれを妨げる。ところでこの生が、まったくの精神的な労働の無妨害性と自由とを制限するとすれば、拘束がとくに一定の経済的な客体にかかわることが少なければ少ないほど、生はそれでもそれだけいっそう精神的な労働を制限することも少なくなる。この点にかんして経済的な関心系列をまったく一般的なものにのみ向けることに成功すれば、精神的な系列は経済的な関心系列からの距離を獲得するが、しかし精神的な系列が特別な客体、それゆえ特別の注意を要求する客体に尖鋭化すれば、この距離は厳守されることができないであろう。この方向にもっとも適した所有様式は、すでに説明したように長きにわたって土地所有であった。一方におけるその経営の様式、その生産物の直接的な使用可能性と、他方におけるこの生産物の一様の売れ口のよさは、知的なエネルギーにたいして相対的な分化と安静とをあたえる。しかし貨幣経済にしてはじめこのことを高め、いまや誰でもがまったくの精神的な労働者であることができ、いわばそれ以上の何ものでもありえないまでになった。貨幣はそれほどまでにまったく経済的な価値一般となり、いっさいの経済的な個物からきわめてかけ離れ、ために貨幣は心理的な関連の内部において、純粋に精神的な活動にたいして最大の自由を許す。自由の偏向はこのように最小限となり、ここでもまた存在と所有と呼ぶことのできる内的な諸系列のあいだの分化は最大限となり、ために意識の非物質的な関心へのあの完全な集中、知性のあの分業的な自己自身への帰属が可能となり、この自己帰属は、たんなる精神的な製作の上述の部門の成立にあらわれる。フィレンツェの精神的な開花は、それでもまた豊かで才能に祝福されたジェノヴァとヴェネツィアに比較すれば一部は次のような事情によるものとされた。すなわち後者の二都市は中世をつうじて本質的に商品取引人として豊かになったが、フィレンツェ人はすでに十三世紀以降主として銀行家として豊かになったという事情である。この営利の性質は僅かな個別労働しか要求せず、したがって高い関心の発達のためのより多くの自由を彼らに認めた。――ある現象は貨幣をますます緊密に人間に押しつけるから、一見したところでは貨幣のこの解放的な作用と対立するが、それにもかかわらず結局のところは同じ意味をもつ。すなわち直接税の発達である。直接税は十九世紀の最初の二、三十年間はいたるところで客体と結びついていた。すなわち地所、建物、営業所、あらゆる種類の所有物が税を負担し、このことは所有者あるいは営業者がいかなる個人的な状況にあるか、すなわち彼が負債をもつか、あるいは現実に普通の所得を得ているかにはかかわりをもたなかった。この租税形式は個性そのものにとっては、これまでに知られているあらゆる租税形式のなかではたしかにもっとも非個人的な人頭税に比して、はるかに適切ではなかった。それというのも物税さえもまさに客体の所有者にかかり、彼はこの所有によってともかくも個人的に規定され、けっして正確には同じものを持つはずのない他者から区別されるからである。このようにすでにドイツの中世においては、不自由農奴と比較的資格をあたえられた貢納負担農民とは、たがいに区別されていた。不自由農奴は人頭税を支払い、領主地や管区のそれぞれの成員も同じであったが、貢納負担農民には、それぞれの客観的な状況に応じて個人的に取り決められた分化した年貢納付が適用された。物品税は、なるほど時間系列においてではないにせよ、それでもいわば体系的には人物主義を志向する第二の段階をなし、歴史的にはこれに階級税が続くこととなった。ここではもちろん市民の現実の個人的な収入もまだ基礎を提供せず、むしろ主として社会的および経済的な相違にしたがって大きな諸階級が形成され、個人はともかくも社会的および経済的な総体状態にしたがって階級の広い限界のなかへと編入された。今日の国税が個人の正確な収入をはじめてつかみ、すべての個々の客体はたんなる要素へ、それだけでは何ものをも決定しない材料へと押し下げられた。貨幣経済の上昇にともなって租税はますます正確に個人的な状況に密着するようになったが、詳しくみればこの密着は人格の自由の上昇である。それというのもこの密着は生系列のあの分化形式に属し、この形式によって個々の系列は、それぞれ自己の領域の内部に厳格にとどまりながら、他のそれぞれの系列をもできるかぎりそれ自体に従属させようとするからである。まさにもっとも客観的な原理、つまり人頭税は、状態の個人的な相違をもっとも顧慮することなく断ち切り、また個人的な所得の正確な関数でない他のすべての租税も、やはりこの個人所得によって支払われなければならないため、その本来の領域をこえて、正確に考えればそれが所属しない他の領域へと侵入する。われわれが経済的な生要素と他の生要素とのあいだに観察したのと同じ過程が、経済の諸要素のあいだにおいても同じようにしばしば繰り返されるにすぎない。この関連が効果的であるのは、すでに十八世紀に自由の観念が最初にきざし始めたさい、租税は個人の生存の最小限を免除すべきであると要求され、この最小限が身分の異なるに応じてさまざまに定められたときである。それゆえここでの傾向はまた、租税はそれが容赦するものにおいてはさしあたりは否定的に特別な生活状態に順応し、純粋に個人的な生存にはまったくふれないということである。そして最近は財産税が貨幣と事物との価値について収入所得にはかかわりなく要求され、このことによって財産税がこの発展をふたたびいくらか曲げるとすれば、これはまさに、個人の自由そのものへの関心とはかけはなれた社会的な観点から生じる。こうして積極的な事例も消極的な事例も次のことを示している。すなわち貨幣の意義が高まるにつれて所有の影、つまりは租税もまた、ますます分化した仕方でそれに正確にふさわしい系列へと局地化され、まさにこの系列へのしなやかな順応によって他の系列に、経済的な存在およびそれ以外の存在の全体に、できるかぎりの自由を許すということである。

市民にたいする国家の関係は一般に、租税によって本質的には貨幣経済的に規定されるが、このことは目下の総括にとって重要な以下の仕方で表現できる相関関係に属している。諸身分が重要事において貨幣収入にしたがってたがいに分離するとすれば、全体としての諸身分を考慮する政策は、きわめて限定されることとなる。なぜなら、あまりにもさまざまな客観的な関心が同じ貨幣収入と結びつき、それゆえひとつの身分の利益にとらわれた処置のそれぞれが、同時にその身分の内部において不可避的に多様な利益を損なうからである。このようにたとえば中産身分が約千二百から千三百マルクまでの所得層と理解されたばあい、統一的な中産身分政策はまったく存在することができない。

それというのもそこに理解された商人、労働者、農民、手工業者、職員、金利生活者、官僚――は、立法のいかなる唯一の点にかんしても相等しい利害をもたないからである。関税政策、労働者保護、団結権、大商業もしくは小商業の保護、営業条例の問題から、救貧区や安息日を守ることの問題にいたるまでが、この複合体の内部においてきわめて対立的に答えられるであろう。大産業と大土地所有とのあいだの事情もまったく同じであり、それらは所得からみれば同じ身分ではあるが、それぞれの政治的要求からすればまったく分離した陣営にしばしば所属している。このようにそれぞれの身分への併合は、貨幣所得という形式的な基準にしたがえば、まったく実際的・政治的な意義を失う。しかしこのことによってますます国家は、利益の総体と多様性とに適合した処置に頼ることとなる。この発展は無数の対抗力によってそらされ、またおおわれるかもしれず――原理的には職業と出生による集団化が所得源によるそれによって駆逐され、その結果として量的には表現できない利益の性質が身分複合の外的な意義を破壊し、そのかぎり政策は、あの分類一般をこえて客観的な高みに向かうことになる。ところでこのことはまったく典型的な相関関係、すなわちもっとも完全な客観性と主観的なものにたいするもっとも完全な考慮とのあいだの相関関係に属する。――この相関関係は、すでに述べた租税の発展にあらわれた。

ここでさらに示したいのは、いかにして貨幣がこの相関関係をつくり出すための技術的な可能性を、さらに社会的な基礎関係においてもあたえるかである。くりかえし強調してきたが、中世の理論はそれぞれの商品に公正な価格を、すなわち貨幣価値と現物価値とが算数的に同じであることに成り立つ客観的にふさわしい価格をあたえ、この価格にたいする高値と低値とを法的に確定しようとした。そのさい現れたものは、やはり悪い意味において主観的とならなければならなかった。すなわち一時的な状態を将来の運動の桎梏へと固着させようとする恣意的な不十分な価値設定である。この直接の同一視によるかわりに、むしろ経済の全状態、需要と供給の多種多様な力、人間と事物の変動する生産性が価格の規定根拠として承認されたとき、はじめて人は価格の内容的に公正な妥当性に接近した。このことによっていまや諸個人を拘束する価格の固定化が排除され、絶えまなく変動する状況の打算が諸個人にゆだねられねばならなかったにせよ、それとともに価格形成は、はるかに実際的に作用する要素によって規定され、それ以来は客観的により適切で公正なものとなった。この発展はいまやもう完成されていると考えられる。超個人的な要素の複雑化と変化のみではなく消費者の個人的な資産状態もまた価格の高さをともに規定すれば、広範な公正の理想が価格を形成するであろう。諸個人の状態もまた客観的な事実であり、これらの事実は個々の売買行為にとってはきわめて重要であるが、しかしいままでは価格形成に原理的にはまったく表現されない。それにもかかわらず時にはその表現が観察できることもあり、このことが観念から最初の逆説を受けとる。以前に富の超付加として総括した現象のもとでは、たしかにこの逆説はひどく誇張された仕方で生じる。すなわち貧者は同じ商品に富者よりも高く支払う。とはいえ事情はそれでも往々にしてまた逆でもある。しばしば無資産者はたしかに彼の要求を富者よりも安く、しかも彼らに劣らず満足させていると考えている。医療報酬のさいには受診者の状態にもとづく価格規制が、一定の強調をともなって現れる。一定の限界内では患者が「彼の状態に応じて」医師に支払うことが正当である。このことがたしかに特に正当とされるのは、病人が強制状態におかれているということによる。病人は医師にか、か、ら、な、け、れ、ばならず、それゆえ医師は初めから同じ給付にたいして等しくない報酬を見込むにちがいない。しかし市民もまた国家にたいしてはそのような強制状態にある。彼は国家への奉仕を免れることができないし、さらにたとえ免れようとしても拒否することができない。それゆえ通常であれば国家は貧者からは奉仕のためにより僅かな代償を、より僅かな租税を受けとり、しかもこれは国家が富者に貧者よりもより大きな利益をあたえるという理由のみによるのではない。奉仕と返礼との均衡におけるこの外面的な客観性はきわめて長く適切ではないと認められ、これに代わって給付可能性の原理があらわれた。新たな方程式は、個人的な状態を要素としてとり入れたということだけでも、古い方程式よりは少なからず客観的である。それどころかその方程式は、はるかに適切な客観性をもつ。なぜなら価格形成からの個人の経済的な全状態の排除は——とりわけ不可欠性が問題となるばあいは——何か恣意的なものと事態に正確には対応しないものとを価格形成にあたえるからである。すでにまたこの方向にあるのが、係争の対象の高さに応じた弁護士の報酬である。二〇マルクのために訴訟を起こさなければならない者は、その千倍の額のために訴訟を起こさねばならない状態にある者と同じ苦労を、わずかな金額で弁護士に要求することが許される。このように弁護士もまた、医師と比べてはいくらかより客観的なものにおいて示されるにせよ、「状態におうじて支払われる」。ところでこの原理は、なお後ほど取り扱うはずのより広い次の提案の基礎となっている。すなわち法律は罰金を絶対的な額にしたがってではなく、むしろ所得額に応じて決定し、あるいは最高法廷への控訴に許される係争の対象の高さは、これまでのようにもはや絶対額ではなく、上訴者の年収の一定額とすべしという提案である。さらに最近では、消費者の購買手段に応じた等しくない価格の体系が社会政策の万能薬として宣言され、社会主義の長所を短所なしにあたえるとされた。このばあいわれわれに興味があるのはこの提案の正しさではなく、たんに提案の事実であるにすぎない。というのもこの提案は経済的な取引の発展の独特の結末を目立たせるからである。われわれはこの発展が純粋に主観的・個人的な所有変更とともに、すなわち贈与と掠奪とともに始まるのを知る。交換は人間のかわりに事物をたがいに関係させ、このことによって客観性の段階をつくり出す。この客観性の段階は、確定した現物の交換量もしくは法的な価格公定のいずれかによって実現され、しかも客観的形式にもかかわらず内容的にはまったく主観的・偶然的であるから、さしあたりは形式主義的・硬直的である。現代のより自由な商取引は、偶然的な事態に発した変化しやすいすべての要素を価格規定に受け入れることによって、この客観性を拡大させた。すなわち取引の客観性はより弾力的となり、さらにこのことによってより拡張的となった。ついに右の提案は、もっとも個人的な諸要素をもなお客観化しようと努める。すなわち個々の購買者の経済的な状態は、彼が必要とする対象の価格を変えることができるべきである。これは費用学説の対応であるか、あるいは少なくともその補充であろう。費用学説は、価格が生産の諸条件に依存すると主張する。前者は、価格が消費の諸条件に依存すべきであり、さもなくば少なくとも消費の諸条件にしたがって変えられるべきであるとする。この後者のような状態にあって生産者の利益がまもられ続けるとすれば、——たとえユートピア的ではあるにせよ論理的には排除されない——いまや現実には価格は購買のたびごとに、その背後にある個人的な状態をすべて適切に表現するであろう。すべての主観的なものが、価格形成の客観的・合法的な要素となるであろう。この発展は、あらゆる本源的な客観的な所与を主観的な構成として認識する哲学的な世界観の発展にほぼ平行する。しかしまさに自我へのこの絶対的な還元によって、この世界観は所与に初めて統一性と関連と明白性とをあたえる。これらがつくり上げるのが、われわれの客観性と名づけるものの本来の意味と価値とである。ここでは主観は、客体を完全に自己にとり入れ止揚しているのであるから、客体との対立をこえるであろう。これと同じように右のばあいにおいても、客観的な態度がすべての主観的なものを自己のなかに引き入れながらも、対立をなおも生きつづけさせる残滓を残さないことによって、主観の客体にたいする対立は克服される。

われわれの関連にとって問題となるのは、この理想形成とそれへの現実の断片的な接近とが貨幣概念によって可能にされるということである。経済的な状況要素の総体は、それらのすべてにたいして一様の価値表現が成り立つばあいに、初めてあますところなく価値規定に用いられることができる。共通な分母への還元にして初めて、個人的な状態のあらゆる要素のあいだの単位をつくりあげ、この単位がそれらの諸要素が公正な基準にしたがって価格の規定へ協力することを許す。貨幣のすばらしい業績こそは、きわめて多種多様なものの平準化によって、まさにいっさいの個人的な錯綜に適切な明瞭化と効果とを可能にする。――あたかも個人の新たな形態に完全な自由をあたえるためには、まずはすべての特殊な形式が、すべてに共通な原要素に立ち返って形成されなければならないかのように――。この業績を前提にして、事物の価格からあらゆる硬直したもの、個々の状況に暴力を加えるものを取り去って浄化しようとし、等しくない価格という社会原理においてこれをかなり激しく表現するという発展が進行した。――しかし等しくない価格は消費者の状態にたいする関係においてはまさに相対的な等しさをもち、そして同時に主観的な諸条件を、それらを含む全体によって完全な客観性の原理にしたがって形成する。すべての客観性は、意識にとっては主観にたいする無条件な対立とともに始まり、この区別は、客体を主観との素朴なもしくは混乱した統一から解放するほど十分には明白であることができない。精神のより高い発展段階は、この解放がなされて初めて再び、主観を自己になかに含む客観性の包括的な概念を成熟させる。この客観性の概念は、それ自体において不変であり一義的であるためには、もはやこの対立をそのままでは必要とせず、むしろ反対に主観そのものを世界の客観的な表象の構成部分、もしくはその一側面とする。

この発展もまた以前の定式化、すなわち貨幣は所有と存在とをたがいに自立化させるという定式化に入れられ、この定式化はたんに貨幣に、すでに歴史的な生活の他の段階において完成された過程をきわめて決定的に表現させ、さらに比較して完結させるにすぎない。氏族制度が存続したかぎりは、そのまま個人と地所とのゆるぎない結合が存在した。それというのも氏族は一方では土地の上級所有者であり、他方では個人を完全にその利益のなかに融解したからである。このように氏族は紐帯をなし、この紐帯によって個人の存在は、たしかになおけっして個人主義的でない彼の所有に結びつけられた。ここから生じた土地の私有財産への変化は、いかに私有財産がまさに人間と所有物とを強く結びつけるように思われるにせよ、にもかかわらず両者のあいだのあの原理的な関連を解消した。というのもいまや所有物によって任意の活動がそれぞれ可能となったからである。浸透する貨幣経済はまず第一に、中世の諸都市において次のことを生じさせた。すなわち人は土地を貸して利子を受けとることができたが、所有者の人格がそのことに関係させられたり、彼の社会的地位が押し下げられたりはしなくなった。貨幣経済は土地と人間としての所有者とをたがいにはるかに分離させ、ために完全な所有物が抵当に入るといった制限も、もはや以前ほどには所有者の堕落とは感じられなくなった。抵当と売却とは、人間と地所とのあいだのあの分離のもっとも極端な結果、そしてたしかに貨幣によって初めて可能な結果にすぎないと思われた。しかしこの過程はすでに貨幣よりもまえに、氏族制度が解消した瞬間にはじまった。その後の発展についても事情は似ており、この発展が家父長的な制度を、法の前ですべての市民を同権とする法治国家へと移しかえた。この同権もまた所有からの存在の分離と、存在からの所有の分離とを意味する。すなわち地位はもはや土地所有によっては規定されなくなり、他方では所有ももはや高貴な階級への所属によっては規定されなくなった。まったく多数の社会的な運動がこの結果を促した。すなわち下層身分の量的増大による貴族の弱体化、一方ではこの下層身分のあいだにある種の貴族を生みだし他方では土地貴族にとって下層身分を不可欠とした分業、土地所有に拘束されない諸身分の大きな移動の自由などである。これらのすべての力が活動的になったにちがいない。たとえば「ギリシア中世」の末期に、加えて海上取引と植民運動とが発展し、アテネが七世紀以来経済的な優勢を得たなどである。貨幣経済がさらに加わることによって、それはこの過程を完了したにすぎない。いまや土地所有者も、豊かな成上り者と肩を並べ続けるためには同じく貨幣を必要とする。貨幣は担保として、生産物やあるいはさらに土地そのものの売上げ金として、土地所有者と彼の所有地とのあいだに押し入った。そして貨幣は土地所有者を土地所有の質的規定から独立させ、まさにそれによってまた所有地からも個人的な色彩を奪い去り、このことによって貨幣は同時に、土地所有者と他の身分とのあいだの権利の平等を増大させる。万人の権利の平等という原理は、ギリシアの民主主義において結局は支配的になったように、普通であれば所有から存在へ、そしてまた逆へと拡がるあの特別な規定の解消を宣言する。しかしここでもまた貨幣経済は、はるかに広範な基礎をもつ運動のもっとも強力な、いわばもっとも意識された要因および表現として現れる。そしてゲルマンの状況においてわれわれがもっとも古い時代について知るのは、土地所有は独立した客体にかかわるのではなく、個人のマルク共同体への個人的な所属の結果であったということである。土地はそれだけで資格をあたえる客体であって、その所有によって個人がいまや彼の意義と結果とを自己のものとするわけではけっしてなかった。むしろ人格はこの一定の意義をもつから、一定の土地所有が人格と結びつけられた。しかしこの個人的な拘束はすでに十世紀に消滅し、代わって地所の自立性があらわれ、これを人はほぼ地所の人格化と呼ぶことができよう。それとともに導入されたのは、地所を分割してまったく不安定な経済的生活へ引き込もうとする傾向である。そしてこの傾向がついにその限界を、地所の本質とは分離しがたい固定性に見いだしたとき、人格とはもっとも疎遠な経済的客体、つまりは貨幣が地所に代わって出現した。存在と所有とのあいだのあの分離は、すでに昔から土地所有の状況において明白に現れ始めたが、しかし貨幣はまさに、この分離のあますところなき表現にとっての、もっともふさわしい実体であるにすぎなかった。ついに十三世紀になって同じ現象が他の側面から、しかも社会的な階梯の他の極において示された。この時代に農民の自由はきわめて高い状態へと高まった。主としては東部ドイツにおいてであり、そこでは自由な農民によって植民が行われ、しかも当時は相対的に高度に発達した貨幣経済と緊密に結びついてであった。しかしまもなく急激な変化が生じた。すなわち領主制がとくにエルベ以東において拡大し、農民を耕地へ拘束することに成功した。しかし同時に貨幣経済的な状態は、ふたたび現物経済的な状態によって排除された。ここでは経済的な地位への農民の繋縛、彼の存在の所有への繋縛が、貨幣経済の衰退に平行した。そしてこの後者の現象が前者の現象の原因として要求されたとしても、このことはたしかに、当時は領主制の形成をもたらした原因の全複合のもっとも目立つものであるにすぎない。貨幣がそれだけで所有客体とみなされ、いわば隔離層によって所有者の存在から分離されるとすれば、貨幣は所有と存在とのあいだの歴史的な関係において、この関係の収縮と弛緩とのあいだの世界的な交替をひき起こした諸要素のなかのもっとも確実で決定的な、さらにはもっとも兆候的とさえ言える要素をあらわしている。——

それゆえ自由が存在と所有とをたがいから独立化させるという意味をもち、そして貨幣所有が一方による他方の規定をもっとも徹底的に緩め破壊するとすれば、——貨幣所有には自由のいまひとつの積極的な概念が対立する。この自由概念は所有と存在とを別の段階においてふたたびより緊密に結合させるが、しかしそれゆえに同じように貨幣においてきわめて強力な現実化を見いだす。上述の規定に結びつくのは、所有は表面的に思われるほどには客体の受動的な受容ではなく、むしろ客体への行為であり客体による行為であるということである。所有はいかに包括的で無制限であるにせよ、事物によって自我の意志をそれらに明確化することにほかならない。それというのも事物を所有するということはまさに、事物が私の意志にたいしていかなる抵抗をも対立させないということであり、意志が事物にたいして自己を貫徹させることができるということだからである。そして私がある人間について、私は彼を「所有する」と言ったとすれば、このことが意味するのは、彼が私の意志に服従するということであり、自然の調和あるいは暗示的な抑圧が私の存在と意志とをいわば彼において継続させるということである。私の身体が私のものであり、他のすべての客体よりもより高い程度において「私のもの」であるのは、それが他のすべての客体よりも私の内面的な衝動により直接的により完全に従い、そしてこの衝動がそれに比較的完全に表現されるからである。これと同じようにあらゆる事物は、このことが妥当する程度において私のものである。人は事物によって「彼の欲することをなすことができる」ということは、実は所有の結果ではなく、むしろまさに事物を所有することを意味する。このように自我はその総体的な「所有」によってとともに、その傾向と特徴とが明白な現実性を獲得する領域によってもとり囲まれ、この領域が自我の拡大を形成し、自我は事物への放電の発する中心であるにすぎない。そして事物がまさに私のものであるのは、それを私の意志にしたがって形成しようとする私の自我の権利と力にそれが従うときである。自我とのこの緊密な関係は、所有物をいわば自我の領域とも表現とも思わせ、けっしてたんに持続され保有されるかぎりの所有物のみと結びつくだけではない。むしろ自我は、活動の総計としての所有物にかんするわれわれの表象とあくまでも一致し、ために価値を手放すことはまさしく、交換においてであるにせよ贈与としてであるにせよ、人格感情の一定の高揚をともなうことがありうる。――この魅力は自己外化、自己犠牲と結びつき、減少という迂路をへての自己の高まりを意味する。人はしばしば所有物を手放すことにおいてはじめて、身体の一要素が切除される瞬間にもっとも強く感じるのとまったく同じように感じる。所有の魅力は放棄の瞬間にきわめて強く――痛ましくもあるいはまた楽しくも――、この代償なしにはけっして生じないほどに尖鋭化する。この瞬間は――まったく獲得の瞬間と同じように——すぐれて「豊饒な瞬間」であり、所有が表現する人格の能力は、所有にかんするこのもっとも外的な処理において、もっとも判然と頂点に達する。——このことはまた一定の変形をともなって破壊の歓喜においても生じる。それゆえアラビアのベドウィン族について、彼らにあっては乞食と贈与と掠奪とが相関概念であり、必然的に相互関連的な行為であると報告されるばあい、とりわけこの種族の強固な個人主義的な性格を顧慮すれば、次のことが示される。すなわちそれらのさまざまな行為のすべては、さまざまな兆候を伴いさまざまな方向を示すにもかかわらず、所有によってのみあらゆる所有客体の同一の意味と根本価値とを表現しているということである。すなわち人格はそれらの客体において生きつくし、明瞭に自己を表現し、自己を拡張させる。このように所有の理解にとって決定的なことは、所有物と自我とのあいだの、内的なものと外的なものとのあいだの鋭い限界設定が、まったく表面的なものとして認識され、より深い考察のために流動化されるということである。一方において所有の全意義は、一定の感情と衝動とを心のなかによび起こすことにあるが、他方においては自我の領域は、これらの「外的な」客体をこえて、ちょうどヴァイオリニストや画家の心のなかの経過がヴァイオリンの弓や筆の運動のなかで持続的に継承されるように、その客体のなかへ入り込む。所有物としてのそれぞれの外的な客体は、心的な価値とならなければ無意味であろうが、これと同じように自我は、外的な客体を自己の周囲にもつのでなければ、いわば拡張することなくひとつの点へと収縮する。というのも外的な客体は自我に服従するから、すなわち自我に所属するから、自我の傾向と力と個人的な様式とをそれ自体において明確化させるからである。それゆえまたわれわれに真実らしく思われるのは、私有財産制の発展がもっとも早くもっとも集中的にとらえたのは、まさに労働生産物そのものではなく、むしろ武器を含めての労働道具であったということである。それというのも、まさに労働道具はもっとも直接に四肢の延長として機能し、その末端において初めてわれわれの衝動にたいする事物の抵抗が感じられるのがつねだからである。同じように活動要素も、他のばあいよりも労働道具の所有においてより大きく、それゆえ労働道具は身体に次いでもっとも根本的に自我のなかに引き入れられる。所有についてのこの解釈は、理想主義と自由との世界観がその対照による補いを見いだす方法をはじめて指示する。すなわち事物は自我のなかへ、しかし自我もまた事物なかへ入り込まなければならない。

所有物の獲得はいわば個人の限度をこえた人格の成長であると言うことができよう。——これはちょうど生殖をそのような成長と呼んだのと同じである。後者のばあいも前者のばあいと同じように、個人の領域はそれが本来示した限界をこえて拡大し、自我は直接の範囲の彼方へ続き、広義にはやはり「彼のもの」である自己の外部へと拡張する。若干のマレー種族にあっては、花嫁代金の支払い後に生まれた子供のみが父親に属するのにたいし、それ以前に——しかし疑いもなく同じ夫婦に——生まれた子供は母親の家族に属した。この規定の理由はもちろん純粋に外面的である。すなわち子供は価値対象をあらわし、娘の結婚によって子供は夫のもとへ手放されるが、母親自身の代価が支払われるまでは人は子供を頼りにする。それでもなおこの規定は、所有物と増殖とのあいだに深く横たわるあの関係を明らかにする。夫は勢力範囲を拡大しようとするにさいし、彼の子供の所有によるかそれとも支払うべき財産物件の保留によるか、このいずれかをいわば選択する。ヴェーダ（バラモン教の根本聖典）のなかには、最古のバラモンの僧侶について次のように述べられている。「彼らは息子を得んと努力することも、所有を得んと努力することも放棄する。それというのも息子を得んと努力することは所有を得んと努力することでもあるからである。得んと努力することには変わりはない」。この文章はたしかにそれだけでは、内容からみた二つの努力の同一性についてはまだ述べようとしてはいない。しかし意味あることはやはり、あらゆる努力の同一性を証明するために、まさにこの二つの努力が例として選ばれるということである。自我は自己と同じものの生産においては、所有物の処理にあたって所有物に彼の意志の形式を刻みつけるばあいとまったく同じように、自己自身への彼の本来の限定には無頓着である。人格のたんなる拡張としての所有のこの概念は、いかなる反論も受けることなく、むしろまさに次のばあいによる深い確証を知る。すなわち人格感情はいわば自我の中心点を見すて、あの周辺の層、つまりは所有物に移行するばあいである。——これはちょうど自我の拡張としての増殖と家族形成との解釈が、直接の自我関心が結局は子供にたいする関心の背後に後退するかもしれないということによっても妨げられはしないのと同じである。中世のイギリスにおいて人が領主の同意なしに娘を結婚させたり牛を売ったりできなかったばあい、これは不自由な地位のしるしとみなされた。そこでただちにそうする権利のある者は、たとえ個人的な夫役を果たさなければならないとしても、しばしば自由であるとみなされた。自我感情はその直接の限界を踏みこえて、たんに直接にのみふれる客体へと定住したが、このことがまさに示しているのは、ほかならぬ所有そのものの意味するところ、人格がそのような客体のなかに拡がり、それらにたいする支配において拡張領域を獲得するということなのである。ここから独特の現象、すなわちときにはまさに所有の全体が存在の全体の等価と思われるということが生じる。中世のフランスには農奴の一定の階級が存在し、彼らに妥当した法規定によれば、彼らが彼らのすべての所有を領主に引き渡したばあい、自由の身分になることが許されるという。

ところでこのことは、所有様式の理解にとって多様な結果をもたらす。自由が意味するのは、意志が妨げられずに実現されることであるとすれば、われわれはより多くを所有すればするほど、それだけいっそう自由であるように思われる。それというのもわれわれが所有の意味として認識したのは、われわれが所有の内容によって「欲するものをつくることができる」ということだからである。われわれはもはや他者の所有物、あるいは所有されることとは一般に縁遠いものによっては、われわれの欲するように処理する「自由」をまったくもたない。それゆえ自由についてわれわれの理解の意味とぴったりに、長いラテン語時代にドイツ語もまた特権の意義を、つまり特殊な恩寵の意義を自由という語と結びつけた。ところで自由はその限界を、所有される客体そのものの性質を見いだす。このことがまざまざと感知されるのは、われわれがそれでももっとも無制限に所有すると信じる客体、つまりはわれわれの身体においてである。身体もまたその体質の固有の法則の内部においてのみ心的な衝動に屈服するにすぎず、したがってわれわれの意志は何らかの結果をともなわずには、一定の運動や仕事を身体には要求することができない。そしてこのことは、他の客体のすべてについても同じである。私の所有する木片にたいする私の意志の自由はたしかに、それから各種の道具を彫ることができるというところまでは及ぶ。しかし私がその木片から、ゴムのしなやかさや石の堅さを要求するものを作ろうとすれば、ただちに自由は麻痺する。われわれの意志が事物によって作ることができるものは、やはり結局は芸術家が用具から引きだすことができるもののみに似ている。芸術家の感情と能力とがいかに深く用具に入り込もうと、さらに彼が用具にゆだねることのできる限界があらかじめいかに僅かしか定められていないとしても、どこかには限界が横たわっているにちがいない。ある点からは用具の構造が、心にたいしてそれ以上の従順さを許さない。事物がもはやそこからはわれわれに「従わない」点がそれである。現代においては絶えざる適応と、また時を同じくする無拘束な自由欲と所有欲とが、事物について無数のものを要求させるが、所有のこの原理的な限界を概観すれば、事物がその性質とわれわれの本性よりみてわれわれに何をあたえることができないかは、現代では明らかである。ここで思い起こすのは、——ようやくごく最近はいくらか修正されつつあるが——芸術における素材への無理解であり、さらには人びとが心の幸運と和平とをますます外的な生活条件に期待し、技術の進歩に真の文化を、社会の客観的な構造に個人の満足と完全とを期待するということである。

大体において意志はわれわれの生活条件にきわめて適応し、したがって意志は事物がなしえないことを事物に要求しないし、また所有物の固有の法則による自由の制限は、事物にたいしては積極的な感情にまで達しない。にもかかわらず客体の階梯が提出されるのは、意志は一般にどこまで客体をわがものとすることができ、意志はどこからもはや客体に浸透することができず、したがって客体は現実にどこまで「所有され」ることができるのかという問題からである。貨幣はこのように階梯の極端な段階を示すであろう。客体はいわば自己のために獲得不可能性を保持し、これが客体のなおそのような無制限な所有を拒否するが、貨幣にあってはこの獲得不可能性が完全に消滅している。一定の性質をもつ他の事物であれば、いかにわれわれが法的な意味においてそれを所有しようとも、その固有の構造によってわれわれの意志を拒むが、貨幣にはまったくこの固有の構造が欠けている。貨幣は無差別的な容易さで、われわれの意志がそこに明確化しようとするあらゆる形式とあらゆる目的とに順応する。貨幣の背後にある事物からのみ、われわれに障害が生じるかもしれない。貨幣自体は、いかなる客体にかんしてもいかなる程度の分配にかんしても、いかなる速さの譲渡もしくは貯蔵にかんしても、つねに一様にあらゆる指令に譲歩する。このように貨幣は自我にたいして、客体のなかへ生きつくすためのもっとも決定的でもっとも徹底的な様式をあたえる。——貨幣はその無性格性によって自我にたいして限界をおき、たしかにこの限界の内部においてその様式をあたえはするが、しかしこの無性格性は、このようにまさにたんなる否定的なものにすぎず、他のあらゆる客体のように積極的な性質から生じるのではない。貨幣そのものと貨幣が所有するすべては、貨幣を無条件に人間の意志に引き渡し、貨幣は完全に人間の意志によって吸収される。そして貨幣が人間の意志にたいして普通のばあい以上のことをしないとすれば、それは他のすべての客体のばあいとは異なって、この限界の彼方にその存在の服従しない保留された部分があるからではなく、むしろそこにはまったくなにもないからである。

われわれは貨幣において形式的にはもっとも柔軟な客体をもつが、しかし貨幣をそのようなものとするまさにその理由から、すなわち貨幣の完全な空虚性によって同時に、もっとも柔軟でない客体をもつ。われわれが所有する貨幣は最初からわれわれに所属し、しかもまるで一挙にまったく絶対的に保留なくわれわれに所属するから、またもやわれわれは貨幣からはいわばもはや何ものをも誘い出すことができない。一般的には次のように言わなければならない。すなわち客体はそのままで何ものかであることによってのみ、われわれにとって何ものかであることができるし、たんにそれゆえにこそ、われわれの自由に限界を設定することによって自由に余地をあたえる。この論理的な対立は貨幣において最大限に達するが、にもかかわらずその緊張において、事物にたいするわれわれの行動の統一が実現される。すなわち貨幣はわれわれに無条件に服従するから、われわれにとっては何かある所有財よりもより多くのものなのである。――そして貨幣は、所有というたんなる形式をこえて獲得できるすべての内容を欠いているから、われわれにとってはいかなる所有財よりもより少ないものなのである。われわれは他のすべてのものよりも貨幣をより多くもつが、しかしわれわれは他のすべてのものにおいてよりも、貨幣においてはより少ししかもたない。

貨幣のあの柔軟性は、そのきわめて多くの本質的結果一般と同じように、そのもっとも純粋な高められた表現を取引所に見いだし、そこではちょうど政治的な組織が国家において示すのと同じように、貨幣経済が自立的な構成へと結晶化している。すなわち相場の変動が示しているのは、いくえにも主観的・心理的な動機づけであり、この動機づけがいかにこの顕著さとこの独立性とにおいて、すべての客観的な基礎づけとはまったく比較できないかである。このことに関しては、なるほど皮相的ではあろうが挙げられるのは、証券を基礎づける個々の客体の品質の真の変化が稀にしか相場の変動に対応しないということである。それというのもこの品質は、市場にとっての意義においてはやはりたんに国家あるいは醸造所、鉱山あるいは銀行の内的な性質においてのみ成り立つのではなく、さらに市場のそれ以外の総体的な内容と状況とにたいするそれらの関係においても成り立つからである。それゆえたとえばアルゼンチンにおける大きな破産が中国の金利の相場を押し下げるばあい、たとえ中国の金利の確実性がこの出来事によって月面の出来事によるほど僅かしか変質させられないとしても、このことには客観的な理由づけがないわけではない。

それというのも右の金利の価値意義は外的な不変性にもかかわらず、それでも市場の総体状況に依存し、この状況の変動はどこかの点からは、たとえばあの利得の利用の継続を不利に形成できるからである。たとえこの相場変動の原因が個々の客体の他の客体との結合を前提とし、やはり客観的であるにしても、しかしこの原因の彼方には投機そのものより生じる原因がある。それというのも証券の将来の相場状況にたいするこれらの賭けが、現在の相場状況そのものにきわめて重要な影響をあたえるからである。たとえば有力な金融集団が、証券の性質とはまったくかかわりのない理由から証券に関係するやいなや、このことがその証券の相場を押し上げる。逆にまた弱気筋は、たんなる売りたたきだけによっても証券の相場をほとんど任意に押し下げることができる。それゆえここでは客体の真の価値はそれだけでは不適切なたんなる底層として現れ、この底層をこえて市場価値の変動が生じるように思われる。なぜなら変動はやはり何らかの実体、より正しくは何らかの名称と結びついているにちがいないからである。客体の実質的で究極的な価値と取引証券によるその代理とのあいだの釣合は、いっさいの恒常性を失った。それゆえこのことによって明かとなるのは、事物が貨幣によって獲得した価値形式の無条件的な柔軟性であり、そして価値形式は事物をその実質的な基礎からまったく解放したことである。いまや価値はかなり無抵抗に、気分や所有欲や根拠のない意見といった心理的な衝動にしたがう。しかも評価のあくまでも適切な基準を形成することのできる真の関係がそこにあるからには、ますます奇妙な仕方でしたがう。しかし貨幣形象となった価値は、いまや主観的なエネルギーを無条件に引き渡すために、価値の固有の土台と実体とにたいして独立化した。ここでは賭けそのものが賭けの対象を自己の運命において、しかも現存する実質的な基礎から独立して規定することができるから、価値の貨幣形式の浸透性と可塑性とはもっとも狭義の主観性によって、そこにもっとも勝ち誇った表現を見いだした。

　貨幣所有が意味する自我の拡張は要するにきわめて独特のものであり——ある意味では客体一般からわれわれに生じることのあるもっとも完全なものであり、他の意味においてはまさにもっとも制限されたものである。なぜなら結局のところその柔軟性は、たんなる絶対的に流動的な物体の柔軟性にすぎず、この物体はたしかにいかなる形式をもとるが、いわばそれ自体においてはいかなる形式をも明らかにはせず、むしろそのそれぞれの規定を周囲の物体からはじめて受けとるからである。この状態から明らかになるのは、以下の類型の心理学的な事実である。誰かが私にたいして彼の大いに気に入った事物のすべてを、たとえ彼自身のためでなくそれを所有せんがためであるにせよ、買いたいという要求をもつと言えば、彼にとって重要なのは、事物に自己を貫徹させ、それらにともかくも彼の人格のスタンプを押すことによって、事物への彼の好みに積極的な表現をあたえることのみであろう。それゆえここで貨幣は人格のまったく独特な拡張を可能とし、人格は事物の所有によって身を装おうとはせず、事物にたいする支配は彼にはどうでもよい。むしろ彼には事物にたいするあの一時的な力で十分なのである。そして事物にたいするいっさいの質的な関係からのこの遠離化は、人格にいかなる拡張も満足もあたえることができないように思われるが、しかし事物は貨幣に向かってはいわば絶対に従順であるから、まさに購入の行為がそのような拡張と満足として感じられる。事物にたいする支配は普通であればたんに現実の所有のなかにのみあるが、貨幣価値としての事物と貨幣とは人格の衝動にたいして完全に従順であり、この完全さのゆえに人格は事物にたいするこのような支配の象徴によってすでに満足させられる。享楽のこのたんなる象徴の享楽は、フランスの小説家が明らかに現実にもとづいて物語った次の事例のように、病理学的といえるまでに迷い込むことがある。あるパリのボヘミアン仲間に一人のイギリス人が所属し、彼の人生の享楽は、きわめて気違いじみた密儀に参加しながら自分では何も享楽せず、つねにたんにすべてのために支払うことのみにあった。彼は現れるが一言も語らず、何も行わずにすべてを支払っては消え去った。問題とされる支払いという経過の一面が、この男の感情にとっては経過の全体となっていたにちがいない。ここには性病理学において最近しばしば語られるあの倒錯した満足が存在するということは、たしかに承認される。通常の浪費欲もまた所有と享楽の前段階に、つまりはたんなる貨幣支出に停止するが、この通常の浪費欲に比してあの男の行動がとくに目立つのは、ここではその等価物によって代表される享楽が浪費欲にきわめて近く、しかもじかに誘惑的であるからである。——一方では事物の積極的な所有と使用から遠ざかっていることと、他方では事物のたんなる購入が人格と事物とのあいだの関係として、さらには個人的な満足として感じられるという事実とは、貨幣消費のたんなる機能が人格にあたえる拡大から説明される。貨幣はそのように感じる人間と事物とのあいだに橋をかけ、心はこの橋を踏みこえて、事物の所有そのものにはまったく到達しないばあいにさえ所有の魅力を感じる。

この関係はさらに、以前すでに重要となった吝嗇というきわめて複雑な現象のひとつの側面をなす。吝嗇漢は貨幣の所有に悦楽を見いだし、個々の対象の獲得と享楽までは進むことなく、このことによって彼の勢力感情は、一定の性質をもつ事物にたいするあらゆる支配よりも、彼にとってはより深くより価値にみちるにちがいない。それというのも事物のあらゆる所有は、われわれの見るところではそれ自体のなかに限界をもつからである。熱望的な心はあますところのない満足に酔い、事物の究極的なもの、もっとも内的なもの、絶対的なものに浸透しようとして、事物からきわめて痛烈な拒絶を受ける。事物はそれだけで何ものかであり、さらにそうであり続ける。そしてこのことが自我の領域への事物の完全な融解に抵抗し、こうしてまさにきわめて激情的な所有を不満に終わらせる。貨幣の所有は、他のあらゆる所有のこのひそかな反抗から自由である。事物そのものには近づかないことと、個別的なものと結びついた特別な喜びをすべて断念することを代償として、貨幣は支配感情をあたえることができる。しかしこの感情は、本来感知できる客体からはきわめて十分にへだたり、客体の所有の限界につまずきはしない。貨幣のみをわれわれは完全に無条件に所有し、貨幣のみが、貨幣によってわれわれの行う機能のなかに完全にあらわれる。このように吝嗇漢の喜びは美的な喜びに似ているにちがいない。それというのも美的な喜びもまた、世界の測りがたい実在の彼方に位置し、精神が残りなく入り込めるほど精神には完全に浸透できる世界の外観と輝きに固執するからである。とにかくここでもまた貨幣と結びついた現象は、同じ原理をまた他の内容においても実現する系列のもっとも純粋でもっとも明瞭な段階であるにすぎない。私はある男と知り合いになり、彼はもうまったく若いとはいえない家長であり、よい状態にあり、彼の時間のすべてはありとあらゆる事物を学ぶことでみたされ、言葉はつねに実際には応用されず、完璧にダンスするが実際には踊らず、あらゆる種類の準備は使用されることもなければ、そう思われることさえもない。これは完全に吝嗇家の類型である。すなわち完全に所有されてはいるがけっして現実化が考えられない潜在可能性についての満足である。しかしそれゆえにここにもまた、美的なものに類似した魅力が存在するにちがいない。すなわち事物もしくは行動のいわば純粋な形式と理念との支配が存在するにちがいなく、これにたいしては現実へのあらゆる前進は、事物の不可避的な妨害と拒絶と接近不可能とによって、たんに零落であるにすぎないであろうし、また客体を能力によって絶対的に支配しているという感情を制限するにちがいないであろう。美的な考察――たんなる機能としてのそれは、あらゆる対象にたいして可能であり、そして「美しいもの」にたいしては特に容易であるにすぎない――は、自我と客体とのあいだの境界をもっとも根本的に除去する。それは客体の表象を、あたかもそれが自我の本質的な法則にのみ規定されているかのように、きわめて容易に、気楽に、調和的に展開させる。それゆえ美的な情調が感じる満足の感情は、事物の息苦しい圧迫からの解放であり、普通であれば抑圧的となるはずの実在性をもった事物への、自我のあらゆる喜びと自由とをともなった拡張である。これこそは、たんなる貨幣所有についての喜びの心理学的な色彩であるにちがいない。貨幣所有の意味する事物所有の独特の濃縮化と抽象と予想は、意識にたいしてまさに、あの自由な活動の余地、無抵抗な媒体をつらぬく予感にみちたあの自己拡張、現実による圧迫と否認とを欠いたあらゆる可能性の自己へのあの吸収――これはすべて美的な享楽に固有である――を許す。そして美が〈幸福の約束〉と定義されたとすれば、この定義もまた美的な魅力と貨幣の魅力とのあいだの心理学的な形式相等性をも示してもいる。では貨幣の魅力は、貨幣がわれわれに伝えるはずの喜びの約束以外に、いったいどこにあることができようか。――それはそれとして、まだ形成されない価値のあの魅力を形成の魅力と結合させようとする試みがある。これすなわち装身具と宝石の意義のひとつである。宝石の所有者は、事情によってはきわめて高い価値量、言わば彼の手中に圧縮された力を表現する価値量の代表や主人と思われる。ところが他方においては、普通であればこの意義を条件づける絶対的な流動性とたんなる可能性とは、それでも一定の形式規定と特殊な性質へ流れ込んでいる。この結合化の試みがとくに効果的にあらわれるのは次のばあいである。すなわちインドにおいては貨幣を装飾品の形式で保存したり貯えたりするのが長く習わしとなり、人びとはルピー貨幣を溶解して装身具に加工させ（これはたんにごく僅かな価値損失をもたらすにすぎなかった）、非常の際にふたたび銀として支払うためにこれを貯蔵した。このように明らかに価値は、より凝縮されると同時により良質なるものとして作用する。このように価値が自己特有のものとなり、その原子的な構造が破棄されることによって、この結合化は価値をいわば人格により緊密に所属していると思わせる。このことがまさに問題であるため、君侯の調度形式への貴金属の貯蔵はソロモン王の時代以降、人を惑わす信仰によって支えられ、この形式において財宝は家族ともっとも緊密に結びつき、敵の略取にたいしてもっとも確実となった。装身具としての硬貨の直接的な使用のしばしば意味するところは、人びとが財産をたえずそれ自体として持とうとし、それゆえにそれを監視のもとに置こうとすることである。人格の投射である装身具は人格の放射として作用し、それゆえにそれが何か価値あるものであるということが本質的である。すなわち装身具のあの実際的な意味とともに理想的な意味は、自我へのその緊密な所属へと高まる。オリエント人について強調されるが、あらゆる富の条件は人びとがそれを逃避させることができ、したがっていわばそれを所有者と彼の運命とに絶対に服従させることであるという。しかし他方において貨幣所有の喜びには、すでに疑いもなく理想主義的な要素も含まれ、この要素の強調は、たんに次の理由だけからしても逆説的と思われる。すなわち一方では貨幣所有に達するための手段がたいていは理想主義的な要素の欠乏に苦しみ、しかも他方で貨幣所有の喜びは、それが表現として主体から歩み出る瞬間に主体を同時に理想主義的な形式とはまったく別な形式におくのをつねとするからである。しかしこのことは次の事実をおおい隠すことを許さない。すなわちたんなる貨幣所有そのものの喜びは、あらゆる感性的な直接性からもっともへだたった喜びの、思考作用と空想との過程によってきわめて排他的に媒介されたもっとも抽象的な喜びのひとつである。このようにこの喜びは勝利の喜びに似ている。というのも勝利の喜びは多くの人びとにとっては、彼らがそもそも勝利によっていったい何を得たかをまったく問わないほどにきわめて強いからである。

貨幣所有は、あらゆる所有の特質をなす人格の拡張をこの独特の様式において表現し、この様式は以下の考慮のなかに確証あるいは補足を見いだす。私が私の人格でみたす客体のそれぞれの領域は、それが私の意志をそこに明確化させるのであるから、その限界を事物の固有の法則に見いだし、この法則を私の意志は破ることができない。とはいえこの限界は、たんに客体の受動的な抵抗を設定するのみでなく、他の側面よりみれば主体の拡大能力における制限をも設定する。意志に服従する客体の範囲は、自我の側からはもはや満たすことができないほどに大きいかもしれない。私の自由、私の意志の自己貫徹が、私に服従するものの量にしたがって増大するとすれば、所有は自由と同じほどに大きいとわれわれが言うとき、このことは実際にはたんに一定の限界内でのみ生じ、この限界からは自我は、事物にたいする潜在的な支配をもはや現実化することも享楽することもできない。もちろん貪欲はこの点をこえることができる。しかし貪欲はその無意味さを、貪欲の充足そのものに固有の不満のなかに、さらには過度の所有がその本来の性格と目的との反対へと変わるさいの折りにふれての拘束と圧迫のなかに示す。これは以下の諸現象を生む。第一は不毛の所有であり、これは所有者の活動が所有を実らせるに十分でないから生じる。第二は奴隷を支配するのに倦んだ専制者であり、彼が支配に倦むのは、彼の意志のもとへの無条件的な服従において権力への意志もまた終わり、この意志には、彼に初めて真に彼を意識させる摩擦の抵抗が欠けているからである。第三は所有の享楽のための時間も能力も残ってはいない所有者であり、これは所有物の管理と利用とが時間と能力とを最大限に消費するから生じる。ところで客体は、次の問題においてのみたがいに異なる。すなわちそれが人格のいかほどの量をいわば吸収するか、すなわち自我はある程度までしか所有物を自己で満たすことができないからには、いかなる程度から客体の所有が無意味になるかという問題である。ここでもまた貨幣は特別の地位を占める。人は次のように言うことができる。すなわち貨幣の管理と支配と享楽には他の所有客体にたいするよりも僅かな人格が投入されさえすればよく、それゆえ人が現実にみたすことができ、さらに経済的な人格領域とすることのできる所有の程度は、他の所有形式のばあいよりも大である。

さらに現実の享楽を度外視しても、一般に他のあらゆる事物にたいする貪欲は、すでに主体の受容能力によって制限されている。たとえ両者の限界が僅かしか一致せず、さらに前者がいかに広い範囲において後者をとり囲んでいるにしてもである。貨幣のみが——以前にすでに他の関連において明かとなったように——、結局はまた客体への貪欲の限界として力をあらわすあの内的な限度をもたない。貨幣が現実にたんなる「貨幣」であることが多ければ多いほど、すなわち直接に享楽される固有価値のない純粋な交換手段であればあるほど、もちろんこのすべてが妥当することもますます多くなる。なお家畜や食糧や奴隷などが、それゆえ本来の消費物が貨幣として機能するかぎり、それらを所有するということは、固有の消費行動の豊かな充溢としての拡大された購買力をあたえるということをほとんど意味しなくなる。ここに人格の拡張にとってのいわば二つの異なった方式が接近する。より原始的な現物経済的な状況においては人格の拡張は、直接の享楽による客体の占有において成立する。自我は自己の中核から連続的に拡張すると言うことができよう。——ところがこのより身近な段階は、抽象的な金属貨幣かさらには信用を媒介として、どうでもよくなりとび越される。現物経済の「豊かな」人間とは対照的に現代の富者のすごす生活はきわめてつつましく、きわめて制限されて、直接の意味ではきわめて楽しみがない。たとえば私の信じるところでは美食の分野においては、進歩した経済の結果として両面的な発展傾向が確定できる。すなわち富者たちはつねに——饗宴を度外視すれば――より簡単に食べ、中産身分はつねに――少なくとも都市においては――よりよく食べる。貨幣の遠隔作用によって自我は、その力と享楽と意志とをもっともへだたった客体において全うすることができる。このことは、あの原始的な富が自我のみに自由な処理をゆだねたもっとも近い層を、貨幣がゆるがせにし看過することによる。主体の拡張能力は、主体の性質そのものによって制限されてはいるが、たんなる貨幣にたいしては他のいっさいの所有よりも、より大きな拡がりと自由とを示す。こうして以前の考慮にたいする相違はこうである。すなわち以前の考慮には事物そのものの固有の性質があり、そこに自我の拡張がもたらされたが、ここでは人格の力の固有の制限があり、人格の力は、事物が完全に柔軟であるばあいでさえ、事物の一定の所有量からは麻痺するにちがいない。この現象はすでに示したようにもっとも遅れて、所有が特定の客体の形式ではなく貨幣の形式を示すばあいに現れる。

三

精神史の内部においてわれわれにはひとつの発展が現れる。この発展はその図式はごく単純ではあるが、その現実化が包括的で徹底的であることによって、精神的な現実のもっとも重要な形式に属している。すなわちわれわれは一定の諸領域が、最初はそれぞれひとつの特徴によって無制限に支配されているのを見いだす。個々の領域の統一性は発展によってより多くの部分領域へと分割され、いまやそのひとつがより狭い意味での全体の性格を、他の部分と対立して代表する。あるいは別の仕方で表現すれば、全体の二つの要素は、それらの相対的な対立にもかかわらず、やはり絶対的な形式においてはたがいに他方の性格を共通におびることができる。このようにたとえば道徳上の利己主義が、われわれは自己の利益において個人的な快楽のため以外にはけっして行動することができないと、主張するのは正しいであろう。しかしそのばあいにはさらに、狭義の利己主義と広義のそれとのあいだに区別がされなければならないであろう。誰かが自己の利己主義を他者の福祉において、おそらくは自己の生活の犠牲のもとに満足させるとき、われわれは疑いもなくさらに彼を愛他主義者と名づけ、他者の損傷と抑圧のみに行動を向ける者から区別する。利己主義がその絶対的なもっとも広い意義においてそのようなそれぞれの行為におおわれ、いかにあの最初のような行為を含むにしても、われわれは後者をただちに利己主義者と呼ぶにちがいない。――さらに認識論的な理論は、あらゆる認識作用が純粋に主観的な過程であって、結局は自我のなかで経過し、自我によって規定されるとすることによって、正当性をもつかもしれない。にもかかわらず、いまやわれわれは客観的に真である表象を、空想や恣意や錯覚などによってたんに主観的に生み出された表象から区別する。――絶対的に考えれば、たとえあの客観的な認識もまたたんなる主観的な起源のものであるにしてもである。主観的な表象も客観的な表象も根源的にはたがいに不明確な心理学的な無差別状態において運動しあっていたが、発展はこの両者のあいだのますます根本的なますます意識された区別をめざして進行する。この進行形式は、所有物にたいする人間の関係においても繰り返されるように思われる。原理的に考察すれば、いっさいの所有は自我の拡大であり、主観的な生の内部の現象であり、したがってその全意味は、所有によって特徴づけれれた事物にたいする関係が心のなかに解き放った意識あるいは感情の反映において存続する。同じ意味において所有対象によって生じることのすべては主観の機能であり、主観は自己自身を、自己の意志と感情とを、さらに自己の思考様式とを諸対象のなかに流出させ、それらにおいて明確化する。しかしすでに以前に示唆したが、実際の所有のこの絶対的な意義は歴史的にはまずはまさに知的な所有と同じように、自我と事物とを融合させる無差別状態、この両者のあいだの対立の彼方にある無差別状態においてあらわれる。古ゲルマンの制度は所有を直接に人間と結びつけ、後期封建制は逆に人間を所有物に繋縛した。集団一般との緊密な結合は、それぞれの成員を成長させて集団の経済的な地位にアプリオリに入り込ませる。一方での職業の世襲とそれによる活動と位置と他方での家族上の人格、この両者が相関概念となった。社会の身分的あるいは同職組合的なそれぞれの制度は、経済的な存在および所有との人格の有機的な絡み合いを条件づけた。――これらすべてが、所有と人間とのあいだの未分化の状態である。この未分化の状態の経済的な内容あるいは機能と、狭義の自我をなすものとは、きわめて直接的な相互の制約関係にある。明らかにこの感情状態が作用するのは、原始時代において死者を、彼の真に個人的な所有物とともに墓に葬るばあいである。――しかしアングロ・サクソンの王が、この慣習が存続しているのに、家臣の死にさいして彼の甲冑にたいする要求権をもつばあいもまた同じである。それというのも彼のこの甲冑は、それと結びついていた人格の痕跡と代用物として王のもとにとどまるからである。まったく一般的にいえば原始人の思考作用が、たんなる主観的な想像と客観的に真である表象のために分離されたカテゴリーをまったくもたないように、彼の実践もまた、事物の固有の法則性（彼がこれを承認するばあい、これは再び容易に神の原理の人格化的な形態をとる）と、外的なものから独立して内部へ集中する人格とを明確には区別しない。発展はこの段階をこえて、いまやあの諸要素の分離において成立する。より高級な経済的な技術のすべては、経済的な過程の自立化にもとづく。すなわち経済的な過程は、直接の個人的な利害から解放され、あたかも自己目的であるかのように機能し、その機械的な経過は、個人的な要素の不規則性と計算不可能性とによってますます妨げられなくなる。そして他の側面においては、まさに個人的な要素が分化して自立性を増大させ、個人は発達能力を受け取り、この能力によってなるほど彼の経済的な状態一般からではないにせよ、その状態のアプリオリな規定からはたしかにますます自立的となる。生活実践の客観的な要素と主観的な要素とを分離するこの発展において無意識に続くのが、もちろん前に示した事実、すなわち根底において絶対的に考えればこの実践の総体もやはりたんに人間的・主観的な性質をもつにすぎないという事実である。すなわち機械もしくは工場の設備も、いかにそれが事物の法則にしたがうにせよ、結局はまた個人的な目的によって、人間の主観的な思考能力によって包摂される。しかしこの一般的で絶対的な性格は相対的な意味においては、領域の全体が分離した諸要素のひとつに集中する。

この分化過程における貨幣の役割を研究すれば、まず第一に目立つのは、この過程が主体とその所有物とのあいだの空間的な隔離と結びつくということである。株主は会社の業務執行とは絶対にかかわりをもたず、国家の債権者は抵当に入れられた国土をけっして踏むことはなく、大土地所有者は地所を小作に出す。——彼らのすべては、その所有額を純粋に技術的な経営にゆだねる。もちろん彼はその成果を得るが、しかし彼らは経営そのものとはまったく関係しない。そしてまさにこのことは、結局は貨幣によって可能なのである。経営の収益があらゆる地点でただちに譲渡できる形式をとるばあい、収益は所有物と所有者との双方にたいして、両者のあいだの隔離によって初めてあの高度の独立性、いわば自己運動を許す。すなわち一方の所有物にたいしては、もっぱら事物の内的な要求にしたがって経営される可能性をであり、他方の所有者にたいしては、彼の所有物の特殊な要求を顧慮することなく彼の生活を整える可能性をである。貨幣の遠隔作用は所有物と所有者とにがたがいにきわめて大きく分離することを許し、それぞれはかつてとはまったく異なった仕方で自己の固有の法則にしたがうことができるようになる。かつては所有物がなお直接に人間と相互作用し、経済的ないっさいの契約が同時に個人的な契約でもあり、個人的な規定あるいは地位のいっさいの変転が、同時に経済的な利益の内部の変転を意味した。このようにすでに触れたように人間と所有物とのあいだの連帯は、あらゆる地域のきわめて多くの自然民族にあって所有物がまったく個人的であるかぎりは、それが分捕ったものであろうと働いて得たものであろうと、所有者とともに墓に葬られたということに現れる。このことによってまた客観的文化がいかに抑止されたかは明らかであり、客観的文化の進歩はまさに、相続された生産物の継続的構築にもとづいている。相続によって初めて所有物が個人の限界をこえて拡がり、独立に発展する客観的な生存をすごし始めた。所有者にいわば癒着した所有物のあの個人的な本質にとっては、次のことが特徴的である。すなわち初期ゲルマンの法律においてあらゆる贈与は、受け手が感謝しないばあいや他の若干のばあいには取り消すことができたということである。あの初期の所有形式のまったく個人的な性格をこれほど鋭く示すものは少ない。すなわち贈り手と受け手とのあいだの純粋に個人的・倫理的関係は、直接的な法的・経済的な結果をともなった。すでに外面的に貨幣経済は、それによって表現される感情状態に反抗する。現物の贈与は〈現品にて〉返すことができる。しかし貨幣の贈与は、ごくしばらくの後はもはや「同じもの」としてではなく、たんに同じ価値にしたがってのみ返すことができる。それまでは感情のうえでなお現物の贈与と贈り手とのあいだには関係が存続し、これが返還請求を基礎づけることができたが、右の事実とともにこの関係が弱化するかあるいは否定された。贈与の貨幣形式は、贈与を贈り手からはるかに決定的に遠ざけ疎外した。事物と人間とのこの分離のために、技術がきわめて発達してまったく客観的となった時代は、同時にまた人格がもっとも個人主義化してもっとも主観的となった時代でもある。すなわちローマ帝政時代の初期と最近の百年から百五十年のあいだは、もっとも激烈な貨幣経済の二つの時代である。同じようにはじめて法概念の技術的に洗練された性格が、貨幣経済と手をたずさえて進行するあの抽象的な個人主義の相関物としてつくられる。これと同時にローマ法がドイツに受容される以前は、ドイツ法は訴訟におけるいかなる代理も法人の制度も知らず、自由な個人的恣意の対象としての所有ではなく、たんに権利と義務の担い手としての所有を知るのみであった。そのような概念によって作用する法がもはや可能でなくなるのは、個人が所有物の特別の規定や社会的な位置や存在の実質的な内容との融合から解放されて、あの自立した完全に自由な存在者、しかしあらゆる特別な存在傾向から概念的に区別された存在者となるばあいであり、このような存在者のみが貨幣経済に所属し、そしてあの生活利害を純粋に客観的になったものとして、論理的・抽象的なローマ的な法技術に委ねることができる。地所と所有者とのあいだの関係は、ドイツでは次のような段階を経過した。すなわちまず最初は土地所有が共同体内の個人的な地位から流出し、次に逆に人格が所有によって規定され、結局は土地所有の自立化がまったく異なった意味をもった。土地所有の自立化は、いわば別な極において人格を完全に自立的なものとして出現させるという意味である。原始時代には人格性が物的関係をおおい呑み込んでいたが、家父長制時代には逆に物的関係が人格性をおおい呑み込んだ。貨幣経済は両者を分離させ、人格と事実性あるいは所有物はたがいに自立的となった。この形式的な過程が貨幣そのものにおいて達した頂点は、もっとも発達した貨幣経済の表現によってもっとも鋭く示されることができる。すなわち貨幣は「活動する」。言いかえればその機能を力と規範とにしたがって果たすが、この力と規範とはけっして所有者の力と規範と同じではなく、むしろそれらから相対的に独立している。自由が自己の本質の法則にのみ服従することを意味するとすれば、収益の貨幣形式によって可能となった所有物と所有者とのあいだの隔離はこの双方に、他のばあいにはかなえられない自由をあたえる。すなわち主観と事物の規定とのあいだの分業は完全なものとなり、いまやそれぞれが、その本質から生じた課題をもち、内的に疎遠な他方による制約から自由に、その課題を独立に解決する。

しかし貨幣によるこの分化と、分化によるこの個人的な自由とは、たんに収益受領者にのみかかわるのではない。たしかに認めにくくはあるが労働関係も同じ方向に発展し始める。これまでの数世紀の経済的な組織、いまでも手工業と小売業といったおくれた経済的な組織の形式は、親方のもとでの職人の、店主のもとでの店員の個人的な服従関係などにもとづいている。この段階では経済はあくまでも個人的・直接的な性質をもつ要因の協力、個々それぞれのばあいに管理的な人格の精神のなかで、しかも彼の主観への他者たちの服従によって経過する要因の協力によって行われる。この関係は、個人的な要素にたいする客観的で技術的な要素の優越が増大するにつれて、異なった性格をおびる。生産の管理者と下位の労働者、大商店の支配人と販売員とは、いまや一様に客観的な目的にしたがう。そしてこの共通の関係の内部において初めて服従が技術的な必要事として存続し、そこに事物の要求、生産の要求が、客観的な過程として表現される。ところでこの関係は、個人的にきわめて厳しい多くの側面からみて労働者にとって以前の関係よりもいかに苛酷であろうとも、その服従がもはや主観的・個人的ではなく技術的な性格のものであるから、それでもその関係は自由の要素を含んでいる。まず最初に明らかになるのは、客観的な形式への服従の移行に横たわるあの原理的な解放が、すでに貨幣原理のより無条件的な作用ときわめて緊密に結びついているということである。賃労働関係が雇用契約とみなされるかぎり、それは本質的に企業家への労働者の服従の要素を含んでいる。それというのも今日なおわれわれの奉公人のばあいにもっとも著しく完成しているように、労働する人間は雇用されているからである。このばあい現実に人間は彼の力の完全な複合によって雇われ、この力は客観的にまったく正確には限定されておらず、人間はこうして全人格として他の人間のもとへの不自由な服従の関係にはいる。しかし労働契約が貨幣経済性をその最後の帰結まで追及して、労働という商品の購入として現れるやいなや、完全に客観的な仕事の譲渡が問題となり、この仕事はすでに定式化されたように要因として協同的な過程へ編入され、そこにおいて企業家の仕事といわば対等にいっしょになる。現代の労働者の増大した自我感情は次のことと関連しているにちがいない。すなわち彼はもはや自己を人格として従属しているとは感じず、たんに正確に確定された——しかも貨幣等価物にもとづいてきわめて正確に確定された——仕事のみを譲渡し、そしてこの仕事は、仕事そのものとそれによって担われる経営とがより事実的に、より非個人的に、より技術的になればなるほど、まさにそれだけ人格そのものをますます自由にするということである。浸透した貨幣経済は経営者自身にとっても同じ結果を示し、この結果は彼がいまや彼の生産物を市場のために、すなわちまったく未知のどうでもよい消費者、貨幣という媒介のみによって彼と関係する消費者のために生産するという側面からもたらされる。このことによって、かつて特定の顧客——とりわけ彼と現物の交換関係にあるばあい——への地域的および個人的な顧慮がなお労働に影響していたばあいよりも、個人的な人格ははるかに仕事に組み入れられることが少なくなり、仕事から独立するようになり、仕事はこのような仕方によって客観化される。前に触れた奉公人関係の個人的な自由への発展も、まさに同じように貨幣の増大する作用をへて進行する。彼が主人奉公人の「無限の」奉仕に表現されるあの個人的な拘束は、本質的に彼らの家族協同体と結びついている。

の家に住み込み、食べさせてもらい、ときには衣服を給せられるということから不可避的に生じるのは、彼の奉仕の量が客観的には規定されず、したがってそれが、彼が一般に家族の秩序に従わなければならないのと同じように、家の出来事の交替する要求にしたがうということである。ところで発展は次第に次の方向へと進行するように思われる。家の用事はますます外部に住む人間に分業的に委ねられ、したがって彼らはまったく一定の果たすべきことをもつのみであり、もっぱら貨幣で支払われることになる。現物経済的な家族共同体の解体はそれとともに一方では、より技術的な性格をもつ客観的な固定した奉仕をもたらしたが、しかしその直接の結果においては、従事者の完全な独立と自立をもたらしもした。

労働関係の発展が、貨幣によって可能となったこの路線にそって進行するばあい、おそらくこの発展は、現代の貨幣経済がそのためにとくに非難されたある害悪の廃止を達成する。無政府主義の動機は人間のあいだの上下関係の忌避にあり、さらに社会主義の内部においては、このいわば形式的な動機がより実質的な動機にとって代わられているとすれば、人間の状態の相違によって一方がただちに命令することができ、他方がただちに服従しなければならないのであるから、このような相違を除去することは、やはりまた社会主義の根本的傾向に属する。自由の程度を同時にあらゆる社会的な必要の程度であるとする思惟方法にとっては、上下関係の除去がいかにそれ自体によって基礎づけられた要求であるにせよ、上下関係にもとづく社会的な秩序はそれだけで、圧迫と苦悩と価値剝奪のあの感情と結びつかなければ、完全な平等の制度よりも悪いわけではないであろう。あの諸理論が自己自身について心理学的な明晰性をもてば、それらの理論にとって諸個人の平等な地位はけっして絶対的な理想ではなく、けっして定言的な命令ではなく、むしろある苦悩感を除去し、ある満足感をつくりだすためのたんなる手段であるということを、それらの理論は洞察するにちがいない。このさいあの抽象的な理想主義者のみは度外視される。彼らにとって平等は形式的・絶対的な価値であり、ありとあらゆる内容的な損失、それどころか〈世界の滅亡〉の犠牲を払ってさえ要求される価値なのである。しかし要求がその意義をそれ自体にではなく生活へのその結果から身につけるばあい、原理的にはつねにその要求を他の要求と取り代えることが可能である。それというのも同じ結果がきわめてさまざまな原因によってひき起こされることができるからである。この可能性はこのばあいきわめて重要である。なぜならこれまでのあらゆる経験は、上下関係がいかに完全に不可欠な組織手段であるかを示し、さらにその関係とともに社会的な生産のもっとも豊饒な形式のひとつが消滅することを示すからである。それゆえ上下関係がこの結果をもつかぎりは、それを保持すると同時に、その忌避をまねくような心理的な結果を除去することが課題となる。すべての上下関係がたんなる技術的な組織形式となり、この形式の純粋に客観的な性格がもはやいかなる主観的な感情もひき起こさなくなれば、これに応じて明らかに人はこの目標に接近する。社会的な生産過程もしくは流通過程において事態が人間にいかなる地位を指示するにせよ、事態の要求が個性と自由という人間のもっとも内的な生活感情にまったく触れないように事態と人間とを区別することが重要なのである。この制度のひとつの側面は、ある身分の内部においてすでに実現されている。――すなわち士官身分においてである。ここでは上官にたいする盲目的な服従は価値剝奪とは感じられない。なぜならそれは軍事的な目的のための技術的に避けがたい必要事にほかならず、この目的にたいしてはあらゆる上官自身もまた同じように強固で、しかもまた同じように客観的な仕方で服従するからである。個人的な名誉と威厳とはこの上下関係のまったくの彼方に立ち、この関係はいわばたんに制服のみに付着し、人格にはいかなる反射もおよぼさない事態のたんなる条件にすぎない。この分化現象は純粋に精神的な営みのばあいは別の方向へと生じる。あらゆる時代に外的な生活上の地位の完全な従属性と依存性にもかかわらず、絶対的な精神的自由と個人的な生産性とを認められていた人格が存在した。きわめて強固になった社会秩序が、なだれ込む教養関心と交差し、この教養関心がまったく新しい内的な等級とカテゴリーとを創造するにもかかわらず、その社会秩序が存続しつづける時代――たとえばヒューマニズムの時期や〈アンシャン・レジーム〉の後期のような――には、とくにたしかにそうである。いまや考えられるのは、これらのばあいにまったく一面的に発達したものが社会的な組織形式一般になったということである。上下関係はありとあらゆる形態において、いまや社会がその目的を達成するための技術的な条件である。とはいえ上下関係はまた人間の内的な意義にも、人間の発達の自由にも、他の個人にたいする純粋に人間的な関係にも反射する。この混和が解消し、すべての上位と下位、すべての命令と服従とが、たんなる外面的な制度的技術となり、この制度的技術が他のあらゆる面での個人的な地位と発達とに光も陰も投じることができなくなることによって、すべてのあの苦悩感も消滅するであろうが、しかし今日、外面的なたんなる合目的的な社会的な階統がそれでもなお個人の人格的・主観的なものとあまりにも緊密に結びついているところでは、人びとはその苦悩感のためにそのような階統一般の除去を求めて叫ぶことがある。人は仕事とその組織的な諸条件との客観化によって階統のすべての技術的な長所を保持し、主観性と自由との階統の不利益を避けるであろうが、現在はこの主観性と自由とに無政府主義と一部は社会主義がもとづいている。しかしこのことはすでにみたように、貨幣経済が道を開いた文化の方向である。労働者の労働手段からの分離は、所有問題として社会的な悲惨の結節点とみなされるが、他の意味においてはまさに救済としても示される。すなわちその分離が、生産の技術によって労働者がおかれる純粋に客観的な諸条件からの人間としての労働者の個人的な分化を意味するばあいである。このように貨幣は次のような稀ではない発展を成就するであろう。すなわち、そこではある要素の意義が、その本来の限られた活動からいたるところへ浸入する一般的な一貫した活動へと発展するやいなや、直接にその反対へと変化するといった発展である。貨幣はいわば人間と事態とのあいだに楔を打ち込むことによって、まず最初は有益な頼りとなる結合を引き裂くが、しかし貨幣はそれでも両者の相互のあの自立化を導入し、そこでは両者のそれぞれが、他方から妨げられない完全な満足できる発展を見いだすことができる。

労働制度あるいは一般的な社会関係が個人的な形式から客観的な形式へ——そしてこれに平行して現物経済的な形式から貨幣経済的な形式へ——移行したところでは、まず最初かあるいは部分的に見いだされるのは、従属者の地位の悪化である。現物による労働者への支払いは、貨幣賃金に比してすべての危険とならんで確実に多くの長所をもつ。それというのも貨幣給付はより大きな外的な規定性、いわば論理的な精密性にたいして、最終的な価値量のより大きな不確実性で報いるからである。食と住とは労働者にとっては絶対的といってもよい価値をもち、この価値そのものはあらゆる時代に同じである。経験的なものであれば何ものも避けることのできない価値変動が、ここでは雇用者の重荷となり、このことによって彼は重荷を労働者のために償う。これにたいして同じ貨幣賃金も今日では一年前とはまったく異なったものを意味することがあり、それは変動の僥倖を与え手と受け手のあいだに分配する。とはいえこの不確実性と不一様性とは、十分にしばしばまさに堪えがたくはあるにしても、それでも自由の不可避的な相関物である。自由があらわれる様式は不規則性であり、計算不可能であり、不均整である。そのため——後ほど詳細に説明するはずであるが――イギリスのような自由な政治制度は内的な変則によって、計画性と体系的な構造との欠如によって特徴づけられるが、他方で専制的な強制はいたるところで均整的な構造と諸要素の一様性とを、さらにすべての断片的なものの回避とをめざす。価格の変動のもとでは貨幣賃金はそれを受ける労働者を、現物で支払われる労働者とはまったく異なった仕方で苦しめはするが、この価格の変動は自由の生活形式ときわめて深く関連し、そして自由の生活形式は、ちょうど現物支払いが束縛の生活形式に対応しているのとまったく同じように、貨幣賃金に対応している。自由のあるところにはまた租税もあるという原則、政治をはるかに越えて妥当するこの原則にしたがって、――労働者は貨幣賃金の不確実性において、それによってひき起こされたかあるいは道を開かれた自由のために租税を支払う。――これにまったく対応することをわれわれは、逆に社会的な劣位者の納付が現物形式から貨幣形式へ移ったばあいに認める。現物納付は権利者と義務者とのあいだに感情的な関係をつくり出す。隷農が領主館へ提供する穀物や家禽や葡萄酒のなかには直接に彼の労働力がひそんでおり、それらは彼の過去と利害からはまだ完全には分離していない彼のいわば断片である。そしてこのことに対応して、それらは直接に受け手によって享楽され、受け手はそれらの質に関心をもち、それらはちょうど隷農から個人的に生じたのとまったく同じように、受け手のなかに個人的に入り込む。したがってそれによって権利者と義務者とのあいだには、個人的な要素が双方から消滅する貨幣納付によるよりも、はるかに緊密な結合がつくられる。そのためわれわれの聞くところでは、中世初期のドイツをつうじて隷農の納付をささやかな厚意によって緩和するという慣習が支配したという。いたるところで彼らは公課の納入にさいしてわずかな返礼、少なくとも飲食は受けた。義務者にたいするこの上品ともいえる好意ある取り扱いは、貨幣納付が現物納付にますます取って代わり、そしてより厳格な役人が、隷農のあいだに生活している領主や君主に取って代わるや、これに応じて失われた。それというのも役人のこの任命は経営の客観化を意味したからである。すなわち役人は、できるかぎり多くの客観的な収益を提供する技術の非人格的な要求にしたがって経営を管理した。貨幣は一方の側の納付と他方の側の享楽とのあいだを推移するが、役人はこれと同じ非人格化的な作用をもって隷農と領主とのあいだに立つ。中間法廷の分離化的な自立性はまた、現物賦役の貨幣地代への変化が、遠く離れた領主にたいする不正へのまったく新しい機会を領地管理人にあたえたことにも示される。いかに農民が関係の個人的な性格から利益を得、そしていかにこの方向にむかって関係の事物化と貨幣化にさしあたりは苦しんだとしても、やはりこのことはすでに以上に分析したように、隷農一般の納付の廃止へと導いた不可避的な道であった。

ここに概略を記した現象系列はこの究極目標を見るが、この現象系列とならんで、一見したところはこれとはまったく反対の結果を示すいまひとつの現象系列がある。たとえば出来高賃金は時間賃金よりも、貨幣文化のこれまで特徴づけた進歩により対応しているように思われる。それというのも時間賃金は出来高賃金よりは全人間の雇用にはるかに近いからであり、時間賃金のばあいは全人間の確実には規定されない総体的な力によるのにたいし、出来高賃金にあっては個々の仕事が人間から完全に客観化して正確に限定され、この仕事にたいして支払われる。にもかかわらず一時的には時間賃金が一般には労働者に有利である。——ただし技術的な状態、たとえば生産力の上昇という意味での機械の急激な変化といった技術的状態が、出来高賃金を弁護するばあいを除いてである。——なぜならまさにここでは賃金支払いは出来高賃金のばあいと同じ厳格さで、実行された仕事のみに従うわけにいかないからである。休憩や遅延や過失がともかくも結果を変えるばあいさえ、賃金支払いはそのままである。このように時間賃金はより人間にふさわしく思われる。なぜならそれは出来高賃金よりもより大きな信頼を前提とし、全体としての人間が労働関係にはいり、したがって無慈悲な純粋に客観的な基準が緩和されるにもかかわらず（あるいはここではむしろそれゆえに）、それは労働の内部においては、いくらかより多くの実際の自由をあたえるからである。この関係の上昇は「任官」において認められる。ここでは個々の仕事が賃金支払いの直接的な基準をほとんどあたえることなく、むしろ仕事の総計が、そこに介在する人間的なすべての不十分さの偶然を含めて支払われる。このことがもっとも明かとなるのは国家の高官の地位においてであり、彼の俸給はもはや個々の仕事にたいしてはいかなる量的な関係ももたず、それは彼にたんに身分にふさわしい生活水準を可能とすべきものとされる。自己の重大な過失によって職務遂行を長期間妨げられたプロイセンの官僚にたいし、最近ある判決にもとづいてその期間の俸給の一部が保留されたとき、最高裁判所はその判決を取り消した。それというのも官僚の俸給は彼の奉仕に〈比例して〉妥当する反対給付ではなく、むしろ「年金」であり、これは官職に応じた身分相応の生計への手段を彼にあたえるために定められているからである。それゆえここでは賃金支払いは正確な客観的な等価物の排除のもとで、原理的にはまさに個人的な要素に向けられている。たしかにこの俸給はつねに長期間にわたって固定し、この期間に貨幣価値が変動すれば、まさに収入の固定によって生活水準の安定が妨げられる。ところが個々の仕事にたいする支払いは、はるかに容易に貨幣価値の変化にしたがう。とはいえこのことは、この関係についての私の説明をきわめて僅かしか無効にはせず、むしろ重要な個人的な要素の経済的な要素からの独立をはじめて正しくきわ立たせる。ここでは報酬がたんにまったく一般的にのみ生じ、経済的な発展の個々の変転と密着してはいないということは、実はまさに経済的に評価される仕事の個体からの全体としての人格の分離を意味する。そして安定した俸給とその個々の換価の変動する高さとの関係は、ちょうど全人格と彼の個々の仕事の不可避的に変動する質との関係と同じである。——この現象系列のもっとも極端な段階は、つねに必ずしもそのようなものとして認識されるとはかぎらないが、職務と何らかの貨幣額との不通約性がいっさいの「ふさわしい」支払いを幻想的とするような、あの理想的な職務の報酬にある。ここでは支払いの意義は、遂行者にふさわしい生活水準を可能とするために相応のものを寄与することのみにあることができ、そのふさわしい生活水準と仕事とがたがいに客観的に対応しあうことにあるのではない。それゆえ肖像画家にたいしては、画像のできばえがまったく上々であるか否かにはかかわりなく報酬が一様に支払われ、音楽会主催者にたいしては、のちほど演奏がまずくとも入場料が支払われ、医師にたいしては、患者が回復しようと死亡しようと、これにはかかわりなく査定価格が支払われる。——ところがより低い領域にあっては支払いの有無と量とは、はるかに直接にまた正確に仕事の結果に依存する。ここでは仕事と等価物とのあいだの事実的な関連がいかに破られているかをひと目で教えるのは、それらの量の不均衡である。絵画か演劇か教訓にたいして他のそれらよりも二倍の金銭を費やし、しかも双方のばあいにそれ相応に支払ったと信じる者は、それでもこの絵画は他のそれよりも正確に二倍美しいとか、この教訓は他の教訓よりも正確に二倍も深く真実であるとは言うことができない。そして人が支払いを、客観的な評価をこえて主観的な享楽のさまざまな質へ合わせようとするばあいでさえ、人は高い領域へ上がれば上がるほど、ますます貨幣等価物がそれらの質のあいだの正確な関係を論理的に指示するとは主張しなくなろう。結局のところ仕事への支払い額の完全な無関係性がおそらくもっとも鋭くあらわれるのは、音楽の巨匠の演奏が、われわれのなかで発展することのできる感情の最高の段階へとわれわれを高めてくれるにもかかわらず、それにたいして僅かな金額しか支払わないばあいである。このような等価物が意味をもつのは、それが価値からすれば個々の仕事とはけっして一致せず、むしろたんに芸術家の生計に寄与し、この生計が彼の仕事にふさわしい基礎をなすはずであるとする立場からのみである。それゆえまさに最高の創作のばあいに発展はゆがむように思われる。すなわち貨幣等価物はもはや個々の仕事に、その背後にある人格とかかわりなく妥当するのではなく、むしろまさに全体としてのこの人格に、個々の仕事とはかかわりなく妥当する。

しかしより詳細に検討すればこの現象系列もやはり、経済的な地位の純粋な客観性に理想を見いだすあの別の現象系列と同じ点へと努力する。両者は一様に経済的な業績と人格との相互の完全な独立化に到達する。それというのもこのことが示すのは、官僚あるいは芸術家が彼の個々の業績のために報酬をあたえられるのではなく、彼に一定の個人的な生活水準を可能にすることが彼らの報酬の意味であるということである。もちろんここでは以前の系列とは反対に、個人的なものが経済的なものと結びついてはいる。しかしそれでもたしかに究極的には等価物をあたえられる業績が、人格そのものの複合の内部においては、その業績の基礎としての総体的人格にたいして、まさにきわめて鋭く目立つといったふうにである。客観的な業績からの人格の分化において成り立つ人格の解放も同じ仕方で実現される。すなわち業績の増大する客観化から出発し、業績が結局はそれだけでのみ経済的な循環へ入り込み、人格をまったく外に放置するか、――それとも全体としての人格の報酬もしくは維持から始まって、やがてそこから個々の業績が直接の個々の経済的な等価物なしに現れるかである。いずれのばあいも人格は、個々の客観的な業績との直接の経済的な連鎖によって課せられる強制から解放される。

ところで二番目に取り扱った系列は、たしかに最初の系列よりも貨幣経済的には少ししか制約されていないように思われる。人間と業績とのあいだの相互の独立化が業績の強調から出発するばあいは、逆に業績から人格を分離する過程において人格がいわば積極的な要素であるばあいよりも、貨幣はより大きな役割を演じるにちがいない。それというのも貨幣はその非個人的な性格と無条件的な柔軟性とによって、個々の業績そのものにたいする特に強い親和力と、それを目立たせる特別な力とをもつからである。これにたいして全体としての人格にその確証の等価物として提供される生活水準のあの高さと確実性は、一片の土地もしくは何らかの種類の特権収入の支払いによって、原始的な経済形式においてもまた同様に生じることがあった。この系列の内部における貨幣の特殊な意義は、受領者の側にではなく授与者の側に由来する。それというのも貨幣は従事者の生涯の仕事にとってのあの総等価物を多数者の寄与から合成することを可能とするからである。いまや総等価物は音楽会出席者の入場料であるかもしれず、あるいは書籍購入者の費用、もしくは官僚の俸給が支払われるもととなる市民の租税であるかもしれない。このことが正確にあらわれるのは、貨幣経済が明らかに機械的な複製の発生とむすんだ関連においてである。書籍印刷が発明されるやいなや、きわめてみじめな駄作にたいしてもきわめて卓越した詩にたいするのと同じ印刷代が支払われ、写真があらわれるやいなや、ティツィアーノの女人像の写真がシャンソン歌手の写真よりも高くつかなくなり、器具の機械的な製作方法が成立するや、もっとも上品な様式の器具がもっとも無趣味な様式の多くよりも高価ではなくなる。ある作品の創作者が他の作品の創作者よりも多くの金銭を儲けたとすれば、このことが引き起こしたのはたんに多数の購読者にすぎず、彼らのそれぞれは他の作品のそれぞれの購買者と同じだけを支払うにすぎない。封建制あるいは重商主義の形式においては、尊敬さるべき人格が個人によって生活の資を提供されていたが、この提供にたいする貨幣の民主的な性格がそれだけですでに右の点にあるとすれば、貨幣支払人のこの匿名性はすでにあげた他の形式に比して、業績を提供する人間の主観的な独立と自由な発展とにたしかに役立つ。とりわけ機械的な複製方法の普及は、貨幣価格を質から独立させるというあの結果によって、特殊な業績にたいする特殊な支払いが購買者と生産者とのあいだに結んでいた紐帯（ちゅうたい）を切断する。このように貨幣は人間と業績とのあいだの分化過程において、かつては融合していたあの諸要素の分離が人格の自立化から出発するばあいも、あるいはまた業績の自立化から出発するばあいも、結局は同じように業績の提供者の独立に役立つ。

　ここでこの考慮の始めを回顧すれば、正確な意味での事態と人間とのあいだのすでに述べた全分離過程は、それでも人間の内部の分化としても示される。すなわち人格にはさまざまな関心と活動領域とがあり、これらが貨幣経済によって相対的な自立性を獲得する。貨幣が人格の総体から経済的な業績を分離させると言えば、絶対的に考えるなら、それでも業績はつねに人格の一部でありつづけるが、他方この人格はいまではもはや絶対的な全体を意味せず、たんに経済的なエネルギーの分離のあとに残された心的な内容とエネルギーとの総計を意味するにすぎない。このように貨幣の作用は個々の人格の原子化、人格の内部において進行する個別化と呼ぶことができる。だがしかしこれは、たんに個人のなかへ継承された社会全体の傾向であるにすぎない。すなわち貨幣は、個体の諸要素にたいしてと同じように何よりも社会の諸要素、諸個人にたいしてもまた影響をおよぼす。貨幣経済のこの後者のほうの結果、事実よりみてしばしば強調されるこの結果は、さしあたり貨幣が他者の業績への指示であるということと結びつく。貨幣経済以前の時代にあっては個人は直接に彼の集団を頼りとし、奉仕の交換が各人を緊密に総体と結びつけていたが、これにたいしていまや各人は、他者の業績にたいする彼の要求を、圧縮された潜在的な形式でもちまわる。彼はいつどこでそれを効果あらしめるかの選択をし、それによって以前の交換形式がつくりあげた関係の直接性を解消する。貨幣のこのきわめて重要な力、直接的な集団利益にたいする新しい自立性を個人にあたえるこの力は、けっして現物経済と貨幣経済とのあいだの根本的な対立のばあいのみではなく、貨幣経済の内部においてもまたあらわれる。十六世紀の終わりごろイタリアの政論家ポテロは次のように書いた。「イタリアには繁栄する二つの共和国、ヴェネツィアとジェノヴァがある。確実な商品取引に従事するヴェネツィア人は、なるほど私人としてはたんに適度に豊かになったにすぎないが、しかしそのかわり彼らの国家を異常に大きく豊かにした。これにたいしてジェノヴァ人は金融業に専念し、これによって彼らの私的所有物をきわめて増大させたが、しかし彼らの国家は窮乏している」。関心が貨幣におかれることによって、そして所有が貨幣において成り立つかぎり、個人は社会的な全体にたいしてより自立的な重要性の傾向と感情とを獲得するにちがいなく、彼はいまや社会的な全体にたいして、ちょうど力が力にたいするのと同じように振る舞う。なぜなら彼はどこでも望むところにおいて自由に彼の事業関係と協力とを求めるからである。これにたいして商品取引は、ヴェネツィア人のそれのように空間的にはるかに拡がるばあいでさえ、むしろ最も近い圏のなかに協力者と従業員とを求め、そのより煩雑で実体的な技術は一般に地域的な諸条件を課すが、金融業はこの諸条件から自由である。なおこのことがより決定的に現れるのは、もちろん土地所有と貨幣所有のあいだの相違においてである。この社会学的な関連の深さを証明するのは、ポテロのあの発言の百年後に人がまさにその発言に、次のような考察を結びつけたということである。すなわち土地所有者たちは彼らの関心によって解きがたく祖国と結びついているのにたいし、支配階級の主要な財産は動産から成り立ち、人はそれを安寧の公的な危急時に持ち去ることのできるばあい、このことが国家にとっていかに危険であるかという考察である。イギリスにおいては土地所有に投資された富にたいする産業的な富の上昇する優越が、最上層階級の地方自治的・社会的な関心が失われたことへの責任をとらされている。古い自治はこの階級の個人的な国家活動にもとづいていたが、この階級はいまではますます直接的な国家機関に席をゆずる。現在は人びとが納入しているたんなる貨幣租税は、あらゆる関係の貨幣的性質の増大と、古いあの社会的義務の衰微とのあいだに起こる関連を証明する。

ところで貨幣はたんに集団一般にたいする諸個人の関係をはるかに自主的なものにするのみではなく、さらに特殊な結社の内容とその結社にたいする参与者の関心も、まったく新しい分化過程のもとにある。中世の団体は人間全体をそのなかに包括した。すなわち織物職人の同業組合は、織物製造のたんなる利害のみを保護する諸個人の結社ではなく、また専門的、社交的、宗教的、政治的、さらにその他の多くの点での生活共同体でもあった。たとえそのような結社が客観的な利益のために集団化したとしても、それでもその結社はまったく直接に成員のなかに生き、成員はあますところなくそのなかに埋没した。この統一形式とは反対に今や貨幣経済は無数の結社を可能とし、これらの結社は成員にたんに貨幣寄与を要求するのみであるか、あるいはたんなる貨幣関心をめざすにすぎない。その最たるものが株式会社であり、ここでは株主の結合点はもっぱら配当への関心にある。このように結局はそもそも会社が本来何を生産しているかは、おそらくそれぞれの個人にとってはまったくどうでもよい。主体とそのたんなる貨幣関心の対象である客体との客観的な関係の欠如は、排他的な貨幣関心によって主体が結びつく他の主体との個人的な関連の欠如に反映する。ところでこのことによって、きわめて影響の大きい文化的な形成があたえられる。すなわち個人は結社に参与して、その客観的な目的を要求あるいは享楽しようとするが、その結社は人格には他の点では何らの拘束ももたらさないという可能性があたえられる。貨幣によって人は個人的な自由と保留とを何ら放棄する必要もなく他者と結合することができる。このことは中世の結合形式にたいするきわめて重要な根本的な相違である。中世の結合形式は、人間としての人間と結合の成員としての人間とを区別しなかった。それは総経済的および宗教的な関心、政治的および家族的な関心を一様にその圏のなかに引き入れた。持続的な結合はあの原生的な段階においては、まだたんなる「寄与」の形式を知らず、結合の完全な実質をその寄与と「有限責任」からつくり出すことをごく少ししか知らなかった。たしかに人は大体において、ただしそのような一般的な主張のさいに必要とされる留保つきで、次のように言うことができる。すなわち人間相互の関係は以前はより決定的であり、媒介や混合や留保によって不明瞭となることも少なく、問題となる「中途半端な」関係もほとんど存在しなかったと。これと同じように結社への個人の関係もはるかに多く、すべてか無かの標識のもとにあり、分解可能性には耐えなかった。ところがこの分解可能性によって、他の点では独立的な人格のたんなる小部分が結社のなかに存在することができ、しかもこの分解可能性は、唯一の結合的な紐帯としての貨幣の譲渡と受領とにその絶対的な完成を見いだす。そしてこのことはたんに個人のみでなく集合的諸個人にも妥当する。共同利益の貨幣形式はまた諸結合体にたいしても、個々の結合体が独立性と特別な様式とを断念する必要もなく、より高次の統一体へ集合するという可能性をあたえる。一八四八年以降のフランスでは同じ作業の労働組合の連合体が形成されたが、それは、分割することのできない基金を各組合がこの連合体に引き渡し、こうして分割することのできない共通の会計が成立するというふうにしてであった。この会計は主として卸購入を可能とし、貸与をあたえるなどするはずであった。しかし連合体は、参加した組合を単一の組合に統一化するという目的はまったくもたず、むしろそれぞれの組合が特別の組織を保持すべきであるとされた。当時は労働者たちが組合形成の真の情熱にとらえられていたから、この事例はきわめて特徴的である。ところで労働者たちがここできわめて手近な融合を公然と拒否したとすれば、彼らはとくに相互の遠慮について強い理由をもっていたはずであり、――そしてそのさい彼らは、それにもかかわらずたんなる貨幣所有のあの共同において、彼らの利益の現にある統一を有効とする可能性を見いだした。この完全な主観的自由はたんなる貨幣関与を組合の成員にゆだねるが、さらにこの自由にもとづいてこそ一定の結合一般がはじめて可能となった。福音を信じる貧しい共同体の援助のためのあの偉大な共同体、グスタフ・アドルフ同盟（三十年戦争中に新教徒の解放ために戦ったスウェーデン王グスタフ・アドルフのもとに集まったドイツ諸侯の同盟）は、寄金の性格（あるいはむしろ無性格）が寄与者の信仰上の相違を消し去らなければ、まったく存在しまた活動するようにならなかったであろう。ルーテル教徒も改革派の人びともユニテリアンも、他のいかなる結合形式へも勧誘されはしなかった。共通の貨幣関心がいわば受動的な関心であれば、同じことが妥当する。イギリスの聖職者は中世のかなりおそくまで、まったくいかなる統一体も形成しなかった。とりわけ司教は封建領主として、より低位の聖職者から社会的にも政治的にも分離されて貴族に所属していた。このことが生じたのは、とりわけ低位の聖職者の関与しない土地所有のみが課租されていたあいだであった。しかしすべての聖職者の収入への特別な課税が生じるやいなや、これにたいする反対あるいは同意によって全身分にとっての共通の関心がつくられた。そして当時の最良の識者はこの関心を、一般に聖職者をはじめて統一的な身分として形成した主要な結合手段のひとつと考える。すでに貨幣経済の開始は、同じ根本動機からする経済的な結合の発展を熟させる。資本の増大とその増大した意義とは十四世紀からは、資本を分割せずに家族において保持しようとする要求を生み出した。それというのもすべての相続者の分け前が統一的にいっしょに残ることによって、それは各人に分けられたばあいに達成できるよりも、はるかに豊かな利用を彼らのそれぞれに及ぼすからである。それゆえドイツにおいては、すべての遺産の分割されない相続の出現と古い事業の総有への継承とが始まった。いまや二つの帰結がこれと結びついた。家族の内部において家計と事業との分離が成立し、家族員は家計を分離させ財産を分けられながらも、分割されない「商会」の分有者であり続けることができた。貨幣資本の重大さは古い家計一般を粉砕したが、しかしいまやそれは、それでもこの分離をこえて新しい結合をつくり出し、この結合の純粋な客観性のなかに本来の私的関心から解放された排他的な財産関心がはいり込んだ。さらに第二にいまやこの共同様式は、本来の家族関係においてはこれまでけっして存在しなかった関心によっても模倣される。ひとたび家計から「事業」が解放されるや、これはまた非血縁者によってもたんなる活動的な資本の結合形式として選ばれ、こうしてすでに十五世紀のはじめには公然たる商事会社が普及した。事業が純粋な財産組合へと――すなわち共通に所有された財産が個々の分け前をこえた自立的な統一と法人格へ客観化され、関係者はたんに彼の財産の一定部分をもってのみ関与し、そのほか彼の人格をもってはけっして関与しないといった組合へと――貨幣経済の浸透いらいはじめて到達した。貨幣のみが、個々の成員にけっして損失をあたえない共同を完成することができた。すなわち貨幣は目的団体をその純粋な形式へと発展させた。あの組織様式はいわば個人における非個人的なものを行動に統合し、そして人間があらゆる個人的なものと特殊なものとを絶対に保留していかに結合することができるかについて、これまでの唯一の可能性をわれわれに教えた。――貨幣の分解的および孤立化的な作用はたんに、まったく一般にこの融和的および結合的な作用の条件および相関であるにとどまらない。さらに個々の歴史的な状態においても貨幣は、解体的な作用とともに結合的な作用をも同時におよぼす。たとえば家族生活においてであり、家族生活の有機的な統一性と緊密性とは、一方では貨幣経済の結果によって破棄されたが、しかし他方において人びとはまさにこのことを承認して、家族がもはやほとんど相続の組織以外の何ものでもないことを強調した。圏の結合をつくりあげるより多くの関心のなかで、そのひとつが他のすべてに破壊的に作用すれば、当然この関心そのものが他のものよりも生きのび、結局は諸要素のあいだに唯一の結合を表現し、それらの他の関連を腐食した。たんに貨幣の内在的な性格にもとづいてのみではなく、まさに貨幣が人間の他のきわめて多くの結合様式に破壊的に作用するから、われわれは貨幣が、普通であればまったく関連のない諸要素のあいだに関連をつくり上げるのを見る。そして今日、人間の結合であって全体として何らかの貨幣関心を含まないものは、おそらくはまったく存在しない。しかもたとえそれがたんに宗教的な団体の広間貸借料であるにすぎないとしてもである。

　それゆえ結合生活はますます目的団体の性格をおびるが、しかしこの性格によって結合生活はますます心を奪い去られる。貨幣の完全な無情性は、貨幣に限定された社会的な文化にこのように反映される。おそらく社会主義の理想の力は一部なこの無情性にたいする反動に由来する。それというのも社会主義の理想は貨幣制度に戦いを宣告することによって、目的団体の形式に具体化される集団にたいする個人の孤立化を廃止し、しかも同時に集団への親密で熱狂的なすべての感情に訴え、これを個人のなかに覚醒しようとするからである。たしかに社会主義は生活の合理化をめざし、偶然的で独特な生活の諸要素を悟性の合法則性と計算とによって制御しようとする。とはいえ社会主義は同時に朦朧（もうろう）とした共産主義的な本能と親和的であり、この本能は久しく忘れられていた時代の遺産として、まだ心の遠くの片隅にひそんでいる。これらの動機づけの心理学的な所在地はたがいに両極的に対立しあい、これらの動機づけは社会主義を一方では合理主義的な貨幣経済の極端な発展の所産として、他方ではきわめて未分化な本能と感情生活との具体化として示し、社会主義の魅力の特性はたしかにこれらの動機づけのこの二元性にある。すなわち社会主義は合理主義であるとともに合理主義への反動でもある。社会主義は共産主義的な平等をともなった古い氏族制度にその熱狂的な理想を見いだしたのに、他方で貨幣制度は個人を後方の自己自身へと集中させ、個人に個人的および感情的な献身の客体として、一方では家族や友情のようなきわめて緊密な個人的な関係のみを、他方では祖国あるいは人類一般といったきわめて広い圏のみを残した。――この二つの社会的な形成は、たとえさまざまな理由からにせよ、孤立した目的のための客観的な結合とはまったくよそよそしく対立する。ところでここで作用するのは、もっとも包括的で根本的な社会学的な規範のひとつである。つまり社会的な発展の形式にたいして近似的な普遍性をもって提起できる少数の原則があり、集団の拡大はその個々の成員の個性化と孤立化と手をたずさえて進行するということは、そのような原則のひとつである。社会の進化は相対的に小さな集団とともに始まるのがつねであり、この集団はその要素を厳格な拘束と一様性とにおいて保持し、それが相対的に大きな集団へ進むや、この大きな集団は諸要素に自由と独立存在と相互の分化とを許す。家族形式と教団の歴史、経済的協同体と政党との発展が、いたるところでこの類型を示す。それゆえ個性の発達にとっての貨幣の意義は、貨幣が社会的な集団の拡大にたいしてもつ意義ときわめて緊密に関係する。この後者の意義にとっては、ここではもはやいかなる詳細な論証も必要ではない。すなわち貨幣経済と経済圏の大きさとのあいだの相互作用については、すでに示したところである。たがいに関連しあう人間が多数であればあるほど、彼らの交換手段はそれだけより抽象的、より普遍妥当的にならねばならず、そして逆にまずひとたびそのような交換手段が造り出されるや、それは普通ならば近づくことのできない遠方への意志の疎通を許し、きわめて多種多様な人格の同じ行為への包含を許し、彼らの空間的、社会的、個人的な関心、さらにはその他の関心の距離のために他のいかなる集団化へももたらされなかった人びとの相互作用と、これによる統一化とを許す。

貨幣経済と個性化と社会圏の拡大とがいかに緊密な相関関係にあるか、これをまず示すのは商業の性格であり、商業は一方では貨幣経済の前進に、他方では関係の拡大と、原始時代の自足的な狭隘な集団をこえた拡張とに明白な関連をもつ。ところで商業が個人的な性格をもつのは、それが――最高の段階を度外視すれば――手工業ほどの複雑な技術や農業ほどの伝統的に確定された技術をまったくもたないことによる。それゆえ商業営業者は、他の類型の生業に妥当するのと同じ程度には、指導――つねに直接的な環境とのより緊密な関連を包含する――、個人的および客観的な伝統――個人的な特性を平準化する――、相続――以前の手工業やいまなお土地所有が前提とする――を頼りにはしない。インドから伝えられるところによれば、商業における職業の相続は工業ほどには決定的ではないという。まさに商業の技術は、集団の限界を突破してさまよう商人、つまりは貨幣経済の開拓者が、他の職業とのあの協定や融合から遠ざかり、彼の個人的な能力と敢行とに立脚することを容易にする。同じ相関関係はいくらかかけ離れた事例においても示される。競争の勝利者が褒賞によって表彰されるか、それとも賞金によって表彰されるかは、内面的には大きな相違である。賞金に満足すれば、彼はそこに報酬を得る。褒賞（ほうしょう）ははるかに作用をおよぼし続け、全人格に卓越性をあたえる。（もちろん卓越性は一定の状況のもとでは賞金にも加わることがあるが、しかし根本思想からすればそうではない）。すなわち賞金は業績にかかわり、褒賞は業績者にかかわる。ところが後者の意味での尊敬は、たいていは相対的に小さな圏の内部においてのみ可能である。個人のいかなる称揚をも意味しないような名誉は、すでにたんに小さな集団の内部においてのみ成立するにすぎず、この小さな集団は、成員のはっきりと限定された高潔性によって周囲にたいして閉ざされ、攻撃することのできないほど強力に自己を保存する。例えば士官の名誉、商人の名誉、家族の名誉、さらにはしばしば強調される無頼漢の名誉がそうである。あらゆる名誉は本来は身分の名誉もしくは階級の名誉であり、一般に人間的な名誉もしくはまったく個人的な名誉はたんに、大きな集団の内部において小さな集団がすべて一致するような、個人への諸要求を含むにすぎない。いまや名誉はその担い手を他者たちに組み入れるのではなく、彼らのあいだで目立たせるはずであるから、同じように圏の一定の緊密さと連帯とを要求する。オリンピックの勝利者の名前は、この関心に緊密に共属する小さなギリシア全土に響きわたった。賞金は利己主義的な性質をおび、これに個人を近づけるのはきわめて大きな圏である。アテネの五百人衆が立派な職務執行にたいして受け取った黄金の環がその後はある神殿に保存されたが、このことがもっとも美しく象徴するのは、小さな圏の連帯に対応する非利己的な性格である。閉鎖された小さな関心圏の内部においては、たとえば若干のスポーツ問題や産業部門などでは、いまなお褒賞が完全に正当とされている。しかし圏の制限と同質性とが諸要素の拡がりと相互の疎遠さとに席をゆずるやいなや、これの応じて総集団の協力を頼りとする褒賞に代わって、業績への決定的で自立的な承認を表現する賞金が現れる。このように社会圏の拡大はまさにこの圏の原子化を必然的に意味するから、功績の貨幣的な表現への移行を要求する。同じ気分を小さな圏において可能な同じ仕方で大きな圏へ伝えることは不可能であり、この不可能性が、ある手段による報酬を必然的なものとし、その手段にあっては報酬を受ける者が全集団の同調と応諾とをもはや頼りにはしない。

この関連において強調することができるのは、社会集団の拡大にたいする貨幣の関係は、われわれの以前の決定からみた生活内容の客観化にたいするばあいと同じように緊密であるということである。この平行関係はけっして偶然ではない。われわれが事物の客観的な意義と名づけるものは実際的な点においては、主観のより大きな圏にたいする事物の妥当性である。事物が個々の主観もしくは小さな圏への最初の拘束から、主観的な解釈の偶然から脱することによって、事物の表象あるいは形態はますます広範な圏に妥当する重要なものとなり（状況に阻止されて現実には全体によってこのように承認されるようにならないばあいでさえ）、そしてまさにこれによって事物は、われわれが客観的な真理とかあるいは客観的にふさわしい形態と名づけるものに――これらの概念が示唆する理念的な妥当性が、それらの独立存在においていかに承認と否認へのあらゆる関係を拒否するにしても――到達する。貨幣の意義は二つの方向へむかって、多様な特別の領域において妥当するこの相関関係の狭さを確認する。ドイツの中世の商法は、元来はたんなる個々の商人仲間の団体法にすぎなかった。それが普通法に形成されたのは、神聖ローマ帝国の全商人身分、さらには世界の全商人身分が本来は大きなギルドをなすという普遍主義的な観念のもとにおいてであった。そしてこれによって商人身分の普通法が商取引の普通法へと発展した。ここにきわめて明瞭になったのは、法が狭隘な圏から絶対に広大な圏へと歩み出ることによって、いかに法が一般にたんなる人間への関係から解放されて客観的な取引の法となったかということである。そしてまさにこの同じ発展が、貨幣流通のますます根本的な貫徹によって担われるとともに、他方においてはこの貫徹を担いもした。

現物経済の価値物を遠くへ輸送することの技術的な困難さが、すでに現物経済を相対的に狭小な個々の経済圏へと局限する。ところが貨幣はまさにその絶対的な可動性によって、圏の最大の拡張を人格の独立化と結びつける紐帯を形成する。一方における貨幣と他方における圏の拡大とともに諸個人の分化、この双方のあいだのこの相関関係を媒介する概念は、しばしば私的所有一般である。狭小で現物経済的な圏は共同所有へと傾く。この圏の拡大はすべて分け前の分離を促す。仲間の数が非常に増大すれば、共有財産の管理技術はきわめて複雑化して葛藤をはらみ、個人が非和解的になったり共産主義的な狭隘（きょうあい）さをのりこえたりする蓋然性はいちじるしく増大し、共有財産に反抗する分業と搾取の強度とは必然的となり、私有財産を集団の量的な増大の直接の結果と呼ぶことができるようになる。十二世紀のアイルランドの文書の伝えるところによれば、土地の分配は家族の数があまりにも多くなりすぎたことによって生じたという。さらにロシアでは総有から個別所有への移行がなお目前で行われ、まったく自明なことであるが、人口のたんなる増大がその移行を支持あるいは促進する。しかし明らかに貨幣は、私的および個人的な所有形式のもっともふさわしい基体である。別々の分配、財産権の確定、個々の要求の実現は、貨幣によって初めてただちに可能となった。経済的な生活圏の量的拡大の最初のもっとも純粋な図式は交換一般であり、この交換によって個人はまったく原理的に——掠奪や贈与によるよりもはるかに多く——彼の独我論的な周辺をのりこえる。しかし交換はその理念からみて、私的所有において初めて可能となる。あらゆる集合的財産は譲渡不能の「死手」(教会など、譲渡不能の動産をもつ法人)への傾向を含むが、他方では個人の特殊な願望と彼の補いの必要とは彼に交換を必要とさせる。所有はまずは個人に集中し、そこから交換をつうじて再び拡大する。貨幣は交換の絶対的な担い手および具体化として、私的所有をこのように媒介してそれを交換へむけることによって、経済のあの拡大の媒体、往来する交換による無限に多数の当事者のあの関連づけの媒体となる。しかしそのために貨幣はまた、——そしてこれがまさに同じ事実の裏面であるが——現物経済の内部においておのずと生じる集合的なある処置にたいして抵抗する。中世において通用したのは、貨幣納付はたんに個人的に約束した者についてのみ要求されるという理論であった。身分代表議会の成員は、同意をあたえる集会に出席していなければ、そのためにしばしば納付を拒否した。十三世紀のはじめイギリスにおいては、課税の問題においては身分代表の最高会議の議決が個人の意志に反してもすべての臣下を拘束すべきであるということが、まだ形式的に確定してはいなかった。さらに中世末のドイツにおいて、領邦身分議会はしばしば領主にたいして統一体として作用する団体を形成し、したがって彼らの行為は諸個人の総計された行為ではなく身分の総体の行為であり、そこで租税承認のさいには最初の考えがやはりなおきわめて長く保持された。ここにきわめて長きにわたって総体はたんに個人の総計のみを代表すると思われ、ために各個人は共通の決定を免れることができた。同じ動機はきわめて異なる状況のもとにおいても、国家行政の集権化の増大にもかかわらず、やはり地域団体に財政運営の相対的な自由が委ねられることによって力をあらわした。たとえば最近の数十年のドイツの立法は、地方自治団体そのものの社会的、政治的、倫理的な課題を限定し、自治団体を政府意志の地域機関に押し下げる傾向があると思われるが、これにたいして財産管理の内部では自治団体に著しい自律性が認容されている。同じ意味において国家の所有する貨幣は個人の手中にあるばあいほど経済的にはとうてい生産的にならないということが、罰金の主要な欠点として強調される。それゆえ他のすべての関係においては制限を受ける人物に一定の自由をゆだねること――これは貨幣についての集合的な処置が出くわす困難のいくらか変装した実質的な結果であり転換であるが――は、たしかに貨幣運営にかんする技術的な合目的性である。

すなわち貨幣は、普通であれば結合できない諸個人の結合のために凝集的な関心をあたえるが、貨幣のこの適性にもかかわらず右のような困難が存在する。両者は結局は貨幣の同じ作用にさかのぼる。すなわち以前は本源的な生活統一体において成立していた諸要素に分離と相互の独立とをあたえるという作用にである。この分解は一方では個々の諸人格に関係し、それによって彼らの同種の関心が、あたかも彼らにおける異なった非宥和的なものから独立しているかのように、共同して集合的構成体に連合するということを可能とする。しかしこの分解は他方ではまた共同社会にも関係し、いまや鋭く分化した諸個人に内的および外的な共同化を困難にする。この矛盾の図式はこの事例をはるかにこえて、社会的な生活全体をつらぬいている。これは次のことに由来する。すなわち個人は一方では社会的な統一体のたんなる要素であり分肢にすぎないが、しかし他方ではそれでもそれ自体全体でもあり、この全体の諸要素が相対的に封鎖的な統一体をなす。それゆえたんなる器官としての個人にあたえられる役割は、個人が完全な特有の有機体として演じることができる役割、あるいは演じようとする役割としばしば衝突する。同じ影響が、諸個人から編成された社会的な全体と、さらには全体そのものとしての個人にも関係し、この両者において形式的には同じ作用を解き放ち、まさに個人があの二つのまったく異質的な意識を代表するから、この作用は十分にしばしば内容的な対立に終わる。それゆえ貨幣は社会においてと同様に個人においても諸要素の分化に影響しながら、まったく同じ出来事を必然的に、ある点では困難にするとともに、ある点では容易にする。このことはなるほど実際的な矛盾ではあるが、けっして理論的に解決できない論理的な矛盾ではない。すでに示した貨幣の集合主義的な処理の困難は、いまやまったく一般的に以下のように関連している。他のあらゆる所有物はすでに強調したように、技術的な諸条件によってその使用の一定の様式を指示し、それの処分の自由はこれによって客観的な限界をもつ。これにたいして貨幣の使用にはこの限界がまったく欠け、それゆえ貨幣についての多数者の共通の処分は、意見を異にする傾向にきわめて広い余地をあたえる。しかしそれとともに貨幣経済は、狭小な経済圏の生活条件にたいして決定的に対立する。というのも狭小な経済圏は、きわめてしばしばまさに共通の処理、統一的な基準を頼りとするからである。たしかにきわめてひどい要約ではあるが、小さな圏は相等性と統一性とによって保存され、大きな圏は個性化と分業とによって保存されるということができる。貨幣は抽象的な形象としては相対的に大きな圏の経済的な相互作用からつくり出されるとともに、他方ではたんなる量的性格によっていっさいの個別要求と、個人的な業績のいっさいの価値と、いっさいの個人的な傾向とのもっとも正確で機械的な表現をゆるすことによって、経済的なものにおいてはじめて、集団の拡大と個性の発達とのあいだのあの普遍的で社会学的な相関関係を完成する。

私的所有とさらにはそれとともに人格の自由な発達とにたいする貨幣の関係は、すでに述べたように何よりもまず貨幣の可動性に結びつき、それゆえその対立物である土地所有においてとりわけ明らかになる。土地所有は二つの方向において個人との結びつきをこえようとする。すなわちいわば広がりの次元と深さの次元とにおいてであり、前者は土地所有がすべての他の所有よりも集団の集合的資産にふさわしいことにより、後者はそれが相続のもっともすぐれた客体であることによる。原始的な集団の総有財が地所から成り立つとすれば、発展はまたもや二つの主要な方向においてそれをこえる。まず第一には生業がより可動的な性格の所有から獲得されることによってである。このことが生じるやいなや、ただちにまた個別所有も現れる。遊牧民族にあってはいたるところでわれわれは、土地がなるほど氏族の共有財であり、個々の家族にはたんに利用のみが割り当てられるのを見いだす。とはいえ家畜はどこにおいてもこれらの個々の家族の私的所有である。遊牧氏族はわれわれの知るかぎりでは、家畜所有にかんしてはけっして共産主義的ではなかった。実際には他の多くの社会においてもまた動産は、土地がなお久しく共有財産であったころもすでに個別所有であった。他方において私的所有の成立は、材料として地所を必要とはしない活動と結びついている。インドの血縁団体の法において成立した考えによれば、家族財産――これはまさにすぐれて地所から形成されている――を用いずに獲得されたものはまた家族財産となるべきでないという。それゆえ個人的な技倆の獲得は手工業の習得物と同じように、個別財の獲得と人格の自立のための主要な手段として挙げられる。手工業者はいたるところへ彼の技倆をたずさえ、まさにこの技倆のなかにあの可動的な財をもち、この財が他の仕方での家畜所有とちょうど同じように、集合的な性格をもつ土地所有から個人を解放した。最後に、共同体的な生活形式の個人主義的なそれへの移行は、現物経済が解消するばあいに、それまでは現物経済にもとづいていた協同体をできるかぎり保有するための、合目的的な手段なのである。十三世紀までは教会の協同体の財産は本質的に土地所有からなり、その経営は共同経済の原則にもとづいていた。現物経済的な収益の低下は、その後は共同経済に大きな窮迫を生んだ。しかしまさに支配的となった貨幣経済はこの状態を招きながらも、同時に一定の回復手段を提供した。すなわち司教区やさらには修道院の収入は、多少なりとも広範に個々の俸給と聖職禄へと分割され、いまやより多くの収入がまったく分離した土地から、所得の貨幣形式によってただひとりの人物にあたえることができた。これによって総収入は低下したにもかかわらず、少なくとも協同体の指導的で代表的な人格の所得を同じ高さに保つことが——たとえこのことがいまや雇われ人として教区に奉仕する低い聖職者の犠牲において生じたとしても——可能になった。この経過がきわめて明確に示しているのは、土地そのものの重要性の後退が、教会のように緊密に団結と統一とをめざす集団を、いかに集合的な生活形式から個人主義的なそれのなかへと駆り立てたか、そして浸透する貨幣経済が、いかにしてこの過程の手段であるとともに原因——地所の分割と流動化とによって——をなしたかである。今日まさに農民が社会主義的な志向のきわめて決定的な敵対者とみなされていることには、たしかにまず第一には、農民が経営の技術への合目的的な適応においてきわめて保守的であるという理由がある。すなわちひとたび個人的な所有が成立すれば、彼はちょうど数百年前に共同のマルク共同体に、それどころかなおごく最近までは少なくとも混合栽培に固執していたのとまったく同じように、個人的な所有に固執する。近代の社会主義にもまた根本動機があり、この動機は土地所有のあの古い集合性に完全に異質的な何ものかとして対立し、農業のもっとも内的な生活方向から社会主義をまったく遠ざける。すなわち人間の悟性と意志と組織化的な計算とによる生産のあますところなき制御をである。工場の制度と機械の構造とが日々産業労働者の眼前に示しているのは、合目的的な運動と作用とが絶対的な信頼性をもって成就され、個人的な撹乱や事物の内部から生じる撹乱が完全に避けられることができるということである。明瞭で管理可能な機構による目的のこの達成は、あらゆる私的な衝動を排除して機械の至上の合理主義によって総体を組織化しようとする社会的な理想の準備をする。これにたいして農民の労働とその結果とは、計算することも影響もおよぼすこともできない諸力に依存し、彼の思考は、合理化できない要因の恩恵と不規則な諸条件のその時々の利用に向かう。このように彼の理想は社会主義的なそれと対立する。というのも社会主義的な理想は恩恵ではなく、すべての偶然性の排除と生活要素の組織化とを得ようとし、この組織化はいっさいの生活要素を計算可能なものとするが、これは農民の関心にあってはまったく問題とはならないからである。悟性と意志とによる総生産物のあの絶対的な制御は、技術的にはたしかにたんに生産手段の絶対的な集権化——「社会」の手中への——のばあいにのみ可能である。しかし古い現物経済的な集合性がその核心と意味とにおいてどこまでこの社会主義的な集合性とへだたり、それゆえにまたこの社会主義的な集合性の理想が、まさに貨幣経済的な可動化された所有形態をどこまで超越できるか——すでに前に説明したように、本能や曖昧な理想としてのあの原始的な共産主義が、いかに社会主義の衝動力に寄与するにせよ——は、明らかである。

現物経済と集合性とのあいだの相関関係は歴史的につねに存在するが、他方においてこれに対応するのが、所有の流動化と所有の個人化とのあいだの相関関係である。それゆえ集合財としての性格と緊密に関連して土地もまた、世襲財としての特殊な性格をおびる。家族制度をその経済的な形態においてたどれば、しばしばわれわれが見るのは、自己が獲得した財にたいする世襲財の相違が動産にたいする不動産の相違と一致することである。インドの北西地方においては同一の言葉（jalm）が、一方では長子の相続権を、他方では狭義の地所の所有を意味する。逆に動産は人格ときわめて緊密な関係をもち、ためにまったく原始的な民族やあるいはしばしばまさにまったく貧しい民族にあっては、そのような事物にたいする相続はまったく現れず、むしろさまざまな地域から伝えられているように、死者の使用対象は破棄される。たしかにこのことには神秘的な観念が作用している。すなわちあたかも故人の霊がこの対象によって誘い出され、立ち返ってさまざまな危害をしでかすかのようである。とはいえ実はこのことが証明するのは、まさに緊密な結びつきが対象と人格とのあいだに存在し、こうして迷信がそれによって特殊な内容を得るということである。ニコバル島人（ベンガル湾のニコバル諸島の原住民）について報告されているところによれば、そこでは縁者の遺産を相続することは不正とみなされ、それゆえ遺品は——樹木と家屋を除いて——破壊される。樹木と家屋は不動産の性格をおび、したがって個人との結びつきはゆるやかであり、他者への移行により適している。われわれは事物にたいして二重の関係を感じる。すなわち人間は変わらないが事物は変わり、――そして事物は変わらないが人間は変わるのである。ところで前者が優越するばあい、つまり動産所有においては、意義強調は不可避的に人間におかれ、表象は個人を本質的なものとして強調するほうへ傾く。逆に人間にたいして客体が持続し生きながらえるばあい、個人は後退する。地所は個人の生活が波のように打ち寄せては流れ去る岸壁のように思われる。それゆえ不動産所有は明らかに個人の後退への傾向をつくり出し、ここではこの後退が、集合性にたいする個人の関係を、事物にたいする個人の関係の類似のように思わせる。ここからいまやまた理解できるのは、まさに相続の原理にもとづく貴族制にたいして土地所有のもつ緊密な関係である。思い起こされるのは以前に説明したこと、つまり古代ギリシアにおける家族の持続性の貴族的な原理がいかに土地所有の中心的な地位と宗教的に緊密に相互作用しあったかということである。すなわち所有地の売却は、子供にたいする義務不履行であるのみではなく、先祖にたいするはなはだしい義務不履行でもあった。なおまた強調されたところであるが、中世初期のドイツでのように君侯の封土が純粋に現物経済的な性質をもっていたところでは、――他方で貨幣経済にいくらか近づいていた地方では、封土関係は物的な知行以外の他の関係に容易に基礎づけられることができ、――この封土関係が全制度の貴族主義的な性格に影響をあたえた。しかし世襲原理は大体において個人原理と対立する。それは継起的に生きる人びとの系列に個人を結びつけるが、これはちょうど集合原理が並存的に生きる人びとの系列と個人を結びつけるのと同じである。こうして生物学的なるものにおいても遺伝は世代の相等性を保証する。経済的な個人主義化は相続原理の限界において停止する。十三世紀と十四世紀において、なるほどドイツの個々の家族は経済的には「血統」から解放され、自立的な財産主体としてあらわれた。しかし同時に分化もまた終わった。家長も妻も子供も財産への精確に定められた個人的な権利をもたず、財産は家族世代の根幹として残った。個々の家族員も、この方向に向かってはまだ個性化しなかった。それゆえここでは経済的な個性の発達は相続順位の終わる点、つまりは個別家族において始まり、そしてその順位のなお支配しているところ、つまりは個別家族の内部においてふたたび中止される。現代のように相続が本質的に動産にかかわるところにおいてはじめて、相続のこの内容が個人主義的な帰結によって、形式的に反個人主義的な本質をたしかに支配するようになった。実は実際の要求でさえ、反個人主義的な本質が土地所有の性格に支持を見いだすところでは、しばしばそれを克服することができなかった。すなわち反個人主義的な本質は、農民が遺言を残した個々のばあいに農民の相続権の多くの暗黒面を免れることができた。とはいえこのことはきわめて稀にしか起こらなかった。遺書は法定相続順位にたいしてあまりにも個人的である。所有物にかんする処理は、習慣と一般の習わしから逸脱したまったく個人的な好みによって、農民の分化へのあまりにも強い要求となる。このように、あらゆるところで所有物の不動性が、所有物の集合性かあるいはその相続性と結びついているにせよ、障害として示され、この障害の後退が、分化と個人的な自由との釣合のとれた進歩を許す。貨幣がすべての財貨のなかのもっとも可動的なものであるかぎり、それはこの傾向の頂点を表現するにちがいなく、そしていまやまたそれは事実的にも、他の所有客体から放射する統一化的な拘束からの個人の解放をもっとも決定的にひき起こす所有物なのである。

第五章　個人的な価値の貨幣等価物

一

価値評価の体系における貨幣の意義は罰金の発展において測ることができる。この領域においてもっとも目立つ現象として先ずわれわれにたち現れるのは、殺人の貨幣支払いによる贖罪である。——これは原始文化においてはきわめて頻繁な事実であり、したがって少なくともその単純で直接的な形式にとっては個々の事例は必要ではない。しかしその頻度に比して注意されることの少ないのは、人間の価値と貨幣価値との関連がしばしば法的な表象を支配するさいの強度である。アングロ・サクソン系の最古のイギリスにおいては、王の殺害にたいしてさえ殺人賠償金が確定されていた。法律はそれを二七〇〇シリングと定めていた。ところでそのような額は当時の状況にとってはまったく空想的であり、けっして調達されはしなかった。その額の真の意味は、それをいくらかなりとも補償するためには、その法律の解釈が述べるように、そのばあいなお残る差額——たんなる負債としての——がたんに死によってのみ清算できるほどに大きくはないにしても、殺害者と彼の全親族とが奴隷に売られなければならないということである。それゆえ罰金という迂路をへて初めて人びとは人格に頼り、罰金は、犯罪の大きさが表現される理想的な基準と思われる。同じ文化圏の内部における七王国の時代、通常の自由人にたいする典型的な殺人賠償金は二〇〇シリングの額となり、他の身分にたいするそれはこの基準の端数あるいは倍数にしたがって計算された。してみればこれはたんに別な仕方で、いかに貨幣が人間の価値についての純粋に量的な観念を可能にしたかを表しているにすぎない。まさにこの観念からさらにマグナ・カルタの時代には、騎士、男爵および伯爵はそれぞれたがいにシリング、マルクおよびポンドと同じ関係——というのもこれが彼らの封土差の比率であるから——にあるという主張が生じた。この観念は基礎づけが事際にはまったく不正確であるため、それだけいっそう特徴的である。それというのもこの観念は、人間の価値を貨幣で表現しようとする傾向が、客観的な不適当性という代価によってまで実現されるほどに強力なものとして示すからである。しかしこの傾向によれば、たんに貨幣が人間の尺度となるのみではなく、人間もまた貨幣の尺度となる。人間の殺害にたいして支払われなければならない額が、ここかしこでわれわれにとっては金銭の単位として現れる。グリムによれば sollen (shall) の古語 skillan の完了形の意味するところは、「私は殺すかあるいは傷つけた。それだから私には賠償責任がある」と同じであるという。ところで〈ゾリドゥス (solidus)〉は実際には単位的な罰金額であり、人民法ではこれにしたがって賠償が算定された。それゆえ人びとは、skillan のあの意義の帰結から、「シリング」という言葉が「罰金単位」の意義をもつものと仮定した。それゆえここでは人間という言葉は貨幣体系の区分基礎、つまりは貨幣価値の規定基礎と思われる。まさにこの動機が鳴り始めたのは、マホメットによってイスラム教に採用された殺人賠償金の標準額がベドウィン族において、一〇〇頭の駱駝を捕虜の典型的な身代金としてと同時に、花嫁代金としても出現させたときのことである。貨幣の同じ意義が現れるのは、罰金がたんに殺害のみでなく、違反一般にとっても問題となるばあいである。メロヴィング朝時代にゾリドゥスは、もはやそれまでのように四〇デナールではなく、たんに一二デナールに計算されたにすぎない。しかもその理由として推察されるのは、当時ゾリドゥスにしたがって定められていた罰金が引き下げられ、したがって罰金に合わせてゾリドゥスが定められていたところではすべて、もはや四〇デナールではなくたんに一二デナールが支払われるべきであるとされたということである。ここから罰金ゾリドゥスは一二デナールとなり、これが結局は一般に支配的なものとなった。しかもパラオ島人 (フィリピンの東方のパラオ諸島の原住民) について報告されているところによれば、そこではあらゆる支払いがそのまま罰金と呼ばれているという。それゆえここではもはや鋳貨の規定が、違反の相対的な重さが測られる目盛りを指示せず、むしろ逆に違反の査定が貨幣価値の確定のための基準をつくりあげる。

この表象態度——殺人賠償にかんするかぎりでの——の基礎には、原理的な重大性の感情がある。貨幣の全本質は量にもとづき、貨幣はそれだけでいかほどかという量の規定なしにはまったく空虚な概念である。だからあらゆる貨幣体系が単位をもち、個々それぞれの貨幣価値が単位の倍数あるいは部分として生じるということは、きわめて大きな意義をもち、まったく免れることはできない。この根本的な規定なくしては、いかなる貨幣制度もまったく生じることができず、したがってこの規定はやがて技術的に洗練されて「貨幣基準」となり、貨幣取引の行われる量的な関係のいわば絶対的な基礎となる。ところで純粋に概念的にみれば、もちろんこの単位の大きさはまったくどうでもよい。それというのも、それがどうあろうとも乗法もしくは除法によってあらゆる必要な大きさが、それによってつくられるからである。単位の大きさの確定についてはやはりまた現実には、とりわけ後の時代には、一部は歴史的・政治的で一部は鋳造技術的な理由のみが決定的である。にもかかわらずその貨幣量は、貨幣について語られるやいなやただちに他のすべての基準として眼前に浮かび、したがって貨幣一般のいわば代表であり――このような貨幣量は、少なくとも根本的にはまた人間の何らかの中心的な価値感情とも関係をもつにちがいないであろうし、意識の前景に立つ何らかの客体もしくは業績の等価物として創造されるにちがいない。なおまた、しばしば注目された事実がここから明らかになる。すなわち高い貨幣単位の国々では低い単位の国々よりも生活基準は高価であり――それゆえ〈他の条件が等しければ〉ドルの国ではマルクの国よりも高価であり、マルクの国ではフランの国よりも高価である。多種多様な生活要求は、単位の絶対的な大きさがどうであるかにかかわらず、まさにこの単位あるいはその一定の倍数に値すると思われる。ある社会圏の内部における貨幣単位は、それが任意な分割や掛け合わせによっていかに不適切に思われようと、それにもかかわらず生活価値一般の経済的に説明できる類型にたいして、原因としても結果としてもきわめて深い関係をもつ。一七九一年の最初のフランス憲法が価値基準として一日の賃銀を採用したのも、なおこの関係の結果であった。完全な権利をあたえられたあらゆる市民は、選挙人となるためには少なくとも〈三日の骨折り〉の直接税を支払わねばならず、一五〇日から二〇〇日までの収入を必要とした。こうして次の価値論的な意見が姿をあらわす。すなわち日々の必要が、それゆえ人間にとってもっとも不可欠な価値をもつものが絶対的な価値基準であり、この基準にたいして貴金属やすべての貨幣一般が、商品として価格において上昇あるいは下降する。さらに同じ方向にあって、本質的で人間的な関心にとり囲まれた中心的な客体を貨幣単位として設定しようとするのが、「労働貨幣」の提案であり、その基本単位は一時間もしくは一日の労働価値と同じである。これにたいして完全な人間にたいする等価物、つまりは殺人賠償金が特色ある貨幣量一般としてあらわれるとすれば、人はこれをまったくの量的な相違と呼んでもよいであろう。

殺人賠償金の起源は明らかに純粋に功利主義的であり、たとえまったく純粋に私法的ではないとしても、やはり私法と公法のあの無差別状態に、あらゆるところで社会的な発展が始まった無差別状態に属している。種族と氏族と家族は、成員の死が意味する経済的な損失の補償を要求し、衝動的に手近な血讐の代わりにそれに満足する。この変化が結局は固定されるのは、果たされるべき血讐そのものが不可能であるばあいである。グアヘロ・インディアン（南米の北部のコロンビアからベネズエラ一帯に住む原住民）にあっては偶然に怪我をした者は、家族の血を流したのであるから自分の家族に補償しなければならない。若干のマレー人のばあい殺人賠償金に当たる語が、同時に立ち上がるとか立ち直るを意味するのは、きわめて特徴的である。それゆえそこで妥当するのは、殺人賠償金が支払われることによって、打ち殺された者が彼の家族にとっては蘇生し、彼の死が奪った幸運がいまや充たされるという観念である。とはいえ血縁者への支払いとならんで、少なくともゲルマン人にあっては、すでにきわめて早くから公共の平和の撹乱にたいしてもまた特別の賠償が支払われ、さらに若干のアングロ・サクソン王国においては、家族の受けるべき殺人賠償金は、王のためにいまいちど人民の側から王の生活のために要求され、またインド一般をつうじて殺人賠償金は家族からブラーマン身分の手に渡った。――殺人賠償金のそのようなその後の発展は、それを私経済的な起源から解放したが、この発展をまったく度外視しても、その起源にはすでに初めから客観的・超個人的な要素が含まれている。すなわち賠償金の高さが、たとえ身分の異なるにしたがってきわめてさまざまであるにせよ、慣習あるいは法律によって固定化されたことによってである。こうしてあらゆる人間にとって彼の価値は誕生いらい定まっており、その後に彼が現実において彼の一族にとっていかなる価値を表すかは、まったくどうでもよい。それゆえこれによって、いわば実体としての人間が彼の具体的な業績の総計から区別して評価されたというだけではない。さらに彼がたんに他者にとってのみならず彼自身としてしかじかに価するという観念が導入されもした。この主観的・経済的な評価から客観的な評価への独特の移行現象は以下のようである。ユダヤ王国においてはほぼ三世紀頃には、男奴隷の標準価格は五〇シケル、女奴隷は三〇シケル（約四五マルクないしは二七マルク）であった。にもかかわらず男奴隷あるいは女奴隷の殺害の損害賠償として、人はつねに三〇ゼラ（約七五マルク）を支払わなければならなかった。というのも人はこれにかんしてはモーセ五書の三〇シケルの箇条に固執し、そこに誤って三〇ゼラを認めたからである。それゆえ人は、加えられた害のまったく確実に確定できる経済的な大きさではなく、経済的な源泉とはまったく別の源泉から生じた規定に固執し、この規定は——その絶対的な大きさによっても分化の欠如によっても——前者の経済的な大きさとは著しく対立した。このようにこれによっては確かになお、この奴隷が所有者にとっての有用性を度外視してまったく一定の価値をもつという観念は基礎づけられなかった。とはいえこの有用性を表現する奴隷の価格と彼の殺害への賠償金とのあいだの相違——たとえ神学上の誤解によって生じたにせよ——が示しているのは、人間の経済的な価値規定は客観的な秩序から生じることができ、この秩序は権利者にとってのたんなる私的な有用性からする彼の評価を打ち破るということである。この移行は、殺人賠償金が純粋に国家的な制度となるに応じて容易になり表示される。多くの場所において法定の宣誓の比重は、殺人賠償金の高さに比例して評価された。さらに注意すべきことには、自由民にのみ殺人賠償金があるのに不自由民にはまったくないといったことが生じた。われわれはフィレンツェ地方において中世のあいだに〈小作人、定住人、寄留人、借家人、隷属民、租税納人〉などといった隷属民のおびただしい等級を見いだす。——彼らの拘束はおそらくは彼らの殺人賠償金と反比例して増大し、まったくの不自由民にはいかなる殺人賠償金ももはや存在しなかった。なお十三世紀においてもこの基準は、それだけでは当時はずっと以前にすたれて純粋に形式的となってはいたが、たとえば法廷においては証人の供述の意義をそれにしたがって等級づけるために確認された。誰かが第三者の所有であることが多ければ多いほど、殺人賠償金は逆に個人主義的な有用性の立場からますます決定的に固執されなければならなかった。これが別な仕方で生じるということ、そしてあの秩序が個人的な供述の重さの象徴として機能するということ、これらが示しているのは、殺人賠償金が客観的な人格価値の表現となった時点である。

このように発展は人間のたんなる功利主義的な価格評価から客観的なそれへと高まり、この発展において思考作用のきわめて一般的な様式が力をあらわす。すべての主観が客体から同一の印象を受けるとすれば、このことは客体がまさにこの一定の質を、あの印象の内容をそれ自体において所有するという以外には、説明できるようには思われない。まったくさまざまな印象がそれぞれ相違したままで、それらを受容する主観から発するかもしれないが、しかしそれらの相等性は、人がもっともありそうにもない偶然を排除しようとすれば、そのように性質をあたえられた客体が精神に反映されるということ――これはより深い補足を必要とする象徴的な表現にすぎないということを容認しても――にのみ基づいている。価値設定の内部においてもこの経過が繰り返される。同じ客体がさまざまなばあいにさまざまな人間によってさまざまに評価されれば、その客体のすべての評価は主観的な過程と思われ、したがってその過程は、それぞれ個人的な状態と性向とによってさまざまな結果となるにちがいない。しかしこの同じ客体がさまざまな人間によってつねに正確に同じように評価されれば、それはまさにそれだけの価値であるという結論が、不可避的であるように思われる。それゆえ打ち殺された者たちの一族がかりにまったくさまざまな殺人賠償金を要求するとすれば、彼らがそれによって個人的な損失を償うということは明らかである。しかし一定身分の殺人賠償金の高さがきっぱりと確定され、そして賠償金がきわめてさまざまな人間において、しかもきわめてさまざまなばあいにつねに同じように果たされるやいなや、それにもとづいて発達するにちがいないのは、人間はまさにそれだけでしかじかに値するという観念である。個人的な相違にたいするこの無関心は人間一般の価値を、他の主体が彼において所有したり失ったりするものにおいてはもはや成立させず、それをいわば貨幣によって表現することのできる客観的なものとして、それ自体へと還流させる。こうして社会的な平和への関心と終わりのない不和の回避のために行われた殺人賠償金の固定化は、人間の生命のもともと主観的・功利主義的な評価を、人間がまさにこの一定の価値をもっとする客観的な観念へと移し入れた心理学的な原因と思われる。

この文化史的にすぐれて重要な思考、すなわち人間の全体が貨幣によって償われるという思考は、実際にはたんに二つもしくは三つの現象においてのみ実現されるにすぎない。すなわちまさに殺人賠償金と奴隷身分においてと、さらにおそらくはまたこれから論じる売買婚においてである。見解の途方もない差異によって今日われわれは奴隷身分や殺人賠償金の可能性からきわめて隔たってはいるが、それでも純粋に経済学的な概念によれば、この差異はたんなる漸次的な量的差異と呼ぶことができよう。それというのも奴隷においてそれでも貨幣によって支払われるのは、今日もわれわれが個別的にたんに貨幣によってのみ支払う労働給付の総体にすぎないからである。支出された貨幣の等価物は、当時と同じように今日も人間の労働である。たんに当時はその労働が一括して得られたが今日ではそのつど

そのつど得られ、そのうえ支払われるのが労働する者ではなく他者である――奴隷身分への自発的な自己売却のばあいを度外視すれば――というだけである。そして殺人賠償金を顧みれば、名誉毀損とか婚約破棄といった軽微な毀損については、それが身体的なものであろうと内的なものであろうと罰金が定められているということは、今日とてもわれわれの感情と矛盾しない。なお新たにまさにかなり重いものにいたるまでの不法行為が、若干の刑事立法においてはたんに貨幣によってのみ贖われる。ニューヨーク州において、オランダにおいて、現代の日本においてそうである。人は死さえもまた生理学的には、低い程度かあるいは身体の一定部分に限られた程度では「生物」有機体においても生じる過程の増加と拡大と呼んだが、これと同じように人はたんなる経済的な立場に固執して人間の殺害を、彼のエネルギーと確証との部分的な麻痺化と低下とのたんなる漸次的な増加とみなすことができる。

とはいえこの経済的な考察方法は有効なものではない。生命価値のまったくキリスト教に支配された発展は現実には、人間が絶対的な価値をもつという理念にもとづく。人間の経験的な存在のすべての細目、すべての相対性、すべての特別な力や表現、これらの彼方にまさに「人間」が、ある統一的で分割不可能なものとして存在し、その価値はけっして何らかの量的な基準では測られず、それゆえまた他の価値のたんなる多少によっては償われえない。殺人賠償金とともに奴隷身分の理念的な基礎を否定する根本思想はこれである。なぜなら殺人賠償金や奴隷身分は、完全で絶対的な人間をたんに量的に規定できる相対的な価値との、つまりは貨幣との方程式関係にもたらすからである。人間価値のこの尖鋭化が現れるということは、前述のようにキリスト教によるのであり、キリスト教の意向はたしかに一方では種々の崩芽において先取りされ、他方ではこの帰結の歴史的な発展は久しく待たれていた。それというのも教会は、義務づけられていたほど精力的にはけっして奴隷制度に反対せず、また（もちろん公的平和のためと流血を避けるために）殺人賠償金による殺人の贖罪をまさに要求しさえしたからである。にもかかわらず人間価値のいっさいのたんなる関係からの解放、たんに量的にのみ規定されたいっさいの系列からの解放がキリスト教の思考方向にあるということは、以下のように関連している。すべての高い文化を低い文化から区別するのは、目的論的な系列の多様性であるとともにまたその長さでもある。粗野な人間の要求は数も僅かであり、そしてそれが一般に達成されるばあいも、手段の相対的に短い連鎖によって成就される。上昇する文化はたんに人間の願望と努力を増大させるのみではなく、これらの個々の目的のそれぞれにとっての手段の構造をますます高くへ導き、しかもしばしばすでにたんなる手段のためにも、たがいに絡み合った予備条件の多岐にわたる機構を必要とする。この関係にもとづいて手段と目的についての抽象的な観念が、高い文化において初めて現れる。この文化において初めて、統一化を求める目的系列の充溢のために、本来の目的をますます長い手段の連鎖へますます広く押し出すために、――これらすべての衝動に理性と聖別をあたえる絶対的な究極目的への問いが、つまりは何のためにの何のためにかについての問いが浮かび上がるであろう。さらにこれに加わるのは、文化的人間の生活と行動とが巨大な数の目的体系をつらぬいて進行し、彼はそのそれぞれのごく僅かな部分しか制御できないばかりか、さらにはそれらを見渡すこともできず、さらにこうして原始的な単純な存在にたいして生活諸要素の不安な分化状態が成立するということである。状況と人間とが未分化なばあいには要求されなかった究極目的という思想に、これらすべてがふたたび宥和を見いだし、この究極目的という思想が、文化の分散と断片的な性格のなかに平和と救済として立つ。しかも生存の諸要素がより広汎な質的な差異によって分離すればするほど、生を統一として感じることを可能にする究極目的も明らかにそれらの諸要素をこえ、いっそう抽象的な高みに立つにちがいない。いまや究極目的にたいする憧憬は、けっしてつねに意識的な定式化において存続する必要はなく、それはまた大衆の漠然たる衝動と憧憬と不満よりも少なからず強く存続する。われわれの紀元の始めに、ギリシア・ローマの文化は明らかにこの地点に到達した。生活はきわめて多岐にわたる長期的な目的複合となり、その蒸留と〈想像の焦点〉として巨大な力をもって次のような感情があらわれた。すなわちいったいどこにこの全体の決定的な目的が存在するのか、われわれが普通のばあいに得ようと努力するすべてのものとは異なって、結局はもはやたんなる手段としては現れない究極の終結がどこにあるのか、こういった感情である。一方ではあの時代の諦めきった悲観主義や、あるいは怨恨にみちた悲観主義、あの時代の思慮のない享楽、つまり確かにその瞬間的な存在においては自己をこえる目的を見いださない享楽、しかし他方では神秘的・幻想的な傾向、――これらは、生の終極的な意味へのあの漠然とした探究の表現であり、諸手段からなる生の機構のまったくの多様性と辛苦との究極目的をめぐるあの不安の表現なのである。この要求にたいしていまやキリスト教は歓喜にみちた充足をもたらした。西洋の歴史において初めてここに、大衆にたいして生の現実的な究極目的が提供された。経験的な世界のあらゆる個別的なもの、断片的なもの、不合理なものの彼方の存在の絶対的な価値である。すなわち魂の救済と神の国とである。いまやそれぞれの魂には神の家のなかに場所があり、そして魂が永遠の救済の担い手であることによって、個々それぞれの魂は、たとえもっともみすぼらしくもっとも低いものであろうと、英雄や賢者の魂と同じように無限に価値あるものとなった。神との魂の関係によって神のすべての意義、すべての絶対性、すべての彼岸性が魂に反射する。このように魂に永遠の運命と無限の意義とを告知する巨大な絶対命令によって、魂は一瞬にしてたんなる相対的なもののすべてを、それぞれの評価のたんなる大小の差を取り去られた。いまやたしかに究極目的は、キリスト教がそれに魂の絶対的な価値を結びつけることによって独特の発展をとげた。すなわちそれぞれの要求がその満足の習慣によってより強固になるのと同じように、キリスト教は絶対的な究極目的のそのように長く持続する意識によって、その目的への要求をきわめて強固に根づかせ、こうしてキリスト教は、いまはそれが拒否する魂にたいしても、完全な存在という決定的な目的への空虚な憧れを遺産として残した。すなわち要求が充足よりも生きのびた。ショペンハウエルの形而上学が存在の実体として意志を告知した――意志は絶対的なものとして自己以外には満足すべきものを何ももたず、つねにいたるところでたんに自己自身のみをとらえることができるにすぎないから、必然的につねに満たされないままであらねばならない――ことによって、この形而上学は結局は文化の次の状態の表現である。文化は絶対的な究極目的へのもっとも激しい要求を受け継ぎながらも、その確信的な内容を喪失した状態である。宗教的な感情の弱化と、そして同時にこの感情にたいするきわめて生きいきと再覚醒した要求とは、現代の人間が究極目的を失ったという事実の相関現象である。しかし人間の魂の評価についての現代の人間の観念を導いたものは、ともに失われてしまったのではなく、あの遺産の資産額へ算入されている。キリスト教が人間の魂を神の恩寵の容器として説明したことによって、魂は世俗的なすべての基準にとっては完全に通約できなくなり、さらにそうあり続ける。そしてこの規定が、世俗的な運命をともなった経験的な人間にとって、もともとへだたりさらに無関係であればあるほど、その反作用は、完全な人間が問題となるばあいでさえ、ますます現れるようになる。人間の個々の運命はどうでもよいであろうが、それらの絶対的な総計はそうであり続けることはできない。もちろんユダヤの律法はすでに直接的な仕方で、奴隷としての人間の販売に反対して人間の宗教的な意義を喚び起こした。あるイスラエル人が貧困化によって部族仲間に自己を奴隷として売らねばならなくなったとき、仲間は――とヤハウェは命ずる――彼を奴隷のようにではなく、賃労働者のようにとり扱うべきである。「それというのも私がエジプトから連れ去った者たち、彼らは私の下僕であり、彼らは奴隷が売却されるように売却されるべきではないからである」。

人格の価値はこの媒介によって人格を、貨幣という純粋に量的な基準とのあらゆる比較可能性から押しのけるが、しかしこの人格の価値は、おそらくは区別されるべき二つの意義をもつことができる。人格の価値は人間一般としての人間にかかわるとともに、この一定の個人としての人間にかかわることもできる。もし人が人間の人格は最高の希少価値をもつが、それは人間の人格がともかくも代替できる貴重なものではけっしてなく、その意義そのものにおいて取り替えることができないからであるといえば、――他のどのような価値にたいしても人はこの仕方で人格を孤立化させるかという問題が残る。人間の質が彼の価値を担うとすれば、あの希少性は――人間の質が各人において異なっているから――すべての他者にたいする個々人に関係する。この見解は、部分的には古代と、さらにはもっとも現代的な個人主義とに固有であり、不可避的に人間価値の内部における等級へと導き、そしてもっとも低い価値の担い手さえも、最高の価値の担い手となお接触する程度に応じてのみ、後者の価値の絶対性にあずかる。それゆえ奴隷制の正当化にかんする古典的な確信が、若干の最近の個人主義者においても繰り返される。これとはまったく異なるのは、キリスト教と十八世紀の啓蒙主義（ルソーとカントとを含めて）と倫理的な社会主義である。これらの立場にとっては価値は人間にやどり、たんにそれは彼が人間であるからにほかならず、それゆえ希少価値は、魂でないものにたいする人間の魂一般に関係し、決定的な絶対的価値にかんしては、このばあいそれぞれの人間は他のそれぞれと同じである。それゆえこれは抽象的な個人主義である。――抽象的というのは、それがすべての価値を、すべての絶対的な意義を人間という普遍的な概念に結びつけ、その価値をはじめてこの概念から種の個々の例へと導き移すからである。これにたいして十九世紀にはロマン主義者以来、個人主義の概念はまったく別の内容によってみたされた。個人主義そのものがその特殊な意義を対立からひき出し、この対立は十八世紀においては国家的、教会的、社会的、同業組合的な集合性と拘束とであり、したがって理想は個人の自由な独立存在において成立した。――ところがその後の個人主義の意味は、諸個人のあいだの相違、彼らのたがいの質的な特殊化である。最初の見解の土壌のうえに「人間の尊厳」と「人権」とが成立し、この見解においてもっとも決定的に際立ったのは、貨幣による人間のいっさいの売却と貨幣による人間の殺害の賠償とを内的に不可能にした発展である。——この発展の端初は、最古の社会形式の集合主義的な紐帯が緩み、個人が彼の集団仲間との利害の融合から抜け出て、彼の独立存在を強調するところにあるにちがいない。

これまでにたどった殺人賠償金の発展は、遺族たちに現実に生じた損害の補償から始まり、この補償の社会的な固定化をへて、この一定身分の所属員である人間がこの一定の殺人賠償金に値するという観念が発展した時点に到達した。ところでここにいっそうの進化が始まり、その結果として犯人の贖罪履行は、彼によって否定された価値にたいする賠償としてではなく刑罰として、しかもいまやたんに殺人にたいしてのみならず他の重い違反にたいしてもあらわれる。すべての刑罰は私の見るかぎりでは、合目的性の理念のもとに加えられる苦痛としてはたんに二つの出発点、すなわち社会の保護要求と社会あるいは被害者のための賠償義務とをもつにすぎない。——その後えられた理念的な意義がこの起源をどのように越えるとしてもである。それというのも刑罰が復讐衝動に帰せられるならば、この復讐衝動そのものがなお説明を必要とすると思われ、そしてこの説明は次のことに見出されるからである。すなわち保護要求は人間を強いて加害者を無害にさせ、このことはまさにしばしばたんに苦痛を加えるかあるいは殺害することによってのみ生じることができ、——またこの有用性と必要性とは成長して固有の衝動となるということ、すなわち加害者にたいする加害は、本来はそれ以上の加害にたいする自己防衛のたんなる手段であったが、その功利主義的な土台から解放された衝動を、つまりは自立的な快感をそれ自体獲得するということにである。それゆえ刑罰の復讐からの起源は、結局はまた保護衝動にのみ帰せられるであろう。まさにこのことによってまた明かとなるのは、きわめて文明化した時代には殺人にかんして殺人者の完全な無害化が定められているが、より野蛮な時代には寛大な賠償が定められているということである。それというのも今日一般にそれでも殺害はたんに完全に不従順で道徳的に堕落した個人によってのみ犯されるが、しかし野蛮時代や英雄時代にあってはまったく性質を異にする者によっても行われ、社会は彼らの卓越性と実行力を維持することにすべての関心を示したからである。したがってさまざまな歴史的な段階において殺人者には本質的な相違があり、この相違にもとづいて社会的な自己保存はあるときは殺人者の否定へ、あるときは殺人者自身を維持する贖罪へとつき進む。しかしここでわれわれに興味があるのは、たんに刑罰の他の起源、つまり賠償義務からの起源のみである。犯人自身にたいする有害な行為の結果が被害者によって果たされるかぎりは、その結果は——あの防衛衝動と復讐衝動を度外視すれば——被害者の損害賠償に限定される。彼にとって犯人の主観的な状態は関心の対象とはならず、彼の反応は犯人の状態への顧慮によってではなく、彼自身にとっての有用性によって規定される。このことは、国家あるいは教会といった客観的な権力が悪事の贖罪を引き受けるやいなや変化する。なぜならいまや被害者の損害はもはや個人的な出来事としてではなく、公的な平和の撹乱としてか、あるいは倫理的・宗教的な法律の侵害として反応の動機をなし、こうしてこの反応が犯人におよび起こす状態が決定的な目的となるからである。ところが以前であればこの状態は、たんに損害賠償のみを求める者にとってはどうでもよい偶然事であった。こうしていまや初めて本来の意味での刑罰について語ることができる。いまや問題となるのは主体そのものに的中することであり、そして外面的な出来事としてのすべての賠償はそのためのたんなる手段である。このように罰金は、傷害や殺害にたいするあの以前の賠償金とはまったく異なった意味をもつ。それらは、ひき起こされた損害を補償すべきではなく、犯人にとって苦痛であるべきであり、そのためそれは現代の法律においても、取り立て不可能なばあいには自由刑によって代えられるが、この自由刑は国家にたんにまったく貨幣をもたらさないばかりか、むしろ国家にはなお著しく高くつく。このように罰金は、犯人がそれについて感じる主観的な反映のためにのみ執行されることによって、たしかに貨幣そのものとは疎遠な個人的な特徴を保持することができる。この特徴は若干の特性において示され、この特性が罰金を他の刑罰よりもすぐれさせる。すなわちその大きな等級化可能性においてであり、その万一のばあいの十分な取消可能性においてであり、そして最後に自由刑とは異なり、さらには以前の時代の傷害刑とはまったく異なって、違反者の労働力を麻痺あるいは低下させるのではなく、むしろそれを逆に犠牲者の補償のためにまさに刺激するということにおいてである。しかし罰金のものとなったこの個人的な要素は、罰金がもはや外面的な補償ではなく、むしろ主観的な苦痛であるべしとすれば、きわめて深くにまでは及ぶことができない。たとえばこのことをすでに示しているのは、目下のところは最高の罰金刑の判決がけっして最低の禁固刑の判決ほどには該当者の社会的な地位を除去しないということである。たんにロシアの農民においてのように人格感情一般がまださほど強くは発達していないところにおいてのみ、あらゆる罰金よりも笞刑が罪人自身によって選ばれるといったことが起こることもあろう。さらに少なくともこれまで取り扱ってきたように罰金における個人的な要素の弱さは、その原理的な等級化可能性が真に個性的な状態にけっして従わないということに示される。法律が罰金を定めるばあい、法律はそれを上からとともに下からも限定するのがつねである。しかし疑いもないことであるが、ひどく貧しい者にとっては最低基準でさえも、きわめて豊かな者にとっての最高基準よりも苛酷な刑を意味する。前者が一マルクの刑のためにおそらくは一日絶食しなければならないのに、後者が最高の判決で受けるかもしれない二、三千マルクは、彼にはごく僅かな窮乏さえも課さず、したがって主観的な刑の目的は、前者のばあいは過度に達成され、後者のばあいは罰金によってはけっして達せられない。それゆえ人びとは、法律はけっして一定の額を刑の限界として固定すべきではなく、有罪者の所得の幾パーセントかに固定すべきであるという提案によって、有効な個人主義化を達成しようとする。しかしこれにたいしては正式に異議がとなえられ、ごく微々たる反則の刑が大富豪には数千マルクの額となるにちがいなく、これは明らかに客観的に不当と感じられるとされる。罰金の現実的な個人主義化に到達しようとする試みのこの内的な矛盾は、財産関係がきわめて分化しているばあいは不可避的とも思われるが、この矛盾がさらに示しているのは、経済的な文化が高度に発展している（すなわちきわめて著しい差異を含んでいる）ばあいは、財産関係が原始的な、それゆえ平準化しているばあいよりも、罰金の主観的な妥当性がいかに乏しいかである。しかし一般に人間のきわめて内面的な関係のみが問題となるばあい、とくに罰金は結局のところはまったく不適切であると証明されるにちがいない。すなわち七世紀以降に貨幣によって償われた教会の懺悔のばあいである。教会は、本来は国家のものとなる大部分の刑法管理を引き受け、裁判官としての巡回司教が、侵害された神の秩序という観点から罪人を処罰し、ために罪人の道徳的な善導、悪事の途上での魂の回心が、本来の意図であった。宗教的な道徳のあのもっとも深くにあってもっとも活動的な傾向からは、人間の決定的な道徳的義務は自己の救済の獲得において成り立つことになった。――ところが世俗的道徳は、その究極目標をまさに自我から他者と彼の状態へと移した。刑罰の内面化と主観化のこの観点からは、殺人や偽誓のような違反でさえ断食罰に処せられた。しかし教会のこの刑罰は、すでに述べたようにたちまち貨幣支払いにとって代わられることができた。これが時の経過につれてまったく不十分で不当な賠償と感じられたということは、けっして貨幣の意義の増大にたいする反証ではなく、むしろそれを示す証拠である。まさに貨幣はいまやますます多くの事物と交換可能となり、それによってますます無色で無性格となり、それゆえ貨幣は、人格のもっとも内奥の本質的なものが問題とされるべきまったく特殊な例外的な関係の調整には、役立つことができない。そして貨幣は、人がほとんどすべてのものをそれと交換にもつことができるにもかかわらず、ではなくてむしろまさにもつことができるから、教会の懺悔が基礎とする道徳的・宗教的な要求を満足させることをやめる。人間の魂についての高まる評価は、魂が比較不可能であり個性化していることによって貨幣の発展において反対の方向に遭遇し、このことによって貨幣賠償の廃止にとっての人間の魂の評価の効果が速められ確実となる。しかし貨幣がすべての特殊な価値にたいする冷ややかな無関心と完全な抽象性という性格をはじめて獲得するのは、貨幣がますます多くの、しかもますます多様な対象の等価物となる程度に応じてのことである。まず第一に、ばあいによっては貨幣と引き替えに獲得することのできるきわめて多くの対象がまだ一般には存在しないかぎり、そして第二に、現在の経済的な価値の本質的な部分が貨幣による売買から取り去られる（たとえばきわめて長期にわたって土地所有がそうであったように）かぎり——このかぎりにおいて貨幣そのものはまだより特殊な性格をもち、貨幣はまだどちらにたいしてもそれほど無関心ではない。さらには正反対の本質、宗教上の尊厳や例外価値の強調が、原始的な状態においては貨幣にふさわしくなるかもしれない。想い起こされるのは以前に説明した厳格な規範、もっぱら重要な取引あるいは儀礼的な取引のために一定の貨幣種類を規定する規範であり、しかもとりわけカロリン諸島からの報告である。そこでは島民はすべて自己生産者であるから、生活維持のためにまったく貨幣を必要としないという。にもかかわらず貨幣は重要な役割を演じる。それというのも妻の獲得、国家的な団結への所属、さらには共同体の政治的意義が、もっぱら貨幣所有に依存しているからである。このような状況からわれわれが理解するのは、なぜ貨幣がわれわれのばあいほど卑俗ではないかということである。われわれのばあい貨幣は、そのような高い要求よりも、まさにもっとも低い要求により直接に応じる。さらに一般にはまだそれほど多くの貨幣が存在せず、またそれがいつもは人の手に入らないというたんなる量的な事実は、自家需要と自家生産の時代に貨幣をあのように自明なものへと押し下げたり、摩滅させたりすることはなかった。それゆえむしろ貨幣は、人間の生命のような比類のない客体の満足すべき補償として役立つのに適した。人間の分化の進歩と貨幣の無差別性の同じ進歩とがたがいに出会い、殺人や重い違反一般の貨幣による贖罪を不可能にした。

興味あるのは、貨幣のこの内的な不適当性についての感情がきわめて早くに高鳴りはじめたということである。すでに最古のユダヤの歴史において貨幣は妻や賠償のための支払手段として現れたが、それでも寺院への公課はつねに〈現物で〉提供されなければならなかった。こうしてたとえば聖地から遠くへだたっているために十分の一税を貨幣で持参した者は、現地でこの貨幣を再び品物に換えなければならず、そしてこれに対応して古くに聖別された聖地であるデロス島では、まったく特に長いあいだ公的な貨幣単位としての牡牛にしたがって計算された。中世の職人団体のうち、宗教上の目的を追及した古くからの兄弟分団体では、個々の違反の刑罰は密蠟（蠟燭用の）で定められたが、これにたいして世俗的な結社ではたいていは貨幣で定められた。同じ意味が支配したのは古イスラエルの規定であり、盗まれた家畜は二倍で補償されなければならないが、しかしそれがもはや〈現物で〉は存在せず、したがって貨幣支払いがそれに代わるばあい、貨幣支払いは盗まれた家畜の四倍から五倍の価値を表すべしとされた。すなわちまったく過度に高められた貨幣賠償のみが現物賠償を代表することができた。イタリアでは家畜貨幣がすでに久しく金属貨幣にとって代わられていたが、それでも罰金はごく後の時代まで少なくとも形式的にはなお家畜によって計算された。さらにチェック人にあってはヨーロッパの紀元の始めには家畜が支払い手段であったが、それ以後も家畜はなお長く殺人賠償の名称として使われた。カリフォルニアのインディアンにあっては貝殻貨幣が、すでに取引から排除されたあともなお死者をあの世へ送るための供物であり続けたが、これもまた同じ現象系列に属する。これらの規定においては賠償あるいは支払い一般の宗教的色彩こそが、その擬古的な本質においてすでにこの段階で、通用中の貨幣をその聖別にふさわしくないものとして感じさせ、こうしてそのような宗教的色彩が、すでに叙述したあの反対運動と同じ貨幣の零落に終わる。この反対運動は後の段階において人間の価値と貨幣の価値とをますます大きく分離させ、貨幣の意義におけるもっとも重要な発展要素のひとつをひき起こす。ここでなおこの方向のひとつの現象のみを強調したい。すなわち中世の利子禁令は、貨幣がけっして商品ではないという前提にもとづいていた。貨幣は商品とは反対にそれ自体は豊饒でもなければ生産的でもなく、したがって商品の利用のためと同じように貨幣の利用のために補償を支払わせるのは罪深いわけである。しかし同じ時代に時には、ある人間を商品として取り扱うことは少なくとも神に背くとは思われなかった。これを現代の実際的および理論的な観念と比較すれば、この対立が明らかにするのは、いかに貨幣の概念と人間の概念とが広い前進的な発展によってたがいに正反対の方向に動いたかである。——両者の対立は、たとえそれぞれが個々の問題にかんして連続的であろうと、あるいはたがいに分離して発展しようと、依然としてまさに同じままである。

貨幣価値からの人格価値の後退は、罰金の最低の刑苦への低下に表現されるが、しかしいまや反対運動がふたたびこの後退に対立する。すなわち一方が他方に加えた不正と損害への法的な報復反応は、被害者の利益が貨幣に表現できるばあいにますます限られる。われわれが文化段階の順序を概観すればこのことは、いくらか高い段階に比べてまったく低い段階ではほとんど生じない。しかしこのいくらか高い段階ではより高い段階でよりもふたたびより多い。このことが特に明らかに現われるのは、都市の状態と地方の状態との総体水準が相対的に低いのに、後者に比べて前者が貨幣に著しい重要性を発達させるばあいである。このように現在のアラビアにおいては砂漠民のあいだに血の復讐が存在するのに、都市にあっては殺人賠償金が支払われている。経済的な利害関心をもつ都市の生活においては、人間の意義を貨幣額で解釈することがまさに容易に理解される。ところでいかにこの解釈が尖鋭化して、まさに貨幣価値によって測定さるべきき損害にたいして、刑法上の賠償への特別な要求を承認するほどになっているかは、いまや特に明白に詐欺の概念において現れる。そしてこの概念をまったく一義的に確定することをはじめて許したのは、あくまでも貨幣にもとづく生活秩序である。すなわちドイツ刑法典が刑に値するとみなす詐欺は、誰かが誤りの事実の瞞着を「自己もしくは第三者に不法な利益を得させる意図で」行うばあいのみである。この刑法典が詐欺的な瞞着を罰する他の事例の研究は、なおたんに二つの事例のみを、せいぜい三つの事例のみを明らかにし、これらにおいては詐欺(さぎ)にかかった者の個人的な損害が処罰の基礎となる。すなわち結婚の甘言による少女の誘惑、結婚障害を詐欺的に隠して行われた結婚の誘致、故意に偽られた告発である。これ以外に詐欺的な優劣差が刑罰にふれる事例を検討すれば、それらはまったく個人的な利益ではなく原理的にたんに国家の利益のみが害されるばあいであることが明かとなる。すなわち偽証、投票偽造、陪審員や証人や宣誓者の偽りの弁明、当該官僚にたいする偽りの氏名や称号の陳述などである。国家の利益にかかわるこの事例においてさえ、しばしば刑罰一般あるいはその高さは、経済的な利害が犯人を規定したということに結びつく。このように身分証明書や職業証明書などの偽造は、「よりよい生計の目的のために」行われるという補則によって刑罰のもとにおかれる。こうしてまったくとりわけ特徴的なことは、身分の詐称（子供のすり替えなど）は三年以下の禁固に処せられるが、しかし「行為が利欲的な意図で行われたばあい」は十年以下の懲役に処せられる。ところで子供のすり替えは疑いもなく利欲よりはきわめて多くの非道徳的および犯罪的な動機から起こることがあり、したがってより悪意ある犯罪者が、いかなる貨幣関心ももたないから相対的に非常に寛大な処罰を受けるが、――これと同じようにまた一般的には疑いのないことであるが、無数の詐欺的な瞞着が幸運と名誉、さらには人間一般のあらゆる善きものを破壊するかもしれないのに、そのさい詐欺者は「財産上の利益」を求めさえしなければ刑罰を受けない。このように財産利益がはじめから詐欺の概念のなかに入っていることによって、なるほど刑法上の実際にとっては、いたるところで貨幣への還元に特有なあの単純性と明瞭性とが得られるが、――しかしこれは法感情をきわめて不満のままに放置するという代償を払ってのことである。誰かが詐欺によって受けるかもしれない毀損の全範囲から、まさにたんに貨幣に表現できる過度に刑法的な迫害のみが取り出され、それによってその迫害のみが、社会的な秩序の観点から賠償を要求するものとみなされる。しかし法律の意図は、個人的な価値のあらゆる詐欺的な破壊を処罰することでなければならないから、法律が出発することができるのは、この仕方で破壊できる価値がすべて貨幣等価物をもつという前提からのみである。それゆえここでも殺人賠償金の観念が、未発達な形式においてではあるにせよふたたび有効となる。この観念にしたがって個人的な価値の破壊が被害者への貨幣の引渡しによって清算されることができるとすれば、そこにはこの価値がまさに貨幣に還元できるという前提がある。もちろん現代の刑法は、詐欺的な加害が犯人の被害者への貨幣引渡しによって十分に賠償されるという帰結を拒否する。しかし詐欺的な加害は、詐欺によって奪い取られるいっさいの価値が貨幣額で表現されなければならないという観念を、行為の客体につきまとわせる。

法規範のできるかぎりの明白性への要求が、詐欺にたいして保護されるべき個人的な価値の貨幣で表現できる価値へのこの途方もない制限をもたらし、そしてその他の価値が〈取るに足らぬもの〉へと押し下げられるとすれば、

――まさに同じ要求が民法のこれに対応する規定をもたらす。誰かをひどい不快や損失にまきこむ違約やごまかしはドイツ法によれば、こうむった損害の貨幣価値が証明できなければ、加害者にたいするいかなる要求をも正当とはしない。ここでは法学者自身によって強調される若干の事例のみを挙げるにとどめる。すなわち契約上の共同利用権にもかかわらず庭の使用を家主に閉ざされた借家人、文書では宿泊を承諾した旅館主に実際にはそれを拒まれた旅行者、雇った教師が補充者を調達できずに契約に違反したばあいの校長である。――これらのすべての人びとは、損害賠償にたいする彼らの権利が明々白々であるにもかかわらず、彼らの損害が一定の額に等置されないから、この要求を提起できない。誰がその内的および外的な不快や侵害の貨幣等価を、厳格な計算で証明しようとするであろうか。しかしこの証明がうまくゆかないとすれば、問題となる毀損は裁判官にとってはまさにまた〈取るに足らぬもの〉であり、彼にとっては存在しない。莫大な数の生活関係において被害者はまったく無権利であり、彼は加害者が刑法的に追及されるのを見るという道徳的な満足ももたなければ、また彼の損失や憤懣の補償を加害者から得るという経済的な満足ももたない。だがしかし、いまいちど強調されなければならないように、法の仮定はそれでも諸個人のすべての財を不法な毀損にたいして護ることであり、そしてこの保護はいまや明らかであるように、財の総額の価値が貨幣に実体化されことができなくなるやいなや、それを包含しなくなるから、この法律観の全体の前提として推論されるのは、すべての個人的な財が貨幣等価物をもつ――いうまでもなく身体の無事と、さらに若干の関係において法が等しく保証する名誉とを除いて――ということである。貨幣利害へのこの還元がもたらした法体系の異常な単純化と統一化とは、その実際の支配との共同においてこのように貨幣利害の独裁の虚構をもたらし、さらにこれにまったく対応して他の領域においても、貨幣に表現できない価値であれば、いかに理論的には最高のものとして承認されようとも、その価値にたいする注目すべき実際的な無関心をもたらす。

ローマ法がその中間の時期にいかにこの点においてこれと対立したか、これを観察することは重要である。ローマ法が民事訴訟において設定した罰金宣告は賠償であり、これは被害者を苦しめた特別な虚偽や悪意を被告が償うためには、対象の価値以上に被害者に支払われた。悪意で否認された供託金、後見人に抑留された被後見人の所有金、さらにこれらに類似したものは、簡単には補償されないばかりか、さらには裁判官や事情によっては原告は、損害賠償たいしてではなく、個人的な権利領域一般の悪意の侵害にたいして——一定の貨幣額と直接に等価となる客観的な損害にたいしてではなく、個人的な権利領域一般の悪意の侵害にたいして——確定する権利をあたえられた。それゆえここでは一方において、法のまもるべき個人的な価値はその対象の貨幣価値によって限定されず、むしろその権利領域の侵害がこの価値をこえる賠償を要求すると感じられるが、しかし同時にこの賠償は、いまや再び一定の貨幣額の引き渡しによって果たされ、客観的な貨幣利害の彼方においてこうむった損害は、それでも貨幣によって清算されると感じられる。それゆえここでは貨幣は、現代の状態とくらべて一方ではより小さな役割を、しかし他方ではより大きな役割を演じる。しかしまさにそれゆえに現代のこの状態は、増大する文化が貨幣の発展を駆りたてた二つの典型的な方向の結合を示している。すなわち増大する文化は貨幣にたいして一方では重要性をあたえ、この重要性によって貨幣は、客観的な利害宇宙のいわば世界霊魂となり、そのように得られた衝撃を貨幣にふさわしい限界をこえて継続しつつ、個人的な価値をもまた圧倒する。しかし増大する文化は他方では貨幣を個人的な価値から遠ざけ、貨幣の意義をすべての本来の個人的なものとますます比較できなくし、個人的な価値にそのように不適当な等価をあたえるというよりは、むしろ個人的な価値の貫徹を抑制する。直接的な法感情の不満によって、これらの動機の協力の一時的な結果はあのローマ的状態に劣りはするが、この不満はそれでも次の認識を妨げることを許さない。すなわちここで現実に問題となるのは、はるかに進歩した文化傾向の組み合わせであり、これらの傾向はたしかにそれらの方向の対立と非宥和性とを、この両者が同時に発言の機会をうる多くの現象の不十分さと低位さとに示しているという認識である。——

以前の状態においては人間がまるごと貨幣で償われたが、この状態の進化は、貨幣による妻の購入と結びついたより特殊な進化に若干の類似を見いだす。売買婚と、進化した民族の過去とあまり文明化していない民族の現在とにおける売買婚の異常な頻度と、その豊富な変種と諸形式とについてはすでに十分に知られている。ここで問題となるのは、購入された価値の本質についてこれらの事実が許す逆推理のみである。貨幣もしくは貨幣価値による人間の購入が現代の人間によび起こす価値剝奪の感情は、以前の歴史的な状態との関係においてはつねに正当とされるとはかぎらない。われわれの見るところ、一方では人格がまだより多く種族類型のなかに埋没し、他方では貨幣価値がまだ十分な無色彩へと一般化されないかぎり、いわば人格と貨幣価値とはたがいに接近し、したがって古代ゲルマンの個人的な品位はたしかに、殺人賠償金がその品位の価値を貨幣で表現させるということに苦しむことはなかった。妻の購入のばあいも事態はこれに対応している。すなわち民族学的な事実の示すところによれば、妻の購入はけっしてたんに文化発展のもっとも低い段階にのみ見いだされるのでもなければ、また主としてそこに見いだされるわけでもない。この領域での最良の識者のひとりの確定するところでは、売買婚を知らない非文明民族はたいてい非常に低い種族であるという。より高い状態において妻の購入が屈辱的と思われれば思われるほど、低い状態ではそれがより賞揚的に影響することができ、しかしこれは二つの理由からであった。第一にわれわれの知るかぎりでは、妻の購入はけっして個人主義的な経済の様式にしたがって行われるのではない。厳格な形式と方式、家族利益への顧慮、支払いの様式と額についての正確な慣行が、真に低位にある民族にあってさえも妻の購入を拘束する。その実行の全様式は公然たる社会的な性格をおびる。たんに花婿がしばしば種族の各仲間に花嫁代価の分担を要求する権利をあたえられているということと、この花嫁代価そのものがしばしば花嫁の縁者に分配されるということのみを説明すればよい。——これはちょうど、たとえばアラビア人のばあいは殺人の賠償金が全カビレ Kabile、つまりは殺人者の種族団体によって調達されたのと同じである。あるインドの種族にあっては、要求された花嫁代価の半分のみを所有する求婚者には「半分の結婚」が許される。すなわち妻を女奴隷として彼の家へ入れる代わりに、彼は全代価の払い込みまでは奴隷として妻の家で生活しなければならない。父権的な状態と母権的な状態とが相並んで存在する（それゆえに妻が夫の氏族へ、しかしまた夫が妻の氏族へ移る）多くの場所においては、一般的にはたんに花嫁代価が支払われた後にのみ父権的な形式が行われ、貧者は母権的な形式に従わなければならないといったことが生じる。たしかにこの取引性によって人びとの個性と彼らの関係とは完全に抑圧される。にもかかわらず花嫁購入に存在するような結婚諸要件の組織化は、たとえば低い状態の掠奪婚やまったく原始的な性関係に比べると巨大な進歩である。この原始的な性関係はなるほどおそらくは完全な乱婚制においてではないが、しかし同じようにおそらくはまた、社会的に規制された力が提供するあの強固な規格化的な支えなしに推移したであろう。人間の発展はつねにくりかえし次のような段階に到達する。すなわちそこでは個性の抑圧が個性のその後の自由な発達にとっての必然的な通過点となり、たんなる外面的な生活規定が内面の学校となり、抑圧的な形成がのちにはすべての個人的な特性を支える諸力の集積をひき起こすといった段階へである。完全に発達した個性の理想からすれば、たしかにそのような時代は粗野で品位のないものとも思われるが、しかしそのような時代はたんにその後のより高い発展の積極的な萌芽を据えるのみでなく、さらにそれはまたそれだけですでに流動的な衝動の素材への組織化的な支配における精神の証明でもあり、生活の規範――いかに残虐で外面的でさらに愚鈍でさえあるにせよ――をたんなる自然の暴力から受け取るかわりに、ともかくもその規範をまさに自らにあたえる特に人間的な合目的性の活動でもある。今日は極端な個人主義者でありながら、にもかかわらず社会主義の実践的な傾倒者でもある人びとが存在する。なぜなら彼らは社会主義を、純化された正しい個人主義の不可欠の準備、たとえいかに苛酷であるにせよその学校とみなすからである。このように売買婚のあの相対的に強固な秩序と外面的な図式性は、夫婦関係をいわば一定の表現にもたらすためのきわめて強力できわめて非個人的な最初の試みであり、高く発展した段階にとっては個人的な結婚形式がふさわしいのとまったく同様に、低い段階にとってはその試みがふさわしい。社会的な団結にとってのこの意義をすでに示しているのは妻の交換であり、これを人は現物交換として妻購入の前段階と名づけることができよう。オーストラリアのナリンイェリ族にあっては、本来の合法的な結婚は男たちの姉妹の交換によって行われる。ある娘が交換によらずに彼女の選んだ男と逃亡すれば、彼女はたんに社会的に価値が劣るとみなされるのみでなく、普通であれば彼女の生まれた群族の義務となっている保護への請求権をも失う。これによって明確に表現されるのは、このようにすぐれて非個人的な結婚様式の社会的な意義である。群族はもはやこの娘を保護せず、彼女との関係を絶つ。なぜなら群族は彼女へのいかなる補償をも受け取ってはいないからである。

これをもって売買婚を文化的に高める第二の動機への移行があたえられる。まさに妻たちが有用な所有対象であるということ、彼女たちの獲得のために犠牲が提供されるということが、結局は彼女たちを価値があると思わせる。所有はいたるところで所有物への愛を生み出すと言われた。人は好んで持ちたいもののために犠牲を提供するのみではなく、さらにまた逆に犠牲を提供したものを愛す。母親の愛が子供のための無数の犠牲提供の基礎であるとすれば、それでも母親が子供のために引き受ける労苦と心配もまた、彼女をますます強固に子供に結びつける紐帯なのである。このことから理解されるのは、まさに病気の子供や普通はごく最近に生まれた子供は、母親の側の犠牲的な献身を必要とするため、しばしばきわめて激しく母親に愛されるということである。教会は神への愛のためには、もっとも重い犠牲さえも必要であることをけっして恐れなかった。なぜなら教会は、われわれがより大きな犠牲をそのために払えば払うほど、より大きな資本をいわばそこに投資すればするほど、われわれがますます強固に内的に原理と結びつくということを、よく知っていたからである。それゆえ妻の購入がいかに直接には妻の抑圧と搾取と物的性格とを表現するにせよ、それによって妻はそれでも、第一には彼女が購入代価をもたらした両親の集団にとっての価値を、さらに第二には夫にとっての価値を獲得した。というのも夫にとって彼女は相対的に高い犠牲を表現し、それゆえ夫は彼女を自己のために大切に取り扱わねばならなかったからである。進歩した概念にとっては、この取り扱いもなおつねにきわめて十分に惨めであり、さらに妻の購入にともなうそれ以外の零落的な要素が、あのより良いものをはるかに無力化し、ために妻の地位は悲惨きわまるもっとも奴隷的なものとなる。しかしそれゆえにこそ妻の購入は、妻たちが何か価値あるものであることを——しかも彼女たちが何か価値あるものであるから夫たちが彼女たちのために支払うのみでなく、夫たちが彼女たちのために支払うから彼女たちが何か価値あるものであるという心理学的な関連において——明白にしかも徹底的に表現しているということ、このことは依然として少なからず真実であり続ける。それゆえ理解できることであるが、あるアメリカの種族にあって娘を代価なしに手放すことは、彼女と彼女の家族全体のひどい零落とみなされ、彼女の子供さえ私生児に劣ると思われる。

そしてたとえ妻の購入が一夫多妻的な傾向を、さらにすでにそのかぎり妻の零落を含むとしても、他方ではそれでもまさに貨幣出費の必要が、その一夫多妻的な傾向をたいていは制限する。異教徒のデンマーク王フロートについて報告されたところでは、彼は征服したルテニア人（西ウクライナ、とくに東カリチアに住むウクライナ人をさす）にたいして、妻の購入によって結ばれたもの以外のいかなる結婚も法律によって禁止し、そうすることによって一般に行われている放縦な慣習を廃止しようとした。それというのも彼は購入に存続の保証を認めたからである。それゆえ購入は一夫多妻的な本能を、原理的には近い関係にあるにもかかわらず余儀なく抑止し、購入はこのような迂路を経て、夫の所有する妻の高い評価をもたらすにちがいない。それというのも、これに対応するかのように、直接の購入費用の結果はこうであるからである。すなわち持続がたんに妻の評価の結果であるのみではなく、また逆にこの評価が、何らかの他の道を経てもたらされた持続の結果でもある。そのさい大きな重要性をもつのは、代価の相違——社会的に固定しているばあいも個人的な商議によって成立したばあいも——は、妻たちが価値において異なることを表現するということである。カフィル族（アフリカ東南部、ケープタウンの近くに住む原住民）の女性についての報告によれば、彼女たちは自分たちが購入されることをあくまでも価値剝奪とは感じず、逆に娘はそれを誇り、彼女がより多くの牡牛もしくは牝牛に値すればするほど、いっそう自分を価値あるものと考えるという。しばしば人びとの注目するところであるが、あるカテゴリーの客体がより決定的な価値意識を獲得するのは、それぞれの個体が特別に評価されなければならず、価格のいちじるしい相違が価値の事実をつねに新たにしかも鋭く感じさせるばあいである。ところがもちろん別の評価段階においては、殺人賠償金のところで明らかになったように、まさに賠償の相等性が対価物の客観的な意義を増大させる。このように妻の購入は個々の女性の個人的な価値と、さらに——価値のあの心理学的な法則によって——また女性一般の価値をも際立たせるための、たしかにきわめて粗野ではあるが最初の手段を含んでいる。それればかりかさらに女性が奴隷として購入されたばあいには、おそらく男の奴隷のばあいよりも価格にはより大きな変異がある。たんなる労働者であるにすぎない男奴隷は、年齢が同じであればたえずほぼ同じ決まりきった価格（古代ギリシアとアイルランドにおいては三頭の牝牛）である。ところが女奴隷は労働以外のなお特別な目的にも役立つところから、それぞれ個人的な魅力にしたがって——原始民族のばあいこの美的な事情の影響はさほど大きくは考えられないかもしれないが——価値を変える。妻の購入の内部においてもまたつねに、若干のアフリカ人のばあいのように価格が旧慣によって一様にすべてにたいして定まっているのは、もっとも低い段階をあらわしている。

これらの事例においてきわめて決定的に通用するのは、女性がたんなる類として、非個人的な客体として取り扱われるということであり、——このことは先に説明した制限にもかかわらず、いまやたしかにそれ自体で売買婚の特徴である。それゆえ一連の諸民族については、とりわけインドにおいては、妻の購入が何か侮辱的なこととみなされ、しかも他のところでもそれは行われるが、しかし人びとはその名称を憚って、価格を花嫁の両親への自発的な贈与と呼んでいる。他の種類の給付にたいする本来の貨幣の相違がここでは有効となる。ラップランド人について報告されているところでは、彼らはなるほど娘を贈与と引き替えに譲渡するが、しかし贈与と引き替えに貨幣を受けとることは好ましくないとされているという。女性の地位が依存している他のきわめて錯綜した諸条件を考慮すれば、あたかも本来の貨幣購入は、花嫁の両親にたいする求婚者の贈与もしくは個人的な奉仕との引き替えによる譲渡よりも、彼女をはるかに低くへ押し下げるかのように思われる。贈与の価値とそれへの――それについての社会的な因習のさいでさえ――選択の個人的な自由とのより大きな無規定性ゆえに、贈与には、冷酷な客観性をもってあたえられる貨幣額によるよりは、何かより個人的なものがひそんでいる。そのうえ贈与は持参金へと導くあのより進んだ形式への架橋をうちたて、ここでは求婚者の贈与が花嫁の両親の側の贈与によって返される。これによって原理的には妻にかんする処理の無条件性が破れる。それというのも夫の受け取った価値は一定の義務を含むからである。彼はいまはもはや一方的な優位者ではなく、要求権は他方の側にもある。さらに主張されるのは、労働奉仕による妻の獲得は直接の購入によるよりも高い結婚形式を表わすということである。しかしこの形式が古い洗練されない形式であるということは、この形式が女性のよりよい取り扱いと結びつくことを、たしかに妨げないとも思われる。それというのも一般には、進歩した貨幣的な経済は女性とともに弱者一般の状態をしばしば悪化させたからである。われわれは現在の自然民族のあいだに、二つの形式が時として同一の民族に並存しているのを見いだす。この後者の事実が示しているのは、たとえ大体において奉仕のような個人的な価値の投入が、貨幣または実質的な貨幣価値による妻の購入とはまったく異なった仕方で妻の獲得を奴隷の獲得の上におくにちがいないとしても、妻の取り扱いについては本質的な相違は存在しないということである。ところでここでもまた、いたるところで強調されるべき次のことが妥当する。すなわちそのような購入による人間の価値の低下と剝奪（はくだつ）とは、購入額がきわめて大きければ少なくなるということである。それというのも貨幣価値はきわめて高い額においては希少性をもち、これが貨幣価値をより個人的にまがうかたなく彩り、そうすることによってそれを個人的な価値の等価物によりふさわしくするからである。英雄時代のギリシア人にあっては花嫁の父への花婿の贈与――たしかに本来の購入をけっして表現するとは思われない――がみられるが、妻の地位はまったく特に良好であった。とはいえ強調されるのは、この贈り物が相対的にきわめて重要であったということである。このように人間の内面もしくは全体が貨幣のために投入されるということが価値を低下させるように作用するとしても、その後の例がなおより強く証明するように、それでもそこに賭けられる額の異常な高さは、とりわけ当事者の社会的な地位を顧慮すれば、ある種の均衡をつくりだす。こうしてわれわれの聞くところによれば、エドワード二世と三世は彼らの友人を人質として負債の返済の代わりに引き渡し、そして一三四〇年にはさらにカンタベリーの大司教が王の負債の担保として――保証人としてではない――ブラバントへ送られたという。ここで問題となる額の大きさは、貨幣のための人格のこのような投入によって人格に生じる剝奪を、たとえ問題となるのが些細なものであるにせよ、はじめから斥けた。

売買婚の原理はたぶん多くの民族においてかっては支配的であったであろうが、この原理からの反対の原理である持参金の原理への移行は、おそらくはすでに説明したように花婿への贈り物がさらに両親の側から、一定の経済的な独立性を花嫁に保証しようとしてあたえられることによって成立した。両親による娘の嫁入り支度はこうして存続し、その起源が、つまりは夫によって支払われる代価がやんだあとでさえ、さらに発展し続けた。ここで興味があるのは、このきわめて不正確にしか知られていない進化をたどることではない。しかしそれでも主張できるのは、持参金の一般化が貨幣経済の上昇とともに始まるということである。このことは以下のように関連するかも知れない。すなわち妻の購入が支配的である低い状態にあっては、妻がたんに労働動物――妻は多くなお後までそうであった――であるのみではなく、さらに彼女の労働は、貨幣経済のもとでの女性の労働のような特殊な意味においてまだ「家庭的」ではなかった。それというのも貨幣経済では本質的に男性の利得の消費が家庭の内部において行われなければならないからである。その時代には分業はまだそれほどには進んでおらず、妻は直接に生産に参加し、それゆえ彼女は所有者にとっては後の時代よりもはるかに具体的な経済的な価値を表現した。なおまったく後の時代にも、この関連は折りにふれて強化された。マコーリーはスコットランドでの女性による主要な耕作の遂行に女性の野蛮な低い地位を認めたが、他方ではまさにある正確な識者のひとりの強調するところでは、この遂行こそ彼女たちに男たちのあいだでの一定の程度の独立性と尊敬とをあたえたという。さらにこれに加わるのは、原始的な状態では子供たちは父親にとっては直接の経済的な価値をもつが、これにたいし高級な状態ではしばしば彼らは経済的な重荷であるということである。父親もしくは氏族といった本来の所有者は、この価値を代償なしには他者に譲る理由をまったくもたない。この段階においては妻はたんに自己の糊口を得るだけではなく、夫は彼女の代価を彼女の労働から直接にしぼり出す。このことは経済が家族的な性格を失い、消費が自己生産に限られなくなるやいなや変化する。それとともに経済的な利益は、家から考察すれば遠心的な方向と求心的な方向とに分離する。市場のための生産と家族経済とは、貨幣によって可能となった両者の対立を発展させはじめ、それと同時に両性のあいだのより明確な分業を導入しはじめる。きわめて明白な原因から、内へと向かう活動が女性のものとなり、外へと向かう活動が男性のものとなり、前者の活動はますます後者の活動の収益の管理と利用とになる。これによって女性の経済的な価値は、いわばその実体性と明白性とを失い、女性はいまや男性の労働によって生きる被扶養者のように思われる。それゆえたんに女性の代価をめぐる要求と承諾の根拠が脱落するのみではなく、さらに女性は――少なくとも大まかな考察方法にとっては――男性が引き受け世話しなければならない重荷となる。こうして持参金の基礎がつくられ、男性と女性の活動領域がすでに述べた意味でたがいに分離すればするほど、これにしたがって持参金もますます広範に発展するにちがいない。ユダヤ人にあっては、男性は落ち着かない気質と他の原因にもとづいてきわめて活動的であり、それゆえこの必然的な相関として女性は強く家を頼りにするが、このユダヤ人のような民族のあいだでは、われわれは、すでに貨幣経済の発展する以前においてさえ法的な規定としての持参金を見いだす。普通であれば発展した貨幣経済はそれなりにこれと同じ結果へと導く。この発展した貨幣経済によってはじめて生産に、あの客観的な技術と、あの拡張と、あの豊富な関係と、そしてまた同時にあの分業的な一面性が可能となり、これらによって家族の利益と営業の利益との以前の無差別状態が分裂し、両者のそれぞれの担い手が、わけても営業の利益の担い手が必要とされるようになる。誰がそれぞれの担い手であるべきかは、男女のあいだで疑うことができないようになる。そして同様に疑うことができないようになるのは、このことによって夫が妻の労働力を購入した花嫁代金は、持参金に場所を空けるにちがいなく、この持参金は非生産的な妻の扶養の償いを夫にたいしてするか、それとも利益を得る夫とならぶ独立性と保証とを妻にあたえるはずである。

貨幣経済においては持参金が結婚生活の全構成と緊密な関係をもち、――それが男女のいずれを保証するためのものであるにしても――、この関連によって理解されるのは、結局はギリシアにおいてもローマにおいても持参金が妾にたいする正当な妻のしるしとなり、妾は夫にたいしていかなるそれ以上の要求ももたず、したがって夫はその要求に償いもしなければ、妾自身もまた要求のみたされないばあいに保証される必要もないということである。そしてこのことは、両性の関係にとっての貨幣の意義に再び新しい光をあてる売春へと導く。結婚にさいして生じる夫からの妻のための贈り物もしくは妻自身への贈り物のすべては、——婚礼の翌朝の贈り物であると〈処女の値〉であるとを問わず——同じように現物の贈与としても貨幣の贈与としても現れることができるし、事実またそのように現れるが、これにたいして一般に代価が支払われる結婚以外の献身には、たいてい贈与の貨幣形式が対応する。貨幣のための取引のみが、まったく一時的な関係というあの性格、売春に固有のいかなる痕跡をも残さないという関係の性格を帯びる。人は何らかの性質をもつ対象の譲渡によるよりも貨幣の譲渡によって、関係からより完全に解放され、その関係をより徹底的に皆済する。というのも性質をもつ対象には、その内容と選択と利用によって、よりたやすく贈り手の人格の息吹きがつきまといつづけるからである。売春の仕える欲望は瞬間的に燃えあがるとともに同じように瞬間的に消滅し、この欲望にはたんに貨幣等価物のみがふさわしい。なぜなら貨幣は何ものとも結びつかず、原理的にはあらゆる瞬間に手元にあり、あらゆる瞬間に歓迎されるからである。人間のあいだの関係のうち、その本質からみて結合的な力の持続と内的な真実をめざすもの——いかに急速に破れるにせよ現実の愛情関係のような——にとっては、貨幣はけっして適当な仲介者ではない。購入しうる享楽は、瞬間ともっぱら感覚的な衝動とをこえるいっさいの関係を拒否するが、このような享楽には貨幣が、客観的にも象徴的にももっとも完全に奉仕する。というのも貨幣は譲渡によって完全に人格から分離し、それ以上のいっさいの結果をもっとも徹底的に切り離すからである。——人は貨幣で支払うことによって、満足を得たのちに売春婦と決着をつけるのと同じように、もっとも根本的にいっさいの事柄と決着をつける。売春の内部における両性の関係はまったく明白に感覚的な行為にかぎられ、このことによってその関係は純粋に種属的な内容へと低下する。その関係を成り立たせるのは、種属のあらゆる個体が行い感じることができ、他のばあいであれば対立しあう人格もそこでは一致し、あらゆる個人的な差異が解消されるように思われる。それゆえこの種の関係にとっての経済的な対応物が貨幣であり、貨幣もまた同様にあらゆる個人的な規定の彼方に立ち、いわば経済的な価値の種属類型を、つまりあらゆる個別的な価値に共通なものの表現を意味する。このように人はまた逆に貨幣そのものの本質に、売春の何か本質的なものを感じる。貨幣があらゆる使用に供されたさいの無関心、貨幣が本来いかなる主体とも結びつかないので、あらゆる主体と分離しているという不誠実、純粋な手段としての貨幣に特有であるところの、心のこもったいっさいの関係を排除する客観性――これらのすべてが、貨幣と売春とのあいだの宿命的な類似をうちたてる。カントが道徳的命令として、人はけっして人間をたんなる手段として使用すべきではなく、彼をつねに同時に目的として認識し取り扱うべきであると提起したとすれば、――売春はこれと絶対的に対立する行動を、しかも双方の関係者の側において示している。このように売春は人間相互のあらゆる関係のなかで、おそらくはたがいをたんなる手段へと押し下げるもっとも意味深い事例である。そしてこのことが売春を貨幣経済と、つまりはもっとも厳格な意味での「手段」をともなった経済と、緊密な歴史的結合におくきわめて強固できわめて深い要因であるかもしれない。

売春にひそむ恐るべき品位剥奪がその貨幣等価物にもっともすさまじく表現されるということは、このことにもとづいている。女性のもっとも親密でもっとも個人的なものは、まったく個人的な衝動からのみ犠牲に供され、男性の同じ個人的な献身――いかにこれが女性のそれとは異なった意義をもつにしても――によってのみ償われるべきであろうが、女性がこのもっとも親密でもっとも個人的なものをまさにそれほどまったく非人格的な、純粋に外面的・客観的な報酬のために犠牲にするとすれば、このことはたしかに人間品位のどん底を特徴づける。ここでわれわれは、給付と反対給付とのあいだのもっとも完全なもっとも苦痛にみちた不当性を感じる。あるいはむしろ、まさに売春による品位低下はこうである。すなわち最大の慎みを頼りとするもっとも個人的な女性の所有物を売春が低下させて、あらゆる個人的なものから隔たったあまりにも中性的な価値がそれにふさわしい等価物として受け取られる。しかし貨幣支払いによる売春のこの特徴づけは若干の逆の考慮に直面し、貨幣のあの意義をまったく鋭く際立たせるためにはこの考慮を説明しなければならない。

女性の性的な献身がおびるはずのまったく人格的な親密な個人的性格は、先に強調した事実とぴったりとは一致しないように思われる。すなわち両性間のたんに感性的な関係は純粋に一般的な性質をもち、完全に普遍的なものとしてのその関係のなかでは、そしてわれわれとさらには動物界とに共通なもののなかでは、まさにあらゆる人格と個人的な内面性とが消滅するという事実である。男性が女性について「複数形」で語り、彼女たちについては一括して、しかもすべてをいわば壷に投げ入れて判断するという傾向を強くもつとすれば、もちろんその理由のひとつはたしかに次のことにもある。すなわち特に男性が女性について低い感性から興味をもつものは、まさに裁縫女においても王女においても同じであるということである。このようにまさにこの機能においては、本来の人格価値を見いだすことが排除されているように思われる。類似した普遍性をもつ他のすべてのもの、すなわち飲食、規則的な生理的な活動、さらには心理的な活動、自己保有の衝動と類型的・論理的な機能とは、けっして人格そのものと連帯的な結合におかれてはおらず、誰かが自己とすべての他者とに区別なく共通であるものをまさに行使あるいは提供するにあたっても、彼のもっとも内的なもの、本質的なもの、もっとも包括的なものを表現し、あるいは手放すとは、けっして感じはしない。にもかかわらず女性の性的な献身には、この変則が否定しがたく存在する。すなわち人間のあらゆる層にとって一様なこのまったく一般的な行為が、現実には——少なくとも女性にとっては——同時に、彼女の内的なものを包括したもっとも個人的なものとして感じられる。このことが理解されるようになることができるのは、女性一般が男性よりもなお深く種属の類型に埋没し、男性の個人が種属の類型からより分化しより個人化して目立つという意見に、人がくみするばあいである。ここからまず第一に推論されるのは、女性にあっては種属的なものと個人的なものとがむしろ一致することができるということである。女性がなお男性よりも実際に自然の曖昧な根源とより緊密により深く関連しているとすれば、彼女のもっとも本質的でもっとも個人的なものはまさにまたなお強く、種の統一性を保証するあのもっとも自然的なもっとも普遍的な機能に根ざしている。そしてさらに推論されるのは、女性のあの統一性は、すべてに共通なものを、各人がそれ自身であるものから少ししか鋭くは区別しないということであり、——この統一性が個々それぞれの女性の本質のより大きな統一性のなかにそれ自体反映されているにちがいないということである。女性の個々の能力と性質と衝動が男性におけるよりも心理的により直接により緊密に関連し、男性の存在側面はより自立的に発達し、そのためそれらの個々の発展と運命とは他のそれぞれから相対的に独立しているということ、このことを経験は確証するように思われる。しかし女性の本質は、——少なくとも女性についての一般的意見はこのように総括することができる——すべてか無かという標語のもとにはるかに多く活動し、女性の諸傾向と諸活動とはより緊密に連合し、そしてすべての感情と意欲と思考とをともなった存在の総体をひとつの点から刺激するということが、男性よりも女性のばあいにはうまくゆく。事情がそうであるとすれば、女性がこの中心的な機能によって、彼女の自我のこの一部分の献身によって、分化した男性が同じ機会にそうするよりも実際に全人格をより完全によりあますところなく犠牲にするという前提には、たしかな理由がある。男性と女性のあいだの関係の無邪気な段階においても、両者にとっての関係の意義のこの相違はすでに現れている。自然民族でさえ花婿もしくは花嫁が、婚約の一方的な解消にさいして支払わなければならない賠償を双方に別々に規定し、さらにたとえばバカクス族にあっては女性は五グルデンであるのに、男性は一〇グルデンを支払わなければならず、ベンクーレン(インドネシアのスマトラ島南部のインド洋側の地名)の住民においては違約した花婿は五〇グルデンであるのに、花嫁は一〇グルデンのみであった。これに対応して社会が男性と女性とのあいだの官能的な関係に結びつける意義と結果はまた、女性が全自我をその価値の総体とともに交換においてあたえるのにたいし、男性はたんに彼の人格の一部分のみをあたえるにすぎないという前提のもとにある。それゆえ社会は、ひとたび道を誤った娘にたいしては「純潔」をまったく認めず、妻の姦通にたいしては夫のそれよりもはるかに厳しい判決を下し、夫については折にふれての純粋に官能的な無節制がなお、内的で本質的なすべてのものにおける妻への忠誠と少なくとも調和できるということが、承認されているように思われる。社会は売春婦をまったく救いがたく零落させるのに、極悪の放蕩者でさえもなおつねに人格のいわば他の側面においては泥沼から逃れ出て、あらゆる社会的な地位をも獲得することができる。それゆえ売春のさいに問題となる純粋に官能的な行為に、男性はたんに彼の自我の最小限のみを投入するにすぎないが、しかし女性は最大限を——もちろん個々のばあいにではないが、あらゆるばあいを総括すれば——投入する。この関係から理解できるようになるのは、女衒(ぜげん)と同様に頻繁なものとして述べられる売春婦のあいだの同性愛といった出来事である。なぜなら売春婦は、少なくともやはりなお人間の普通のいくらかの側面が関与するあの関係による補償を求めようとすれば、男性との関係からは、そこには彼が現実の完全な人間としてはけっして入り込まないから、おそるべき空虚と不満とを手に入れるにちがいないからである。それゆえ性行為は何か一般的で非個人的なものであるという考えも、また外面的に考察すれば男性がその行為に女性とまったく同じように関与するという事実も、これまで主張された次の関係をくつがえすことはできない。すなわち女性の傾倒は男性のそれよりも限りなく個人的で本質的であり、自我を包括しているということであり、さらにそれゆえその傾倒にたいする貨幣等価物は考えられるかぎりもっとも不適切でもっとも不適当なものであり、その授与と受領とは女性の人格のもっともひどい下落を意味するということである。――売春の品位剝奪は女性にとって、それだけでなお一妻多夫的な性格に、つまり彼女が多数の男に身をゆだねるということにあるのではない。本来の一妻多夫制はしばしば女性に、決定的な優越を得させさえする。たとえばインドのナイル（カースト名）の相対的に高位にある集団においてである。とはいえここで本質的なことは、売春が一妻多夫を意味するということではなく、それが一夫多妻を意味するということである。まさに一夫多妻は、いたるところで女性の固有価値をたぐいなく低下させる。すなわち女性は希少価値を失う。外面的に見れば、売春は実に一妻多夫的な関係を一夫多妻的な関係に結びつける。とはいえ貨幣をあたえる者が商品をあたえる者にたいしてあらゆるところでもつ優位によって、男性に巨大な優越をあたえる一夫多妻的な関係のみが売春の性格を規定することとなる。売春とはまったく関わりのない関係においてもまた女性たちは、恋人から金銭を受け取ることを苦しく恥ずかしいと考えるのがつねであるが、この感情はしばしば事物そのものの贈与にまでは拡がらない。これにたいして女性の側から恋人に金銭をあたえることは、彼女自身にとって悦びであり満足である。マールバラについて言われたことであるが、女性についての彼の成功の理由は、彼が彼女らから金銭を受け取ったことにあったという。金銭の受け手にたいする与え手のいま強調した優位、売春のばあいに恐るべき社会的な距離へと拡大するこの優位は、この逆なばあいには、普通であれば仰ぎ見ることになれている者が自分に依存するのを見るという満足を女性にあたえる。

ところがここに異様な事実が生じる。多くの原始文化においては売春がまったく品位剝奪的とも零落的とも感じられないということである。同様に古代アジアから報告されているところでは、すべての階級の娘たちが結婚支度金あるいは寺院への奉納品を得るために売春したという。そして同様に今日われわれは、ある黒人種族について結婚支度金の目的のための同じ慣習を耳にする。この事例のなかにはしばしば頭目の娘たちも含まれ、彼女たちは公的な尊敬を失いもしなければ、後の結婚生活がそれによって何らかの仕方で不利をこうむることもない。われわれの感じ方とのこの深い相違が意味するのは、女性の処女性と貨幣という二つの要素がわれわれとは原理的に異なった関係にあるにちがいないということである。われわれにあっては売春の地位が見渡しがたい距離において、つまりはあの二つの価値のあいだの完全な不通約性において目立つとすれば、売春についてまったく異なった見解をもたらしたこの状態においては、この二つの価値はたがいに接近するにちがいない。これが対応するのは、人間の殺害にたいする貨幣賠償、つまりは殺人賠償金の発展が到達した結果である。人間の魂の上昇する評価と貨幣の低下する評価とがたがいに出会って、殺人賠償金を不可能にした。分化のまさに同じ文化過程が個人に特別の強調、すなわち相対的な無比性と比較不可能性とをあたえ、貨幣を対立しあう客体の基準と等価物とにし、これによって成立した無差別性と客観性とが、貨幣を個人的な価値の補償にはますます不適当と思わせる。商品と価格とのあいだのあの不釣合いが、われわれの文化における売春に性格をあたえるが、この不釣合いは低級な文化においては、まだ同じ程度に存在してはいない。きわめて多くの未開の種族について旅行者が報告するところによれば、女性は男性との著しい身体上の類似を、またしばしば精神上の類似をも示すというが、してみれば彼女たちが同じ圏の男性に比して分化することがより少なく、より深く種の類型に根ざしているように見えるばあい、彼女たちに欠けているのはまさにあの分化であり、この分化が高く洗練された女性と彼女の処女性そのものとにたいして貨幣では補償されない価値をあたえる。このように売春についての判断が示すのは、教会懺悔や殺人賠償金について観察することができたのとまったく同じ発展、すなわち人間の内的価値と同じように彼の全体は、原始時代にあっては相対的に非個性的な性格をもっていたが、これにたいして貨幣は、その希少性と僅かな使用とのために相対的に個性的であった。発展は両者を分離させることによって、一方の他方による補償を不可能にするか、さもなければなおその補償の存在するばあいには売春にみられるように、人格価値の恐るべき下落をもたらした。——

「貨幣結婚」についての考慮がたがいに結びつく広範な複合のうち、ここで取り扱った貨幣の意義発展にとっては以下の三つが重要に思われる。第一は、経済的動機が唯一の本質的な動機をなす結婚であり、これはたんにあらゆる時代とあらゆる文化段階に存在したのみではなく、まさにより原始的な集団と状態においてはまったく特に頻繁であり、ためにそこではいかなる障害もひき起こさないのがつねである。今日では個人的な愛好によらずに結ばれたあらゆる結婚によって個人的な品位の低下があたえられ——したがって経済的な動機の慎み深い隠蔽が儀礼義務と思われるが——、この低下は、あの単純な文化状態においては感じられない。この発展の理由は、増大する個人主義化が、純粋に個人的な関係を純粋に個人的な理由以外の他のものから受け入れることを、ますます品位のない矛盾にみちたものとするということにある。それというのも今日もはや個人的選択（子孫についての考えが社会的な契機として示されるかぎりを除けば）は結婚の社会的な契機のもとにはなく、社会が夫婦の身分の相等性に重きをおかないかぎりでは、個人的選択はむしろ結婚の内部に向けられたたんなる個人的な側面に属するからである。──このことにはつねに大きな幅があり、たんに稀にしか個人的な利益と社会的な利益とのあいだの葛藤とはならないのがつねである。相対的に未分化な要素をもつ社会にあっては、いかなる男女一組が一緒になるかは、同じように相対的には──たんに夫婦そのものの共同生活にとってのみならずまた子孫にとっても──どうでもよいかもしれない。それというのも大体において体質と健康状態と気質、さらに内的および外的な生活の形式と方向とが集団において一致するばあい、子孫の繁栄は高く分化した社会におけるほどには、たがいに適応し補いあう両親夫婦の気むづかしい選択には依存しないからである。それゆえそのような集団においては、夫婦の選択をなおそのような純粋に個人的な心の愛好以外の他の理由によって規定させることが、あくまでも自然的であり合目的的なのである。しかし十分に個人主義化した社会では、たしかにそのような純粋に個人的な心の愛好が事を決定し、そこでは二人の個人ごとの相互適応がますます稀になる。すなわち結婚率の減少が、きわめて洗練された文化状態においてはいたるところでみられ、この減少はたしかに一部は、きわめて分化した人間が一般に彼ら自身の完全に同情的な補いを見いだすことが困難であるということによってひき起こされる。ところがわれわれはこの同情的な補いに代わるものとして、相互の本能的な愛好以外には他のいかなる絶対的な基準も標識ももたない。たんなる個人的な幸福のみが関心事であり、結局は夫婦がおたがいのみでこの結末をつけなければならないから、現今の社会が子孫の繁栄のためにもともと性愛の動機の単独支配に固執するべきでないとすれば、この動機の公然たるあの偽装が強く実行されることへは、けっして強制的な誘因は存在しないであろう。それというのも性愛的な動機がいかにしばしば人を欺くにせよ──しかもまさにもっとも純粋な本能がしばしば対抗することのできないと示される複雑さをもつ高い状態においてはとくにそうである──、さらに繁栄をもたらす出発がなおそのためにいかに他の諸条件を要求するにせよ、性愛的な動機は淘汰にとっての結果においては、貨幣所有によってあたえられた選択要因につねに無限にまさり、まさにこの契機にたいしてまったく唯一の正しい動機であるからである。貨幣結婚は直接に雑婚――個人的な性質を顧慮せずに生じる無選択な両性の結合――の状態をつくり出し、生物学はこれを種のもっとも直接的なもっとも有害な退化の誘因として証明した。貨幣結婚においては夫婦の結合は、人種の合目的性とは絶対に関係のない要因によって規定される。――これはちょうど貨幣への顧慮が、本来は共属する夫婦を十分にしばしば分離させるのと同じである。――したがって諸個人の決定的な分化状態がまさに個人的な相互適応による選択をますます重要とするのに応じて、貨幣結婚は退廃要因とみなされなければならない。それゆえこの事例においてもまた、ほかならぬ社会の内部で高まった個人主義化は、貨幣を純粋に個人的な関係のますます不適当な媒介とする。

第二に、ここできわめて異なった形式で繰り返されるのは、売春についての次の観察である。すなわち売春はなるほど一妻多夫とともに一夫多妻でもあるが、しかし男性の社会的な優越によって結局は一夫多妻的な、それゆえ女性を零落させる要因の結果が、そこでは作用するようになるという観察である。すなわち慢性的な売春行為としての貨幣結婚は、男であると女であるとを問わず貨幣によって動かされる側から、つねに一様に内的に品位を奪うにちがいないように思われる。とはいえ通常の状態ではこれは生じない。女性は結婚することによって、たいていはこの関係に彼女の関心とエネルギーとの総体をゆだね、自己の人格の中心をも周辺をもあますところなくそこに投入する。ところが慣習はまた、たんに結婚した男性にはるかに大きな活動の自由を容認するだけではない。さらに男性は初めから、彼の人格のうちで職業が占める本質的な部分を夫婦の関係へは投入しない。両性の関係がわれわれの文化においてともかくもあるように、貨幣のために結婚した男性は、同じ理由から結婚した女性ほどには自己を売りはしない。男性が女性に依存するよりも女性ははるかにより多く男性に依存するから、愛情なくして夫婦になることは女性にとってはより不運なことである。それゆえ信じたいのは、――ここでは心理学的な構成が十分な経験に代わらなければならないが――貨幣結婚が悲劇的な結果を本質的に、しかも洗練された人びとが問題となるばあいにとくに発展させるのは、女性が貨幣結婚を購うばあいであるということである。ここではきわめて多くの他のばあいのように、ばあいによっては生じる一方の優越がそのもっとも根本的な利用、さらには増大へと傾くということが、貨幣によってつくられた関係の特質として示される。これはもともと確かにこの種のあらゆる関係の傾向なのである。〈同輩中の第一人者〉の地位はきわめて容易に〈第一人者〉そのものとなり、ひとたび得られた優位は、いかなる領域においてであるにせよ、さらにそれ以上の優位への段階をなし、距離を増し、恵まれた特別な地位の利益は、人がすでに高くにあればあるほど、しばしばよりいっそう容易になる。要するに優越的な関係は割合を増大させながら発展するのがつねであり、そして勢力手段としての「資本の蓄積」は、ありとあらゆる非経済的な勢力領域においても妥当するきわめて包括的な規定の個別的な事例であるにすぎない。ところがおそらく優越的な関係はしばしば、優位のそのような雪崩のような発展を制限する一定の予防手段と対抗力とを含んでいる。すなわち慣習と忠誠と法と、さらには権力の拡大にたいして関心領域の内的な性質によってあたえられた限界とである。しかし貨幣は無限の柔軟性と無性格性とによって、そのような傾向を阻止するにはもっともふさわしくない。はじめから一方の側に優位と利得とがある関係が貨幣利益から始まるばあい、その関係はそのため他の同じ状態のもとでも、客観的には特定の規定的な性質をもつ他の動機が基礎となっているばあいよりも、はるかに広範で徹底的にまた断乎としてその方向へと発展しつづけることができる。

第三に、貨幣結婚の性格は結婚広告というまったく特殊な現象にさいし、きわめて明白にあらわれる。結婚広告がきわめて僅かであり、しかも中間の社会層に限ってしか利用されないということは、不思議とも残念とも思われよう。それというのも現代の人格の個性化が強調され、そこから配偶者選択の困難が生じているにもかかわらず、それでもきわめて分化したそれぞれの人間にとっては、たしかになお彼の補いとなるにふさわしい異性が存在し、彼はこの異性に「正しい」配偶者を見いだすからである。すべての困難はたんに、そのようにいわばたがいにあらかじめ定められた者がいかに相互に出会うかということのみにある。人間の運命の無意味さがもっとも悲劇的に示されることができるのは、たがいに無縁な二人の人間の独身かあるいは彼らの不幸な結婚においてであり、彼らはたがいの可能な幸運を得るにはたんに知り合いになりさえすればよかった。疑いもなく結婚広告の完全な開発は、この状況の盲目的な偶然を合理化することができよう。これは広告一般が、客体の直接の発見という偶然に頼るばあいに、適当な要求充足の無限に高い機会を個人に得させることによって、もっとも偉大な文化の担い手のひとつであるのと同じである。まさに要求の上昇した個性化は広告を、供給の圏の拡大としてあくまでも必要とする。分化した人格は原理的にはもっとも多く結婚広告に頼るとも思われるが、にもかかわらず彼らの社会層では結婚広告が少しも問題とならないとすれば、この忌避にはまったく積極的な理由があるにちがいない。いま実際に現れている結婚広告をたどれば、そこには求婚者あるいは被求婚者の財産状況が、たとえ多くは隠されてはいるにせよ関心の本来の中心点をなしているということが分かる。そしてこのことは大いに理解できる。すなわち人格の他のすべての性質は広告においては、何らかの正確な規定もしくは納得のいく規定によって告げられはしない。そこには外的な容貌も性格も、また愛嬌や知性の程度も容易には記述されることができず、したがって個人的な関心をひき起こすほどの明白な像は成立しない。あらゆるばあいに完全な確実さで示されることのできる唯一のものは個人の貨幣所有であり、そして人間の表象作用の不可避的な特徴は、客体の多くの規定のなかで最大の正確さと明確さをもって述べられたり、あるいは認識される規定を、また客観的には最初の本質的なものとして妥当させる。貨幣所有のいわば方法論的なこの独特の長所は、あらわな貨幣関心の自白を結婚広告に刻印することによって、まさに本来は結婚広告をもっとも切実に必要とする身分にとってそれを不可能にする。

さらになお売春についてはまた次の現象も有力となる。すなわち貨幣は一定の量をこえればその無品位性と、個人的な価値を補償できないという無能力性とを失うという現象である。現代の「上品な」社交界が売春婦にたいしていだく嫌悪は、彼女がより惨めでより貧しければそれだけより決定的ではあるが、彼女の売却代金の高さとともに減少し、社交界はついには、大富豪に囲われていることを誰もが知っている女優を十分にしばしばサロンに受け入れる。ところがこのような高貴な女性は、多くの街娼よりもおそらくははるかにより吸血的であり、より詐欺的であり、内的に堕落している。たしかにこれには一般的な次の事実が作用する。すなわち人は大きな泥棒は逃がすが小さなそれは捕らえるという事実であり、さらに大きな結果そのものがその領域と内容からは相対的に独立に、一定の尊敬を生むという事実である。とはいえ本質的なことと、より深い理由とはそれでもこうである。すなわち販売価格は法外な高さによって販売客体に、普通であれば販売されるという事実一般が引き起こす下落をまぬがれさせる。ゾラは第二帝政時代の叙述において高位の男性の妻について、彼女は周知のように一〇万から二〇万フランかかったと語っている。たしかに歴史的事実にもとづいたこの挿話において彼が説明するのは、この女性がきわめて高貴な人びとのなかでさえ流通するのみではなく、さらに彼女の情人であると知られることが「社交界」では特別な評判を得たということでもある。きわめて高い価格で身を売る高級売春婦は、それによって「希少価値」を得る。——それというのも事物は高く支払われて希少価値を所有するのみではなく、さらにまた逆に何らかの他の根拠から、たとえこれがたんに流行の気紛れのみからであるにせよ高い価格を達成する客体は、希少価値を得るからでもある。他の多くの対象のように多くの高級売春婦の好意もまた、彼女がまったく異常な価格を要求する気分をもつからというのみで非常に評価され、多くの人びとによって求められる。——イギリスの判決が、誘惑された妻の夫への慰謝料の支払いを命じるとき、この判決はこれに対応する根拠に由来するにちがいない。夫を妻の女衒に押し下げるこの処置ほど、われわれの感情と矛盾するものはない。とはいえこの賠償は異常に高くつく。妻が多くの男性と関係をもち、それぞれの男性が五万マルクを夫へ賠償せよとの判決を受けた事件を知っている。ここでもまた額の高さによって、そのような価値一般を貨幣で償わせるという原理の低さが釣り合わされているように思われる。さらにきわめて素朴な仕方で金額の高さに、まさに夫にたいする尊敬をそれぞれの社会的な地位にしたがって表現しようとしているようにも思われる。少なくともジューニアス書簡（一七六九年から一七七二年にかけてイギリスの政治についてジューニアスの筆名のもとに発表された一連の公開状）の著者は、ある王子とある貴婦人とにかんする訴訟において裁判官が、辱められた夫の地位を賠償にさいしてまったく顧慮しなかったと、激しく彼を非難した。——

この観点がその意義をもっとも著しく示すのは、言葉のもっとも慣用的な意味での人間の「購入」、つまりは買収においてである。これを説明するために、いまやその特殊な貨幣的な形式へ移りたい。すでに僅かな金額のための窃盗あるいは詐欺は支配的な社会的道徳からみれば、より大きな金額の泥棒よりもそれだけはるかに軽蔑すべきである。ある意味では、このことには理由がある。すなわち相対的によい経済状態にある人間が問題となるばあいである。それというのもつまり人は、きわめて強力な誘惑に負けることは強い心の持主にもつねに生じることであるが、それほど小さな誘惑に抵抗さえできない心の持主はとくにあさましく意志薄弱であるにちがいないと結論するからである。これに対応して買収——義務あるいは信念の売却——は、それが行われる金額が僅かであればあるほど、それだけいっそう卑劣だとみなされる。このように買収は実際には人格の購入と感じられ、人格がそもそも「支払われない」か、あるいは高くか、それとも安く手放されるかにしたがって等級づけられる。ここでは社会的な評価は、それがたんに主体の自己評価の反映にすぎないということによって、その正しさを保証されているように思われる。全人格にたいする買収のこの関係から、収賄者が保持するか少なくとも目立たせるのをつねとするあの独特の体面が生じる。そしてこれは僅かな金額にとっては接近不可能なものとして現れるが、そうでないばあいは一種の尊大な態度、振舞いの厳粛と優越として現れ、これが贈与者を受取人の役割へと押し下げるように思われる。この外面的な態度は人格を、とりわけ他方が無言の協定によるかのようにそこに現れるのをつねとするから、それでも内面へいくらか反射し、普通であれば貨幣額にたいする人格価値の投入にしたがわなければならないあの自己否定と自己減価から収賄者をまもる。古代のユダヤ人とともになお今日でもしばしばオリエントにおいては、購買と販売とが儀礼形式のもとで行われている。すなわち購買者は対象を贈与として受け取る。それゆえ正当な取引にあってさえ、あたかもオリエント人の独特の体面が本来の貨幣関心の隠蔽に影響しているかのように思われる。

収賄者のそのような態度と買収一般の事実全体とは、貨幣形式によってもっとも容易となり拡大する。貨幣は他のいかなる価値形式とも異なり、所有変更の秘密性と不可視性と沈黙性とをまったく原理的に可能にする。貨幣の圧縮可能性は、誰の手にもすべり込ませる一片の紙によって人を豊かな人間にすることを許す。貨幣の無形式性と抽象性とは、貨幣をきわめて多種多様なきわめて隔たった価値へと投資し、それによってもっとも近い周囲の目から貨幣をまったく遠ざけることを許す。貨幣の匿名性と無色性とは、貨幣が現在の所有者に流れた源泉を認識できなくする。貨幣は公然とであれ隠然とであれ、きわめて多くの具体的な所有対象のようには由来証明をけっしてもたない。貨幣へのあらゆる価値の表現可能性は、経済人自身には彼の所有状態へのもっとも明確でもっとも露な洞察を可能とするが、しかしその表現可能性は他者に向かっては、拡散的な所有物の形式がけっして許さないような所有と取引の隠匿性と識別不可能性とを許す。貨幣の隠匿可能性は、私的所有物にたいする貨幣の関係の兆候もしくは極端な形成である。人びとは貨幣を、すべての財のなかで他者にはもっとも見えなくし、あたかも存在しないかのようにすることができるが、このことによって貨幣は精神的な所有に接近する。そして精神的な所有の私的ないわば唯我論的な性格が、沈黙の能力とともに始まり、同時にそれとともに完成するように、貨幣本質の私的な個人主義的な性質は、その完全な表現を秘密化のあの可能性に見いだす。ところでたしかにここにこそ、経済運営に要求と関心をもちながらも直接には運営そのものに統制あるいは影響をおよぼすことのできない人びとにとっての、大きな危険が横たわっている。近代法が株式会社とともに国家の財政管理の公開性を指定しているとすれば、人びとがそのようにして避けようとする危険は、ひとつの本質的な源泉を経済活動の貨幣形式と、この形式に固有の秘密化と人を迷わす勘定と不当な利用の容易さとにもつ。――このことは部外者でありながらも関心をもつすべてにとっての重大事であり、これは業務遂行の原理的な公開によってのみいくらか無力化されるだけである。貨幣関係の内部において、しかもそれを媒介として、普遍的な文化的分化が現れる。すなわち公的なものはますます公的となり、私的なものはますます私的となる。以前の狭少な圏にはこの分離は知られてはいなかった。そこでは近代的な生活の様式が許すほどには個人の私的な状態は内密ではあることができず、また他者の監視と干渉とにたいしても保護されなかった。ところがそのような圏においては神秘的な権威と隠蔽とが、広大な圏よりもより早く合目的的な仕方で、公的な利益の担い手のものとなる。広大な圏では公的な利益の担い手の支配領域の拡大、彼らの技術の客観性、各個人からの彼らの距離によって、たしかに能力と威厳とが成長して彼らのものとなり、これらが彼らを彼らの挙動の公開性と調和させる。このように個人は、外部にあるすべてにたいする彼の私的要件のますます完全な後退と閉鎖との可能性を獲得するが、これに応じて政治と行政と司法とは、それらの秘密性と接近不可能性とを喪失する。この相関関係を認識するにはイギリスの歴史をドイツの歴史と比較するか、それとも最近の二世紀の文化史を概観しさえすればよい。さらに宗教的な領域においてもまたこの分化過程が、しかも宗教改革をつうじて現れている。カトリック教会はその権威を、信者にたいする絶対的な高みに君臨する神秘的な形式、つまり信者にいっさいの質問と批判と協力を拒否する形式でおおいながら、それでも信者の側の妨げられない宗教的な独立存在を許さず、むしろ彼らの宗教的状態の関知者となり、いたるところに介入する法廷となる。いまや宗教改革は逆に、教会の組織に公開性と接近可能性と統制可能性とをあたえ、個々の信者の眼にたいするすべての隠蔽と遮断とを原理的に拒否した。これに反して信者は同時に、宗教的な内面のはるかに妨げられない自由を獲得し、神にたいする彼らの関係は、彼らがたんに自己自身によってのみ決定すべき私的なものとなった。

　私事性と秘密性とが普遍的な文化傾向と調和して、貨幣経済によって経済的な状態にあまりにも特有となり、この私事性と内密性からいまやわれわれは人間の購入、つまりは買収に立ち返る。買収は貨幣経済においては、まさに貨幣経済のあの特性によって最高の発展に達している。地所もしくは家畜群による買収は、たんに周囲の目にたいして秘密にできないだけではなく、収賄者自身もまた買収のすでに特徴づけた代表的な体面が必然的にひき起こすように、外見上は知らぬふりをしてあたかも何ごともなかったかのように、それにたいして振舞うことができない。これにたいして人は貨幣によって誰をもいわば彼自身にかくれて買収することができ、彼はそれについて何も知らぬふりをするだけでよい。なぜなら貨幣はまさに、彼に特に個人的につきまといはしないからである。貨幣による買収にあっては秘密性、妨げられることのない代理、他のあらゆる生活関係との不接触性が、女性の愛顧による買収のばあいと比べてさえなおより完全に存在している。それというのも女性の愛顧による買収がいかに完全にあますところなくその要素のなかに汲みつくされ、したがって外面的に考察すれば、貨幣贈与よりもそれによるほうが人格につきまとうものが僅かであるにせよ、――この無痕跡性はそれでも、とりわけ内的な結果の面からすれば、貨幣による買収のばあいと同じではないからである。それというのも貨幣による買収を特徴づけるのは、取引する人びとのあいだのあらゆる関係も貨幣の授与によってそのかぎりで終わるということであるが、これにたいして女性の愛顧による買収のばあいは一時的な感情の興奮に代わって、たんなる無関心よりもはるかにむしろ嫌悪や後悔や憎悪が現れるのがつねだからである。たしかに貨幣買収のこのような長所は当然ながら、秘密化が成功しないばあいに関係者のきわめてひどい零落を必然的にともなうことによって相殺される。ここでもまた盗犯との平行関係が独特である。奉公人はごく稀にしか、つまりはるかにひどく道徳的に堕落しているばあいにしか、食糧品やあるいは他のつまらぬ物のほかに金銭を盗みはしない。多くの奉公人についての経験が示すところによれば、彼らは一壜（ひとびん）の葡萄酒やあるいは婦人用の小間物はかなり良心の呵責（かしゃく）を感じることなく自分のものとするが、これと同じ価値を金銭で盗むことはためらう。これにまったく対応した観点からわれわれの刑法典は、その場での消費のための少量の飲食物の横領をたんにごく軽微な違反とみなすにすぎないが、これにたいして同じ価値の貨幣額の盗犯を事情次第では非常に厳格に処罰する。明らかに前提とされているのは、一時的な要求のばあいには直接の対象の横領可能性がきわめて強い刺激となるということであり、厳しく罰するにはあまりにも人間的な何ものかがその背後にあるということである。客体がこの直接の機能からより隔たり、より長い迂路をへてはじめて要求をみたすことができれば、誘惑が作用をおよぼすこともそれだけいっそう弱くなり、それに屈服することがそれだけより大きな不道徳を証明することになる。それゆえ最高法廷の認識によれば、たとえば燃料は享楽手段に数えらるべきではなく、したがって燃料の盗犯は享楽手段の盗犯にたいする減刑とはかかわりがない。疑いもなく燃料は事情によってはパンとまったく同様に切迫した要求であり、パンと同様に自己保存にとって必要である。とはいえ燃料の使用はやはりパンほどには直接的ではなく、それはいわば多くの中間停留地をもつ。それゆえ人が仮定することができるのは、誘惑におちいった者がパンにたいして正気にかえるには、感覚的な直接の魅力が許さないような多くの時間がかかるということである。享楽のそのような現在性からはもっともかけ離れているのが貨幣であり、要求はつねにたんに貨幣の背後にあるものとのみ結びつき、ために貨幣から放射する誘惑は、いわば自然の衝動としては現れず、したがって屈服の口実としての自然の衝動の力をともなわない。それゆえ貨幣の盗犯のように貨幣による買収は、瞬間的に享楽される価値による買収に比して、道徳的な性質がより狡猾(こうかつ)により根本的に腐敗していることの兆候と思われる。ために貨幣制度によって可能となった秘密性は、主体にとってのある種の防衛装置として作用する。秘密性はつねに羞恥感に貢物を示すことによって、拡大された次の類型に属している。すなわち不道徳な行動が、道徳的な要素の付加物と合併してその不道徳性の量を低下させるのではなく、まさにその不道徳の量を実現することができるようになるという類型である。たしかにここでもまた貨幣の状態が一定の量的限界からいかにその質的な性格を変化させるかが示される。巨大な買収があの防衛装置をまったく同じように合目的的に変えながら、まさにその広がりのために秘密性を技術的にはまったく堅持できず、このことに応じていわば公的な性格のために秘密性を放棄する。アイルランドへの立法上と行政上の独立性の配分とイギリスとの合併とのあいだの二〇年間に、本来は解けない問題がイギリスの大臣には提起された。すなわち二つの異なる国家をひとつの統一的な政策で指導するということと、二つの独立した立法府をたえず調和させておくということである。彼ら大臣たちは解決を絶えざる買収に求めた。すなわちアイルランド議会の多様な諸傾向のすべては、票を買われることによってのみ望まれた統一へと結びつけられた。こうしてロバート・ウォルポールについて、彼のもっとも熱烈な崇拝者のひとりは、「彼自身はまったく買収されなかったが、しかし彼の賢明で正しい政治的意見を達成するには、彼は全下院を買収することをいとわず、さらに全国民を買収することさえためらわなかった」と述べている。さらにその道徳性を自覚したもっとも純粋な買収者の良心さえ、いかに買収のきわめて激情的な弾劾と両立することができるか、これを教えるのは、聖職売買にたいする中世の闘争の頂点にあったフィレンツェの一司教の表明である。すなわち彼は教皇の座を買おうとし、いまわしい聖職売買者たちを追い出しうるだけのためにも教皇の座に千ポンド支払わねばならなかった。そして買収に――売春と同じように――無恥の烙印を、それゆえにまた秘密の烙印を免れさせたのは貨幣額のまさに巨大な基準であり、おそらくはそれのもっとも決定的な例は、それがいかに巨大であったかを次に見いだす。すなわち近代の初めのもっとも大きな財政事業が、皇帝選挙に必要な買収にカール五世が用いた手段の調達であったということにである。

これに加わるのは、そのような取引から遠ざけらるべき価値にとっての購入額の異常な高さこそが、その取引によって犯される公的な利益があまり大きな損失をこうむらないように、しばしば一定の保障をあたえるということである。イギリスの国王たちは重要な官職を売却したが、しかしこのことによって少なくとも購入者たちは立派に振舞おうと努力するようになった。〈官職に一万ポンド支払った男は、多くの競争者たちにすぐに見つかるようなつまらない汚職のためにその官職を剝奪されまいとした〉と言われた。買収の秘密性を以前には主体のための防衛装置と呼んだが、このことと正確に対応して買収の公開性は公的な利益のための防衛装置である。これは矯正法であり、この矯正法によってその巨大な腐敗がいくらかは正当とされた。――この腐敗はまさに隠されず、したがって人はいわばそれに備えることができた。それゆえ買収は単純な状態においてもまた容易に耐えられる。アリステイデスについて、彼はその多くの自由裁量の権力にもかかわらず貧しく死んだということが、ほとんど前代未聞のこととして強調されている。小さな古代の都市国家においては、個人の不誠実はなお全体の基礎を動揺させはしなかった。なぜなら都市国家はごく僅かな部分までしか貨幣経済化しておらず、状態も透明であって複雑化しておらず、したがってたやすく均衡を回復したからである。それゆえアテネの運命が、ブニックスの丘（アテネのアクロポリスの西方にあり、民会が開かれた）のあらゆる会議を決定したと言われたのは正しい。公的な生活が高度に合成されている現代の状態では、幾千ものひそかな本質的に貨幣経済的な力があらゆるところへ拡がっているため、官職の売買はきわめてはるかに破滅的に作用する。

ここで説明したすべてにおいて問題となるのは、次のような価値の販売でいる。すなわちなるほど個人的ではあるがそれでも主観的な性質をもたず、その維持によって人格は——主観的な享楽の価値とは反対に——客観的な価値を自己自身に感じるといった価値である。夫婦関係に投入される生命力の複合がそのさい固有の本能の方向にしたがうということ、妻は夫が同価値の感情で返礼するばあいにのみひたすら献身するということ、言葉と行動とが確信と義務との柔軟な表現であるということ、——これらのすべては、われわれが所有している価値を意味するのではなく、むしろわれわれの存在そのものの価値を意味する。人びとはこのすべてを貨幣とひきかえに放棄することによって、彼は存在を所有と交換する。たしかにこの存在と所有の両概念はたがいに還元できる。それというのもわれわれの存在のすべての内容はわれわれには、あのそれだけではまったく無内容な、われわれの内なる純粋に形式的な中核の所有として現れ、この中核をわれわれは、所有された客体としてのあらゆる性質と関心と感情にたいし、われわれのいわば克明な自我として、さらに所有する主体として感じるからである。そして他方では所有はわれわれの知るように、われわれの勢力範囲の拡大であり、客体にたいする処理能力であり、そしてこの客体はまさにそれによってわれわれの自我の範囲へ引き込まれる。自我、われわれの意志および感情は、自我の所有する事物のなかへ入りつづける。すなわちある側面よりみれば自我はまた彼のもっとも内的なものをも、それがたんなる挙示しうる個々の内容であるにすぎないかぎりは、彼の中心点にまずは所属する客観的な所有物として、それでもたしかに自己の外部にもつが、他の側面からすれば自我はまた、彼のもっとも外面的なものをも、それが現実に所有物であるかぎりは自己の内にもつ。自我が事物を所有することによって、事物は自我の存在の権能となり、この自我の存在は、個々それぞれのこの権能なくしては、異なったものであろう。それゆえ論理学的および心理学的に考察すれば、存在と所有とのあいだに境界線を引くことは恣意的である。にもかかわらずわれわれがこの境界線を客観的に正当と感じるとすれば、その理由は存在と所有とが、それらの相違にもとづいて見ればけっして理論的・客観的な概念ではなく価値概念であるということにある。われわれがわれわれの生内容をわれわれの存在と呼ぶとき、われわれがそれらに認める一定の価値種類と価値基準は、われわれがそれらをわれわれの所有物と呼ぶときとは異なっている。それというのも人びとはこの内容のうち、謎にみちた自我の中心点の近くにあるものをわれわれの存在として、より隔たっているものをわれわれの所有物として解釈し、こうしてこの——それぞれの鋭い限界づけを明らかに排除してであるが——系列へのあの両者の等級づけは、それでもたんに存在と所有とをみちびく価値感情の相違によってのみつくることができるからである。われわれがあの購入において手放したものを存在に、そして獲得したものを所有に数え入れるとすれば、このことはたんに、われわれが生の全周辺にふれるいっそう強烈で持続的な価値感情を、直接的で切迫した一時的な価値感情と交換したことの間接的な表現にすぎない。

ところで個人的な価値の売却がこの意味での一定の存在の減少、つまりは「自立」の正反対であるとすれば、あの行動様式がもっとも決定的に測られる人格の理想を、人は高貴と名づけることができる。——しかもこのことは、この価値が貨幣の本質一般にとってもっとも徹底的な基準を意味するから決定的であり、したがってこの基準に照らせば売春と貨幣結婚と買収とは、すでに貨幣取引のもっとも正当な形式とともに始まる系列のなかの過度の尖鋭化である。この事態の叙述にとってまず第一に問題となるのは、高貴という概念そのものの規定である。

われわれの客観的な評価規範の論理的、倫理的および美的規範への普通の配分は、われわれの現実の判断からすればまったく不完全である。たとえばきわめて明白な例をあげれば、われわれは個性の鋭い発達を、すなわちある心が自己完結的な独特の形式と力とをもつというたんなる事実を評価し、個人がいわば彼の固有の理念だけを呈示するのに用いる無比性と代替不可能性を価値あるものと感じ、しかもしばしばこれらを、そのような現象の内容の倫理的および美的な劣等性との対立において感じる。しかし重要なのは、その体系のたんなる完全化ではなく、むしろ体系的な完結そのものが五官あるいはカントの十二の悟性カテゴリーのばあいとまったく同様にここでは誤りであるということである。われわれの種族の発展は、世界を感性的および知的に受け入れる新しい可能性をたえず形成し、さらに同様に世界を評価する新しいカテゴリーをたえず形成する。そしてわれわれがこのように不断に新たな活動的な理想を形成するのと同じように、より深められた意識も、それまですでに活動していながら意識されなかったより広範な理想をつねに明らかにする。ところで私の信じるところでは、われわれが現象に反応するさいの価値感のもとには、人がたんに「高貴」という評価とのみ呼ぶことのできるものもまた見いだされる。このカテゴリーが自立性を示すのは、それが通常のきわめてさまざまな種類と価値との現象と対立して現れるということにおいてである。志操と芸術作品、門地と文学的な様式、一定の発達した趣味とそれにかなう対象、社交的な文化の高みにある作法と高貴な民族の有力な人物——これらのすべてをわれわれは「高貴な」と形容することができる。そして道徳と美の価値にたいするこの価値の一定の関係が生ずるとしても、この価値はそれでも同じ程度できわめて多種多様な倫理的および美的な段階と結びついて現れるから、つねにそれ自体に安らぎ続ける。高貴の社会的な意味、すなわち多数にたいする例外的な地位、何らかの異質的な要素の侵入によってただちに破壊される自律的な領域における個別的な現象の閉鎖——これらは明らかに、その概念のあらゆる適用にとっての原型をあたえる。本質のあいだの相違のまったく特別な種類が、高貴の価値の外面的な担い手を形成する。すなわちここでは相違は一方においては、交換されることと公分母への還元と「卑劣化」との積極的な排除を強調するが、しかし他方においては、高貴なものを自己満足と慎みと内的封鎖から引き出してその本質を他者との関係——しかもこれがたとえ相違するものとの関係にすぎないにせよ——へ移すほどには目立つにはおよばない。高貴な人間はまったく個人的なものであるが、しかしこの個人的なものはそれでも彼の人格を全面的に保留する。高貴性が現すのは、比較にもとづく区別の感情といっさいの比較一般の誇り高い拒否とのまったく独特の組合せである。完全に遺漏のない例とおもわれるのは、貴族院がたんにその個々の成員から唯一の裁判官とみなされただけではなく、さらに一三三〇年には、仲間の貴族以外の他の人びとを裁判すべきだという要求を公然と拒否した——したがって自己の位階外の人物にたいする勢力関係さえ地位低下と思われた——ということである。ところで貨幣がますます関心を支配し、それ自体からますます人間と事物とを動かすようになり、事物がますます貨幣のために生産され、たんに貨幣によってのみ評価されるようになれば、高貴のそのように記した価値は、ますます僅かしか人間と事物におけるその実現を見いださなくなる。多様な歴史的な現象がこの否定的な結びつきを明らかにする。エジプトとインドの古代の貴族は海上交易を嫌い、それをカストの純粋性と調和しないと考えた。海は貨幣と同じように媒介であり、それは地理的なものに変化した交換手段であり、いわばそれ自体において完全に無色であり、それゆえ貨幣と同じようにきわめてさまざまなものの相互移行に役立つ。海上交易と貨幣取引とは歴史的に緊密に結びつき、貴族制の慎みと鋭く形成された封鎖性とは、右の両者による摩滅化と平準化とを恐れるにちがいない。それゆえ貴族制の良き時代のヴェネツィアの貴族にはまた本来の取引がすべて禁じられ、ようやく一七八四年に貴族たちは法律によって、自己の名称のもとに商取引を行う権能をあたえられた。それまで彼らは〈市民〉の営業への匿名参与者としてのみ、それゆえたんにあたかも遠くから仮面をかぶってのようにのみ商取引を行うことができた。かつてテーベには、十年間あらゆる市場取引から離れていた者のみが官職に選ばれるべきであるという法律が存在した。アウグストゥスは元老院議員に、関税貸借に関与して饒舌をあやつることを禁じた。ランケが十四世紀と十五世紀のドイツをドイツ史の賤民的な世紀と呼んだとすれば、このことは当時台頭してきた貨幣経済的な状態と関係し、この状態の担い手は、それまでの貴族制に敵対的な諸都市であった。すでに近代の始めに人びとはイギリスにおいて、都市に通用する富の区別は田舎で通用する身分の限界ほどには決定的に封鎖された貴族制をけっしてつくり出すことができないと感じた。もっとも貧しい徒弟でさえ、最高の未来がたんに貨幣所有にのみあるところではそれを望むことができたが、これにたいして完全に硬直した路線が土地貴族を〈自作農〉から分けていた。貨幣所有の無限の量的な等級化可能性が諸階層をたがいに移行させ、高貴な階級の形式的規定を抹消した。というのもこの規定は、固定した限界がなければ存続することができないからである。

すでに以前に強調したところであるが、美的な理想と同じように高貴の理想にも、いかほどかという量にたいする無関心が特有である。高貴の理想は自己に関与する存在にたいして価値の封鎖的な自己依存をあたえ、この自己依存のまえでは量の問題はまったく後退する。あの理想の意味する純粋に質的な意義は、より多くの事例がこの高みに達することによっても比較的ほとんど取り除かれはしない。決定的なことは、存在一般が質的な意義を成就し、この意義がたんにそれのみでそれの十分な代表であることが、高貴な――人間的であろうと人間以下的であろうと――存在にその特殊な性質をあたえるということである。しかし事物が貨幣価値にもとづいて問題とされ評価される瞬間に、事物はこのカテゴリーの領域から撤退し、その価値性は価値量へと堕落し、われわれがある程度から高貴と感じるあの自己自身への帰属――他者と自己自身へのすでに叙述した二重関係――は、その基礎を喪失する。われわれが貨幣において認識した売春の本質は、なおたんに貨幣の等価物としてのみ機能する対象に伝わり、さらに売春は貨幣が初めからもっていたよりもより多くのものを失わねばならないから、おそらくはより明白な程度でその対象に伝わる。高貴というカテゴリーのあの極端な対立物、つまりは他者による自己卑劣化は、貨幣経済における事物の典型的な関係となる。なぜなら事物はあたかも中央部局にあるかのように貨幣によってともに結ばれ、すべては同じ比重をもってたえず流動する貨幣の流れのなかに漂い、こうしてすべてが同じ平面に横たわり、たんにそれらが身にまとう断片の大きさによってのみたがいに区別されるにすぎないからである。

ここに不可避的に通用するのは、すべての平準化の悲劇的な結果である。すなわち平準化は低いものを高めることができるよりも、むしろ高いものを引きおろす。このことは人間相互の関係においても明白である。多数の人間が理解と共同とを見いだす心的な領域が、とりわけ知的な性質のそれが形成されるばあい、——この領域は、高位にある者の水準よりは低位にある者のそれに著しく近づくにちがいない。それというのも低位にある者が上昇することよりは高位にある者が下降することのほうが、むしろつねに可能だからである。不完全な人格がもたらす思考と認識と意志力と感情のニュアンスとの範囲は、完全な人格のもつ範囲によって覆われるが、しかしその逆ではない。それゆえ前者の不完全な人格のもたらす範囲は両者に共通であるが、しかし後者の完全な人格の範囲はそうではない。こうして一定の例外を留保すれば、よい要素と低い要素との共通な関心と活動との土壌は、たんに前者の個人的な長所の放棄のもとでのみ保たれることができる。さらに次のより広範な事実もまたこの結果へと導く。すなわち一様に高位に位置する人格にとってさえ、彼らの共通性の水準は、それぞれの個人そのものの水準ほどには高くはないであろうという事実である。それというのも各人に特有であるような最高の発達でさえも、まったくさまざまな面へと分化しているのがつねであり、それらはたんにあの低い一般的な水準においてのみ一致するにすぎず、この水準をこえれば、個人的であるとともに同じく重要でもある潜勢力はしばしばたがいに分かれて、それぞれについての理解一般が不可能となるからである。人間に共通なもの——生物学的側面からすればもっとも古く、それゆえにもっとも確実な遺伝——は一般に、それらの存在のより粗野でより未分化でより非精神的な要素なのである。

この典型的な関係によって生の諸内容は、それらの共通性と理解と統一とへのそれらの貢献とには、それらの相対的な低劣性によって支払わなければならず、また同じ関係によって個人は、この共通なものへ還元されれば彼の個人的な価値の高さを断念しなければならない。これは他者が彼よりも低くあるからであるかもしれず、あるいは他者が同じように高く発達しているにもかかわらず、その高さの方向が異なるからであるかもしれない。——いずれにせよこの関係は、その形式を事物とともに人間においても示している。たんに人間のばあいには現実において過程であるものが、事物のばあいには、もともと事物そのものにおいてではなく、むしろ事物についての価値表象において起こるというだけである。もっとも洗練されたもっとも魅力ある対象が、もっとも陳腐でもっとも低い対象とまったく同じように貨幣で買うことができるという事実は、この両者のあいだに、それらの質的な内容とはかけ離れた関係をつくり出す。そしてこの関係は折にふれ前者の洗練された対象には特別な評価の陳腐化と平均化とをもたらすかもしれないが、しかし後者の陳腐な対象は、失うべき何ものをもまったくもたないとともに、また何ものをも得ることができない。一方が多くの貨幣に、他方が少しの貨幣に値するということは、つねにこのことを補償できるとはかぎらず、とくに個別的な比較をこえた一般的な評価のばあいには補償できない。そして否定できない心理学的な出来事、まさに貨幣分母の共通性において客体の個別的な差異がいっそう鋭く際立つということが、同様にほとんどこの補償を成就しない。美しくしかも独特ではあるが購入できる客体を、それ自体としてはほぼ同じように重要ではあるが貨幣では買えない客体と比較するやいなや、貨幣等価物の同調化の作用は明白にあらわれる。貨幣では買えないこの客体は初めからわれわれの感情にたいして、保留と自己依存とそれ自体の客観的な理想にしたがって測られる権利を、要するに依然として他者を寄せつけない高貴性をもつ。貨幣で買うことができるという表象上の特徴は、最良の精選品にとってさえも〈抵抗のより少ない場所〉であり、ここではその精選品は、いわば接触をもとめる下等品の殺到から身をまもることができない。それというのも貨幣が、それだけでは何ものでもないから、この可能性によって巨大な価値剰余を得れば得るほど、たがいに等価ではあるが種類の異なる客体は逆に、それらの——いかに間接的あるいは観念的であるにせよ——交換可能性によって、ますます個性の意義の低下に苦しむこととなるからである。このことがたしかにまたつねにより深くにある動機をなし、この動機からわれわれはいくらか軽蔑すべきものを、すなわち空語や礼儀作法や慣用楽句などを、「通貨のごときもの」と特色づける。ところでこのばあいは流通性のみが、もっとも流通的な客体一般である硬貨をその表現として呼びだす比較点と思われるのではない。往々にして少なくともなお交換契機が加わる。いわば各人がこの交換契機を、内容への個別的な関心もなく——貨幣のばあいと同じように——受け取り、それをふたたびあたえる。各人がこの交換契機をポケットにもつにせよ貯えるにせよ、それは何らの変形をも必要とはせずにあらゆる状態に奉仕する。交換契機は、あたえられるにせよ受け取られるにせよ、個人との関係に入ることによって、それでもいかなる個人的な色彩も付加物も受けとることなく、また談話や行為の他の諸内容のように人格の様式へ入り込むこともなく、むしろ貨幣が財布を通り抜けるように、変わることなくこれらの内容を通り抜ける。平準化は事物の交換可能性の原因とともに結果とも思われる。——これはある言葉が、それが陳腐であるからたちまち交換されるかもしれず、たちまち交換されるのがつねであるから陳腐になることがあるのと同じである。現代における対象の取り扱いは、このようにひどく不親切と軽浮とによって以前の時代から区別されるが、この不親切と軽浮とはたしかに一部は、共通の貨幣水準にもとづいた相互の脱個性化と平板化とにさかのぼる。

しかし貨幣に表現される交換可能性は、不可避的に商品そのものの性質に反作用をおよぼし、あるいはそれと相互作用するにちがいない。商品の個性にたいする関心の低下は、この個性そのものの低下へと導く。商品そのものの二つの面が質と価格であるとすれば、もちろん関心がそれらの面のひとつのみにつきまとうということは論理的には不可能であると思われる。それというのも安値とは、相対的に高い質にたいする価格の低さを意味するのでなければ空虚な語であり、そして質の高さが経済的な魅力となるのは、ふさわしい何らかの価格がそれに対応するばあいのみである。それにもかかわらずあの概念的に不可能なことが心理的には現実的で有効である。これらのばあいのひとつの典型が、「半マルク均一売場」である。ここに現代の貨幣経済の評価原理はあますところなく表現される。いまやもはや商品ではなくその価格が、関心の中心として構成される。——この原理は、以前の時代であればたんに恥知らずと思われるのみでなく、内的にまったく不可能でもあったであろう。当然注意されてよいのは、中世の都市が、それが具体化したすべての進歩にもかかわれず、それでもなお拡張した資本経済を欠いていたということであり、そしてこのことが、経済の理想を拡張（たんに安値によってのみ可能である）よりは、むしろ提供品の品質に求めることの理由であったということである。そこから工芸の大きな業績、生産の厳格な監視、厳重な食糧品監視などが生じた。これがまさに系列の一方の極端な極をなすが、いま一方の極を特徴づけるのが「安かろう悪かろう」という標語である。——綜合はたんに、意識が安値によって催眠術をかけられ、それ以外はけっして何も知覚しないということによってのみ可能である。貨幣の平面での客体の平準化は、まず第一に客体の独特の高さと性質への主観的な関心を低下させ、さらにそれ以上の結果としてこの高さと性質そのものを低下させる。安い粗悪品の生産は、客体がたんなる無差別な手段によって関心の焦点から排除されなければならなかったことへの客体のいわば復讐である。

さきほど描写した高貴であることの価値にたいして貨幣制度とその結果とがいかに根本的に対立するかは、以上のすべてを通じておそらくは十分に明らかになったであろう。貨幣制度は、高貴な人格を特徴づけるあの自己尊重を、そしてある客体とそれらの評価とによって受け入れられる自己尊重をもっとも根本的に破壊する。貨幣制度は事物にそれ自体の外部にある基準を押しつけるが、この基準をまさに高貴は拒否する。貨幣制度は、たんなる量の相違のみが通用する系列のなかに事物をおくことによって、事物から一方では絶対的な差異と相互の距離とを奪い去り、他方では、いかに誹謗(ひぼう)的であるにせよ他のものとの比較によるいっさいの関係一般を、いっさいの性格づけを拒否する権利を、——それゆえに結合して高貴という独特の理想をつくり出す二つの規定を——奪い去る。それゆえ貨幣は事物を言葉のあらゆる意味において「卑俗」にし、それによって事物をすでに言葉の慣用からして高貴と絶対的に対立させるから、このような貨幣の効力のおよぶかぎりは、高貴の理想を特徴づける個人的な価値の高揚は、事物へのその投映においてさえ廃止されたように思われる。この高貴の概念にたいしていまやはじめて、売春と貨幣結婚と買収とが個人的に尖鋭化した形式で示した貨幣の作用が、購入可能な生活内容の広がり全体においてあらわれる。

二

われわれは個人的な自由にかんする章において、現物による義務から貨幣納入への変化がいかに双方の利益に役立つことができるか、とりわけ義務者がそこから自由と品位のいかなる高揚を引き出すかを確定した。ところが個人的な価値にとっての貨幣のこの意義は、反対の方向の発展系列によって補わなければならない。

あの変化の有益な結果を左右するのは、義務者がそれまでは個人的な力と個人的な規定とを関係に投入しながら、それに応じる等価物を得なかったということである。相手が彼に提供したものは純粋に客観的な性質をもった。彼がその関係からひき出した権利は相対的に非個人的であり、関係が彼に課した義務はまったく個人的であった。ところが貨幣納入の形式が彼の義務を脱個人化することによって、この不均衡は調整された。しかし義務者が物的な反対給付によってきっぱりと皆済されず、関係から権利と影響力と個人的な重要性とが成長して彼のものとなるばあい、しかもまさに彼がこの一定の個人的な給付を関係のなかに投入するからそうなるばあいには、まったく異なった結果が現れるであろう。そのばあい貨幣形式によってひき起こされるべき関係の客観化は、以前に有利に作用したのとまったく同じように不利に作用する。アテネの同盟仲間の多かれ少なかれ直接的な従属状態への押し下げは、船艦と兵役との貢納がたんなる貨幣公課に変わったということによって始まった。より個人的な義務からのこの外見上の解放は、まさに独特の政治的な活動の放棄を、たんに特殊な給付の投入のみに、現実の力の発揮のみにもとづいて要求できる重要性の放棄を含んでいた。あの義務にはともかくも直接的な権利が含まれていた。すなわち彼ら自身によって提供された戦力が彼ら自身の利益に反して用いられるということはありえなかったが、彼らによって提供された貨幣はそのことを可能にした。カント流に言えば現物給付は形式としての義務と素材としての特殊な内容と対象とから成り立っている。ところでこの素材はそれだけで一定の随伴作用をもつことができる。たとえばそれは賦役義務を負う農民の労働として、彼らの人格と移動の自由とをひどく制限することができる。しかしそれはまた支配的勢力の軍事的な企てにたいする現物の寄与として、その勢力にたいして寄与者への一定の顧慮を強いることもできる。義務そのものは双方のばあいに同じでありながら、形式としての義務を形成する素材は、あるばあいは義務者にとって困難に、他のばあいには相対的に有利に形成する。ところでこの現物納付に貨幣支払いがとって代われば、実質的な要素はもともと排除され、それはいっさいの重要な性質を失い、こうしていわばたんに純粋に経済的な義務のみが、それが一般に見いだすことのできるもっとも抽象的な現実化において残留する。それゆえ義務のこの還元は、あの第一のばあいは加重の中止を意味し、第二のばあいは軽減の中止を意味し、それゆえ履行者は第二のばあいは押し下げられ、第一のばあいは高められる。そのため幾度かわれわれは、義務者の勢力的地位を押し下げるための意識された方策としての、個人的な奉仕義務の貨幣支払いへの変化を見いだす。たとえばイギリスのヘンリー二世においてであり、彼の規定したとことによれば、騎士たちは彼のために大陸の戦闘に従事する代わりに貨幣で義務を免れることができた。それはその瞬間には個人の義務の軽減と解放と思われたから、多くの者は好んでそうしはじめた。しかし実際にそれがひき起こしたのは、国王がもっとも恐れなければならなかった封建仲間、しかもそれまではまさに国王自身が彼らの戦闘的な性質を頼りとしたこの封建仲間の非武装化であった。地方と都市の側で兵士を調達するばあいにはそのような個人的な要素はまったく寄与しないから、地方や都市には以上とは逆のことが生じた。すなわちあの義務を貨幣で支払うことによる自由の獲得である。ここでこれらのすべての現象をわれわれにとってきわめて重要とするのは、人がこれらの現象からまったく外面的な事実とのきわめて基礎的な生感情の関連を駆除することができるということである。そのためここでもまた次の認識が本質的である。すなわち貨幣にそのような関連を媒介させる規定は、なるほど貨幣にもっとも純粋に精確にあらわれはするが、しかしそれでもたんに貨幣のみにあらわれるのではないということである。内的にこの意味によって担われる歴史的な状態は、上昇する系列のなかに整列され、この系列においてそれぞれの部分は、諸要素のその他の関係にそれぞれしたがって、諸要素の自由と同じく諸要素の抑圧にも余地をあたえる。純粋に個人的な関係から明らかになるのは、この関係が、ある人物のもとへの個人的な隷従の厳格さとして現れるとともに、自由な結合の品位としても現れるということである。両者は、方向をあたえる要素が非個人的な性格をおびるやいなや——この非個人性が外的な客体の物的な性質であろうと、あるいは個々人の主観性が消滅している多数の人びとのそれであろうと、それにはかかわりなく——変化する。前章がわれわれに示したのは、この推移がここではいかに解放として作用するかであり、人間がいかにしばしば人格のもとへの隷属よりも、非個人的な集合体もしくは純粋に客観的な組織のもとへの隷属を選ぶかである。ここで説明したいのはたんに、国家に所属することを奴隷や賦役農民が相対的に気楽なことと考えるのを常としたということであり、まったく非個人的な経営様式をもつ現代の商店の従業員が、所有者によって個人的に搾取（さくしゅ）される小さな事業所よりも一般によい境遇にあるということである。逆にある面についてはきわめて個人的な価値が投入されているところでは、他の面の非個人的な形式への変化が、不品位と不自由として感じられる。貴族の自由な献身は極端な犠牲にいたるまで、客観的に法律的な義務として要求されるやいなや、それがたとえ僅かな犠牲であろうと、十分にしばしば屈辱と零落の感情に道を開くこととなる。なお十六世紀においてもフランス、ドイツ、スコットランド、およびオランダの君主たちが、学識ある代理人あるいは行政団体によって統治させようとしたとき、しばしば有力な反対にあった。命令は何か個人的なものと感じられ、人はまたたんに個人的な献身のみからもそれに服従することを欲したのに、非個人的な合議体にたいしてはたんなる隷属そのもののみが存在した。この系列の極端な項をなすのは、すべての実際的な形象のもっとも事実的なものとしての貨幣にもとづく関係である。すなわち貨幣給付は、それぞれの出発点と内容とにしたがって、われわれには完全な自由の担い手としてとともに完全な抑圧の担い手としても現れる。それゆえわれわれは貨幣給付が、また時にはまさに断固として拒否されるのを見いだす。アラゴンのペドロ四世がかつてアラゴンの諸身分に貨幣保証を求めたとき、彼らはそれが従来の慣行ではないという理由で拒否した。彼のキリスト教徒の家臣たちは彼らの身体によって進んで奉仕したが、しかし貨幣を支払うことはユダヤ人とムーア人の事柄にすぎなかった。アングロ・サクソンのイギリスにおいてもまた国王は直接に課税する権利をまったくもたず、むしろ古ゲルマンの原理、すなわち地域共同体は軍隊と法廷への個人的な奉仕にもとづくという原理が支配していた。国王がいわゆる新しい侵入にそなえて防衛金としてデンマーク貨幣を徴収したとき、このことは国家の衰微を示した。それゆえ義務者たちは、たんに個人的な奉仕の維持が彼らにとって権利者の勢力範囲への参与の意味をもたないばあいにのみ、力のおよぶかぎりは個人的な奉仕の貨幣支払いへの変化を承認する。したがって同じ集団のさまざまな圏が、この観点にしたがって幾度かたがいに鋭く分離する。中世ドイツの領邦君主は、村落の自由民と奴隷民とを軍役に徴募する権利を得たが、後にはしばしばその代わりに租税を徴収した。しかし領主たちはこの租税から自由であった。なぜなら彼らは騎馬奉仕そのものを果たし、それゆえ「彼らの血で奉仕した」からである。ここから「農民は地所を馬糧袋で獲得し、騎士は馬で獲得する」という古い法規則が生じた。君侯がたんに租税のみを徴収してそれで傭兵を傭っていたのに代わって、近代国家が再び臣下の個人的な兵役を導入したとすれば、直接の奉仕の貨幣支払いとのこの取り替えは、個々の市民の再び増大した政治的な意義の適切な表現である。それゆえ普通選挙権が一般服役義務の相関であると言われるとすれば、このことはたしかに、個人的な納付にたいする貨幣納付の関係から基礎づけることができる。

専制的な傾向がこのようにすべての義務の貨幣納付への還元に努力するということは、きわめて原理的な関連から推論される。強制の概念はたいていは、まったく不正確な締まりのない仕方で適用される。不履行への刑罰や損害などのきわめて苦痛にみちた結果の脅威もしくは危惧が誰かを行為へと規定するばあい、彼は「強制されている」と言われるのがつねである。実際には、そのようなすべてのばあいに現実の強制はけっして存在しない。それというのも誰かがそのような結果をひき受けるつもりになれば、それによって強制さるべき行為の不履行が彼にはまったく自由だからである。現実の強制はもっぱら、直接に物的な強制もしくは暗示によって行われるそれである。たとえば私が署名するばあい、誰かが優越した力で私の手をとらえてその力によって筆跡を仕上げるか、それとも彼が私に催眠状態でそれを暗示するかしてのみ、現実に私は強制されることがありうる。しかしいかなる死の脅迫も私をそれへと強制はできない。それゆえ人が国家について国家が法の遵守を強制するというばあい、これはまったく不正確である。当事者が兵役義務を果たすことや他者の生命と財産を尊重することやあるいは証言を行なうことなどを、法の侵害にたいする刑罰に任せる覚悟さえするやいなや、ただちに国家は誰にも実際はそれらを強制できなくなる。国家がこのばあいに強制できることはといえば、たんに犯罪者にこの刑罰を耐えさせるということのみである。たんに若干の法カテゴリーにかんしてのみ、積極的な履行への強制が可能である。すなわち租税義務にかんしてである。租税義務の履行（貨幣で評価された私法上の義務の履行と同じように）は、義務者から当該の価値が強力によって取り上げられるから、たしかに言葉の厳格な意味で強制されることができる。しかもこの強制は現実にはたんに貨幣納付にのみおよぶにすぎず、けっして何らかの他の種類の経済的な納付にはおよばない。誰かが一定の現物提供へ義務づけられているばあい、彼がこの定められたものをいかなる状況のもとにおいても生産しようとしなければ、現実にはまさにそれを提供するようにはけっして強制されることもありえない。しかしたしかに彼の所有する何らかの他のものが、彼から取り去られ貨幣に変えられることはできる。それというのも、そのようなあらゆる客体は貨幣価値をもち、したがっておそらくは他の唯一の関係においてではなく、この関係において貨幣に代理することができるからである。臣下にたいする無制限の強制を得んとする専制的な制度は、それゆえ初めからもっとも合目的的に、たんに貨幣納付のみを彼らに一様に要求するであろう。そのほかの納付は絶対に強制できないという不可能性が、その納付への要求のさいに抵抗を生むことがあるが、貨幣要求にたいしてはこのような抵抗はまったく存在しない。それゆえ要求にたいしてあらゆる種類の抵抗が気づかわれるばあい、その量をたんなる貨幣に還元することは内的にも外的にも有用である。おそらくこのことは、一般になぜ専制的な体制がしばしば貨幣経済の促進と結びついているのが見られるか（たとえばイタリアの専制は、直領を手放そうとする一般的な傾向をもっていた）、さらにはなぜ貨幣の評価の高まることによって重商主義体制が無制限な君主権力の時代に現れたかの、深い理由のひとつであろう。こうしてあらゆる要求のなかで貨幣への要求は、義務者の善意にもっとも少ししかもとづかずに果たされる要求である。この要求にたいしては自由は麻痺する。それというのも自由が存在するのはすべての他者にたいしてであり、その論証と確認とはたんに、人がそのために自己に引き受けようとするものにのみ依存するからである。現物納付から貨幣納付への変化は個人の解放を意味するのがつねであるという事実は、他のばあいにはきわめて強調されるが、このこともまた断じて矛盾はしない。それというのも賢明な専制はつねにその要求のために、臣下にたいして彼らの純粋に個人的な関係においてはできるだけの自由を残すような形式を選ぶからである。イタリア・ルネサンスの恐るべき暴君政治はそれでも同時に、理想的および私的な関心においては個人のもっとも完全でもっとも自由な発達の訓育の場であり、そしてあらゆる時代に――ローマ帝政からナポレオン三世にいたるまでの――政治的な専制は、放埒な私的な自由主義にその補足を見いだす。専制は自己の利益のために自らにとって本質的なもののみにその要求を限定し、それ以外のすべてにおいてはできるかぎり大きな自由をあたえることによって、専制の程度と種類とを耐えうるものとする。貨幣納付の要求は二つの観点を、考えうるかぎり合目的的な仕方で統一する。すなわちその要求が純粋に個人的な側面へ許す自由は、その要求がそのようにしばしば成就する政治的な側面での権利の剝奪を絶対に妨げはしない。

これらにおいては貨幣支払いにはまさに義務者の低下が対応するが、これらの類型とならぶのが前章で得た結果の第二の補足である。われわれは賦役農奴が彼の奉仕を貨幣支払ですますことができれば、これが彼らにとっていかなる進歩を意味するかを見た。ところで彼らにとっては関係の貨幣形式への転換が他の側から生じるやいなや、すなわちそれまで彼らが良かれ悪しかれ権利として所有していた地所を領主が買いとるやいなや、以前とは反対の結果が現れる。十八世紀とさらには十九世紀の後期にかけて旧ドイツ帝国の領域において農民の買い戻しにたいして発せられた禁令には、なるほど本質的には国庫上の理由とともに完全に一般的な農業政策上の理由がある。しかし時にはそれでも農民から彼の土地そのものを貨幣による完全な補償によって取り去るばあい、それによって農民に不正が生じるとする感情が共に作用したように思われる。たしかに所有地の貨幣への転換は、最初は解放とも感じられるかもしれない。貨幣の助けによってわれわれは客体の価値を任意のあらゆる形式へと注ぎ入れることができるが、他方この客体はあらかじめこの形式に呪縛されていたのである。ポケットのなかの貨幣によってわれわれは自由であるが、対象はあらかじめわれわれをその保存と利用との諸条件に依存させる。こうして事物にたいする義務は、人間にたいする義務から原理的にはまったく区別されないように思われる。それというのもわれわれがもっとも耐えがたい結果を避けようとするとき、事物にたいする義務も人間にたいする義務と同じように、われわれのいっさいの行動を厳格に規定するからである。すなわち全関係の貨幣への還元——われわれがたんにあるばあいにのみ貨幣を受け取り、他のばあいには貨幣をあたえるのみであるにせよ——が初めて、われわれの外部からわれわれに訪れる決定からわれわれを解放する。このように十八世紀における農民の頻繁な貨幣対応は、たしかに農民に一時的な自由をあたえた。とはいえそれは農民から貨幣では買えないものを、自由にその価値を初めてあたえるものを、つまりは個人的な活動という信頼できるものを取り去った。農民にとっては耕地には、たんなる財産価値とはまったく異なった何ものかがなおひそんでいた。彼にとって耕地は有用な活動の可能性であり、関心の中心であり、方向をあたえる生活内容であり、彼が土地の代わりに土地の価値のみを貨幣で所有するにすぎなくなるやいなや、彼はそれらを失った。まさに彼の耕地所有のたんなる貨幣価値への還元が、彼をプロレタリアートへの道へと押しやる。農業状態のいまひとつの異なった段階が同じ発展形式を示す。たとえばオルデンブルク（ドイツのブルーメンの西方の地名）の農場においては、しばしばなお小作関係が支配している。小作人は地主にたいして年間一定日数の労働を、しかも自由な日傭い人よりも僅かな賃金で提供する義務を負う。その代わり彼は地主から住まいや小作地や馬車などを土地の慣行よりも安い価格で受け取る。それゆえ少なくとも部分的には現物価値の交換が存在する。ところでこの関係について報告されているところでは、それは地主と小作人とのあいだの社会的な地位の平等によって特徴づけられる。すなわち小作人は、資力の少ない状態によって賃労働へ強制された人間であるという感情をもってはいない。しかし同時に、押し寄せる貨幣経済はこの関係を破壊し、さらに奉仕の現物交換のそっけない支払いへの変化は小作人を零落させる。――たとえ彼がこの仕方で、あらかじめ定められた現物の受領への拘束にたいして彼の労働収益の処理の一定の自由を得るにちがいないとしてもである。同じ領域がなお異なった箇所においても同じ発展を示す。農場において打穀者が穀物への一定の分け前によって支払われるかぎり、彼は主人の経済の繁栄に生きいきとした個人的な関心をもつ。主人と労働者とのあいだのあの個人的な紐帯から、労働者は高められた貨幣収入とはまったく異なって、自己感情と道徳的な支えとを引き出したが、打穀機はこの賃金支払い様式を押しのけ、その代わりに導入された貨幣賃金は、このような個人的な紐帯を生じさせはしない。

これによって自由概念のきわめて重大な規定が、個人的な自由の獲得にとって貨幣がもつ意義において示される。自由はさしあたってはたんなる消極的な性格をおびるように思われる。それはその意味をたんに拘束との対立においてのみもち、つねに何ものかからの自由であり、障害の欠如を表すことによってその概念をみたす。とはいえ自由はこの消極的な意義にとどまらない。拘束の脱落がただちに所有もしくは勢力の増加によって補われなければ、自由には意味も価値もない。すなわち自由が何ものかからの自由であるとすれば、それはそれでも同時に何ものかへの自由でもある。さまざまな領域の諸現象がこのことを確認する。ある党派が政治的な活動において自由を要求あるいは達成するばあい、もともと問題となるのはけっして自由そのものではなく、それまでは閉ざされていた積極的な獲得と勢力の増大と拡張なのである。フランス革命が第三身分にあたえた「自由」がその意義をもったのは、彼らがいまや「自由に」自己のために働かせることのできる第四身分がそこにあり、あるいはそれが発展したということにある。教会の自由は直接にその勢力範囲の拡張を意味する。たとえばその「教授の自由」の側面では、国家が市民を維持し、市民が教会によって形成され教会の暗示のもとにおかれることを意味する。ヨーロッパ全体において隷属農民をも耕地の所有者にしようとする努力が、直接に彼らの解放と結びついた。――これはたしかに古代ユダヤ人の規定と同じであり、この規定は債務奴隷を一定の年月後に解放すべきことを命じるが、また同時にただちに彼が所有を賦与されて、できるかぎり以前の地所を取り戻すべきことをつけ加えている。それゆえ自由の純粋に否定的な意味が現実に作用するばあい、自由は不完全と低下とみなされる。ジョルダーノ・ブルーノは、宇宙の統一的・合法則的な生命に熱狂して意志の自由を欠乏と考え、そこで人間のみがその不完全性において自由をもち、神には必然のみがふさわしいと考えた。さらにこのまったく抽象的な意味にしたがうのは、次のまったく具体的な事例である。すなわちプロイセンの日傭小農の土地は、一般農民の耕地が混在している平地の外部にある。この一般農民の耕地はたんに共同の規則にしたがってのみ耕すことができたから、日傭小農ははるかに多くの個人的な自由をもった。とはいえ彼は団体の外部にあり、耕地問題の決議に参加するという積極的な自由をもたず、いかなる決議にも拘束されないという消極的な自由をもつにすぎなかった。そしてこのことが理由となって日傭小農は相当の所有をもつばあいでも、ほとんど尊敬されない被抑圧的な地位にのみおかれた。自由はまさにそれだけでは空虚な形式であり、これは他の生内容の高揚によってはじめて効果的になり、生きいきとしたものとなり、価値あるものとなる。自由が獲得される過程を分析すればわれわれはつねに、自由の純粋な概念を表現する形式的な側面とならんで、実質的に規定された側面に気づくが、しかしこの側面は、あの消極的な意義を積極的な意義へと補うことによって、同時にそれなりに一定の制限を、いまや自由によって何を積極的に始めるかの指令を含んでいる。ところで自由が獲得されるすべての行為は次の観点から、ある階梯(かいてい)に配列されるであろう。すなわち自由の実質的な内容と獲得とが、以前の拘束からの解放という形式的および消極的な自由の要因との関係において、いかに重要であるかである。たとえば学校の強制から解放されて学生らしい自由へ入った若者のばあい、この後者の要因はより強調されたものであり、生と、生の積極的な内容を形成する努力との新しい実質は、さしあたりはきわめて無規定で多義的である。したがって学生は、たんなる自由が何かまったく空虚でもともと耐えがたいものであるため、学生仲間の慣習にしたがってきわめて強固な強制を自発的につくり出す。やっかいな取引上の制限から解放された商人にあっては、関係はまったく異なっている。ここではその解放を価値あるものとする新しい行為は、その内容と指令とにしたがってきわめて規定され、彼はまったくたんなる自由にとどまることなく、何のためにその自由をやむなく利用すべきかをただちに知る。両親の家庭の窮屈な秩序から歩み出た少女にあっては、経済的な自立を基礎づけるには、自由は量と質よりみて彼女が「解放され」たときとはまったく異なった積極的な意味をもち、したがって彼女自身の家庭の処理は、自由の本質と目的としてのあの解放とつながる。

要するにそれぞれの解放行為が示すのは、それによって克服された状態とそれによって獲得された状態との、それぞれの強調と拡張とのあいだの特別な比率である。そのような系列を、一方の要因の他方の要因にたいする漸次的に上昇する優越にしたがって現実に構成することができるとすれば、客体の貨幣売却によって得られた自由は、その系列の一方の極点にある。——少なくとも客体がそれまで生活内容にしたがって規定されていたばあいはそうである。土地財産を都市の家屋と交換する者は、それによってたしかに農業の辛苦と心配からは解放される。しかしこの自由が意味するのは、彼がすぐさま都市の土地所有の任務と機会とに専念しなければならないということである。しかし彼が財産を貨幣に替えれば、いまや彼は現実に自由であり、これまでの重荷からの解放という消極的な要素が優越的なものであり、新たにつくられた貨幣所有者としての彼の状態は、将来にとっての一定の指令の最小限のみを含むにすぎない。貨幣売却による客体の強制からの解放においては、解放の積極的な要素はその限界価値にまで低下する。貨幣は人間の自由を、ほとんどその純粋に否定的な意味において実現するという課題を解決した。

貨幣対応が農民にとって意味する巨大な危険は、このように人間的な自由の普遍的な体系に配列される。たしかに農民が獲得したものは自由であった。しかしそれは何ものかからの自由にすぎず、何ものかへの自由ではない。たしかに外見上はすべてのものへの自由であったが——それがまさにたんに消極的であるから——、実際にはまさにそれゆえにいっさいの指令を欠き、規定的なあらゆる特定の内容をもたず、そのためにあの空虚と不安へと傾き、この不安は、あらゆる偶然の気まぐれな誘惑的な衝動に抵抗を受けることなく拡がることを許す。——これはぐらぐらした人間の運命に対応し、彼は彼の神々を捨て去り、こうして得られた彼の「自由」に、それぞれの任意の瞬間的価値を偶像へとまつり上げる余地のみをあたえる。多くの商人においても異なるところはなく、事業の心配と労苦とを負わされた彼にとっては、事業の売却はもっとも熱望される目標である。しかし彼がやがてついに手中にしたその収得金によって現実に「自由に」なれば、十分にしばしば金利生活者のあの典型的な倦怠と生活の無目的と内的な不安があらわれ、これらにかられて彼は、内的および外的なすべての意味とは逆行するきわめて奇妙な事業を試み、それによって彼はたんに彼の「自由」に実質的な内容をとりつけるにすぎない。おそらく事情は官僚についてもまったく同じであり、彼はたんにできるかぎり早くある段階に到達し、その年金で「自由な」生活を可能にしたいと望む。このように世界の苦悩と不安との真ん中にあるわれわれには、たんなる平穏の状態がしばしば絶対的な理想と思われるが、この平穏の享受に到達するやたちまちわれわれは、一定の事物のまえでの平穏はそれが同時に一定の事物への平穏であるばあいに価値をもつにすぎず、そればかりかそのばあいにのみ耐えられるにすぎないということを教えられる。土地を売りつくした農民も、金利生活者となった商人も、あるいは年金を受け取る官僚も、彼らの所有あるいは地位の特殊な諸条件によって加えられる強制から、ひとしく彼らの人格を解放させたように思われるが、しかし――ここで前提とされているばあいにあっては――実際には逆のことが生じる。すなわち彼らは彼らの自我の積極的な内容を貨幣のために放棄したが、この貨幣は彼らにはまさにそのような内容をけっしてあたえはしない。フランスの旅行者がギリシアの農婦についてきわめて特徴的に語るところによれば、彼女たちは刺繡物に彩色し、異常なほどそれにきわめて困難な手間をかけるという。〈彼女らはそれらをあたえる。彼女らはそれらを取り戻す。彼女らはお金を見つめ、次には自分たちの作品を、次にはまたお金を見つめる。お金はつねに結局は正しいものとなる。そして彼女らは、自分たちがこのように豊かになったのを見ることを心悲しみつつ去る〉。貨幣がもたらす自由は、たんに潜在的で形式的で消極的なものにすぎないから、積極的な生内容との貨幣の交換は――空虚となった場所に他の内容が他の方向からただちに押し移ってこなければ――人格価値の売却を意味する。それゆえ十九世紀の最初の四半世紀におけるプロイセンの共有地分割は、落ち着かない根なし草の日傭い身分の台頭をきわめて助長した。国民の牧場権と森林権とは貧しい農民の生存のための補助であり、これは〈抽象的に〉確かめられる等価物では絶対に償えない。――しかしそれは貨幣で支払われればたちまち失われ、土地で支払われれば、小さすぎて自立的な経営には報いなかった。したがってこの土地補償もまたできるだけ速やかに貨幣に代えられ、生活実質のプロレタリア化と放逸化への道を狭めるよりもむしろ広げることになった。――ギリシアの農婦の行動にまったく対応して民族学者たちは、自然民族のもとで日用品を買い求めることの異常な困難さについて報告している。それというのも日用品はすべて――と人びとは理由づけた――起源と規定からして明白な個人的な刻印をおびているからである。客体の生産と装飾とにはらわれた巨大な労苦と、それが個人的に使用されつづけたことは、その客体を人格そのものの構成要素とし、人格からそれらが分離することは、その性質からして身体部分からの分離と同じ抵抗にあう。したがって自我の拡大――貨幣所有の無限の「可能性」が魅惑的にも曖昧にも約束する――に代わって自我の縮小があらわれる。これについて明晰であることは、われわれの時代の理解にとって重要でなくもない。一般に貨幣が存在するようになってからは、大体においてあらゆる人びとは買うよりも売るほうに傾く。貨幣経済が高まるにつれてこの傾向はますます強くなり、さらにますます、より多く次のような客体にも拡がるようになる。すなわちまったく販売のために作られたのではなく、安定した所有の性格をおび、急速に交換されて人格から分離するよりはむしろ人格にそのまま結びつくように定められていると思われる客体である。すなわち事業と経営、芸術作品と収集品、土地所有とさまざまな種類の権利と地位とである。ある人の手中にこれらすべてがますます短い時間しかとどまらず、人格がますます急速にしかも頻繁にそのような所有の特定条件から歩み出ることによって、たしかに自由の異常な総量が実現された。とはいえ貨幣はたんにその無規定性と内的な無指令性とによってこの解放過程の最初の側面であるにすぎず、それゆえ人格は依然として流浪という事実のもとにとどまり、十分にしばしば新たな定着へは移行しない。さらに貨幣取引がきわめて迅速であれば、あの所有はもはやけっして決定的な生内容のカテゴリーのもとでは顧慮されないため、あの内的な拘束と融解と献身とは初めから生じない。これらはたしかに人格にたいして一義的に決定的な限界をあたえるが、同時に支えと内容とをあたえもする。こうして明らかになるのは、全体として考察すればわれわれの時代はたしかに以前のいかなる時代よりも多くの自由をもつが、しかしこの自由をごく僅かしか楽しんではいないということである。貨幣によってわれわれは、たんに他者にたいする拘束からのみならず、われわれの自己の所有より生じる拘束からも免れることができる。貨幣がわれわれを解放するのは、われわれが貨幣をあたえ、そしてそれを受け取るからである。このように絶えざる解放過程は、現代の生活において異常に広範な余地を獲得し、この点においてもまた貨幣経済と自由主義の傾向とのより深い関連を露にしながらも、たしかにまた自由主義の自由がなぜこのように多くの無節操と混乱と不満とを生んだかの理由のひとつを示す。

しかしきわめて多くの事物がたえず貨幣によって支払われ、われわれに方向をあたえるというその意義を失うから、事物にたいするわれわれの関係のこの変化は実際的な反応を見いだす。特別の所有物にたいするあの貨幣経済的な不確実性と不誠実性とは、きわめて現代的な次の感情において報いられる。すなわち解放の希望は達成されたものと結びつくが、次の瞬間にはすでにそれを越えて成長し、そのため生の核心と意味とがつねに新たに手からすべり落ちるという感情である。――してみればこの感情に対応するのは、事物に新しい重要性とより深い意味と固有の価値とをあたえようとする深い憧憬である。所有物の獲得と喪失との容易さ、それらの存続と享楽と交替とのはかなさ、要するに貨幣の結果と相関物とは、所有物を空洞化し無差別化する。しかし芸術における生きいきとした刺激、新しい諸様式と様式一般への探究、象徴主義、さらには神智学は、事物のより深く知覚することのできる新しい意義にたいする願望の徴候である。――それぞれはそれだけでより価値あるより心のこもった強調を含むかもしれず、あるいは関連の創造によって、原子化からの救済によって強調を得るかもしれないが、いずれにせよそうなのである。現代人が自由である――彼はすべてを売却できるから自由であり、すべてを購入できるから自由である――とすれば、いまや彼はしばしば問題的な気紛れにおいて客体そのものに、彼自身が貨幣の力で客体との関係を変えることによって失った力と固定性と心の統一性を求める。われわれが以前に、人間が貨幣によって事物への繋縛から解放されたのをみたとすれば、他方においては、事物の絶えざる売却と交換、さらには販売可能性というたんなる事実が十分にしばしば個人的な価値の販売と根絶とを意味するかぎりにおいて、人間の自我の内容と、その方向と規定とはそれでも具体的な所有物と連帯的なのである。

事物の貨幣価値はわれわれが事物そのものにおいて所有するものをあますところなく補償はしないということ、事物は貨幣には表現されない側面をもつということ、――これらについて貨幣経済はますます人を欺き去ろうとする。にもかかわらず貨幣において生じる評価と譲与は、事物を日々の取引の月並み化する陳腐から遠ざけることができず、このことがそれでもなお否認できないとすれば、人は少なくとも時にはその代わりに、日常の貨幣形式からはるかに離れた貨幣形式を求める。最古のイタリアの硬貨は定まった形式のない銅の断片であり、それゆえこれは数えられることなく量られた。ところが帝政時代になって貨幣制度がきわめて洗練されると、形式を欠いたこの銅の破片は法的な象徴としてと同様に宗教的な喜捨としても特に好んで用いられた。にもかかわらず貨幣価値とならぶ事物の価値が承認を強要するということは、実体ではなく個人的に実行された機能が売却されるばあい、さらにはこの機能がたんにその外面的な現実化においてのみならず、その内容からしても個人的な性格をおびるばあい、特に明らかになる。

以下の現象系列はこのことを明らかにすることができる。貨幣と業績とが交換されるばあい、貨幣のあたえ手はなるほどたんに確定された客体のみを、客観的に限定された業績のみを要求する。これにたいして客観的に業績を提供する者は、多くのばあいに貨幣以外になおより多くの何ものかを要求し、少なくともそれを望む。コンサートへ行く者は、彼が貨幣とひきかえに期待した曲が期待どおりに完全に演奏されるのを聞けば満足する。しかし芸術家は貨幣では満足せず、彼はまた拍手喝采をも要求する。肖像を描いてもらう者は、十分にできばえのよい肖像画を手にすれば満足する。しかし画家は取りきめの代金を手にしても満足せず、なおそれに主観的な承認と超主観的な名声とがあたえられるときにはじめて満足する。首相はたんに俸給のみでなくまた君主と国民の感謝をも要求し、教師と聖職者はたんに給料のみでなくまた忠誠と帰服をも要求し、さらにすぐれた商人は商品の代金のみでなくまた買手が満足することをも——しかも必ずしもつねに買手を再び来させるためだけではなく——求める。要するにきわめて多くの業績提供者が、客観的には彼らの業績の十分な等価物として承認される貨幣以外に、それでもなお個人的な承認を、支払い者の何らかの主観的な表明を要求する。そしてこの表明は、取り決められた貨幣給付の彼方にあって貨幣給付を受領者の感情にたいして補い、はじめてそれを彼の業績の完全な等価物とする。ここでわれわれがもつのは、第三章において貨幣所有の余得として述べた現象の正確な対応物である。そこでは貨幣の支払者には彼の費用の正確な対価以外に、個々それぞれの客体の価値をこえた貨幣の性格から、なおより多くのものがあたえられる。しかし貨幣の本質は、ヤーコプ・ベーメの言葉を借りると、経験的なすべての事物についてもっとも多く投出と反投出とをたがいに結びつけることであり、まさにこの本質に対応するのがこの補償、すなわちまさに事物の貨幣等価物をこえてなおプラスを要求する個人的な提供である。しかもここでは要求は、そこでは貨幣の方向へむかったのと同じように、ここでは業績の方向にむかって直接的な交換をこえて、諸要求の幾何学的な場所としての人格をとり囲みながらそれら個々の要求の彼方にある領域において表現される。このようにして貨幣と個人的な業績との交換においては個人的な業績のほうに残高が残り、この残高はきわめて圧倒的なものとして感じられることがあり、したがって貨幣等価物の受領がすでに業績を、それゆえにまた人格をも引き下げるように思われる。すなわち人が貨幣において得たものが、いかなる割引をも承認しようとはしないあの理想的な報酬のために、あたかも帳消しにされたかのように感じられる。こうしてわれわれはバイロン卿について、彼が出版報酬をきわめて苦痛にみちた感情でしか受け取らなかったことを知っている。古典ギリシアにおいてのように、貨幣を得る活動がすでにそのようなものとして尊敬を欠くところでは(貨幣資本の社会的な意義と生産性とがまだ知られていなかったから、それはむしろたんなる利己的な消費のみに役立つと信じられた)――この零落は、個人的・精神的な業績を顧慮すればなおとりわけ増大する。たとえば貨幣のために教えたり、一般に精神的に働いたりすることは、人格の価値剝奪(はくだつ)と思われた。人格の中核から発したすべての活動にたいしては、人が「報酬を受ける」ことができるということは、現実の感じ方にまったくそぐわない皮相な観念である。人は愛の献身にたいして何らかの行為によって、たとえそれが同じ強さの感情から流れ出た同じ価値をもつ行為であろうとも、完全に報いることができるであろうか。つねに人格の全体の義務関係が存在しつづけ、この関係はおそらくは相互的ではあるが、しかし相互性によってもまた相殺からは原理的に遠ざかっている。まさに同じように違反も内面的な性質のものであるかぎりはまた、たとえば外面的にひき起こされた損傷のようにあたかもそれが生じなかったかのようには、刑罰によって贖(あがな)われることはできない。有罪者が被った刑罰に完全な贖罪を感じたとすれば、これは支払われた刑罰による贖いの皆済からではなく、むしろ刑罰によってひき起こされた内面的な変化から生じ、この変化は贖いの基礎を破壊する。しかしたんなる刑罰は、悪業を現実には清算しないというその無能力を、なお影響しつづける不信においてと、罪人がその刑罰にもかかわらずなお経験する零落において示す。以前に詳論したところであるが、質的に異なる諸要素のあいだには当座勘定の貸方と借方とのあいだのような直接的な等価はまったく存在することはありえない。――このことは、個人的な人格が具体化される価値においてもっとも根本的な証明を得るが、しかしその価値がこの人格という土台から解放されて自立的な物的な性格を受け取り、このように無限に貨幣に接近するのに応じて、ますます妥当しなくなる。というのも貨幣は、それが絶対に事実的なものであるから、まったく通約できない人格にたいしてもまったく通約できるものであるからである。貨幣は一方において何か気味悪いものをもち、これはわれわれが現実の等価物のようにたがいに絶え間なく置換している事物と業績と心的な価値との深い相互的な不相応性を示す。しかし他方ではまさにこの生要素の比較不可能性、陳述できるいかなる等価物によっても正確には覆われない生要素の権利が、生にそれでも他によっては取りかええない魅力と豊かさとをあたえる。ひきかえに提供される貨幣によっては個人的な価値がけっして相殺されないということは、一方では無数の不正と悲劇的な状況との理由であるかもしれない。しかし他方ではまさにそのことに基づいて高まるのが、人格的なものの価値についての意識であり、たんなる量的な価値の増加によっては償われないという個人的な生内容の誇りである。この不適切性は、われわれがすでにしばしば典型的として承認したように、対価としての額がきわめて高いばあいは緩和される。なぜならこの額はそれなりにあの余得によって、つまりは数的規定をこえた空想上の可能性によってとり囲まれ、この可能性はその性質において人格に適合し、人格は個々の業績のなかにあたえられてはいても、それらの業績を越えるからである。それゆえ人は一定の客体もしくは業績を、きわめて多くの貨幣とならばおそらくは交換するであろう。しかし多くの貨幣が得られないとき、人はその代価として僅かな貨幣を受け取るよりは、むしろそれを贈ることを選ぶ。というのも貨幣を贈ることではなく受け取ることのみが、客体もしくは業績を零落させるからである。この感情関連から鋭敏な人びとのあいだでは、個人的な敬意という性格をもつ贈与は、その貨幣価値をいわば目に見えないものとしなければならない。すなわち人びとが疎遠な婦人にのみあえて贈ることを許される花や菓子にあっては、あらゆる実質的な価値の消滅とともにはかなき無常が作用する。

ところで貨幣等価物にたいする業績の卓越は、つねに認めうる大きさでもなければ、またそれがそれほどに大きくても、すでに挙げた芸術家や医師、官僚や学者のばあいのようにつねに表現されるわけでもない。たとえば学識のない労働者のばあいのように業績がきわめて非個人的であって、人格がその業績によって平均から突出していなければ、そこには不通約の問題点が欠け、何物とも比較できない人格の仕事のなかへの発展が欠けている。それというのもこの人格は、つねにたんに何らかの独自の質においてのみ認識されることができるからである。他方において業績提供者が、すでに述べた仕方であの残高の随伴を獲得するか否かは原理的には、彼の社会的な地位が彼を一般にそのような理想的な承認に接近させるか否かにかかっている。この理想的な承認が彼の一般的な従属状態のために起こらないとき、彼が貨幣とひきかえに、しかもたんに貨幣のみとひきかえにあたえるよう強いられるものがより個人的であればあるほど、当然彼はそれだけいっそう品位を押し下げられるように思われる。このように中世の楽人たちは、注文しだいで陽気な歌でも悲しい歌でも歌い、「名誉を金にかえる」ことによって個人的な感情を売り物にすると、折りにふれて理由づけられて軽蔑された。それゆえ人が彼らを少なくとも経済的な報酬にかんしてはまたきびしく良心的に取り扱うことが、あの理想的な報酬の排除を堅持するには、あくまでも首尾一貫していた。すなわちたとえ楽人たちがあらゆるところで劣悪な権利しかもたなかったにせよ、すでに説明したようにそれでも彼らには、まさに所有と財産とにかんしては公平に権利が査定された。それゆえもともと個人的な価値がそれにまさる理念的な補償なしに、ただちに貨幣とひきかえにあたえられなければならないばあい、そこに生じるのは個人的な生活の放逸、いわば実体の喪失である。貨幣取引において個人的な価値が不適当な対価と交換されるという事実についての感情は、現実に高貴な誇り高い心情の人びとにおいて貨幣取引がきわめてしばしば忌避され、その対極たる農業が唯一のふさわしいものとして賞賛される理由の、たしかにひとつをなしている。たとえばスコットランドの高地の貴族のばあいがそうであり、彼らは十八世紀まではまったく孤立した純粋に土着的な生活を送っていたが、しかしまったくこの生活は、考えうるかぎり最高の個人的な自由の理想のもとにあった。それというのも取引がいつしかようやく緊密に紡がれて人間を織りあわせ絡みあわせるようになれば、貨幣がいかにこの自由を促進することができるにせよ、それでも自立的で自足的な自由な生存の立場からすれば、所有と業績との貨幣との交換は生活を非個人化すると強く感じられるにちがいないからである。生活の主観的な側面と客観的な側面とがようやくたがいに分離すれば、たしかに非個人化は後者の客観的な側面をつねに決定的にとらえながら、前者の主観的な側面の純粋な顕在化に役立つことができる。生存がより原始的で統一的であれば、所有と業績とが、それまではたんに個人的に享受されるかあるいは個人的にあたえられるにすぎなかったのに、まったく貨幣取引の要素となり、また取引の客観的な合法則性の対象となれば、このことは逆に不釣合いとも損失とも思われる。騎士の中世的な荘園制度から近代の農業への推移にさいして確認することができるのは、騎士の身分概念はなるほど拡大され、戦闘行為以外にそれでも営利活動さえ騎士に許されるが、――しかしこれはまさにたんに自己の領地の経営にすぎず、そして利得の特質によっていまや彼らは、経済的なものへの彼らの転向が生じる以前よりも、おそらくはなおはるかに商人や販売人によって軽蔑されることとなった。ここでは二つの経済様式がいまやたがいに接近するから、貨幣取引の不品位の特殊な感情がまさに著しく際立って現れる。二つの要素のあいだの対立が共通の土壌から発展するばあいにもっとも強く際立つということは、もっとも一般的な社会学的な現象のひとつである。すなわち同じ宗教の宗派は、まったく異なる教団とよりもたがいにより激烈に憎みあうのをつねとし、隣接する小さな都市国家のあいだの敵対関係は既知の全歴史をつうじて、空間的にも事実的にも分離した利害領域をもつ大きな国家のあいだのそれよりも激烈であった。さらに人は、灼熱した憎悪がもし現れるならば、それは血縁者のあいだの憎悪であると主張する。いわば共通性という背景から際立つ敵対のこの高揚が最大限に達するように思われるのは、多くのばあいは共通性もしくは類似性が増大し、これによって相違と対立一般が抹殺されるという危険が迫り、少なくとも一方の党派が対立の存続に生なましい関心をもつばあいのことである。低位の要素と高位の要素とがたがいに接近すればするほど、高位の要素はなお存続する差異点をますます精力的に強調し、ますます高くそれを評価する。このように諸階級がなお架橋できない間隙によって分かたれているばあいではなく、むしろ低い階級がすでにいくらか上昇し、高い階級がその一部の威信を失い、両者の平準化が論じられることができるようになるや、その瞬間にはじめて激しい攻撃的な階級憎悪が成立する。このように領主は、経済活動を行う農場所有者への変化過程において、貨幣経済を営む商人から自己を分離させることの必要が高まったと感じた。彼は経済を営むが、さしあたりはそれでもたんに自己の必要のためにのみであり、ともかく彼の所有物を貨幣と交換に譲渡はしない。そしてかりに彼がそうしたとしても、それはそれでもやはり結局はたんに作物を譲渡したにすぎず、彼は商人のように直接に個人的な業績によって貨幣支払人に奉仕するのではない。これと類似した動機から──たとえ他の動機の本質的な協力のもとにおいてであるにせよ──スパルタの完全な市民には、なるほど土地を所有することは許されてはいたが、土地を自ら耕作することは許されなかった。他の販売者にたいするその相違を強調することは、貨幣取引が民主的に平準化するという作用をおよぼすから、貴族的な地位の関心においてはきわめて重要であった。とりわけ社会的な高位者が貨幣受取人であり、低位者が事実的に業績の受取人であるばあいには、貨幣取引はたやくす両者をたがいに「通俗的に」交わらせる。それゆえ農民は、現物納付に代わって領主に貨幣で地代を払うばあい、それによって上昇を経験するのにたいし、貴族は貨幣取引を零落させるものと感じる。

それゆえ貨幣との比較不可能なものとしての個人的な価値の貨幣購入においてもまた示されるのは、貨幣は対立しあう歴史的・心理的なあらゆる可能性をあたえながら、その固有の不安定性と無内容性とによって、それでもあらゆる対立を極端な決定へと発達させるということである。そのように高められた実践的な世界において、事物の具体化された相対性である貨幣は、あらゆる相対的なものをその対立とともに包括し担うところのいわば絶対的なものと思われる。

三

労働の貨幣等価の意義については直接にも間接にもこれまでしばしばふれたので、ここではたんになおこれと関係する原理的な問題のみを取り扱いたい。すなわち労働そのものがあるいは価値そのものであり、それゆえにこの価値があらゆる経済的な個物の価値要素を、それが〈抽象的に〉貨幣によって表現されるのとまさに同じように、〈具体的に〉形成するか否かである。経済的な価値の総体を唯一の源泉から推論し、唯一の表現へ——労働、費用、効果などへ——還元しようとする努力は、そのすべての価値の貨幣への置換可能性が価値の本質の統一性を示し、まさにこの統一性の認識可能性の保証として役立つのでなければ、たしかに現れはしないであろう。社会主義的な計画において出現する「労働貨幣」の概念は、この関連を表現する。これによれば、ひとえに価値を形成する要因として果たされた労働のみが、他者の労働生産物を要求する権利をあたえ、そのために人びとはまさに一定の労働量の象徴と承認とを貨幣と呼ぶこと以外は、他のいかなる形式をも知らない。それゆえ貨幣の一時的な性質の固有の生命が基本的な価値潜勢力の適切な表現であることを妨げるから、その一時的な性質がしりぞけられるばあいでさえ、貨幣は価値の単位形式として維持されなければならない。自然から取り出された労働の材料もそれでもまた価値をもち、こうして人びとの言うように労働はなるほど富の父ではあるが、しかし大地はその母であるから、労働とならんでさえなお自然は価値を形成するものとして認められる。——そうとすれば社会主義的な思考過程はそれにもかかわらず労働貨幣へと注ぐにちがいない。それというのも自然の財宝はもはや私的所有ではなく、各人がアプリオリに同じ仕方で接近できる共通の経済活動一般の基礎でなければならないから、各人が交換においてあたえなければならないものは結局はそれでもたんに彼の労働のみであるからである。各人が労働の助けによって、価値ある自然の所産を交換をつうじて手に入れ、これをさらに交換によって手放すばあい、彼はたしかにその素材価値をも考慮する。しかしその価値の高さは、それでも彼がそれを得るのに費やした労働の価値とぴったり同じであるにすぎず、それゆえ問題の自然の所産にとっては、この労働が交換価値の尺度をなす。こうして労働が最終の法廷であり、客体のすべての価値規定がそこに立ち帰るとすれば、労働そのものを現在の貨幣のように由来の知れない客体において初めて測定するのは、不適切であり迂路である。してみればたしかに人はむしろ、交換と測定との手段として、貨幣として機能する象徴のなかに、労働単位をまったく純粋に直接に表現する可能性を求めなければならないであろう。

すでに示した価値の統一化について唯一の正当な理論として告げ知らせるわけではないが、私は労働理論を哲学的にはきわめて興味あるものと考えたい。労働において人間の具体性と精神性、知性と意志とは統一性を獲得し、この統一性は、これらの潜勢力をいわば静止した並存において考察するかぎり、これらにとっては拒否されたままである。労働は統一的な流れであり、そこではそれらの潜勢力は泉の流れのようにたがいに混じりあい、それらの本質の分離は生産物の未分離状態において消滅する。労働が実際に価値の唯一の担い手であるとすれば、これによって価値はわれわれの実践的な本性の決定的な統一点のなかに沈潜させられ、そしてこの統一点は、外的な実在において見いだすことのできるもっとも適切な表現を選ぶであろう。労働のこの意義をかえりみれば、労働がそれでもむしろはじめて価値をつくり出す——機械が素材を加工しながら、しかも素材にあたえる形式を自らは所有していないように——ということから、労働に価値を否定できないではないか、この疑問は私には第二次的なものと思われる。まさにたんに人間の労働の生産物にのみ価値をあたえるとすれば、労働そのもの——これは身体上の機能である——ではなくたんに労働力のみが価値をもつことになる。それというも労働力はもちろん人間によって、つまりは生活手段によってつくられるが、この手段はそれとして人間の労働に由来するからである。このばあいに労働力が現実の労働に変わるということは、明らかに再び労働を要求するのではなく、それゆえそれ自体はいかなる価値をも意味しない。むしろ価値がいまやはじめて再びそのような労働によって条件づけられた生産物に付着する。しかしこれは本質的には術語上の要件と考えられる。それというのも労働力は、潜在的なままにとどまって現実の労働へと変わらなければ、たしかにいかなる価値でもなく、むしろ現実の労働においてはじめて価値形成的に作用するため、人は計算と表現とのすべての目的のために労働力を考慮することができるからである。食糧として消費される価値が労働ではなく労働力を生産し、それゆえにたんに労働力のみが、右のように解された価値の担い手としてそれ自体価値であることができようが、この考察によっても右のことは変わらない。人間によって現実化された価値は人間に投資された価値を凌駕する——そうでなければ価値増殖はけっして生じることかできない——から、たしかに食糧は人間によって現実化された価値の十分な原因ではない。労働力と労働とのあいだの区別は、たんに社会主義の目的にとってのみ重要であるにすぎない。なぜならその区別は、労働者がたんに彼の生産する価値の一部しか受け取らないという理論を一目瞭然にするからである。労働者の労働は、彼の労働力に生活手段という形式で投資されたよりもより多く価値を生産する。企業家は全労働力を生活手段の価値で購入することによって、最終的な労働生産物がその価値を上まわるだけの全剰余を儲ける。しかしこの立場からでさえ、人びとが労働力の代わりに労働を価値と呼んで、その労働の内部において、一方では賃金として労働者に戻る価値の量と他方では企業家の利益をつくり上げる価値の量を相互に区別できると思われる。それゆえこれについてはこれ以上かかわることなく、以下においては労働価値説がわれわれとしばしば対立するより詳細な規定のみを検討する。すなわち労働価値説は、筋肉労働にも精神的な労働にも一様に妥当する労働概念を求め、そしてそのさい事実的には、あらゆる労働一般の基準として妥当すべき第一義的な価値もしくは価値生産者としての筋肉労働に達する。この点にプロレタリアートの反抗と精神的な業績の原理的な価値剝奪のみを見るのは誤りであろう。むしろそれには、より深くより錯綜した諸原因が作用している。

労働への精神の関与について何よりもまず主張されるのは、精神はまったく「消費」ではなく、消耗のためにいかなる補充をも必要とはせず、それゆえ生産物の費用を高めず、したがって交換価値を基礎づけるものとしてはたんに筋肉労働のみが残されているということである。これにたいして人が、精神的な力もまた消耗されることができ、肉体的な力とまったく同じように食糧によって維持され補われなければならないと強調すれば、そのさいたとえ本能的な感情としてにすぎないにせよ、右の理論の基礎に横たわる真理の要素が見のがされる。すなわち労働生産物への精神の関与は、精神の明確に区別さるべき二つの側面を意味する。家具師が長く知られてきた手本にしたがって机をつくれば、これはたしかに心的な活動の消耗なしにはすまないし、手は意識に導かれなければならない。とはいえこのことはけっして、机に投資された精神性のすべてではない。机はまたおそらくは、数世代前にそのための手本を案出した者の精神的な活動なしには生産できないであろう。その手本に使用された精神的な力もまた、この机の実際的な条件を形成する。ところが第二の精神的な過程の内容は、もはやいかなる心的な力の使用も含まない形式でさらに存続しつづける。すなわち伝統としてであり、これは客観的になった思想であり、これを各人は受け入れて考察することができる。この思想はこの形式をとって現在の家具師の生産過程において作用し、現実的な精神的機能の内容を形成し、この機能はたしかに家具師の主観的な力によって担われ実現されねばならず、この主観的な力によってその形式としての製品のなかに入り込む。最初に語った二とおりの心的な運動、すなわち家具師の心的な活動と同じように机の発明者のそれは、まったく確実に心理的な補償の損耗と必要とに従う。しかし第三の精神的な要素は、明らかに机の現在の成立にとって決定的に重要ではあるが、たしかに消耗からは免れ、そしてこの机の観念にしたがって数千の机が作られることができるが、しかし机の観念そのものは、これによっていかなる損耗も受けず、いかなる回復をも必要とはせず、それゆえにそれはもちろん、この種の個々のそれぞれの机の事実的・精神的な形式賦与的な内容を形成するにもかかわらず、机の費用を増大させはしない。それゆえ必要とされる厳格さで、生産物の客観的・精神的な内容と、その内容の規定にしたがって生産物をつくる主観的な精神的機能とのあいだを区別すれば、精神は何ものにも値しないというあの主張の相対的な正当さが理解される。たしかにこの主張には相対的な誤謬がある。なぜなら事物の償われもせず利用されもしないこの観念は、ひとりでに生産物のなかに実現されるのではなく、たんにその観念にふさわしい知性の現在の機能が有機的な力を要求し、筋肉仕事のばあいと同じ理由から生産物の費用価値に寄与する——たとえ精神的な消耗が、そのようにあらかじめ形成された内容によって導かれ、内容を同時に独創的にもたらすばあいよりも、もとよりはるかに僅かであるにせよ——からである。この両者のあいだの差異は精神の無料業績である。そして精神的な所有物を二つの方向にむかって経済的な所有物からきわめて完全に区別するのが、この観念的・内容的な要素である。すなわち精神的な所有物は経済的な所有物に比較して、ある者に一方でははるかにより根本的に、他方でははるかに僅かに受け取られることができる。ひとたび公言された思想は世界のいかなる力によっても再びしまい込むことはできず、その内容は、精神的な能力をそれを考察することについやす者すべての、取り消しがたい公的な所有物である。しかしそれゆえに、このことがひとたび生じるや、それは世界のいかなる力によってもある者から奪い返すことはできず、ひとたび考えられた思想は、つねに繰り返し再生産される内容として、経済的なものにおいてはまったく類似を見いださないほど引きはなしがたく人格と結びつく。精神的な過程は、この超経済的な意義をもつ内容と心理的な過程そのものとから合成されているから、ここで明らかに問題となるのは、この心理的な過程のみである。すなわち価値形成における心的な力の使用は、なお筋肉労働とならんでいかなる役割を演じるかの問題である。

精神的な労働の意義が肉体的な労働のそれに還元されるということは、結局は労働概念の統一性をつくり出そうとするごく一般的な傾向のたんなる一側面にすぎない。多種多様な労働のすべて——肉体的な労働と精神的な労働とのあいだのたんなる対立が示すよりも、はるかに広範で差異のある多種多様性——の共通性を見いだすことが重要である。それによって理論的にも実践的にも異常に多くのものが得られ、これに対応して貨幣という事実についても同じように多くが得られるであろう。いまや人びとは一般的な定質的な単位をもち、この単位にもとづいて人間の活動の成果のあいだのあらゆる価値関係が、たんなる大小の違いによって純粋に量的に表現されるようになろう。あらゆる領域においてこのことは認識の本質的な進歩を意味する。すなわち客体相互の質的な秤量はつねに相対的に不確実で不正確なままであるが、一般的な内的単位がそれらの客体において確定され、いまやこの単位がいたるところで自明な同じものとして、個物の相対的な意義の計算においてはもはやいかなる顧慮をも要求しなくなるから、この質的な秤量はまったく一義的な量的な秤量へと移される。社会主義的な立場においては明らかにこのことは、すべての価値一般をその出発点と実質としての経済的な価値へ還元する努力のたんなる継承と結果である。そして社会主義的な立場は、その平準化傾向を最終まで考えつめれば、この努力へと不可避的に通じるにちがいない。それというのも経済的なものの領域においては、ともかくも人は諸個人の平等を可能と考えることができるからである。すべての他の領域、すなわち知的、感情的、性格的、美的、倫理的領域などでは、平準化は、たんなる「労働手段」の平準化であるばあいですら、はじめから見込みはない。にもかかわらず人がなお平準化を試みようとすれば、これらの諸関心と諸性質とをともかくもあの領域へ、たんに分配の近似的な一様性を許す経済的な領域へ還元する以外には何も残らない。

今日の科学的な社会主義は機械的・共産主義的な無差別主義をしりぞけ、天賦と能力と労苦との相違が労働条件によって地位と享楽との相違ともなるとして、労働条件の平等のみをつくり出そうとするということを、私はよく知っている。とはいえ今日の状態においては相続権、階級的相違、資本の蓄積、景気変動のありとあらゆる機会が、個人的な活動の相違に対応する距離よりもはるかに大きな距離をつくり出しているから、――この状態にたいしては、右の平準化はそれぞれの点における本質的な均等化を事実的に意味するだけではなく、さらに所有と享楽との諸要素の均等化は、今日でもなお大衆にとっては本来有効な扇動手段でもあるように思われる。史的唯物論が社会主義的な教説の科学的な証明根拠とされれば、しばしば見られるようにここでもまた、体系的な上部構造は創造的な思考進行とは逆の道を進み、人は独立に確定された史的唯物論から社会主義的な理論を理論的に推論するのではなく、むしろ実践的に確定的な社会主義的・共産主義的傾向が、それのみに可能な下部構造を、経済的利害を他のあらゆる利害の出発点と公分母として宣言する下部構造を、後からはじめてつくり出す。しかしこのことがひとたび生じるや、同じ傾向が経済的なものそのものの領域においても継承され、多種多様なそれらの経済的なものの内容を、平等の可能性と外面的に証明できる正義とをあらゆる個人的な業績の上におく統一へもたらすにちがいない。

それというのも価値あるすべての客体の価値はそれが要した労働にあるという主張は、まだこの目的に十分ではないからである。すなわちそれによって高級な労働のわずかな量が低級な労働のかなりの量に比べて同じかあるいはより高い価値を形成するといった仕方で、なおつねに労働の質的な相違を調和させることはできるであろう。しかしこれによっては意図されたのとはまったく異なる価値階梯が導入されよう。精巧性と精神性と困難性といった決定的な特性は、なるほどそのばあいもつねになお労働によって、しかも労働において生産され、たんに労働の属性としてのみ実現されよう。とはいえ価値要素はいまやもはや労働としての労働に宿るのではなく、まったく自立的な原理にもとづいて建てられた質の秩序に宿り、あらゆる労働質の普遍的なものである労働そのものは、その秩序にとってはそれだけではなお不適切な担い手にすぎないであろう。これとともに労働理論も、次のような道徳哲学上の教説の基礎となるのと同じディレンマにおちいる。つまり幸福感情の生産が絶対的な倫理的価値であるというディレンマである。すなわち幸福に終わるに応じて行為が実際に道徳的であるとすれば、より純粋でより精神的でより高貴な幸福がより価値あるものとして賞賛されるということは、原理からの違反と新しい決定的な価値要素の導入とを意味する。それというのも、そのばあいにありうるのは、そのような幸福は低い感性的な利己的な幸福よりも量的には、すなわちたんなる幸福としてはよりわずかであるとしても、それにもかかわらずこの低い幸福に比して道徳的に追及するに値する幸福であるというばあいである。それゆえ倫理的な幸福理論が首尾一貫しているのはたんに、あらゆる随伴現象と結果現象とを考察に入れて、感覚的および精神的、享楽的および禁欲的、利己的および同情的な幸福のすべての倫理的な相違が、究極の根底においては質的につねに同種の同じ幸福のたんなる量的な相違であるばあいのみのことである。まったく同じように首尾一貫した労働理論は、次のことを貫徹することができなければならない。すなわち労働として外延的にも内包的にも同じように現象する二つの業績のあいだのすべての価値相違は一義的に感じられ論破されず、究極においてはたんに一方の業績には他方の業績によりもより多くの労働が圧縮され、最初の軽率な一瞥のみがそれらを同じ労働量と考えるにすぎず、より深く洞察する眼光は労働の事実上の多少を価値の多少の根拠として発見するということだけを意味するということ、これである。

　実際この解釈は、最初に思われるほどには不十分ではない。たんに労働の概念のみは、はるかに十分に理解されなければならない。労働をまずその個人的な担い手に限定して考察すれば、明かとなるのは何らかの「より高級な」あらゆる労働生産物には、まさにこの業績に直接に使用された労働量のみがけっして投入されているのではないということである。相対的には容易な現在の生産も、先行するすべての労苦なしにはありえないであろうから、むしろこの先行の労苦が、現在の生産に必要な労働としてそこへ〈比例して〉算入されなければならない。たしかに夕べの演奏会の音楽の名手の「労働」は、その経済的および理想的な評価に比してしばしばごくわずかである。しかし直接の業績の条件としての準備の労苦と持続とをその労働量に加算すれば、事情はまったく異なる。したがって無数の他のばあいにおいても、より高級な労働はより多くの労働の形式を意味するが、たんにこの形式は感覚的に知覚可能な一時的な努力にではなく、現在の業績を条件づける先行の努力の凝縮と蓄積とにある。すなわち巨匠が課題を果たすさいの遊戯的な容易さには、下手な者がたしかにはるかに低い結果のために流さねばならない汗よりも、無限にはるかに多くの労働の辛苦が具体化していることがありうる。ところが労働の質的相違を量的相違とするこの解釈は、たんなる個人的な予備条件をこえて拡がることができる。それというのも労働の特性はその高さを生まれつきの天賦もしくは提供された客観的な予備条件の恩恵によって獲得し、したがって右の解釈は明らかに、この労働の特性を上述の仕方において還元するには十分ではないからである。ここでは遺伝の仮説を使用しなければならず、この仮説はたしかにここでは、とりわけそれが獲得された特質を含むあらゆるばあいと同じように、まったく一般的な思考可能性を提供するにすぎない。本能についても普及している説明を認めると、本能は先祖の積み上げた経験から成り立ち、この経験が一定の合目的的な神経と筋肉との協調となり、この形式において子孫に伝えられ、こうして子孫において合目的的な運動が、それに対応する神経刺激から純粋に機械的に、自己の経験と練習とを要求することなく起こるようになるという。――われわれがこれを受け入れようとすれば、生まれながらの特殊な天賦は本能の特に恵まれたばあいとして考察できる。すなわちそのように肉体的に圧縮された経験の総計がまったく特に決定的にある方向にむかって、しかも諸要素のそのような貯蔵において生じ、そこではすでにきわめてかすかな刺激にたいしても、重要で目的合理的な機能の稔り豊かな運動が答えるようになるといったばあいとしてである。天才が普通の人間よりも同じ業績についてははるかに少ししか学ぶを要しないということ、天才が彼の経験したこともない事物を知っているということ、――この驚くべきことは、遺伝されたエネルギーの調整が例外的に豊かであり、容易に興味を起こさせるということを、示しているように思われる。これによって示された遺伝系列をさらに十分にさかのぼって編成し、そしてこの系列内のすべての経験と熟練とがたんに現実の労働と実行によってのみ獲得され、さらにそれらによって形成されつづけることができたということが明らかになれば、天才的な業績の個人的な特殊性もまた、数世代の労働の圧縮された結果と思われる。それゆえ特に「才能ある」人間とは、先祖の労働の最大限が、一層の利用へと整えられた潜在的な形式をとって蓄積されている者のことであろう。したがってそのような者の労働がその質によってもつ高い価値は、究極の根底においてはより多量の労働に還元され、彼はたしかに個人的にはその労働を果たすにおよばず、たんに彼の組織の特性によってのみ、それがさらに作用しつづけることを可能にする。そのとき業績は、主体の同じ現実的な労働の辛苦を前提とすれば、主体の心的・肉体的な組織の構造が蔵している先祖の獲得した経験と熟練との総計が、さまざまな大きさであり、またさまざまな容易さで作用するのに応じて、さまざまな高さとなるであろう。そして業績の価値の大きさが、それに必要とされる労働の量による代わりに、同じ傾向において、その生産にとって「社会的に必要な労働時間」によって表現されるとすれば、これもまた同じ解釈から遠ざかってはいない。すなわち特別な天賦によって担われた業績の高い価値がそのとき意味するのは、再び天才を産むまでは社会がつねに一定の長い時間にわたって存続し活動しなければならないということである。社会は業績の価値を定めるかなり長い時代を、このばあいはその業績の直接の生産のためではなく、その業績の生産者——まさにたんに相対的により長い時間をおいてのみ出現する——の生産のために必要とする。

同じ還元はまた客観的な転向においても起こるかもしれない。主観的な努力が同じでありながら労働成果の高い評価は、たんに個人的な才能の結果としてのみ生じるのではない。はじめから他よりも高い価値を代表する一定のカテゴリーの労働があり、そこでそのカテゴリーの範囲の内部の個々の業績は、他の範囲の内部のそれよりも大きな労苦も多くの天賦も含むにおよばないが、それにもかかわらずより高い順位を占める。「高級な職業」の無数の労働が「低級な職業」のそれよりも主体にいかなる高い要求も課さず、さらに鉱山や工場における労働者がしばしば慎重と忍従力と死をも恐れぬ大胆さをもたねばならず、これらが彼らの仕事の主観的な価値を多くの官僚や学者の職業よりもはるかに高め、また多くのピアノの名手は心の深化をどのように付加しても手を熟練できないが、曲芸師や奇術師の業績もこのピアノの名手とまったく同じ忍耐と熟練と天賦を必要とするということは、われわれのきわめてよく知るところである。しかも労働のひとつのカテゴリーのみがつねに他のカテゴリーに比して実際にはるかに高く報われるのをつねとするのみではなく、社会的に先入見のない評価感情もまた多くのばあいに同じ道を進む。ある生産物が同じかあるいはより高い主観的な労働を要求し、このことが十分に意識されるにもかかわらず、他の生産物がより高い順位と価値とをあたえられ、そこでここでは少なくとも、あたかも労働量以外の他の要素がその評価を規定するかのように思われる。しかしこの見せかけは克服できないものではない。すなわち人びとが、ある段階系列により高い文化の労働業績を入れることができるのは、個々の労働を一般に可能にする客観的で技術的な予備条件のなかにいかなる量の労働がすでに蓄積されているかという観点による。官僚の階等において一般により高い地位が存在するためには、まず第一に測り知れない労働が行政と一般的な文化において既に果たされ、その精神と結果とがそのような地位の可能性と必然性とへ圧縮されていなければならない。さらに第二には、より高位の職員の個々の活動がそれぞれより多くの下位の職員の予備労働を前提とし、下位の職員がその予備労働に集中し、こうしてそのような労働の質は、現実にはたんにきわめて多くの量の労働がすでに実行され、それに入り込むことによってのみ成立することとなる。さらに「未熟練」労働にたいしてすべての熟練労働そのものは、けっしてたんに労働者のより高度の訓練だけにではなく、まさにまた同じように客観的な労働条件、材料、および歴史的・技術的な組織のより高くより複雑な構造にももとづいている。またきわめて平凡なピアノの演奏者がありうるためにも、古くて広範な伝統と、技術的および芸術的な労働生産物のきわめて見渡しにくいほどの超個人的な蓄積が必要とされ、綱渡りやあるいは手品師の労働はおそらく主観的には大いに重要ではあろうが、右の蓄積に集められたこの評価がたしかに演奏者の労働をしてこれらの労働をはるかに凌駕させることとなる。こうして一般的には、われわれが高い業績として評価するものは、個人的な要素がその高さをひき起こすばあいを除いてたんに職業のカテゴリーのみからすれば、次のような業績なのである。すなわち文化の上部構造において相対的に完結し、たいていは前々から念入りに準備され、先行者と同時代人の最大限の労働を技術的な条件として受け入れた業績である。——してみれば、まったく超個人的な原因によって成立した客観的な労働業績のこの価値から、この業績の偶然の担い手への特に高い報酬あるいは評価を引き出すことは、また不公正であろう。この基準もまたもちろん正確には守られてはいない。この基準によって基礎づけられる業績と生産物との評価は、この権利根拠を欠いた他の業績や生産物にも移される。外面的・形式的な類似のためであれ、業績との歴史的な結びつきのためであれ、あるいは関係する職業の占有者が評価を高めるために他の源泉から流れ出る社会的な力を利用するからであれ、いずれにせよ他に移される。しかし歴史的な生活の錯綜から生じるその偶然性を取り除かなければ、社会的な事物における唯一の原理的な関連はけっして主張されない。大体において次の解釈は保持されることができるように思われる。すなわち業績の質のさまざまな評価は、主観的な労働の辛苦が同じであるにもかかわらず、伝えられた形式において当該の業績に含まれる労働量の相違に対応する。こうしてようやく労働理論が目標とする経済的な価値の理論的な統一化にとっての利得が、暫定的な確実性にもたらされる。

　しかしこれによってはたんに労働の普遍的な概念のみが基準的となるにすぎず、理論はそのかぎりきわめて人工的な抽象にもとづいている。人はこの理論を批判して、それが次の典型的な誤りにもとづくと言う。すなわち労働はさしあたってもまた根本的にも労働一般であり、次いではじめていわば第二次的な規定として労働の特殊な特性が、労働をこの一定の労働とするために現れるとする誤りである。あたかもわれわれが行動を労働一般と呼ぶさいの基礎となる特性が、他の規定とともに完全な統一体をなしてはいないかのようであり、またあの区別と順位とが、まったく恣意的に定められた限界線にもとづいてはいないかのようである。まさしくあたかも人間がまずは人間一般であり、次いでそれからの現実的な分離においてはじめて一定の個人であるかのようである。たしかにまたこの誤りもおかされ、社会理論の基礎とされている。上記のすべての説明が考慮に入れる労働概念は、もともとたんに消極的に規定されているにすぎない。すなわち人がすべての種類の労働についてたがいに相違するものをすべて脱落させたばあい、そこに残るものとしてである。とはいえ実際にそこに残るものは、魅惑的な類推が明らかにできるようにはけっしてエネルギーの物理学的な概念には対応しない。それというのもエネルギーは量的な不変性において、ときには温度として、ときには電気として、ときには機械的な運動として現れることができるからである。もちろんここでは、これらの特殊な諸現象とそれらのすべてに共通なものとを、このエネルギーという根本的事実の表現として提示する数学的な表現が可能ではある。しかし人間の労働はまったく一般的に、そのように抽象的ではあるが確定的でもある定式化をまったく許さない。すべての労働はとりもなおさず労働であり、けっして他の何ものでもないという主張は、労働の等価性の基礎として何かまるできわめて非具体的なもの、抽象的に空虚なものを意味し、これは、あらゆる人間がまさに人間であり、それゆえにすべてが同じ価値をもち、同じ権利と義務への資格をあたえられているというあの理論と同じである。それゆえ労働の概念は、これまでに受け入れられてきたその概念の普遍性においては、固定した内容よりもむしろ曖昧な感情が労働の意義をあたえることができたが、なお現実にその意義を維持すべきであるとすれば、人がそれによって理解することのできる現実の経過のより詳細な精確性が必要とされる。

いまやこの最後の具体的な要素へ立ち返るが、この要素としては筋肉労働が主張される。そしてわれわれは前に精神的な労働の無費用性からこの主張の証明の妥当性を限定したから、ここではこの主張の正当性を問題とする。ところで初めから承認したいが、いつか機械的な等価物が精神的な活動にとっても見いだされるということが、まったく閉ざされているとは考えない。もちろん論理的、倫理的、美的な関連における精神的な活動の内容の意義、この内容の事実的に規定された位置は、言葉の意義がその生理学的・音響学的な言語の音声の彼方に立つのとほぼ同じように、絶対にすべての肉体的な運動の彼方に立つ。しかし有機体が頭脳の経過としてこの内容の思考作用のために消耗しなければならない力は、筋肉仕事に必要とされる力と原理的にはまったく同じように計算可能である。いつの日かこれが首尾よくゆけば、たしかに人は一定の筋肉仕事の力の量を度量の単位とし、これに従って精神的な力の使用もまた測定されよう。そして精神的な労働は、そこにおいて現実に労働であるものにしたがって筋肉労働と同じ基準で取り扱われ、その生産物は筋肉労働の生産物とのまったく量的な価値比較におかれることとなる。これはもとより科学的なユートピアであり、このユートピアはたんに次のことを証明できるにすぎない。すなわち精神性と肉体性との二元対立は原理的な矛盾によって右の企てを打破するように思われるが、経済的に見積もることのできるあらゆる労働の筋肉労働そのものへの還元は、けっして教条的・唯物論的ではない立場をとってさえも、この原理的な矛盾を含む必要はないということである。

以下の表象もいくらかより具体的な仕方で同じ目標に接近するように思われる。われわれの生活手段は肉体的な労働によって生産されるということから出発する。なるほどいかなる労働もけっして純粋には肉体的ではなく、いっさいの手労働はともかくも作用する意識によってまずは合目的的な仕事となり、したがってより高い精神的な労働に諸条件を準備する手労働もまた、それ自体すでに精神的な性質の付加物を含む。とはいえこの手労働の精神的な仕事も、やはりそれなりにまずはふたたび生活手段によって可能とされる。しかも労働が低ければ低いほど、すなわち労働の心的な要素が筋肉の仕事に比してわずかであればあるほど、その維持手段（最広義の）もまた、——最近のことに属し、最後の章で取り扱う例外はあるにしても——本質的には肉体的な性格の労働によって作り出される。ところでこの関係は、二つの労働カテゴリーのそれぞれにおいて繰り返されるから、無限の系列を生み、心的な労働はたしかにこの系列からはけっして消滅することはありえず、つねにふたたびそこへ押し返される。こうして最高の労働者カテゴリーの生活手段も、ひとつの系列の労働にもとづき、この系列においては、それぞれの部分の心的な付加物が、純粋に肉体的な価値をもつ部分によって担われ、こうして心的な付加物が最後の段階においては限界価値ゼロに接近する。それゆえ精神的な労働のすべての外的な条件は、原理的には筋肉労働の大きさに表現されると考えられる。ところで古い費用価値学説を妥当させることができれば、精神的な労働の価値は、それがその生産の費用と同じであるかぎり、一定の筋肉仕事の価値と同じであろう。そしていまやこの学説は、おそらくは次の変形において確実となろう。すなわち生産物の価値はなるほどその費用と同一視できないが、しかし二つの生産物の価値はたがいに、それらの成立の諸条件の費用と同じ事情にあることができる。心的なものは、生活手段によって養われ刺激されて生産物を供給するであろうが、この生産物は心的なものによって使用された右の諸条件の価値を幾倍にも高めるかもしれない。しかしそれゆえそれでも二つの条件複合の価値関係はそれぞれ二つの生産物の価値関係と同じであることができよう。――これは、それぞれ種子の幾倍かである二つの農産物の価値が種子相互の価値と同じ事情にあることができるのと同じである。それというのも価値を高める要因は、人間の平均にとっては定数だからである。これらのすべての前提が正しいとすれば、それによって精神的な労働の肉体的な労働への還元が実現されるのは、精神的な労働のそれぞれの絶対的ではなく相対的な価値意義が、肉体的な労働の一定の割合によって表現されることができるという意味においてであろう。

ところが精神的な仕事の価値の高さが生活手段の価値に比例すべきであるとする考えは、まったく逆説的と思われ、さらには無意味とさえ思われる。にもかかわらず現実がせめてこの考えに接近する点を探し出そうとするのは、骨折りがいのあることである。なぜなら現実は、経済的な諸条件と等価物とにたいする精神的な価値の内的および文化的な諸関係のなかへ深く入り込んでいるからである。たしかにわれわれは、有機的な発展の頂点としての頭脳のなかにきわめて大きな規模の緊張力が蓄積されていると想像しなければならない。明らかに頭脳は大きな力の総計を出すことができ、とりわけこのことから説明されるのは、心的な刺激にもとづいて発展させることのできる虚弱な筋肉の驚くべき作業能力である。精神的な労働やあるいは噴激による全有機体の大きな消耗も、その肉体的な相関関係の側面よりみれば、心的な活動がきわめて多くの有機的な力を使用するということを示している。ところでこの力の補充は、筋肉労働が必要とするたんなる多量の生活手段のみによっては達成できない。それというのも身体の受容能力は、養分の量にかんしてはかなり狭く限定され、精神的な労働の優越しているばあいは高められるよりもむしろ低められるからである。それゆえ力の補充は、精神的な労働のばあいに必要とされる神経的な刺激とまさに同じように、一般にはたんに生活維持と一般的な生活条件の集中化、洗練化、個人的な適応によってのみ行われることができる。ここでは文化史的に意義ある二つの要素が重要である。われわれの日々の食糧は、他の生活条件が今日の知的な状態の生活条件とはきわめてかけはなれ、筋肉労働と新鮮な空気とが神経の緊張と座業生活とにたいして優勢であった時代に選び出され発達した。一方では直接的および間接的な無数の消化器系の病気、他方では容易に消化できる濃縮された食糧にたいする性急な追求が、われわれの体質とわれわれの栄養素とのあいだの順応が広範に妨げられていることを知らせる。このまったく一般的な観察から明らかになるのは、きわめて分化した職業の人間にとってはやはり分化した栄養が要求されるのがいかに当然であり、そしてきわめて高く発達した労働者には個人的な要求に規定された標準以上の洗練された栄養のための手段をあたえることが、たんに味覚文化の問題のみではなく民族の健康の問題でもあるということである。しかし精神的な労働は身体的な労働よりもその予備条件をはるかに多く生活の総体のなかに拡げ、はるかに広範な周辺の間接的な関係によってとり囲まれており、こうした状態はより本質的ではあるが同時にあまり人に知られてはいない。身体的な力の労働への転換はいわば直接に生じることができるが、これにたいして精神的な緊張力が一般に完全な働きをなすことができるのは、身体的・精神的な気分と印象と刺激との錯綜した全体系が、直接的・現実的な環境をはるかにこえて、静止と運動との一定の組織化と音調と割合とにおいて見いだされるばあいのみのことである。それゆえ精神労働と筋肉労働とを原理的に平準化しようとする人びとのあいだでさえ、精神的な労働者のより高い報酬が活動の身体上の諸条件によって正当化されるというのは、すでに陳腐な命題である。

この関連において理解されるのは、現代の精神的な人間が以前の人間よりもはるかに彼の環境に強く依存しているように思われるということ、しかも彼が柔軟で質的に規定されやすいという意味においてではなく、むしろまさに彼の特殊な力と内的な創造性と個人的な特性の発展が、彼に個人的に適合した特に恵まれた生活条件がなければ可能ではないという意味においてである。以前はきわめて高い精神的な生活が信じられないほど質素な状態のもとでもしばしば発達したが、今日の精神的な労働者の圧倒的多数にとっては、そのような状態は始めから抑圧的であり、彼らはそこに、彼らが——往々にして各人が他者とは異なった仕方で——まさに彼らの個人的な生産のために必要とする恩恵と刺激とを見いだしはしないであろう。このことはいっさいの享楽主義とはまったくかかわりをもたず、業績の真の条件としておそらく一方では神経組織の増大した敏感さと弱さ、他方では尖鋭化した個性化から現れ、この個性化はあの単純な、すなわち類型的・一般的な生の刺激に反応することができず、たんにそれ相応に個性化した生の刺激にもとづいてのみ発展する。最近の時代に歴史的な環境理論がきわめて決定的に貫徹したとすれば、たしかにここでもまた真の状態は、その理論がある要素を誇張することによって、その要素がわずかな発展の段階にあるにせよ、その活動にたいしてわれわれの目を開くかもしれない。——これはちょうど現実には十九世紀において大衆の高まった意義が、以前のあらゆる時代においてもまた、彼らの意義を科学的に意識させる誘因となったのと同じである。したがってこの状態が通用するかぎり実際にもまた、われわれが消費する価値とわれわれが生産する価値とのあいだには一定の割合が成立する。すなわちわれわれが生産する価値は精神的な業績として、消費する価値のなかに投資された筋肉仕事の関数である。

とはいえ精神的な労働価値の筋肉労働価値へのこの可能な還元は、さまざまな側面からきわめて早い限界を見いだす。すなわち右の割合はまず第一に可逆的ではない。もちろんきわめて重要な個人的な消費が一定の業績には必要であるが、しかしこの消費そのものの側では、けっしてあらゆるばあいにその業績を生むとはかぎらない。すなわち才能のない者は、たとえきわめて有利で洗練された生活条件のなかに移されても、まさに同じ条件が才能ある者を活発にするのに、彼はこのことをけっして果たしはしないであろう。それゆえ生産物の系列が消費の系列の恒常的な関数であることができるのは、消費が本来の個人的な才能に正確に比例して生じるばあいのみである。とはいえ個人的な才能が正確に確定され、理想的な適応がこの確定にしたがって生活手段を正確に割り当て、業績の高さを生活手段の指数としようとするのは不可能であり、この不可能事そのものが承認されれば、この企てはつねにその限界を、同じ業績への資格をあたえられた人格のあいだにさえ存在する生活条件の多様性に見いだすであろう。ここには社会的な正義というひとつの大きな障害が存在する。すなわちたしかに一般には、より高い精神的な業績がまたより高い生活条件を必要とするにせよ、それでも人間の天分は、その最高の力の発揮をもたらすまさに要求そのものにおいて、いちじるしく多種多様である。客観的には同じ業績への能力をもつ二人のうちの一方は、この可能性の実現のために、他方とは――高さからみて――まったく異なった環境を、まったく異なった物的予備条件を、まったく異なった刺激を必要とする。平等と正義と業績の最大化とのそれぞれの理想のあいだに宥和しがたい不調和をつくり出すこの事実は、まだけっして十分に注意されてはいない。われわれの肉体的・心的な構造の相違、合目的的なエネルギーと妨害的なそれとのあいだの関係の相違、知性と意志特徴とのあいだの相互作用の相違によって、人格とその生活条件との所産としての業績が人格のなかにもっとも変わりやすい要因を見いだし、こうして同じ結果を生むためには他の要因もまたそれに応じた大きな変化をこうむらなければならないことになる。さらに内的な可能性の現実化の諸条件にかんする天性のこの偏差は、業績の領域がより高くより複雑でより精神的であればあるほど、それだけいっそう重要であるかのように思われる。一般に一定労働のための筋肉力をもつ人間は、その実行のためにはほとんど同じ栄養と一般的な生活基準とを必要とする。しかし指導的、学問的、芸術的な活動が問題となるばあいは、結局はすべて同じ活動を果たすことのできる人たちのあいだの右に特徴づけた相違が、意味深長なものとしてあらわれるであろう。

個人的な才能はきわめて異なった性質をもち、それに影響する同じ外的な状態はあまりにもさまざまな最終結果をもたらし、これによって個人と個人との比較にさいしては、物質的な生活条件とその上にきずかれた精神的な業績とのあいだのいっさいの価値比率はまったく幻想的となる。たんに大まかな歴史的時代かあるいは全人口階級が平均的にたがいに比較されるばあいにのみ、物的に調達できる諸条件の相対的な高さが精神的な業績の高さと同じ関係を示すかもしれない。こうしてたとえば人びとが観察できるのは、必要な食糧の価格がきわめて低いばあい、文化は全体的にたんに緩慢にしか進歩せず、したがって重要な精神的な労働が投資されている奢侈品が異常に高価であるということである。これにたいして食糧の価格の上昇は、奢侈品の価格の低下とそのより広範な普及と手をたずさえて進行するのがつねである。低い文化に特有なのは、たとえばいまなお中央ヨーロッパとの比較におけるロシアのように、不可欠の生計が非常に安いが、これにたいして高い生活水準がきわめて高価であるということである。一方においてパンと肉と住居とが安価であるということは窮迫をもたらさず、労働者は高い報酬をたたかい取ることを強いられないが、他方において奢侈品が高価であるということは、それをまったく労働者の視界の外に押しやり、その普及をさまたげる。本来は安価であったものの騰貴と、本来は高価であったものの下落――両者の関連はすでに右の強調した

――は、まずは精神的な活動の上昇を意味し、そしてそれを生ぜしめる。個々の要素におけるすべての巨大な不通約性のもとにおいてこの比較関係は、あの個体においてそれでも作用している肉体的な労働と心的な労働の一般的な関係をあらわし、この関係は、その活動が個人的な能力差のそれだけより強い作用によってかき消されないばあいは、心的な労働の価値程度を肉体的な労働によって表現することをたしかに許すであろう。

最後に第三の立場がある。この立場からすれば、すべての労働価値の筋肉労働の価値への還元はその低い平民的な性格を奪い去られる。すなわちわれわれがより正確に、そもそも価値と費用として筋肉労働が何にもとづいて妥当するかをより正確にみれば、筋肉労働はけっして純粋な肉体的な能力行使ではないということが明らかになる。これによって意図するのはすでに説明したこと、すなわち純粋な肉体的な能力行使一般は、一定の知的な指導がなければ人間的な目的にとってまったく無用であるが、しかしそれにかんしては心的な要素はたんなる価値付加物にとどまり、そのさい本来の価値はそれでもつねに純粋に肉体的なものにおいて成立することができるが、ただこの肉体的なものは、必要な方向を手に入れるためには右の付加物を必要とするということを除いてである。むしろここで意図するのは、肉体的な労働がその価値と貴重さのすべての音調を、たんにそれを担う心的エネルギーの消費によってのみ得るということである。外面的に見ればあらゆる労働が障害の克服を意味し、素材の形成を意味し、この素材がすぐさまにはこの形成に服従せず、むしろ最初はそれに抵抗するとすれば、――労働の内面も同じ形態を示す。労働はまさに労働であり負担であり困難である。したがって労働がそうでないばあいには、それがまさにけっして本来の労働ではないと強調されるのがつねである。労働はその感情の意義に注目すれば、怠惰と享楽と生活の安易化への衝撃のたえざる克服において成立する。――そのさい人びとが現実にこの衝動にたえず没頭すれば、それが同様に生活を負担にするであろうということは重要ではない。それというのも労働しないことの負担が感じられるのはたんにごく稀な例外的なばあいにすぎないが、しかし労働の負担が感じられないのはまさにこのごく稀な例外的なばあいにすぎないからである。それゆえ誰も労働の苦痛と労苦とを、それと交換に何ものかを手にいれるのでなければ、引き受けようとはしないのがつねである。もともと労働に報いるもの、労働への報酬を要求させる法律名義は、心的な力の消費であり、内的な抑制感情と不快感とを自らに引き受け克服するためには、この力の浪費が要求される。

言語はわれわれの行為の外面的・経済的な成果を内面的・道徳的な成果とまったく一様に功績と呼ぶことによって、右の事態をよく示している。それというのも後者の意味においても功績はそれでも、反対の可能性をはじめから排除したまったく自明な衝撃から道徳的な行為が発するばあいにではなく、道徳的な衝動が誘惑と利己主義と官能といった妨害を克服するばあいに、はじめて現れるからである。したがって諸民族の神話形成は、道徳的な模範から道徳的な功績を奪わないために、あらゆるばあいに宗教の創始者に「誘惑」を克服させ、さらにテルトゥリアヌスは、〈神がもし働きたもうならば〉、その栄誉はより偉大であると考えさえした。本来の道徳的な価値は反対の衝動による妨害を克服することに結びつくが、経済的な価値もまた同様である。草花が花盛りを、あるいは鳥が囀（さえず）りを示すように人間が労働をはたすとすれば、報酬のあるいかなる価値もけっして労働とは結びつかないであろう。それゆえ報酬のある価値は労働の外的な現象、つまりは明白な行為と結果とにあるのではなく、筋肉労働のばあいでさえ意志の消耗、感情反射、要するに心的な諸条件にある。これによってわれわれは、経済的な系列の他の極に結びつく根本的な認識の補足を獲得する。すなわち対象とその所有とのすべての価値とすべての意義とは、それらの価値と意義とを呼び起こす感情のなかにあり、たんなる外面的な関係としての対象の所有は、自我の内的な状態、快楽の感情、高揚と拡大との感情がそれと結びつかなければ、どうでもよく無意味である。こうして経済的な財の明白性は――提供者と享楽者の――双方から心的な経過によって限界づけられ、この経過のみが、個々の業績にたいして対価が要求されるとともに与えられるということを基礎づける。心的な刺激に移行しない所得対象はわれわれにとっては非本質的であり無関係であるが、これと同じように特有の行為も、それが内的に感じられた状態から生じ、その不快と犠牲感のみが報酬の要求とその程度とを自らに担うのでなければ、われわれにとっては非本質的であり無関係であろう。それゆえ価値にかんしては、筋肉労働は心的な労働であるということができる。機械もしくは動物の競争者としての人間が成就した労働のみは、その例外とみなされることができよう。それというのもたとえこの労働が内的な努力と心的な力の消費にかんして他のすべての労働と同じ事情にあるにせよ、その労働の成就によって有利となった者は、この内的な業績にたいしても何ものかを償うという誘因をまったくもたないからである。なぜなら彼にのみ重要な外的な効果はまた純粋に物的な力によっても達成でき、安価な生産物が可能であるやいなや、高価な生産物はどこにおいても償われないからである。しかしごく僅かな処置によっておそらくはこの例外もまた、心的なものによる外面的なもののすべての包括へとより深く還元される。機械あるいは動物の仕事において報いられるものは、やはり人間の仕事であり、これが機械の発明と製造と管理、動物の飼育と訓練にはひそんでいる。こうしてあの人間の労働がこの肉体的・人間以下的な労働のように報いられないのではなく、むしろ逆にこの人間以下的な労働が、同じように間接的に心的・人間的な労働として評価されるということができる。これは、われわれは生命のない自然の機構をも結局はわれわれの運動にともなう力と緊張との感情にしたがって解釈する理論の、実践にまでおよんだたんなる継続にすぎないであろう。われわれがわれわれの特有の本質を一般的な自然的秩序に適応させて、その本質を自然的秩序の関連において理解するとすれば、このことが可能なのはたんに、われわれがあらかじめわれわれの精神性の形式と衝動と感情とを一般的な自然へと移し入れ、「意図」と「解釈」とを不可避的に行為と結びつけることによってのみである。われわれが世界にたいするこの関係をわれわれの実践的な問題にまで拡大し、人間以下の力による仕事において人間の力による仕事のみを反対給付によって償うとすれば、これによってここで問題の点においては、報酬が心的な基礎に支えられている人間の労働と、効果が同じではあるが純粋に外面的・機械的な基礎のゆえに報酬のこの理由を拒否すると思われる労働とのあいだの原理的な境界線は崩壊する。それゆえいまやまったく一般的には、償わるべき価値の側面からすれば精神的な労働と筋肉労働とのあいだの相違は心的な性質と物的な性質とのあいだの相違ではなく、むしろ筋肉労働のばあいもまた結局はたんに労働の内面と緊張の不快と意志力の動員とにもとづいてのみ報酬が要求されると主張することができる。たしかにこの精神性は、いわば労働という現象の背後の物自体であり、労働の内的価値をなし、けっして知的ではなく、むしろ感情と意志とにおいて成立する。ここから推論されるのは、この労働の内的価値は精神的な労働の価値と同格ではなく、むしろこれをも基礎づけるということである。それというのも、もともと精神的な労働の価値にたいしても報酬の要求を提起するのは、精神的な過程の客観的な内容、つまりは人格から解放された結果ではなく、むしろ意志に導かれて労働の内的価値をになう主観的な機能、つまりはあの精神的な内容の生産に必要とされる労働の労苦とエネルギーの消費であるからである。こうしてたんに受容者のみではなく供給者の側からも価値の原点としての心の行為が露になることによって、筋肉労働と「精神的な」労働とは価値を基礎づける共通の——道徳的ともいうことのできる——下部構造を受け取り、この下部構造によって労働価値一般の筋肉労働への還元は低俗で粗野な唯物論的な外観を失う。理論的な唯物論についても事情はほぼ同じである。物質といえども表象であり、絶対的な意味においてわれわれの外において心に対立する存在ではけっしてなく、むしろその認識可能性においてあくまでも、われわれの精神的な組織の形式と前提とによって規定されている。このように強調すれば、理論的な唯物論はより真剣に議論すべきまったく新しい本質を獲得する。この立場においては、身体的な現象と精神的な現象との本質的な相違は絶対的な相違に代わって相対的な相違となり、この立場からすれば、狭義の精神的な現象の説明を身体的な現象への還元に求めようとする願望は、その耐えがたさもはるかに少なくなる。ここでは実践的な価値のばあいのように、外的なものはたんにその硬直性および孤立性と、内的なものへの対立から解放され、これによってそれは、より高い「精神的な」事実のもっとも単純な表現と単位として現れることができよう。この還元は成功するかもしれないし、成功しないかもしれない。しかしこの還元の主張によっていまや少なくとも原理的には、方法の要求と基礎的な価値処置との要求とがたがいに調和する。

これらの詳論は、労働の等価物がもっぱら筋肉労働の量と結びつくことを証明するよりは、むしろ人びとがこの結びつきにたいして提起するのをつねとする一定の疑念を取り除くことができる。それにもかかわらずこの結びつきには克服できないと思われる難点が見いだされ、しかもこの難点は、それでもまた価値なき余計な労働も存在するというまったく陳腐な異議から発している。それというのも根本的な価値としての労働のもとではもとより結果によって正当とされる合目的的な労働のみが理解されるという反駁には、理論全体によって有害な譲歩が含まれているからである。すなわち価値ある労働と価値なき労働とが存在するとすれば、疑いもなくまたそれらの中間段階、目的と価値との純粋とはいわないまでも若干の要素を含んで行なわれた労働量も存在する。それゆえ生産物の価値は、この前提にしたがえば投入された労働によって規定され、それぞれこの労働の合目的性にしたがって、より大きくもあれば、より小さくもある。このことが意味するのは、労働の価値はその量においてではなく、その結果の有用性において測られるということである。そしてここでは労働の質にかんして右に求めた方法、すなわちより高級なより洗練されたより精神的な労働はより低級な労働にたいしてはまさにより多くの労働を意味し、まさに同じ一般的な「労働」の累積と圧縮とを意味し、粗野で未熟練な労働はこの一般的な労働のいわばより大きな希薄化、より低級な潜勢力をあらわすにすぎないとする方法は、もはや役に立たない。それというのも労働のこの相違は、問題の労働に有用性がそのさいつねに同じ程度に内在していると前提されることによって、有用性の問題をまったく顧みないより内的な相違となるからである。すなわち街頭掃除人の労働はこの考察にとっては、ヴァイオリン演奏家の労働と同じように「有用」であり、したがってその低い評価はたんなる労働としてのその内的な量に、つまり労働エネルギーの労働へのより僅かな圧縮性に由来する。ところがこの前提はあまりにも単純すぎるということ、さらに外的な有用性の相違は労働の評価の相違を労働のたんなる内的な規定に依存させることを許さないということが、おのずと明らかになる。人びとが有用でない労働を、あるいはより正しくは労働の有用性の相違を世界から作り出し、そして労働の力を消費する集中性の多くと少なくとの程度の差、一言でいえば労働量の多くと少なくとの程度の差に正確に応じて労働が有用であるのにも多くと少なくとの差があること引き起こすことができれば、——なるほどこれによっても唯一の価値形成者としての筋肉労働はまだ証明はされはしないが、しかしそのさい労働一般はたしかに客体の価値基準として考えることはできよう。というのもそのとき労働の他の要因、有用性はつねに同じであり、それゆえ価値関係ももはや変わらないだろうからである。とはいえ有用性の相違はまさに存在し、そしてすべての価値は労働であるという公準は倫理的にはおそらく根拠づけることができるが、この公準が、すべての労働は価値であり、つまり同じ価値であるという命題に逆転されれば、それは謬論である。

ところでここで明らかになるのは、労働価値説の社会主義との深い関連である。それというのも社会主義が実際に到達しようと努力するのは、客体の有用性価値が客体に使用された労働時間との関係において常数をなすような社会の制度であるからである。『資本論』の第三巻においてマルクスの詳論するところによれば、あらゆる価値の条件は労働理論においてさえ使用価値であるという。とはいえこのことが意味するのは、それぞれの生産物には有用性意義との関係において生産物に生じるのとまさに同じ大きさの、社会的な総労働時間の一部が使用されるということである。それゆえいわば社会の質的に統一的な総需要が考えられ——労働はまさに労働であって、そのようなものとして同じ価値である。この労働理論のモットーにここで対応するのが、需要はまさに需要であって、そのようなものとして同じように重要であるというさらなるモットーである。――そしていまやすべての労働の有用性の相等性が達成されるのは、それぞれの生産分野において、あの需要のうちでそれぞれの生産領域によって限定された部分のみが正確にみたされるだけの労働が果たされることによってである。この前提のもとでは確かにいかなる労働も他の労働と同じように有用であろう。それというのも、たとえば今日のピアノの演奏が機関車製造よりも有用性の少ない労働と考えられれば、これはたんに現実の需要に応じるよりも、より多くの時間がそのために使用されているということによる。ピアノの演奏が現実の需要によって指定される程度に制限されれば、それは機関車の建造と正確に同じ価値をもつであろう。――これとまったく同様に機関車の建造も、それにより多くの時間が使用されれば、つまりより多くの機関車がつくられれば、有用ではなくなる。すなわち原理的にはいかなる使用価値の相違もまったく存在しない。それというのもひとつの生産物が一時的に他の生産物よりも少ない使用価値をもてば（それゆえ前者に使用された労働が後者に妥当するそれよりも価値がなければ）、人はたんにその生産物のカテゴリーにおける労働を、つまりは生産の量を、それに向けられた需要が他の対象に向けられた需要とまったく同じ強さになるまで、すなわち「産業予備軍」が完全に消滅するまで、押し下げることができるからである。たんにこの条件のもとでのみ労働は、生産物の価値量を正確に表現することができる。

ところで、あらゆる貨幣の本質はその無条件な代替可能性、いっさいの断片をいっさいの断片によって量的な秤量にしたがって補償できるものとする内的な同質性である。労働貨幣が存在するためには、この代替可能性が労働にあたえられなければならず、そしてこのことはちょうどいま叙述した仕方で、すなわち労働につねに同じ有用性の度合があたえられるといった仕方で生じる。そしてこのことは再びたんに、それぞれの生産種類のための労働を削減し、この労働にたいする需要を他のそれぞれの労働にたいする需要とまったく同じ程度にすることによってのみ達成できる。そのさいもちろん実際の労働時間は、なおつねにより高く評価されたりより低く評価されたりすることがあろう。しかしいまや人は、より高い価値は生産物のより高い有用性に由来し、時間ごとに比例的に濃厚化された労働量を示すということ、あるいは逆に、労働の濃厚化にもとづいて時間により高い価値があたえられるやいなや、時間もまたより高い有用性の量を含むということを確信するであろう。しかしこのことは明らかに、まったく合理化された神の摂理による経済秩序を、あらゆる生産物にたいする需要と労働要求とについての絶対的な知識のもとであらゆる労働が計画的に生じる経済秩序——したがって社会主義が得ようとするような経済秩序を前提とする。この完全にユートピア的な状態への接近はたんに、直接に不可欠のものだけが、まったく議論の余地なく生活に所属するものだけが一般に生産されることによってのみ、技術的には可能となるように思われる。それというのも、もっぱらこれが事実であるばあい、たしかにそれぞれの労働が他の労働とまったく同じように必要であり有用であるからである。これにたいしてより高い領域へ上昇し、そこで一方では需要と有用性評価が不可避的に個人的になり、他方では労働の強度を確定することが困難になるやいなや、生産量のいかなる規制も、需要と使用された労働とのあいだの関係がいつも同じであるということを生じさせることはできない。こうしてこの点において社会主義にかんする考察のすべての糸が錯綜する。社会主義において明らかになるのは、労働貨幣の側からの文化への危害は人びとがたいてい判断するほどにはけっして直接的ではないということ、むしろその危害は事物の評価根拠としての事物の有用性を、その価値の担い手としての労働との関係において恒常的に維持することの技術的な困難に発するということである。——この困難は生産物の文化的な高さに比例して高まり、その回避はたしかに生産を、もっとも原始的でもっとも不可避的でもっとも平均的な客体へと押し下げるにちがいないであろう。

ところで労働貨幣のこの結果は、貨幣原理一般の本質をもっとも鮮明に照らし出す。貨幣の意義は、貨幣が多様な価値を身にまとう価値単位であるということにある。そうでなければ単位としての貨幣の量的相違は、事物の質的相違にたいして等価とは感じられないであろう。ところで等価と感じられることによってたしかに質的相違は十分にしばしば不当に取り扱われ、とりわけ個人的な価値には、その本質を消滅させる暴力が加えられる。労働貨幣は貨幣のこの性質から抜け出そうと努力し、貨幣の基礎に、なるほどつねになお抽象的ではあるがそれでも具体的な生活により近い概念を据えようとする。これによってすぐれて個人的な、さらにはまさに個人的ともいえる価値が、価値一般の基準となるはずである。そしていまや明らかになるのは、何といっても労働貨幣はすべての貨幣の特性、つまりは単位性、代替可能性、どこにおいても拒まれない通用性をもつから——これまでの貨幣よりも生活内容の分化と個人的な発達にとってはより脅威的であろうということである。ある結果のために反対の結果を避けないことが貨幣の比類ない力であるとすれば、そして貨幣が一方では個人的な分化の抑圧に、他方ではしばしばさらにその誇張された高揚に役立つことを知れば、たとえなおつねにきわめて一般的であるにせよ、貨幣をより具体的に形成しようとする試みは、貨幣からいわば党派をこえた地位を奪い去り、それを二者択一の一方の側に他方を排除して据える。こうして人がいかに労働貨幣に、貨幣を個人的な価値に再び近づけようとする傾向を認めるにちがいないとしても、右の結果はまさに個人的な価値にたいする疎遠性がいかに貨幣の本質と結びついているかを証明する。

第六章　生活の様式

一

これまでの研究においてしばしば説明したところであるが、貨幣経済という特殊な現象を支える心的なエネルギーは悟性であり、これは人が一般に感情あるいは情意と呼ぶもの、そして貨幣経済的に規定されてはいない時代や関心領域の生活においてすぐれて機会を得るものと対立する。このことはまず第一に、貨幣の手段的性格の結果である。すべての手段そのものが意味するのは、現実の状態と連鎖とがわれわれの意志過程に取り入れられるということである。すべての手段はたんに事実的な因果結果の客観的な心象によってのみ可能であり、したがって明らかに精神は、この因果結果の総体を正確に概観すれば、それぞれの出発点からのそれぞれの目的にとってもっとも適当な手段を精神的に支配するであろう。しかしこの知性は、手段の完成された可能性を自己に蔵しているからといって、そのごく僅かな現実さえもつくり出しはしない。なぜならそのためには目的の設定が必要であり、この目的との関係においてあの真のエネルギーと結合もはじめて手段の意義を獲得し、そして目的はそれ自体としてはたんに意志行為によってのみつくり出されることができるからである。客観的な世界に意志が加わらなければ、目的はそこにおいてますます少なくなるとともに、また知性においても少なくなる。というのも知性は、完全であるか不完全であるかはともかくとして、世界内容の叙述であるにすぎないからである。そして人は意志について、それが盲目であると語ったのは正しいが、しかしたいていはそれを誤って理解した。すなわち意志が盲目であるのは、手当り次第に突出するホードル（北欧神話に現われる盲目の神）や目をつぶされたキュクロプス（ギリシア神話に現われる一つ眼の巨人）と同じ意味においてではない。意志はけっして理性という価値概念の意味において非理性的なことを行うのではなく、むしろそれは、それ自体にはけっして内在しない何らかの内容を受け取らねば、けっして何も行えない。それというのも意志は、われわれのなかで内容が生きるひとつの心理的な形式（存在、当為、希望などのように）にほかならず、世界をわれわれにとって実践的に意義あらしめるために世界のそれ自体としてはたんに観念的な内容をわれわれが把握するためのカテゴリー――おそらくは随伴する筋肉の感情あるいはその他の感情において精神的に実現される――のひとつにほかならないからである。それゆえ意志――この形式の一定の自立性にまで高まったたんなる名称――が、それ自体から何らかの一定の内容を選び出すことが少なければ少ないほど、世界内容についてのたんなる意識から、それゆえに知性から何らかの目的設定が現れることもより少なくなる。むしろ、ある点においては意志による世界内容の強調が世界内容の完全な無差別へ、しかも世界内容そのものからは計算できないように接近する。このことがまずはひとたび生じるや、たしかに純理論的に、しかも理論的な事実性に規定されて、知性によって因果的に結びつけられた他の表象へ意志が導かれるということが生じ、いまやこの表象があの「研究目的」の「手段」とみなされる。知性がわれわれを導くところでは、いたるところでわれわれはたちまち依存的になる。それというのも知性はたんに事物の事実的な関連によってのみわれわれを導き、知性は意志が自立的な存在へ適応するための媒介だからである。われわれは、手段考量の概念を完全な鋭さで把握すれば、そこに留まって純粋に理論的な絶対に非実践的な存在となる。意欲作用は一連のわれわれの熟慮を伴う。これはちょうど低続音やあるいは一般的な前提のようであり、これらはある領域の内容的な詳細と状態へ入り込みはしないが、その領域のなかへ生命と現実性とを流入させる。

それゆえわれわれの活動の内容を形成する手段の数と系列の長さとは、客観的な世界秩序の主観的な代表としての知性に比例して発展する。ところでいっさいの手段そのものは完全に無差別であるから、実践におけるあらゆる感情価値は行為の照準点、つまりは目的に結びつき、その達成はもはや活動においてではなく、たんにわれわれの心の感受性においてのみ放射する。それゆえわれわれの実践的な生活がそのような終着駅をより多く含めば含むほど、感情機能は知性機能にたいしてますますより強く活動するであろう。自然民族についてきわめてしばしば報告されている情動への衝動性と没頭とは、たしかに彼らの目的論的な系列の短さと関連している。高い文化では統一的に生活をつらぬく「職業」によって諸要素の凝集性がつくられるが、彼ら自然民族の生活労働はこのような凝集性をもたず、むしろ単純な関心系列から成り立っており、この関心系列は、彼らが目標を一般に達成するばあい、相対的に僅かな手段でそうする。特にこのことに大きく寄与するのは、食糧獲得のための労苦の直接性であり、この労苦はより高い状態においては、ほとんど例外なく多岐にわたる目的系列に席を譲る。このような状態のもとでは究極目的の観念と享楽とは相対的により頻繁であり、事実的な連繋と現実とについての意識、つまりは知性が、究極目的についての直接の観念とともにその真の出現を特徴づける感情の随伴よりもより稀にしか機能しない。なお中世には自己需要のための拡大された生産によって、手工業経営の種類によって、多様で狭隘な団体によって、そして何よりも教会によって、現代よりもはるかに多数の目的行為の決定的な充足点が存在した。現代においてはそれらの充足点にいたる迂路と準備とが無限に増大し、現在の目的がきわめてしばしば現在をこえ、さらには個人の視界をこえている。系列のこの延長は、先ずは貨幣の働きによってもたらされた。すなわち貨幣は普通であれば分離している系列への共通の中心的な関心をつくり出し、そうすることによってそれらの系列を結合し、その結果一方の系列が、それとは客観的にまったく無関係な他方の系列の準備となることができる（たとえば一方の系列の貨幣所得と、したがって全体としての系列とが、他方の系列の企てに役立つことによって）。しかし本質的なことは、すでに以前に成立について語った一般的な事実、すなわち貨幣がいたるところで目的として感じられ、それによって本来は自己目的の性質をもつきわめて多くの事物をたんなる手段に押し下げるという事実である。ところが貨幣そのものがいたるところであらゆるものの手段であることによって、存在の内容は発端も終結もない巨大な目的論的な関連に入れられる。さらに貨幣はすべての事物を冷酷な客観性によって測定し、こうして明らかになった事物の価値量が事物の結合を規定するから、――客観的および個人的な生活内容の組織が生じ、この組織は間断のない連繋と強固な因果関係とにおいて自然法則的な宇宙へ接近し、すべてを貫く貨幣価値によってまとめられる。これは自然が、すべてを活動させるエネルギーによってまとめられるのと同じであり、エネルギーも貨幣と同様に幾千もの形式を身にまとうが、しかしその本来の本質の一様性とそれぞれの変転の可逆性とによって、存在のそれぞれをそれぞれと結合させ、それぞれをそれぞれの条件とする。ところですべての感情強調が自然的な過程の把握から消え去り、客観的な知能にとって代わられるのと同じように、われわれの実践的な世界の対象と連繋とは、ますます関連する系列を形成することによって感情の混合を分離させ、感情はたんに目的論的な究極点においてのみ現れる。そしてこの世界の対象と連繫とは知能のたんなる客体にすぎず、われわれは知能の手でそれらを利用する。生活のすべての構成要素の手段への変化の増大、普通であれば自己充足的な目的によって閉ざされている系列の相対的な諸要素の複合体への相互的な結合は、自然についての因果認識の増大と自然における絶対的なものの相対的なものへの変化との、実践的な対応であるのみではない。むしろ手段のすべての構造が——われわれの現在の考察にとっては——前方から考察された因果結合であるところから、同時にまた実践的な世界もますます知力にとっての問題となる。あるいはより正確には、行動の表象的な諸要素は客観的にも主観的にも成長して計算可能な合理的結合となり、これによって感情的な強調と決定とをますます排除し、これらの感情強調と決定とはたんに生の経過の終止点にのみ、生の経過の究極目的にのみ結びつく。

生活にとっての知性の意義と貨幣の意義とのあいだのこの関係は、両者が支配的である時代もしくは関心領域をまずは否定的に、すなわち一定の無性格性によって規定させる。性格がつねに意味するのは、人物あるいは事物が個性的な存在様式にもとづいて他のすべてのものから区別され、さらにこれらを排除して決定的に確定されていることである。してみれば知性そのものは性格については何も知らない。それというのも知性は現実の無差別的な反映であり、そこではあらゆる要素が同じ権利をもつからである。なぜならそれらの権利は、ここではほかならぬ諸要素の現実存在において成り立つからである。たしかに人間の知性もまた特色ある仕方でたがいに区別される。とはいえ正確にみれば、これは深いか浅いか、広いか限られているかといった程度の相違か——さもなければ感情あるいは意欲といった他の心のエネルギーの付加物によって成立する相違のいずれかである。知性はその純粋な概念よりすれば絶対に無性格であり、これはもともと必要な性質の欠如の意味においてではなく、むしろ知性が、性格をつくり上げる選択的な一面性のまったく彼方にあるからである。まさにこのことは明らかにまた貨幣の無性格性でもある。貨幣はそれだけでは事物の価値関係の機械的な反映であり、あらゆる党派にたいして一様に現れる。これと同じように貨幣取引の内部においてはすべての人間が同じ価値をもつが、これは各人が何ものかに値するからではなく、むしろ誰もが何ものにも値せず、たんに貨幣のみが何ものかに値するからである。しかし貨幣とともに知性の無性格性も、この純粋な否定的な意味をこえて成長するのがつねである。われわれはあらゆる事物について——おそらくはつねに客観的に正しいとはかぎらないが——性格の規定を要求し、そして純粋に理論的な人間を曲解して、あらゆるものについての彼の理解があらゆるものを彼に断念させると考える。——なるほど神にはふさわしいがけっして人間にはふさわしくない客観性である。というのも人間はそれによって、社会における彼の役割にたいしてと同様に彼の本性の指示にたいしても公然たる矛盾におちいるからである。こうしてわれわれは貨幣経済を曲解して、貨幣経済が完全に従順な道具としてのもっともいやらしい策動にその中心的な価値を委ねると考える。というのも貨幣経済がもっとも高邁な企てにさえそのような道具を同じようにあたえるということによっても右のことは改められず、むしろまさにたんに貨幣操作の系列とわれわれのより高い価値概念の系列とのあいだのまったく偶然的な関係のみが、つまりは一方が他方において測られるばあいの無意味さのみが、もっとも明るく照らし出されるからである。人びとが以前の時代の一面的な強さと険しさにたいして現代を非難して語る感情生活の独特の平板化、きわめて異なった性質と態度をもつ人びとのあいだにさえ存続する知的な了解の容易さ——ところがダンテのような知的にきわめて卓越し理論的にきわめて興味ある人格でさえも、ある種の理論上の反対者には、理由によってではなくむしろナイフによってのみ答えるべきであると言う——、さらに内面生活の根本問題にたいする無関心から発しながら、せいぜいのところ魂の救済への問題と呼ぶことができ、しかも悟性によっては決定されない宥和への傾向——主知主義と貨幣取引との歴史的な担い手である自由主義的な人びとのなかでとくに育まれる世界平和の理念にいたるまでの——、これらすべては、無性格という右の否定的な特徴から積極的な結果として発している。貨幣取引の頂点においては、この無色性がいわば職業内容の色彩となっている。現代の大都市においては、いかなる客観的な形式も決定的な活動も示さない多数の職業が存在する。すなわち一定のカテゴリーの代理人、受任者、たまたま提供されたきわめてさまざまな機会から何かを得て生活している大都市の無規定的なすべての人びとである。彼らにあっては経済的な生活、彼らの目的論的な系列一般の組織は、貨幣収益以外には確実にあげることのできる内容をもたず、絶対に固定されないものである貨幣が彼らにとっては確固たる拠点であり、この点をめぐって彼らの活動は無限の幅でゆれ動く。ここに特殊な種類の「無性格な労働」が現れ、これと並べば通常そのように呼ばれる労働といえども、なお性質をもつものとして現れる。すなわち後者の本質がたんなる筋肉労働にあるということによって、消耗されたエネルギー量がその表現の形式を完全に凌駕するばあい、もっとも低い労働者のこの労働でさえも特殊な色彩を受け取り、この色彩がなければイギリスで最近なされたたんなる企て、彼らを労働組合へ組織しようとする企ても可能ではなかったであろう。きわめて異なった利益機会にしたがうそれらの人びとは、生活内容のいっさいのアプリオリな規定をきわめて大きく欠き、――銀行家とは異なっている。というのも銀行家にあっては貨幣は、たんに究極目的であるのみではなく活動の実質でもあり、そのようなものとして貨幣はあくまでも、確立された特別の指令と独特の利害関係と一定の職業的性格といった特徴をもたらすことができるからである。あの問題的な人びとにおいてはじめて貨幣という究極目標への道が、いっさいの客観的な統一性あるいは親和性をはぎ取る。貨幣目標が個々の活動と関心にひき起こす平準化は、ここでは初めは最小限の抵抗しか見いださず、経済活動から人格に生じるかもしれない規定と色彩とが解消する。ところで明らかにそのような人は、たんに知性が普通でないばあいにのみ何らかの結果、というよりはむしろ可能性を、しかも「狡猾（こうかつ）」と呼ばれるあの形式――これによって考えられるのは、大義あるいは理念といった規範によるいっさいの確定からの才知の解放と、その時々の個人的な利益のための無条件的なその隷属とである――においてもつ。この「職業 Beruf」――これにはまさに「召された存在 Berufensein」、すなわち人格と生活内容とのあいだの確固たる観念的な線が欠けている――へと明らかに傾くのは一般に根なし草的な人間である。さらにまったく同様に不信の嫌疑も、明らかにそれらの職業にかかっている。たとえばすでにインドにおいてさえ、ときおり受託者、媒介者の名が同時に〈仲間をだますことによって生きている者〉の名称となっている。あの大都市の人びとは、まったくあらかじめ定まってはいない何らかの仕方でのみ貨幣を得ようとし、そのために特別な事実認識が彼らにとってはまったく問題とならないから、ますます一般的な機能としての知性を必要とし――正しく把握し「確定」できない疑わしい人格といったあの類型の重要部分を提供する。なぜなら彼らの敏捷性と多面性とは、いわば何らかの状況に固定することから彼らを免れさせるからである。貨幣と知性とが未決定性あるいは無性格性という特徴を共通にもつということ、このことは、あの二つの力の接触面以外の他の土壌においては成長できないこの現象の前提である。

　貨幣経済のこのような特徴にたいして現代の経済闘争の激しさは、そこではいかなる容赦も存在しないが、それが貨幣そのものへの直接的な関心によってひき起こされるから、それでもたんなる外見上の対立現象をなすにすぎない。

それというのも経済闘争は客観的な領域において生じ、そこでは人格は性格としてではなくむしろ一定の客観的な経済力の担い手として重要であり、しかもそこでは今日の不倶戴天の競争相手が明日のカルテル仲間となるからであるが、しかしそれだけではなくさらに何よりも、ある領域がその内部でつくり出した規定が、その外部にいるがしかしそれに影響される人びとに伝える規定とは、あくまでも異質的であることができるからである。こうして宗教は信者と教えとの内部においては和平欣求そのものであるが、しかし隣接する生活勢力と異端者にたいしてはきわめて好戦的で残酷であるかもしれない。同様にある人間は彼の固有の生活内容とはまったく異質的な感情と思考とを他者のなかにひき起こし、彼自身のもたないものをあたえる。さらにまた芸術の方向は本来の確信と芸術的な理念よりすれば完全に自然主義的であり、自然との直接の関係とそのたんなる再生産において存続しているかもしれないが、他方では一般に現実的なものの現象へのきわめて忠実な献身とその反映のための芸術的な努力が存在するという事実は、生活の体系においては絶対に理想的な要素であり、生活の他の構成要素に比して自然主義的なすべての現実をはるかに超越する。知性がそれでも宥和の原理である——それというのも争いは、感情の対立あるいは願望の対立から、もしくはたんに感情的には承認されるが証明されない公理の対立から、理論的な討論に移るやいなや、それは原理的には調停されることができるにちがいないから——ということは、理論的・論理的な論争の鋭さによってはほとんど妨げられない。これと同じように貨幣経済がともかくも無差別の原理であり、対立関係を本来の個人的なものから取り出して、結局はつねに理解を可能とする土壌を対立関係に提供するということも、貨幣経済における利害闘争によってほとんど妨げられない。たしかに人間と事物との純粋に合理的な取り扱いには何か戦慄すべきものがある。しかしこの戦慄すべきものは積極的な衝動としてではなく、顧慮と情意と敏感さとが、そのような取り扱いのまったくの論理的な帰結にたいしてたんに影響をあたえないこととしてである。それゆえまたこれに対応して純粋に貨幣的な関心をもつ人間は、冷酷さと残虐とを非難されても、行動のたんなる効果性と客観性を何らの悪意なしに意識するから、その非難をまったく理解しないのがつねである。それにもかかわらず確定すべきは、経済運動の形式としての貨幣のみが問題であり、それゆえその運動には別の内容的な動機からさえなおまったく貨幣とはかけ離れた特徴が訪れることもあるということである。知性と貨幣経済とは対立を尖鋭化するというその他の結果をともなうとしても、生活はこれらのすべての結果とは関係なく、知性と貨幣経済によって性格規定のこの彼方へおかれ、この彼方を生活様式の客観性と呼ぶことができる。これは知能に仲間として加わる特徴ではなく、むしろこれが知能の本質そのものである。客観性は、人間が事物にたいして主観の偶然性に規定されない関係を獲得することのできる唯一の方法、しかも人間が近づける方法である。総体的な客観的な現実がわれわれの精神の機能によって規定されていると仮定したとしても、そのような現実を言葉の特殊な意味においてわれわれに客観的なものと思わせる機能を、まさにわれわれは知的な機能と名づける。いかに知能そのものが他の力によっても生かされ指導されているとしてもである。この関連のもっともすばらしい例はスピノザである。すなわち世界にたいするもっとも客観的な態度、普遍的な存在の必然性の調和的な余韻として要求される内面性の個々のそれぞれの行為、どこにおいても世界の統一性の論理的・数学的な構造を破ることを許さない個性の計算不可能性、この世界像とその法則とを担う機能、つまりは純粋な知的機能がそれである。この世界観そのものが事物のたんなる理解にもとづいて主観的に構築され、この世界観の要求の実現にはそのような理解で十分なのである。しかしこの知性そのものはたしかに深く宗教的な感情、つまりは事物の根底へのまったく超理論的な関係にもとづき、この関係は、けっして個々の自己完結的な知的な過程のみに介入しない。大体においてインド民族は同じ結合を示す。最古の時代とともに近代からも報告されているが、インドの国々の闘争しあう支配者たちのあいだにあって、農民は敵対しあう党派に煩わされることなく安らかに耕地を耕すことができた。それというのも彼は「友と敵との共通の善行者」だからである。明らかにこれは実践的な事物の客観的な処理の極端な限度である。すなわち自然的と思われる主観的衝動は、まったくたんに諸要素の客観的な意義にのみ対応する実践のためにのみ排除され、行動の分化は個人的な激情の衝動に代わるなお客観的な適当性にのみ従う。しかしこの民族はまたまったく主知主義的な気分をもつ。すなわち鋭い論理と世界構成の詮索的な深さにおいて、さらには彼らの巨大な想像と高められた倫理的な理想とのあらわな道理性そのものにおいて、彼らは古い時代に他のすべての民族にすぐれてはいたが、同時に同じ程度に本来の情意生活の放射的な暖かさと意志力とにおいてははるかに劣ってもいた。彼らは世界経過のたんなる傍観者と論理的な構成者であった。——しかし彼らがそうなったということは、それでもなお感情の最後の決定、苦悩の不可測性にもとづき、この苦悩は成長して、彼らの宇宙的な必然性にかんする形而上学的・宗教的感情となった。なぜなら個人は感情領域そのものの内部において、活気ある生活実践の誘導によっても、その感情を処理できなかったからである。

生活状態のこの客観性もまさにまた貨幣との関係から生じる。私は以前の関連において、すでに取引が人間の本来の未分化な主観性をこえるいかに偉大な高揚を示すかに言及した。今日なおアフリカやミクロネシアには、略奪や贈与の形式による以外のいかなる所有変更も知らない民族がいる。しかしより高級な人間にとっては、利己主義と利他主義の主観主義的な衝動――遺憾ながら倫理学はなお人間の動機づけをこれらの選択肢に押し込めるのをつねとする――とならんで、さらにはそれらを越えて客観的な関心が成長する。すなわち献身あるいは義務であり、これらはまったく主体の状態とは関係をもたず、むしろ客観的な適当性と理想とに関係する。これと同じように略奪の利己的な衝動と贈与の少なからぬ利他的な衝動との彼方において、客観的な正当と公正との規範にしたがう所有変更、つまり交換が発展する。しかし貨幣が表現するのは、いわば純粋な分離と自立的な具体化とにおける交換取引の客観性の契機である。というのも貨幣は、交換できる個物の一面的な性質のすべてから自由であり、それゆえそれ自体からはいかなる経済的な主観性にたいしても、他のあらゆる主観性にたいする以上の決定的な関係をもたないからである。――これはちょうど理論的な法則が自然的生起の独立に存在する客観性を表現するのと同じであり、この客観性に比べれば、法則によって規定された個々のいっさいの事例は、偶然的――人間的なものにおける主観的なものへの対照――と思われる。にもかかわらず、さまざまな人格がまさに貨幣にたいしてきわめてさまざまな内的な関係をもつということは、まさにいっさいの主観的な個体からの貨幣の彼方性を証明する。貨幣はこの彼方性を他の偉大な歴史的な潜勢力と分かちもち、この潜勢力は広大な湖に似ており、人はたずさえた容器の形と容積が許すかぎりを、そこからよってたかって汲みとることができる。人間の相互的な行動の客観性――これはもちろん本来は主観的なエネルギーによって提供された素材の形成であるにすぎないが、しかし結局は自立的に存続し法則を生む――は、純粋に貨幣経済的な関心においてあますところなく明白に表現される。貨幣とひきかえに手放されるものは、それにもっとも多くを払った者に、他の点で彼が何者であり誰であるかにはかかわりなく渡る。他の等価物が関係するばあい、つまり名誉や奉仕や感謝のために人が所有物を贈るばあい、人はあたえる人物の性格に注目する。そして逆に私自身が貨幣で買うばあい、望ましく価格に値する物であれば、私がそれを誰から買うかは私にはどうでもよい。しかし奉仕を、内的および外的な関係における個人的な義務を、代価を払って得るばあい、人は関係をもつのが誰であるかを正確に吟味する。なぜならわれわれが任意の誰にでもあたえてよいのは、まさにほかならぬ貨幣のみだからである。貨幣の価値が引渡人に「証明審査なしに」支払われるという紙幣の但し書きは、金銭問題が処理されるさいの絶対的な客観性の特徴をよくあらわしている。金銭問題の領域においてはインド人よりもはるかに激しい民族にあってさえ、軍事的な活動からの農民のあの除外への対照が見いだされる。若干のインディアンにあっては商人は、彼の部族と戦闘状態にある部族のあいだを妨げられることなく移動し、商業を営むことが許される。貨幣は人間の行為と関係とを主体としての人間の外部におく。これはちょうど心の生活が、それが純粋に知的であるかぎりは個人的な主観性から、いまや心の生活を反映する事実性の領域へと歩み出るのと同じである。これによって明らかに優越関係が基礎をおかれる。貨幣をもつ者が商品をもつ者に優越するように、知的な人間そのものが感情や衝動に生きる者にたいして一定の力をもつ。それというのも後者の全人格がいかに価値があり、彼の力が究極においていかに前者を凌駕するにせよ、——彼は前者よりもより一面的で、より物事にとらわれ、より偏見にみちており、純粋に冷静な人間のようには実践のあらゆる手段にたいして優越的な見通しと、とらわれない利用可能性とをもたないからである。貨幣と知性とはそれらの客観性によっていっさいの単純な生活内容にたいしてこの優越性において一致し、この優越性からコントは彼の未来国家における世俗的な統治の頂点に銀行家をすえた。というのも彼ら銀行家は、もっとも普遍的でもっとも抽象的な機能をもつ階級を形成するからである。そしてこの関連はすでに中世の職人団体においても鳴り始め、そこでは会計係が同時に兄弟分団体の長でもあるのがつねであった。

知性と貨幣的な経済とのあいだの相関関係は、両者に共通な客観性と無性格な無規定性に基礎づけることができるが、しかしいまやこの基礎づけはきわめて決定的な反訴に出会う。すなわち内容からみて知能に固有である非個人的な客観性とならんで存在するのは、知能がまさに個性と個人主義の全原理とにたいして持つきわめて緊密な関係である。貨幣が衝動的・主観的な行動様式を客観的に規制された超個人的な行動様式へといかに移すにせよ、貨幣はそれなりに、それでも経済的な個人主義と利己主義との培養地である。それゆえここには明らかに諸概念の多義と錯綜とがあり、これらによって示される生活様式を理解するには、それらの概念が明確に説明されなければならない。知性と貨幣とが演じるあの二重の役割は、人がそれらの内容を、それらの本質の事実内容を、この内容を担う機能から、あるいはこの内容によってなされる利用から区別するやいなや明白となる。前者の意味において知性は平準化された性格、実は共産主義的といってもよい性格をもつ。なぜならまず第一に、知性の内容が一般に伝達可能であるということ、そしてそれらの内容の正しさが前提されれば、あらかじめ十分に啓発された精神は、すべてそれらの内容に納得するにちがいないということ、これらのことが知性の内容の本質をなすからである。――意志や感情の領域においては、これに類似したことはまったく存在しない。それらの領域では同じ内的な状態の転移は、この転移がもたらされた個人の心の状態、それぞれの強制にたいしてたんに条件づきでのみ従順な個人の心の状態に依存する。これにたいして個人の心が同じ納得を精神の総体にわたってひろげるには、少なくとも原理的にいかに知性の意のままとなるかについては、いかなる論証も存在しない。知性のみに固有の教化可能性は、人がすべての者と共通の水準にあるということを意味する。これに加わるのは、知能の内容がまったく偶然の複雑さを度外視すれば、実際の生活内容をきわめてしばしば占有する猜疑深い排他性を知らないということである。一定の感情、たとえば私と貴方とのあいだの関係と結びついている感情は、多数者が正確に同じようにその感情を共にすれば、その本質と価値とをまったく失うであろう。一定の意志目標にとっては、努力からみても達成からみても他者がその目標から排除されているということが、無条件に本質的である。これにたいして理論的な表象は、よく言われたように炬火に似ており、その光は、任意の他の多くがそれで点火されるからといって小さくはならない。理論的な表象は、その拡張の潜在的な無限性は、その価値にたいしていかなる影響をもおよぼさないから、他のすべての生活内容よりもより多くその価値を私的所有から遠ざける。最後に理論的な表象は、それが意のままにする確定によって、その内容の受容者からすべての個人的な偶然性を少なくとも原理的に排除するといった仕方で現れる。われわれは感情の運動や意志のエネルギーを、各人があらゆる瞬間にそれに立ち返り、そして客観的な形象の側に同じ内的な経過をつねに再生産できるほどには、あますところのない一義的な仕方で貯蔵する可能性をまったくもたない。――その再生産のためにわれわれは知的な内容にたいしてのみ、個人的な性向から相対的に独立した十分な手段を、諸概念とそれらの論理的な連結において運動する言語において所有している。ところが知性の意義は、現実の歴史的な力が知性の内容の右の抽象的な客観性と可能性とを処理しはじめるやいなや、まったく異なった方面へ向かって発展する。まず第一に、まさに認識の普遍妥当性とそこから生じる徹底性と抵抗不可能性とによって、認識は誰であろうと卓越した知識人の恐るべき武器となる。暗示を受けない性質の持ち主は少なくとも優越的な意志に抵抗することができるが、しかし人は優越的な論理をたんに頑固な言葉――「私は欲しない」によってのみ避けることができるにすぎず、彼はこれによって結局のところは自己が虚弱であることを告白する。さらにこれに加わるのが、人間のあいだの偉大な決定はなるほど超知性的なエネルギーから発してはいるが、しかし存在と所有のための日々の闘争は、投入される聡明さの程度によって決定されるのがつねであるということである。より偉大な知能の力は、まさに知能の質の共産主義的な性質にもとづく。なぜなら知能の力は内容的には普遍的に妥当し、あらゆるばあいに有効であって承認され、すでにそのたんなる量も誰にもそれぞれの素質に応じて近づけるようになり、質的に個人的な所有物よりもより無条件的な優位を誰にもあたえるからである。ところがこの個人的な所有物は、まさにこの個性のゆえにどこでも利用できるとはかぎらず、また同様に実践的な世界のあらゆる点において何らかの支配領域を見いだすとはかぎらない。ここにおいても他のばあいと同じように、ほかならぬ万人のための平等な権利の基礎が、個人的な相違を完全に発達させ利用させる。人間的な関係のたんなる悟性的な表象や秩序は、意志や感情の根拠のない強調を放棄し、諸個人のあいだにアプリオリにあたえられた相違をまったく知らず、まさにそれゆえにその表象や秩序はまた同じように、アポステリオリに現れる相違が、自ずと達することのできる拡張から何かあるものを切り取る理由をほとんどもたない。――このことは、社会的な義務意志によってとともに愛情と同情によってもきわめてしばしば生じる。それゆえ合理主義的な世界観――これは貨幣と同じように無党派的にまた社会主義的な生活像をもはぐくんだ――は、近代の利己主義と個性の傍若無人な貫徹との学校となった。通常の――まさに掘りさげられていない――解釈にとっては、実践的なものにおいても理論的なものにおいても自我は自明な基礎であり、不可避的な最初の関心事である。無私のすべての動機は、まさに同じようには自然的とも土着的とも思われず、あとからのいわば人工的に育成されたものと思われる。その結果として利己的な利益のための行動がもともとまったく「論理的」なものと思われる。すべての献身と犠牲とは、感情や意志といった非合理的な力から流れ出るように思われ、ためにたんなる悟性的人間は、それらを聡明さの欠如した証拠として皮肉るか、あるいは隠された利己主義の迂路として告発するのをつねとする。たしかにこれはまったく誤っている。なぜなら利己的な意志もまた愛他的な意志とまさに同じように意志であり、したがって愛他的な意志と同じように、たんなる悟性的な思考作用から押し出されることはありえないからである。むしろこの悟性的な思考作用はわれわれが見たように、一方と同様に他方のためにもつねにたんに手段のみをあたえ、この手段を選択し実現する実践的な目的にたいしては完全に無関心に対立する。とはいえ純粋な知性と実践上の利己主義との右の結びつきは実は普及した観念であるから、それはたとえいわゆる論理的な直接性によってではないにせよ、それでも何らかの心理的な迂路をへて何らかの現実性をもつ。しかしもともと倫理的な利己主義のみならず社会的な個人主義もまた、知性の必然的な相関物であると思われる。すべての集合主義は、新たな生活統一体を諸個人から、そして諸個人をこえて創造し、冷静な悟性がこの統一体をまさに諸個人のたんなる総計に解消できなくなるやいなや、その悟性にとっては何か神秘的なもの、測りがたいものを含んでいるように思われる。——これは、悟性が諸部分の機構として理解することができないかぎりでの有機体の生命統一体と同じである。それゆえ革命の頂点にまで達した十八世紀の合理主義に結びついたのが強固な個人主義であり、この合理主義にたいする反対がまずはヘルダーからロマン主義をこえて進み、生の超知性的な感情潜勢力の承認によって、超個人的な集合体をも統一体として、したがってまた歴史的な現実として承認した。知性の普遍妥当性は内容からみて、それがいっさいの個人的な知能に妥当するから社会の原子化へと作用し、各人は知能によってもまた知能から見ても、他の各人とならぶ自己完結的な要素と思われる。ただし抽象的なこの普遍性がともかくも具体的な普遍性へと移行し、そこで個人が他者とともにはじめて統一体を形成するというわけではない。最後に、理論的な認識の内的な理解可能性と追思考可能性とは、一定の感情や意欲のように原理的には誰にも拒まれないが、その実際の結果をまったく逆転させる帰結をもたらす。まず第一には、まさにあの普遍的な理解可能性によって、個人的な質のまったく彼方にある事情が理論的な認識の事実的な利用を決定することになる。すなわちこのことが、もっとも賢明なプロレタリアにたいするもっとも非知性的な「教養ある者」の途方もない優位へ導く。教養の素材は、それを用いようとする者のすべてに外見上は平等に提供されており、この外見上の平等は現実には自由主義的な教説の他の自由とまさに同じように残酷な嘲笑である。というのもこの自由は諸個人にたいして確かにあらゆる種類の善きものの獲得を妨げはしないが、しかし何らかの事情によってすでに恵まれている者のみがそれらを占有する可能性をもつということを見のがしている。ところで教養の内容は――一般的な提供にもかかわらず、あるいはむしろその提供のために――結局はたんに個人的な活動によってのみ獲得される。それゆえそれが作り出すのは、もっとも具体的でないからもっとも論駁できない貴族制、高い者と低い者とのあいだの相違である。そしてこの相違は、経済的・社会的相違のようには、訓令あるいは革命によっても、さらにはまた当事者の善意によっても抹消できない。たしかにイエスは裕福な若者にむかって汝の所有物を貧者にあたえよとは言うことができたが、しかし汝の教養を低い者にあたえよとは言えなかった。低位者にとっては教養という長所ほど気味悪く思われ、それにたいして彼が内的に無視され無防備であると感じるものはない。それゆえ実践的な平等をめざす努力は実にしばしば、そしてきわめて多くの変種において知的な教養を忌避した。すなわち仏陀、キニク学派、あるばあいのキリスト教から、〈われわれは学者を必要としない〉と言ったロベスピエールにいたるまでである。これに加わるのがきわめて本質的なことである。すなわち言語と文字――抽象的に考察すれば認識の共産主義的な本質の担い手――による認識の確定は認識の累積と、とりわけ凝縮とを可能にし、この累積と凝集とが、この認識点における高い者と低い者とのあいだの懸隔をたえず拡大させる。知的に才能に恵まれているかあるいは物質的に心配のない人物は、当面の教養の素材がより大きくより圧縮されていればいるほど、大衆よりぬきん出る機会をますます多くもつこととなる。プロレタリアートにとっては、以前は拒否されていた多種多様な便宜と文化的享楽が今日では近づけるものとなったが、しかし同時に――とりわけわれわれが数百年あるいは数千年を顧みるとき――彼らの生活水準と高い身分のそれとのあいだの懸隔は、それでもはるかに大きくなっている。こうして認識水準の一般的な上昇は、あくまでも一般的な平準化をまったくもたらすことなく、むしろその反対をもたらしている。

このことは実はすでに詳論した。なぜなら知性の概念が示す意味の対立は、貨幣にその正確な類似を見いだすからである。貨幣と知性との相互作用によって両者の形式はたがいに近似し、おそらくはまたそれとともに両者の発展の相等性を担う共通のより深くにある原理への指示があたえられるから、たんに貨幣と知性の相互作用のみでなくこの指示もまた貨幣の理解に役立つ。——たとえば歴史的な諸要素のあの根本的な性質もしくは気分への指示であり、これらの諸要素は、それらの性質あるいは気分の形成をひき起こすことによって諸要素の様式をつくり上げる。ところで貨幣が、そのすべてにとっての原理的な接近可能性と客観性とにもとづきながら、にもかかわらずいかに個性と主観性との発達に役立つか、まさにすべてとのつねに変わらないその相等性、質的に共産主義的なその性格によって、いかにそれぞれの質的な差異をたちまち量的な相違とするか、——これらについてはこれまでの章で記述した。しかしここでもまた貨幣は、対立しあう生傾向を同じ権利へと運ぶ力を他の文化要素とは比較できないぐらいに普及させ、この点において貨幣は、任意のそれぞれの内容に付加されることができる純粋に形式的な文化エネルギーの濃縮として示され、この文化エネルギーがそれらの内容を固有の方向に高めてますます純粋に表現させることとなる。それゆえたんに知性との若干の特別な類似のみを強調するにとどめる。すなわち意味するところは、貨幣の抽象的、実際的な本質の非個人性と普遍妥当性とは、貨幣がその機能と使用とにおいて問題となるやいなや利己主義と分化とに役立つということである。利己主義において明らかとなる合理的で論理的なものの性格は、また貨幣所有の完全な容赦のない利用につきまとう。われわれはすでに以前に他の所有物にたいする貨幣の特徴を確定して、貨幣は何らかの一定の使用様式へのいかなる指示をも、それゆえにこそまた何らの妨害をも含まず、それによって一方の使用を他方よりも遠ざけたり困難にしたりはしないとした。貨幣はまさに問題のあらゆる使用へあますところなく消費されるが、しかし貨幣の質の実在的な客体の質にたいする関係は、特に促進的にもあるいは歪曲的にも作用しはしない。——この点において貨幣は論理形式そのものと比較される。論理形式は任意のあらゆる内容、この内容の発展あるいは組み合わせに一様にあらわれ、まさにこれによってたしかに実際的にはきわめて無意味でさらに有害なことにたいしても、もっとも価値あるものと同じ表現の機会と形式的な正しさとをあたえる。さらに貨幣は同様に法の図式に類似する。法の図式に十分にしばしば欠けているのは、もっとも重大な実質的な不正が論駁できない形式的な正当性をそなえるばあいの、これにたいする保護装置である。ところで貨幣の力を最後まで利用しつくすというこの絶対的な可能性は、現実にもそうできることの是認としてのみでなく、いわばその論理的・概念的な必然とも思われる。貨幣はそれ自体のなかに訓令も抑制も含まないから、それぞれもっとも強い主観的な衝動にしたがう。——そしてこの衝動は、貨幣利用の領域においては一般に利己的であるのがつねである。あの抑制的な観念、すなわち一定の貨幣には「血がこびりついている」とかあるいは呪いがつきまとっているといった観念は感傷であり、これは貨幣の無差別性が増大するにつれて、――それゆえ貨幣がますますたんなる貨幣となることによって――その意義をまったく失う。他の所有様式から生じる実際的あるいは倫理的ないかなる顧慮もけっして貨幣の利用を規定しないという純粋に消極的な規定は、ただちにまったく積極的な行動様式としての無情へと成長する。貨幣の柔軟性は特異な関心や起源や関係から完全に解放されているということから生じるが、この柔軟性は外見上の論理的な帰結として、貨幣はその支配する生活領域においてはわれわれにいかなる強制も加えないという要請を含んでいる。まさにいっさいの一面的な客観性の排除から生じる貨幣の絶対的な客観性において、利己主義はまたたんなる知性においてと同様に純粋な仕事台を見いだす。――それというのも、この動機が論理的にもっとも単純でもっとも明白であるから、純粋に形式的で無差別な生活力がそこに最初の、いわば自然な親和的な充足を見いだすからにほかならない。

右に説明したように純粋な知性と貨幣取引とは、すべて実際的にも道徳的にもきわめて倒錯した内容を回避せず、この点においてたんに法形式一般のみではなく、何よりも法の平等の原理がこの両者と一致する。というのもこの原理において形式と実在的な内容とのあいだのこの齟齬が頂点に達するからである。法と知性と貨幣の三つはすべて、個人的な特性にたいする無関心によって特色づけられる。この三つのすべては生運動の具体的全体から抽象的な一般的な要因をひき出し、この要因は自己の自立的な規定にしたがって発展し、この規定から存在の関心のあの総体へ介入し、それを自己にしたがって規定する。それゆえこれらの三つはすべて、それらの本質よりみてどうでもよい内容にたいし強力に形式と方向とを指令することによって、われわれがここでとり扱っている矛盾を不可避的に生の全体へともち込む。平等が人間のあいだの関係の形式的な基礎をとらえるばあい、それは彼らの個人的な不平等をもっとも鋭くもっとも効果的に表現させる手段となる。利己主義は形式的な平等の制限を守ることによって、内的および外的な障害と妥協し、いまやまさにあの規定の普遍妥当性においてのみ武器を所有し、この武器は各人に役立つからまた各人に逆らいもする。このために法の平等という形式が特徴づけられる類型は、一方では知性が他方では貨幣がすでに述べた意義において繰り返すものである。すなわちこの類型の一般的な接近可能性と妥当性、その潜在的な共産主義は、上位者と下位者と同等者のいずれにとっても同じように一定の限界を、つまり所有様式のアプリオリな身分的な制限から生じる限界を除去する。土地所有と職業とは一定の階級の手中にあるかぎり、低位者にたいする義務と、仲間への連帯と、除外者の貪欲の当然の制限とを必ずともなっていたが、「啓蒙された」合理主義にとっては、それぞれの所有が価値へと変わることができるようになり、誰もが価値の無限の獲得から原理的には遠ざけられなくなるやいなや、もはやそれらの義務や制限へのいかなる根拠も存在しなくなる。――もちろん歴史の経過における利己主義の総体的な増大あるいは減少についての問題は、これによってはけっして決定されない。

最後にきわめて特徴的なことについて述べれば、知的な獲得物のあの累積もまた、ともかくも恵まれている者にたいしては、急速に増大する過度な優位をあたえる。この累積は貨幣資本の蓄積にその類似を見いだす。貨幣経済的な状態の構造、つまりは貨幣が利子と利得とを得る様式によって、必然的に貨幣は一定の額からはあたかもおのずからのように、所有者のそれに釣り合った労働によって促されることなく増大する。このことは文化世界における認識の構造に対応する。認識も一定の点からは、個人の自己取得をますますわずかしか要求しない。なぜなら知識内容は凝縮された形式を、さらにそれが高まるにつれてますます集中化された形式をとってあらわれるからである。高い教養にあっては、より以上のそれぞれの歩みは、低い段階の取得の速度に比してしばしばはるかに僅かな労苦を要求するのみで、同時にまたより高い認識所得をも提供する。貨幣の客観性が結局は個人的なエネルギーから相対的に独立した「働き」を貨幣に許し、その自己累積的な所得があたかも自動的に比率を高めながらそれ以上の累積となるように、――認識の客観化、知能そのものの過程からの知能の結果の解放によって、この結果は凝縮された抽象物へと累積され、人はたんに十分に高くにいさえすれば、われわれの関与なしに成熟した果実のようにそれを摘むことができるようになる。

これらのすべての結果として貨幣は、その内在的な本質と概念的な規定よりみて絶対に民主主義的な形象、いっさいの個人的な特別な関係を排除する平準化された形象であり、一般的な平等をめざす努力によってこそきわめて決定的に排斥される。――同じ前提からの同じ帰結は、われわれが知性にたいしてもすでに観察することができた。論理的・内容的な意味での普遍性と社会的・実践的な意味でのそれとは、この両領域においては分裂している。他の領域においては、これらは十分にしばしば一致する。こうして芸術の本質として――あますところがないか否かにはかかわりなく――特徴づけられるのは、芸術の内容は諸現象の類型的・普遍的な特徴を表現するが、しかしこれによってまたわれわれのなかの種属の類型的な感動にも訴え、普遍的な主観的な是認への原理的な要求を、客体におけるすべての偶然的・個人的なものの排除のうえに基礎づけるということである。これと同じように宗教の形象はその概念にしたがえば、世俗的な形態のあらゆる特殊性をこえて絶対的・普遍的なものへ高まり、まさにそれによってもっとも普遍的なものへの、人間界においてすべての個人を結び合わせるものへの関係を獲得する。宗教がわれわれのなかのたんなる個人的なものからわれわれを救い出すのは、それがその内容の全にして一なるものによってこの個人的なものを、すべての人間的なものの共通な土台として感じられる基礎的な特徴へと還元するからである。カントの意味での道徳も同じ事情にある。行動様式は、論理的な普遍化に耐えながら自己矛盾におちいることがなければ、同時にあらゆる人間に分けへだてなく妥当する道徳的な命令ともなる。標識はこうである。すなわち人は実践的な格率を自然法則として考えることができ、それゆえにその格率の概念的で客観的な普遍性は、それを道徳的な要求としてもつ主体のすべてにとっての普遍性を決定する。これらの形象とは反対に、近代的な生活は他の形象においては、客観的・内容的な普遍性と実践的・個人的なそれとのあいだの緊張をこそ成長させるように思われる。一定の要素はその内容のますます大きな普遍性を獲得し、その意義はますます多くの個体と関係とにたいして強力になり、その概念は直接あるいは間接に現実のますます多くの部分を含むようになる。法も知性の過程と結果も貨幣もまた同様である。しかしこれと手をたずさえて進行するのが、主観的に分化した生活形態へのそれらの尖鋭化であり、すべての関心素材をとらえるそれらの広範な意義を利己主義の実践のために利用しつくすことであり、一般に接近可能で有効な、それゆえそれぞれの特別な意志にたいしては無抵抗なこの平準化された素材においての個人的な相違の徹底的な発展である。現代の様式をこのように多くの点で特徴づけるひそかな自己矛盾の混乱と感情とは、一部は一方におけるあの領域の事実内容と客観的な意義、他方におけるそれらの個人的な利用および普遍性と平等とに関する発達、これらの両者のあいだに成立するこの不均衡と反対運動とに根ざしている。

　われわれが現代の様式像において到達する最後の特徴の合理的性格は、貨幣制度の影響を明らかにする。現代は精神的な機能に助けられて世界に適応し、その内的な――個人的および社会的な――関係を規制するが、この精神的な機能の大部分を、人は計算的と呼ぶことができる。その認識理想は世界を大きな計算問題として理解し、事物の経過と質的な規定とを数の体系においてとらえることである。そしてカントは自然理論において、数学が応用できるのと同数の真の科学が見いだせると信じた。しかしたんに天秤と物差しとによって物的な世界を精神的に征服することのみが重要なのではない。楽天主義と同じように悲観主義もまた、生活そのものの価値を快楽と苦痛の交互の差引勘定によって確定しようとし、少なくとも理想としてはこの二つの要因の数的な確定に向かって努力する。同じ方向にあるのが多数決による公的な生活のさまざまな決定である。初めからそれでも同じ権利をあたえられた他者が異なった意見をもつという事実によって個人を多数決に従わせることは、今日われわれが思うほどにはけっして自明ではない。古代のゲルマン法はそれを知らなかった。すなわち共同体の決定に同意しない者は、またそれによって拘束されることもなかった。イロクオイ族の部族会議においては、十六世紀にいたるまでのアラゴンの議会においては、ポーランドの国会やさらに他の共同体においては、いかなる多数決も存在せず、満場一致でない決議は無効であった。少数派が服従すべきであるという原理が意味するのは、個人の発言権の絶対的もしくは質的な価値を純粋に量的な意義をもつ単位に還元することである。民主主義的な平準化は各人を一人とみなし、誰をも一人以上とはみなさないが、この平準化は右の計算的な処理の相関物あるいは前提であり、この計算的な処理においては無名の単位の算数的な多少が集団の内的な現実を表現し、その外的な現実を方向づける。現代のこの計量的で計測的で計算的に正確な制度は、現代の主知主義のもっとも純粋な形成であり、この主知主義はたしかにここでもまた抽象的な平等こえて、諸要素のきわめて自己本位的な特徴化を増大させる。それというのも言語は繊細で本能的な洞察によってただちに、「計算だかい」人間のもとに、利己的な意味において計算だかい者を理解するからである。「悟性的」あるいは「理性的」という言葉の使用のばあいとまさに同じように、ここでもまた看破されるのは、外見上はまったく無党派的な概念の形式主義が、その処理においてはまさに一定の一面的な内容によってみたされているということである。

これによって特色づけられる時代心理学的な特徴は、以前の時代の、全体をめざすより衝動的な感情的特質と決定的に対立し、貨幣経済と緊密に因果的に結びついているように思われる。貨幣経済はおのずと、日々の取引に絶え間のない数学的な操作の必然性をひき起こす。多くの人間の生活は、そのような規定と秤量と計算と質的価値の量的価値への還元によってみたされる。貨幣評価の侵入によって生活内容に、はるかに大きな正確性と限界規定とが生じざるをえなかった。というのも貨幣評価は、あらゆる価値を些細な差異にまで立ち入って規定し特殊化することを教えるからである。事物が相互に直接的な関係において考えられる——それゆえ貨幣という公分母に還元されない——ところでは、個体の個体にたいするより多くの完成と対比とが生じる。生活の経済的な関係における精密性と厳密性と正確性は、当然にまた生活の他の内容をも色あせたものとし、それらは——たしかに生活態度の大きな様式の推進とはならないまでも——貨幣制度の普及と歩調を合わせる。貨幣経済がはじめて実践的な生活へ数的な計算可能性の理想をもたらした——理論的な生活においてもまたそうでないかを誰が知ろう。またこの作用からみれば貨幣制度は、経済的な制度一般のたんなる高揚と昇華として現れる。イギリス国民と彼らの王とのあいだの取引において、国民は特に十三世紀と十四世紀に国王から種々の権利と自由とを買いとったが、これについて歴史家は次のように述べている。「これは理論においては解けなかった困難な問題にたいして、実際的な決定を可能にした。国王は国民の支配者としての権利をもち、国民は自由な人間としての権利と、さらには国王が人格化している帝国の身分としての権利をもつ。各人の権利の確定は原理的にはきわめて困難であるが、売買の問題に還元されるやいなや実際には容易となった。」それゆえこのことが意味するところでは、実践的な諸要素の質的な関係は、その取り扱いを取引として許すような意義によってまったく代表されるやいなや、正確性と確定可能性とを獲得するが、質の全範囲を包含する直接の表現にとっては、そのような正確性と確定可能性は拒まれたままである。ところで、そのためにはなお無条件に貨幣が要求されるわけではない。なぜならそのような取引はまたしばしば現物の価値の譲渡、たとえば毛織物の譲渡によっても決算されるからである。しかし明らかであるが、ここで取引一般が価値と要求との精密化のために行うことは、貨幣によってきわめてはるかに厳密で精密な仕方でなされることができる。この方向にむかってもまたおそらく人は、取引一般にたいする貨幣取引の関係は、交換以前に存在した事物のほかの規定あるいは関係にたいする取引一般の関係と同じであると言うことができる。論理が理解可能性を理解可能な事物において表現するのと同じように、貨幣取引はいわば純粋な取引を事物の取引的な取り扱いにおいて表現する。そして事物から引き出された価値を処理する抽象的な形象が、いまや算数的な正確性の形式と同時に無条件的な合理的規定をもつことによって、この性格が事物自体に反射するにちがいない。芸術家が現実から実現する自発的で主観的な抽象が、外見上はわれわれの意識にとってきわめて直接的な現実の感覚像を形成するのであれば、その時々の芸術が次第にわれわれの自然を見る見方を規定する。このことが真実であるとすれば――たしかに貨幣関係の上部構造は質的な現実のうえに、現実の内的な心像をなおはるかに干渉的な仕方でその構造の形式にしたがって規定する。貨幣の計算的な本質によって生活諸要素の関係のなかに、精密性、相等と不等との規定における確実性、商議と協定における一義性が――外面的な領域においては懐中時計の一般的な普及によってひき起こされているのと同じように――生じた。時計による抽象的な時刻の規定も、貨幣による抽象的な価値の規定と同じように、きわめて精巧で確実な区分と測定との図式をあたえる。そしてこの図式は生の内容を自己に受け入れながら、この内容に少なくとも実践的・外面的な取り扱いにかんしては、他のばあいには達成できない透明性と計算可能性とをあたえる。この形式をとって活動する計算的な知性は、この形式から再び一部の力を引き出し、知性はこの力によって現代の生活を支配する。すべてのこれらの関係が、否定的な要請によってあたかも焦点に集められるかのようである。すなわち人間的な事物の経済的な考察と基礎づけからはもっともかけはなれ、それらにもっとも敵意をもって対立する精神の類型、つまりはゲーテ、カーライル、ニーチェなどは、――一方では原理的に反主知主義的な気分をもつと同時に、他方ではわれわれが貨幣制度の理論的な対応として認識するあの計算的に精確な自然解釈を完全にしりぞける。

二

生活の洗練化と精神化された諸形式を、生活における内的および外的な労働の成果を文化と呼べば、これによってわれわれはこれらの価値をある見方へ秩序づけ、この見方においてそれらの価値は、特有の実際的な意義によってまだただちに成立するわけではない。それらがわれわれにとって文化の内容であるのは、われわれがそれらを自然の萌芽と傾向との高められた展開とみなし、たんなる性質の到達できる発展と充満の分化の限度をこえて高められているとみなすかぎりにおいてである。自然のままのエネルギーあるいは方向——現実の発展の背後に留まるためのみにもたしかにそこに存在しなければならない——は、文化の概念にとっての前提をなす。それというのも文化の概念よりみれば、生活の価値はまさに文化的に形成された自然であり、ここでは生活の価値は、幸運と知能と美といった理想においていわば上から測られる孤立した意義をもつのではなく、むしろわれわれが自然と名づける根本状態の発展として現れ、まさに文化となるかぎりにおいてはこの根本状態の力と理念内容とを踏みこえるからである。それゆえ洗練された果樹園の果実と彫像とが同じように文化所産であるとすれば、それでもこの言い方は、果樹そのものを「栽培されている kultiviert」と呼ぶことによって、右の関係をきわめて巧みに示している。ところが自然のままの大理石塊はけっして彫像へ「文化的に形成され kultiviert」てはいない。それというのも前者のばあいに仮定されているのは、あの果実の方向へと知的な影響によって自然の限界をこえる果実の自然的な衝動力と性質であるのにたいし、われわれは大理石塊には彫像へのそれに対応するいかなる傾向も仮定しないからである。彫像に現実化された文化は、一定の人間的なエネルギーの高揚と洗練とを意味し、このエネルキギーの本来の表現をわれわれは「自然的」と言うのである。

ところで、さしあたりは自明と思われることであるが、非個人的な事物はたんに比喩的な仕方でのみ文化的に形成されていると言われる。それというのも所与のものが意志と知性とによってたんなる自然的な生の享受の限界をこえて発展させられるとき、われわれはその発展をそれでも結局はたんにわれわれ自身に近づけるか、さもなくばわれわれの衝動と結びついてわれわれの感情に反作用をおよぼす発展を示す事物に近づけるからである。家具と栽培植物、芸術作品と機械、道具と書物といった物的な文化財において自然の素材は、なるほど可能ではあるがそれらの特有の力によってはけっして実現されない形式へと発展させられるから、そのような文化財は、理念によって展開したわれわれ自身の意欲と感情である。そしてこの意欲と感情とは、事物の発展の可能性がそれらの途上に横たわっているかぎりは、この可能性を含んでいる。そして言語と慣習、宗教と法といった、他者と自己自身とにたいする人間の関係を形成する文化についても、事情は何ら異なるところはない。これらの価値が文化的とみなされるかぎり、われわれはそれらを、それらに生動しているエネルギーがいわばおのずと到達できる発展段階から区別し、したがってこれらのエネルギーは、文化形成の過程にとっては木材と金属、植物と電気と同じようにたんなる素材にすぎない。われわれは事物を文化的に形成することによって、すなわちそれらの価値量を自然の機構がわれわれにあたえる以上に高めることによって、われわれ自身を文化的に形成する。すなわちこれは、われわれから出発してわれわれへと回帰する同じ価値高揚過程であり、この過程はわれわれの外の自然もしくはわれわれの内の本性をとらえる。造形芸術はこの対立の最大の緊張のなかにあるから、この文化概念をもっとも純粋に示している。それというのもここではまず対象の形成が、われわれの主観性の過程へのあの順応から完全に隔たっているように思われるからである。それでも芸術作品はわれわれに、まさに現象そのものの意味を示す。たとえこの意味が芸術作品にとっては空間の形態や色彩の関係と、あるいは可視物のなかおよび背後において作用する精神性とのいずれにあるとしてもである。しかしつねに重要なのは、事物からその意義と神秘とを聞きとり、それを自然の発展段階がもたらすよりもより純粋な、もしくはより明白な形態に表現することである。——しかしこれは、事物をそれら自体の外部にあるわれわれの目的系列に取り入れるために、事物の法則性を探知する化学的あるいは物理的な技術という意味においてではない。むしろ芸術的な過程は、対象をそのもっとも固有の意義へ発展させるやいなや完結する。事実、たんなる芸術的な理想にとってもまたこれで十分である。それというのもこの理想にとっては、芸術作品そのものの完成が客観的な価値であり、われわれの主観的な感情にとってのその結果からはまったく独立しているからである。すなわち〈芸術のための芸術〉という合言葉は、純粋に芸術的な傾向の自己充足を適切に言いあらわしている。しかし文化の理想の立場からは事情は異なる。まさにこの理想の本質的なことは、この理想が美的、科学的、道徳的、幸福主義的、さらには宗教的な業績の固有価値を解消し、それらすべてを要素あるいは礎石として、それの自然状態をこえた人間的な本質の発展のなかへはめ込むことである。あるいはより正確には、それらの固有価値は、この発展が通過する道程である。たしかにこの発展は、あらゆる瞬間にこの道程のある点において見いだされる。この発展はけっして内容なしに純粋に形式的にそれだけでは経過することはできないが、だからといってなおこの内容と同じであるわけではない。文化内容は、それぞれが自律的な理想にしたがう右の諸形象からなるが、しかしそれらの諸形象のそれぞれは、われわれの力あるいは存在の発展の視点のもとに考察され、この発展は文化内容によって担われ、文化内容をつらぬいて運動し、たんなる自然的なものとみなされる限度をこえる。人間は客体を文化的に形成することによって客体を形象へと創造する。客体のエネルギーの自然をこえた展開が文化過程とみなされるかぎり、この展開はわれわれのエネルギーの同じ展開のたんなる可視物もしくは身体であるにすぎない。——たしかに個々の生内容の発展においては、客体の自然形式が文化形式へ移行する境界は流動的であり、この境界についてはいかなる同意も達成されないであろう。しかしこれによっては、思考作用のきわめて一般的な難問のひとつのみが述べられているにすぎない。個々の現象は認識とその規定と関連とに属するためにはカテゴリーのもとに置かれるが、このカテゴリーは断固として限定しあい、しばしばこの対立においてはじめて交互に意味をあたえられ、非連続的な段階をともなった系列をなす。しかしこれらの概念のもとへの配列を要求される個体は、ここではそれぞれの場所をあくまでもそれにふさわしく一義的に見いだすのをつねとするわけではない。むしろ、あれこれの概念への所属について事を決定するのは、しばしばそれらにおける量的な規定であり、したがってあらゆる量の連続性を考慮し、それぞれの決定的なカテゴリーが対応する二つの量のあいだのつねに可能な真ん中を考慮すれば、特殊な現象がときには一方にときには他方に割り当てられることがあり、したがってその現象は、双方のあいだで規定されないもの、さらにはその本来の意味からみてたがいに排除しあう概念の混合と思われる。それゆえ自然と文化とのあいだの、一方がやむところで他方がまさに始まるという境界の原理的な確実性は、個々の現象の配列の不確実性に苦しむことはない。これは昼と夜の概念が、黄昏がときには一方にときには他方に入れられるからといって、たがいにぼやけはしないのと同じである。

　ところで普遍的な文化概念のこの説明に、現代文化の内部の特殊な関係を対照させよう。たとえば現代文化を百年前の時代と比較すれば、——多くの個別的な例外を留保してではあるが——それでもわれわれの生活を実際的にみたしとり囲んでいる事物、器具や交通手段、科学や技術や芸術の成果は——名状しがたいほど文化的に形成されているが、しかし個人の文化は、少なくとも高い身分にあってはけっして同じ割合で進歩しておらず、むしろ往々にして後退しさえしている。これは個々の証拠をほとんど必要とはしない関係である。それゆえ若干の証拠のみをあげるにとどめる。言語上の表現可能性はドイツにおいてもフランスにおいても、この百年来いちじるしく豊かになり繊細となった。たんにゲーテの言葉がわれわれに贈られているのみでなく、さらになお多数の優雅さと微妙さと個性化された表現が加わっている。にもかかわらず諸個人の言葉と文章に注目すれば、それらは全体としてますます不正確になり下品になり、さらに陳腐になっている。しかも内容的には、会話が対象を汲み出す視野は客観的には、進歩した理論と実践とによって同じ時期のあいだにいちじるしく拡大した。しかしそれでも談話は、社交上の談話とともに親密なそれや文通上のものもまた、いまでは十八世紀末よりもはるかに浅薄で興味のないものとなり、真面目さの乏しいものとなっているように思われる。このカテゴリーに入るのは、機械が労働者よりもはるかに精神がこもっているということである。今日どれほどの労働者が、真の大産業の下方にあってさえ、彼らが仕事をしている機械を、すなわち機械に投入された精神を理解することができるであろうか。軍事的な文化においても事情は異ならない。個々の兵士が果たさなければならないことは、久しい以前から本質的には変わらないままであり、そればかりか多くの点では近代的な作戦様式によって軽減されている。これにたいしてたんなる物的な作戦用具のみでなく、さらに何よりも軍隊のあらゆる個人を越えた組織もまた非常に精練され、客観的な文化の真の勝利となっている。そして純粋に精神的なものの領域に注目すれば、——きわめて博学で思慮深い人物でさえも、たえずその数を増大させる表象と概念と命題の正確な意味と内容とをまったく不完全にしか知らずに、それらを操作している。客観的に存在している知識素材の途方もない拡大は、実はちょうど閉ざされた容器のように、実際にそこに圧縮されている思想内容が個々の使用者には示されることもなく、手から手へと伝わる表現の使用を許し、さらにはそれを強制さえする。われわれは外的な生活をますます多くの対象によってとり囲まれながら、それらの対象の生産過程に費やされた客観的精神をわれわれは少しも考え出したのではないが、これと同じようにわれわれの精神的な内的生活と交流生活とは、——すでに右において他の関連において強調したが——象徴的となった形象にみたされ、これらの形象のなかに包括的な精神性が蓄積されている。——ところが個人的な精神はその最小限を利用するにすぎないのがつねである。いわば十九世紀において客観的な文化が主観的な文化にたいして獲得した優越を総括すれば、十八世紀の教育理想は人間の教養を、それゆえ個人的な内的価値を目指したが、しかしそれは、十九世紀には客観的な認識と行動様式との総計という意味での「教養」の概念によって排除されたということになる。この齟齬（そご）はたえず拡大しているように思われる。日ごとにしかもあらゆる方向から事物文化の財宝は増大しているが、しかし個人の精神はあたかもたんにはるかに遠くからそれを追いかけ、しかもわずかしか速度を増さずに、教養の形式と内容とを拡大することができるにすぎない。

ではこの現象はいかに説明されるか。すでに見たように事物のあらゆる文化が人間の文化にすぎず、したがってたんにわれわれのみが、事物をつくり上げることによってわれわれをつくり上げるとすれば、——客体のあの発展と形成と精神化とがあたかもその固有の力と規定から実現され、個々の心がこれに応じて客体のなかに、あるいは客体において発達しないとすれば、それらの発展や精神化は何を意味するか。このなかにあるのが、一方における社会の活力とこの活力の所産と他方における諸個人の断片的な生存内容、この両者のあいだに一般に存続する謎にみちた関係の増大である。言語と慣習、政治的な制度と宗教的教義、文学と技術のなかには、対象化された精神としての無数の世代の労働が横たわり、そこから各人は望むだけを、あるいはできるだけを受けとるが、しかしいかなる個人もけっしてそれを汲みつくすことはできないであろう。この財宝の量とここから受けとられたものの量とのあいだには、きわめてさまざまな偶然的な関係が存在し、そして個人的な分け前の些細さやあるいは非合理性は、何らかの物体的な存在が個々に知覚されると知覚されまいとそのままであるのと同じように、あの種族所有の内容と尊厳とを触れられないものとする。眼前にある書物そのものの内容と意義とが、その読者圏の大小や彼らの理解の有無とは無関係であるように、それ以外のそれぞれの文化所産もまた、文化圏にたいしてなるほど各人に受け入れられるように準備してはいるものの、しかしこの準備に比してつねにごく散在的な受容のみしか見いださない。それゆえ文化共同体のこの圧縮された精神労働と諸個人の精神におけるこの圧縮労働の生動性との関係は、可能性の広汎な充溢と現実の限界との関係と同じである。そのような客観的な精神内容の存在様式の理解は、世界を理解するわれわれのカテゴリーの独特の組織へのそれらの内容の編入を必要とする。そのときもまたそれらのカテゴリーの内部において、われわれの固有の問題を形成する客観的な文化と主観的な文化との齟齬的な関係が、その場所を見いだすであろう。

プラトンの神話が心にその先在において純粋な本質を、事物の絶対的な意義を感得させ、ために心のその後の知識は、感覚的な刺激にさいして心に現われるあの真理についての回想にすぎないとされた。——してみればたしかにそのための最初の動機は、プラトンのように認識にたいして経験からの起源を拒むときには、いったいわれわれの認識はどこから生じることができるかという困った問題なのである。とはいえ認識の起源のこの機会原因をこえて、あの形而上学的な思弁のなかには、われわれの心の認識論的な行動が意味深く暗示されている。すなわちわれわれがわれわれの認識作用を外的な対象の直接の作用とみなすか、それとも純粋に内的な経過とみなし、この経過の内部ではすべての外的なものが心的な諸要素の内在的な形式もしくは関係であるとすれば、――つねにわれわれはわれわれの思考作用を、それがわれわれに真とみなされるかぎりは、実際的な要求の充足、理念的な下絵の模写として感じる。本物そっくりの事物の正確な反映をわれわれの表象作用が形づくるばあいでさえ、認識が次々に断片を征服して無限に接近してゆく統一性と正確性と完成とは、それでも対象そのものには帰せられない。むしろわれわれの認識作用の理想は、つねにたんに表象作用の形式における対象の内容であるにすぎないであろう。それというのも極端な実在論でさえ、事物をではなく事物の認識を得んとするからである。それゆえわれわれが、所与のあらゆる瞬間にわれわれの知識の財宝をなす断片の総計を、この財宝が得ようとする発展にかんして特徴づけ、この発展において現在のそれぞれの段階をその意義において測るとすれば、――われわれがそうすることができるのはまた、あのプラトンの教義が基礎とした前提によってのみである。すなわち理論的な価値と完成された知的な意味と関連との理想的な王国があり、この王国は客体とも一致しなければ――客体がまさにまずは王国の客体であるから――またその時々に達成された心理学的に現実的な認識作用とも一致しないという前提である。むしろこの後者の認識作用は、ともかくも可能なすべての真理を含む右の王国と、つねに不完全にではあるが初めてしだいに一致するようになり、これがうまくゆく程度におうじて認識作用は真である。われわれの認識作用はあらゆる瞬間に、たんに理念的にのみ存在するにすぎない認識の複合の一部であり、この複合はわれわれには心的に実現されるように提供され、そしてその実現を要求する。――こういった感情の根本事実がプラトンには存在していたように思われる。ただ彼はこの事実を、この全体性の以前の所有からの現実の認識作用の退廃、つまりもはやないものとして表現したが、今日われわれはこれをまだないものとして理解するにちがいない。しかしこの二つの解釈にさいして明らかに関係そのものが、――ちょうど同一の総量がより高いものからの減算によってとともに、より低いものへの加算によってもつくり出されるように――まったく同じに感じられたものとしてその基礎をなしている。われわれの現実の認識にたいして規定あるいは全体として対立するこの認識理想の独特の存在様式は、道徳的な価値と訓令との総体が個人の実際の行動にたいして受けとるのと同じ様式である。ここでは倫理的な領域においてわれわれによく知られているのは、われわれの行為はそれ自体において妥当する規範を完全あるいは不完全に現実化しているという意識である。この規範——ともかくもその内容からすればそれぞれの人間と彼の生活のそれぞれの時期にとっては異なっているかもしれないが——は、いかなる場所と時代においても見いだすことができないし、むしろそれに依存していると感じられる倫理的意識と一致することもない。こうして結局はわれわれの生活一般の方式は、日々の平凡な実践から精神性の最高の頂点にいたるまでこうである。あらゆる活動においてわれわれはわれわれのうえに規範と基準と理念的にあらかじめ形成された全体性とをもち、この全体性がまさに現在のこの活動によって実在の形式へ移される。——このことによって考えられているのは、あらゆる意欲が何らかの理想によって導かれるという単純な一般的なことのみではない。むしろわれわれの行動の多かれ少なかれ明白な一定の性格が問題とされ、この行動はたんに次のようにのみ表現される。すなわちわれわれの行動が価値よりすればあるいはいちじるしく反理想的であるとしても、それとはかかわりなくわれわれはこの行動によって、ともかくも指示された可能性、いわば理念的な計画をみたす。われわれの実践的な生存は、いかに不十分で断片的であるにせよ、全体のいわば部分的な実現であることによって、一定の重要性と関連とを受け取る。われわれの行動、さらにはわれわれの総体的な存在は、美しいにせよ醜悪であるにせよ、正しいにせよ誤っているにせよ、偉大であるにせよ矮小であるにせよ、可能性から財宝を受けとるように思われ、こうしてわれわれの存在はあらゆる瞬間に、理念的に規定されたその内容にたいして、具体的な個物がその概念にたいするのと同じ事情にある。この概念は個物の内的な法則と論理的な本質とを表現するが、この内容の意義においては本質の実現の有無と方法と頻度に依存してはいない。われわれは認識作用について、まさに問題とされている場所においてそれをいわば待ちうけていた表象を、認識が意識の内部において実現すると考える以外には、まったく考えることができない。われわれがわれわれの認識を必然的と呼ぶということ、すなわち認識が内容からしてたんにひとつの方法においてのみそこに存在することができるということ、このことはそれでもたんに、われわれが認識を理念的にはすでに確実に存在しているあの内容の精神的な現実化として感じるという意識事実の別の表現であるにすぎない。しかしこのひとつの方法は、きわめて多種多様な精神にとってたんにひとつの真理のみが存在するということを、けっして意味するのではない。そうではなくてむしろ、一方では一定の性質をあたえられた知性が、他方では一定の客観性があたえられているとすれば、それによってまさにこの精神にとって「真理」であるものが、ちょうど計算の諸要素があたえられているばあいの計算の結果と同じように、事実的にあらかじめ形成されているという意味なのである。そこにもたらされた精神構造が変わるたびにこの真理の内容も変化するが、だからといってこの内容が、この精神に生じる意識されたすべてから客観的に独立して確定されることが少なくなるわけではない。われわれは一定の知識事実から、いまやまた他の一定の事実をも仮定されねばならないという、犯すことのできない完全な指示を推定するが、これは機会原因を意味し、この機会原因はわれわれの認識のあの本質を明白にする。すなわち個々のあらゆる認識は、認識内容の事実的に決定された関連の内部においてすでに有効であり確定されている何ものかについての意識化である。最後に心理学的な側面からみればこのことは、あらゆる意見は表象内容にともなう一定の感情であるとする理論に属する。われわれが証明と名づけるものは、あの感情を生じさせる心理学的な状態をひき起こすことにほかならない。いかなる感性的な知覚も論理的な推論も、けっして直接に現実にかんする確信であるのではない。むしろそれは肯定や同意といった超理論的な感情――あるいはいかにこれを本来名状しがたい現実感情と名づけるにせよ――をよび起こす諸条件にすぎない。この感情は次の二つの認識論的なカテゴリーのあいだの心理的な媒介をなす。すなわちその内的な関連によって担われてそれぞれの要素にその位置を指示する事物の有効な内容的意味と、主観の内部における事物の現実性を意味するわれわれの事物についての表象作用とのあいだの媒介である。

ところでこの一般的で根本的な関係は、一方における対象化された精神と文化と他方における個人的な主観とのあいだの関係に、より緊密な程度の類推を見いだす。認識論的に考察すれば、われわれはわれわれの生活内容を客観的に妥当するものの王国から受け取るように、歴史的にみれば、われわれはそれらの主要な部分を、種属が蓄積した精神労働のあの貯蔵から取り出す。ここでもまたあらかじめ形成された内容が、個人的な精神への現実化にたいして提供されながら、しかしまたこの現実化の彼方においてもその内容の規定を保持しつつ存在し、この規定はそれでもここでもまたけっして物質的な対象ではない。それというのも道具や芸術作品や書物においてのように精神が物質と結びついているばあいでさえ、それでも精神は、これらの事物において感覚的に知覚できるものとはけっして一致しないからである。精神はもはや定義できない潜在的な形式においてそれらの事物に内在し、この形式から個人的な意識は精神を現実化することができる。客観的な文化は、あの客観的に有効な真理の歴史的な表現、もしくは——完全あるいは不完全な——凝縮であり、われわれの認識はその模写である。ニュートンが述べる前に引力の法則は妥当していたとわれわれが言ったところで、それでも法則そのものは実在の物質塊のなかには宿ってはいない。それというのも法則が意味するのはたんに、物質塊の状態がある一定の組織された精神に現れる様式のみであり、この法則の妥当性は、現実において物質が存在することにはまったく依存しないからである。それゆえこのかぎりにおいて法則は客観的な事物そのものにも主観的な精神にも存在せず、むしろ客観的な精神のあの領域に存在し、われわれの真理意識がこの領域の断片を次々に客観的な精神における現実へと凝縮する。ところがこのことが、問題となっている法則についてニュートンによって成就されたとすれば、法則は客観的な歴史的精神に挿入されたのであり、したがって精神の内部における法則の理念的な意義は、法則が個々の個人において繰り返されることからは、いまや再び原理的に独立している。

客観的な精神というこのカテゴリーを事物一般の有効な精神内容の歴史的な叙述として獲得することによって、われわれが主観的な発展として認識した文化過程——人間の文化としての事物の文化——はいかにしてその内容から分離されることができるかが明らかになる。この内容は右のカテゴリーに現れながら、いわば異なった集合状態を受け取り、それによって客観的および個人的な文化の特別な発展としてわれわれに対抗する現象にとっての原理的な基礎をつくり出す。精神の対象化によって、意識活動の保存と蓄積とを許す形式が得られる。この形式は人類の歴史的なカテゴリーのあいだでは、もっとも重要であるとともにもっとも効果の多いものである。それというのもこの形式が、生物学的な事実としてはきわめて疑わしいものを、つまりは獲得されたものの相続を歴史的な事実とするからである。人間がたんなる子孫ではなく相続者であるということが、動物にたいする人間の長所として特徴づけられるとすれば、言語と作品へ、組織と伝統への精神の対象化はこの区別の担い手であり、この区別が人間にはじめて彼の世界を、まさしくひとつの世界を贈るのである。

ところで歴史的な社会のこの客観的な精神が最広義の社会の文化内容であるとすれば、文化内容の個々の構成要素の実際の文化意義はそれでもやはり、それが個人の発展要素となる範囲において測られる。それというのもニュートンのあの発見が誰も知らない書物のなかにのみあると仮定すれば、それはなるほどつねになお客観的となった精神と社会の潜在的な所有物ではあろうが、しかしもはやけっして文化価値ではない。この極端な事例が無数の段階において生じることがあるから、ただちに明らかになるのは、より大きな社会においてはつねに客観的な文化価値のたんなる一定の部分のみが主観的な文化価値となるであろうということである。社会を全体とみなせば、すなわち社会において一般に客観的となった精神性を時間的・実際的な複合体へ整理すれば、こうして統一的な担い手に擬せられた総体的な文化発展は、内容においては社会の諸要素のそれぞれの発展よりも豊かである。それというのも、それぞれの要素の業績は右の総体所有へ上昇するが、この総体はそれぞれの要素へは下降しないからである。社会の生命の全様式は、客観的となった文化の主観の文化にたいする関係に依存している。数的な規定の意義についてはすでに示した。低い文化の狭少な圏においては右の関係はほとんど一つに重なり、客観的な文化可能性が主観的な文化の現実をはるかに凌駕するようなことはない。文化水準の上昇は――とりわけそれが圏の拡大と同時的であるばあいは――両者の分裂を助長するであろう。アテネがその文化の高さにもかかわらず、――ほぼきわめて高い哲学的な運動にかんする以外は――まさにこの分裂を避けることができたということは、その最盛期の比類のない状態であった。しかし圏の大きさはそれだけでは、主観的要因と客観的要因との分離をまだ理解できるようにはしない。むしろいまは後者の現象の具体的で活動的な原因を探し出すことが重要である。

　これらの原因とその現代における出現の強さとを概念に濃縮すれば、これすなわち分業であり、しかも生産とともに消費の内部における意義からみたそれである。最初の点において十分にしばしば強調されるのは、生産物の完成がいかに生産者の発達を犠牲として行われるかということである。肉体的・心的なエネルギーと熟練との高揚は、それが一面的な活動のさいに現れれば、統一的な総体的人格にはほとんど利益をもたらさないのがつねである。すなわちそれは、自我の調和的な形成にとって不可欠な力の量を吸い取ることによって、人格をしばしば萎縮させさえする。あるいは他のばあいにはそれは、少なくとも人格の核心から切り取られたように無制限な自律性をもつ領域として発達し、その利益は中央の場所に流れ込まない。自我の内的な全体性が本質的には生活課題の完結性と完成との相互作用においてつくられるということは、経験が示しているように思われる。

客体一般の統一性がわれわれに成立するのは、われわれがわれわれの「自我」を感じる仕方を客体のなかへ運び入れ、客体をわれわれの心像にしたがって形成し、多数の規定がこの心像において「自我」の統一へと合成するといった仕方によってであり、――これと同じように心理的・実践的な意味においては、われわれがつくり出す客体の統一とこの統一の欠如もまた、われわれの人格のそれに対応する形成に作用する。われわれの力はその独特の統一にしたがって全体において生きつくすことができるが、われわれの力が全体を生じさせないばあい、両者のあいだの本来の関係が欠け、仕事の内的な傾向はわれわれの力を他者の他の仕事へ引き入れ、生産者のもとへは指示せず、他者の仕事がわれわれの力によってはじめて全体を形成する。専門化がはなはだしいばあいに労働者の生存形式と彼の生産物とのあいだに生じるそのような不適合の結果として、生産物は特に容易にしかも根本的に労働者から分離し、生産物の意味は、労働者の心からではなく、他のところに由来する生産物との関係から生産物へ流入し、生産物には、その断片的性格のゆえに入魂性の本質が欠ける。この本質は他のばあいに労働生産物がまったくひとりの人間の作品として現れるやいなや、容易にその作品において感じられる。こうして生産物はその重要性を主観性の反映としても、またそれが創造的な心の表現として主観性へと投げ返した反射のなかにも求めることができず、むしろそれを結局は客観的な業績として、主観の忌避のなかに見いだすことができる。この関連はそのもっとも極端な対立物、つまりは芸術作品において、同じように明らかとなる。芸術作品の本質は、多数の労働者のだれもが独立には全体を成し遂げないので、彼らへ労働をあのように配分することに完全に反抗する。芸術作品は、人間のあらゆる作品のあいだではもっとも封鎖的な統一体であり、もっとも自己満足的な全体であり――国家さえも例外とはしない。それというのも国家は、いかに特別な事情のもとに自己自身だけですますとしても、それでもその諸要素を、それぞれがなお特別な生活を特別な関心をもっては過ごさないほどには、完全に自己に吸収してはいないからである。すなわち常にわれわれは人格のたんなる一部によってのみ国家に癒合し、人格の他の部分は他の中心に向かっている。これにたいして芸術は、受け入れた要素のすべてにたいして、それらが組み入れられた枠の外での意義をけっして許さず、個々の芸術作品は、言語と音調の、色彩と形式の、作品に向けられた側面のみを意識させるために、それらの音調や形式などの多義性を否定する。しかし芸術作品のこの封鎖性が意味するのは、主観的な心の統一性が作品に表現されるということである。芸術作品はたんにひとりの人間のみを、しかも彼の中心的な内面性よりみた完全な人間を要求する。すなわち芸術作品は、その形式が人間にとっては主観のきわめて純粋な反映と表現であることを許すということによって右の要求に報いる。こうして分業の完全な拒否は、作品のそれ自体において出来あがった全体性と心の統一とのあいだに存続する関連の原因であるとともに兆候でもある。逆に分業が支配するばあい、それは業績とその遂行者とのあいだの不通約性をひき起こし、遂行者はもはや彼の行為に自己を認めない。というのもこの行為は、個人的・心的なすべてのものにたいしてとうてい似もやらぬ形式を提供し、われわれの本質のまったく一面的に発達した部分としてのみ現れ、われわれの本質の統一的な全体性にたいして無関心であるからである。それゆえこの性格を意識して遂行された強固な分業的な業績は、すでにおのずと客観性のカテゴリーのなかに押し入り、純粋に客観的で匿名的なものとしてのその業績の考察と作用とは、働く者自身にとってもますますもっともらしくなり、彼はもはやその業績が彼の全生活体系の根底にまで達しているとは感じない。

全体が主観的な寄与からより完全に部分を自らに吸収し、それぞれの部分の性格が現実にはこの全体の部分としてのみ通用し作用することが多くなればなるほど、全体はますます客観的となり、自己を生産したすべての主観の彼方の生命をますますより多く生きる。——大体において生産のあの専門化に消費の拡大が対応する。現代の人間は精神生活においてきわめて特殊化し、専門的にごく一面的となっているが、この現代の人間でさえまさにそれでも新聞を読み、それによってきわめて包括的で精神的な消費を行っているが、これは百年前であれば精神活動においてきわめて多面的できわめて視野の広い人間にとってさえ可能ではなかった。しかし消費の拡大は客観的な文化の増大に依存している。なぜなら生産物が客観的になり非個人的になればなるほど、人間はますますそれにふさわしくなるからである。個人の消費がそれほど広範な素材を見いだすことができるためには、素材ははるかに多くの個人にとって近づきやすく魅力あるものにならねばならず、欲望の主観的な分化状態をめざすことができなくなる。ところが他方ではまさに生産物の極端な分化のみが客体を、消費の範囲が要求するほどに安価にしかも大量に製造することができる。こうして再び消費が、文化の客観性を文化の分業と関連させる紐帯である。

最後に労働者の労働手段からの分離と呼ばれ、またたしかにそれとして分業でもある過程が、明らかに同じ意味において作用する。労働手段を獲得し組織し分配することがいまや資本家の機能であることによって、この労働手段は労働者にとっては、自己の材料と自己の道具で働く者にもつのとはまったく異なった客観性をもつ。この資本主義的な分化は、労働の主観的な条件と客観的な条件とを相互に根本的に分離する。――この分離は、両者がなお一手に結合されていたときには、それへのいかなる心理学的な誘因も存在しなかった。労働そのものと労働の直接の対象とが異なる人間に所属することによって、労働者の意識にはこの対象の客観的な性格が特に鋭く強調されなければならない。労働とその素材とがそれでも他方では再び統一であり、したがってそれらの親密な相互依存が現在のそれらの反対方向をきわめて明白にするにちがいないから、ますます鋭く強調されなければならない。そしてこのことの継続と対照とは、労働手段のほかになおまた労働そのものが労働者から分離するということに見いだされる。それというのもこのことが、労働力が商品となるということによって表される現象の意義であるからである。労働者が自己の素材において創作するばあい、彼の労働は彼の人格の範囲内にとどまり、完成された作品は販売にさいしてはじめて彼のもとを去る。しかし労働をこの方法で利用する可能性が欠けているばあい、労働者は労働を市場価格と引き替えに他者の処理にゆだね、それゆえ彼は、労働がその源泉を去る瞬間から労働より分離される。労働がいまや性格と評価方法と発展の運命とをすべての商品一般と分かつということ、このことがまさに意味するのは、労働が労働者自身にたいして何か客観的なものになるということであり、この何ものかはたんにもはや彼であるものではないのみではなく、そもそももはや彼のもつものでもない。それというのも労働者の潜在的な労働量が現実の労働に転化するやいなや、もはや労働ではなく労働の貨幣等価物が労働者に所属するのにたいし、労働そのものは他者に、あるいはより正確には客観的な労働組織に所属するからである。それゆえ労働が商品になるということもまた広範な分化過程のたんなる一側面にすぎず、この過程は人格からその個々の内容を解き放ち、この内容を自立した規定と運動とによって客体として人格に対立させる。結局は労働手段と労働力とのこの運命の結果は、生産物において明らかになる。資本主義時代の労働生産物が、決定的な独立存在と特有の運動法則をもつ客体、生産する主体自身に疎遠な性質をもつ客体であるということは、労働者が彼自身の労働生産物を所有したくてそれを購入することを必要とするばあいに、きわめて強烈な表象となろう。――ところでこのことは、賃労働者をはるかにこえて妥当する発展の一般的な図式である。巨大な分業はたとえば科学において、きわめて少数の研究者のみが自己の研究の予備条件を自ら調達できるにすぎないといったことをひき起こす。人は無数の事実と方法とをたんに客観的な素材として外から受け取らなければならず、他者の精神的な所有物において自己の研究がなされる。技術の分野にかんして想い起こされるのは、なお十九世紀のはじめに特に織物業と製鉄業とにおいて大規模な発明が急速にあいついで生じたとき、発明者たちはたんに彼らの考え出した機械を自己の手で他の機械の助けなしに生産したのみでなく、たいていはなおそれに必要な道具を前もって自ら考え出し、作り上げなければならなかったということである。科学における現在の状態はより広い意味、しかもいずれにせよここで問題となっている意味において、研究者の研究手段からの分離と呼ぶことができる。それというのも科学的な生産の固有の過程において、いまや生産者にたいする客観的な素材が彼の労働の主観的な過程から区別されるからである。科学の経営がなお未分化であればあるほど、研究者が彼の研究のすべての予備条件と素材とを個人的に入手しなければならないことが多ければ多いほど、彼にとっては彼の主観的な業績と客観的に確実な科学的な所与の世界との対立もより少ししか成り立たない。そしてここでもまた、この対立は研究の所産のなかへと拡がる。すなわち結果そのものもまた、そのようなものとしていかに主観的な労苦の成果であるにせよ、他者のより多くの研究所産がすでに以前からそこに集まり作用していればいるほど、研究者から独立した客観的な事実のカテゴリーへとますます高まるにちがいない。そのためわれわれはまた次のことを知る。すなわちもっとも分業化していない学問、つまり哲学において――とりわけその形而上学的な意味において――一方では受け入れられた客観的な素材があくまでも二次的な役割を果たし、他方では所産が主観的な起源から解放されることがもっとも少なく、むしろまったくこの人格の業績として現れるということである。

　こうして分業――これをここでもっとも広い意味において、生産分割と労働分解と専門化とを含めて理解する――が、創造する人格を創造された作品から切り離し、この作品に客観的な自立性をえさせるとすれば、これに類似したことが、消費にたいする分業的な生産の関係にもあらわれる。ここで問題となるのは、周知の外的な事実からの内的な帰結の演繹である。注文労働は中世の手工業を支配し、ようやく前世紀になってきわめて急速に後退したが、この注文生産は消費者に商品にたいする個人的な関係をそのままにしておいた。商品は特に彼のために作られ、いわば彼と生産者とのあいだの相互作用をあらわし、それゆえ商品は生産者に所属するのとやや似た仕方で内的にはまた消費者にも所属した。人は理論における主観と客観との鋭い対立を、客観を主観のなかに表象として成立させることによって宥和するが、これと同じように実践における同様な対立も、客体がたんにひとりの主体によってのみ、あるいはひとりの主体のためにのみ成立するかぎりは、発展するようにはならない。分業が注文生産を破壊することによって――すでに買手はひとりの生産者とならばたしかに結びつくことができるが、一ダースの分担労働者とは結びつくことができないから――、生産物の主観的色彩は消費者に向かってもまた消滅する。それというも生産物はいまや消費者とは独立に成立し、商品はいまや客観的な所与となり、消費者は外部から商品に近づき、商品はそのそこにこのようにある存在を、いわば何か自律的なものとして消費者に対立させるからである。たとえば極度の専門化にもとづいた現代の服装店と家に雇った仕立屋の労働とのあいだの相違は、経済的な宇宙の客観性の増大を、消費する主体との関係におけるこの宇宙の非個人的な自立性を、もっとも鋭く特徴づける。ところがもともと経済的な宇宙はこの消費する主体と緊密に結びついていた。強調されたことではあるが、労働がますますより特殊な部分仕事に細分化されるにつれ、交換関係はますます多岐的となりますます媒介されるようになり、同時に経済は、直接には相互的でない関係や義務をますます含まなければならなくなる。生産者と彼の生産物を受け取る者とのあいだにしかじかの多くの中間法廷が押し入り、これが一方をまったく他方の視野から押しやるばあい、それとともにいかに交易の総体性格が客観化され、いかに主観性が弱まって冷ややかな冷淡さと匿名的な客観性に移行しなければならないか、このことは明白である。

　買手にたいして存続する生産のこの自律性と関連するのが分業という現象であり、今日これは日常的によく知られてはいるが、その意義においてはほとんど認識されてはいない。生産の以前の形態によって全体としては、社会の下層は上層のために働くという単純な観念が支配している。植物は土壌によって、動物は植物によって、人間は動物によって生活し、このことが道徳的に正当であるか不当であるかはともかくとして、社会の構造においても繰り返される。すなわち個人が社会的および精神的に高位にあればあるほど、ますます彼の生存は低位にある者の労働にもとづき、彼は彼なりに低位にある者のための労働によってではなく、貨幣によってのみ低位にある者の労働に報いる。ところで下層の大衆の需要が、上層の無数の科学的、技術的、組織的なエネルギーを用いる大企業によって充足されるようになってからは、右の観念はまったく不適当となった。実験室でタール染料の調製を企てる偉大な化学者は、小売店できわめて色彩ゆたかな襟巻をさがす農婦のために研究している。大商人が世界を包括する相場でアメリカの穀物をドイツに輸入すれば、彼はごく貧しいプロレタリアの奉仕者である。高級な知能が活動している綿織物工場の経営は最低の社会層の買手に依存している。低い階級が高い階級の労働を購入するという奉仕のこの逆転は、われわれの全文化生活を規定する無数の事例にいまではすでに現れている。しかしこの現象はたんに客観化によってのみ可能である。というのもこの客観化は、生産主体にたいしても消費主体にたいしても生産をとらえ、生産を彼ら双方の社会的あるいはその他の相違の彼方におくからである。低位にある消費者の側が最高の文化的生産者をこのように奉仕させることは、まさに次のことを意味する。すなわち両者のあいだにいかなる関係も存在せず、むしろ客体が両者のあいだに押し込まれ、その一側面においていわば一方が働いているのにたいして他方が他の側面からそれを消費し、そしてこの客体が両者を結びつけることによって両者を分離させる。根本的事実そのものが明らかに分業である。生産の技術がきわめて専門化し、そのためさまざまな部分の執行がたんにますます多くの人物のみならず、ますますさまざまな人物にも移行し、――ついにはまさに結局は最低の需要品についての労働の一部が、最高の地位にある個人によって果たされるまでになる。――これとちょうど逆に、まったくこれに対応した客観化において機械技術的な労働の分解が、最高の文化のもっとも洗練された生産においてもっとも未熟な働き手が協力するといったことをひき起こす（たとえば印刷術の発明以前の書物の生産とは異なる今日の印刷術が考えられる）。それゆえ上下の社会層のあいだの典型的とみなされる関係のこの逆転においてもっとも明確に現れるのは、分業は上層が下層のために働くということをひき起こしたが、しかしこのことが単独で生じることのできる形式は、生産遂行そのものが主体としての両者にたいして完全に客観的になるということである。右の逆転は、分業と文化内容の客観化とのあいだに成り立つ関連の極端な結果にほかならない。

　これまでは分業が個人的な活動の専門化とみなされたとすれば、対象そのものの専門化も同じように、対象を主体から距離あるところにおくように作用し、この距離が客体の自立化と主体の無能力として現れ、主体は客体を同化させて自己のリズムに従わせることができなくなる。このことはまずは労働手段に妥当する。労働手段がより分化して多数の専門化した部分から合成されていればいるほど、働く者の人格がそれをつうじて表現されることはますます少なくなり、また彼の手腕が生産物において認められることもますます少なくなる。芸術の用いる道具は相対的にまったく未分化であり、それゆえ人格にたいして、それによって発展するきわめて広い余地をあたえる。それらは産業機械のようには人格と対立しない。産業機械はその専門的な錯綜そのものによって、いわば個人的な強固さと限定との形式をもち、ためにもはや労働者は、それ自体無規定的な道具のようにはそれに彼の人格を浸透させることができない。彫刻家の道具は数千年来、完全な非専門化の状態からあまり発達してはいない。しかしたしかに芸術手段にも発達が生じ、しかもピアノのようにそれが決定的であるばあいは、その性格もまたきわめて客観的であり、すでにあまりにもそれ自体独立し、そのため主観の表現には、たとえばそれ自体技術的にはるかに未分化なヴァイオリンよりも、はるかにきびしい制限を課す。現代の機械の自動的な性格は、材料と力とのはるかに進んだ分解と専門化との結果であり、これはちょうど発達した国家行政の同じ性格が、たんにその担い手のあいだの洗練された分業にもとづいてのみ生じることができるのと同じである。しかし機械は全体となって、労働のますます大きな部分を引き受けることによって、それは自動的な力として労働者に対立する。これはちょうど労働者が機械にたいしては個人的な人格としてではなく、たんに事実的に指定された仕事の遂行者としてのみ働くのと同じである。個人的な性質の価値が高いにせよ低いにせよ、道具の専門化が個人的な性質の効果をいかに無力化し、客体と主体とをその本質からしてたがいに無関係な潜勢力として発達させるか、このことを知るにはたとえば製靴工場の労働者を注文靴屋と比較すればよい。未分化な道具は現実には腕のたんなる延長であり、専門化した道具にしてはじめて一般に客体の純粋なカテゴリーへと上昇する。この過程は武器においてもきわめて特徴的な明白な仕方で実現される。そこにおいてその絶頂をなすのは、もっとも専門化しているとともに機械としてもっとも完全なもの、軍艦である。すなわち軍艦において客観化はきわめて広範に進行し、そのため現代の海戦において一般に事を決する要因はほとんど、同じ質の軍艦のたんなる数関係にほかならない。

文化内容の客観化過程は文化内容の専門化に担われて、主体とその被造物とのあいだに疎遠さをますます増大させるが、いまやこの客観化過程がついには日々の生活の親密性のなかにまで入り込む。住居の調度、使用と装飾のためにわれわれを取り囲んでいる対象は、なお十九世紀の最初の幾十年かのあいだは、下層の需要から最高の教養ある層の要求にいたるまで、比較的大きな簡素さと持続性とをもっていた。これによって周囲の対象との人格のあの「愛着Verwachsen」が成立したが、この関係はすでに今日では中間の世代にとっては祖父母の不思議と思われている。客体の分化はこの状態を三つの異なる次元において妨げ、しかもつねに同じ結果をもたらした。まず第一に、すでにきわめて特殊に形成された対象がたんに多数あるということが、個々の対象にたいするいわば個人的な緊密な関係を困難にする。家財類は少数で単純であればより容易に個人に同化されるが、多種多様なものの充溢は自我にたいしていわば党派を形成する。このことが表現されるのは、住居の装備の世話が形式ばった偶像奉仕を要求するという主婦の苦情や、より深い真面目な性質の持ち主がわれわれの生活を飾っている無数の細目にたいして折にふれて爆発させる憎悪においてである。最初の事例は文化的にきわめて特徴的である。なぜなら主婦の世話と扶養の活動が以前は今日よりも広範であり努力を要するものであったからである。とはいえ以前は客体が人格と緊密に結びついていたから、客体にたいする不自由のあの感情は生じなかった。むしろ人格はより未分化なより少数の対象に自己を浸透させることができ、対象は特殊化した事物の堆積のようには人格にたいして独立性を対立させることはできなかった。われわれが事物に仕えねばならないとき、われわれは初めて事物を敵対的な力と感じる。自由は何か否定的なものではなく、自我に譲歩する客体への自我の積極的な拡張であり、これと同じように逆にわれわれにとって客体とは、そこでわれわれの自我か麻痺（まひ）するものであるにすぎない。すなわちわれわれはそれと関係はあるが、どうしてもそれはわれわれの自我に同化できない。現代の生活は、外面的なものによって圧迫されているといった感情によってわれわれをとり囲んでいるが、この感情は、外面的なものがわれわれに自動的な客体として立ち現れるということの、たんなる結果であるのみではなくまた原因でもある。殺到するこれらのさまざまな事物が根底においてはわれわれにとってまさにどうでもよく、しかもそれらが特殊な貨幣経済的な理由から非個人的な起源をもち、またたやすく代替できるということは、困ったことではある。大産業が社会主義的な思想を養うということは、たんに労働者の状態のみにではなく、生産物の客観的な性質にも基づいている。すなわち現代人は、まったくきわめて非個人的な事物にとり囲まれているため、一般に反個人的な生活秩序の観念が――たしかにまたこれにたいする反対も――彼にはますます身近なものとなるにちがいない。文化客体はそれ自体において関連しあう世界へとますます成長し、この世界は、意志と感情とをそなえた主観的な魂へはますますわずかな点でしか手をさしのべない。そしてこの関連は、客体の一定の自己運動性によって担われる。すでに強調されたことであるが、商人や職人や学者がたとえば宗教改革の時代よりも今日はるかに僅かしか移動的ではない。いまでは物質的な客体も精神的な客体も、個人的な担い手あるいは運搬人なしにまさに独立に運動する。事物と人間とはたがいに分離している。思想と労苦と熟練とは、書物や商品といった客観的な形成物への投入を増大させることによって、自己運動の可能性を受け取り、運搬手段における現代の進歩はたんにこの可能性の現実化あるいは表現であるにすぎない。これらの固有の非個人的な移動性によってはじめて、人間からの客体の分化が自足的な結合へと完成する。現代的な経済のこの機械的な性格の完全な例は自動販売機である。小売りにおいては売買がなおもっとも長く人と人との関係によって支えられているが、自動販売機によっていまや小売りからも人間的な媒介が完全に排除され、貨幣等価物が機械的な仕方で商品に換えられる。他の段階では同じ原理が、すでに五〇ペニヒ市場や類似の商店においても作用している。そこでは経済心理学的な過程は商品から価格へと向かうのではなく、価格から商品へと向かう。それというのもそこでは全体の対象がアプリオリに同価格であることによって、購買者のさまざまな熟慮と考慮、販売者のさまざまな努力と説明とが脱落し、こうして経済行為は個人的な法廷をきわめて迅速に、しかもこれと無関係に通過するからである。

並存におけるこの分化と同じ結果に導くのが、継起における分化である。流行の交替は主体と客体とのあいだのあの内的な習得と定着との過程を妨げ、両者の齟齬をもたらす。流行は、相違と交替との魅力を相等と統合との魅力に特殊な割合で調和させるあの社会的な形象のひとつである。あらゆる流行は、その本質からすれば階級の流行である。すなわち流行はつねに社会層を特徴づけ、この社会層は対内的にはその外観の相等性によって統一的に結合するとともに、対外的には他の身分にたいして封鎖される。ところで上層と張り合おうとする下層が彼らの側で流行を受け入れるやいなや、その流行は上層によって見捨てられ、新しい流行が創造される。それゆえ社会的な相違が明白な表現を求めたところでは、どこにおいてもたしかに流行は存在した。とはいえこの百年来の社会的な動向は流行にまったく特別な速度をあたえた。しかも一方においては階級的な限界の流動化と、ある階層からのさまざまな個人の高い階層への上昇と、ときにはまた全集団を包括するその上昇とによってであり、他方においては第三身分の優越によってである。第一の状態によってひき起こされたのが、流行という点で指導的な階層のそれがきわめて急速に交替しなければならないということである。それというのも現在の流行から意味と魅力とを奪う下層の追迫が、いまではきわめて速やかに起こるからである。第二の要素が活動的となるのは、中間身分と都市人口とが最高身分と農民身分との保守主義とは対照的に本来の変動の身分であるということによる。変化へとかりたてられる不安定な階級と個人とは流行のなかに、生活の交替形式と対立形式のなかに、彼らの固有の精神的な運動の速度をふたたび見いだす。今日の流行は以前の数百年のそれほどにはとうてい突飛なものでも金のかかるものでもないが、しかしその代わりにきわめてはるかに短命である。してみればこのことは、流行がはるかに広範な圏をその魅力のなかに引き入れたということ、さらに流行に同化することが低位にある者にとっていまやきわめてはるかに容易になったにちがいないということ、さらに流行の本来の場所が富裕な市民身分になったということによる。流行が広がりとともに速度の点においてもこのように普及するようになった結果は、流行が自立的な運動として現れ、自己の力によって発展した力、それぞれの個人から独立した道を進む客観的な力として現れるということである。流行——そしてここではけっして衣服の流行のみが問題なのではない——がなお相対的に長期間持続し、しかも相対的に狭少な圏を結合させていたかぎりは、主体と流行の個々の内容とのあいだにいわば個人的な関係が生じることができた。流行の交替——それゆえ継起におけるその分化——の迅速性と伝播の範囲とはこの連結を解消し、現代において多くの他の社会的な守護神について生じていることが、ここでもまた生じる。すなわち流行はほとんど個人に依存せず、個人もほとんど流行に依存せず、流行の内容はちょうど進化主義的な世界のように独立に発展する。

あまりにも拡大した文化内容の並存と継起との形式的な方向への分化が、このように文化内容を自立的な客観性へと形成するのを助けるとすれば、いまやわれわれは第三に、この意味において内容的に活動的な要因のうちのひとつを挙げよう。ここで考えているのは、常日頃眺めることのできる客体がわれわれに立ち現れるばあいの多数の様式

——家屋の建築様式から書物の装丁にいたるまで、彫刻から造園や部屋の調度にいたるまで——であり、それらにおいてはルネサンス風と日本風、バロック風と帝国風、ラファエル前派と現実主義的な合目的性とがたがいに相並んで存在している。これらの様式はわれわれの歴史的な知識の拡大の結果であり、いまやこの拡大がふたたび、現代人のすでに強調したあの変動性と相互作用する。すべての歴史的な理解に必要なのは心の柔軟性であり、自己の状態からもっともかけ離れた心的な状態にも感情移入してそれを自己のなかに模写する能力である。——それというのもすべての歴史は、いかにそれが可視物を取り扱うにせよ、基礎に横たわる関心と感情と努力の歴史としてのみ意味をもち、また理解されるものとなるからである。史的唯物論でさえ心理学的な仮説にほかならない。それゆえ歴史の内容が所有物となるためには、理解する心の可塑性と模写性、可変性の内的な昇華が必要である。われわれの世紀の歴史化的な傾向、もっとも遠くにあるもの——時間的な意味においても空間的な意味においても——を再製して生きいきとしたものにするこの世紀のたぐいまれな能力は、世紀の適応能力と拡大する可動性との一般的な高揚のたんなる内面であるにすぎない。われわれの文化によって受け入れられている混乱した多種多様な様式も、このことから叙述され追感される。ところでそれぞれの様式が言語のようにそれ自体独立し、生を表現するために特別な音と特別な変化と特別な文章論とをもつとすれば、われわれがわれわれとわれわれの環境とを形成する唯一の様式のみをわれわれが知るかぎりにおいては、様式はわれわれの意識には、自己の生命を生きる自動的な潜勢力としては明らかに対立はしない。自然に母国語を語るかぎりは誰もそこに客観的な合法則性を感じないが、独立の法則にしたがって明確化された表現可能性を自己の内面のためにそこから借用するためには、あたかも自己の主観の彼岸にあるものにと同じようにその合法則性に頼らねばならない。むしろ表現されたことと表現とはこのばあいは直接に同じであり、そしてわれわれは外国語を知ったときはじめて、たんに母国語のみならず言語一般をも、われわれに対立する自立的な存在として感じる。こうして全生活を包括する完全に統一的な様式をもつ人間は、その様式をも、その様式の内容との疑う余地のない統一において表象する。人間が形成あるいは観照するすべてのものはまったく明白に様式に表現されるから、この形成や観照の素材からその様式を思考的に分離してそれを特有の出所をもつ形象として自我と対立させる心理的な誘因はまったく存在しない。多数の様式が提供されることによってはじめて、個々の様式が次のような仕方で内容から解放される。すなわちそれらの様式の自立性とわれわれから独立した重要性とに、それらのいずれを選ぶかのわれわれの自由が対立するといった仕方である。様式の分化によって個々それぞれの様式と、それとともに様式一般とが何か客観的なものとなり、その妥当性は主体とその関心と活動と好悪の感情とに依存しなくなる。様式とのあの原始的な関係においては主体と客体とがなおいわば未分離のままに休んでいたが、われわれの文化生活の総体的な観照内容が多数の様式へ分離したことによって、様式とのそのような原始的な関係は解消し、固有の法則にしたがって発展した表現可能性の世界、生一般を表現する諸形式の世界はわれわれと対立し、こうしてまさに一方でのこれらの形式と他方でのわれわれの主体とがあたかも二つの党派のように存在し、この両者のあいだには接触と調和と不調和との純粋に偶然的な関係が支配する。

それゆえこれがほぼ、個人的で客観的な意味での分業と専門化とが現代文化の偉大な客観化過程を担った範囲である。これらすべての現象から合成される総体像において、文化内容はたんにそれを受け入れる者のみならず、またそれを生産する者にたいしても、ますます多くのますます意識された客観的な精神となる。この客観化が前進するに応じて理解されるのは、われわれが出発した驚くべき現象、すなわち個人の文化的な上昇が事物――具体的、機能的、精神的な――のそれにいちじるしく遅れることがあるということである。

ときにはまた逆のことが起こるということが、精神のこの両形式の同じ相互の自立化を証明する。このことはいくらか隠れた変形した仕方で、たとえば以下の現象のなかにひそんでいる。農業経済は北ドイツではたんにある種の相続法のばあいにのみ持続的に維持できるように思われる。すなわちひとりの相続者が家産を受け取り、共同相続者たちはその家産の販売価格にしたがって得るよりも僅かな分け前で満足するばあいである。その販売価格――これは一時的には収益価格をはるかにこえる――にしたがって計算されるばあい、家産は分与にさいして担保を重く課せられ、まったく劣等な経営のみが可能であり続けるにすぎない。にもかかわらず個人主義的な近代の権利意識は、すべての相続者の機械的で貨幣的なこの平等の権利を要求し、それでも同時に客観的に完全な経営のための諸条件ともなる利益をどの子供にもあたえない。疑いもなく、このことによってしばしば個々の主体の文化上昇は、客体の文化が相対的に遅れたままであるという代償を支払って達せられる。このような齟齬がかなり決定的にあらわれるのは、個人よりも進化が鈍重で保守的な速度を示す本来の社会制度においてである。この図式に属するものとしては、次のように総括されるばあいがある。すなわち生産関係が一定期間をこえて存続したのち、それ自体が発展させた生産力によって追い越され、そのため生産関係がもはや生産力にいかなる適切な表現も使用も許さないといったばあいである。これらの生産力は大部分は個人的な本質をもつ。すなわち人格がなすことのできるもの、あるいは欲する権利のあるものが、経営の客観的な形式においてはもはやいかなる場所も見いださない。この形式に必要な変更はつねに、そこに押し寄せた要因が積み上げられて多量となったときはじめて生じる。そこまでは生産の客観的な組織化が、個人的な経済的エネルギーの発展に遅れをとる。女性運動への多くの誘因もこの図式にしたがって経過する。現代の産業技術の進歩は、以前は主婦の義務であった異常に多くの家政上の活動を家庭の外部に移し、ここでは品物がより安く合目的的に製造されている。いまやこれによって市民階級のきわめて多くの女性から積極的な生活内容が取り去られたが、しかし空白になった場所に他の活動や目標がそれほど速やかに入り込んだわけではない。現代の女性のさまざまな「不満」、利用されないで内攻してありとあらゆる障害あるいは破壊をひき起こす彼女たちの力、家庭の外部の試練への一部は健全な一部は病的な彼女らの企て——これらは、技術がその客観性において人格の発展可能性よりも急速に特有の進行をとげたことの結果である。現代の結婚のさまざまな不満足の性格も、これに対応した関係から生じるという。個人を強制する確定された結婚の形式と生活習慣とは、当事者の個人的な発展と対立する。とりわけこのような形式をはるかに越えて成長している女性の個人的な発達とは対立する。いまや個人は自由、理解、権利と教育の平等をめざすが、結婚生活は実際には伝統的にも客観的にも確定されたままであり、それらのためのいかなる正当な余地もあたえない。これを人は結婚の客観的な精神が主観的な精神に発展の点でおくれていると定式化することができよう。法についても事情は異ならない。すなわち法は、ある根本事実から論理的に発展し、ゆるぎない法規の法典に明文化され、特別な身分によって担われ、人びとによって感じられる他の生活の状態と要求とにたいしてあの硬直性を獲得し、この硬直性によって結局は永遠の病気のように遺伝し、悟性は不合理となり、幸福は辛苦となる。宗教的な衝動が一定の教条の財宝へと結晶化し、信者から分離した団体によって分業的に担われるやいなや、宗教は好ましくない状態となる。生活のこの相対的な自立性によって、客観的となった文化形象、歴史的な根本的運動の沈殿物は主体と対立するが、生活のこの自立性を見失わなければ、歴史における進歩への疑問はその難点の多くを失うであろう。同じもっともらしさをもつ証明と反証とがその疑問へのそれぞれの答えと結びつくということは、おそらくはしばしば双方がまったく同じ対象をもたないということによる。こうしてたとえば人があるときは確定された原理と、組織と、総体の意識へ高まった命令とを見やり、あるときはこの客観的な理想にたいする個人の関係と、主体が振舞うばあいの道徳的な点での十分さもしくは不十分さとを見やるとすれば、同じ正しさをもって道徳的な制度における進歩とともに不変性を主張することができる。こうして進歩と停滞は直接に相並んで存在することができ、しかもたんに歴史的な生活のさまざまな領域においてのみでなく、同一の領域においてもそうであり、このことは人が主体の進化と形象の進化のいずれに注目するかに従う。この形象はなるほど諸個人の寄与によって成立したが、しかし客観的に精神的な特有の生命を獲得した。

ところで客観的な精神の発展が主観的な精神の発展を凌駕するという可能性とならんで、これとは反対の可能性が現れるとすれば、なおいま一度ここに客観的な精神の現実化にとっての分業の意義をかえりみよう。要約すればその二重の可能性は以下の仕方で起こる。すなわち何らかの種類の生産物に対象化された精神が個々の個人にまさるということは、著しく多くの歴史的および客観的な諸条件や上役および労働仲間を前提とする生産方法の複雑性による。そのために生産物は、個々の生産者のまったく外部にあるエネルギーと性質と高揚とを自己に集中させる。しかしこのことはとりわけ特殊現代的な技術においては分業の結果として現れるであろう。生産物が本質的に個々の生産者によってか、あるいはわずかばかり専門化した協業によって生産されるかぎり、そこに客観化された内容は、精神と力とにおいて主体の内容を著しく越えることはできないであろう。洗練された分業にしてはじめて個々の生産物を、きわめて多数の個人から選び出された諸力の集約場所とする。そこで生産物は、統一体として考察しても、いかなる個別個人と比較しても、つねにすべての系列の方向にむかって個人を凌駕するにちがいない。そして客体における特性と完全性とのこの堆積は無限に進行し、客体はそれらの総合をなすが、他方それぞれの所与の時期にとっての個性の生成は、動かすことのできない制限を個性の自然規定に見いだす。しかし客観的な作品がきわめて多くの人格の個々の側面を吸収するという事実が、客観的に優越した発展可能性を作品にあたえるとすれば、この事実はそれでもまた作品にたいして完全性を拒む。というのも完全性はまさにひとつの主体のなかのエネルギーの統合によってのみ現実化されるからである。ここでは国家が、しかもとりわけ近代の国家が、もっとも包括的な例である。すなわち合理主義が、たんに単独の個人にすぎない君主が巨大な数の他の人間を支配することを、論理的に矛盾にみちたものと烙印を押すとすれば、そのさい見のがされているのは、後者の人間たちは君主のもとにまさにこの国家を形成するかぎり、けっして君主と同じ意味で「人間」ではないということである。むしろ彼らは彼らの存在と力との一定の小部分のみを国家にあたえ、他の部分によって他の諸圏に属し、彼らの人格の総体はけっしてどの圏によっても捉えられない。しかし君主は人格の総体を関係に投入し、それゆえ彼の個々の臣下のそれぞれよりもより多くを投入する。支配者が直接に人びとを彼らの存在の全範囲において意のままにすることができるという意味で、統治がたしかに無制限であるかぎりは、右の不釣合いが存在するかもしれない。これにたいして近代の法治国家は、人びとが国家の領域に入り込む範囲を正確に限定し、人びとを分化させて、彼らの分離された一定の要素から国家そのものを形成する。この分化が決定的であればあるほど、国家は個人的な入魂性の形式から解放されたより客観的な構成体として個人に対立する。こうして国家が主体の分化した要素の総合であるということは、明らかに国家を個人以下の存在にするとともに、また個人以上の存在ともする。しかし国家と同じ事情にあるのは客観的な精神のすべての構成体であり、これは分化した個人的な業績の組合せによって成立する。というのもそれらの構成体が客観的な精神の事実的・精神的な内容と発展可能性とにおいていかに各個人の知性を凌ぐとしても、われわれはそれでもそれらの構成体を、分業化された諸要素の分化と数とが増大するのに応じて、魂を欠いたたんなる機構として感じるからである。ここでもっとも明白に現れるのは、精神と魂の相違と呼ぶことのできるものである。魂の内部で生き生きとした機能において意識されるものの客観的な内容、これが精神なのである。思考作用の論理的・概念的な内容、つまりは精神がわれわれの主観性のためにわれわれの主観性として受け取るいわば形式、これが魂なのである。それゆえこの意味における精神は、魂にとって不可欠な統一への造形と結びついてはいない。あたかも精神的な内容がともかくもそこに撒き散らされ、はじめて魂がそれを自己のなかに統一的に結合させるかのようであり、このことは生命のない素材が有機体とその生命の統一とのなかに組み込まれるのとほぼ同じである。この点にあるのが、自立的な妥当性と客観的な重要性とにおいて考察された意識の個々の内容にたいする魂の偉大さと限界とである。プラトンは理念の王国を光り輝く完全性と徹底的な自足性とにおいて素描し、理念をまったく偶然に表象されることから解放された思考作用の事実内容にほかならず、したがって彼にとっては人間の魂が、あの純粋な重要性の反映が色あせ消えさり、ほとんど捉ええなくなることによって、いかに不完全な制約されたぼんやりしたものと思われようとも、――われわれにとっては、あの具象的な明瞭性と論理的な形式規定とは、理想と現実との唯一の価値基準ではない。意識が事物の客観的な精神的意味を集める個人的な統一の形式が、われわれにとっては比類のない価値をもつ。ここではじめて事物は相互の摩擦(まさつ)を得、この摩擦が生命と力とである。ここではじめて心情のあの曖昧な放熱線が発展する。というのも純粋に客観的に規定された理念の明瞭な完全性には、その放熱線のためのいかなる場所も心情もないからである。しかし精神についても事情は右と同じであり、精神はわれわれの知能の対象化によって魂に客体として対立する。しかも明らかに両者のあいだの距離は、分業的に協力して対象を成立させる人格の数が増大するにつれて拡大する。それというのも同じように人格の数の増大に応じて、われわれにとってはまさに魂の価値と暖かさと特性とが結びついている人格の統一性が作品に入り込んで活動することが、不可能になるからである。客観的な精神にはその成立の近代的な分化によってまさに入魂性のこの形式が欠けている――われわれの文化生産物の機械的な本質と緊密に関係して――ということ、このことは、きわめて個人主義的で深い性質の持ち主がいまやきわめてしばしば「文化の進歩」に反対していだく敵意の、究極の理由であるかもしれない。しかもいっそうそうであるのは、客観的な文化の分業によって規定されたこの発展は、次のように表現されるのをつねとする一般的な現象の一面あるいは結果であるからである。すなわち現代において重要なものは、もはや個人によってではなく大衆によって生じる。分業が実際にひき起こすのは、個々の対象がすでに大衆の生産物であるということである。諸個人の個々のエネルギーへの分解はわれわれの労働組織を規定し、この分解と、そのように分化されたものの客観的な文化生産物への集約とは、より多くの魂が個々の文化生産物の生産に参加すればするほど、ますます魂がそのなかに少ししか存在しなくなるという結果をもたらす。こうして現代的な文化の壮麗さと偉大さとは、プラトンのあの光を放つ理念の王国との唯一の類似を示し、この王国においては事物の客観的な精神は非の打ちどころもなく完成されて実現しているが、しかしそれには事実性には解消されない固有の人格の価値が欠けている。——これは、人格の断片的で非合理的で一時的な性格についてのすべての意識が感知せざるをえない欠点である。実に、個人的な入魂性はたんなる形式として価値をもち、この価値はその時々のその内容のすべての劣等性と反理想性とならんで主張される。個人的な入魂性は生存の独特の重要性として、生存のすべての客観性にたいして、われわれがそこから抜け出すばあいでさえ、さらには客観的な文化が進歩しているのに個人的・主観的な文化が退歩を示すばあいでもさえ、依然として存在しつづける。

それぞれの文化共同体にとっては、客観的になった精神とその発展とが主観的な精神にたいしてもつ関係は明らかにきわめて重要であり、しかもまさにその共同体の生活様式からみてそうなのである。それというのもこの様式が、任意のさまざまな内容を同じ形式で表現させるという意義をもつとすれば、客観的な精神と主観的な精神とのあいだの関係は、量と高さと発展速度とにかんして文化的な精神の内容がきわめて異なるばあいでさえ、それでもたしかに同じであることができるからである。まさに生活の演ぜられる普遍的な様式、社会的な文化が個人の衝動に提供する枠組みは、以下のような問題によって限定される。すなわち個人は彼の内的生活を彼の時代の客観的な文化運動に接近して知るのか、それともそれとは疎遠なままに知るのか、彼がこの運動をいわば衣服の縁にのみ触れることのできる優越的なものとして感じるのか、それとも彼の個人的な価値をすべての物象化した精神よりも優越すると感じるのか、彼自身の精神生活の内部において、歴史的にあたえられた客観的な要素が特有の合法則性をもつ力であり、そのためこの力と彼の人格の固有の中核とが、あたかもたがいに無関係であるかのように発展するかどうか。あるいは魂は自己の家のいわば主人であるのか、それとも魂は、少なくとも自己の内奥の生活と、非個人的な内容としてこの生活のなかに受け入れなければならないものとのあいだに、高さと意味とリズムにかんして調和をつくるのかどうか、といった問題である。これらの抽象的な定式化は、それでも現代と生活との無数の具体的な関心と気分とにとっての図式を、したがって同時にまた、主観的な文化と客観的な文化とのあいだの関係が生存の様式を規定する程度を、素描している。

ところでこの関係の現在の形態が分業によって担われているとすれば、この分業もまた貨幣経済の生み出したものである。しかもきわめて多くの部分仕事への生産の分解が、絶対的な正確性と確実性によって機能する組織を必要とするからにはたしかにそうであり、そしてこの組織は、奴隷労働の廃止以来はたんに労働者が貨幣で賃金を支払われるばあいにのみつくり出される。企業家と労働者とのあいだの他の仕方で媒介された関係はすべて計算不可能な要素を含むであろうが、一部は現物支払いがそれほど簡単に調達可能でもなければ正確に規定できもしないからであり、一部はたんに純粋な貨幣関係のみがまったくの客観的で自動的な性格をもち、これがなければきわめて分化し複雑化した組織が生じないからである。そのうえさらに貨幣一般の本質的な成立根拠は、生産がより専門化するにつれてより効果的となるからでもある。それというのも、やはり経済的な交易において重要となるのは、一方が他方の求めるものをあたえるのは後者が前者の求めるものをあたえるばあいであるということだからである。あの道徳的な規則、すなわち人びとにたいして彼らにしてもらいたいと望むことをせよという規則は、その形式的な現実化のもっとも包括的な実例を経済に見いだす。ところで生産者が彼の交換したいと望んでいる対象Aのために進んで買い手を見いだすとしても、この買い手がそれにたいしてあたえることのできる対象Bが、生産者にとってしばしばまったく望まれないことがある。こうして両者のあいだの欲望の相違が、彼ら両者の提供するためにもっている生産物の相違と必ずしも一致せず、このことは周知のように交換手段の介入を必要とする。こうしてAの所有者とBの所有者とが直接の交換についてたがいに折れ合うことができなくとも、前者はAを貨幣と引き替えにあたえ、彼はこの貨幣と交換にいまや彼の欲するCを手に入れることができ、他方Bの所有者はAの購入のための貨幣を、彼がBによって同様に第三者にたいして行動することによって調達する。それゆえ生産物もしくは生産物に向けられた欲望の相違のために一般に貨幣が生じるようになったから、交易がより異なった対象を含めば含むほど、明らかに貨幣の役割はそれだけいっそう大きく不可欠となる。あるいは他の方向よりみれば、人びとがもはや直接の交換に頼らなくなったばあい、はじめて一般には業績の著しい特殊化が生じる。生産物の買い手が彼の側で、その生産者に好ましい客体をまさに提供するという機会は、生産物の専門化と人間の願望の特殊化とが高まるにつれて減少する。それゆえこの方向にむかって近代の分化を貨幣の単独支配と結びつけたのは、けっして新たに現れる要素ではない。むしろこれら二つの文化価値のあいだの結合は、すでにそれらの土台の深みにおいて生じ、すでに叙述した専門化の状態が貨幣経済との相互作用によって貨幣経済との完全に歴史的な統一を形成したということ——このことは、この二つの文化価値の本質によってあたえられた綜合の漸次的な高揚にすぎない。

それゆえ生活の様式は、客観的な文化と主観的な文化とのあいだの関係に依存しているかぎりは、右の媒介をつうじて貨幣取引と結びつく。しかもそのさい貨幣取引の本質は、それが主観的な精神にたいする客観的な精神の優越とともに、また主観的な精神の留保と独立の高揚と固有の発展をも担うという事情によって完全に明らかになる。事物の文化を個人の文化にたいしてこのように優越した力とするものは、事物の文化が最近において成長して到達した統一性と自動的な封鎖性とである。生産はその技術と結果とによって、いわば論理的な確固たる規定と発展とをもつ秩序ある宇宙のように思われ、この宇宙は、ちょうど運命がわれわれの意志の不安定性と不規則性に対立するのと同じように個人に対立する。この形式的な自己自身への帰属、文化諸内容を一致させて自然の関連の対応物とするこの内的な強制は、貨幣によってはじめて現実的となる。すなわち貨幣は一方においては、この有機体の接合系として機能する。貨幣はこの有機体の諸要素をたがいに移せるものとし、諸要素のあいだのすべての衝動の相互の依存と継続可能性との関係をつくり出す。貨幣は他方においては血液になぞらえられる。というのも血液の持続的な流れは四肢のすべての部分を貫流し、すべてを一様に養ってそれらの機能の統一性を支えるからである。そしてこの第二の点にかんしては、貨幣は人間と事物とのあいだに入ることによって、人間にいわば抽象的な存在を、事物への直接の顧慮と直接の関係からの自由な存在を可能にし、この自由な存在がなければわれわれの内面の確実な発展の機会は生じなかったであろう。現代人が好ましい事情のもとで主体の留保、個人的な存在の内密性と封鎖性——ここでは社会的な意味ではなくより深い形而上学的意味での——を努力して獲得し、この内密性と封鎖性が以前の時代の宗教的な生活様式の何かに取って代わるとすれば、このことを可能とするのは、貨幣がますます度を増してわれわれから事物との直接の接触を省くが、それでも同時に事物の支配とわれわれに気に入るものの選択とをわれわれのために無限に容易にするということなのである。

そしてそれゆえこの対立する方向は、それがともかくも進められるやいなや、絶対に純粋な分離の理想に向かっても努力するかもしれない。すなわちそこでは生のすべての事実内容はますます事実的になり非個人的になるが、これによって事物化されるべきでない残余はそれだけいっそう個人的となり、自我のいっそう議論の余地のない所有物となる。この運動の特徴ある特殊事例はタイプライターである。外面的・事実的な行為である書字は、それでもやはり特殊な個人的な形式をあらゆるばあいにつけるが、いまや機械的な同形性のためにこの形式を投げ捨てる。しかし同時に他の方向に向かって二重のことが達成される。第一には、いまや書かれたものは外観によって支持されたり撹乱されたりすることなく、純粋な内容にしたがって作用し、第二には、もっとも個人的なものの遺漏がなくなるが、これは肉筆がしばしば、しかももっとも親密な伝達のばあいと同じようにもっとも外面的でどうでもよい伝達によってもなされる。それゆえまたそのようなすべての機械化が社会化的に作用すればするほど、それは精神的な自我の残っている私的所有をそれだけいっそう猜疑深い排他性へと高める。たしかにすべての外面的なものからの主観的な入魂性のこの駆逐は、純粋な内面性の理想にたいして好意的であるのと同じほど美的な理想にたいしては敵対的である。――この組合せは純粋に美的な気分をもつ人格の現代にたいする絶望を説明するとともに、そのような心の持ち主と内的な救済のみに向かう心の持ち主とのあいだにいまやいわばひそかな形式において――サヴォナローラの時代とはまったく別な形式において――育つかすかな緊張をも説明する。貨幣は、一般に無差別化され外面化されるすべてのものの無差別化と外面化との象徴であるとともに原因でもあるから、それはそれでもまた、いまやもっとも特有な限界内において仕上げられることのできるもっとも内面的なものの門衛ともなる。

ところで、このことがたしかにどの程度まで主体のあの洗練化と特殊性と内面化とになるか、もしくは逆に隷属する客体をまさにその獲得の容易さによって人間にたいする支配者とするか、――この問題はもはや貨幣にではなくまさに人間に依存する。ここでもまた貨幣経済は、社会主義的な状態にたいする形式的な関係において自らを示す。それというのも社会主義的な状態によって期待されること、つまりは生存のための個人的な闘争からの解放、低い経済価値の保証と高い経済価値への接近の容易化――これらもまた同様に分化的な作用をおよぼし、こうして社会のある部分は、現世についてのすべての思考からもっとも隔たった前代未聞の精神性の高みへと上昇するが、しかし他の部分はまさに同じように前代未聞の実践的な唯物主義へと下降するであろう。

大体においてたしかに貨幣は、われわれの生活のうち、主観的な文化にたいする客観的な文化の優越によって規定される様式を示すような側面において、もっとも効果的となる。しかし貨幣がまた逆のばあいを支持することをも拒まないということは、貨幣の歴史的な力の特質と範囲とをもっとも明らかに照らし出す。貨幣は多くの方向においてせいぜい言語と比較されることができるであろう。というのも言語は、つねに思考や感情のもっとも分散した方向に身をゆだね、それらを支え、説明し、作り出すからである。貨幣はまさに特性の欠如において成り立つ特性をもつような支配力に属するが、しかしこの特性はそれにもかかわらず、生活をきわめてさまざまに色づけることができる。なぜなら貨幣の存在様式であるたんなる形式的なもの、機能的なもの、量的なものが、質的に規定された生活の内容と方向とに出会い、これらを規定して質的に新しい形成物をさらに生産させるからである。生活の様式にたいする貨幣の意義は、それが客観的な精神と主観的な精神とのあいだの二つの可能な関係を高め成熟させることを助けるということによって、廃止されるのではなく高められ、否定されるのではなく実証される。

三

心的な過程についてのわれわれの表象が、いかなる範囲においてたんなる象徴的な意義をもつか、これはまれにしか明らかにされてはいない。生活の原始的な必要はわれわれを強いて、空間的な外的世界をわれわれの注意の最初の客体とする。それゆえわれわれは観察する主体の外部の観察される存在を概念によって表象するから、さしあたっては概念が外的世界の内容および状態とみなされる。概念は客体一般の原型であり、われわれにとって客体となるべきいっさいの表象は、概念の形式に従わなければならない。この要求は、自らを自己の観察の対象とする心そのものをもとらえる。たしかにあらかじめなお汝の観察の現れることが、明らかに共同生活と個人の自己主張とのさし迫った必要事と思われる。とはいえ、われわれは他者の心をけっして直接には観察できず、また他者はわれわれの知覚に外的な感覚の印象以上はけっしてあたえないから、他者についてのすべての心理学的な認識は結局は、他者からの身体的な印象がわれわれを刺激したばあいにわれわれがわれわれの心において知覚し他者へ移行させた意識過程についての、立ち入っての解釈である。――この移行がもっぱら目標点に関心をもち、出発点についてほとんど説明しないとしてもである。心は自己自身を表象作用の客体とするやいなや、たんに空間的な経過の心像のもとにおいてのみそうすることができるにすぎない。われわれが諸表象と諸表象の結合について、諸表象の意識への上昇と識閾下への下降について、内的な傾向と抵抗とについて、諸表象の高揚と沈潜の調子について語るばあい、これらの表現やさらには同じ領域の無数の表現のそれぞれは、明らかに外的な知覚可能性から推察される。われわれはわれわれの心の活動の合法則性が外的な機構のそれとはまったく異なった本質をもつ――何よりも先ずわれわれの心の活動には個々の要素の固定した限定と確実な再認可能性とが欠けている――と確信しているかもしれない。してみれば、それでもわれわれは不可避的に、たがいに結合と分離、上昇と下降といった機械的な関係に入る「表象」を、ある種の本質として表象する。そのさいわれわれは、具象的な経過の類型にしたがって生じる内的なもののこの解釈が、この内的なものの現実を有効に代表すると確信し――そして実践もわれわれを正しいとする。これはちょうど天文学者にとっては紙上の計算が星座の運動をきわめて有効に代表し、したがって計算の結果が、実在の力の結果によって真実であると証明される像をあくまでも提示するのと同じである。

しかしいままたこの関係は、内的生活の内容からする外的な出来事の解釈として逆行的に有効となる。ここで考えているのは、実は外的な出来事もまたもとより表象の世界にすぎないということではなく、むしろひとたびあれこれの認識論的な基礎にもとづいて、相対的に外的なものが相対的に内的なものと対立させられたのちは、この相対的に内的なものの特殊な現象が相対的に外的なものを、理解できる形象へと形成するのに役立つということである。こうして統一的な対象はたしかに、たんにそれがわれわれにそれでも提供する諸性質の総計から、たんに次のようにしてのみ生じる。すなわちわれわれが対象にわれわれの自我の統一形式をあたえ、この形式においてわれわれがもっとも奥深いところで、あたかも充溢(じゅういつ)した規定と運命とが持続的な統一に付着できるかのように感じるようにしてである。しばしば強調されたように、外的な事物の力と因果関係についても事情は異ならないであろう。すなわちわれわれは身体的・精神的な緊張と衝動と意志行為といった感情を事物のなかに投影し、われわれはそれらの事物の直接的な知覚可能性の背後に、あの解釈的なカテゴリーを置くばあいには、われわれはわれわれの内面の感情経験にしたがって、まさにこのカテゴリーのなかに方向を定める。こうして人は具体的なものによる内的なもののあの最初の象徴化の下に、より深い層を掘り起こすやいなや、おそらくは反対の関連に出くわすであろう。われわれが心の経過を諸表象の結合と呼べば、たしかにそれは空間的カテゴリーからする心の経過の認識である。しかし結合そのものというこのカテゴリーはおそらくその意味と意義とを、けっして具象的ではなくまつたく内的な経過にもつ。われわれが外的世界において結合されているとみなすもの、すなわちともかくも統一されてたがいに入り混じって存在するとみなすものは、それでも外的世界においては永遠に並存しつづけ、そしてわれわれがその結合状態によって考えるのは、すべての外的なものとは比較できないわれわれの内的なもののみから事物のなかに感情移入されることのできた何ものかである。それゆえその結合状態は、事物においてわれわれにとっては確定されもしなければ直接にはけっして表現されもしないものの表象である。こうして相対主義が、内的なものと外的なものとのあいだのいわば無限の過程が成立する。すなわち一方は他方の象徴として他方を表象可能にし表現可能にし、けっして一方でも他方でもなくむしろ双方が、相互依存においてそれらの統一を、すなわちわれわれの本質の統一を実現させる。

心的および具体的な存在内容はより単純であればあるほど、ますます考慮を要することなく右の相互的な象徴化の解釈に近づく。表象の結合と融合と再生の過程が単純であるとき、われわれは普遍的な形式法則性の理念をなおいくらかは固持することができ、この形式法則性が内的な世界と外的な世界にたいして類似の行動を指令し、こうして一方を他方の代表にふさわしいものとする。心的な形象が複雑で独特であるばあい、空間的な具象性の類推にしたがう表示はますます取り扱いにくくなる。そのような表示は偶然的で遊戯的と思われないためにも、また心的な現実にたいしてたとえ象徴的であるにせよ確定した関係をもつためにも、多数の事例への適用可能性をますます切実に頼りとする。そしてこの心的な現実はそれ自体から出発して、事物の意味と意義とを自己にしたがって解釈し、この両者における経過がより特殊あるいはより複合的であればあるほど、この事物への道を見いだすことはより困難でより不確実ともなる。それというのも内的な現象と外的な現象とのあの神秘的な形式の相等性が心にたいして一方から他方への橋を架けるが、この形式の相等性がそれだけますます本当らしくなくなり、感知されることがますます困難となるからである。――これによって一連の多種多様な内的な文化現象を総括する考量が導入されるはずであり、そしてそれらの文化現象すべてが、それぞれ同一の具象的な類似にしたがう解釈を許すことによって、それらの文化現象すべてが生活の同一の様式に属しているということが明らかになるはずである。

生活内容の組織はもっとも頻繁な心像のもとで明白にされるのがつねであり、このような心像のひとつは、自己の自我を中心とする圏への生活内容の配列である。この自我と事物や人間や理念や関心とのあいだにはある様式の関係が存在し、われわれはこれをたんに両者のあいだの距離とのみ呼ぶことができる。われわれの客体となるものは、内容的には変わらないままにこの中心へ接近したり、あるいはわれわれの視圏と関心圏の周辺へ後退したりする。しかしこのことによって、この客体にたいするわれわれの関係が変化するのではなく、むしろ逆にわれわれは自我の内容にたいする自我の一定の関係を、たんにこの両者のあいだの一定の距離、もしくは変化する距離という具体的な象徴によってのみ示すことができる。われわれがわれわれの内的な存在を、中心的な自我とそれをとり囲む内容とに区別すれば、これはもともとすでに、それだけでは表現できない事態にたいする象徴的な表現である。しかもわれわれの器官からのそれぞれの距離よりみた事物の感覚的・外面的な印象の途方もない相違を――受け取られた心像のたんに明瞭さの相違のみならずその性質と全性格の相違をも――考慮すれば、あの象徴化を拡大して、事物にたいするもっとも内的な関係の相違をまた事物にたいする距離の相違と解釈するのも、もっともなことである。

この解釈よりみて統一的な系列をなす諸現象のうち、まず第一に芸術的な現象がとりあげられる。芸術様式の内的な重要性は、それがわれわれと事物とのあいだにうち立てるさまざまな距離の結果として解釈される。すべての芸術は、われわれが現実にたいしてもともと自然のままにとる視距離を変化させる。芸術は現実を一方ではわれわれに接近させ、われわれを現実の本来のもっとも内的な意味と直接に関係させ、外的世界の冷たい疎遠さの背後で、われわれに存在の心情化を洩らし、存在はこの心情化によってわれわれに親しくなり理解できるようになる。しかしこれと並んでそれぞれの芸術は、事物の直接性からの疎隔をつくり出す。芸術は魅力の具体性を後退させ、われわれと事物とのあいだに、いわばはるかな山々にかかる細かな薄青い霧のような膜を張る。接近と疎隔のこの対立の両側に同じ強さの魅力が結びつく。これらの魅力のあいだの緊張、芸術作品への多種多様な要求へのそれらの分配は、それぞれの芸術様式にたいして特有な刻印をあたえる。実に様式というたんなる事実が、それだけですでに距離化のもっとも重要な事実である。われわれの内的な経過の表明における様式が意味するのは、この内的な経過はもはや直接に湧き出るのではなく、それが公然となる瞬間に衣服を身にまとうということである。様式は個人的なものの一般的な形成として個人にとっては外被であり、この外被は表明を受けとる他者にたいして制限と距離化とを築き上げる。すべての芸術の生命原理は、われわれを事物からのある距離におくことによって事物をわれわれに近づけることである。――自然主義的な芸術の意味は、それでもわれわれと現実とのあいだの距離の克服にもっぱら向けられていると思われるが、この自然主義的な芸術もまた右の芸術の生命原理を免れない。それというのも自己欺瞞のみが自然主義を見損なわせ、自然主義もまた一様式であるということを、すなわち自然主義もまた印象の直接性をまったく一定の前提と要求から組織し変形するということを誤認させる。――これは芸術史の発展によって否定できないほどに証明され、この発展においては、ある時代に言葉どおり正確で厳密に写実的な現実像とみなされるもののすべてが、後の時代には偏見にみち偽造されたものとされながら、他方ではそれがいまやはじめて事物をありのままに表現しているとされる。芸術上の現実主義は、アプリオリなものなしにすますつもりであれば、すなわちわれわれの本性の素質と要求から発して着衣あるいは変形を感覚的な現実のものとする形式なしにすますつもりであれば、学問的な誤謬と同じ誤謬におちいる。感性的な現実がわれわれの意識における途上でこうむるこの変形は、たしかにわれわれと現実の直接の存在とのあいだの限界ではあるが、しかし同時に現実を表象し表現するための条件でもある。自然主義は偏愛をもって対象をもっともありふれた生活に、低くて陳腐なものに求めるが、われわれがこの偏愛に注目するとき、実はある意味で自然主義は事物にたいするまったく特別な距離化をひき起こす。というのも自然主義もまさに疑いもなくまた様式化であるから、この様式化はより微妙な知覚作用――この知覚作用は芸術作品において芸術を認め、任意の他の仕方においても表現できるその対象を認めない――にとっては、それがより近くてより生のままのより現世的な素材において実現されればされるほど、ますます判然となるからである。

ところで事物が芸術となることによって事物にたいする距離がつくられるが、全体としての最近の美的関心は、その距離の拡大を目指している。思い出されるのは、時間的にも空間的にもはるかに隔たった芸術様式が現代の芸術感情にたいしてもつ巨大な魅力である。隔たったものは生きいきと躍動するきわめて多くの表象を刺激し、それによってわれわれの多面的な興奮欲を満足させる。しかしこれらの疎遠な隔たった表象のそれぞれは、われわれのもっとも個人的な直接の関心とかかわりをもたず、たんにかすかに鳴りひびくのみであり、それゆえ衰弱した神経にたんなる気楽な刺激のみを要求する。われわれがわれわれの時代の「歴史的な精神」と名づけるものは、おそらくはたんにこの現象の好都合な誘因であるのみでなく、この現象とともに同じ原因に由来する。そして歴史的な精神は、それがわれわれから空間的にも時間的にもはるかに離れた関心にあたえる充満した内的な関係と相互作用して、人物と事物への直接の接近と接触から生じる衝撃と混乱にたいしてわれわれをますます敏感にする。非現代的なものへの逃避は、具体的な現実の表象と享楽となるばあいに――しかしこの表象と享楽はまさにはるかに隔たり、たんにまったく間接的にのみ感じられる――容易になり、より損失のないものとなり、いわば正当とされる。ところでそれゆえにまた断片的なものの魅力、たんなる暗示と箴言と象徴の魅力、未発達な芸術様式の魅力も、いまやそのように生きいきと感じられる。あらゆる芸術に土着的であるこの形式のすべては、われわれを事物の全体と充溢からの距離におき、それらはわれわれに「あたかも彼方からのように」語りかけ、現実はそのままの確実性によってではなく、ただちに鋭敏さを後退させて、それらの形式に身を委ねる。われわれの文学的な様式の極端な洗練は客体との直接の関係を避け、言葉によって客体のかけ離れた角のみをかすめ、事物の代わりに事物をとり囲むヴェールのみをとらえるにすぎない。たしかに造形芸術と言語芸術における象徴主義的な傾向は、まさにこのことを決定的に証明している。このばあい芸術がすでにそのようなものとしてわれわれと事物とのあいだにおく距離は、なおある宿泊所をめぐって拡大される。結局は刺激さるべき心の経過の内容をなす表象が、芸術作品そのもののなかにもはやいかなる感覚的な対照をもたず、むしろまったく別の内容の知覚可能性によって響き始めるからである。これらのすべてにおいて知覚作用の特徴が効果的に示され、その病理的な退化がいわゆる「接触恐怖」である。すなわち客体とのあまりにも近い関係に入ることからの逃避であり、いっさいの直接の精力的な接触が苦痛となる感覚過敏の結果である。それゆえ繊細な感覚、精神性、分化した感受性もまた主として多くの現代人にとっては、きわめて否定的な趣向において現れる。すなわち気に入らないものによってたやすく傷つく可能性において、同感できないものの断固たる排除において、多数による反発において、さらにはしばしば提供された刺激圏の大多数による反発において現れる。ところが積極的な趣好、強い肯定、好ましいものの悦ばしく遠慮のない把握、要するに肯定的に同化するエネルギーは、大きな欠損を示している。

　しかしわれわれが距離という象徴のもとに考察したあの内的な傾向は、美的な領域をはるかに越えて拡がる。こうして現実を直接に把握できると信じた哲学的な唯物論は、今日ではまた再び主観的な傾向あるいは新カント派的な理論のまえに後退し、これらの理論は事物を認識とするまえに先ずはそれを心の媒介によって粉砕し、あるいは蒸留する。現代の主観主義は、芸術がわれわれを支えていると思われるのと同じ根本動機をもつ。すなわちわれわれをわれわれ自身のなかに引き入れて事物から離れることによってか、あるいは事物にたいしてつねに存在する距離をいまや意識的に承認することによって、事物にたいするより密接な真の関係を得ようとする。そしてこの主観主義が不可避的な仕方で、われわれの内面のより強い自己意識によって、またこの内面をよりしばしば強調させ語らせるとすれば、それでも他方ではこの主観主義と結びついているのは、より深いより意識された新しい羞恥であり、最後のものを言い表すことへの、あるいはまた関係のもっとも内的な基礎をたえず明らかにする自然主義的な形式をあたえることへの繊細な恐れである。さらにより広い学問的な領域においては、すなわち倫理的な熟慮の内部においては、意欲の価値基準としての浅薄な有用性はますます後退し、行為のこの性格はまさにたんにもっとも近くの者にたいする関係にのみかかわるということが理解され、それゆえ行為は手段としてのたんなる技術をこえて行為を際立たせる独特の訓令を、より高くに仰ぎ見るしばしば宗教的な原理から、感性的な直接性とはほとんど関係のない原理から、受けとらねばならないということが理解される。最後に専門家的な詳細をこえてあらゆる方向から、総括と一般化を求める叫びが高まり、それゆえあらゆる具体的な個体からの概観的な距離を求める叫びが、近接作用するもののあらゆる不安を解消する遠景を、これまではたんに具体的であるにすぎなかったものをいまやまた理解できるようにする遠景を、求める叫びが高まる。

おそらくこの傾向は、反対の傾向がかたわらに現れるのでなければ、それほど効果的でもなければ認められもしないであろう。世界にたいして近代科学のつくり出した精神的な関係は、実際には二つの方向にむかって説明される。たしかすでにたんに顕微鏡と望遠鏡によっても、われわれと事物とのあいだの無限の距離は克服されたが、しかしそれらの距離はやはり意識にとっては、意識が距離をもまた克服した瞬間にはじめて成立する。解決されたそれぞれの謎は新しいより多くの謎を課し、事物への接近はきわめてしばしば初めてわれわれに、それらの事物がいかになおわれわれから隔たっているかを示し、これらを加えれば、——神話の時代、まったく一般的で表面的な知識の時代、自然の擬人化の時代には、主観的な点においては感情の側面から、さらにはいかに誤っているにせよ信念の側面からすれば、人間と事物とのあいだには現在よりもわずかな距離しか存在しなかったと言わなければならない。ギリシアの神々、人間の衝動と感情とによる世界の解釈、個人的に干渉する神による世界の管理、人間の幸福への世界の目的論的な調整、これらはかつては自然との内的に親しい近さを心にあたえたが、しかしわれわれが自然の内部に通暁するのに用いるすべての洗練された方法は、たんにきわめて緩慢に少しずつしかこの自然との親しい近さに取って代わるにすぎない。それゆえわれわれはさしあたりはこのことを、発展は相対的に外面的な点においては距離の克服に向かい、内面的な点においては距離の拡大に向かっていると、言い表すことができる。ここでこの象徴的な表現の正しさは、まったく別の内容への適用可能性において再び明らかになる。環境たいする現代人の関係は全体として、彼らがもっとも近い圏をより遠くへ押しやり、よりはるかな圏により接近するといったふうに発展する。家族関連の弛緩の増大、もっとも近い圏への拘束とこの圏への献身とにおける耐えがたい窮屈感は、直接の環境とまさにもっとも鋭い対照をなす個性の強調の増大、つまりは個性の解放としばしば同じように、悲劇的に経過する。――この完全な距離化と手をたずさえて進行するのは、もっとも距離あるものとの関係の連結と、はるかに隔たっているものへの関心と、すべての空間的な近接にとって代わるような結合をもつ圏との思考上の共同体である。しかしこれらのすべてからなる総体像は、真に内面的な関係においては距離の設定を意味し、より外面的な関係においては距離の減少を意味する。文化的な発展によって以前は無意識的に本能的に生じたことが、後には明確な説明と分析的な意識とによって生じ、これにたいして他方では、以前であれば緊張した注意と意識的な努力とを必要とする多くのことが、機械的な慣れと本能的な自明事となる。――これに応じてここでも同様にもっとも距離あるものが、より近くにあるものへの距離をいっそう拡げるという代償を払ってより近くなる。

貨幣がこの二重の過程において演じる役割の範囲と強度とは、まずは距離の克服として明らかになる。価値の貨幣形式への翻訳のみが、利害関係者の空間的な距離をもはやまったく問題にしないあの利害の結びつきを可能にするということは、いかなる詳論も必要とはしない。数百のなかから一例を挙げれば、貨幣形式によってはじめてドイツの資本家は、そしてまたドイツの労働者も、スペイン内閣の更迭やアフリカの金鉱の収益や南アメリカ革命の成り行きに真に関与することができる。しかしここでは対立する傾向の担い手としての貨幣がより重要と思われる。家族関連のあの弛緩はそれでも個々の成員の経済的な特殊利益から生じるが、これはたんに貨幣経済においてのみ可能である。何よりもまず貨幣経済よって、生活をまったく個人的な天賦に向けることができるようになる。それというのもたんに等価物の貨幣形式のみが、きわめて専門化した業績の利用を許すからであり、この業績は、一般的な価値へのこの置換がなければほとんど相互の交換へ達することができなかったであろう。ところでさらにまたこの貨幣形式は、外部への個人的な結びつきを容易にし、成員の貨幣寄与もしくは貨幣で評価された業績のみを問題とする見知らぬ圏への加入を容易にすることによって――家族を、より集合的な所有が、とりわけ土地所有としての所有が家族にあたえる構造の極端な反対物へと形成する。集合的な所有がつくり出すのは、社会学的には家族成員の関連における持続性として現れる利害の連帯であり、これにたいして貨幣経済は家族成員に相互の距離化を可能にするばかりか、さらにそれを押しつけさえする。近代の生活のより広範な一定の形式は家族生活をこえて、まさに貨幣取引による距離化にもとづいている。それというのも貨幣取引は人びとのあいだに障害をおくからである。なぜなら二人の当事者のうちの一方のみがもともと彼の欲したものをつねに獲得し、このことによって彼の特殊な感情を解消するが、他方はさしあたってはたんに貨幣のみをえて、第三者においてはじめてまさに彼の欲するものを求めなければならないからである。両者のそれぞれがまったく異なった性質の利害をもって取引に入るということは、利害の対立がすでにはじめからひき起こしていた敵対に新しい疎遠さをつけ加える。これと同じ意味において作用するのは以前に論じた事実、すなわち貨幣が必然的に交易の全般的な客観化を、すべての個人的な色彩と方向との排除とを伴うということであり、この事実は――他の事実、つまり貨幣をめざす関係の数がたえず増大し、人間の人間にとっての意義が、しばしばきわめて隠れた形式をとってであるにせよ、貨幣的な利害へとますます後退するという事実と結びつく。この仕方において成立するのが、すでに述べたように人びとのあいだの内的な限界であるが、しかしこの限界のみが現代生活を可能にする。それというのも大都市の交流の相互の密集と多彩な混雑とは、あの心理的な距離化がなければまったく耐えられないであろうからである。現代の都市文化が商業上、専門上、社会上の交流によってひき起こしているほどに人びとが巨大な数の人間と肉体的に接近しあうということは、交流の性質のあの客観化が内的な限界と慎みとを伴わないとすれば、現代の感受性の強い神経質な人間を完全に絶望させるであろう。関係の貨幣的性格は公然であれ数千もの形態をとってであれ、人間のあいだに目に見えない機能的な距離をさし込み、そしてこの距離が、われわれの文化生活のあまりにも窮屈な接近と摩擦とにたいする内的な保護と調整とである。――

ところで生活様式にとっての貨幣の同じ機能は、他の人間にたいする距離化としてではなく、生活の事実内容にたいする距離化として、いまやなお深く個々の主体そのものへ下降する。今日では財産が原始時代のように消費手段からなる代わりに生産手段からなるということは、すでに非常な距離化なのである。文化的客体そのものの生産にますます多くの停泊地が挿入される――産物がますます原料から離れることによって――ように、財産所有の現在の様式は、財産がたんに直接の消費可能性の充満を意味するにすぎなかった時代よりは、所有者をすべての財産の決定的な目的から技術的に、そしてその結果また内的にもはるかに隔たった距離におく。生産の領域においても同じ内的な結果が、貨幣制度によって相互作用的に条件づけられた分業によって助成される。それぞれの個人が全体を作ることが少なければ少ないほど、彼の行為はますますあくまでもたんなる前段階と思われ、彼の活動の源泉はその到達点から、つまりは労働の意味と目的からますます後退する。さらにいまや直接的には、貨幣は人間と人間とのあいだに押し入るのと同じように、人間と商品とのあいだにも介入する。貨幣経済いらい経済的な取引の対象はもはや直接にはわれわれと対立せず、対象へのわれわれの関心は貨幣の媒介によってはじめてうち破られ、対象の特有の実際的な意義はわれわれの意識からはるかに遠ざかる。なぜなら対象の貨幣価値がこの意義を、われわれの関心関連における位置から多かれ少なかれ押し出すからである。目的意識がいかにしばしば貨幣の段階で停止するかについての以前の決着を思い出せば、貨幣がその役割を増大させることによってわれわれを客体にたいしてますます大きな心的な距離におくということが明らかになる。しかもしばしばそれは客体の質的な本質がわれわれをそれからまったく視界の外に移し、客体の完全な特有の存在との内的な関係が破られるような距離にである。しかもこのことは、たんに文化的客体のみに妥当するのではない。われわれの全生活はまた自然からの距離化によっても彩られ、これを強制するのは、貨幣経済的な生活とこれに依存する都市的な生活である。たしかにおそらくはこの距離化によってはじめて、自然にたいする特に美的なロマン主義的な感情も可能となる。自然との直接的な接触において生きることしか知らない者は、なるほど自然の魅力を主観的には享楽するかもしれないが、しかし彼には自然との距離が欠けており、たんにこの距離からのみ本来の美的な自然の考察が可能となり、そしてこの距離によってさらにロマン主義的な自然感情を特徴づけるあの穏やかな悲哀、未知の存在への憧憬と失われた楽園へのあの感情とが成立する。現代人が最高の自然の享楽をアルプスの積雪地帯と北海に見いだすのをつねとすれば、これはたしかに高まった刺激要求のみによっては説明されない。さらにそれはまた、われわれには特に反発的な近づきがたいこの世界が、われわれにとってはなお自然一般であるものの極端な高揚と様式化、つまりは心の遠景を表現するからでもある。そしてこの心の遠景は、身体的な接近の瞬間においてさえ、あたかも内的には到達できないもの、けっして完全には履行されない約束のようにわれわれの前に立ち、われわれのもっとも熱烈な献身にたいしてさえもかすかな防御と疎遠さとで答える。近代にいたってはじめて風景画が発達し——これは芸術としてたんに客体からの距離においてのみ、しかも客体との自然な統一の断絶において生きいきと生きることができる——、そしてまた近代にいたってはじめてロマン主義的な自然感情が知られたが、これらのことは、貨幣経済にもとづいて築かれた都市生活がわれわれにもたらしたあの真に抽象的な生活の、自然からのあの距離化の結果である。そしてまさに貨幣所有がわれわれに自然への逃避を許すということは、けっして右のことと矛盾しない。というのも都市の人間にとっては自然はたんにこの条件のもとでのみ享楽されるということ、まさにこのことが——いかに多くの置換とたんなる余韻のもとにおいてであるにせよ——人間と自然とのあいだに、それら両者を結びつけるだけでなくまた同時に分裂させもするあの法廷を押し入れるからである。

貨幣制度のこの意義は貨幣制度の高揚、つまりは信用においてより大規模に現れる。信用は、現金という中間法廷がするよりも表象の系列をなおより拡大し、しかもそれらの拡がりが短縮されないことをより決定的に意識させる。貸方と借方とのあいだの関係の転回点は、いわば両者の直線的な結合からはずれ、両者からの広範な距離において確定される。すなわち個人の活動は取引のように、それによって長期性と高められた象徴性とを獲得する。両替あるいは一般に金銭債務の概念は、はるかに離れた客体の価値を代表することによって、ちょうど空間的な遠方への眺望が拡がりの内容を遠近法的な縮小に圧縮するように、客体を自己のなかに濃縮する。しかも貨幣はわれわれを事物から遠ざけるが、しかしまた——この対立した作用においてその特殊な無関心を示しながら——事物をわれわれに近づけもするが、これと同じように信用指定は、われわれの財産額にたいして二重の関係をもつ。小切手取引にかんして一方においては、それが浪費にたいする鎮静剤をなすことが強調される。多くの個人は現金をもつばあい、同じ額を第三者に保管してもらい、それを処理するにはまずは指定によらねばならないばあいよりも、不用な支出に誘惑されやすい。しかし他方では、手放せる多くの金銭を目の前に見ずにたんに署名によってのみ処分するばあい、無思慮への誘惑はまさにとりわけ魅惑的に思われる。小切手取引という形式は一方においては、われわれと貨幣とのあいだの多岐にわたる機構、まずはつねにわれわれが動かさなければならない機構によって、われわれを貨幣から押しのけるが、しかし他方でそれは、それによってたんに技術的な便利さのみならず心理的な便利さのためにも、われわれの活動を容易にする。なぜなら現金はその価値をわれわれの眼前に知覚できるようにおき、それによってわれわれがそれから分離することを困難にするからである。

取引の信用性のこれと関連する意義のうち、一般的ではないがきわめて特徴的なひとつのみを取り上げよう。ある旅人の語るところによれば、あるイギリスの商人がかつて彼に「商品を現金支払いで買う者は普通の人であり、私が信用をあたえ六か月ごとに小切手で私に支払う者が紳士である」と定義したという。ここではまずさしあたり、次のような根本感情が注目に値する。すなわち紳士が前提とされ、そこで彼がそのようなものとして信用を受けるのではなく、信用を要求する者がまさに紳士であるという根本感情である。こうして信用取引がより高貴なものと思われるということは、たしかに二とおりの感情方向にさかのぼる。まず第一には信用取引が信頼を要求するということである。高貴の本質であるのは、高貴の心情と価値とを人前で示すことではなく、それへの信頼をたんに前提とすることであり、——それゆえまたこれに対応して、富の虚飾的な誇示はすべてとりわけ下品である。いっさいの信頼はたしかに危険をはらんでいる。高貴な者は、彼と取引関係にある者がこの危険を引き受けることを要求し、しかも彼が自己自身を絶対に確信して、その危険をけっして危険としては承認せず、それゆえいわばいかなる危険割増金をもその代わりにはあたえないといったニュアンスで要求する。まさにこの根本感情からシラーの格言詩は、高貴な性質の持ち主はすることによってではなく、彼が何であるかによってのみ重きをなすと述べている。右の商人にとっては即金での支払いには何か小市民的なものがあり、そうした支払いは経済的な諸系列のもろもろの要素を不安な隘路(あいろ)につめ込むが、信用はそれら諸系列のあいだの距離を拡げ、信頼によってこの距離を支配するということ、このことは理解できることである。諸要素の本源的な相互依存と直接的な統一とが解消し、それによって諸要素が独立化してたがいに後退し、いまやより精神的でより包括的な新たな総合へ統一化されるということが、あらゆるところにおけるより高い発展段階の図式である。信用取引においては価値勘定の直接性に代わって距離がおかれ、この距離の両極が信頼によってまとめられる。これは宗教心と同じであり、宗教心は——すべての擬人観とすべての感覚的な証明とは反対に——神と個々の魂とのあいだにより測りがたい距離を存続させ、まさにそれによってその距離を架橋する最高度の信仰をよび起こせば起こすほど、それだけより高くにある。商人身分の内部でのより大きな取引のばあい、信用にさいして高貴の要素がもはや感じられないということは、ここでは取引が非個人的な組織となり、信頼が本来は個人的な性格——これなくしては高貴というカテゴリーは適用されない——を失ったということによる。すなわち信用が技術的な取引形式であり、きわめて和らげられた心理学的な倍音を欠くこともあれば、それを伴うこともある。——そして第二に、小切手による最終的な支払いともなる小さな債務のあの累積は、商人にたいする買手の一定の留保をひき起こし、毎度の現金支払いにさいして生じる持続的な直接の相互作用は廃止され、商人の提供は、外面的に見ればいわば美的に貢献の形式を、少なくとも個々のばあいには反対給付なしに強者が受け取る強者への奉呈の形式をとる。ところで信用循環の終点においても支払いは人から人へと行われるのではなく、またもや信用証券によって銀行のいわば客観的な預金への指定によって行われるから、主体のこの留保は持続され、したがってあらゆる方向から「紳士」と小売商人とのあいだの距離が強調され、そしてこの距離が紳士の概念を成立させ、この種の取引がたしかにこの距離の適切な表現となる。

信用の生活様式への距離化の作用にとっては、この特異な例で十分であるが、たんに貨幣の意義へ立ち返るように教えるきわめて一般的な生活様式の特徴のみをなお記述しよう。近代をつうじて緊張と期待と解消されない圧迫の感情——あたかも人生と事物との決定的なことや本来の意味や中心問題といった重要事がやっと訪れるかのような——が現れ、最近はとりわけそれが著しいように思われる。これは明らかに、ここでしばしば強調した手段の優越、文化の増大にともなって生活の目的にたいして手段が獲得した優越による。貨幣とならんでおそらくは軍国主義が、そのためのもっとも適切な例である。常備軍はたんなる準備であり、潜在的なエネルギーであり、不慮の備えであり、これの最終決定と目的とが現在では比較的稀にしか生じないというのみでなく、さらにあらゆる力をもってそれを回避することが求められもする。それぱかりか軍事力の極端な緊張は、その本来の発揮を阻止する唯一の手段として賞賛されさえする。それゆえわれわれはこの目的論的な組織において、手段が目的に勝るという矛盾を絶対的な高みに押し上げた。すなわち手段の意義が増大するのに応じてまさに同じ程度に目的の忌避と否定も増大する。そしてこの形象は国民生活にますます浸透し、個人的で内政的な関係と生産関係とのきわめて広い範囲に関与し、一定の年齢層と一定の社会圏とに直接的にも間接的にもその色彩をあたえる。この方向は技術の進歩と評価とによる究極目標の幻想化において、著しくはないがより危険な仕方で潜行的に現れる。もともと生活において究極的に重要なものにたいして、技術の性能は現実にはまさにそれでもせいぜいのところ手段もしくは道具の関係にあり、しかしきわめてしばしばまったくこの関係にもないとすれば、――私は技術のこの役割を見誤らせる多様な誘因のうち、技術そのものがそれ自体において発展させた壮大さのみを強調するにとどめる。ある領域がその限界の内部においてそれに特有の前提のもとに達成した高みと偉大さと完成とが、全体としてのこの領域の重要性と混同されるということは、ほとんど不可避的なきわめて普及した人間的な特徴のひとつである。個々の部分の豊かさと完全性、領域が特有の内在的な理想に接近する程度は、一般的にもまた他の生活内容にたいする関係においても、いともたやすく領域の価値および品位とみなされがちである。何ものかがその類において類型の要求において測られればきわめて卓越しているが、他方この類と類型そのものは僅かで低いものを意味するという認識――この認識は個々それぞれのばあいに、きわめてとぎすまされた思考作用と分化した価値感覚とを前提とする。いかにしばしばわれわれは、特有の業績の意義をそれが所属している全領域に過度の意義をそえることによって――われわれがその相対的な高さをあの全体のうえに溢れさせ、そうすることでそれを絶対的な高みへと高めることによって――誇張しようとする誘惑に負けることであろうか。何らかの価値種類の卓越した個物の所有は――蒐集マニアの対象に始まって科学的な個別領域の専門的な知識にいたるまで、――いかにしばしば人を迷わせ、全体としてのまさにこの価値種類を価値宇宙との関連において、あたかもその個物がその価値種類の内部で全体に値するかのように高く評価させることになろうか。根底においては、全体の要素が相互に示す規定、それゆえ相対的に示す規定を全体へ移すというのが、つねに古い形而上学的な誤りであった。——この誤りから、たとえば世界のすべての部分とそれらの相互の関係とに妥当する因果的な基礎づけの要求が、世界の全体にたいしてもまた提唱される。近代の技術の熱狂者にとってはおそらくきわめて奇異に思われようが、彼らの内的な態度は思弁的な形而上学者の態度と同じ形式的欠陥を免れない。しかも事実はそれでもそうである。すなわち一定の目標の承認を前提として以前の状態にたいする現代の技術的な進歩が達成した相対的な高さが、進歩にとってはこの目標とそれゆえにあの進歩との絶対的な意義へと成長する。たしかにわれわれには現在、魚油ランプにかわってアセチレンと電気の光がある。とはいえ、照明の進歩にかんする熱狂がしばしば忘れるのは、本質的なことはとにかく照明ではなく、照明がよく見えるようにしたものだということである。電信と電話の勝利が人間を移し入れたまったくの陶酔は、なんとしても重要なのは人が伝えなければならないものの価値であり、これにたいして伝達手段が迅速であるか緩慢であるかは、きわめてしばしばたんに簒奪（さんだつ）によってのみ現代の地位に達することができた要件であるということを、しばしば人に見逃させる。しかも無数の領域においても同様である。

目的にたいする手段のこの優越は、その総括と尖鋭化とを次の事実に見いだす。すなわち生の周辺が、つまりは生の精神性の外部にある事物が、生の中核にたいする支配者、われわれ自身にたいする支配者となるという事実である。われわれが自然に仕えることによって自然を征服するというのは、たしかに正しい。しかし慣習的な意味においては、それでもたんに生の外堡にとってのみ正しいにすぎない。われわれが生の全体と深さとを見れば、技術がわれわれにもたらした外的自然にたいするあの処理能力は、外的自然にとらえられて精神性における生の集中化を断念するという代償を要する。この領域の幻想は、この領域に役立つ表現に明白に示され、そしてこの表現によって、外的自然の客観性と神話からの解放とを誇る観照方法が、この長所の正反対をもたらす。われわれが自然を征服あるいは支配するということは、まったく子供じみた概念である。というのもこの概念は何らかの抵抗と、自然そのもののなかの目的論的な要素と、われわれにたいする敵意とを前提とするからであるが、しかし自然はたんに無関心であるにすぎず、しかも自然の有用性のすべては特有の合法則性を曲げはしない。——ところが支配と服従、勝利と屈服についてのあらゆる表象は、対抗する意志が破られるということにのみ意味をもつ。たしかにこのことは、自然法則の効力が事物にたいして避けられない強制を課すという表現方法の対応物にすぎない。それというのもまず第一に自然法則は、それが唯一の可能な作用にとっての、つまりは個々の素材とエネルギーとにとってのたんなる方式であるため、けっして作用しないからである。支配者が領土を支配するのと同じように、あたかも自然法則が実在の力として現実を管理するかのように誤解する自然科学性の素朴さは、そのかぎりは神の御手による世俗の事物の直接の管理と紙一重である。さらにいわゆる強制、つまりは自然的生起が従うべき必然も、少なからず人を迷わす。このカテゴリーのもとに人間の心が感じるのは法則への拘束にすぎない。なぜなら、われわれを他の方向へ導くかもしれない心の動きは、この拘束と対立するからである。しかし自然の生起そのものは自由と強制との二者択一のまったく彼方にあり、たんに意識された心にとってのみ意味をもつにすぎない二元対立が、この「必然」によって事物のたんなる存在へと感情移入される。これらがすべてたんに表現の問題にすぎないとしても、しかしこの表現はそれでも、皮相的に思考するすべての者を擬人的な誤った道へと導き、さらに神話的な思考方法が避難所を自然科学的な世界観の内部においても見いだすことを示している。自然にたいする人間の支配という右の概念は、自然にたいするわれわれの関係についての自己阿諛（あゆ）的な瞞着を容易にするが、それでもこの瞞着そのものがこの比喩にもとづいて避けられなくもないであろう。たしかに外面的な客観性と可視性よりすれば、人間の側の支配は増大した。しかしそれによってこの歴史的な事実の対内的に適切な意義、つまりは主観的な反射が反対の意味において経過できないことは、まだまったく決定されてはいない。巨大な量の知能によってあの技術の理論的な基礎が提出されており、たしかにそれは学問を人生の支配者とするというプラトンの夢を実現するように思われるが、人はそのような知能によって惑わされはしない。しかし技術が自然の力と素材とをわれわれの生活へ引き入れるさいの糸は、われわれを束縛するのとまさに同数の拘束でもあり、この拘束によってわれわれには、生活の主要事にとってはまったくなしで済ませることができるし、また済まさなければならない無限に多くのものが不可欠となる。すでに生産の領域においては機械が、自然への奴隷労働を人間から取り除きはしたが、人間をまさに機械そのものへの奴隷に押し下げたと主張されるとすれば、――このことはより洗練されより包括的な内的な関係にとっても初めて正しく妥当する。すなわちわれわれは自然に仕えることによって自然を支配するという命題には、われわれは自然を征服することによって自然に仕えるという恐るべき裏面がある。現代的な生活の重要性と精神的な潜勢力とが個人の形式から大衆の形式へと移行したというのは、誤解もはなはだしい。むしろはるかにそれらは事物の形式へと移行し、機械と生産物との見渡しがたい充満と驚くべき合目的性と複雑な精巧性のなかで、現今の文化の超個人的な組織のなかで十分に力を発揮している。そしてこれに応じて、強固な個人の自己支配と規範設定的な性格とを奪おうと脅かす「奴隷蜂起」は、大衆の蜂起ではなくて事物の蜂起なのである。われわれは一方では生産過程の奴隷となったが、それと同じように他方では生産物の奴隷ともなっている。すなわち自然が技術によってわれわれに外部から提供するものは、外面的な性質をもつ幾千もの慣れと幾千もの気休めと幾千もの需要とによって、生の自己自身への帰属と精神的な求心性とを支配している。それとともに手段の支配はたんに個々の目的のみでなく、目的一般の座、すべての目的が出会う点をもとらえる。なぜならそれらの目的は、それらが現実に究極目的であるかぎりは、たんにその点のみから生じることができるからである。こうして人間はいわば自己自身から遠ざかり、彼と彼のもっとも固有のもの、つまりはもっとも本質的なもののあいだには、伝達可能性と技術的な成果と能力と享楽可能性とについての克服不可能性が挿入された。

ところで生の中心的で決定的な意味にたいする生の中間法廷のそのような強調に、この強調をまったく知らなかったいかなる時代も対立させることはできないであろう。むしろ人間はまったく目的と手段とのカテゴリーに頼るから、目的が直接に設定する要求と手段が設定する要求との衝突のなかで動揺するのが、たしかに人間の不変的な宿命である。つねに手段が含んでいるのは、もともと自己にではなく他者に妥当する力と意識とを使用するという内的な困難である。しかし生が得ようと努力する宥和された状態の持続を現実にも達成することは、実はけっして生の意味ではない。さらにわれわれの内面性の活動力にとってまさに重要なのは、右の矛盾を生きいきと保存することであり、その矛盾の激しさにおいて、それぞれの側の優勢において、両者のそれぞれが現れる心理学的な形式において、生活様式がもっとも特徴的にたがいに区別される。現代においては技術の優勢は明らかに明確な知的な意識の優越——原因としても結果としても——を意味するが、このような現代にかんして私が強調したのは、心の精神性と集中とが自然科学的・技術的な時代の公然たる壮観によってかき消され、緊張と無方向な憧憬との曖昧な感情として報いられるということである。あたかもわれわれの生存の全意味がはるかな遠方に横たわり、われわれはその意味を位置づけることができず、そこへ入る代わりにそこから離れるという危険につねにあるかのような感情としてであり、――そして次に再び、あたかもその意味がわれわれの眼前にあり、ともかくもまさに僅かな勇気か力かあるいは内的な確信がわれわれに欠けてさえいなければ、われわれは手をさしのべることによってその意味をとらえるといった感情としてである。私の信じるところでは、このひそかな不安、識閾（いき）の下のこのなすすべを知らない強い衝動は、現代の人間を社会主義からニーチェへ、ベックリーンから印象主義へ、ヘーゲルからショーペンハウエルへ、そして再び逆へとかり立てるが――このことはたんに現代的な生活の外的な躁急や興奮のみに由来するのではない。むしろ逆にこの躁急や興奮が、しばしばあのもっとも内的な状態の表現と現象と爆発なのである。心の中心における最終的決定の欠乏が、つねに新たな刺激と煽情と外的な活動とに瞬間的な満足を求めるようにかり立てる。こうしてこの欠乏がまずはそれ自体の側から、われわれを混乱した不安な寄るべなき状態におとしいれ、この状態があるときは大都市の喧噪として、あるときは旅行狂として、あるときは競争の激しい追求として、あるときは趣味や様式や心情や関係の諸領域における特に現代的な不誠実として現れる。生活のこの制度にとっての貨幣の意義は、本書のすべての説明が確定した前提からのたんなる帰結として明らかになる。それゆえ貨幣の二重の役割のたんなる言及で十分である。すなわち文化のすべての手段と道具は内的な究極目的のまえに進み出て、結局はこれを抑圧し追い散らすが、貨幣はたしかにそれらと肩を並べる。貨幣にあっては、一部はそれが激しく熱望されるために、一部はそれ自体の空虚さとたんなる流通的性格のために、あの目的論的な転移の無意味さと結果とがもっとも顕著に現れる。とはいえ貨幣はそれでも、右のすべての現象の等級上の最高のものにすぎないかぎり、われわれとわれわれの目的とのあいだの距離化の機能を、他の技術的な中間法廷よりもより純粋によりあますところなく、しかも原理的には同じ仕方で果たすにすぎない。ここでもまた貨幣はけっして孤立したものとしてではなく、たんにその下方において諸現象の段階にも現れる諸傾向の完全な表現としてのみ示される。たしかに貨幣は別の方向からすればこの全系列の彼方に立つが、これは、あの変形をこうむる個々の目的系列が目的系列として初めて成就されるさい、貨幣がしばしばその担い手であることによる。貨幣は手段の手段として、外的な生活のもっとも一般的な技術として、この目的系列を編み合わせ、この一般的な技術がなければわれわれの文化の個々の技術も未成立のままであろう。それゆえ貨幣はこの作用方向にむかってもまたその機能の二重性を示し、貨幣はこの二重性を統一化することによって、もっとも偉大でもっとも深い生活潜勢力一般の形式をとり戻す。すなわち貨幣は一方では生存の系列において同等なものとして、あるいは必要とあれば同等なもののあいだの第一のものとして立ち、他方においてはあらゆる個物を支える包括的な浸透する力として、それらの系列の上に立つ。こうして宗教は人生における力であり、人生の他の関心と並存しながらも同時にしばしばこれと対立もし、全体として生をつくり上げる諸要素のひとつであるが、他方では全体的な存在そのものの統一であり担い手である。――それは一方では生命有機体の部分であるが、他方では生命有機体を自己の高みと内面性との自己充足性において表現することによって、生命有機体と対立もする。――

いまや生の第二の様式規定に到達した。この様式規定は距離化のように空間的な類推によってではなく、時間的な類推によって特徴づけられる。しかも時間は内的な生起と外的な生起とを一様に包括するから、現実はそれによって以前のばあいよりもより直接的に、しかも象徴のより僅かな利用によって特徴づけられる。問題となるのは生内容が出現し後退するリズムであり、さまざまな文化時期一般がどこまで生内容の展開のリズム性を助長もしくは破壊するか、さらに貨幣がたんにその特有の運動においてリズム性に関与するのみでなく、生の周期のあの隆盛もしくは下降に自ら影響するか否かということである。われわれの生はそのすべての系列において上昇と下降のリズムに適応する。われわれは外的な世界において波動を直接に、しかもきわめて多くの現象の基礎に横たわる形式として認識するが、この波動はもっとも広範な圏における心をも支配する。われわれのすべての生活形式を規定する昼夜の交替は、われわれに普遍的な図式としてリズム性を描く。われわれは意味からみて同格の二つの概念を、心理学的にはその一方に揚音の強調を他方には抑音の強調をあたえないでは発音できない。こうしてたとえば「真実と詩」は「詩と真実」とはまったく異なった何かである。さらに三つの要素のうち第三が第二と同格であるべきばあい、これもまた心理学的に完全には実現されず、むしろ心的なものの波状形式は、第一の要素に似た強調を第三の要素にあたえようとする。たとえば Vermaß――(はけっして完全に正確には発音されず、むしろ不可避的に第三シラブルは、実は再び第二シラブルよりもいくらか強調される。大小にかかわらずリズミカルに繰り返される周期への活動系列の区分は、まずは力の節約に役立つ。個々の周期の内部での交替によって肉体的あるいは精神的な活動の担い手はこもごも保護され、他方では循環の規則性は同時にすべての運動複合への慣れをつくり出し、この慣れがしだいに確定されることによってそれぞれの繰り返しが容易になる。リズムは同時に多様性と一様性への、変化と安定への根本要求を満足させる。なぜならそれぞれの周期がそれだけで高揚と下降、質的もしくは量的な多様性といったさまざまな要素からなるが、それらの規則的な繰り返しは、系列という性格において鎮静と斉一性と統一性とをひき起こすからである。リズム性の単純性もしくは複雑性において、その個々の周期の長さや短さにおいて、その規則性と中断とにおいて、あるいはまたその脱落において、個人的および社会的な生系列、事実的および歴史的な生系列が、いわば抽象的な図式性を見いだす。ここで問題とされる文化発展の内部においては、まずさしあたりは諸現象の系列が現れ、これは早い段階ではリズミカルに経過するが後の段階では持続的あるいは不規則的に経過する。おそらくもっとも目立つのは、ほとんどすべての動物にあっては性的な興奮と無関心とがたがいに鋭く目立ちあうのに、人間にはこれらの動物のような一定の交尾期はもう存在しないが、未開民族は少なくともなおこの周期の残滓を示すということである。動物の発情期の相違を本質的に左右するのは、食物と気候の状態が子の養育にとってもっとも好ましい季節に出産が従わざるをえないということである。若干のきわめて野蛮なオーストラリアの黒人は家畜をもたず、それゆえ規則的な飢餓のもとにあるが、彼らのばあいもまた実際にはたんに一定の季節にのみ子供が生まれる。文化的人間は食糧と防寒防暑にかんする処置によって季節に依存しなくなり、ために彼らはこの点については個人的な衝動に従い、もはや一般的に、それゆえ必然的にリズミカルに規定された衝動には従わない。性生活の右にあげた対照が、彼らにあっては多少とも流動的な連続へと移行している。つねに確認されていることであるが、最大限の分娩と最小限のそれとのなお観察可能な周期性は、産業地域よりも基本的に農業を営む地域において、都市よりも田舎においてより決定的である。さらに子供は睡眠と覚醒との、活動と倦怠との制御されないリズムのもとにあり、これもまた田舎の状態においてはまだ近似的に観察される。——ところが都市人にとっては、要求のこの規則性（たんにその充足のみではない）はずっと以前から破られている。そして人間のまだ自然に直接に結びついた未分化な段階を女性が示しているということが真であるとすれば、女性の生理生活に内在する周期性は、その確認として役立つことができよう。人間がまだ直接に農耕の収穫もしくは狩猟の獲物に依存し、さらには行商人の到来やあるいは周期的な市場に依存するばあい、生活はきわめて多くの方向への拡大と縮小のリズムにしたがって運動しなければならない。あのオーストラリア黒人のようにすでに比較的高い段階にある多くの遊牧民、たとえば多くのアフリカ人にとっては、放牧地のなくなる季節は、それでも年々回帰する半飢餓を意味する。さらに本来の周期が存在しないところでさえ、それでも原始経済は消費にかんする自己需要については、少なくとも周期のあの本質的な契機を示している。すなわち欠乏から過剰へ、過剰から欠乏への対立の相互の無媒介な急転である。ここではいかに文化が調整を意味しているかは明らかである。文化が配慮するのはたんに、一年をつうじて必要とされる生活手段のすべてがほぼ同じ量で提供されることのみではなく、さらにまた貨幣によって浪費的な消費をも低下させることでもある。それというのもいまや一時的な過剰は貨幣に代えられ、それによってその享楽は一年をつうじて一様に持続的に配分されることができるからである。ここでは最後にすべての経済をまったく離れて、しかもたんにこの発展のもっとも特徴的な象徴として述べるのは、音楽においてもまたリズミカルな要素がまず最初に明瞭に現れ、まさにもっとも原始的な段階においてもっとも際立つということである。ある宣教師はアシャンティ族において、そこでの音楽が楽人の驚くべき拍子とりによって混乱した不調和を示すのに仰天した。カリフォルニアの中国風の劇場音楽は、耳をつんざくばかりの非旋律的な騒音にもかかわらず強いリズムをもつという。ある旅人はヴィントゥーン・インディアン（北米カリフォルニア北部に住む）の祭りについて、「やがて歌も歌われ、そこにインディアンはそれぞれ自分自身の感情を表現するが、そのさいそれらの歌は奇妙なことにたがいに完全に拍子が合っている」と語っている。さらに下方にくだれば、ある昆虫は雌を魅惑するために音を出すが、この音はするどくリズミカルに繰り返される同じ音調に成り立つ。――これは高度に発達した鳥とは異なり、鳥の求愛の囀りにおいてはリズムはまったくメロディーの背後に後退する。さらに音楽の最高の段階において注目されるのは、最近では発展はたんにヴァーグナーのばあいのみでなく彼の一定の対立者たちにあっても、リズミカルなものからまったく逸脱しているように思われ、彼らは歌詞においてリズミカルなものから遠ざかり、コリント書や伝導の書を作曲しているということである。抑揚の鋭い交替は、より調和のとれた形式やあるいはより不規則な形式へと席を譲る。われわれがこの類似から再び経済的および一般的な文化生活をかえりみれば、かつてはリズムが、感動や鼓舞を満足させる可能性によってそれらを超個人的な周期性に従わせたが、人が貨幣によってすべてをいつでも買うことができ、それゆえ個人の感動や鼓舞がもはやリズムを固持するにおよばなくなっていらい、文化生活は一般的な一様化にとらえられているように思われる。そして現在の経済秩序の批判家たちが過剰生産と恐慌とのあいだの規則的な交替を非難するとすれば、彼らはそれによってそれでもまさにこの秩序のまだ不完全なもの、連続的な生産と売行きとに移し入れられた不完全なものを、特徴づけようとする。ここで思い起こされるのは輸送制度の拡張であり、これは郵便馬車の周期性から、もっとも重要な地点のあいだをほとんど絶え間なく結ぶ連絡へ、さらについには電信と電話へと進歩した。そして電信と電話はコミュニケーション一般をもはや時間的規定に拘束しなくなる。さらに思い起こされるのは人工的な照明の改善であり、これは昼夜の交替を、生活をリズミカルにするその結果とともにますます根本的に麻痺させる。さらにもうひとつ思い起こされるのは印刷された文献であり、これは緊張と休止とのあいだの思考過程の本来の有機的な交替から独立して、思考と刺激とをまさにそれらを欲するあらゆる瞬間にわれわれに供給する。要するに、よく言われるように文化がたんに空間のみでなく時間をも征服するとすれば、このことが意味するのは、時間的な区分の規定がもはやたんにわれわれの行為と享楽にとっての強制的な図式を形成しないということのみでなく、さらにこの図式がなお、一方におけるわれわれの意志と能力と他方におけるそれらの活動の純粋に客観的な諸条件、この両者のあいだの関係のみに依存しているということでもある。それゆえ一般的に提供される諸条件はリズムから解放されて、ますます調整されて個性に自由と可能な不規則性とを調達する。リズムへ統一化されている一様性と相違との要素がこの分化へと分離する。

しかし生活様式の発展を、人を惑わすような簡単な方式に、すなわち生活様式がその内容のリズムからいっさいの図式とかかわりのない内容の確認へとさらに発展するという方式に封じ込めることは、まったくの誤りであろう。この方式はむしろ、発展の一定の断面のみに妥当するにすぎず、発展の全体はより深くより錯綜した模写を必要とする。それゆえまず第一に、あのリズムの心理的・歴史的な意義を調べるが、そのさい純粋に心理的に誘発されたリズムの出現は、それがたんなる外的な自然の周期性を繰り返すにすぎないからには顧慮しない。

シンメトリーを空間におけるリズムと呼ぶことができるのと同じように、リズムを時間に移行されたシンメトリーと呼ぶことができる。リズミカルな運動を線で描けば、シンメトリックになる。そして逆にシンメトリックなものの考察はリズミカルな表象作用となる。両者は同じ根本動機の異なった形式であるにすぎない。耳の芸術においてのリズムと同じように目の芸術においてシンメトリーは、素材のあらゆる造形の端初である。一般に事物に理念と意味と調和とをもたらすには、まずはそれらをシンメトリックに形成し、全体の諸部分をたがいに調整し、それらを中心点をめぐって対照的に秩序づけなければならない。人間の形式賦与的な力はそれによって、たんなる自然の造形の偶然と混乱とにたいして、もっとも迅速でもっとも明確な直接的な仕方で知覚される。シンメトリーは合理主義の最初の力の実証であり、これによって合理主義はわれわれを無意味な事物とそのたんなる受容から解放する。それゆえ未開民族の言語もまた、文化的言語よりもしばしばはるかにシンメトリックに組み立てられ、さらに社会的な構造さえ、たとえば低い段階のさまざまな民族の組織原理をなす「百人組」において、大衆を監視と指導の可能な形式へともたらす知能の最初の試みとしてシンメトリックな区分を示している。よく言われるようにシンメトリックな配列はあくまでも合理主義的な本質をもち、それはある一点からの多量なものと多数のものとの支配を容易にする。衝撃は、諸部分の内的構造と限界とが不規則で動揺するばあいよりも、シンメトリックに配列された媒介によるほうが、より計算可能な仕方で抵抗もなくより長く存続する。事物と人間とが体系の桎梏のもとに屈服する——すなわちシンメトリックに配列される——ばあい、悟性はもっとも早くそれらを制御する。それゆえ専制主義と同様に社会主義もまた、社会のシンメトリックな構成への特に強い傾向をもつ。両者にとっては社会の強固な集権化が重要であり、それゆえに諸要素の個性と、それらの形式と関係との非一様性とが、シンメトリーへと平準化されなければならない。外面的な象徴においてはルイ十四世は、扉と窓とをシンメトリックにするために自分の健康を危険にさらしたという。そしてまさに同じように社会主義的なユートピアは、その理想都市ないしは理想国家の地域的な細目をつねにシンメトリーの原理にしたがって構成する。すなわち集落あるいは建物は、円形かさもなくば方形に配列される。カンパネラの太陽の国家においては首都の設計は数学的に測定され、市民の日課や彼らの権利と義務の等級もまた同様である。ラブレーのテレミートの修道院は、モアへの反対から絶対的な個人主義を説き、このユートピアにはいかなる時計もあってはならず、すべてが要求と機会とによって生じるべしとされるが、しかし生活の無条件的な算出と合理化の様式はそれでも彼をそそのかして、理想国家の建造物を正確にシンメトリックに配列させた。すなわちそれぞれの隅には直径六〇歩の塔のある六角形の巨大な建物がそれである。中世の建築職人組合はすべての者を規格化する厳格で几帳面な生活方式と制度をもち、その「事務所」はできるかぎりは正方形に建てられていた。社会主義的な計画のこの一般的な特徴はたんに粗野な形式においてのみ、人間の行為の内面的に調整された調和的な組織、非合理的な個性のすべての抵抗を克服する組織の思考を実行する深い魅力を表す。こうしてシンメトリックでリズミカルな造形は、悟性が生の素材をいわば様式化して支配し同化できるものとする最初のもっとも単純な造形として、つまりは悟性が事物のなかへ入り込んで形成されるための最初の図式として現れる。しかしまさにこれによってこの生活様式の意味と権能にとっての限界もまた示される。それというのも悟性は二つの方向へ制圧的に作用するからである。すなわちあるときは主体にたいしてであり、主体の衝動と要求とはあの固定化的な図式と調和して現れるが、これはあらかじめ予定されていたことではなく、つねにたんに幸運な偶然にすぎない。さらにまた同様に外的な現実にたいしてであり、この現実の力とわれわれにたいする現実の関係とは、たんに暴力的にきわめて単純な枠組みのなかへ把握されるにすぎない。さまざまな妥当領域への正しい配分のもとでは、このことはたんに外見的には逆説とも見えようが、自然は心が要求するほどにはシンメトリックではなく、また心は自然が要求するほどにはシンメトリックではないと表現することができる。現実にたいする分類が必然的にもたらす暴力性と非適当性のすべては、生内容の造形におけるリズム化とシンメトリーにもふさわしい。個人が人物や事物にたいして彼の存在の形式と法則を押しつけることによってそれらに同化するばあい、なるほど彼には著しい力があらわれ、さらになおそれでもよりいっそう偉大な人間は事物の特性にたいして公平でありながらも、事物をまさに事物の特性によって、しかもこの特性にしたがって彼の目的と力の圏内に引き入れる。――これと同じように理論的および実践的な世界をわれわれの図式へ強制するのは、たしかに人間的なものの高さである。しかし事物の特有の法則と要求とを認識してそれらに従順でありながらも、それを先ずそのようにわれわれの存在と作用のなかに据えることは、さらに偉大である。それというのも、このことがわれわれの存在と作用とのはるかに偉大な拡張能力と可塑性とを証明し、それのみではなく、このわれわれの存在と作用とがまた事物の豊かさと可能性とをはるかに根本的に汲みつくすことができるからでもある。それゆえわれわれはなるほど多くの領域において、まだ克服されない発展段階よりも後の合理的・体系的な原理としてのリズムをみるが、しかし他の領域はこの発展段階に、その時々に応じて造形のために場所をあけさせ、もたらされた図式の前もっての規定を事物そのものの交替する要求へと分解する。こうしてたとえばわれわれが知るのは、規則的な食事時間の制度が高い文化状態においてはじめて一日を一般にリズミカルに分節化したということである。日ごとの固定した複数の食事時間は、いかなる自然民族にも生じてはいないように思われる。これにたいして、たしかにわれわれがすでに右に述べたところであるが、食糧の全体にかんして自然民族にはしばしば窮乏の時期と贅沢三昧の歓楽の時期との規則的なリズムがあり、より高い経済技術はこのリズムを完全に除去した。とはいえ日ごとの食事時間の右の規則性が大きな安定性に達するのは、社会的および精神的な階梯がきわめて高くはあるが、しかしおそらくはまだ高すぎるほどではないという段階においてである。最高の社会層においてはこの規則性が職業や社交、さらには多種多様な複雑な顧慮によって再び多くの断絶をこうむり、さらに日々の問題と気分との要求の変化が、芸術家や学者をまさにこの断絶へと誘うであろう。このことはすでに、食事時間のリズムが――そしてその反対が――いかに労働のリズムに対応しているかということを示している。ここでもまたさまざまな系列がまったくさまざまな状況を認識させる。自然人は食べるのとまったく同じように不規則的に働く。彼らは困窮あるいは気まぐれにかり立てられて猛烈に努力するが、この努力に絶対的な怠惰の時間が続き、両者はまったく偶然的に無原則に交替する。少なくとも北方の国々については鋤の農耕とともに初めて活動の固定した秩序、力の緊張と休息との有意味なリズムが始まったということは、おそらくは当然であろう。このリズムが極端な程度にまで達したのが、たとえばより高度の工場労働やあらゆる種類の事務所における労働においてである。科学的、政治的、芸術的、商業的といった文化的な活動の頂点においては、このリズムは再びひどく低下するのがつねであり、こうしてわれわれがたとえば著述家について、彼が毎日同じ時刻にペンをとり同じ時刻にペンを置くと聞けば、製作のこの変わらないリズムは彼の霊感と内的な意義にたいしてわれわれを不信にする。しかしまた賃金労働者の内部においても発展は、まったく異なった動機からであるにせよ、不規則性と計算不可能とをより後の段階としてもたらす。イギリスの大産業が出現したさい、不景気ごとに大企業の経営は多くの小企業のそれよりもはるかにひどく撹乱され、労働者はこれに大いに苦しんだが、これはたしかに同職組合が損失を分割するのをつねとしたからである。以前には親方たちは不景気な時期には在庫を目指して働いたが、いまや労働者たちは簡単に解雇される。以前は賃金は毎年当局によって定められたが、いまは価格が下落するたびに引き下げられる。この状態のもとでは多くの労働者が、新しい制度のより高い賃金にたいしてより不規則な仕事一般で報いるよりは、古い制度のもとで働き続けることを選ぶと報告されている。このように資本主義とこれに対応する経済的な個人主義化とは、少なくともあちこちで全体としての労働を――それゆえにまた、たいていはその内容を――同職組合の時代よりもはるかに不安定なものとし、はるかに偶然的な状況にゆだねた。同職組合の時代には、大いに安定していた労働条件が日々年々の他の生活内容にも、はるかに固定したリズムをあたえていた。さらに労働内容の形態にかんして最近の研究の証明するところによれば、以前の労働内容、とりわけ原始的な共同作業における労働内容と歌謡を伴っていたあらゆるところでの労働内容とは、圧倒的にリズミカルな性格をもっていたが、しかしその後は道具の改良と労働の個人主義化とによって、この性格は再び失われた。ところがいまやまさに現代の工場経営が、再び強いリズミカルな要素を含むこととなった。とはいえそれは、一様に繰り返される厳格な運動に労働者を拘束するかぎりにおいて、あの古い労働のリズムとはまったく異なった主観的な意義をもつ。それというのもこの古い労働のリズムは生理的・心理的なエネルギー性の内的な要求に従ったが、しかしいまはこのエネルギー性が無情な客観的な機械の運動に直接に従うか、そうでなければ労働者集団の成員としての個々の労働者にとっての強制に従い、個々の労働者はたんなる小さな部分過程を果たすにすぎず、この部分過程によって他者と歩調を合わせるからである。おそらくこのことはリズム一般にたいする感情の鈍化をうみ、この鈍化は以下のような現象を説明できるであろう。古い職人組合は今日の労働組合のように労働時間の短縮のために闘争した。しかし職人組合が午前五時あるいは六時から午後七時までの労働を、それゆえにもともと睡眠時刻までの日中全部の労働を受け入れ、その代わり精力的にまったく自由な日を主張したのにたいし、――今日では日々の労働時間の短縮が問題となっている。それゆえ労働と休養との規則的な交替が行われる周期は、近代の労働者にとっては短くなっている。昔の労働者にあってはリズミカルな感情は幅広く、週の周期で満足されるほど十分に持続的であった。しかしいまはその感情が、――おそらくこれは神経力の低下の結果であり表現であろうが――頻繁な刺激を必要とし、それがあの主観的に望まれる結果に達するためには、より急速に交替が生じなければならない。

貨幣制度の発展も同じ図式にしたがう。それはある種の中間段階としての一定のリズミカルな諸現象を示す。すなわちその最初の出現は混沌たる偶然のなかで動揺しなければならなかったが、この混沌に始まって貨幣制度は、それでもつねに原理と有意味的な形態とを示す段階に到達し、ついにはその後の段階において活動の持続性を獲得し、これによってリズミカルではあるが高い意味ではなお偶然的な図式の強制からは自由に、すべての事実的および個人的な必然性に順応する。第二の段階から第三の段階への推移を若干の事例で示せば、われわれの目的にとっては十分である。まだ十六世紀においても規則的な両替定期市以外でかなりの金額を調達することは、アントワープのような大規模な貨幣取引の場所においてさえほとんど不可能であった。個人が貨幣を必要とする任意のあらゆる瞬間へのこの調達可能性の拡大は、貨幣経済の完全な発展への移行を特徴づける。貨幣取引の中世的な困難と非合理性とに慣れた人びとによってアントワープの取引が「無限の大市」と名づけられたということは、ともかくも貨幣制度のリズミカルな形態と非リズミカルな形態とのあいだの動揺とこの動揺の感知とを特徴づける。さらに個々の事業家はすべての支払いを直接に現金で行ったり、あるいは現金で受け取ったりするかぎり、規則的により大きな額が支払い期限に達したときには、かなりの手持ち現金を調達しなければならず、しかも他方では受け取りが超過するときには、それをただちに合目的的に投資することを知らなければならない。貨幣取引の大銀行への集中化は彼をこの周期的な集積と支出への強制から免れさせる。それというのもいまや彼と彼の事業仲間とは同じ振替銀行と取り引きすることによって、資産と負債とはたんに帳簿の繰越によって決済され、こうして商人は日々の支出のためにはつねに変わらない相対的に微々たる現金のみを必要とするにすぎないからである。ところが銀行そのものは、さまざまな方面からの入金と支払いとがたがいに全体としては弱めあうから、いつもの個々の商人よりも相対的にははるかに僅かな手持ち現金を準備するだけでよい。最後に最近の例をあげよう。未発達な貨幣文化の時代においては多かれ少なかれ周期的な窮乏と過多との交替は、これに応じた利率の非常な安値と詐欺的な高値とのあいだの周期的な交替をひき起こす。いまや貨幣経済の完成はこの動揺を次のように調整する。すなわち利率は以前の時代と比較すればほぼ安定しつづけ、したがって一パーセントのイギリスの銀行割引率の変化はすでに大きな重要性をもつ出来事と考えられ、これによって個人は性向をきわめて可動的にし、個人をこえた変動とそのリズムがかつては個人の独特の事業産出の要求を十分にしばしばそれに逆らう形成へと強制していたが、いまや個人はこの変動の制約から解放される。

ところがリズムあるいはその反対が生存内容にあたえる諸形態は、発展の交替する段階としての形式をはなれて同時的にあらわれる。リズミカルでシンメトリックなものという象徴によって言い表すことのできる生活原理と、個人主義的で自発的と呼ぶことのできる生活原理は、より深い本質方向の定式化であり、両者の対立はこれまでの例のように、つねに必ずしも発展の進行への編入によって宥和されるとはかぎらず、むしろ個人と集団との持続的な性格を終極的に特徴づける。シンメトリックな生活形式はすでに強調したように、専制的であるにせよ社会主義的であるにせよ、集権的な傾向の技術であるのみではなく、さらになお魅力そのものをもっている。すなわち内的な調整と外的な封鎖、諸部分の調和とそれらの運命の計算可能性とは、すべてのシンメトリックな体系的な組織に魅力をあたえ、この魅力の作用はすべての政治をはるかに越えて、公的および私的な関心を形成する無数の力にまでおよんでいる。この魅力によって生存の個人的な偶然性は、それを芸術品とする統一性と見通しとを得るはずである。問題となるのは、機械がおよぼすことのできるのと同じ美的な魅力である。運動の絶対的な合目的性と信頼性、抵抗と摩擦の極端な減少、最小の構成部分と最大のそれとの調和的なかみ合い、これらが機械そのものに皮相な観察にあってさえ独特な美をあたえ、これを工場の組織は拡大された規模で繰り返し、社会主義国家の組織はさらにきわめて大規模に繰り返すはずである。しかしあらゆる美的なものと同じように、この魅力の基礎となっているのは生の最終的な方向と重要性、心の基本的な性質であり、美的な魅力あるいは確証もまた、外的な素材におけるその現象であるにすぎない。われわれはその心の性質を、生の素材におけるその発達、すなわち美的、道徳的、社会的、知的、幸福主義的な発達をもつように、もともとはもってはおらず、むしろわれわれがそのような性質なのである。人間的な本性のこの最後の決定は言葉によっては言い表すことができず、それは究極の衝動力と指令としてのあの個々の表現からのみ感知されるにすぎない。それゆえ対立する生形式の魅力はまさに同様に議論の必要はなく、貴族主義的な傾向と個人主義的な傾向——これらがわれわれの関心のいかなる領域にあらわれようとも——は、それらの魅力の知覚においてたがいに一致する。歴史上の貴族制は好んで体系性を避け、個人を彼の外部の図式にはめ込む一般的な形成を避け、いっさいの構成——政治的、社会的、実際的、個人的な性質をもつ——が真の貴族的な感情にしたがって独特の構成としてたがいに団結し、その実を示すべであるとする。ためにイギリスの生活の貴族主義的な自由主義は非シンメトリーのなかに、対照による予断からの独自の事例の解放のなかに、そのもっとも内的な動機をもっとも典型的でいわばもっとも有機的な表現を見いだす。熱烈な自由主義者マコーリーは、まったく直接にこれをイギリス憲政の独特の強さとして強調する。彼の述べるところによれば「われわれはまったくシンメトリーについては考えないが、しかし合目的性については大いに考える。われわれは変則をたんにそれが変則であるというだけではけっして遠ざけはしない。われわれは、まさに問題とされる特別な事例が必要とするよりも広い範囲のいかなる規定も定めはしない。これが、全体的にジョン王からヴィクトリア女王に至るまでの、われわれの二百五十の議会の審議を導いてきた規則である」。それゆえシンメトリーと理論的な完結との理想は、すべての個人にたいして一点から意味をあたえるから、ここでは他の理想のために、すなわちそれぞれの要素が自己の独自の条件にしたがって独立に生きつくすという理想のために投げ捨てられ、こうして全体はおのずと無規則で不釣合いな現象を呈する。そしてこの対立が個人的な生活様式へいかに深く下降しているかは明白である。一面においては生活の体系化である。すなわち生活の個々の領域は中心点をめぐって調和的に秩序づけられ、すべての関心は綿密に段階づけられ、関心のそれぞれの内容は全体系が規定するかぎりにおいてのみ許される。個々の活動は規則的に交替し、行動と休止とのあいだには確定された順番がある。要するに並存においても継起においてもリズムがあり、このリズムは要求や力の発揮や気分の計算不可能な動揺を考慮しないし、また外的な刺激や状況や機会の偶然をも考慮しないが――しかしその代わりに生存形式を手に入れ、これは自己にふさわしくないもの、あるいは自己の体系に適合するようには改造できないものは、何ものをも生のなかに立ち入らせないように努力することによって、それ自体を完全に確信している。他面においては、生の形成が状況に応じてそれぞれの瞬間の内的な所与をそれと一致する外的世界の所与とできるかぎり好ましい関係におき、知覚と行動への中断されない準備が同時に、いつであれ事物の提示と要求とが現れればそれらに従うよう事物の固有生命につねに耳を傾ける。それとともにたしかに生の計算可能性と確実な釣合、狭義の生の様式が犠牲にされ、理念は素材への適用においてつねに体系性と定ったリズム性へと拡張するが、生はこの理念によって支配されずに、むしろ生の個性的な諸要素から形成され、生の全体像のシンメトリーに煩わされることはない。というのもここではこのシンメトリーは魅力としてではなく、たんに強制としてのみ感じられるからである。――シンメトリーの本質であるのは、全体のそれぞれの要素が他の要素とさらに共通の中心とへの顧慮によってのみ、その地位と権利と意味とを受け取るということである。これにたいしてそれぞれの要素がたんにそれ自体にのみ服従し、たんにそれ自体のためにのみ、しかもそれ自体から発展するやいなや、全体は不可避的に非シンメトリーで偶然的となるであろう。まさにその美的な反映を顧慮すれば、この抵抗は社会的な総体――政治的、宗教的、家族的、経済的、社交的、さらには他の種類の――と総体の個人とのあいだで演じられるすべての過程の根本的な動機として示される。個人は、完結した全体、特有な中心をもつ形成であることを熱望し、この中心から彼の存在と行為とのすべての要素が、たがいに関係ある統一的な意味を得る。これにたいして超個人的な全体はそれ自体において完成され、自足的な重要性によって独特の客観的な理念を実現させるべきであるとすれば、――その全体は部分のそのような完成を許すことはできない。すなわち人は複数の木からはいかなる木をも成長させることができず、たんに細胞からのみ成長させることができ、複数の絵画からでは絵画を描くことはできず、たんにタッチからのみ描くことができ、このタッチはそれだけでは熟練と固有の生命と美的な意味とをもちはしない。全体の全体性は――それがたんに個人の一定の行為においてのみ、しかもおそらくは各個人の内部において実践的な現実を獲得するとしても――個人の全体性にたいして永遠の闘争関係にある。それゆえ全体の美的な像は、まさに美の魅力がつねにたんに全体とのみ結びつくから――全体が直接的な観照性をもとうと、断片のように想像力によって補われた観照性をもとうと――特に強調的である。芸術の完全な意味は次のことにある。すなわち数千の糸によって現実と結びついた依存性をもつ現実の偶然的な断片から、それ自体に宿る全体性を、いっさいの外的な存在を必要としない小宇宙を形成することである。個人と超個人的な存在とのあいだの典型的な葛藤は、美的に満足できる像となろうとする両者の両立しない努力として表示できる。

貨幣はさしあたりは、たんにこれらの対立形式のひとつの明確化のみに役立つように思われる。それというのも貨幣そのものは絶対に無形式であり、それはそれ自体においては生内容の規則的な高揚と沈潜へのごく僅かな指示も含まず、あらゆる瞬間に同じ新鮮さと重要さとであらわれ、その遠隔作用によってとともにまた同一の価値基準への事物の還元によっても、普通であれば個人にたいして彼の活動と感情との可能性に普遍妥当の転換を負わせる無数の変動、距離と接近との相互の交替、振動と静止とを平準化する。流動する貨幣が流動的と呼ばれるのはきわめて特徴的である。流動性のように貨幣には内的な限界が欠け、したがって貨幣は、折りにふれて貨幣に提供される固定した表現から外的な限界を無抵抗に受け取る。こうして貨幣は生活条件のリズムを、われわれを超個人的に強制するそのリズムを、調整された動揺のない状態へと移行させるための、それ自体もっとも無差別であるからもっとも徹底的な手段であり、生活条件のこの調整された動揺のない状態によってわれわれの個人的な力と関心とは、一方では個人的であるが他方ではより純粋に事実的な、より自由な確証をあたえられる。にもかかわらず、まさに貨幣そのものとして実体のないこの本質によって、状況の発展段階もしくは人格の傾向がそれへと殺到するばあいに貨幣もまた、生の体系性とリズム性とを受け取ることができるようになる。われわれは自由な制度と貨幣経済とのあいだに緊密な相関関係の存在することを知ったが、それでも少なからず注意を引くのは、専制政治が貨幣において比類なく合目的的な技術、次の手段、すなわちその支配の空間的にもっとも隔たった地点、自然経済にあってはつねに杜絶と自立化へと傾く地点を自己に結びつける手段を見いだすということである。そしてイギリスの個人主義的な社会形式は貨幣制度の発展において大きくなったが、また貨幣制度が社会主義的な形式の先駆として示されるのは、それが弁証法的な過程によってその否定としての社会主義的な形式へと激変するという意味においてのみではない。さらにわれわれが多くの場所で見たように特に貨幣経済的な状況が、社会主義によって追求された社会主義的な形式の略図もしくは原形をまったく直接にあたえるからでもある。

ここで貨幣は、われわれにとってすでに以前に重要となった生活力のカテゴリーに組み込まれるが、このカテゴリーのきわめて独特な図式はこうである。すなわちそれらの生活力は本質と本源的な意味よりすれば、当該の関心領域が分離して対立するばあいも、この対立を超越し、それらの関心に関与しない無差別としてそれらの彼方に立つが——しかしやがては、あるいは同時に個体の対立へと下降する。すなわちそれらの生活力は、いままさに無関与者あるいは裁判官であるばあいにも党派となる。まず第一に宗教がそうであり、——人は欲求と満足、当為と実践、世界の理想像と現実とのあいだの離反を宥和するために宗教を必要とする。しかしひとたび人間が宗教をつくり出すや、宗教は最高の瞬間に到達した高みにとどまることなく、みずから闘争場裡に下降し、それがまさにみずからにおいて統一化した生存の二元対立の一派となる。宗教は一方においては、われわれがわれわれの全生命と感じるものに対等の力として対立し、われわれの他の人間性のあらゆる相対性の彼方の全体性である。だがしかし宗教は他方においては再び生活のなかに立ち、生の要素のひとつとして他のあらゆる要素との相互作用においてはじめて生の全体を形成する。こうして宗教は完全な有機体であると同時に分肢でもあり、生存の部分であると同時に内面化されたより高い段階での生存そのものでもある。同じ形式を示すのは国家の行動である。たしかに国家の意味は、諸党派とそれらの利害の葛藤の上に立つことにあり、そしてこの抽象的な高みを国家は、社会の最高法廷としてのその力と不可触性と地位とに負っている。ところで国家はすべてを備えているにもかかわらず、個別の社会諸力のあの闘争のなかに踏み込み、一方に加担して他方と対立するのをつねとする。そしてこれらの社会諸力は、たとえより広い意味においては国家によって共に包括されてはいても、狭い意味においては力にたいする力のように国家に対立する。形而上学がたとえば精神的な本質を存在の総体に帰し、あらゆる現象を担いあるいは成り立たせる絶対的なものを精神的な実体として説明するばあい、形而上学の内部で繰り返されるのは最高法廷のこの二重の地位である。しかし形而上学はこの絶対的なものを、同時に相対的なものとして承認しなければならない。それというのもたんに物体性のみが現実には精神と対立し、この対立においてはじめて精神が自己の本質を見いだすのみではなく、さらに邪悪や怠惰や敵意といった価値のない性質の精神的な諸現象が生じるからでもある。そしてそのような形而上学はこれらの現象を、自己にとって存在の絶対的な実質である精神そのものに所属するものとしては考察しないであろう。むしろこの精神は党派や調整や特別の価値として、より非精神的で不完全なすべての存在と対立させられるが、それでも精神は他方においては絶対的なものであるから、まさにいまやそうした存在をなお共に包括する。この二重の存在は自我の概念においてもっとも徹底的に活動的となる。自我とはその表象が世界であるが、それは等しく支配的な高みにある世界の個々のいっさいの内容と対立し、いわば自我の内容の相互の私的要件として自我の内部にのみ生じるあらゆる質と相違との関係との彼方にある。しかしわれわれの実際の生活感情は自我をこの高みには置かず、それを自我の他の内容よりも一定の内容とより多く同一視する。——これはちょうど宗教心と同じであり、それでも神はすべての他のものに同じように活動的であるはずであるが、宗教心は神が一定の場所に特に適合するのを知る。——自我は自我そのものの個々の内容となり、残余の世界とその特殊性にたいして分化し、友好的あるいは敵対的に、高くあるいは低くに適応するが、他方では自我の意味は自我をそれでもこれらのすべての上に置くであろう。それゆえこれは、貨幣の支配領域にたいする貨幣の関係が、内容的には貨幣ときわめて疎遠なあの諸力と一致するばあいにとる形式類型である。貨幣の本質もまた抽象的な高みにあり、この高みによって貨幣は生活のあらゆる個別利害と様式形態の上へ上昇する。貨幣はその意義を、それらの利害と形態のすべての運動と葛藤と調整のなかで、さらにそれらから獲得し、ここで獲得された中立的な普遍的なものは、それ自体のなかには特殊な利害の奉仕にたいする賛否のごく僅かな手がかりも含まない。そしていまや貨幣は、まさにすべての特殊なものや一面的なものからの隔離の結果として、比類のない遠隔作用と力の集中とあらゆるところへの浸透性のすべてをあたえられて、特殊な熱望あるいは生活形成の奉仕に専念する。そしてここに宗教や国家や存在の形而上学的な精神性のような諸形象とのすでに強調した一般的な相等性の内部において、――これらの形象にたいする注目すべき相違が現れる。これらの形象はすべて特殊な関心や立場の水準へ下降するばあい、つねに二つの立場の葛藤に踏み込み、その一方に賛成すれば敵対者と対立することとなる。それらの形象は、特殊な差異への無差別を表現していたが、いまやその一方と結びつくかあるいは同一化し、他方をそれ自体から排除する。しかし貨幣はそれが通用する範囲において、ほとんどいずれの傾向によっても一様に自由に処理される。右の他の諸力は一般的な意味から特別な意味へ変わるやいなや、他のものにたいする敵対の形式を受け入れるが、貨幣はつねにこのような敵対の形式においては活動しない。対立する二者がこもごも現れて貨幣にたいする一般的な関係をそれぞれの相違の形成と葛藤の決着とに利用するばあいも、貨幣はそれらの対立する二者に一様に自己をゆだね、この一様性においても貨幣はまた実際に包括性を維持し、この包括性が貨幣の一般的な意味をなす。貨幣の客観性は実際にはけっして対立の彼方にあるのではなく、その対立の一方によってのみ他方にたいして不当に利用されることもなく、この客観性ははじめから対立の双方への奉仕を意味する。

しかしこれによって貨幣は、普通はもっとも相違するものさえも区別なく吸い込む空気や、あらゆる党派の利用を同質性によって拒まない武器が属している広いカテゴリーには入らない。人間世界におけるもっとも徹底的な相違と敵対関係でさえ、つねになお相等性と共通性の余地をもち、貨幣はたしかにこの事実のもっとも包括的な例ではある。

――しかし貨幣はそれでもなおそれ以上である。中立的な事物のあの類型は、それらの事物が奉仕する内的な諸傾向にたいして何かまったく外面的なものでありつづける。これにたいして貨幣は、その抽象的な本質によっていかに内面と質のすべてによそよそしく対立するにせよ、価値宇宙の経済的な抽出物としてその完全な拡張において、ともかくもきわめてしばしば神秘的な能力を、二つの対立するそれぞれの一面性のまったく特殊な本質と傾向とに役立つという能力を示す。その一方の一面性は、貨幣が表現する一般的な価値貯蔵庫から、まさにその特性にふさわしいその力とその表現方法とその結合もしくは独立化の可能性を取り出すが、これにたいして貨幣は、右と内容的に対立する一面性にたいしても同じように柔軟で従順な援助を提供し、同じようにまさにその内面を迎える助けとなる。生の様式にとっての貨幣の意義は、貨幣がまさにすべての一面性へのその彼方性によって、それぞれの一面性のものとなるとともに、すべての一面性の特有の部分のものともなることができるということである。貨幣は親密な経験的なものにおいての、存在の名状しがたい統一の象徴であり、この統一から世界には世界のエネルギーと現実性とが、完全な広がりとあらゆる相違とにおいて流れ出る。それというのもこうして形而上学はやはりたしかに、事物のそれだけでは認識できない構造を主観的に解釈的に説明し、世界の内容がたんなる精神的な関連を形成しつつたんなる理念性において成立し、そしていまや――もちろん時間的な過程においてではなく――、理念性をこえて存在が生じるとしなければならないからである。これを人は、何ものかがその存在を獲得したと表現した。この存在が現実の対象を、質的にはこれと異ならないがしかしたんに有効でたんに論理的な事実内容と区別すれば、この存在がそれではいったい何であるか、これにはだれも答えることはできないであろう。しかもこの存在は、その純粋な概念がいかに空虚で抽象的であろうとも、事物概念の図式へそそぐ生の暖かい流れと思われ、この流れは、事物概念の内容と態度とがいかに異なり、あるいはたがいに敵意をいだき合っているにせよ、それとはかかわりなく事物概念をいわば開花させ、事物概念の本質を発展させる。しかしこの存在は事物概念にたいして、それでもけっして外的でも疎遠でもない。むしろ事物概念の独特の本質は、存在を受け入れて有効な現実へと発展させることである。存在のこの力には、すべての外面的・実践的なもの――これには絶対的なものとの類推はいずれも不完全にしか妥当することができない――のうちでは貨幣がもっとも接近する。存在のこの力のように貨幣はその概念からみて事物のまったく外部にあり、そしてそれゆえ事物の相違にたいしてまったく無関心であり、したがって貨幣は個々の事物をそれぞれ完全に自己に受け入れ、この事物によってまさに自己の特殊な本質を完全に表現し作用させることができる。それゆえここにリズミカルとも個人的・事実的とも形容できる生活様式の発展にとっての貨幣の意義を強調した。なぜなら生活様式のたぐいなく深い対立は、貨幣のこの重要性の類型をきわめて純粋にきわ立たせるからである――

最後に、貨幣が生活の内容を助けてその形式と秩序とを規定させる第三の影響がある。この影響は生活の内容の経過の速度にかかわり、この速度においてさまざまな歴史上の時代と、同時代の世界の地帯と、同じ圏の個人とがたがいに区別される。われわれの内的な世界はいわば二つの次元に向かって拡がり、その程度が生活の速度を決定する。ある時間単位内の諸表象内容のあいだの相違が――表象が同数のばあいでさえも――深ければ深いほど、それだけ人間はより多く生き、いわばより多くの生の道程が過ごされる。われわれが生活の速度として感じるものは、生活の変化の総計と深さからの所産である。所与の時代の生活速度の更新にとって貨幣に帰せられる意義は、さしあたりは生活速度の変化にたいしてまさに貨幣状態の変化が示す結果から際立つかもしれない。

人びとの主張したところによれば、貨幣量の増大は、それが金属の輸入によるにせよ貨幣の改悪によるにせよ、積極的な貿易差額によるにせよ紙幣の発行によるにせよ、国の内的な状況を全面的に変化させるはずはない。それというのも増大しない固定した取得を収入とする少数の人びとを度外視すれば、なるほど貨幣が増加すればそれぞれの商品あるいは給付は以前よりも多くの貨幣に値するが、しかしあらゆる人間が消費者であるとともに生産者でもあるから、各人は生産者としては以前よりも多くを支出するのと同じだけより多く受け取り、したがってすべての者はもとのままだからである。このような釣り合いのとれた価格上昇が貨幣増加の客観的な結果であるとしても、にもかかわらず価格上昇はきわめて本質的な心理的な変化現象を必然的にもたらすであろう。人は自己の収入がその間に上昇したばあいでさえ、ある商品にたいして、それまでの慣れた価格以上をつぎ込もうとはたやすくは決心しない。そして人は他方において、増大した収入によってとかくさまざまな消費へと規定させられるが、その増加が日々の必要物の価格上昇によって相殺されていることには考え及ばない。突然手に入れた貨幣量のたんなる増加は、そのたんなる相対性についてのすべての熟慮とはまったく独立に、貨幣支出への誘惑を増大させ、それによって商品取引を高め、それゆえまた経済的な表象の増大と加速化と多様化とをひき起こす。われわれの本質のあの根本特徴、すなわち相対的なものを絶対的なものへ心理的に成長させることは、客体と一定の貨幣量とのあいだの関係からその流動的な性質を奪い去り、この関係を事実上の持続的な妥当性へと固定させる。このことによっていまや関係の一項が変化するやいなや動揺と当惑とが生じる。貸方と借方における変化は心理的な作用においてはけっして直接には調整されず、経済過程の意識はそれぞれの側からその過程のそれまでの恒常性を破られ、以前の状態にたいする相違がそれぞれの側に別々に有力となる。新たな適応が実現されないかぎり、貨幣の規則的な増加は絶えざる差別感と精神的な衝撃とに誘因をあたえ、こうして流れ出る表象の内部の相違と離反とが深まり、それとともに生活の速度も加速される。それゆえ人が収入の持続的な上昇から「社会の固定化」を推論したとすれば、これは少なくとも人を誤らせる。まさに貨幣収入の増加によって興奮が下層身分をとらえ、この興奮はそれぞれ党派的立場にしたがって貪欲とも新奇熱とも、あるいは健全な発展とも活力とも解釈されるが、しかし収入と価格とがより安定しているばあい——これは同時に安定した社会的な間隔をも意味する——にはまったく生じない。

貨幣の増加が経済的・心理的な過程の流出におよぼす加速化の作用は、劣悪な紙幣の発展にもっとも早く現れる。——これはちょうど通常の生理学の多くの側面が、病理学的な退化症例によってもっとも明るく照らし出されるのと同じである。基礎づけのない非組織的な貨幣の流入は、まず第一にすべての価格の内的な規制を欠いた突然の騰貴をひき起こす。しかし最初の貨幣過多はつねにたんに一定の商品カテゴリーの要求をみたすに足るのみである。それゆえ信用できない紙幣の発行ごとに、ひき続いて第二の発行がひき起こされ、そしてこの第二の発行によってさらにそれ以上の発行がひき起こされる。「あらゆる口実が、」——と十八世紀のはじめのロードアイランドについて報告されている——「紙幣のよりいっそうの増加のために用いられた。そして紙幣がすべての硬貨を国から追い出したとき、銀の欠乏がより以上の発行の新たな理由となった」。第一の発行から生じた要求をみたすために第二の発行が必要となるということが、そのような操作の悲劇である。貨幣そのものが運動の直接の中心であればあるほど、このことはますます包括的に力を発揮する。すなわち紙幣の氾濫による価格革命は投機をもたらし、投機は紙幣の氾濫を処理するために、ますます増加した貨幣準備を必要とする。貨幣の増加による社会的な生活の加速は、何らの実質価値もない純粋な機能的意義からみた貨幣が問題となるばあいにもっとも明白に現れるであろうと、人は言うことができる。ここでは総体的な経済的速度の増加は、いわばなおより高い潜勢力において生じる。なぜならその増加はいまやさらに純粋に内在的に、すなわち貨幣製造そのものの加速の最初の法廷において現れるからである。経済的な速度一般が迅速である国において、紙幣がまったく特に急速にその量をそのように増加させれば、これは右の関連を証明している。北アメリカについて綿密な識者はこの点にかんして次のように言う。「人民は小さな利得にはとうてい我慢せず、無かあるいは少なくともきわめて僅かなものから富をつくることを教え込まれているので、――彼らが自己満足させられるということは期待できない。ところがイギリスあるいはドイツでは、この自己満足が紙幣発行の危険を最小限へ減少させる」。しかし紙幣の増加による生活速度の加速化は特に、紙幣の増加から発した所有の根本的変化にある。こうしてこの所有の根本的変化はきわめて明らかに、北アメリカの紙幣経済においては独立戦争にいたるまで生じた。大量に生産された貨幣は最初はなお高い価値で流通したが、きわめて恐れるべき損失をこうむった。それによって昨日はなお豊かであった者が今日は貧しくなることがありえた。また逆に借りた貨幣で不変的な価値を獲得した者は、その間に価値のなくなった貨幣で負債を支払い、それによって豊かになった。このことは経済的な操作を最大の速度で処理し、長期の取引契約を避け、急速に好機の利用を学ぶということを、各人の緊急の関心としたのみではなく、――さらにまたあの所有の動揺は、経済的な世界像の内部に絶えざる区別の感覚と突然の亀裂と動揺とを生み、これらは生活のありとあらゆる他の領域にも伝播（でんぱ）し、こうして生活の経過の濃度の交替もしくは生活の速度の増進として感じとられる。それゆえ人は率直に劣悪な貨幣――良質のそれとならぶ――に効用をあたえ、負債を劣悪な貨幣で支払うことを正しいとした。なぜなら一般に負債者は積極的な経済上の生産者であるが、これにたいして債権者は消極的な消費者であり、取引は前者に比べて後者にはきわめて僅かな活気しか負っていないからである。十八世紀の初めにはコネティカットにおいて、十九世紀の初めにはイギリスにおいて、不換紙幣はなるほど法的な通貨とはされなかったが、しかしあらゆる債権者はそれを債務支払いとして受け取ることを強制された。過度の紙幣発行の後に恐慌がそれに比例して経済的な生活をおくらせ麻痺（まひ）させるということは、まさに生活の速度にとっての貨幣の特殊な意義を証明する。ここでもまた経済の客観的な過程にとっての貨幣の役割は、経済の主観的な側面にとっての媒介者の役割に対応する。それというのも次のことに注意するのは正しいからである。すなわち仲買人の増加はなるほどある点までは取引を容易にするが、しかしこの点を越せば取引を困難にするように作用し、これと同じように需要を上まわる交換手段の増加は交換を緩慢にする。まったく原理的にみれば、たしかに貨幣は劣悪であればあるほどますます可動的である。それというのも各人は、できるかぎり速やかにそれを手放そうとするからである。ひとつの取引にもやはり二人が必要であり、そして劣悪な貨幣の譲渡の容易さは、それを受け取るまいとする躊躇によって無力にされるという明白な異論は、——必ずしも完全には適切ではない。なぜなら劣悪な貨幣もつねに、まったくないよりはましだからである。(これに対応して悪い商品について同じことが言えるとはかぎらない)。それゆえ劣悪な貨幣にたいする商品所有者の嫌悪によって貨幣一般への彼の愛着は割り引かれなければならず、したがって劣悪な貨幣を商品と交換することへの買手の愛着と売手の嫌悪とは完全には均衡を保たず、むしろ後者は弱者として、前者によって促進される流通の加速化を、それにふさわしくは阻止できない。他方において劣悪な貨幣の所有者、もしくは一定の状況のもとでのみ価値ある貨幣の所有者は、彼の所有を価値あらしめる状況の維持に生きいきした関心をもつ。君侯の負債が十六世紀半ばから増大し、いたるところで国庫が破産し、そしてフランスでは、年金売却という手段が極端にまで利用しつくされたとき、人は年金売却を弁護して——というのもそれは異常に不確実だったからであるが——、年金所有者としての市民の国王への忠誠と、年金売却を維持せんとする彼らの関心とが、年金売却によってきわめて強化されるということを強調した。いかにも意味深いことであるが、パルチザン Partisan という語は、王室 Krone (部分 parti) の借入に関与した資産家を本来は示したが、しかしやがてそのような銀行家と財務長官とのあいだの利害の連帯によって、マザランとフーケのもとで無条件的な傾倒者という意義を獲得し、——それからはこの意義を保持しつづけた。それゆえこのことはまさにフランスの財政制度がもっとも不健全であったときに生じたが、他方ではシュリーのもとで財政制度が改善されるやパルチザンは背後にしりぞいた。やがてその後ミラボーは不換紙幣の導入にさいして、どこであれその一片なりとも見いだされるところでは、その信用の永続への願望もまた存在するにちがいないと強調した。〈貴方は貴方の処置に必要な弁護人を、貴方の成功に利害関係をもつ債権者をあてにするだろう〉。こうしてそのような貨幣は特別な党派化を生み出し、また新たな固執傾向にもとづいて新しい生きいきとした対立をつくり出す。――

ところが貨幣の価値の下落は消費者および生産者としてのあらゆる者に等しく関係するというのが従来の前提――あまりにも単純すぎる――であったが、しかし増加した流通手段の右のような結果は、実際にはこの前提よりもいっそう著しい程度であらわれる。現実には、はるかに複雑で激動的な諸現象が生じる。まず客観的には貨幣の増加は最初はたんに若干の商品の騰貴をひき起こすにすぎず、さしあたりは他の商品を古い水準に据えおく。ヨーロッパの商品の価格が十六世紀以降、アメリカの金属の流入の結果、一定の長期的な順序にしたがって騰貴したということ、このことは確定できると思われる。ある国の内部における貨幣の増加はまずはつねにたんに、その流れをとり込む一定の圏のみに関係する。それゆえまず第一には、この圏の成員のみが競争の的とする商品の価格が上昇するが、他の商品はその価格を大衆によって規定されるため、なお相変わらず安値のままである。より広い圏への貨幣増加の漸次的な浸透は調整の努力をもたらし、商品相互のこれまでの価格関係は安定性を失い、個々の家族の予算は個々の項目の高さが不均整に変わることによって撹乱され推移する。――要するに経済圏におけるそれぞれの貨幣増加が商品の価格に不均整に影響するという事実は、経済活動を行う人間の表象の経過へ刺激的な影響をおよぼし、持続的な差異感情、通常の釣り合いの中断、調整努力の要求を結果するにちがいない。この――一部は加速的で一部は麻痺的な――影響は、明らかにたんに価格の不均整性のみならず、また貨幣価値そのものの内部の不均整性にも由来する。すなわち決定的に劣悪となった貨幣に由来するのみでなく、さらに同様に、あるいはおそらくはなおより多く、その価値をたえず動揺させる貨幣にも由来する。一五七〇年からのイギリスの多くの硬貨鋳造以前の時代について報告されているところによれば、「すべてのシリングがグロートの価値へ下げられれば、取引は比較的容易にそれに適応することができたであろう。しかしそれぞれの支払いを論争の的としたのは、あるシリングは一二ペンスに値し、他のそれは一〇ペンスに、第三のそれは八、六、さらには四ペンスに値したということである」。

商品の価格の不等現象に対応して、金融状態の変化から一定の人間と職業とはまったく特別な仕方で利益を得、他の人間と職業はまったく特に苦しむこととなる。以前の時代にはこのことが何よりも農民に生じた。十七世紀の終わりごろにはイギリスの農民は無知とともによるべもなかったため、彼らに支払うべき貨幣をたんに名目価値にしたがってのみ支払う人びとと、彼らから受け取るべき貨幣を重さにしたがって要求する人びととのあいだにおいて、まったく押しつぶされた。このことは後にインドにおいて、貨幣が新たにそれぞれ薄くされたときもまったく同様であった。すなわち農民は彼らの収穫を売却するばあいに、受け取った貨幣が後に彼らが地代を支払わねばならなくなったときに役立つかどうかを、彼らはけっして知らなかった。久しく観察されたところであるが、価格の一般的な上昇はもっとも遅れて労賃に伝わる。経済的な階層が無抵抗であればあるほど、貨幣の増加がそこへ浸透するのはますますのろく、ますます希薄となる。それどころか貨幣の増加はしばしば、この階層の消費品目において価格上昇としてすでに長らく力を発揮したあとで、はじめて収入の上昇としてその階層へ達する。このことによってさまざまな種類の衝撃と興奮とが生じ、諸階層のあいだに現れた差異が意識の絶えざる緊張を要求する。なぜなら増加した通貨の新しい状態によって、〈以前の状態〉を維持するために――このことは諸階層の相互の関係と同じように諸個人の生活水準にもかかわる――、たんにより保守的もしくは防衛的な固執のみでなく積極的な闘争と征服とが必要であるからである。これが、貨幣量のあらゆる増加がこのように刺激的に社会的な生活の速度に作用することの本質的な理由である。なぜならその増加はすでに存在している相違をこえて新しい相違をつくり出し、個々の家族の予算にまで達する分裂をつくり出し、この分裂に意識はその経過の絶えざる加速化と深化とを見いだすにちがいないからである。ところで自明なことではあるが、著しい貨幣流出は類似の現象を、たんにいわば逆の記号をともなうにすぎないにせよ、およびび起こすにちがいない。しかし生活の速度にたいする貨幣の緊密な関係が明かとなるのは、貨幣の増加がその減少とまったく同じように不均整な普及によって、精神的には表象経過の中断と刺激と密集として反映するような差異現象をひき起こすことにおいてである。――金融状態の変化のこの意義は、事物の関係にとっての貨幣の意義の、すなわち事物の心的な等価物の、現象もしくは累積にすぎない。貨幣は諸事物のあいだの新たな方程式をつくり出した。人はそれらの事物を、普通であれば直接の有用性価値にしたがって、それらの美的、倫理的、労働的、幸福主義的な価値にしたがって、量と質との数百もの関係にしたがって比較する。そしてこれらの関係のひとつにおける事物の相等性は、他の関係における完全な不等性のもとに存在することができる。いまや事物の貨幣価値は事物のあいだの方程式と比較をつくり出し、この方程式と比較はけっして他の価値の持続的な関数ではないが、しかしそれでもつねに他の関係から生じるか、あるいはそれらと結びついた何らかの価値思考の表現なのである。事物はそれぞれの価値観点から等級を、その他の価値観点をこえ、そしてそれを横断して獲得するが、それぞれの価値観点は同時に事物の関係においてより活発となり、以前には知られなかった組合せと排除への、類似と差異との実現への刺激となる。——それというのもわれわれの心は、不等なものをたがいに均等化しようとする持続的な努力においてと同じように、同等なものに相違を押しつけようとするからである。いまや貨幣は、他のいかなる価値観点とも異なる範囲において事物に相等性と不等性とをあたえることによって、この相等性と不等性を右の二重の傾向の意味における他の価値からする等級と結びつけようとする無数の努力をひき起こす。

　金融状態の変化の結果は生活の速度をいわば金融状態の変化の関数と思わせるが、いまこの結果を度外視すれば、生活内容の密集はなお貨幣取引の他の結果においても現れる。すなわち貨幣取引に独特なのは、それが比較的少数の場所への集中を促すということである。場所的な拡散にかんして人は経済的な客体の階梯を提起することができ、ここではたんにその若干のもっとも特徴的な段階をまったく生のままに示すにとどめよう。それらの段階は農業にはじまり、その性質は諸部分領域のいっさいの接近に抵抗する。農業は不可避的に、空間の本源的な相互排除にくみする。産業上の生産はすでにより凝縮可能である。すなわち工場経営は手工業や家内工業に比して空間的な凝縮化をあらわし、近代的な産業の中心は営業上の小宇宙であり、世界に現存するいっさいの種類の原料は、世界大に拡がった原産地をもつ形式へと形成されるためには、その小宇宙へと流入しなければならない。この階梯のもっとも極端な項を形成するのが金融業である。貨幣はその形式の抽象性のため、空間にたいする一定の関係のすべての彼方にある。すなわち貨幣はその作用を、きわめてかけ隔たった遠方へと及ぼすことができる。さらに貨幣はいわばあらゆる瞬間に、潜在的な作用の圏の中心点である。しかしそれらはまた逆に、最大の価値額を最小の形式へと——ジェイ・ゴールドがかって振り出した一、〇〇〇ドル手形にいたるまでの——圧縮することを許す。いまや貨幣による価値の凝縮可能性と、ますます抽象的な形式による貨幣の凝縮可能性とに、金融業の凝縮可能性が対応する。国の経済がますます貨幣に頼るようになるにつれ、貨幣取引の大きな結節点へのその金融行為の集中化が前進する。昔から都市は田舎とは異なり貨幣経済の場所であった。この関係は小都市と大都市とのあいだにおいても繰り返され、イギリスのある歴史家は、ロンドンがその全歴史をつうじてけっしてイギリスの心臓としてではなく、いくたびかその頭脳として、しかしつねにその財布として活動したと述べることができた。そしてすでにローマ共和制の末期には、ガリア地方で支払われたすべてのペニヒは、銀行家の帳簿をつうじてローマへ伝わったという。金融のこの求心力に結びつくのが、資金引受人と資本提供者の双方の関心である。なぜなら前者は合流する資本の競争のために安く借りる（古代においてはローマでは利率は他の一般の半分の高さであった）からであり、後者は貨幣をなるほど孤立した地域におけるほど高く貸しつけず、いつでも一般にそのための投資を見いだすという、より重要なことを信頼するからである。それゆえにまた次のことが注目された。すなわち貨幣市場の中心地における通貨収縮は、その周辺のさまざまな地点よりもつねに早く克服される。貨幣は、傾向として自己の本質に内在するこの集中化を見いだすことによって、散在する諸個人の手中にのみ蓄積されるという予備段階を克服した。まさに貨幣によって個人が及ぼす優勢をはばんだのは、取引所における貨幣取引の集中化である。十六世紀のリヨンとアントワープの取引所が個々の金持ちにたいしていかに法外な利得を可能にしたとしても、貨幣の力は取引所によって中心構成体に客観化され、この構成体の力と法則はもっとも有力な個人をも凌駕し、そしてこのことによってフッガー家がなおすることのできたように、単一の家族がいつか再び歴史の進行を規定するといったことが妨げられた。金融中心地の形成のより深い理由は明らかに貨幣の相対的性格にある。なぜなら一方においては貨幣が商品相互の価値関係のみを表現するからであり、他方においては貨幣のそれぞれの一定量が、他の何らかの商品よりも直接的に確定されることのより少ない価値を所有するだけでなく、さらには他の一切の商品よりも提供された総量一般との比較によってのみ意義を得ることが多いからでもある。——してみれば、ある地点への貨幣の最大限の集中、できるかぎり多くの額の持続的な比較、供給と需要一般の重要な部分の決済は、貨幣のより大きな価値規定と利用可能性へと導くであろう。一シェッフェル（穀物などの重さの単位）の穀物は、その貨幣価格がいかに大きな相違を示すにせよ、なおきわめて孤立したいかなる場所においても一定の意義をもつ。しかし貨幣量は他の価値との遭遇においてのみその意識をもつにすぎない。それはより多くの価値と遭遇すればするほど、それだけより確実により正しくその意義をえる。それゆえたんに「すべてが黄金へと」——人間も事物も——押しかけるのみではなく、貨幣もまたそれなりに「すべてのもの」へと押しかけ、他の貨幣といっしょになろうと試み、ありとあらゆる価値とその所有者といっしょになろうと試みる。そして同じ関連は逆の方向においても見られる。すなわち多くの人間の合流は、貨幣へのとりわけ強い要求を生み出す。ドイツにおいては領主が硬貨交換と商品税で儲けるために設営した歳の市によって、貨幣への主要な需要が成立した。ある地点へより大きな領域の商業取引がこのように強制的に集中させられることは、購買欲と売買とを大いに高め、これによってはじめて貨幣の使用が一般的な必要事となった。つねに多くの人間の集まるところにおいてのみ、貨幣は比較的より強く要求される。それというのも貨幣はそれだけでは無差別な性質によって、多くのさまざまな人格のあいだのもっともふさわしい橋渡しと協調手段であるからである。それがそうなることが多ければ多いほど、貨幣関心以外の他の関心が彼らの交流の基礎を構成できる領域もますます乏しくなる。

　これらのすべてから次のことが明らかになる。すなわち貨幣がいかにはなはだしく生活速度の高揚を特徴づけるか、流入してたがいに交替する印象と刺激の数と多様性とにおいて貨幣がいかに測られるかということである。貨幣の傾向、すなわち合流し、そしてたとえ個人の手中ではないにせよ、それでも地域的に限定された中心に蓄積され、諸個人の関心とそれゆえまた彼ら自身をもその中心に合流させ、彼らを共通な土壌において接触させ、このように——たとえそれが貨幣によって表現された価値形式においてであるにせよ——きわめて多種多様なものをきわめて狭少な範囲に集中させる——貨幣のこの傾向と能力は生活の多彩さと充溢を、したがって生活の速度をも高揚させるという精神的な結果もつ。ドイツにおいて資本主義が台頭するにつれて——十五世紀に一方では世界商業が、他方では金融の中心が安価な貨幣の急速な取引によって成立したとき——はじめて時間についての近代的な概念が、有用性と僅少性とによって規定された価値として浸透したが、これの関連はすでに他の箇所で強調した。当時は時計塔の時計が一五分ごとに鳴り始め、セバスティアン・フランクはたとえもっとも悲観的ではあったにせよ、もっとも早くに貨幣の革命的な意義を洞察し、また最初に時間を高価な財宝と呼んだ。この完全な相関関係のもっとも決定的な象徴は取引所である。ここでは経済的な価値と関心とは、それらの貨幣による表現へと完全に還元されて、それらとそれらの担い手とのもっとも緊密な地域的な結合に到達し、それによってそれらのもっとも迅速な調整と分割と均衡とを獲得した。価値の貨幣形式への凝縮と貨幣取引の取引所形式への凝縮——この二重の凝縮によって可能となったのは、価値が最短の時間内に最大数の手によってたえず追求されるということである。すなわちニューヨークの取引所においては年々、木綿収穫の五倍の額が木綿への投機の対象となり、さらにすでに一八八七年にこの取引所は、その年の石油の産出額の五〇倍を売却した。つまり売買の頻度は価値の相場が変動するのに応じて上昇する。——実に相場の変動こそは、十六世紀に一般にはじめて「国王書簡」、つまりは国王の債務証書において規則的な取引業務を発展させた。それというのも、たとえばフランスの王室の増大する債権に始まる書簡によって、価値が安定しているばあいに存在するのとはまったく別の衝撃が、売買へあたえられたからである。貨幣があたえる可能性、あらゆる評価の変化を無条件に柔軟に表現する可能性は、この評価の変化そのものを無限に高めるばかりか、おそらくはまたそれを生じさせるにちがいない。そしていまや貨幣は、取引所が貨幣取引の中心となり、いわばすべての右の評価の変化の軌跡ともなるが、同時にまた経済生活の最大の体質的な興奮の場所でもあることの、原因でもありまた結果でもある。楽観主義と悲観主義とのあいだの取引所の多血質的・胆汁質的な動揺、可量性と不可量性とへのその神経質的な反作用、相場を変えるあらゆる要素が把握されるがしかしまた再び次の要素のまえに忘れ去られる迅速さ、——これらのすべては生活速度の極端な高揚、生活速度の変容の性急な動揺と密集とを表し、精神的な生活の経過への貨幣の特殊な影響が、そこにもっとも顕著な明白さを獲得する。

　最後に他のすべての客体に比して貨幣の流通に独特である迅速性は、貨幣が一般的な関心の中心となるのに応じて、一般的な生活速度を直接に高めるにちがいない。硬貨は円形であることによって「回転しなければならず」、この硬貨の円形は貨幣が取引に伝える運動のリズムを象徴する。すなわち硬貨がもともと四角であったところでさえ、使用はまず第一に角をすりへらし、それらを円形に近づけた。こうして物理学的な必然性は取引の強度に、取引にとってもっとも役立つ道具形式を得させる。さらに数百年前のナイル河地方には、さらにガラスや木材や瑪瑙（めのう）からつくられたさまざまな球形貨幣があった。——原料の多様性によって示されるのは、球形貨幣の形式がそれにたいする人気の理由であったということである。こうして貨幣総額にたいして「切り捨て Abrundung（円形化）」の原理が、しかも貨幣経済の上昇とともに初めて現れるばあい、このことはそれでも名称の偶然の一致以上のものである。切り捨ては相対的に近代的な概念である。イギリスの国庫向けの為替手形のもっとも原始的な形式は木片割符であり、これは不整合なまったく任意の額をあらわし、しばしば貨幣として流通した。これは十八世紀にはじめて裏書できる証書に代わり、この証書は五ポンド以上のまとまった一定の額をあらわした。大きな額のばあいでさえ以前はほとんど切り捨てが見られなかったのは、ともかくも異様である。たとえばフッガー家が一五三〇年に皇帝フェルディナントのために、二七五、三三三フローレンスと二〇クローネを支払うことを引き受けたり、一五七七年に皇帝マクシミリアン二世がフッガー家に二二〇、六七四フローレンスを借りたことも稀ではなかった。株式制度の発展も同じ経過をたどった。オランダの東インド会社の株式資本は十七世紀にはまったく任意の大きさの株券に分けられていた。取引の加速化によってはじめて、ついに固定した五〇〇フランドル・ポンドの単位が唯一の取引される分額となり、「一株」そのものとなった。今日もなお大きな貨幣取引の場所においては、小額取引もまた切り捨てた額にしたがって行われているが、これにたいして大都市人にとっては奇妙なことに辺鄙（へんぴ）な場所での価格はほとんど切り捨てられずに現れる。すでに右に強調した発展、むやみに大きな価値から硬貨や小切手の細分された価値への発展は、明らかに取引の速度の増加にとっても切り捨てにとっても同じ意義をもち、このことはすでに物理学的な類推の理解させるところである。貨幣を小さくする必要は取引一般の迅速性とともに高まり、そしてこの関連にとって意義をもつのは、イギリスの銀行の手形が一八四四年には、支払いのために呈示される以前に発行後は平均五七日のあいだ流通したのにたいし、一八七一年には三七日しか流通しなくなったということである。たとえば地所の流通能力と貨幣のそれとを比較すれば、両者がそれぞれ経済的な運動の要点をなした時代のあいだの生活速度の相違が直接に明らかとなる。たとえば租税納付の性格は外的および内的な変動にかんして、租税納付があれこれの客体によって高められるに応じて考えられる。アングロ・サクソンとノルマンのイギリスにおいては、すべての賦課は結局は土地所有に向けられた。十二世紀には小作料と家畜所有に税を課することが始まった。その後まもなく動産所有の一定の部分（四分の一、七分の一、一三分の一）が租税として取り立てられた。こうして租税の対象はますます可動的となり、ついには貨幣収入が課税の本来の基礎として現れた。このことによって課税は前代未聞なまでの可動性と色調とを受けとり、総体的所得がより確実であるばあいにも、それでも個人の納付においてははるかに大きな変化と年々の変動とをひき起こした。――生活の速度にとっての土地もしくは貨幣のこの直接の意義と強調から、一方においてはきわめて保守的な民族が農業におく大きな価値が明らかとなる。中国人は農業のみが国家の平穏と存続とを確実にすると確信し、たしかに彼らはこの関連から地所の販売に途方もない捺印を押し、そこではたいていの土地の買収はたんに私的にのみ、しかも土地台帳への登記の放棄のもとでのみ行われる。しかし経済的な生活が貨幣によって担われるあの加速化が貫徹したところでは、いまや加速化は他方において、加速化に抵抗する土地所有の形式をそれでもやはり自己に従ってリズム化しようとする。十八世紀においてはペンシルヴァニア州は私的耕地に抵当権をあたえ、その個々の断片を紙幣として流通させた。すなわちフランクリンはこれについて、この証書は現実においては鋳造された土地であると書いた。これに対応してわれわれのドイツにあっては保守的な側から、最近の数十年間の抵当権立法は土地所有の流動化をねらい、これを任意の多くの持分証券の形で譲渡できる一種の紙幣に変えたと強調されている。こうしてワルデックも述べているように、土地所有はたんに競売されるためにのみそこに存在するにすぎないように思われる。現代生活はその内容をもっとも外面的な意味においても、しかも周知の点以外の多くの点においても十分に特徴的に流動化する。中世となおルネッサンスにおいても、今日われわれにとってもっとも狭い意義において「動産 Mobilien」であるものがほとんど使用されなかった。棚と調理台と腰掛けとは板張りで組み立てられ、机と椅子とはしばしば動かせないほどにきわめて重く、あちこちへと移動させる小さな家具調度はほとんどまったく存在しなかった。その後はじめて家具は資本と同様に動かせるようになった。さらに最後に、他の生活内容をそれぞれの速度に従わせる貨幣経済的な運動のこの力を、法規定において例示しよう。古い法的な根本命題によれば、法的な所有者から遠ざけられている対象は、現在の所有者がそれを誠実に獲得したばあいでさえ、あらゆる状態のもとで法的所有者のもとに返還されなければならない。ただ貨幣にかんしてはこの命題は妥当しない。すなわちローマ法にあっても近代法にあっても盗まれた貨幣額は、それが第三者によって悪意なく得られるやいなや、盗まれた者のために第三者から取りあげられるべきではない。明らかにこの例外は、業務取引の実際によって要求される。業務取引はこの例外がなければ著しく困難となり、不安におちいり妨げられるであろう。ところが最近では復元のこの免除は、商法の領域にあるかぎりは他のすべての客体にまで拡大された。それゆえこのことが意味するのは、商品取引における流通の加速化は、いっさいの商品をたんなる貨幣の性格へと近づけ、商品をたんに貨幣価値としてのみ機能させ、したがって取引の容易さという目的のために貨幣が要求しなければならない諸規定にのみ商品を委ねるということである。——

最初に語った貨幣の技術的な結果を別として、貨幣がその独特の性格によって生活速度の諸規定へ提供する寄与を特徴づけようとすれば、これは以下のような熱慮によってのみ可能であろう。持続概念と変化概念とのより正確な分析は、それが実現される様式における二重の対立を示す。世界をその実体にかんして見れば、われわれは容易に〈一にして全きもの〉の理念に、いっさいの増大と減少との排除によって事物に絶対的な持続の性格をあたえる変わらない存在の理念に到達する。他方この実体の形成を見れば、そこでは持続は絶対的に解消され、ある形式は絶えまなく他の形式へと変化し、したがって世界は〈恒久運動〉の光景を呈している。これは存在者にかんする宇宙論的な二重の観点であり、十分にしばしば形而上学的なものへ解釈された観点である。しかしより深くに横たわる経験の内部においては、持続と運動とのあいだの対立は別の仕方で分配される。すなわちわれわれが世界像についてそれがいかに直接に現れるかを考察すれば、それはまさに時間をつうじて持続する一定の形式であるが、しかし時間を構成する現実的な諸要素は絶えざる運動状態にある。こうして虹は、水の微粒子の絶えざる状態の変化にもかかわらず持続し、有機的な形式は、それをつくり上げる素材の絶えざる交換にもかかわらず持続する。さらにあらゆる非有機的な事物が一定時間そのようなものとして存続するとすれば、それでもたんに事物の極小の諸部分の関係と相互作用のみが、それらの事物において持続している。ところがこれらの諸部分そのものは、われわれには見えないにせよ間断なき分子の運動において把握される。それゆえここでは実在そのものが休みなき流動状態にあり、したがってわれわれはいわば視力が欠けているためにこの流動を直接には確認することができないが、しかし運動の形式と状態とは固定されて持続的な客体として現象する。

表象された世界への持続概念と運動概念の適用におけるこの二つの対立とならんで、第三の対立が存在する。すなわち持続は意味をもつことができ、この意味は持続をなおそのように拡大されたいっさいの時間的継続の彼方におく。もっとも簡単ではあるがわれわれにとってここで十分な事例は、自然法則である。自然法則の妥当性は、諸要素の一定の状況から一定の作用が実際に必然的に生じるということにある。それゆえこの必然性は、いつその諸条件が現実に現れるかということ、つまりは一度であるか百万回であるか、いまであるか十万年間であるか、これらからはまったく独立している。法則の妥当性は無時間という意味での永遠のそれである。法則はその本質と概念からしていかなる変化も運動をも排除する。そのためここで本質的でないのは、われわれが個々のいかなる自然法則にたいしてもこの無条件な妥当性を、無条件な確実性をもってあたえるべきでないということである。しかもそれは、諸現象のしばしば繰り返されはするものの偶然的である複合を誤りのない基準によって現実の法則的な関連から区別できないためという、われわれの認識作用一般の不可避的な修正可能性にのみよるのではない。さらに何よりも、それぞれの自然法則はそれでもたんに一定の精神的な状態にのみ妥当するが、他の状態にとっては同じ事態の変則的な形成が真理を意味するだろうからでもある。ところが人間の精神は緩慢で目立たないにせよ発展するから、所与の瞬間に妥当する法則も時間の経過の変遷をまぬがれるものはまったくありえない。とはいえこの変更は、自然法則性のその時々に認識可能な内容にのみかかわり、その意味と概念にかかわるのではない。法則の理念は、その不完全な個々の現実化をこえて存続するが、しかしそれはこの現実化からそれでも完全な権利と意義とを引き出し──すべての運動のあの彼方にやどり、すべての所与が可変的であるから、それらの所与からは独立したあの妥当作用にやどる。持続のこの独特の絶対的な形式にとっては、運動のこれに応じた形式における対応物が存在するにちがいない。持続がなおはるかないっさいの時間の長さをこえて高まり、ついには一定の瞬間へのいっさいの関係は、自然法則もしくは数学的な公式の永遠の妥当性へとただちに消滅するようになり、これと同じように変化と運動とは、それらの一定の時間基準がもはやまったく存在しないほど絶対的なものと考えられる。あらゆる運動がここかしことのあいだでおのずと進行すれば、この絶対的な変化──逆の記号をともなった〈永遠の姿〉──にあっては、ここは完全に消滅する。あの無時間的な客体がその妥当性を持続の形式においてもつとすれば、運動はそれを推移の形式、つまりは非継続の形式においてもつ。ところで何の疑いもないことであるが、この二者の対立もまた世界像をそこで把握するには十分に広範である。人が一方において現実を支配する法則をすべて知るとすれば、現実は法則の複合によって実際には法則の絶対的な内容へ、法則の無時間的な永遠の意義へと還元されるであろう。──法則そのものが理念的な内容よりみて、その現実化の個々のそれぞれの事例にたいしてまったく無関心な状態にあるからといって、現実そのものがなおそれから構成されはしないとしてもである。しかしまさに現実の内容は、原因からたえざる作用をひき起こす諸法則へとあますところなく解消し、ちょうどいま作用であるものを同じ瞬間にすでに原因として作用させるから、──まさにそれゆえに人はいまや他方において現実を、世界の経験可能な具体的な歴史的現象を、ヘラクレイトスが象徴的な表現で示したあの絶対的な流れのなかに認める。世界像がこの対立にもたらされれば、一般に存続するすべてのものは、瞬間をこえ出るすべてのものは現実から引き出され、たんなる法則のあの理念の王国に集められる。現実そのものにおいて事物一般は、休みなくあらゆる瞬間に法則の適用を表すことによって、いかなる時間のあいだも存続せず、あらゆる形式はすでに成立の瞬間に再び解消する。形式はいわばたんにそれが破壊されることにのみ生き、存続すべき──たとえごく短期間であるにせよ──事物にとっての形式のいっさいの固定化は不完全な把握であり、これは現実の運動をその独特の速度において跡づけることができない。こうしてまったく存続するものとまったく存続しないものとがあり、存在の全体はそれらのなかへ、そしてそれらの統一へ、あますところなく解消する。

ところで世界の絶対的な運動的性格にとっては、確かに貨幣ほど明白な象徴は存在しない。貨幣の意義は、あたえられつづけるということにある。貨幣は休止するやいなや、その特殊な価値と意義からみてもはや貨幣ではない。それが事情により休止した状態において及ぼす作用は、それがさらに運動するという予想において存続する。貨幣は運動の担い手以外の何ものでもなく、この担い手においてはまさに運動でないすべてのものが完全に消滅し、それはいわば〈純粋な活動〉なのである。それは所与のいっさいの点からの持続的な自己外化において生き、こうしていっさいの独立存在の対極と直接の否定とをなす。

しかしおそらく貨幣は、現実を定式化するためのあの反対の様式にたいしても、また同様に象徴として現れる。たしかに個々の貨幣量はその本質からして絶え間のない運動状態にある。しかしこれはまさにたんに貨幣によって表現される価値と個々の価値対象との関係が、ちょうど普遍的法則とそれが実現される具体的な形態との関係と同じであるからにすぎない。法則があらゆる運動の彼方にあってさえも運動の形式と根拠とを表現するとすれば、抽象的な財産価値は個々の価値に分解されず、その担い手として貨幣は自立して存在し、いわば経済運動の魂と規定である。把握できる個体としての貨幣は、外面的・実践的な世界のもっとも迅速な事物でありながらも、その内容からすればもっとも持続的なものであり、世界の他のすべての内容のあいだの無差別点と均衡点として存在し、その理念的な意味は、法則の意味と同じようにすべての事物にたいして基準をあたえることであるが、しかしそれ自体は事物において は測られない。この意味の完全な実現はたしかにはじめて無限の発展が成就するであろう。貨幣は経済的な財のあいだに成り立つ関係を表現し、それらの財の流れにたいして静止したままである。これはちょうど数の割合が、それが示す関係をもつさまざまな変化する対象にたいして静止したままであるのと同じであり、また重力の法則の定式が物質塊とその無限に多様な運動にたいしてそうであるのと同じである。普遍的な概念がその論理的な妥当性においては現実化の数と内容から独立して、いわばまさにこれら現実化の法則を示すのと同じように、貨幣——すなわち個々の金属片もしくは紙片を貨幣とする内的な意味——は、事物が経済的であるかぎりは事物の普遍概念である。事物は必ずしも経済的であるを要しない。しかし事物が経済的であるべきだとすれば、事物はたんに貨幣に圧倒されている価値化の法則に従うことによってのみ、経済的であることができる。

現実を表現する右の二つの根本形式にこの形象が一様に参加するという観察は、現実の関連への指示をあたえる。すなわちそれらの形式の意味は実際は相対的である。すなわちそれぞれの形式は世界を解釈するその論理的および心理的な可能性を他の形式に見いだす。実在は絶対的な運動性において見いだされ、たんにそれゆえにのみ、実在にたいして無時間的に妥当する合法則性の理念的な体系を主張することには意味がある。逆にたんにこの合法性が存在するからこそ存在一般のあの流れは、形容することのできない混乱へと崩壊する代わりに、表示でき理解できるようになる。世界の普遍的な相対性は、最初見たところはたんにこの対立のひとつの側面のみに親しむが、現実には他の側面をも自己に引き入れ、まさにたんなる党派にすぎないと思われるところで、支配者として現れる。——これはちょうど貨幣が個々の経済価値としての意義をこえて、抽象的な経済価値一般を表すというより高い意義をうちたて、そしてこの両機能を、いずれもが第一のものではないという解きがたい相関関係に組み合わせるのと同じである。

ところでここで歴史的な世界の構成は事物の客観的な状態を象徴することによって、世界と事物の状態とのあいだに特別な関係をつくり出す。社会の生活がより貨幣経済的となればなるほど、存在の相対主義的な性格は意識された生活にますます効果的に、ますます明白に現れるようになる。というのも貨幣は、経済的な対象が特殊な形象に具体化された相対性にほかならず、そしてこの相対性が対象の価値を示すからである。そして絶対主義的な世界観が、それに応じる人間的な事物の実践的、経済的、感情的な形成との相関関係において一定の知的な発展段階を示すのと同じように、——相対主義的な世界観もまたわれわれの知性の一時的な適応関係を表現するように思われる。あるいはおそらくより正しくは適応関係そのものであるように思われる。しかしこのことは、社会的および主観的な生活の対応物によって証明される。というのもこの生活は、貨幣のなかにその形式と運動との真に有効な担い手と、反射的な象徴とを見いだしたからである。

訳者あとがき

白水社の『ジンメル著作集』の第二巻と第三巻に『貨幣の哲学』が刊行されてから約二十年近くなり、その後は刊行されていなかった。訳者はその後もジンメルの社会学理論に関心をもち、機会もあって彼の『社会学』の全訳を脱稿し、その出版社を探さなければならなくなった。折から『貨幣の哲学』の英訳を機会に本書への関心が世界的に広がっていることでもあり、旧訳の不十分なところも気になり、『社会学』とともにこの機会に『貨幣の哲学』も改訳してはと考え、両書の出版社を探すべく白水社の関川幹郎氏に相談したところ、『著作集』の復刊の予定があるから、『社会学』も白水社から出版してはということになり、『社会学』も『著作集』の復刊と同年の一九九四年に刊行された。そして双方がまずはよく出たのであろう。しばらくして関川氏から『貨幣の哲学』の改訳をするようにとのお話があり、訳者は前訳同様に共訳を考えていたが、「共訳は時間がかかり、前訳は三分の二は貴方がやったのだから、他の訳者には了解をとるので、ひとりでやるように」ということになり、共訳者元浜清海、向井守両氏はお忙しくもあって、御両人のお御了解のもとに、この「あとがき」を書くことになった。

本書を手になさる人びとには説明する必要もないであろうが、『貨幣の哲学』はジンメルの著作のなかでは珍しく体系的な形式をもった大部なものである。正確にはこれ以上の大作としては、『道徳学序説』と『社会学』とが挙げられる。しかし後者は、この『貨幣の哲学』の後の他の多くの彼の著作と同じように一度発表された論文を集録した論文集の形式をとり、また前者は後に彼自身が「哲学上の若気のあやまり」としてその後の出版を許さなかったものである。これらにたいして『貨幣の哲学』は、そのための準備的な論文はいくらかはあるにせよ、全体が大きくは「分析篇」と「綜合篇」とに分かれ、さらにそれぞれが三章からなり、しかも各章が三節に分けられ、整然たる体系的な形式を示している。

こうして『貨幣の哲学』は、彼の著作のうちではもっとも体系的な大作といえるが、この外面的な大量さと体系的な整備は、実はジンメルが本書に込めた意気込みを示すものではないかと思われ、それだけに本書は彼にとって重要な著作であるとともに、また社会学史上でも注目すべき業績となった。これを明らかにするために、彼にとっての本書の意義を明らかにすることから始めよう。

ジンメルの社会学的な研究は、著書としては一八九〇年の『社会分化論』（居安正訳『社会分化論　宗教社会学』青木書店、一九九八年所収。本書からの以下の引用はこの訳書より、（内）のページ数は訳書のもの）に始まる。本書はスペンサー以来の社会学の伝統的な問題である社会分化をとりあげ、現代社会を分化社会ととらえ、そこでの個人の生存と個人を個人たらしめる個性の発達とを問題とするものであった。この「現代分化社会における個人」の問題は、具体的には第三章の「集団の拡大と個性の発達」の題名に要約されよう。ジンメルによれば「集団の拡大」は「社会分化」を伴い、これによって「個性の発達」がもたらされる。そしてこの第三章は一九〇八年の『社会学』の最終の第十章に、内容を拡大して同名のままに収録され、同書の各章はそれぞれの題目を論じながら、いわば河川が海に流れ込むようにこの第十章へ収斂するといった構成をなし、『社会学』の全体としての問題のひとつが、やはりこの問題であったことを示している。

そしてジンメルの社会学上の一九一七年に出版された最後の著書『社会学の根本問題』の副題「個人と社会」は、社会学一般の根本問題としての「個人と社会」のみではなく、また彼自身の右の「現代分化社会における個人と社会」の問題をも指すものであった。こうしてこの問題は、彼の社会学的な研究をつらぬく問題であった。ところが一八九四年に論文「社会学の問題」によって「形式社会学」を提唱するや、個人の個性の発達をもたらす「社会分化」は、その問題の複雑さから、「社会化の形式」に問題を限定する形式社会学においては直接には取り扱えなくなり、そのため社会哲学的な考察を必要とし、ここに生じたのが『貨幣の哲学』であった。これには若干の説明の迂路を必要とする。

ジンメルが学界に活躍し始めた十九世紀末のヨーロッパ社会は、ちょうど第二次産業革命の時期にあたり、社会の急速な産業化と都市化は社会の圧倒的な重要性を増大させ、コントやスペンサーに始まる社会学に人びとの注目を集めた。しかし一方では社会の複雑性の増大と、そこでの人びとの個性の発達とそれにともなう自由への要求の増大、他方では諸科学の発達による科学の精密化と専門化への要求は、社会学に関心をもつ人びとに、従来の社会学の社会実在論に疑問をいだかせ、社会とはなにか、社会学とはなにかを改めて問題とさせた。

ジンメルもまた『社会分化論』では第一章を「社会科学の認識論」から始め、社会実在論が初めて社会を科学の対象とし、社会学を成立させたことを認めながらも、多様な諸要素の相互作用からなる社会を統一的なものとみるばあい、複雑な対象を単純化して誤謬におちいるとし、「社会的な発展の法則については語ることができない」(12)と、コントやスペンサーなどの社会学的な研究の成果を否定する。彼らは多様な複雑な社会現象の総体を社会と考え、それが一つの生物の成長するように発展するとみなし、その発展法則を発見できると考え、右の誤謬に陥ったのである。そさりとて社会を構成する個人のみを実在と考え、社会をたんに個人の集合の名称にすぎないとする社会名目論にたてば、社会学は、その対象そのものが消滅し、ひいては社会学も存在することができなくなる。

そこでジンメルは社会を、それを構成する諸要素の相互作用とみなす。たとえば家族は家族員A、B、C、Dなどをこえて実在するものではない。さりとてA、B、C、Dなどは、彼らが孤立しているかぎりはたんなる個人にすぎない。彼らがそれぞれ夫や妻、息子や娘などとして相互作用しあい、緊密に結合していればこそ、彼らにも家族の一員としての自覚が生じ、他者も彼らを家族とみなすようになる。企業や政党も、あるいは村落や国家も同じである。したがって「社会という統一体がまず存在して、その統一的な性質から諸部分の性質や関係や変化が生じるのではなく、むしろ諸要素の関係と活動とがあり、これらにもとづいてはじめて統一体について語ることができる」(17)。

社会を諸要素の相互作用とみるこの見解は、社会実在論と社会名目論に代わるものとして社会学を理論的に基礎づける有力な根拠のひとつになったが、同時にまたこれはジンメルの問題、個性の発達にとっても戦略的にきわめて有力な立場を提供することになった。彼はこの相互作用を「社会的な糸」、個人をこれらの糸の「交点」と表現する。社会あるいは集団が拡大し、社会分化が増大すれば、個人に交わる糸も増大し、それとともに同じ交点はありえなくなり、まさに個人は個性となり、そこに交差する糸の引力、交差圧力のもとに個人は自我をより強く自覚するであろう。

『分化論』はこれらをさまざまな観点から考察し、好意ある評価を受けるが、社会学を方法論的に基礎づけるには十分でないという指摘もあった。時あたかも新カント派を中心に精神科学あるいは文化科学の基礎づけが問題となっていたときでもあり、社会科学においても、経済学が「経済的なもの」を、政治学が「政治的なもの」を研究対象とするとすれば、社会学は「真に社会的なもの」を研究対象としなければならない。すでに人びとの相互作用を社会とみなすジンメルは、相互作用が一定の様式のもとに行われることに注目し、これを「社会化の形式」と呼び、これこそが「真に社会的なもの」であり、社会学はこれを研究対象とすることによって他の社会諸科学から区別される専門科学となることができるとし、このことを一八九四年に論文「社会学の問題」に発表した。

すなわち相互作用あるいは社会化は、愛情や憎悪といった動機づけから、あるいは利益や目的をめざして行われるが、それらが相互作用であるかぎりは、一定の形式のもとに生じる。ある経済的な目的が、あるばあいは人びとの共同の形式のもと、他のばあいは競争の形式のもとに生じ、また経済的な目的を実現するための企業と、政治的な目的を達成するための政党に、同じような上下の関係がみられ、企業あるいは政党が、それぞれその目的を達成するために、これまた時にたがいに協力することもあれば、闘争しあうこともある。このような形式によって行われる経済そのもの、あるいは政治そのものは、経済学、あるいは政治学の研究対象である。しかしそれらが行われる上下の関係や協力もしくは闘争といった社会化の形式そのものは、「真に社会的なもの」として社会を社会とするものでありながら、従来はいかなる科学の対象ともされなかった。社会学はこれを対象とすることによって、真にその名にあたいする科学となることができる。

もちろん社会化の形式は、それによって実現される経済あるいは政治といった内容とは現実には不可分である。しかし科学は、複雑で多面的な現実を一定の観点から抽象することにおいて成立し、幾何学が、化学や物理学などの対象ともなる物質の空間的な形式のみを対象として、言語学が、さまざまな意味内容をもつ言語の形式のみを対象として成立するのと同様に、社会学もまた社会的な現実から社会化の形式を抽象的に抽出して、それを対象とすることによって社会学となることができる。

ところで「社会学の問題」は、右の主張を簡単に提起するのみで、具体的な「社会化の形式」を考察してはいない。そこで彼は以降はこれを具体的に示すため、上位と下位、闘争と競争などのさまざま社会化の形式の考察をおこない、これが一九〇八年に『社会学』として刊行された。

社会化の形式を対象とする特殊科学としての社会学のこの基礎づけは、多くの人びとの注目するところとなり、右の論文は同年にはフランス語に、翌年には英語に、次いでロシア語とイタリア語にも翻訳され、やがて彼の具体的な対象の考察の提示とともに、彼の名とむすびつけられる「形式社会学」が、現代社会学を基礎づけるひとつの立場として社会学界においても承認されるようになった。

このジンメルによる社会化の形式を対象とする形式社会学の成立は、ジンメル自身と社会学史にとっては記念すべき出来事ではあったが、しかしジンメルの社会についての問題そのものにとっては必ずしもよい結果とはならなかった。というのは彼の問題は、すでにみたように現代分化社会における個人にあったが、個性の発達をうながす「社会分化」そのものは、『分化論』において述べているように「現実の根源的な諸力の作用から生じた現象のたんなる表示」(13)であり、「社会的な発展」にも似た複雑な現象であり、社会化の形式の研究へと限定された形式社会学の立場からは全体として取り扱うことのできない問題だからである。ここに本書の序言の示す「実証的な知識のつねに断片的な内容が、究極的な諸概念によってひとつの世界像へと補完させ、生の全体と関係」(7―本書ページ数)づけられる哲学的な考察が必要となる。

こうして誕生したのが『貨幣の哲学』であった。ここに含まれた研究は、『社会学』へ収録された論文とともに進行し、『社会学』よりも早くに刊行された。本書の問題がより早くから準備されていたからではあろうが、彼にはより重要な問題であったからでもあろう。彼の社会学上の業績がもっぱら形式社会学的な立場におかれるところから、これとの関係が問題とされるが、実は形式社会学の立場が成立したため、本書は生まれざるをえなかったのである。

ところで本書がなぜ「貨幣」の哲学であるのか。これについて序言は「貨幣は、もっとも外的でもっとも現実的でもっとも偶然的な諸現象と、生存のもっとも観念的な諸勢位や個人生活と歴史とのもっとも深い諸潮流とのあいだに存在する諸関係の叙述にとってのたんなる手段、素材あるいは例証にすぎない」(9)という。それにしてもここでの問題は、なぜ「貨幣」がここに手段や素材として選ばれたかである。これへの回答は『分化論』にあたえられ、貨幣は「分化過程より生じ」(134)、「潜在性の意味での分化のもっとも完全な並存」(157)とされ、したがって貨幣は社会分化を顕在化させるであろう。あるいはまた「貨幣は……労働と分化から出現したように、また労働と分化へと転化」(157)する。要するに貨幣は社会分化の所産であるとともに社会分化を促進する。したがってここ『貨幣の哲学』において「本書の第一部は、貨幣をその本質とその存在の意味を担う諸条件から考察する」(8)と記されているのは、貨幣がいかに社会分化の所産であるかを考察し、「第二部の総合篇は、この歴史的な現象としての貨幣をその内的世界に対する諸作用において……追求する」(8)とされているのは、貨幣がいかに社会分化を促進し、人びとにいかなる影響をあたえるかを検討するものと解される。要するに本書は『分化論』、とりわけその第六章「分化と力の節約の原理」の問題のより包括的な研究であった。

してみれば、本書は貨幣を考察の対象とする現代の分化社会の分析であり、マルクスが資本主義社会の階級対立を分析するのに資本が考察の対象にふさわしかったように、ジンメルにとっては現代の分化社会と個人を分析するには、貨幣がもっともふさわしかった。ここに注意しなければならないのは、方法論的には本書の「根本意図」が「史的唯物論に基礎工事をすること」にあり、「経済的な生活を精神的な文化の原因へ数えいれることにはその説明価値を認めるが、しかしまさにその経済的な諸形式そのものが心理的、むしろ形而上学的諸前提のより深い諸評価と諸潮流の結果として認識される」(10)と述べていることである。そしてこの文章を、本書で言及されている唯一の書物がマルクスの『資本論』である(477)ということと関係させれば、明らかにジンメルの意図したのは『資本論』を補う、あるいはそれに代わる現代社会の考察であったといえよう。

もちろん本書の刊行時は、技術史的には第二次産業革命をほぼ終え、資本主義では独占の時代、産業化の観点からは「豊かな時代」を迎え、『資本論』の時代とは異なる。したがって直接の比較はできないであろう。とはいえ同じく資本主義社会である現代社会を対象にしながら、階級問題が欠如していることを批判することもできる。しかしこれは「豊かな社会」を迎えて階級問題の重要性が相対的に低下しつつあり、ジンメルの問題がマルクスとは異なり個人の問題であったことも考慮すべきであろう。この点については、ドイツ社会民主党において修正主義の問題を提起したE・ベルンシュタインの『社会主義の諸前提と社会民主主義の任務』の刊行が、本書に一年先立つことが想起される。マルクス主義においても鋭敏な現実主義者には、階級はかって予想されたような意義を喪失しつつあった。この点についていえばT・ヴェブレンが『有閑階級の理論』を出版したのが本書の一年前であったことにも注意してよいであろう。本書の「生産の以前の形態によって全体としては、社会の下層は上層のために働くという単純な観念が支配している」が、この「観念はまったく不適当となった。実験室でタール染料の調製を企てる偉大な化学者は、小売店できわめて色彩ゆたかな襟巻をさがす農婦のために研究している。大商人が世界を包括する相場でアメリカの穀物をドイツに輸入すれば、彼はごく貧しいプロレタリアの奉仕者である」(514-5)という文章を読むとき、名著『有閑階級の理論』はやはり十九世紀の名望家層を考察したものであり、これにたいし『貨幣の哲学』はまさに第二次産業革命のもたらした社会の考察であり、正確に二十世紀の「マス・レジャー」の時代への方向を示していたことを知らされる。

そして本書の問題が個人にあったことは、総合篇の第四章が「個人的な自由」を問題とし、第五章の「人格的価値の貨幣等価物」は、貨幣の普及が一般には人格を貨幣に還元不可能なものとして分化させたことを示し、第六章の「生活の様式」は、貨幣による未曾有の客観的な文化の繁栄にもかかわらず、個人がそれを主体的に吸収した主観的な文化がはるかにそれにおよばず、両者が「齟齬的関係」を生みだしたことを指摘していることに明確に示される。

こうして本書は、より豊かになった現代社会の包括的考察であるといえる。「貨幣の哲学」という題名は、当時のドイツで支配的であった新カント派の影響のもとに個別専門的な科学としての「形式社会学」を考えたジンメルが、この形式社会学やあるいは経済学の専門領域をこえた現代分化社会の包括的考察、現代の用語にすれば学際研究、あるいは総合研究としての「現代社会論」につけた名称にほかならない。このことは専門的な経済学の知識とともに専門的な哲学の知識がなくとも本書が読めることに示されよう。イギリスの第一次産業革命の終了時に書かれたマルクスの『共産党宣言』に始まる考察が、その後の資本主義社会の階級を中心とするすぐれた分析でありえたように、第二次産業革命に先んじたドイツのベルリンで書かれた本書は、彼の意図の示すように豊かな――同時に人間疎外をもたらす――現代社会とそこにおける個人の生存のすぐれた考察となった。

とはいえこのことは、本書が容易に読めるということを意味するのではない。なにほどかジンメルに親しまれた人びとには蛇足ともなるが、総じてジンメルの著作は最初の部分が抽象的で難解である。著作全体についてそうであるとともに、章や節についても同じことがいえる。この『貨幣の哲学』がとくにそうであり、したがって「分析編」よりも「綜合編」から、あるいは第六章の「生活の様式」から読み始めるのもよいであろう。さらに彼の「大都市と精神生活」（拙訳『社会分化論　宗教社会学』所収）をあらかじめ読めば、本書への手引きとなるとともに、本書以降の彼の関心と著作への理解にも役立つであろう。それというのもこの論文は一九〇三年に書かれ、都市社会学の古典として知られるが、現代社会の典型としての都市における精神生活を論じ、最後の注記に本書を挙げていることが示すように、本書、とりわけ第六章の要約的な性格がつよく、本書の理解に役立つとともに、本書後の彼の関心を示しているからである。彼は本書をきっかけにして、従来の社会への関心を文化と生とにむけ、『社会学』刊行後はこの面への考察に専念するようになった。この間の社会学的研究と文化と生との哲学的研究の相互作用の成果は、『社会学の根本問題』に示され、生と文化の研究の結果はさまざまな著書と論文、たとえば『ショーペンハウエルとニーチェ』『文化の哲学』『現代文化の葛藤』『ゲーテ』『レンブラント』などをへて、その最終的な結果が『生の哲学』に示された。

以上、多面的で脈絡を欠くとも思われるジンメルの著作のなかに本書がいかなる位置を占め、いかなる意義をもつかを素描した。とはいえ本書はそれじたい独立の「古典」、まさに「現代」の古典として読まれるべきであろう。そして戦後の高度成長後のわが国にしてはじめてこの「現代の古典」の内容を真に理解できるようになったといえよう。この点について象徴的であるのは、本書の邦訳が終戦前にすでに二つ（堀井実訳『貨幣哲学』斯文書院、一九三三年、傍島省三訳『貨幣の哲学』日本評論社、一九四〇年）ありながら、いずれも分析編のみにとどまり、現代の豊かな社会の考察にあてられた綜合編は訳出されなかったことである。長塚節『土』に典型的にえがかれた農民と、彼らのすむ農村から「口べらし」に都市へ送り出された低賃金の労働者たち、これらの人びとの一般に貧しい状況のもとでは、この豊かな社会を考察した本書は実感をもっては読まれず、もっぱら経済哲学の書物として理解されたのではないかと思われる。

なお訳出については、右の邦訳書とともに恒藤恭『ジンメルの経済哲学』（改造社、一九二三年）、さらに英訳、The Philosophy of Money, Georg Simmel: Translated by Tom Bottomore and David Frisby, Routledge and Kegan Paul, 1978. を参照し、得るところ多く、謝意を表する次第である。なお付言すれば、本書は刊行以来一部の人びとから、たとえばG・ルカーチやM・ウェーバーなどからは高く評価され、多くの影響を与えてきたが、右に述べた難解さと大量さに加えて書名『貨幣の哲学』が、一方では哲学あるいは社会学に関心をもつ人びとには「貨幣」の語のため、他方では社会学あるいは経済学に現実の社会についての実証的な考察を期待する人びとには「哲学」の語のため、一般に本書を敬遠させてきた。しかし右の英訳は本書を英語圏へ紹介するのみではなく、またそれ以上に本書をひろく再認識させる機縁ともなったようであり、一九八四年にはイタリア語訳、さらに一九八七年にはフランス語訳が出版され、本書についての数多くの研究書や論文が出つつある。邦訳にたずさわったものとして、本書がさらにわが国においても広く読まれるようになることを期待したい。

なお前訳の共訳者、元浜清海氏と向井守氏には御労訳に多くを学ばせて頂き、御苦労を実感しながらも、訳者の文体に合わせざるをえず、すぐれた訳文をいくらかは無視する結果となったのではないかと思われるが、これはお詫びするより仕方ない。また白水社の関川幹郎氏には『ジンメル著作集』以来、訳文が「比較的読みやすい」とおだてられ、これをきっかけにいろいろご迷惑をかけることになった。しかしこのおだてがなければ、このような仕事もできなかったであろうと思われ、度重なるご尽力とともにここに御礼申げる。

一九九九年九月一〇日

居安正

ブルーノ　Bruno, Giordano（1548–1600）イタリアの哲学者……………………………………… 445
フロート Frotho デンマークの先史時代の王と伝えられる……………………………………………… 409
ヘーゲル　Hegel（1770–1830）ドイツの哲学者 …………………………………………………… 98, 547
ベックリーン　Böcklin（1827–1901）ドイツ・ロマン派の代表的画家 ………………………………… 547
ペテロ　Petrus Martyr（不明–67 頃）キリストの弟子の筆頭者 ………………………………………… 258
ペドロ四世　Peter Ⅳ（1319–87）アラゴン王（1336–87） …………………………………………… 440
ヘラクレイトス　Heraklit（前 500 頃）ギリシアのイオニア学派の哲学者 ……………………………… 578
ベーメ　Böhme, J.（1575–1624）ドイツの神秘主義哲学者 …………………………………………… 450
ヘルダー　Herder（1744–1803）ドイツの文学者，歴史哲学者 ……………………………………… 491
ヘンリー二世　Heinrich II（1133–89）イギリス王（1154–89） ……………………………………… 439
ヘンリー三世　heinrich III（1207–72）イギリス王（1216–72） ……………………………………… 306
ボッティチェリ　Botticelli（1444/5–1510）イタリア・ルネサンス期の画家 …………………………… 290
ボテロ　Botero（1544–1617）イタリアの政治家，政治理論家 ……………………………………… 373
ホメロス　Homer 前 7–8 世紀頃のギリシアの叙情詩人 ……………………………………………… 66
マコーリー　Macaulay（1800–59）イギリスの歴史家，評論家，政治家………………… 227, 412, 558
マクシミリアン二世　Maximilian II（1623–51）バイエルン選挙侯 ………………………………… 574
マザラン　Mazarin（1602–61）フランスの政治家…………………………………………………… 567
マルコ・ポーロ　Marco Polo（1258–1324）イタリアの旅行家 ……………………………………… 135
マルクス　Marx（1818–1883）マルクス主義の創始者 ……………………………… 94, 109, 329, 475
マールバラ　Marlborough（1562–1722）イギリスノの軍人，政治家 ……………………………… 418
マホメット　Mahomed（570 頃–632）イスラム教の創始者……………………………………………… 389
ミラボー　Mirabeau（1749–91）フランス革命期の政治家 …………………………………………… 567
メディチ家　Medici　イタリアの金融業者 …………………………………………………… 230, 255, 290
モア　Morus（1478–1535）イギリスの政治家，人文主義者 ………………………………………… 552
ヤハウェ　Jahve 旧約聖書の神の名 ……………………………………………………………… 397
ラブレー　Rabelais（1494 頃–1553）フランスの作家 …………………………………………… 542
ランケ　Ranke（1795–1886）ドイツの歴史家 …………………………………………………… 433
ルイ十一世　Ludwig XI（1423–83）フランス王（1461–83） ………………………………………… 271
ルイ十四世　Ludwig XIV（1638–1715）フランス王（1643–1715） ………………………………… 552
ルソー　Rousseau（1712–78）フランスの思想家 …………………………………………………… 397
レンブラント　Rembrandt（1606–69）オランダの画家 ……………………………………………… 290
ロスチャイルド家　Rothschild ユダヤ人の国際的金融業者 ………………………………………… 255
ロベスピエール　Robespierre（1764–94）フランスの政治家………………………………………… 492
ワルデック　Waldeck　フランスの政治家，弁護士 ワルデック・ルソー P. M. R. Waldeck–Rousseau（1826–1904）ではないかと思われる. ……………………………………………………… 575

ショーペンハウエル　Schopenhauer（1788–1860）　ドイツの哲学者 …………… 98, 252, 307, 396, 547
ジョン　Johann（1167–1216）　イギリス王（1199–1216）…………………………………………… 558
シラー　Schiller（1759–1805）　ドイツの作家 ……………………………………………………… 541
スピノザ　Spinoza（1632–77）　オランダの哲学者 ………………………………… 19, 83, 94, 142, 330, 486
スミス　Smith, Adam（1723–90）　イギリスの経済学者 ………………………………………… 164
聖トーマス　hl. Thomas →トーマス・アキナス
ソクラテス　Sokrates（前 469–399）　アテネの哲学者 ……………………………………… 232, 268
ゾラ　Zola（1840–1902）　フランスの作家 ……………………………………………………… 423
ソロモン　Salomon（？-前 931 頃）　アテネの立法者 ……………………………………………… 356
ダレイオス一世　Darius I（？-前 486）　古代ペルシアンのアケメネス王朝の王（前 521–486）… 179
ダンテ　Dante（1265–1321）　イタリアの詩人 …………………………………………………… 483
ディオクレティアヌス　Diokletian（245 頃–313）　ローマ皇帝（284–305）…………………… 179
ティチィアーノ　Tizian（1477–1576）　盛期ルネサンスのヴェネツィア派の画家 ………………… 372
テーヌ　Taine（1828–93）　フランスの思想家，歴史家 ………………………………………… 259
テルトゥリアヌス　Terutullian（155 頃–223 頃）　キリスト教の教父 ……………………………… 472
トーマス・アキナス　Thomas von Aquin（1225/6–74）　スコラ哲学の代表者 …………………… 158
ナポレオン一世　Naporeon（1769–1821）　フランス皇帝（1804–21）…………………………… 179
ナポレオン三世　Naporeon III（1808–73）　フランス皇帝（1852–70）…………………………… 442
ニコラウス・クザーヌス　Nikolaus von Kusa（1401–64）　ドイツの神秘主義哲学者 …………… 253
ニーチェ　Nietzsche（1844–1900）　ドイツの哲学者 ……………………………… 290, 296, 449, 547
ニュートン　Newton（1642–1727）　イギリスの物理学者 ………………………………………… 508–9
バイロン　Byron（1788–1824）　イギリスの詩人 ………………………………………………… 451
ハインリッヒ　Heinrich（1129–95）　ザクセン公（1142–95）　バイエルン公（1154–95）………… 230
パーク　Park, Mungo（1771–1806）　スコットランドの探検家 …………………………………… 126
パション Pasion　前 4 世紀のアテネの銀行家 …………………………………………………… 225
ヒューム　Hume（1711–76）　イギリスの哲学者 ………………………………………………… 326
ファン・アイク　van Eyck（1390 頃–1441）　フランドル絵画の創始者 …………………………… 323
フィヒテ　Fichte（1762–1814）ドイツの哲学者 …………………………………………………… 27
フィリッポス　Philipp v. Macedonien（ca, 382–336BC）　マケドニア王（539–336BC）………… 176
フェリペ二世　Philipp II（1527–98）　スペイン王（1556–98）…………………………………… 250
フェルディナント一世　Ferdinand（1503–64）　神聖ローマ皇帝（1556–64）…………………… 574
フーケ　Fouquet（1615–80）　フランスの政治家 ………………………………………………… 567
フッガー　Fugger　中世末のドイツの豪商 ……………………………………… 160, 218, 571, 574
フッガー　Fugger, Anton（1525–1560）　フッガー家の最盛期,「フッガー時代」を担う ………… 161
仏陀　Buddha（566–486BC）　仏教の教組 → Gotama s Buddha ……………………… 265, 277, 492
プラクシテレス　Praxiteles（前 4 世紀）古代アテネの彫刻家？ ………………………………… 290
フランク　Frandk, Sebastian（1499–1542/43）　宗教改革家，著述家 …………………………… 572
フランクリン　Franklin（1706–90）　アメリカ合衆国の政治家，科学者 ………………………… 575
プーフェンドルフ　Pufendorf（1632–94）　ドイツの法学者 ……………………………………… 278
プラトン　Plato（前 427 頃–347 頃）　古代アテネの哲学者
……………………………………………… 19, 36, 98, 142–4, 200, 211, 240, 317, 504–5, 525, 545
プルードン　Proudon（1809–65）　フランスの社会主義者 ……………………………………… 164

人名索引

(欧文名は原書にしたがった．王などの（内）の数字は在任期間を示す．)

アウグストゥス　Augustus（前 63–後 14）ローマ帝政初代の皇帝 ……… 179, 433
アウグスティヌス　Augustinus（354–430）初代キリスト教会最大の教父 ……… 245
アレクサンダー　Alexander von Hales（1173–1245）イギリスの哲学者，神学者 ……… 158
アレクサンドロス　Alexander d. Gr.（前 356–323）マケドニア王（前 336–323） ……… 176, 179
アリステイデス　Aristides（前 520 頃–468 頃）ギリシアの哲学者 ……… 429
アリストテレス　Aristoteles（前 384–322）ギリシアの哲学者 ……… 119, 158, 178, 240
イヴァン三世　Iwan III（1440–1505）モスクワ大公（1462–1505） ……… 179
イエス　Jesus（？–30 頃）キリスト教の創始者 ……… 278, 492
イレナエウス　Irenäus（140 頃–？）キリスト教の神父 ……… 330
ヴァーグナー　Wagner, R.（1813–1883）ドイツの音楽家 ……… 550
ヴィクトリア　Viktoria（1819–1901）イギリスの女王（1837–1901） ……… 558
ヴェルザー　Welser 16 世紀におけるドイツのフッガー家に次ぐ前期的資本家 ……… 218
ヴェンツェル　Wenzel（1361–1412）神聖ローマ皇帝（1378–1419） ……… 230
ヴォルポール　Walpole, Robert（1676–1745）イギリスの政治家 ……… 429
エドワード二世　Eduard II（1284–1327）イギリス王（1307–1327） ……… 412
エドワード三世　Eduard III（1312–77）イギリス王（1327–77） ……… 412
エリザベス女王　Elisabeth（1533–1603）イギリス女王（1558–1603） ……… 304
カーライル　Carlyle（1795–1881）イギリスの評論家，歴史家 ……… 499
カール四世　Karl IV（1316–78）神聖ローマ皇帝（1347–78） ……… 230
カール五世　Karl V（1500–58）神聖ローマ皇帝（1519–59），スペイン国王としてはカルロス一世（1516–56） ……… 271, 429
カンパネラ　Campanella（1568–1659）イタリアの哲学者 ……… 552
カント　Kant（1724–1804）ドイツの哲学者 ……… 17, 24, 35, 55, 74, 80, 88, 98, 291, 326, 397, 415, 431, 438, 496–7
グリマルディ家　Grimaldi 中世ボローニアの裕福な商家 ……… 255
グリム　Grimm（1828–1901）ドイツの美術史家，文学史家． ……… 389
ゲーテ　Goethe（1749–1832）ドイツの作家 ……… 499, 502
ゴータマ　Gotama→仏陀
ゴールド　Gould, Jay（1836–1892）アメリカの金融家 ……… 570
コンデ　Conti フランスのブルボン王家から出た貴族，ここではルイ Louis（1736–1818）をさすと思われる． ……… 259
コント　Comte（1798–1857）フランスの哲学者，社会学の創始者 ……… 488
サヴォナローラ　Savonarola（1451–98）イタリアの宗教改革者 ……… 529
ザックス　Sachs, Hans（1494–1576）ドイツの市民詩人 Meistersinger ……… 245
シャミッソー　Chamisso（1781–1838）ドイツの作家 ……… 62
シュリー　Sully（1559–1641）フランスの政治家 ……… 567

訳者略歴
居安　正（いやす・ただし）
一九二八年生
神戸大学文学部卒
神戸大学名誉教授
主要著書
『政党派閥の社会学』
『ある保守政治家』
主要訳書
ジンメル『社会学（上）』
ジンメル『社会学（下）』

本書は一九九九年に小社より刊行された。

貨幣の哲学（新訳版）《新装復刊》

二〇一六年五月　五　日印刷
二〇一六年五月二〇日発行

著　者　ゲオルク・ジンメル
訳　者 ©　居　安　　正
発行者　及　川　直　志
印刷所　株式会社　理想社
装　幀　小　林　剛（ＵＮＡ）
発行所　株式会社　白水社

東京都千代田区神田小川町三の二四
電話　営業部〇三（三二九一）七八一一
　　　編集部〇三（三二九一）七八二一
振替　〇〇一九〇・五・三三二二八
郵便番号　一〇一・〇〇五二
http://www.hakusuisha.co.jp
乱丁・落丁本は、送料小社負担にてお取り替えいたします。

株式会社松岳社

ISBN978-4-560-09235-4

Printed in Japan

ジンメル著作集

《全一二巻・分売不可》

ゲオルク・ジンメル 著
生松敬三 訳

ジンメルは社会学者として輝かしい業績を遺す一方、鋭い感性と驚異的博識を駆使して独自の「生の哲学」を樹立した。哲学部門に芸術論、文化論の代表作を加えて編集した著作集の復刊。

貨幣の哲学（新訳版）

ゲオルク・ジンメル 著／居安 正 訳

外在的かつ日常的な貨幣という現象を手がかりとして近代社会の構造と文化の核心に迫った記念碑的著作。

社会学（上下）

社会化の諸形式についての研究

ゲオルク・ジンメル 著／居安 正 訳

歴史的社会進化論を排し、上下関係、闘争、社交、秘密結社など「社会化の形式」の分析から理論を確立した研究の集大成！